国家自然科学基金项目资助（62162036，62172062）
云南省"兴滇英才支持计划"青年人才项目资助
云南省系统科学省级一流学科建设项目资助

智慧矿隧安全风险监测预控技术与应用

Technology and Application of Safety Risk Monitoring and Pre-control in Intelligent Mine and Tunnel

郑万波　吴燕清　夏云霓　等著

扫描二维码查看彩图

北　京

冶金工业出版社

2023

内 容 提 要

本书以矿隧安全风险监测预控的数字化、信息化和智能化为背景，介绍了矿隧高危安全风险监测预警和应急管控集成平台关键技术及工程应用。具体内容包括智慧矿隧安全风险监测预控理论的基础理论、关键技术、系统集成与产业应用，形成实现高危工程项目施工和运维一体化安全风险监测预控技术体系，在露天采石场、山岭重丘区高速公路边坡等工程项目的应用实例。

本书可供煤矿、非煤矿山、隧道、建筑、交通、信息与控制工程领域政府安全监管人员、企业安全管理人员、工程施工运维技术人员阅读，也可以供计算机、大数据、人工智能、安全工程、采矿工程、隧道工程、交通工程相关专业高校和科研机构科研人员参考。

图书在版编目（CIP）数据

智慧矿隧安全风险监测预控技术与应用/郑万波等著. —北京：冶金工业出版社，2023.8

ISBN 978-7-5024-9605-0

Ⅰ.①智… Ⅱ.①郑… Ⅲ.①智能技术—应用—瓦斯隧道—安全风险—风险管理 Ⅳ.①U459.9

中国国家版本馆 CIP 数据核字（2023）第 161481 号

智慧矿隧安全风险监测预控技术与应用

出版发行	冶金工业出版社	电 话	(010)64027926
地　　址	北京市东城区嵩祝院北巷 39 号	邮 编	100009
网　　址	www.mip1953.com	电子信箱	service@ mip1953.com

责任编辑　卢　敏　美术编辑　吕欣童　版式设计　郑小利
责任校对　石　静　责任印制　禹　蕊

三河市双峰印刷装订有限公司印刷

2023 年 8 月第 1 版，2023 年 8 月第 1 次印刷

787mm×1092mm 1/16；35 印张；849 千字；540 页

定价 **198.00** 元

投稿电话　（010）64027932　投稿信箱　tougao@cnmip.com.cn
营销中心电话　（010）64044283
冶金工业出版社天猫旗舰店　yjgycbs.tmall.com
（本书如有印装质量问题，本社营销中心负责退换）

编辑委员会

前　言

根据《中华人民共和国突发事件应对法》和国家应急管理体系的"一案三制"基本框架要求，我国在全域范围开展了一系列的基于工业互联网、云计算、大数据、人工智能的"平战结合"和"属地管理+垂直管理"智慧应急管理体系建设工作。目前，防灾减灾和防止重特大突发事故的意识进一步增强，国家及地方应急管理体系机构已经建立，应急管理工作实行专责统管，且更加注重事前准备和预控，而事故灾害风险监测预警评估和应急预案管理在事故防控中处于核心地位。《中华人民共和国国民经济和社会发展第十四个五年规划和2035年远景目标纲要》《"十四五"国家安全生产规划》《"十四五"国家应急体系规划》《中华人民共和国安全生产法》等法律法规和规划文件，把"加快数字化发展，建设数字中国""安全风险监测预警""安全生产应急救援""强化信息支撑保障""进行安全信息化建设，实施安全提升重大工程"作为国家"十四五"国民经济和社会发展规划建设期间的重点规划和建设内容。2019年科技部再次发布了"重大自然安全风险监测预警与防范重点专项项目申报指南"，推动地震灾害、地质灾害、极端气象灾害、水旱灾害综合监测预警等信息技术研究和推广有序进行。2020年，应急管理部印发《应急管理部重点实验室管理办法（试行）》，其中明确布局云计算、物联网、大数据、人工智能、卫星遥感、无线通信、虚拟现实等方面重点实验室，有力推动了数字化、智能化技术在应急领域的研发和应用型创新。

从时间维和事件维视角分析，突发事故灾害应急管理分为早期应急准备与预案建立，事发前预案管理与常态化风险监测预警，事中应急联动、风险监测预警与减灾控制，事后恢复重建、完善常态化的应急管理的技术手段、制度、机制，重回应急准备状态几部分，这些内容构成一个时空融合的全周期、闭环风险监测预控体系。2005 年至今，作者所在课题组承担了与本书研究内容相关的一系列国家科技攻关、国家重点研发、国家自然科学基金及省部级科技项目，立足结合煤矿安全监测预控技术及工程应用场景，将理论研究、关键技术攻关和产业应用结合，开展煤矿、非煤矿山、隧道工程及其地下工程等安全监测预警与应急联动关键技术攻关；2019 年作者入职昆明理工大学以来，带领课题组将物联网、大数据、云计算、人工智能等学科知识应用到智慧矿山、智慧隧道、智慧交通、智慧应急管理等行业领域的科研教学中，实现了计算机技术、信息技术和工程技术的深度交叉融合。在四川都四轨道交通映秀一号隧道项目瓦斯监控设备及防爆车辆改装、山西黎霍高速问腰隧道、重庆渝湘复线永兴隧道、重庆巫建高速官田隧道、重庆白市驿隧道、重庆新渝万高铁平顶丘隧道、云南省自然灾害综合风险普查、云南省福宜高速公路（昆明段）和三清高速公路等工程项目施工建设期间，开展了多项科技攻关项目（项目牵头单位为昆明理工大学，项目合作单位为重庆大学、中煤科工集团重庆研究院有限公司、中铁一局集团第四工程有限公司、中建铁投轨道交通建设股份有限公司、贵州桥梁建设集团股份有限公司、中铁十七局集团有限公司、昆明市交通运输局、中建铁投建设发展有限公司、昆明睿思特信息技术有限公司、云南卫士盾科技有限公司等），并以此科研实践工作为基础，充分借鉴、吸收国内外大量同类论文、专著、标准及教材的最新理论成果，针对矿山、隧道、地下工程、交通等行业领域综合安全管理特点，从事件维度、行业维度、管理维度、信息与大数据技术维度、工程技术维度五个维度，采用"平时"风险监测预警预防和"战时"应急救援指挥的"平战结合"工作机制，结合物联网+云计算+大数据+人工智能等先进技术手段，依据自主设计的区域矿隧事故风险数字预案的 I~IV 级逐级响应机制，实现国家、省级、市级、县级、企业（集团）多层级区域一体化风险监测预警系统平台的数字化、信息化、智能化。

　　本书第 1~5 章主要介绍理论技术，包括一系列智慧矿隧安全风险监测预控理论的基础理论、关键技术、系统集成与应用研究；第6~14章介绍工程应用，包括科研成果在煤矿、隧道施工安全风险监测预控技术工程应用案例，以及在露天采石场、山岭重丘区高速公路边坡等工程项目的应用。本书由昆明理工大学郑万波副研究员担任主编，负责统稿并主持编写了第1~5章、第7~14章；重庆大学吴燕清教授、昆明理工大学李金海教授参与编写本书组织框架和第2章、第10~12章，重庆大学夏云霓教授、郭坤银副教授参与编写计算机相关内容框架和第3~5章，昆明理工大学硕士研究生赖祥威、李旭、史耀轩、杨凯瑞参与编写第3~5章、第9章，中煤科工集团重庆研究院有限公司崔俊飞研究员主持编写第6章，中建铁投轨道交通建设有限公司西部分公司薛海磊工程师、杨扬工程师、杨黎明助理工程师参与编写第7章、第8章、第11章，云南卫士盾科技有限公司冉启华工程师、吴何碧助理工程师、陈方源技术员、吴憾技术员参与编写第7~14章，中铁一局集团第四工程有限公司蒋昌利高级工程师、曹继翔工程师、张凌寒工程师、冯向涛工程师、周向东高级工程师参与编写第9章，中建铁投建设发展有限公司万超高级工程师、郭新庆高级工程师、王雨晴高级工程师参与编写第10章，中铁十七局集团有限公司钟传江高级工程师、王玉峰高级工程师、赵涛工程师参与编写第12章，昆明理工大学陈安高级工程师参与编写第12章、第14章，昆明睿思特信息技术有限公司庄思福工程师、青岛理工大学梁庆华教授参与编写第14章；昆明理工大学硕士研究生刘常昊、陈慧敏、董银环，以及本科生王迅、暴宇航、唐孝明、车群、彭娜娜、陈海娟、段界越、蔡永俊参与本书整理校稿工作。昆明理工大学刘文奇教授、杨溢教授、杨志全教授、王光进教授、吴刘仓教授、杨波博士、张永文博士、许晏博士、李申博士和重庆大学的许洋铖副教授在百忙之中对本书样稿进行审阅，提出了许多宝贵的修改意见和建议，使本书增色不少。本书在编写过程中，参阅了国内外有关专家学者的论文、著作及教材，在此深表感谢。

本书的出版得到了国家自然科学基金面上基金（62172062）"恶劣条件下Web服务QoS预测与QoS确保的服务组合卸载方法研究"、国家自然科学基金地区基金（62162036）"面向矿山事故灾害应急的边缘服务部署、选择与组合方法研究"、中铁一局集团研发课题"隧道瓦斯灾害海量数据挖掘及智能监测预警关键技术"、中建股份科技研发课题"川西地区复杂地质环境高风险铁路隧道建造关键技术研究"、云南省"兴滇英才支持计划"青年人才项目"高可用云 QoS 感知的智慧矿隧风险监测预警与辅助指挥决策系统关键技术"、云南省系统科学省级一流学科建设项目、昆明市应急管理局项目"昆明市六类事故灾害应急处置手册"、云南省专家基层科研工作站项目"智慧矿隧安全智能监测预控与应急辅助决策关键技术"等项目联合资助。本书在编写和出版过程中得到了重庆市应急管理局救援指挥中心、云南省应急管理厅科技和信息化处、昆明市交通运输局和冶金工业出版社有限公司的鼎力支持，在此表示衷心感谢。尽管编者在本书的系统性、完整性及科学性等方面尽了最大努力，但由于学术水平及经验等方面的限制，书中难免存在不妥之处，恳请各位读者、行业专家学者批评指正，作者通讯邮箱：zwanbo2001@163.com。

作　者

2023 年 3 月

目　　录

1 绪论 ·· 1

　1.1 背景意义与国内外研究现状 ··· 1

　　1.1.1 背景意义 ··· 1

　　1.1.2 国内外发展现状和趋势 ··· 3

　1.2 智慧矿隧安全风险预控技术平台关键技术 ·· 25

　1.3 矿隧安全风险监测预控技术效益分析 ·· 26

　1.4 本书内容架构 ··· 28

　参考文献 ··· 29

2 矿隧事故风险监测预警与应急联动体系技术 ·· 42

　2.1 突发事故风险监测预警技术发展现状 ·· 42

　　2.1.1 国内外突发事故风险预警与应急联动发展历程 ··· 42

　　2.1.2 我国突发事故风险与应急联动体系架构 ·· 45

　2.2 智慧矿隧安全风险监测预控关键技术 ·· 50

　　2.2.1 智能传感器技术 ·· 51

　　2.2.2 移动通信技术 ··· 52

　　2.2.3 数据加密与认证技术 ·· 52

　　2.2.4 空间信息技术 ··· 55

　　2.2.5 物联网技术 ··· 58

　　2.2.6 云计算技术 ··· 59

　　2.2.7 大数据及挖掘分析技术 ··· 62

　　2.2.8 人工智能技术 ··· 64

　2.3 矿隧安全风险监测预控与评估 ··· 64

　　2.3.1 矿山安全风险监测预控与评估 ·· 64

　　2.3.2 隧道安全风险监测预控与评估 ·· 67

　2.4 智慧矿隧安全生产事故风险监测预控平台集成设计 ·· 70

　　2.4.1 智慧矿隧安全风险监测预控平台系统集成 ·· 70

　　2.4.2 设计依据标准 ··· 70

　　2.4.3 总体设计原则 ··· 71

　　2.4.4 硬件设计原则 ··· 72

　　2.4.5 软件设计原则 ··· 72

　　2.4.6 系统测试 ··· 73

　　　2.4.7　系统维护 ·· 73

　2.5　煤矿安全监测预控的预测算法 ······························ 73

　　　2.5.1　基于灰度学习和神经网络的瓦斯浓度时间序列预测 ······ 75

　　　2.5.2　预测算法设计流程与评价分析 ························· 75

　　　2.5.3　煤矿瓦斯浓度预测仿真实验 ··························· 78

　2.6　隧道安全风险监测预控的预测算法 ························· 81

　　　2.6.1　智慧隧道项目概述 ··································· 81

　　　2.6.2　隧道监控量测目的 ··································· 82

　　　2.6.3　隧道安全风险监测预控需求分析 ······················ 82

　　　2.6.4　隧道瓦斯浓度预测仿真实验 ··························· 83

　2.7　神经网络组合模型瓦斯浓度预测方法 ······················ 86

　　　2.7.1　算法设计流程与评价指标 ····························· 86

　　　2.7.2　瓦斯浓度预测仿真实验 ······························ 88

　　　2.7.3　结论 ··· 94

　2.8　本章小结 ·· 94

　　参考文献 ·· 94

3　煤矿采掘面瓦斯浓度海量数据预测技术 ···················· 107

　3.1　煤矿瓦斯浓度海量数据预测技术背景与意义 ················ 108

　3.2　煤矿瓦斯浓度海量数据预测技术基础理论 ·················· 109

　　　3.2.1　煤矿瓦斯监控系统传感器布置和数据采集 ·············· 109

　　　3.2.2　煤矿瓦斯预测指标的确定和数据分析 ·················· 110

　　　3.2.3　瓦斯浓度时间序列数据预处理 ························· 111

　　　3.2.4　瓦斯浓度时间序列的传统灰色预测模型 ················ 112

　　　3.2.5　长短期记忆神经网络 ································· 113

　　　3.2.6　小结 ··· 114

　3.3　煤矿采掘面瓦斯浓度序列改进灰色预测模型 ················ 114

　　　3.3.1　改进后的幂指数型灰色预测模型 ······················ 114

　　　3.3.2　实验数据 ·· 116

　　　3.3.3　小结 ··· 119

　3.4　基于 Adam-GRU 的煤矿采掘工作面瓦斯浓度序列预测 ········ 119

　　　3.4.1　小波降噪 ·· 119

　　　3.4.2　门控循环单元 ······································· 120

　　　3.4.3　优化器的选择 ······································· 121

　　　3.4.4　Dropout 方法 ······································ 123

　　　3.4.5　算法结构设计 ······································· 123

　　　3.4.6　实验结果与分析 ····································· 125

　　　3.4.7　小结 ··· 131

　3.5　本章小结 ·· 131

　　参考文献 ……………………………………………………………………… 132

4　煤矿采掘面瓦斯浓度时间序列预测技术 ………………………………… 135

　4.1　煤矿采掘面瓦斯浓度时间序列预测技术背景与意义 ………………… 135

　4.2　时间序列技术 ………………………………………………………… 136

　　4.2.1　时间序列简介 …………………………………………………… 136

　　4.2.2　时间序列数据的特点 …………………………………………… 136

　　4.2.3　煤矿瓦斯浓度时间序列数据采集 ……………………………… 137

　4.3　基于回归的时间序列预测模型 ……………………………………… 139

　　4.3.1　回归分析 ………………………………………………………… 139

　　4.3.2　ARMA 模型及其衍生模型 ……………………………………… 141

　　4.3.3　基于 ARMA 模型预测 …………………………………………… 143

　4.4　基于神经网络的时间序列预测模型 ………………………………… 146

　　4.4.1　深度学习 ………………………………………………………… 146

　　4.4.2　基于梯度的优化 ………………………………………………… 146

　　4.4.3　神经网络中的层 ………………………………………………… 147

　　4.4.4　激活函数 ………………………………………………………… 149

　　4.4.5　损失函数与优化器 ……………………………………………… 150

　　4.4.6　Dropout 方法 …………………………………………………… 150

　　4.4.7　基于 BP 神经网络模型预测及误差分析 ……………………… 150

　　4.4.8　基于 CNN-GRU-LSTM 神经网络模型预测 …………………… 152

　4.5　优化方法 ……………………………………………………………… 165

　　4.5.1　多目标优化算法 ………………………………………………… 165

　　4.5.2　Attention 机制优化算法 ……………………………………… 167

　　4.5.3　多元融合优化 …………………………………………………… 170

　4.6　本章小结 ……………………………………………………………… 173

　　参考文献 ………………………………………………………………… 173

5　煤矿采掘面瓦斯涌出量预测技术与方法 …………………………… 176

　5.1　煤矿采掘面瓦斯涌出量预测技术背景与意义 ……………………… 176

　　5.1.1　瓦斯涌出量预测方法研究现状 ………………………………… 176

　　5.1.2　群智能优化算法研究现状 ……………………………………… 179

　　5.1.3　煤矿安全技术 …………………………………………………… 179

　　5.1.4　关键技术问题与技术路线 ……………………………………… 179

　5.2　瓦斯涌出量影响因素分析与预测指标确定 ………………………… 182

　　5.2.1　瓦斯涌出量影响因素分析 ……………………………………… 182

　　5.2.2　瓦斯涌出量影响因素非线性特征分析 ………………………… 184

　　5.2.3　瓦斯涌出量预测指标确定 ……………………………………… 186

　　5.2.4　小结 ……………………………………………………………… 187

5.3　瓦斯涌出量影响因素的数据预处理 ……………………………………… 187
　　5.3.1　瓦斯多参数时间序列预处理 …………………………………… 188
　　5.3.2　缺失值与异常值处理 ……………………………………………… 188
　　5.3.3　核主成分分析 ……………………………………………………… 189
　　5.3.4　小结 ………………………………………………………………… 190
5.4　孔雀优化算法瓦斯涌出量预测分析 …………………………………… 191
　　5.4.1　基于 KALMAN 滤波的减秩二乘估计 …………………………… 191
　　5.4.2　POA-LSTM 煤层瓦斯预测算法 ………………………………… 193
　　5.4.3　长短期记忆算法及其原理 ………………………………………… 195
　　5.4.4　基于 POA-LSTM 预测方法 ……………………………………… 196
　　5.4.5　实验对比与仿真分析 ……………………………………………… 197
　　5.4.6　小结 ………………………………………………………………… 199
5.5　麻雀搜索算法瓦斯涌出量预测分析 …………………………………… 200
　　5.5.1　基础理论 …………………………………………………………… 200
　　5.5.2　CISSA-ELM 预测模型建立 ……………………………………… 201
　　5.5.3　模型预测结果 ……………………………………………………… 205
　　5.5.4　小结 ………………………………………………………………… 210
5.6　本章小结 ………………………………………………………………… 210
参考文献 ……………………………………………………………………… 211

6　煤矿瓦斯安全风险管控信息平台集成与应用 ……………………………… 215
6.1　煤矿瓦斯安全风险预控信息平台工况与风险分析 …………………… 215
　　6.1.1　矿井通风及瓦斯 …………………………………………………… 215
　　6.1.2　煤层自燃、煤尘爆炸危险性 ……………………………………… 216
6.2　瓦斯基础参数与瓦斯赋存规律 ………………………………………… 216
　　6.2.1　吸附常数测定 ……………………………………………………… 216
　　6.2.2　煤的孔隙率测定 …………………………………………………… 217
　　6.2.3　煤的工业分析 ……………………………………………………… 218
　　6.2.4　瓦斯放散初速度测定 ……………………………………………… 219
　　6.2.5　镜质体反射率测定 ………………………………………………… 219
　　6.2.6　瓦斯含量测定 ……………………………………………………… 220
　　6.2.7　瓦斯赋存规律 ……………………………………………………… 221
6.3　矿井概况与系统平台设计需求 ………………………………………… 224
　　6.3.1　系统设计目标和内容 ……………………………………………… 225
　　6.3.2　系统技术路线 ……………………………………………………… 226
6.4　瓦斯涌出预警技术 ……………………………………………………… 227
　　6.4.1　瓦斯涌出特征 ……………………………………………………… 227
　　6.4.2　瓦斯涌出影响因素 ………………………………………………… 227
　　6.4.3　瓦斯涌出特征与突出危险性关系 ………………………………… 232

6.4.4 瓦斯涌出指标确定 ………………………………………………… 236

6.5 瓦斯监测预警信息化硬件系统建设 ………………………………… 239

6.5.1 瓦斯监测预警服务器 ………………………………………………… 239

6.5.2 瓦斯监测预警客户端 ………………………………………………… 240

6.5.3 新型 WTC 和瓦斯参数采集仪 …………………………………… 240

6.5.4 无线基站 …………………………………………………………… 241

6.5.5 随钻轨迹测量系统 …………………………………………………… 242

6.5.6 瓦斯涌出异常分析仪 ………………………………………………… 245

6.5.7 网络平台搭建 ………………………………………………………… 247

6.6 瓦斯事故灾害防控智能管理平台建设 ……………………………… 247

6.6.1 多级瓦斯地质分析系统 ……………………………………………… 247

6.6.2 瓦斯防治动态管理与分析系统 ……………………………………… 250

6.6.3 瓦斯涌出动态分析预警系统 ………………………………………… 253

6.6.4 瓦斯抽采钻孔管理系统 ……………………………………………… 256

6.6.5 瓦斯抽采信息管理平台 ……………………………………………… 263

6.6.6 吉林某煤矿瓦斯事故灾害防控管理平台 …………………………… 266

6.6.7 安全监控系统综合平台 ……………………………………………… 267

6.6.8 短信发布平台 ………………………………………………………… 269

6.7 运行情况与功能效果分析 …………………………………………… 269

6.7.1 系统稳定性分析 ……………………………………………………… 269

6.7.2 运行效果分析 ………………………………………………………… 270

6.8 本章小结 ……………………………………………………………… 281

7 瓦斯隧道综合安全风险监测预控系统集成设计 …………………… 283

7.1 瓦斯隧道综合安全监测预控信息系统需求 ………………………… 283

7.1.1 各子系统功能要求 …………………………………………………… 286

7.1.2 大屏幕显示系统 ……………………………………………………… 287

7.1.3 人员定位系统 ………………………………………………………… 289

7.1.4 瓦斯监测系统 ………………………………………………………… 292

7.1.5 数字工业电视系统 …………………………………………………… 294

7.1.6 数字广播系统 ………………………………………………………… 295

7.2 云服务器端和计算机端人机界面开发 ……………………………… 296

7.3 手机终端 APP 软件开发 …………………………………………… 299

7.4 施工项目管理系统 …………………………………………………… 307

7.4.1 视频共享系统 ………………………………………………………… 307

7.4.2 视频终端综合管理 …………………………………………………… 307

7.4.3 视频 GIS 地图管理 ………………………………………………… 308

7.4.4 图像报警处理模块 …………………………………………………… 308

7.4.5 道路管理系统 ………………………………………………………… 308

　　　7.4.6　道路基础信息管理 ……………………………………………… 309

　　　7.4.7　道路 GIS 地图管理 ……………………………………………… 309

　　　7.4.8　道路维修管理 ……………………………………………………… 309

　　　7.4.9　GPS 车辆定位共享系统 …………………………………………… 310

　　7.5　本章小结 ……………………………………………………………… 312

8　瓦斯隧道瓦斯检测与监测专项技术应用 ……………………………… 313

　　8.1　瓦斯隧道工况与风险分析 …………………………………………… 313

　　　8.1.1　工程地质情况 ……………………………………………………… 313

　　　8.1.2　该地区有毒有害气体分布情况 …………………………………… 314

　　　8.1.3　瓦斯工区等级划分及确定方法 …………………………………… 314

　　8.2　瓦斯隧道瓦斯检测与监测专项技术编制依据 ……………………… 315

　　8.3　瓦斯隧道瓦斯监测与检测方案 ……………………………………… 315

　　　8.3.1　瓦斯隧道瓦斯监测与检测 ………………………………………… 315

　　　8.3.2　瓦斯隧道瓦斯检测安全技术措施 ………………………………… 320

　　　8.3.3　瓦斯隧道防爆措施 ………………………………………………… 321

　　　8.3.4　瓦斯隧道瓦斯超限安全措施 ……………………………………… 323

　　　8.3.5　瓦斯隧道瓦斯监控组织机构 ……………………………………… 325

　　　8.3.6　瓦斯隧道瓦斯爆炸、中毒事故应急救援预案 …………………… 325

　　8.4　瓦斯隧道瓦斯监控安全责任制 ……………………………………… 332

　　　8.4.1　瓦斯隧道瓦斯检测各级责任制 …………………………………… 332

　　　8.4.2　瓦斯隧道瓦斯检查制度 …………………………………………… 334

　　　8.4.3　瓦斯隧道瓦斯巡回检查和请示报告制度 ………………………… 334

　　　8.4.4　瓦斯隧道排放瓦斯管理制度 ……………………………………… 335

　　　8.4.5　瓦斯隧道安全监控管理制度 ……………………………………… 335

　　　8.4.6　瓦斯隧道通风瓦斯日报和安全监控日报审阅制度 ……………… 336

　　　8.4.7　瓦斯隧道安全仪器仪表使用管理制度 …………………………… 337

　　　8.4.8　瓦斯隧道安全仪表计量检验制度 ………………………………… 337

　　　8.4.9　瓦斯隧道便携式甲烷检测报警仪管理制度 ……………………… 337

　　　8.4.10　瓦斯隧道出入洞管理制度 ……………………………………… 338

　　8.5　瓦斯隧道安全监控验收报告 ………………………………………… 338

　　　8.5.1　验收条件及依据 …………………………………………………… 338

　　　8.5.2　验收要求及方法 …………………………………………………… 342

　　8.6　瓦斯隧道安全监控检查表 …………………………………………… 351

　　8.7　本章小结 ……………………………………………………………… 353

9　瓦斯隧道海量安全风险监测预警关键技术应用 ……………………… 354

　　9.1　瓦斯隧道海量安全风险监测预警技术工程背景与风险分析 ……… 354

　　　9.1.1　不良地质及特殊岩土 ……………………………………………… 354

　　9.1.2　隧道煤与瓦斯事故灾害监测参数 ·· 356

　　9.1.3　隧道主体工程设计 ··· 356

　　9.1.4　隧道附近煤层及瓦斯赋存特征 ·· 358

　　9.1.5　煤层瓦斯参数 ·· 360

　　9.1.6　煤与瓦斯区域突出危险性预测 ·· 361

　　9.1.7　隧道工程总体风险评估 ·· 362

　　9.1.8　隧道工程安全风险总体评估 ·· 362

　　9.1.9　隧道工程安全风险专项风险评估 ··· 364

　9.2　瓦斯隧道海量安全风险监测预警系统设计标准 ································· 365

　9.3　瓦斯隧道海量安全风险监测预警系统技术路线 ································· 365

　　9.3.1　隧道"人工+自动"瓦斯监控及智能监测控制 ······························· 366

　　9.3.2　基于海量监测数据和深度神经网络的隧道瓦斯浓度序列预测应用 ······· 366

　　9.3.3　基于海量监测数据的瓦斯事故灾害预测云平台系统集成 ················· 366

　　9.3.4　区域隧道风险监测及预控体系一体化信息平台的软件系统应用 ········· 370

　9.4　瓦斯隧道海量安全风险监测预警系统设计方案 ································· 374

　　9.4.1　监控室部分 ··· 375

　　9.4.2　隧道内设备配置 ·· 375

　9.5　瓦斯隧道海量安全风险监测预警系统功能特点 ································· 376

　　9.5.1　综合安全监测监控系统 ·· 376

　　9.5.2　系统功能 ·· 376

　　9.5.3　人员定位管理 ··· 378

　　9.5.4　广播通信 ·· 379

　　9.5.5　视频监控系统 ··· 380

　　9.5.6　主要选配设备参数 ··· 381

　9.6　黎霍高速问腰隧道平面布置图 ·· 398

　9.7　本章小结 ··· 399

10　瓦斯隧道施工防爆配电技术应用 ··· 400

　10.1　瓦斯隧道施工防爆配电技术工程背景与风险分析 ····························· 400

　　10.1.1　工程地质 ··· 400

　　10.1.2　煤层瓦斯相关情况 ··· 400

　10.2　瓦斯隧道施工供电方案设计 ·· 401

　　10.2.1　编制依据 ··· 401

　　10.2.2　洞外供电方案 ··· 402

　　10.2.3　洞内供电方案 ··· 402

　10.3　瓦斯隧道安全用电技术措施 ·· 406

　　10.3.1　供电系统与隧道瓦斯监控系统联锁控制 ······································· 406

　　10.3.2　接地保护系统 ··· 406

　　10.3.3　设置检漏继电器 ·· 406

10.3.4　防雷接地 ･･ 406

10.3.5　备用电源 ･･ 407

10.3.6　洞内电气设备的设置原则 ･･････････････････････････････ 407

10.3.7　安全用电防火措施 ･･････････････････････････････････････ 407

10.3.8　电工及用电人员强制要求 ･･････････････････････････････ 408

10.4　瓦斯隧道安全用电组织措施 ･･････････････････････････････････ 409

10.5　本章小结 ･･･ 409

11　瓦斯隧道施工装备防爆改装技术应用 ･････････････････････ 410

11.1　瓦斯隧道施工装备防爆改装技术工程背景与风险分析 ･･･ 410

11.1.1　工程地质概况 ･･･ 410

11.1.2　瓦斯情况综合分析 ･･････････････････････････････････････ 411

11.2　瓦斯隧道施工装备防爆改装编制依据 ･･･････････････････････ 411

11.2.1　相关法律、法规、规范性文件 ･･････････････････････････ 411

11.2.2　标准规范 ･･･ 412

11.2.3　施工图设计文件及施工组织设计 ･････････････････････ 412

11.3　瓦斯隧道施工装备防爆改装施工计划 ･･･････････････････････ 412

11.3.1　主要材料配置计划 ･･････････････････････････････････････ 413

11.3.2　主要设备配置计划 ･･････････････････････････････････････ 414

11.4　瓦斯隧道施工工艺技术 ･･････････････････････････････････････ 415

11.4.1　防爆机械设备配置方案 ･･････････････････････････････････ 415

11.4.2　机械设备防爆改装的目的 ･･･････････････････････････････ 415

11.4.3　机械设备防爆改装的要求 ･･･････････････････････････････ 415

11.4.4　机械设备防爆改装系统及原理 ･･････････････････････････ 416

11.4.5　防爆改装部件技术参数 ･････････････････････････････････ 423

11.5　瓦斯隧道施工安全保证措施 ･･････････････････････････････････ 429

11.5.1　瓦斯隧道组织保障措施 ･･････････････････････････････････ 429

11.5.2　技术措施 ･･･ 430

11.5.3　管理措施 ･･･ 431

11.6　瓦斯隧道施工管理作业人员配备和分工 ･････････････････････ 432

11.6.1　主要管理人员 ･･･ 432

11.6.2　特种作业人员 ･･･ 433

11.6.3　其他作业人员 ･･･ 433

11.7　瓦斯隧道防爆车辆改装验收要求 ･･････････････････････････････ 433

11.7.1　验收资料准备 ･･･ 433

11.7.2　验收人员及程序 ･･････････････････････････････････････ 433

11.7.3　验收标准 ･･･ 433

11.7.4　验收方法与使用仪器仪表 ･･･････････････････････････････ 434

11.8　瓦斯隧道应急处置措施 ･･････････････････････････････････････ 434

11.8.1　应急体系建设 ……………………………………………………… 434

11.8.2　应急处置 …………………………………………………………… 438

11.8.3　应急预案 …………………………………………………………… 442

11.8.4　应急保障 …………………………………………………………… 450

11.8.5　应急演练 …………………………………………………………… 453

11.9　本章小结 ………………………………………………………………… 454

12　瓦斯隧道施工通风监测预控技术应用 ……………………………………… 455

12.1　瓦斯隧道施工通风监测预控技术背景与风险分析 ……………………… 455

12.1.1　隧道简介 …………………………………………………………… 455

12.1.2　瓦斯来源 …………………………………………………………… 455

12.1.3　瓦斯影响分析 ……………………………………………………… 455

12.1.4　施工段落划分 ……………………………………………………… 457

12.2　瓦斯隧道施工通风监测预控技术方案设计 ……………………………… 457

12.2.1　设计目的 …………………………………………………………… 457

12.2.2　设计依据 …………………………………………………………… 457

12.2.3　适用范围 …………………………………………………………… 458

12.2.4　编制原则 …………………………………………………………… 458

12.3　瓦斯隧道施工通风监测预控技术施工组织计划 ………………………… 458

12.3.1　通风管理组织机构及职责 ………………………………………… 458

12.3.2　材料计划 …………………………………………………………… 459

12.3.3　设备、仪器计划 …………………………………………………… 459

12.4　瓦斯隧道施工通风监测预控技术施工通风方案 ………………………… 459

12.4.1　通风设计标准 ……………………………………………………… 459

12.4.2　通风方式 …………………………………………………………… 460

12.4.3　进口工区通风计算及设备选择 …………………………………… 462

12.4.4　通风计算及设备选择 ……………………………………………… 465

12.4.5　通风布置 …………………………………………………………… 469

12.4.6　风速检测 …………………………………………………………… 473

12.4.7　通风效果评价 ……………………………………………………… 474

12.5　瓦斯隧道施工通风监测预控技术通风安全保障措施 …………………… 476

12.5.1　通风安全管理措施 ………………………………………………… 476

12.5.2　通风安全技术保证措施 …………………………………………… 477

12.6　瓦斯隧道施工通风监测预控技术施工通风应急处置措施 ……………… 478

12.7　本章小结 ………………………………………………………………… 479

13　矿山修复治理工程采石场施工安全监测预控技术应用 ………………… 480

13.1　矿山修复治理工程施工安全监测预控技术项目背景与风险分析 ……… 480

13.1.1　矿山修复治理工程施工现状 ……………………………………… 480

13.1.2 矿山修复治理工程治理监测需求 ……………………………………… 480

13.1.3 矿山修复治理工程环境监测技术集成 ……………………………… 483

13.2 矿山修复治理工程建设依据 ……………………………………………… 484

　　13.2.1 传输及设计标准 ………………………………………………………… 484

　　13.2.2 标准规范 ………………………………………………………………… 485

13.3 矿山修复治理工程安全监测预控系统设计 …………………………… 486

　　13.3.1 系统技术架构设计 …………………………………………………… 486

　　13.3.2 建设内容 ………………………………………………………………… 488

　　13.3.3 智慧工地数字化办公融合平台案例 ……………………………… 510

　　13.3.4 安全环保数字化管理信息系统集成 ……………………………… 513

13.4 矿山生态修复治理工程安全预控一体化信息平台设计 ………… 513

13.5 本章小结 …………………………………………………………………… 514

14 高速公路控制性节点地质灾害监测预控技术应用 …………………… 516

14.1 高速公路控制性节点地质灾害监测预控技术需求与风险分析 …… 516

　　14.1.1 地质构造与地形地貌 ………………………………………………… 517

　　14.1.2 区域水文地质概况 …………………………………………………… 517

　　14.1.3 不良地质路段情况 …………………………………………………… 518

14.2 高速公路控制性节点地质灾害监测预控技术现状 ………………… 518

　　14.2.1 安全风险监测预警与应急联动平台 ……………………………… 519

　　14.2.2 高原山地地质风险监测预警技术 ………………………………… 520

　　14.2.3 高速公路施工安全风险监测预警技术 …………………………… 521

14.3 高速公路控制性节点地质灾害监测预控技术开发 ………………… 522

　　14.3.1 系统实施方案 ………………………………………………………… 522

　　14.3.2 系统技术指标 ………………………………………………………… 524

14.4 高速公路控制性节点地质灾害监测预控系统设计 ………………… 525

　　14.4.1 系统设计原则 ………………………………………………………… 525

　　14.4.2 系统功能总框架 ……………………………………………………… 525

14.5 高速公路控制性节点地质灾害和结构物安全风险监测系统设计 … 526

　　14.5.1 系统的基本构成 ……………………………………………………… 526

　　14.5.2 传感器子系统 ………………………………………………………… 526

　　14.5.3 数据管理系统 ………………………………………………………… 527

　　14.5.4 数据分析与预警系统 ………………………………………………… 528

　　14.5.5 监测系统集成 ………………………………………………………… 528

　　14.5.6 数据管理分析后台 …………………………………………………… 529

14.6 高速公路控制性节点地质灾害监测预控系统模块功能 …………… 531

　　14.6.1 总体功能设计 ………………………………………………………… 531

　　14.6.2 首页 ……………………………………………………………………… 532

　　14.6.3 项目管理功能模块 …………………………………………………… 532

14.6.4　预警管理功能模块 ……………………………………………… 533

14.6.5　设备管理功能模块 ……………………………………………… 533

14.7　高速公路控制性节点地质灾害监测预控系统集成 ……………… 533

14.7.1　裂缝监测仪 ……………………………………………………… 533

14.7.2　高清布控球 ……………………………………………………… 533

14.7.3　系统功能设计与集成 …………………………………………… 534

14.8　本章小结 ……………………………………………………………… 537

参考文献 ……………………………………………………………………… 537

1　绪　　论

1.1　背景意义与国内外研究现状

1.1.1　背景意义

《中华人民共和国国民经济和社会发展第十四个五年规划和 2035 年远景目标纲要》《"十四五"国家安全生产规划》《"十四五"国家应急体系规划》《中华人民共和国安全生产法》等法律法规和文件，都把"加快数字化发展，建设数字中国""安全风险监测预警""安全生产应急救援""强化信息支撑保障""进行安全信息化建设，实施安全提升重大工程"作为国家"十四五"国民经济和社会发展规划建设期间的重点规划建设内容，主要体现在：

（1）加快数字化发展，建设数字中国。迎接数字时代，激活数据要素潜能，推进网络强国建设，加快建设数字经济、数字社会、数字政府，以数字化转型整体驱动生产方式、生活方式和治理方式变革。加强关键数字技术创新应用，加快推动数字产业化，推进产业数字化转型。

（2）提高数字政府建设水平。将数字技术广泛应用于政府管理服务，加强公共数据开放共享，建立健全国家公共数据资源体系；推动政务信息化共建共用，加大政务信息化建设统筹力度，健全政务信息化项目清单，持续深化政务信息系统整合，布局建设公共安全、生态环境等重大信息系统，提升跨部门协同治理能力；加快构建数字技术辅助政府决策机制，提高基于高频大数据精准动态监测预测预警水平。强化数字技术在公共卫生、自然事故灾害、事故灾难、社会安全等突发公共事件应对中的运用，全面提升预警和应急处置能力[1]。

（3）强化信息支撑保障。推动跨部门、跨层级、跨区域的互联互通、信息共享和业务协同。强化数字技术在事故灾害应对中的运用，全面提升监测预警和应急处置能力。建设绿色节能型高密度数据中心，推进应急管理云计算平台建设，完善多数据中心统一调度和重要业务应急保障功能；系统推进"智慧应急"建设，建立符合大数据发展规律的应急数据治理体系，完善监督管理、监测预警、指挥救援、灾情管理、统计分析、信息发布、灾后评估和社会动员等功能；到 2035 年，建立与基本实现现代化相适应的中国特色大国应急体系，全面实现依法应急、科学应急、智慧应急，形成共建共治共享的应急管理新格局[2]。

（4）进行安全信息化建设，实施安全提升重大工程。加强重点行业领域企业安全生产风险监测预警系统建设，实现分级分类、实时监测、动态评估和及时预警。以物联网、大数据为基础，加强重点行业领域安全生产监管，构建基于工业互联网的安全感知、评估、监测、预警与处置体系。安全提升重大工程包括安全风险监测预警工程、救援处置能力建设工程等[3]。2019 年科技部再次发布了 "重大自然安全风险监测预警与防范重点专项项目申报指南"，推动地震事故灾害、地质事故灾害、极端气象事故灾害、水旱事故灾害综合监测预警等信息技术的研究和推广有序进行。2020 年，应急管理部印发《应急管理部重点实验室管理办法（试行）》，其中明确布局云计算、物联网、大数据、人工智能、卫星遥感、无线通信、虚拟现实等重点实验室，有力推动了数字化、智能化技术在应急领域的研发和应用创新。

因此，在 "数字中国" 建设背景下，推进应急管理信息化体系完善，以 "智慧应急" 为牵引、重大工程实施为主线，各级各地应急管理部门加快升级完善应急指挥平台，持续推进安全风险监测预警系统建设、监管执法智能化升级及科普宣教信息化建设，应急信息化基础设施和支撑能力得到了全面的提升。信息化助推应急管理现代化是 "数字中国" 建设的重要内容和必然要求，信息化是推进应急管理体系和能力现代化的必由之路。为此应加强顶层规划设计，布局应急管理信息化建设；提出技术路线图；夯实信息化建设技术基础；依托智慧城市和工业互联网，明确应急管理信息化建设；加大政策支持，将应急管理信息化建设纳入发展规划；加大资金投入，在一般公共预算中设置相应预备费；抓好重大项目实施，破解应急管理工作难题。

智慧矿隧安全风险监测预警与辅助救援指挥决策系统是 "安全风险监测预警工程" "救援处置能力建设工程" 和 "智慧应急" 建设的重要组成部分。矿山开采、隧道及地下工程建设是国家能源建设、资源保障和重大交通枢纽工程建设的重要生产活动，同时由于生产过程中伴随瓦斯、水害、地质事故灾害、有毒有害气体等事故灾害因素，监测预防不当会造成国家财产巨大损失和威胁工人生命安全；矿隧安全风险监测预警与辅助救援指挥不仅是一个多阶段、多层级、跨区域的动态过程，其决策流程和应急信息资源的调度过程还是一种典型的大规模分布式离散事件动态系统（Discrete Event Dynamic Systems，DEDS）；应急指挥体系内随机干扰因素较多，应急信息、救援人员、救援物资随着应急救援全过程实时流动；系统的信息资源调度在应急救援过程中起着先导和核心作用，良好的信息资源调度机制、模式和策略可以使应急信息传输更加流畅，使得各个救援单元统一指挥协调；同时，矿隧事故应急信息、救援人员、救援物资的高效运转，可以促进应急救援工作顺利开展；然而，现有矿隧安全风险监测预警与应急联动（平台）构建复杂、技术规格不统一，系统之间的衔接困难，缺乏标准化、模型化的信息调度模式、信息调度协同指挥机制，缺乏系统信息调度辅助决策支持软件和效能评价手段。

因此，上述问题的解决，首先要依赖于精确、高效、简洁的理论建模工具。智慧矿隧安全风险监测预警与辅助指挥决策系统数字化流程建模、进行形式化描述、协同决策与评价研究趋势如下：

（1）应急协同区域体系云平台模型建模。面对复杂的突发事件机理特性，作为应对性策略的区域应急协同决策体系具备一些超网络的特征：多主体、多层级、多属性、多准则、多维度、拥塞性、动态性以及协调性，且整个区域应急协同决策体系内的多维异构属性间也存在明显的相互关联关系。因此，区域应急协同决策过程实质上可看成具有多维异构交织属性的多网络关联优化问题，可采用基于复杂网络、体系工程、大数据分析的时空网络方法进行形式化描述和分析，建立基于数字化应急预案场景的时空协同网络模型，研究应急事件驱动的应急处置信息资源协同调度机制、模式和策略问题。

（2）矿隧安全风险监测预警与应急处置数字化流程建模描述。矿隧安全风险监测预控与应急处置数字化流程建模具有建模复杂、计算量大、离散性、动态性分析的特点。因此，在考虑对这类突发事件的处理时，基本思路是结合动态连续特性，构建混合复杂的Petri网模型，同时描述事件的离散性、连续性和时效性，为更复杂的预案流程进行建模；同时，在安全风险监测预控与应急处置数字化流程中，往往需要考虑在现有事件处理过程中可能出现的响应升级、应急资源的动态加入等突发情况，因而对系统的建模提出动态性要求[4]。

（3）时间预测模型描述。在安全风险监测预控与应急处置过程中，时间就是生命，时效性评价是应急指挥体系效能的第一要素。引入应急救援指挥任务执行的时间要素，将这些时间因素纳入模型中，描述应急组织和应急资源的准备时间，结合不同场景的应急调度执行流程，提高安全风险监测预控与应急处置数字化流程的模拟执行效率，提供效率最佳的应急预案流程。

（4）信息资源调度服务、协同决策与效能评价。分析系统过程协同指挥流程优化，应急信息资源调度服务的可用性、可靠性、协同性，决策及效能评价等一系列问题，开展应急救援指挥任务的协同规划、信息资源调度及辅助决策方案的生成，协同决策服务组合及效能评价（可靠性、时效性、容错性等）。

（5）所选取的云服务不仅要满足功能性要求，同时也要满足定量的服务质量（Quality-of-Service，QoS）[5]要求，如响应时间、可靠性、吞吐率等。然而，QoS信息源自用户反馈并通过服务提供商发布，多样的服务资源缺乏可信任第三方的专业评估及认证，其真实性、准确性、时效性往往难以得到保证，深度影响了交付系统最终的QoS，并导致较高的服务等级协议（Service-Level-Agreement，SLA）违约率。因此，分析和预测矿隧安全风险监测预警与辅助救援指挥场景中云服务和服务组合的QoS，并进行QoS驱动和约束的服务组合调度，一直是一个难点和热点问题。

综上所述，迫切需要针对多个热点和难点问题，以高可用QoS感知的智慧矿隧事故指挥信息调度与应急处置协同决策为主要目标，综合运用多种理论和技术手段开展全面、深入的研究。首先，需要构建基于复杂网络、体系工程和大数据分析的时空网络建模、分析、演化预测、优化求解的方法；其次，需要开展矿隧安全风险监测预警与辅助决策指挥系统的信息调度协同流程研究；再次，需要开展时变波动QoS感知的服务组合及其关键算法研究；最后，需要开展QoS感知的矿隧安全风险监测预警与辅助决策指挥系统的信息调度和协同决策评价的研究，并以现有系统的信息服务系统为数据来源、实验环境和验证平台，进行演练测试并改进，以此推动我国矿隧安全风险监测预警与辅助救援指挥决策系统的信息传输体系化、标准化、流程化进程，进一步提高矿隧安全风险监测预警和应急处置能力。

1.1.2　国内外发展现状和趋势

面对复杂的突发事件场景，安全风险监测与应急协同决策不仅需要指挥分布在不同区域、不同领域的多个单位或部门密切配合，同时也要根据突发事件的事故灾害环境的实时变化动态合理地调整应对策略，还需要具备从海量不确定数据中提取有用信息，高效的求解算法支持，以实现在有限时间内制定有效的应急处置方案。以下分别从应急业务需求、体系结构建模、安全风险监测预警与应急响应处置流程、资源配置、服务计算与服务组合、效能评价进行现状概述。

　　1.1.2.1　矿隧安全风险监测预警与应急联动平台架构、应急指挥协同过程、时空网络的建模与分析

　　1993 年，Berge 等[6]提出时空网络，主要应用于航班的排程调度和优化。2007 年，Yan 等[7]研究了基于时空网络流的多目标灾后道路抢修和物资配送混合整数多重网络规划模型。2008 年，赵林度等[8]提出一种需求服从脉冲分布的应急资源调度模型。

　　2009 年，Yan 等[9]构建了一个多目标、混合整数、多商品网络流的道路维修和应急物资配送协调的时空网络规划模型。

　　2010 年，Sheu 等[10]提出了一种大规模事故灾害下应急物流业务的时变需求分析与管理。

　　2012 年，卓嵩等[11]建立了基于事件驱动的城市疫情应急相关时空数据的概念模型、静态结构模型和时态行为模型，并设计 Geodatabase 实例和组件模型，实现对时空数据模型的面向对象的组织、管理和操作。

　　2013 年，曹策俊等[12]构建了基于"感知-决策-处置"的云应急模式下按需服务机制的 X 列表的云应急平台的架构。

　　2014 年，雷志梅[13]建立了模型，分析不同的阶段-决策主体-决策目标维度下的应急指挥信息的需求及信息之间的内在关系。

　　2015 年，张艳琼等[14]开展了基于云模型突发事件分级模型的定性概念和定量表示之间的分析。

　　2016 年，王海鹰等[15]对地震应急救援信息需求进行初步归纳，并对开展大震巨灾信息获取工作提出建议；Sánchez-Nielsen 等[16]提出了一种情境意识过程模型和基于云计算和情境感知的信息服务架构，以提供具有公民洞察力的决策。

　　2017 年，郭路生等[17]从框架的主体、活动、时间等 6 个维度和需求者、供给者、传播者、信息系统 4 个视角对应急指挥信息需求进行了分析；蒋勋等[18]从公众、救援人员、决策者 3 个角度，以及常识知识、事实与经验知识以及运算推理规则 3 个维度探索了安全风险监测预警与应急响应的知识库体系框架的构建。

　　2018 年，武强等[19]采用混合云架构的矿山水害智慧应急救援服务体系，提供了按需和弹性计算能力存储资源；马文娟等[20]设计了一套基于物联网与云计算架构为核心的地震大数据应急调度平台的解决方案；Yousefpour 等[21]介绍了 IoT-fog-cloud 应用程序的通用框架，提出了服务延迟最小化的协作、卸载策略；Moghaddam 等[22]开发了一个框架动态地建议服务，组件和组织的最佳匹配，以及在组织之间共享服务和/或组件方面的最佳协作决策。

　　2019 年，储节旺等[23]根据函数效应，从需求层、工作层、运行层以及服务层 4 方面构建云平台驱动的应急决策情报工程架构，使应急决策情报工程化及平行化；肖花[24]构建了应急处置信息资源共享协同标准化平台、应急指挥信息资源共享协同传播模式和应急知识资源协同管理模式，以实现应急处置信息资源的整合与共享。

　　2020 年，Marcelo 等[25]提出了一种针对边缘层的新型分布式轻量级虚拟化模型，让相邻边缘节点参与分配或提供按需 VN。窦林名等[26]提出一种基于 GIS 技术、云技术、

采矿地球物理等技术，搭建的集成微震、应力、钻屑等多种监测手段的冲击矿压风险智能判识与多参量监测预警云平台，同时通过监测数据的信息化与防治措施信息化的融合，将现场监测、防治信息通过"一张图"的形式实时预警，该平台在山东古城煤矿等 13 个矿井成功运用。陈翠霞等[27]采用 Spring MVC+iBATIS 框架关键技术，搭建了流感预测预警平台，实现了传统监测网络数据与高通量测序基因组数据在统一信息化平台的共享、实时网络化管理，实现流感病毒全生命周期的多层次全方位的预控，形成流感病毒防控的闭环。乔伟等[28]采用 Flume 设计数据迁移子系统，以流处理方式对监测源数据进行预处理，对关键目标数据进行采集、聚合和传输，实现了有效监测数据的实时迁移；此外，针对煤矿水害多源监测预警过程中数据规模大、数据实时处理要求高等特点，结合多源异构数据关联分析和时空属性数据分析处理需求，基于 Spark 和 HDFS 设计实现了具备 TB 级数据存储处理能力的煤矿水害多源监测大数据存储平台。该平台采用 HDFS 设计构建统一的多源时序大数据存储体系，通过 Mapreduce 实现大数据并行处理，利用 YARN 实现资源的调度与管理，为海量数据存储提供支撑；平台采用 Spark Streaming 框架搭建了数据实时处理中心，通过流处理方式实现监测数据高速处理，并通过智能预警算法模块和远程服务接口为预警系统现场应用提供支撑。在智能预警技术方面，结合监测数据的时空属性特点，提出了基于深度学习时空序列预测方法和基于长短时记忆循环网络智能预警模型的底板突水模型预警技术。该预警技术基于 LSTM 方法，以"下三带"理论为基准对模型进行初始化，形成初始预警判据；将电法、微震监测数据作为输入变量，实际涌（突）水事件作为干预输出量，对智能预警模型进行半监督分类学习训练，形成动态化、参数最优的模型预警准则，将监测数据动态划分为 4 个预警等级，从而实现了水害智能动态预警和数据可视化表达。倪甲林等[29]通过运用计算机技术、GIS 信息技术、数据库及信息处理等技术，结合开发建设的海洋专业数值模型、风险评估模型和应急监测模型及污染迁移扩散模型使得不同层级的使用者可以查询核电厂邻近海域海洋环境质量变化及海域使用状况。许宁等[30]通过构建海冰预警监测综合信息服务平台，实现了冰情和灾情数据查询、分析、动态显示与发布，以及海冰事故灾害风险分析与事故应急响应等主要功能，进而实现海上石油平台、滨海核电、高值化养殖等典型涉海用户的冰情监测与风险信息的动态管理，以及相关行政区域的灾情信息传送。

2021 年，余国锋等[31]构建了基于水文、充水水源及底板破坏实时监测物联网的多源信息大数据智能预警云平台，将神经网络模型嵌入系统，搭建了大数据智能分析平台，建立了基于微震监测系统、水文监测系统、三维可视化系统的云平台，通过网络集成技术和数据整合技术实现无缝衔接，将最后整合的统一结果在突水预测预警分析中心集中显示、分析，通过深度学习对工作面底板突水的危险性进行评价。李俊萩等[32]运用基于 Python 的 ArcGIS Server 自动发布地图服务、多元数据预警分析、人工水质监测数据预警分析等技术，以滇池为研究区，构建了水华预警系统，通过对滇池流域生态红线预警范围内的地表覆盖变化情况监测，可及时发现导致水华发生的潜在陆源污染因素。连会青等[33]以陕西省彬长矿区亭南矿为例，建立了动态信息、静态信息及关联信息的指标体系，将地面水文动态监测单元、井下水情环境监测单元以及采掘工作面采用动态监测单元集成，构建原位采集和突水要素预兆感知系统，实施基于关键层电性参数动态监测、关键部位单点或多点多参数监测联合布置的突水前兆信息精准获取方案，采用确定性模拟模型和非确定性智能模型，实现水害预测预警功能，基于多源数据融合和空间联动分析技术，预警系统实现了井上井下全空间水害风险预警"一张图"的可视化展示。潘俊锋等[34]以现场监测数据为基础，为每种预警指标赋予属性权重和等级权重，进而得到可随冲击危险性动态变化的综合权重，采用冲击地压分源权重综合预警方法，解决了人为定权易造成主观误差的问题，避免了固定权重中部分指标被中和的情况，使预警结果更加客观可靠；开发了集成接口融合、格式转化、统计分析、指标优先、权重计算、等级预警等功能为一体的冲击地压综合预警平台，实现了对微震、地音、应力、钻屑等多参量、多尺度预警信息的深度开发与警情智能发布，大幅提高了预警效率及效果。窦林名等[35]提出了冲击危险"应力-震动-能量"三场耦合监测原理，建立了冲击危险应力场-震动场-能量场三场多参量综合监测预警技术体系，并构建了多参量带权重的时空预警模型；基于大数据和云平台技术，开发了冲击矿压风险智能判识与多参量监测预警云平台，实现了冲击危险监测数据与防治措施信息的融合，提高了冲击危险监测预警效能；提出了冲击危险强度弱化减冲原理和巷道围岩强弱强结构原理，并给出了基于动静载的冲击矿压分类监测预警和防治方案。2022 年，晏涛等[36]基于 Spring Boot 框架和 GIS 技术构建并设计了矿井水害"一张图"预警平台，实现了五大标准数据库建立、水文地质信息管理、水情监测预警、全矿井水害预警、工作面水害预警等功能，形成了"一张图+水害预警"管理体系。陈磊等[37]基于 Hadoop 进行了数据的存储与计算，并应用 WebGIS 等关键核心技术，设计并初步实现了适用于岩溶山区滑坡监测预警的云平台原型系统，设计了多元监测数据集成管理的普适性云平台系统架构；其次，依托校园大数据平台、采用网络开发技术，搭建了应用型云平台，并基于原型平台实现验证了岩溶山区滑坡监测预警云平台的基本功能模块。王恩元等[38]分析了瓦斯事故灾害与风险隐患的大数据特征，提出了基于安全监测大数据的瓦斯事故灾害风险隐患识别与突出危险性预警方法，研发了煤矿瓦斯事故灾害风险隐患大数据监测预警云平台，实现了动态信息资源"一张图"，并进行验证和应用。姚宏武等[39]开发了"医疗机构传染病预防控制信息系统"，全面采集了医疗业务系统中患者诊疗数据，实时监测并评估传染病相关风险，实时提醒并监控临床医务人员，辅助临床医务人员完成处置工作；系统监测预警灵敏度为 98.7%，准确度为 97.6%。曹亚利等[40]利用一维卷积神经网络对时序数据有较强特征提取能力的优势，以微震数据及其特征参数作为输入，以专家评判值作为标签，借助 Python-Keras 框架实现了冲击地压预警模型的构建和训练，模型预警效果并不随着训练迭代次数的增加而逐渐最优，存在最优迭代次数，最优迭代次数下模型可以较好地学习专家评判经验实现冲击地压预警。周勇等[41]提出我国 MMFW 软件存在着基础软件落后、应用支撑软件薄弱、应用软件技术含量偏低等问题；应补齐开发环境、工具等基础软件和应用支撑软件短板，构筑业务运行和监控软件等应用软件长板，做优 MMFW 信息产品和技术支持服务，加快无缝隙-全覆盖、自动-智能、精细-数字的 MMFW 软件关键核心技术研发。邱银国等[42]整合了卫星遥感、无人机监测、视频监控、浮标监测和人工巡测手段，构建了巢湖水质和水华全方位监测网络；结合巢湖水动力水质藻类耦合模拟模型，研制了蓝藻水华预测预警和蓝藻水华暴发应急处置模块，实现了蓝藻水华短期（未来 2日逐时）和长期（未来 7 日逐日）模拟，并实现了未来 5 日蓝藻水华沿岸堆积模拟。马海涛[43]分析了中国当前的重特大地质事故灾害应急救援主要任务、工作目标和监测预警短板，提出了"精心组织、精密监测、精确预警、精准防控"等对策措施，为加强新时代地质事故灾害应急救援队能力建设提供了政策建议。杜岩等[44]通过引入激光多普勒测振仪（LDV）与激光测距仪（LRF），开展了滑移型岩块体崩塌破坏全过程遥感监测预警试验研究，基于激光遥测技术的多指标监测预警方法不仅可提前135s实现崩塌事故灾害的预警，而且可以实现崩塌事故灾害的三级预警。均方频率与第一频带能量指标的引入，可以规避岩体结构面破裂信号等因素干扰，提高目前监测预警的准确率，降低误报率。贾永刚等[45]提出针对不同类型海洋地质事故灾害的特征，加强突发性海洋地质事故灾害原位监测技术的研究和应用，针对不同海洋地质事故灾害的监测要素深入研究重大海洋地质事故灾害事件爆发征兆的监测和识别，建立覆盖多圈层的海洋地质事故灾害立体监测体系。毕波等[46]采用含水层分类显著因子、水化学空间分布特征，结合温度、流量、水位、水质等参数的高精度传感器，构建了快速准确突水预警系统。对矿井出水点进行智能监测，为实施防治水措施提供快速、可靠的依据，可以极大地避免矿井发生突水事故和减少突水事故产生的损失。郭飞等[47]以三峡库区八字门滑坡为研究对象，综合分析降雨、库水位、人工和自动 GNSS 监测等数据，结合勘查资料及野外宏观巡查，研究了滑坡的变形特征及失稳机理，并确定了合理的预警判据及阈值。朱武等[48]突破了滑坡动态跟踪、实时监测、精准预警等关键核心技术，研究了低成本、大视场、智能化、高精度的滑坡实时监测装备，构建了多传感集成的滑坡实时监测预警系统。王文等[49]基于提升风险分析、综合决策、预警信息发布、指挥调度、应急处置的五大业务能力需求，提出信息技术和应急业务深度融合的建设模式，采用感知网络、基础设施、数据服务、业务支撑、综合应用的分层架构设计，贯穿灾前风险监测、预警、应急响应全过程，构建了重大风险全覆盖的多层级自然安全风险监测预警体系。冯巩等[50]采用联邦 Kalman 滤波融合同一监测剖面多测点位移监测信息，获得了表达各监测剖面实时稳定状态的动态位移融合值。张巨峰等[51]提出了基于动态数据的驱动技术，搭建瓦斯异常涌出风险预警系统架构，探讨动态数据驱动的瓦斯涌出监测曲线拟合、动态预警模型选择和修正、预警系统研发等关键性技术，开发了基于动态数据驱动的瓦斯异常涌出风险预警系统软件。郑宗利等[52]确定了突涌水的主要影响因素及其发生过程中变化显著的监测项目；选择溶洞特质、水的变化、岩盘破损程度、节理裂隙形态为预警体系的主要评价指标，根据溶洞与隧道相对位置关系，建立了溶洞侵入及未侵入隧道两种类型的突涌水预警体系。王家柱等[53]提出当变形速度的平滑异同平均线（Moving Average Convergence Divergence，MACD）值在−1~1 区间时，代表滑坡变形速度虽然有所增加，但变形趋势并未整体改变；当 MACD 值超过−1~1 的区间，代表滑坡变形趋势整体发生改变，可将此阶段短期平均线上穿长期平均线的点（同时也是 MACD 值由负转正的点），作为滑坡 OoA（Onset of Acceleration）点。利用 MACD 指标能够快速有效寻找拟合曲线起始点，以及指数平滑函数（ESF）处理的监测数据，使拟合曲线的确定系数最高，误差率最低，误差率低于2%，模型预测结果随着数据的更新，将不断逼近真实结果，具有较高的准确率。

从近年课题相关研究文献可以看出：（1）应急资源需求及预测模型建模。突发事故风险与应急联动的信息、人员、物资需求具有脉冲分布，是一个时变动态过程。系统信息需求及应急指挥云平台为信息载体，从信息架构、技术架构和的体系层次结构，对信息传递网络进行形式化描述和建模，其需求模型、传递模型体现时空特性，应急救援工作是事故灾害事件和应急信息资源调度双重驱动的一个协同作用过程。（2）应急指挥体系时空网络建模。时空网络方法将时间和空间进行了有机结合，形成一个时空二维坐标，实现了复杂动态网络流协同优化建模和求解。应急救援处置过程和物资调度具有时空特性，结合复杂网络建模、体系构建与分析方法、大数据挖掘与分析，建立时空网络模型能够较好描述其特性，并较好应用于道路修复、物资调度、航空调度等应急案例场景。（3）应急资源协同调度建模。多阶段、多部门、跨区域、多响应层级、多网络层次的复杂建模一直是个难点，应急资源协同主要是在通信信息、交通领域应用比较广泛。（4）主要技术手段及应用领域建模。将边缘计算、深度学习、系统科学、复杂网络、物联网、大数据和人工智能的先进算法及技术手段，逐渐应用在突发事件应急处置综合建模与分析，深入开展应急信息调度需求驱动的应急协同指挥平台的信息、人员、物资资源调度与优化，是目前的主要发展趋势，典型应用应急指挥场景有疫情防控、地震、疫情防控、火灾、智慧城市、交通等行业；但是，主要针对安全风险监测预控与应急处置领域建模与分析相关研究较少，以矿隧安全风险监测预警与应急联动信息调度为先导的人员、物资综合调度与决策优化尚未有文献报道。

1.1.2.2 矿隧安全风险监测与应急准备与响应、处置工作流描述、应急资源配置协同调度机制和模式

应急预案是应急管理工作的基础依据，国外数字化预案技术已经广泛应用于军事、能源、公共卫生、工业制造及农业生产等领域，我国以"一案"促"三制"，预案是龙头，预案包括了应急管理各环节的内容[54]。

Krogh 等[55]首次应用 Petri 网建模理论来研究 DES 问。Zhou 等[56]提出了受控 Petri 网的模型，用于自动化车间的建模与调度控制。李建强等[57]研究了一种工作流模型的性能分析方法。袁宏永等[58]采用虚拟仿真技术、信息技术、网络技术等技术实现突发事件数字化预案。Sheu 等[59]提出一种基于快速响应灾难中的紧急救援的紧急物流配送方法。White 等[60]提出通过提供基于动态参与者网络和基于活动相关性的自动机制的系统来支持紧急响应。Dotoli 等[61]利用 Petri 网实时识别离散事件系统。郭德勇等[62]分析了快速建立应急救援预案的关键性，研究了煤和瓦斯突出事故应急预案。张子民等[63]提出城市安全风险监测预警与应急响应信息模型计算涉及的 3 个关键问题：分布数据的获取、应急辅助模型的运算和安全风险监测预警与应急响应辅助数据集的分发。杜磊等[64]提出了基于 Agent 的应急预案流程交互调度模型，实现了从应急预案流程形式化模型到 Petri 网模型的转换。Shan 等[65]用随机 Petri 网建模建立应急预案全生命周期流程的方法。Manuel 等[66]用层次化的 Petri 网模型，建模应急预案过程本体，并设计了本体和 Petri 网之间映射规则关系的水平。Yue 等[67]通过情景响应的应急决策机制的多 Agent 的有效协同，实现自然事故灾害动态应急决策过程。Satria 等[68]提出基于语义本体框架的突发事件应急预案形式化描述及预案知识的使用框架。Mohammed 等[69]提出一种实体-关系的应急预案流程模型描述方法，对预案及安全风险监测预警与应急响应进行分析。曾庆田等[70]建立了应急处置流程的 4 种不同视图表示下应急处置数字化流程的相似度计算方法。杨巧云等[71]指出共同价值驱动、环境保障、多主体协同、全流程优化、多资源集成是构建突发事件应急决策情报体系协同联动机制的主要路径。李安楠等[72]构建了分形应急组织的优化模型，解决跨地域、跨部门、跨功能等协同处置问题。谢洪波等[73]提出一种突发地质事故灾害应急案例结构化模型和规范化描述。郭鹏辉等[74]采用融合差分进化和约束优化

的方法，优化车辆行驶路线和需求节点物资分配方案；Wafa 等[75]应用多访问边缘计算体系结构的概念以及面向服务的体系结构的编排，通过标准云服务以分布式方式在多个组织之间进行无缝协调，使救援过程完全自动化。苏鑫等[76]基于海上溢油事故应急物资调度需求及超网络的多主观性、多层次、多标准和协调性等特征，构建应急物资区域调度的超网络模型，并将该模型转换成等价的变分不等式问题，运用修正投影算法求解。王付宇等[77]采用步长递减的天牛须算法，引入步长更改系数、步长最大值等参数，使步长随迭代次数增加呈现递减趋势，提高算法的寻优效率和求解精度。刘纪平等[78]阐述了综合减灾技术的特征，回顾了综合减灾技术的进展，包括事故灾害信息的获取与管理、应急信息的融合和分析、事故灾害模型的构建与仿真、应急综合决策与服务等。眭海刚等[79]对涉及的遥感应急保障预案、遥感协同应急服务体系架构、应急监测资源配置、空天地遥感协同规划、应急处理模式、遥感应急快速智能处理等关键技术进行了详细阐述，并进一步地从应急服务保障体系落地应用、星载在轨应急响应、机载应急信息实时处理和地面应急信息快速处理 4 个方面进行了应用实践。赵金龙等[80]针对危险化学品泄漏后的应急救援过程，结合 Agent 相关基础理论，明确以救援单位作为基础 Agent，同时根据应急协同的 3 种模式，明确不同救援 Agent 的启动准则，构建基于 Multi-Agent 理论的应急协同救援框架。刘春年等[81]通过扎根理论对突发事件信息资源进行概念化分析整合获得 54 个范畴、20 个主范畴、5 个核心范畴，构成事故灾害链情报体系、应急响应情报体系、资源环境情报体系、应急价值情报体系、应急知识情报体系 5 个子情报体系并生成相互关联的故事线。梁魏等[82]界定了灾场内、外域系统的划分，描述了模型基本框架，分析了双方应急过程的行为特点，并利用多智能体系统描述了内、外域结合的应急行为规律，通过想定案例模拟了内、外域协同救援效果。朱莉等[83]构建了一个考虑灾民和决策者们异质性行为的多阶段灾后救援物资分配和应急路径优化模型。申顺发等[84]对观测平台任务调度建模，并构建应急驱动的，以事件区域气象、路况等条件为参数集的任务调度模型；然后在解析获取信息的基础上，结合异构平台的功能特性以及限制因素，对不同平台的任务可执行性进行综合判断；最后设计并实现星空地平台任务调度系统。

2021 年，万孟然等[85]提出了考虑备灾的双层规划应急资源调度选址—路径优化模型，上层规划以供应站建设和运营总成本最低为目标，而下层规划以配送路径成本最小化为目标。设计了一种改进的双层樽海鞘遗传算法求解该问题，结合迭代划分的概念更新领导者位置，采用自然指数惯性权值策略修正控制因子，利用混沌映射更新追随者位置，采用田口分析方法获取参数合理取。曲冲冲等[86]从整合京津冀地区应急资源、协同应对突发事件的角度出发，提出了京津冀地区统筹规划下区域协同应对自然事故灾害的新模式。本文曲冲冲等以京津冀地区应急物资保障的经济性和物资分配的公平性为目标，建立了多阶段、多灾种的京津冀协同应对自然事故灾害应急资源配置的多目标规划模型，在此基础上设计了一种多目标免疫算法。结合京津冀地区自然事故灾害发生的情景概率，验证了模型的科学性与算法的有效性，为京津冀地区乃至世界城市群协同应对应急资源的优化配置提供理论指导与科学的决策。柴亚光等[87]通过推导获得政企合作的条件及双方最优决策，并验证模型相比政府单独储备时的优势，以及模型对不同类型物资的适用性；同时分析若干因素对政企决策及成本收益的影响，并提出相应管理策略。宋英华等[88]建立以调度时间、应急成本、救援效应为目标函数的应急资源调度超网络模型，将模型转化为变分不等式等价形式，应用修正投影算法对模型进行求解。李加连等[89]建立了基于煤矿透水事故发生、发展和应急响应机理三方面的要素计算方法；在供氧和供食物所需资源布局给定的前提下，设计水泵布局的目标函数和约束条件，建立水泵布局鲁棒优选模型，通过机会时间窗概念的引入和分支定界算法的思想，给出水泵布局不可行方案的判别准则，并在此基础上进行优选算法的设计。徐绪堪等[90]针对城市洪涝突发事件态势演化迅速、难以控制的特征，对突发事件进行情景要素分解，引入支持向量机和相似度算法，基于粒度原理构建一种融合情景的动态响应模型，实现了从决策高层到基层的情景细化。李霞等[91]建立带需求时间和畅通可靠度阈值约束的路径选择决策综合评价模型；在资源调度方面，考虑救援时间和调度物资数量提出救援效率概念，建立救援成本最低、救援效率最高的双目标优化模型，基于 NSGA-算法引入 TOPSIS 法求解。姚佼等[92]在应对突发公共事件的跨部门协同治理中，在顶层设计基础上建立健全突发公共事件治理的信息资源共享体系和机制，通过大数据信息集成，形成自然资源配置方案，以便及时对国家治理规则、法律法规体系机制进行优化，亦可为公共管理跨部门的协同治理目标提供方案。

张志霞等[93]将非常规突发事件进行时间切片，构建各阶段的组织关系矩阵，利用社会网络分析法对不同时段的关键性参数进行测算，按照应急响应组织网络演化模型进行仿真，分析其关键性指标值。王付宇等[94]针对人工蜂群算法易早熟等缺点，利用动态参数思想与 Pareto 解集来定义新的蜂群位置更新公式，利用教学优化思想对蜂群位置进行扰动，以避免算法陷入局部极值。赖俊彦等[95]从编制和管理两个维度分别细化设计了应急预案通用要求的 12 项标准主题、内容和适用范围；对于应急预案体系系列接口，在梳理相关法律法规要求的基础上，对照预案建设现状，分为专项预案标准、基层组织和单位预案标准、重大活动预案标准等 3 类接口，设计了相关标准的主题、内容和适用范围。都雪静等[96]利用主客观方法相结合的方法来确定指标的权重，并且采用 B 型关联度来客观描述评价对象与正、负理想解之间的距离，利用改进的 TOPSIS 法通过以上方法得到各事故点的需求紧迫系数，以保证配送的公平性。鲁金涛等[97]构建层次结构情景模型，即事件-环境-场景状态-任务-应急行动-资源主体模块，提出各模块情景相似度的计算方法和应急演练情景相似度评价矩阵；最后，将结构相似性分析方法和"情景-响应"模型结合应用于油气爆燃事故和油品泄漏事故中。李学工等[98]利用层次分析法确定评价指标的综合权重，最后运用序参量法评估冷链供应链各应急环节的协同度。赵月华等[99]对新冠肺炎疫情期间中国、美国、英国 3 个国家的政府、媒体和民众的多维度数据展开分析，在收集各个国家疫情感染数据、国家发布政策、新闻等公共媒体信息及社交媒体数据的基础上，利用主题模型和内容分析方法对不同主体的应对策略进行揭示，并分析归纳疫情发展过程中政府、媒体和民众应对策略的演化。焦麟等[100]针对目前的应急响应预案知识组织研究尚不完善，现有的数据模型不能满足生物危害态势时空分析需要的问题，在 ABC 本体模型的基础上构建了生物危害应急响应地理本体模型（Biohazard Emergency Response Geo-ontology Model，BEROM），并建立了用于应急决策推理的规则集。刘冰等[101]针对重大突发疫情风险研判与决策柔性协同机制以信息聚合机制、知识发现平台为关键性驱动力量，以中心式矩阵型决策主体组织架构为核心构件，涵盖事件发展全过程、具有一定的柔性、能充分调动各方资源、实现多部门与多主体协同高效配合，可为突发重大公共卫生事件风险全面防控与有效应对、防范化解重大风险提供支撑。吴鹏等[102]针对森林火灾救援问题的特点，根据不同火灾点的严重程度和火势蔓延速度对火灾救援优先级进行划分，以消防车辆救援时间最小化作为优化目标，建立消防救援车辆路径优化的混合整数线性规划模型。具体包括根据问题特点设计基于启发式思想的种群初始化，提出一种均匀策略提升解码质量，并设计高效的交叉算子提升雇佣蜂和跟随蜂的寻优搜索能力，避免算法陷入局部最优。

2022 年，胡东滨等[103]提出基于随机森林算法，并结合专家知识构建的权重求解方法，采用案例检索方法得到相似案例集，构建了应急处置效果评估指标体系，以全面评价相似案例对应的处置效果；进一步考虑多专家评价可弥补决策者知识、经验等的不足，引入了自适应群共识调整算法，得到群体评价意见，通过集结相似度与处置效果，得到了方案的综合评价值并生成最优方案。靳鹏等[104]分析应急任务完成时间和观测收益关系，建立考虑时间依赖性收益的数学规划模型，基于遗传算法，提出考虑合成机制的多星应急任务调度算法。设计任务合成、插入和替换算子完成应急任务插入，考虑任务观测收益、序列扰动和最短观测时间设计适应度函数，设计交叉、变异、全局修复算子迭代优化调度序列。李希腾等[105]构建一套基于智能合约、共识机制等隐私技术的应急物资运作模式，描述应急物资储备、运输、捐赠和监管 4 个环节中的具体操作；最后，分析服务层、信息采集层等各层级的功能要素，并从人人交互、人机交互、机机交互 3 大维度出发，阐明该运作模式的实现路径。汤兆平等[106]构建总调度时间最短、总调度成本最少和总惩罚成本（某种类的应急资源未能得到满足时而引起的进一步损失）最小的铁路应急资源调度多目标规划模型，把救援优先权参数引入到模型中，获得多事故点的应急调度方案，解决了救援初期多事故点间应急资源的竞争与冲突问题。黄彩霞等[107]将经典飞蛾扑火优化（MFO）算法以及基于 Levy 飞行的飞蛾扑火优化（LMFO）算法相比，基于双自适应因子的改进 MFO（DAMFO）算法模型求解精度更高，研究结果可为制定合理高效的应急资源调度方案提供依据。吴海涛等[108]综合确定调度预案逻辑复杂度与调度预案认知复杂度（DPCC）为应急调度预案复杂度的主要指标。图形化调度预案后利用熵值法获取调度预案逻辑复杂度值，基于元操作认知资源分析获取调度预案逻辑复杂度值，综合计算应急调度预案复杂度值。郭爱斌等[109]提出基于通航云的指挥调度技术、空天地互联互通网络通信技术、基于物联网的便携式机动保障技术和基于 VR/AR/MR 协同训练技术等航空应急救援立体协同关键技术，通过航空应急救援人员培训、防疫物资协同运送和多年航空医疗救援实际案例，验证立体协同应急救援关键技术的可行性。邵蕊等[110]采用 TELEMA-2D 模型模拟了前山河流域五十年一遇与百年一遇设计暴雨情景下的淹没过程，分析了不同的暴雨洪涝情景下前山河流域的医院、消防和公安救援的响应时间。陈培珠等[111]采用动态栅格法对化工园区栅格环境进行实时更新，应用 Dijkstra 算法对化工园区双向应急救援与应急疏散路径进行仿真优化。姚晨等[112]围绕"数据—特征—决策"的分布式信息融合策略，开展基于情景构建的应急信息需求分析，实现全情景链推演下的智能需求推荐，分别从政府部门间关系、府际关系及非政府组织间关系视角出发，剖析应急信息协同的掣肘因素。张桂蓉等[113]为促进高效的多主体应急信息协同，以应急信息流为线索探究大数据驱动下应急信息协同机制及促进策略，提出在大数据驱动下安全信息认知通用模型探析应急信息协同的主体、内容、形式和应用，构建以动力机制、运行机制和作用机制为核心的大数据驱动下应急信息协同机制。许强等[114]融合高分辨率光学遥感、卫星 InSAR、无人机摄影测量、无线传感网络（WSN）等多种新技术方法，结合多年来对滑坡发生机理与变形破坏过程的研究认识，从天（光学遥感和 InSAR）、空（无人机摄影测量）、地（全球导航卫星系统、裂缝计等专业监测）三维立体角度对我国滑坡监测技术的最新研究进展进行了系统总结，分析讨论了不同技术在工程实践中的技术优势和适用性，构建了滑坡变形破坏全过程的"天-空-地"协同监测技术体系，为滑坡地质事故灾害的科学防范提供一种新的思维范式和经验指导。郑万波等[115]针对突发事故应急物资需求随事故的动态演变不断变化，且单一需求模型预测精度较低的问题，在利用时空转换法将具有汇聚能力的单突发事故出救点问题转化为具有特殊性的确定多突发事故出救点资源调运问题的基础上，利用脉冲需求波动函数和需求预测式，构建以不同的应急需求点物资未被满足需求累积之和最小为目标的物资调度模型。孙硕等[116]构建了一种上层以总的运输代价最小化为目标，下层以配送代价（时间、距离和满意度）最小为目标的双层动态交互模型，设计了一种混合嵌套算法，上层为新型排球超级联赛算法，下层为改进的遗传算法来求解，采用了新冠疫情爆发期间全国药物临时配送中心选址和紧急调度运输背景的相关算例进行求解。吴坷等[117]构建一套完整的应急配送车辆调度模型，使得应急物资能在各需求点要求的时间窗内完成配送；利用 Matlab 进行编码设计求解模型，并通过仿真分析，设计考虑时间窗影响的应急物资优化调度方案。张寒等[118]基于"情景-应对"应急模式的营区突发事件机理形式化描述，采用案例推理方法将当前突发事件情景与历史案例库进行相似度对比分析，构建一套适合突发事件快速响应生成应急方案的方法。梁瑾璠等[119]整合处理政府储备信息、社会企业信息和社会媒体信息等多层级供需信息，快速完成应急物资供需信息动态更新，实现供需信息共享，搭建应急物资调度平台，满足物资的高效调度；最后，在实现信息流和物资流科学充分流动的基础上，整合总结应急物资供应链快速构建模式。杨卿涛等[120]对应急预案文本数据进行预处理和标注，为后续训练抽取模型做数据准备；基于 Bi-LSTM-Attention-CRF 网络和 XBoost 模型抽取响应任务和任务关系；基于抽取出的响应任务和任务关系构建应急响应过程 BPMN 模型。黄晓斌等[121]采用自下而上的经验性研究设计思路，以 Q 事件背景下的 33 个智库为案例，爬取 33 个智库在 Q 事件期间发布的各类型资料，采用扎根理论三级编码思路构建理论体系。姜文宇等[122]针对森林火灾的风险评估、监测预警、应急处置与事件复盘等重要环节，集成自研的各类算法模型，重点研究多尺度动态风险评估、空天地一体化监测与预警、森林火灾蔓延预测、基于时间戳的可视化事故复盘等关键信息化技术。张桂蓉等[123]基于安全情报体系和传统应急情报协同体系，充分利用数智智能的数据收集、信息研判、服务供给、机器执行优势解决应急情报协同困境，构建数智赋能的现代化应急情报协同体系。王秉等[124]分析应急情报在事故风险应急管理中的作用，并挖掘事故风险应急管理中的情报工作过程及要素。在此基础上，构建和解析情报视域下的事故风险应急管理理论和实施机制。张莉等[125]引入熵权法确定需求点的需求紧迫度，优先配送紧迫度高的需求点，在此基础上尽可能地使配送路径最短，实现构建基于物资需求点紧迫度不同前提下的需求可拆分的多目标应急医疗物资调度模型；并使用动态惯性权重和增加粒子扰动项等策略对粒子群算法进行改进用于求解模型。张鑫蕊等[126]构建突发公共卫生事件信息协同要素体系，并将模糊集理论和 DEMATEL 方法相结合进行关键要素的识别，清晰构建了突发公共卫生事件信息协同过程模型，识别出信息协同的 13 项关键要素，解析了要素之间相互关系，为突发公共卫生事件的应急管理中如何提高信息协同效率，如何解决信息不对称等一系列问题提供了一定的研究基础。宋英华等[127]构建一种新的考虑差异化灾情分级的应急物资公平调度优化模型，运用遗传算法求解模型，以新冠疫情重灾区湖北省作为案例仿真模拟。张桂蓉等[128]构建"组织属性—网络关系—环境因素"研究框架，结合模糊集定性比较分析方法和31个省份的案例数据，从组态视角探析自然事故灾害跨省域应急协同的生成逻辑。

从近年研究文献可以看出：（1）安全风险监测预警与应急响应及过程决策。突发事故灾难安全风险监测预警与应急响应准备，以事故风险采集、识别、评估为基础，以应急预案建设为核心，以储备应急资金、人员、物资装备为保障；安全风险监测预警与应急响应及处置，以事件和应急信息调度为驱动，以应急预案为基础依据，应急处置过程以应急平台承载的指挥信息传递互馈作用下，整个过程都是以信息传递为驱动的应急队伍、物资、装备、专家等角色协同机制，突发事故响应等级是基于风险类别、灾情、预判做出的决策；（2）应急处置数字化流程描述。应急预案贯穿整个应急处置过程，从应急准备、启动、运行、到恢复，是应急处置过程的主线；（3）应急资源配置协同调度机制。应急处置协同处置 Petri 网建模、工作流为基础开展建模与分析，充分发挥这些形式化模型对应急控制的建模描述能力，预案决定其执行机制和场景，贯穿整个应急处置过程对应急预案驱动的事故灾害控制流程进行全生命周期的形式建模和性质分析；（4）系统的应急信息资源调度模式。以矿隧事故应急预案数字化案例库为应用场景，开展矿隧事故的应急处置数字化流程、应急信息资源调度机制和模式的研究，是提高复杂事故灾害和恶劣条件下确保安全风险监测预警与应急响应效率、应急控制时效性、应急处置信息服务自动化水平的有效手段。因此，矿隧安全风险监测预警与辅助救援指挥决策系统信息资源的产生、传递、调度机制与模式是目前的研究焦点。

1.1.2.3 矿隧安全风险监测预警与应急联动信息资源组织规划与融合、挖掘分析、协同决策与优化

2005 年，Douny 等[129]提出的是基于模板规划法（Planning with Templates）实现应急事故灾害处置任务的组织；Dana 等[130]提出了用层次化任务网（Hierarchical Task Network，HTN）对任务进行分解，并在标准化模板基础上进行规划的方法，该方法已经用于事故灾害疏散规划等问题。

2010 年，王新平等[131]构建了基于传染病扩散模型的应急物流网络优化多目标随机规划模型。

2013 年，尹念红等[132]针对有效处理公共工程突发事件中模糊和不确定的信息，提出基于多粒度语言信息的应急决策方法。

2015 年，蔡玫等[133]针对构建二维信息的模糊相似度的案例匹配模型，从理论上构建一类基于模糊案例推理的应急决策方法。

2016 年，唐攀等[134]在应急领域中运用 HTN 规划方法所要解决的应急行动方案制定方法。2017 年，Sharma 等[135]提出一种协作式协作虚拟环境（CVE）的多个方案并进行疏散演练方法；李群[136]提出一套具有"应急会商"与"预案交互生成"功能的信息化系统设计方案；李海涛等[137]开发基于多元不确定偏好信息的灰色局势群体应急决策方法。

2018 年，操玉杰等[138]构建面向应急决策全流程信息需求的大数据融合框架及融合

路径；Lei 等[139]提出了一种兼顾事故灾害救援等待时间、优先资源负载均衡度、资源请求数量的调度方法。

2019 年，谭睿璞等[140]基于偏差最大化方法计算异质信息属性权重，采用案例相似度推理的方法从案例库中找到与目标案例相同或者相似的历史案例；苏晓慧等[141]提出一种自媒体信息挖掘模型辅助震后的灾情研判和精准救援；王静茹等[142]通过智能挖掘分析把危机信息加工成危机知识并利用其智能生成突发事件分阶段应对策略。

2020 年，吴健等[143]针对属性值为概率犹豫模糊元的应急决策问题，文章提出基于 GM（1，1）与灰色关联度的应急决策方法；Wang 等[144]将云辅助物联网（CIoT）和大数据系统集成到信息检索系统（CABDIRS）中，提高政府对灾情的有效决策；Freitas 等[145]提出使用参数选择，分类和优先处理包含与紧急情况有关信息的消息，并生成有助于应急解决方案的救援行动。赵星等[146]构建一种应急设施服务区划分模型，确定各应急设施的服务区范围，并设计一种复合算法求解模型，基于 P-中值选址模型的优化理念，形成初始方案；继而加入禁忌搜索算法，结合 LKH 求解器对模型进行迭代优化求得最优。解明礼等[147]采用多源数据融合方法，利用各类数据源在滑坡体中不同的特征与适用性，研究黄泥坝子滑坡在滑前—滑中—滑后动态演变过程中的变形破坏特征和时空演化规律。左延红等[148]建立了基于分数阶微分算子的煤矿监测数据融合处理模型，并通过 0.5 阶微分算子在淮南某煤矿井下瓦斯浓度监测数据融合处理实验中的应用验证了分数阶微分滤波算法的优越性。潘耀等[149]通过模型之间输入输出关系五个维度，即内容概念、空间范围、时间范围、空间精度、时间粒度的关联度计算，构建模型自动排序的设计结构矩阵，实现多模型的智能选择与集成组配。苏兆品等[150]构建了抢修队修复和路线规划的数学模型，然后引入马尔科夫决策过程来模拟抢修队的修复活动，并基于 Q 学习算法求解抢修队的最优调度策略，这种方法能够让抢修队从全局和长远角度实施受损路段的修复活动，在一定程度上提高了运输效率和修复效率。吴冲龙等[151]建立新型的城市"玻璃国土"，实现城市地质环境时空透视，然后利用传感器、物联网和云技术，建立城市地质资源、地质环境和地质事故灾害动态监测数据链，最后基于地质科学大数据的同化、融合和挖掘技术，进行智能预警和管控。刘胜男等[152]结合武进中心城区地面沉降监测系列工程案例，对不同沉降监测方法产生的多源数据进行了分析、对比和融合，使成果兼具各种方法的优点，其不仅能更好地描述地面沉降的现状及预测地面沉降的发展趋势，而且可为后期地面沉降监测提供更加准确且丰富的数据基础。倪慧荟等[153]分析应急处置的基本模式，并定义包括行动目标、行动模块、应急资源、指挥者等基本元素在内的应急处置关系结构模型，利用时效性评估、广义优先关系（GPRs）、C2 组织架构（C2OS）等理论，建立能力满足度、时效性、决策质量等单项评估函数，组合得到集成"能力—时效—决策"的应急处置效果预评估模型，结合算例对不同处置方案进行预评估和比较分析，并验证该模型的有效性。王治莹等[154]通过给出各个演化阶段权重的计算方法，计算备选方案的综合前景价值，并据此给出备选方案的优劣次序。刘阳等[155]将事故风险状态转移过程视为一个有限次的齐次 Markov 链，构建了基于数量柔性契约的应急物资采购模型，分析了政企达成合作的条件与双方最优决策策略，采用数值计算与敏感性分析验证该模型的有效性，讨论了若干外生变量对政企最优决策策略与双方成本收益的影响，提出了重要的管理启示。唐红亮等[156]对地震应急物资调度问题建立了带约束的 3 目标优化模型，并设计了基于进化状态评估的自适应多目标粒子群优化算法（AMOPSO/ESE）来求解 Pareto 最优解集，然后根据"先粗后精"的决策行为模式提出了由兴趣最优解集和邻域最优解集构成的 Pareto 前沿来辅助决策过程。陈可等[157]提出一种突发事件事故等级生成方法，运用案例库的规范化指标输入目标案例筛选出若干个参考案例，将参考案例的事故等级作为目标事件演化等级参考标准，当目标事件平均演化等级达到重大突发事件以上时启动大群体应急决策，针对大群体犹豫模糊决策偏好矩阵存在一致性区间的问题，考虑区间一致性的均值和稳态，提出一种新的专家赋权方法。高山等[158]基于前景理论的思想，计算突发事件事前-事中两阶段的不同情景的综合价值及方案成本价值，通过对事前-事中两阶段不同情景权重的计算，得到备选应急决策方案的综合前景值，并依据综合前景值的大小对方案进行排序，以选出最优方案。张冰冰等[159]提出一种基于局部约束仿射子空间编码的时空特征聚合卷积网络，该网络的核心是局部约束仿射子空间编码层，能够嵌入到双流卷积网络中用于聚合覆盖整段视频的空间和时间特征，从而获得视频的全局时空表达，局部约束仿射子空间编码层由权重系数计算和仿射子空间编码组成，其中的参数可与卷积网络中的其他参数进行联合优化从而进行端到端的学习，在代价函数中施加软正交约束、无穷范数约束和谱范数约束三种方法，以保证仿射子空间基的正交性。于冬梅等[160]采用带精英策略的快速非支配排序遗传算法（NSGA-Ⅱ）对模型予以求解，获得经济成本、覆盖服务质量均衡性与公平性之间的 Pareto 解集，给出 Pareto 最优解集在三维空间的分布及应急设施选址布局网络的拓扑结构。研究成果将为决策者在中断环境下设计可靠的选址-分配网络提供决策支持。刘明等[161]从数据驱动的视角构建了一类创新的应急物流网络动态调整优化决策框架模型，应急响应时间被划分为多个连续的决策周期，每个决策周期中蕴含了疫情扩散分析、应急物流网络设计、数据收集处理和参数调整更新四个循环递进的环节，在该决策框架下，整个疫情的应急响应过程转化为数据学习与资源优化配置交互演进的协同决策过程。张建晋等[162]提出多种基于注意力模块的时空数据融合方式，创新性地提出一种级联式的时空注意力模块，并将其嵌入于上述循环卷积记忆单元内。该模块建模记忆单元的隐藏状态在不同周期内的弹性时空对应关系，自适应地选取相关度高的季节性特征辅助预测。

2021 年，杨宏伟等[163]基于统计学方法拟定基于局部异常系数的滑坡预警阈值，提出基于多变量局部异常系数阈值的滑坡预警方法。张正方等[164]基于多粒度时空对象建模理论，在概率图和条件概率表的基础上发展了一种基于 Bayes 网络的地理过程演化表达和建模方法。该方法将多粒度时空对象作为 Bayes 网络节点，根据多粒度时空对象间的关联关系构建 Bayes 网络，利用 Bayes 概率表达多粒度时空对象间关联关系的作用强度，并通过更新算子和概率图模型描述要素特征状态的动态变化。陈培珠等[165]构建基于三层应急智能决策模型的化工园区多 Agent 信息共享关系与协同模式，所提出的化工园区混合式三层多 Agent 应急响应全过程智能决策体系能够为化工园区应急决策提供重要的理论基础和技术支持。徐选华等[166]提出一种考虑专家风险偏好的犹豫模糊元补充方法，运用 TF-IDF 算法获得相互关联的事件属性集，结合传统的主成分分析法与误差理论，提出基于犹豫模糊语言的主成分分析模型，获得几个互不关联的主属性及其权重，进而进行信息集结和方案择优。高天宇等[167]为合理化计算过程，给出一种离散化方法并构建探索模型进行实验，缩小离散量范围与属性组合范围。刘汉龙等[168]在地质事故灾害风险调查和隐患排查方面取得了明显成效，综合运用合成孔径雷达测量、高分辨率卫星遥感、无人机遥感、机载激光雷达测量等多种新技术手段以提高全国地质事故灾害调查评价精度，综述了迄今国内外学者利用大数据技术开展地质事故灾害研究和防治方面的工作。黄跃文等[169]通过研发系列化智能传感器、智能采集单元和物联网感知平台，建设统一的大坝安全监测数据资源池，开发通用化安全监测云服务系统，搭建专业数据挖掘平台和综合可视化应用，实现了大坝安全监测数据感知、传输、管理、分析及展示全链路应用，形成了大坝安全监测全生命周期智慧解决方案。谢和平等[170]以"深地-地表"联动为核心，建设"深地-地表"地灾防控联动探测大科学系统，全面构建深地科学规律及重大地质事故灾害孕灾机制战略研究体系。宋英华等[171]提出等待效应和短缺效应衡量救援过程中的灾民心理痛苦效应，同时耦合时间和供需情况2个维度测度救援过程中的公平性指标，构建调度总时间最短、时间攀比最小和灾民心理痛苦效应最低的多目标应急资源调配模型，研究多灾点、多配送中心、多种类物资救援场景下的应急资源分配和路径规划决策选择问题。陈赟等[172]针对知识元理论和情景理论，将事故过程片段化和情景化，提出包括表现层、情景层和知识层的地铁隧道施工事故情景表达通用层次模型。陈锐等[173]以三峡库区白水河滑坡为例，选取影响滑坡变形的主要诱发因子，采用两步聚类法对不同的影响因子进行预聚类和聚类，将数值型变量转化为离散型变量后，应用Apriori算法进行处理，生成满足最小置信度的关联准则，建立白水河滑坡多场耦合作用模式下的影响因子与滑坡位移变形关联准则判据。吴学雨等[174]提出了一种基于抗差垂直向方差分量估计的GPS-InSAR融合解算模型，利用方差分量估计方法及抗差估计理论，通过对观测值最优化分类并进行选权迭代，精确分配权重，进而有效计算三维形变场。魏宇琪等[175]通过采用近似动态规划方法模拟应急物资的效用函数，将该模型转化为一组线性规划问题以便求解，将上述方法应用到我国中央级应急物资储备库的模拟预储调整活动中，结果显示联动预储策略可以在保证较高的物资需求满足度的同时提高物资救灾效用。张翕然等[176]通过构建虚拟车辆资源池，考虑实际中存在使用系统内剩余可用车辆替代失效车辆的情景，提出救援覆盖可靠度的计算方法，以系统总成本最小化为目标，考虑设施分级和2种救援车辆的匹配，建立考虑替代救援的应急配置双层规划模型。上层模型优化设施选址与车辆配置方案，下层模型进行物资需求分配，设计双层启发式算法进行求解。代劲等[177]从煤矿监管中的多粒度需求出发，借助云模型定量数据与定性概念间良好的转换能力，从煤矿监管中的时间、空间监管架构角度，提出基于自适应混合云变换的面向煤矿安全大数据的多粒度表示方法。刘利枚等[178]提出Lukasiewicz运算法则和集结算子；以群共识最大化为目标，基于距离测度构建专家权重优化模型，进而获取可靠性强的综合评价矩阵；利用字典序关系提出语言区间直觉模糊逼近理想解法，以获取各个属性的正、负理想值，进而提出应急物流预案群决策方法。白静等[179]采用能充分表达不确定决策信息的概率语言术语集刻画属性指标，并将其作为证据推理算法中的证据信息。同时，从认知科学的角度考虑由部门跨领域及专业偏好等特点造成的证据不确信问题，对证据折扣系数表达式进行改进，构建基于概率语言赋权交叉熵的Mass函数。张涛等[180]对2014年云南鲁甸6.5级地震现场应急气象保障服务过程回顾，总结应急现场气象服务的不足，分析应急现场气象服务的需求和特点，提出满足云南省事故风险应急现场气象服务体系的主要功能，并具体分析系统各功能部分的设计技术要点。张海涛等[181]提出知识驱动是指将事理图谱作为方法论支撑重大突发事件的态势感知模型，通过挖掘事件之间的逻辑关系和演变路径，为后续的推理和预测提供支撑；数据驱动是指根据事件演变逻辑构建重大突发事件演变的动力学机制，研判事件的演变态势及衍生风险，辅助重大突发事件的应急决策实施。姜山等[182]提出了一种新的用于时空图建模的图神经网络模型，即面向时空图建模的图小波卷积神经网络模型（Graph Wavelet Convolutional Neural Network for Spatiotemporal Graph Modeling，GWNN-STGM），在GWNN-STGM中设计了一个图小波卷积神经网络层，且在该网络层中设计并引入了自适应邻接矩阵进行节点嵌入学习，使得模型能够在不需要结构先验知识的情况下，从数据集中自动发现隐藏的结构信息。郭骅等[183]从情报资源、情报服务和服务主体三个层面的综合视角出发，研究跨域应急情报链纵向贯通的工作机理和实现路径，提出了应急情报网络的"资源-服务-主体"三重协同模式和总体解决方案，支持跨领域知识组织、细粒度服务合成和多主体协同作战。朱莉等[184]以救援总耗时最短、绝对和相对剥夺总成本最低为多个决策目标，构建兼顾效率和公平的跨区域协同应急救援路径选择模型。应用蚁群算法实施算例仿真求解，并将各区域独自应急的不协同情形与基于距离和基于时间的跨区域协同应急情形作对比分析，讨论跨区域不同协同策略的适用性和有效性。王喆等[185]针对复合型跨地域突发事故风险与应急联动中的资源稀缺特征，集成层次任务网络（HTN）规划和分布式约束满足（DCSP）技术，提出多部门应急行动方案智能规划中的资源协作方法。先通过增强HTN规划的资源处理能力，制定出限定资源变量的应急行动方案框架。再将该方案框架编码为DCSP问题，使用改进的异步回溯算法求解资源协作的具体参数。

2022年，张国富等[186]构建一种面向多储备站、多种应急物资、单事故点的应急物资多目标分配模型，并分析推演了满足物资连续消耗的约束条件，基于非支配排序遗传算法和启发式策略设计一种化工园区应急物资多目标分配算法，通过仿真实验验证所提出方法的有效性。吴澎等[187]根据模糊偏好关系及其排序权重构建基于相容性测度的群体平方相容性模型，在此基础上通过筛选模型最优解中零值分量实现冗余信息识别，通过集成DEA交叉效率与冗余信息识别建立大群体应急决策方法。吕伟等[188]综合考虑路网可达性、避难场所建设成本和承载容量等多因素，耦合地理信息系统位置分配中的最小化设施点模型和最大化有容量限制的覆盖范围模型，构建城市应急避难场所选址和责任区划分方案，并以昆明市中心区域为例进行实证分析与模型验证。代文强等[189]构建寻求以已知信息为特征的不确定集的最坏情形下的可靠疏散路径规划，基于交通流的网络拥塞最小化原则，建立了以最小拥塞概率为目标的机会约束模型，以保证应急疏散路径规划方案分配的流量不超过事故灾害发生后实际的道路容量，进一步确保路径规划方案的可靠性。王恒等[190]提出为了研究距离、出口密度、乘客流向流量、出口可见性4种因素对地铁站紧急疏散时乘客决策偏好异质性的量化影响，基于20种紧急疏散场景的问卷调查收集数据，利用条件Logit模型和随机参数Logit模型标定4种影响因素的效用系数，根据效用系数的边际概率分布分析乘客决策偏好的异质性。张立奎等[191]提出一种基于长短时记忆（LSTM）神经网络重构桥梁变形的方法，该网络融合应变和加速度数据在训练后可以用作测量数据实时重构桥梁的变形。在应变模态、位移模态以及桥梁中性轴未知的情况下，该方法可以准确地重构变形。通过数值模拟和试验验证了重构结果的准确性。王慧敏等[192]建立基于暴雨洪涝情景的空间动态网络风险研判模型，构建"观测-感知-辨析"的城市洪涝事故灾害动态预警模式；创建以数据为中心的扁平化城市洪涝事故灾害管理框架，提出全景式事故灾害应急合作响应与风险控制策略。马睿等[193]梳理了大坝建造面临的主要难题与融合模型的发展历程，提出了融合模型串联、并联、混联的三种结构型式、基本特征及适用性，并通过混凝土拱坝温度场监测分析工程实例阐述了融合模型的应用方式及适用性。巴锐等[194]提出"规划策略操作"三层面、"信息物理社会认知"（Cyber-Phyical-Social-Congnitive，CPS-C）四域合一的融合分析系统，并构建了基于"三层四域"的城市复杂事故灾害情景分析方法，建立了"目标情景任务资源响应评估决策"应急管理流程框架。以城市内涝应急管理为例，通过基于典型案例分析的规划层面目标制定和基于事故灾害成因分析的操作层面问题剖析，对策略层面城市内涝的应急防控过程和关键要素进行了系统分析，并对内涝事故灾害的全周期应急管理进行了推演。张得志等[195]提出多级设施选址下的多重覆盖水平函数，以最小覆盖水平和期望总成本最优为目标，建立应急设施多级协同选址双目标优化模型；应用基数不确定集和 p-鲁棒方法构建两类鲁棒优化模型，分别研究场景内不确定需求和随机场景对设施布局的影响。陈波等[196]基于时空数据挖掘领域的聚类方法，综合考虑测点属性和空间特征，采用 K-means 算法度量测点间的相似程度，实现变形区域划分；在变形区域划分基础上，采用遗传算法优化的投影聚类算法，将高维数据向低维空间映射，通过提取测点数据特征，筛选得到重点关注的测点和压缩数据量。朱鸿鹄等[197]基于经典数据挖掘方法中的两步聚类法与关联规则分析，提出了滑坡变形行为的关联分析挖掘技术，并以长江三峡库区新铺滑坡为例，对库水位波动及降雨影响下的特大滑坡位移速率进行了关联分析，该滑坡的变形受库水位高程水平、库水位波动速率与降雨强度等因素的多重影响，水位下降、强降雨与滑坡变形密切相关；滑坡不同空间位置处的变形影响因素存在差异，由坡脚至坡顶，库水位波动的影响水平依次降低，降雨强度的影响水平逐渐增强。胡剑等[198]基于当前新兴的区块链技术，将区块链的不可篡改、去中心化、可追溯、自主触发等思想引入应急情报体系构建中，利用区块链对情报进行完整性存储、分布式共享和追踪溯源，利用智能合约设置预警阈值，全网广播，产生齿轮联动式响应模式。王国法等[199]将新一代信息技术与煤矿安全技术深度融合，提出了煤矿矿井时空信息感知和智能闭环安控系统逻辑与总体技术架构，提出了基于多种传感技术融合的矿井时空多源信息感知及协同控制技术路径，通过瓦斯、火灾、水灾、冲击地压等事故灾害全时空信息反馈技术创新，开发基于信息反馈的多种事故灾害综合闭环预控技术，实现煤矿总体安全态势的超前预测及分区、分级超前预警。陈波等[200]针对库岸边坡监测数据库的数据挖掘方法运行速度慢的问题，将 FP-growth 关联规则算法引入到边坡安全监测数据挖掘中，通过 FP-growth 关联规则算法开展边坡监测数据中的因果关联规则和空间关联规则挖掘工作，分别挖掘了边坡监测环境量和效应量之间的因果性、多测点效应量之间的关联性。刘莹等[201]提出基于多因素的 LSTM 瓦斯浓度预测模型，首先对煤矿多源监测数据进行数据融合、缺失值处理；其次通过特征衍生、有监督化、无量纲化，融合各环境因素特征和时序数据的时间性特征，且衍生出更多交叉项特征和高次项特征；然后利用经验法和逐步试错法确定隐藏层维度。姜波等[202]针对暴雨事故灾害典型的时空分布特点，应用 Markov 决策过程理论，提出了基于情景时空演化的暴雨事故灾害应急决策方法。陈莉婷等[203]集结案例相似度和群决策风险评估效用值，检索出最合适的历史台风案例，并借此生成目标台风的应急方案。徐选华等[204]结合信息融合、复杂网络分析等方法，综合决策意见与信任信息捕获专家群体的复杂关系并构建关联网络，基于该网络实现群体聚类、专家权重求解和个性化共识达成，实现了复杂关系的可视化及其在大群体应急决策中的融合运用。陈伟炯等[205]提出供应物资满足率最大、供应时间最短、供应成本最低的离散时间马尔科夫链-多目标规划模型（DTMC-MOP），动态地识别、分析、应对应急供应链风险；采用改进自适应 NSGA-Ⅱ算法求解优化模型，并通过标准测试函数进行测试与评价，验证模型的可行性和有效性。黄梓莘等[206]提出了一种基于混凝土坝接缝变形监测数据的时空关联规则挖掘方法，考虑单测点数据的时间序列特征和多测点数据的空间分布特征，分别从完整时段和总体结构的角度研究了混凝土坝接缝变形监测数据的时空关联挖掘方法。张炜健等[207]构建了应急救援阶段的采购和部署模型，讨论如何使用药品储备；最后分析了应急药品特性和需求特性如何影响最优的实物及资金储备量，以便在关键因素发生变化时更加合理地调整储备分配策略。刘纪达等[208]以全国自然事故灾害基本情况发布通知为数据来源，构建自然事故灾害应急会商协调网络，从网络整体结构与机构节点属性两个方面刻画应急管理部组建前后应急会商协调网络的演进路径，并结合凝聚子群分析应急会商协调网络的派系结构与资源流动情况。谢李祥等[209]采用两级并联融合方式进行环境参数融合，在融合前使用模糊理论中的相关性函数剔除外界及传感器本身噪声所造成的异常数据；然后使用自适应加权融合算法对其进行第一级融合，最后运用模糊综合评价方法将上一级的融合结果进行决策层融合，实现浅海环境的水质等级评价。周大伟等[210]采用 UAV 摄影测量和 InSAR 技术建立了工作面尺度"点-线-面"结合新模式观测站，同时获得研究区域的 UAV 光学影像、InSAR 影像和主断面关键点水准数据；利用 InSAR/UAV 的特征级融合方法提取了矿区沉陷盆地，并利用 UAV 沉陷盆地和融合沉陷盆地分别进行求参。

从近年研究文献可以看出：（1）矿隧安全风险监测预警与辅助救援指挥决策指挥信息资源组织、规划与融合。用云平台构建和云服务协同决策的理论及方法，构建云协同决策原型系统，分析安全风险监测预警与应急联动平台的应急指挥信息的规划、生成、采集、传递、融合及信息挖掘与分析，也成为热点研究问题。（2）应急信息挖掘及协同决策算法。在相关的信息挖掘分析与协同决策算法研究中，通过偏好信息、案例匹配、模糊案例推理、HTN 规划、传染病扩散模型、自媒体信息挖掘、多粒度语义短语、灰色关联度、大数据信息挖掘、语言挖掘等算法及其优化改进，生成随需应变、高个性化、质量保证的决策方案，为当前研究重点和热点。（3）求解速度方面的协同优化及改进。选择决策优化中的两种启发式算法为：遗传算法和粒子群算法。针对遗传算法虽对决策问题总体把握能力强，但局部搜索能力较差，而优化求解存在收敛速度慢的特点，提出遗传算法和局部搜索算法相结合的混合遗传算法，并以应急物资调度调配决策案例验证所设计的混合遗传算法不仅能快速收敛到问题的近似最优解，而且能很好地维持种群的多样性。（4）在求解精度方面的协同优化及改进。针对粒子群算法虽然结构简单、求解速度快，但容易出现求解局部最优的早熟现象，提出通过控制关键算法参数来实现跳出局部最优的改进粒子群算法，并结合应急物资调配决策案例验证所设计的改进粒子群算法具有较好优化效果。但是矿隧安全风险监测预警与辅助救援指挥决策系统信息资源组织、规划、融合、挖掘分析、协同决策与优化相关研究较少。

1.1.2.4 矿隧安全风险监测预警服务质量 QoS、应急处置服务组合效能评价

2007 年，张婧等[211]建立了基于偏好的多事故应急资源调配博弈模型，用来描述事

件救援的及时性和有效性。

2012 年，张江石等[212]研究了矿山安全风险监测预警与应急联动能力评估方法。

2013 年，Chiara 等[213]描述了一种新模型和工作流应用程序的选择，运行时评估对特定服务的最佳绑定，以及软件片段的远程执行与它们在本地节点上的动态部署之间的权衡。

2014 年，夏登友等[214]利用逆向云发生器算法生成云模型的数字特征，运用综合云运算规则，得到各应急方案的评价云；陈祖琴等[215]利用策略对应的情景点的相似度对策略进行聚类，并划分策略模式，再对同一模式下的策略进行评价、优化。

2015 年，Michele 等[216]展示了 SPACE4Cloud，这是一个 DevOps 集成环境，用于模型驱动的设计时服务质量评估和优化；赵树平等[217]提出了基于诱导集成算子的个人偏好和决策信息以直觉不确定语言数形式表征的应急预案评估群决策方法。

2016 年，Zeny 等[218]考虑应急资源数量限制和时间约束问题，建立了相应参数的 Petri 网模型和冲突消除策略，并对应急处置数字化流程 QoS 进行定量化评估；冯园等[219]建立一种基于柯氏模型和二元语义的应急预案培训效果综合评估方法；温廷新等[220]建立煤矿应急处置数字化流程的 SPN-MC 模型，利用 MC 及模糊数学的相关理论对模型进行系统性能分析；Biswas 等[221]提出将计算机控制代理的规则和户提供了化身的控件两种行为方式结合起来，在云上输入协作虚拟环境（CVE）开展虚拟演练，以进行安全风险监测预警与应急响应和决策。

2018 年，朱莉等[222]构建集成模式下各类车型充分协同的异构应急运输路径优化模型，设计蚁群算法对所构模型实施求解；刘长石等[223]从公平与效率兼顾的视角，构建应急物资分配-运输的双层协同优化模型，根据模型特点设计一种混合遗传算法求解；Guo 等[224]提出面向服务的体系结构中基于信任的服务组合和选择；Mohammad 等[225]开发一种评估组合服务信任度的方法，并设计一种贪婪算法，用于从具有线性时间复杂度的复合服务的多个候选服务中选择最佳组件服务。

2019 年，齐春泽等[226]根据多层次综合云的数字特征对各方案进行全方位的比较、分析与排序，解决了城市事故灾害应急能力评价问题；王景春等[227]将二维云模型引入应急管理协同度研究，处理各指标预防阶段和响应阶段的模糊性与随机性问题；尹鑫伟等[228]提出了一种基于前景理论（PT）与信息熵（IE）的评价模型，并设计了企业生产安全事故应急准备能力评价体系；陈伟炯等[229]利用加权平均算子得到整个决策过程中各方案的综合决策偏好，区间直觉模糊数的得分函数和精确函数对方案进行排序，选出最优方案；蔡晨光等[230]提出一种决策者信任水平和组合赋权的不完全偏好复杂大群体应急决策方法。

李磊等[231]为提高应急预案评估的科学性，提出基于云模型和 TODIM 法的应急预案评估新方法。陈钉均等[232]从铁路应急准备能力、铁路应急响应能力及铁路应急恢复能力 3 个方面，构建了重大疫情下铁路应急救援能力预选评估指标；为提高指标的科学性、可行性、独立性和可靠性，应用传递闭包法对指标进行筛选，构建了 3 个一级指标、15 个二级指标、49 个三级指标作为重大疫情下铁路应急救援能力评估指标体系，并通过基于三角模糊数的层次分析法计算体系内各指标权重。苏浩然等[233]引入人口规模影响因子、应急避难场所服务能力和极限距离三个参数改进引力模型，以兰州市城关区部分区域为例，在不同出行极限距离条件下，分析应急避难场所对居民点的吸引力，从应急避难场所的可达性和拥挤度两个方面评价城市应急避难场所空间分布合理性。龚丽芳等[234]以地质事故灾害为例，梳理了地质事故灾害孕育、产生、发展到消亡全过程的地理场景模型；提出了决策者、执行者、承灾者、旁观者等4个用户类别并逐一解析了不同地理场景模型中应急制图的用户需求模型；设计了数据制图模式、模型制图模式以及专家制图模式等一套满足多场景的地质事故灾害专题制图方案。彭恒明等[235]对城市内涝事故灾害形成机理进行分析，从定性与定量相结合的角度建立评价体系；针对群决策过程中的信息不确定性问题，采用语言术语集表达评价信息；提出基于Z-numbers最优最劣方法（ZBWM）确定指标权重，并利用Z-numbers改进的交互式多指标决策方法（ZTODIM）计算备选方案的优势度；通过与传统决策方法进行对比分析，验证其灵活性和可靠性。兰国辉等[236]从事前检测、事中处置、事后恢复3个维度，构建煤矿突发事件应急救援能力评价体系；运用粗糙集（RS）计算与约简评价指标权重，引入服务管理中重要性-表现性分析（IPA），将评价结果显性化、可视化，提升评价结果的可展示性、易理解性。刘朝峰等[237]针对服务有效性指标进行距离非线性衰减变换处理，并采用实数编码加速遗传算法（RAGA）优化投影寻踪（PP）模型，分析不同地震影响下应急避难场所的适宜性。

2021年，何利民等[238]从油库衍生事故灾害分级指标体系综合考虑了衍生事故灾害发生的可能性水平、衍生事故灾害后果的严重性、企业隐患控制与应急能力、油库所在地区承灾体敏感性与脆弱性4个方面，包括6个一级指标及18个二级指标。油库衍生事故灾害等级评定模型以模糊综合评价的基本理论为基础，将油库衍生事故灾害划分为5个等级。该分级模型采用层次分析法计算各级指标权重，并依据现行法律法规计算一级模糊综合评价中各单项指标隶属度。李哲睿等[239]建构"三生"空间相互作用下的"双环模型"，为安全多维及时空多维视角下生产安全风险的治理提供理论基础和总体思路。挖掘信息技术对国土空间动态监测、风险认知积累和风险防控能力成长的积极作用，提出"扁平化"的风险监测评估框架体系并探讨信息平台的需求与架构。吴雪华等[240]基于文本向量表示、语言、形式和用户四个维度的特征，采用支持向量机、逻辑回归、文本卷积神经网络（Text Convolutional Neural Networks，TextCNN）、BERT（Bidirectional Encoder Representations from Transformers）以及BERT和TextCNN的组合模型（BERT+TextCNN）在人工标注数据集上开展实验，评估不同分类方法、算法和特征的效果。姜林等[241]梳理国外场地土壤和地下水污染应急响应与清理体系框架及关键技术，分析总结了国外泄漏场地污染应急响应与清理体系中以现场协调员为核心的多层级多部门协同机制、工作程序、调查评估方法、应急响应与清理模式、措施选择与行动备忘录制定原则等，从技术层面探讨了泄漏场地中污染的移除清理、阻控、封闭隔离与应急修复等关键技术。黄崇福等[242]提出只有发挥互联网的优势，从"隔空判灾"走向"采点外推"，才能较高精度地快速评估信息孤岛中的灾情和救助需求。本文依托救灾智联网，由已观测地理单元上的数据，用空间信息扩散模型构造背景数据与救助需求的因果关系，据此推测信息孤岛中的救助需求。成连华等[243]界定煤矿应急救援能力的定义，按事前、事中、事后3个阶段构建评价指标体系，划分出适用于煤矿应急救援能力评价的成熟度等级，列出具体评分标准，并引入改进的突变级数法计算煤矿应急救援能力成熟度总得分，将该模型运用于某煤矿应急救援能力成熟度等级的量化评价,并修正初始评价结果,得到该矿应急救援能力成熟度水平为优化级。黄大伟等[244]充分考虑我国现行突发环境事件分级标准,从我国环境风险管理重点关注的环境敏感体着手,以环境敏感受体保护为最终目的,综合分析流域水环境风险水平,并通过环境风险地图进行表征。本方法统一了固定源和移动源的流域性突发环境风险评估,可用以对流域内存在的固定源和移动源进行全面识别与分级,是我国现有环境风险评估体系的补充。王耀辉等[245]构建了包含事故预防与应急准备、监测与预警、应急响应、应急恢复4个一级指标、19个二级指标和15个三级指标的长输油气管道突发事故应急管理能力评估指标体系;利用所建立的模型对某 L 段管道的突发事故应急管理能力进行了评估,定量计算得出该 L 段管道的突发事故应急管理能力水平等级为 Ⅱ 级,说明该管道企业的总体应急管理能力较强,所构建模型的评估结果与实际运行情况相符,能较准确地反映长输油气管道突发事故的应急管理能力水平等级。王悦等[246]采用模糊综合评价法构建了石化企业事故应急能力评估体系,以石化企业从事前监测预备能力、事中应急处置能力、事后恢复总结能力三方面建立石化企业事故应急能力评估指标体系,体系分为3个准则层、9个二级评估指标和31个三级评估指标。Hoang 等[247]建立对金属管道点蚀缺陷剩余强度的统一评价模型,也称无缝表征评价函数;然后,将无缝表征模型与场指纹法(FSM)管道腐蚀监测技术相结合,运用基于 FSM 技术的管道腐蚀三维模型获取点蚀占比、剩余壁厚等在役管道参数,通过无缝表征模型评价管道安全并构建面向全域生产管线的安全评估决策及安全预警系统。黄亚江等[248]根据韧性概念建立环境、人员、设备、管理4个方面的安全韧性评估体系,并基于 AHP-PSO 和改进 CRITIC 的主客观组合赋权模糊评价法对韧性指标体系及其权重进行确定,构建地铁车站火灾安全韧性模糊综合评估模型。赵林林等[249]使用了一种完全基于测量噪声统计的 SN-CAST 方法计算了甘肃预警台网的地震监测能力空间分布,甘肃预警台网建立好后平均监测能力将提高到 ML0.8 级,监测能力最高处可达到 ML 0.2 级,目前由44个固定性台站组成的甘肃地震监测台网监测能力为平均监测能力 ML 1.7 级,监测能力最高处为 ML 0.5 级,预警台网的建立对整个甘肃台网的监测能力将有较大幅度的提高。王军等[250]提出构建中国综合事故灾害风险防范"五维"范式,依托现代科技实现风险管理信息化、智能化、精细化转型,为扎实提升我国综合事故灾害风险防范能力、实现安全与发展的有机统筹提供强有力的支撑和全方位的保障。范小杉等[251]指出突破"区域综合性生态环境评估"粗放化、模糊化处理研究区各类生态环境风险的传统窠臼,对不同类型生态环境问题开展精细化探索,同时重视风险受众对预警信息接收、接受和响应能力,并与相关机构和组织建立跨地域、跨行业的信息技术交流与协作机制,让利益相关者更广泛地参与预警体系建设,从而接轨国际研究,使研究成果可为精准化生态环境应急管理工作实践提供强有力支撑。刘奕等[252]提出精准化防控需要综合传染病疫情时空建模和计算方法、疫情数据采集与信息统计、基层社区防控、应急资源保障等多方面需求落实防控措施;在一体化管理方面,要结合非常态下的社会治理信息采集与感知、数据分析与计算平台赋能、基层社会快速响应和指挥调度、疫情监测预警与态势预测、疫情风险的持续风险评估等实现全社会协同的公共卫生应急防控。

2022 年,盛金保等[253]在大型复杂水工结构性能演化测试装备与智能诊断技术、大坝结构与服役环境互馈仿真及智能监控关键技术、基于大数据的大坝安全诊断与预警关键技术等方面取得系列创新成果，为进一步健全中国大坝安全保障体系和强化预报、预警、预演、预案"四预"措施提供科技支撑，全面保障水库大坝安全运行和综合效能发挥。王迎春等[254]在已颁布的法律法规和各项标准基础上，识别和评估生态环境监测全过程病原微生物安全风险，提出相应的监测要求和人员防护建议，针对采样、样品运输和交接、实验室分析和废弃物处置过程提出个人防护措施及突发情况下的应急防护措施。郝建盛等[255]梳理我国1960年以来主要雪崩研究进展基础上，结合世界各地雪崩研究成果，总结了雪崩的影响因素和区域规律、雪崩的形成与运动机理、雪崩监测预警、雪崩风险评估和雪崩工程防治等方面的进展和亟须研究的前沿问题以及科学难点。蔡耀军等[256]提出通过物理模型试验揭示堰塞湖溃口下切及展宽变化规律，提出了不同致灾因子作用下的堰塞体溃决机理，构建了基于空-天-地-水的堰塞湖信息感知体系，研发了堰塞体结构高效探测及堰塞湖监测预警技术专用设备，实现堰塞湖多源数据快速融合与智能识别，建立了堰塞湖应急监测技术体系和安全预警模型；构建基于溃决机理和灾变机制的堰塞湖风险评价指标体系，建立了堰塞体危险性、堰塞湖灾损及风险等级评估模型；构建了堰塞湖应急处置决策模型和应急排水疏通技术体系，首创堰塞湖柔性自适应控溃技术，开发了高危堰塞湖应急处置成套技术及高效疏通装备，实现延缓堰塞体溃决、人工控制溃口洪峰流量零的突破。罗婷等[257]从国家安全视角出发，构建了中国钾盐资源安全评估与预警指标体系，运用常权和变权评价模型评估了2001~2020年中国钾盐资源安全，并对2021~2030年钾盐资源安全进行预警。王瑞峰等[258]构建区间集对投影模型，将加权区间评价矩阵通过集对分析的三元联系数表示，将寻找到最优和最劣目标与各预案构成集对。陈结等[259]提出在数据驱动的框架下，以微震大事件定量预测为切入点，构建一个结合普通卷积模块、循环神经网络模块与AR自回归模型的深度学习模型MSNet，利用工作面历史微震事件作为模型输入，定量动态预测未来几次微震事件发生的时间、位置与能量，继而确定冲击时间与危险性区域，并基于Unity3D软件开发了相应的冲击地压三维智能预警平台。周保等[260]综合3个方面进行地质事故灾害风险评价。李强等[261]基于数字孪生技术提出了包含物理城市、虚拟城市、智能服务、孪生数据、虚实交互5个模块的城市数字孪生体模型，并分析了城市洪涝事故灾害评估与预警数字孪生系统；从5个模块的基础组成、功能要点2个维度对系统架构进行了解释，以可视化表达、数据驱动模型及虚实交互的智能闭环控制为框架分析了系统的技术架构，从数字模型建设、数据融合、场景模拟、分析决策4个角度展示了系统的建设过程。李健等[262]选取京津冀5项代表性突发事件总体应急预案为研究样本，对预案文本的挖掘与分析以及借鉴已有研究关于应急预案评价指标的设定，建立了包含9个一级变量和57个二级变量的评价指标体系；通过测算得出各个预案的PMC指数分值，据此对每项预案进行分析与优化。吴伟仁等[263]系统分析了当NEA撞击风险应对的国际研究态势，涵盖应对流程、监测预警、撞击事故灾害评估、在轨处置等内容，全面总结了我国NEA撞击风险应对的基础进展及存在不足的此基础上，研究提出了我国应对NEA撞击风险的发展目标、体系构成，论证形成了监测预警、在轨处置、事故灾害救援等重点任务以及基础研究、国际合作主导方向。钱瑞等[264]依托流域水文与湖泊水动力模拟、遥感反演、GIS空间分析等技术，综合考虑藻类生物量、岸线形态、湖泊水动力、风速和风向等要素，创新构建了蓝藻水华堆积风险评估指标体系，量化评估了2018~2019年的巢湖滨岸带的蓝藻水华堆积风险，并将滨岸带蓝藻水华堆积风险等级划分为5级

（Ⅰ、Ⅱ、Ⅲ、Ⅳ、Ⅴ），绘制了蓝藻水华滨岸带堆积风险的空间分布，识别了蓝藻水华的易堆积区域。

从近年研究文献可以看出：（1）云计算的服务质量 QoS 预测、服务组合、能效评估等理论及方法及其相关行业领域深度应用，是近年研究热点也是难点；但是安全风险监测预控与应急处置的云服务质量、协同决策服务组合和能效评估文献较少。（2）应急处置效能评价与优化的主要评价理论有前景理论、博弈论、加权平均、云评价、协作虚拟云、协同度、计算机控制代理、SPN-MC 模型、Petri 网建模和冲突消除策略、信息熵、柯氏模型、模糊软集合、区间直觉模糊、二元语义等理论方法及其改进。（3）云计算与服务组合的关键算法包括贪婪算法、蚁群算法、混合遗传算法等算法及优化。（4）效能评价指标主要是围绕时效性、可靠性、有效性、正确率、信任度、标准差等指标来评估，目前还缺乏完整的评价体系和辅助工具。在矿隧应急管理方面，只是对矿隧应急能力开展了一定评估，但是对应急信息调度服务组合、协同决策及其评价研究较少。

1.1.2.5 问题提出

目前，现有矿隧安全风险监测预警与辅助救援指挥决策系统（平台）构建速度慢、矿隧安全风险监测预警与辅助决策指挥信息装备技术规格不统一、与现有政府云应急平台衔接困难，矿隧救护队应急救援装备的实用性较差、实战水平低，缺乏标准化、流程化、模块化的信息资源扩散与协同决策模式、信息资源传递和通信装备调度协同机制，缺乏系统信息资源扩散、信息资源和装备调度与优化的决策理论依据；缺乏业务信息资源调度协同决策、优化和效能评价工具手段。

因此，随着物联网、云计算、大数据、人工智能、电子信息、通信等技术在国家"数字中国""智慧应急"建设、"政务信息化之布局建设公共安全重大信息系统""强化数字技术在公共卫生、自然事故灾害、事故灾难、社会安全等突发公共事件应对中的运用，全面提升预警和应急处置能力""安全信息化建设""应急管理云计算平台"等公共安全与应急管理领域的深度应用，科研人员在为矿隧应急救援处置工作开发监测预警系统同时，还需提升相应装备的效能，以及与现有矿隧应急救援指挥信息平台的信息资源调度结合，从系统工程顶层设计的视角，引进先进的体系工程构建、复杂网络建模、大数据分析、时空网络演化模型、工作流调度与优化、应急协同决策、服务组合和 QoS 预测等理论与方法，分析矿隧安全风险监测预警与辅助决策指挥平台的需求预测、云应急时空网络建模、数字化预案事故灾害场景建模、应急处置数字化流程、多系统多阶段多层级跨区域的信息资源协同决策等问题，解决系统通信体系构建问题，以及应急信息调度的系统的建模、预测、决策、优化、评价等一系列问题；同时，针对国内现有系统装备种类繁杂，装备选择困难、实际装备资源调度过程中存在信息孤岛、信息流混乱等问题，采用免疫-群协作优化策略算法的选择服务组合，采用多元时间序列-回升状态网络混合预测模型对应急信息协同调度和决策服务组合时变/波动服务质量 QoS 进行预测与分析；最后，需要对矿隧安全风险监测预警与辅助决策指挥信息资源需求、信息资源组织、信息资源扩散、信息资源调度协同机制与模式、信息策略、应急指挥业务信息流优化和效能（时效性、可靠性、容错性等）进行评价研究；通过研究，进一步推动我国矿山开采、隧道施工的安全风险监测预警与辅助救援指挥决策系统和国家公共安全早期监测、加速预警与高效处置一体化监测预警与管控平台建设。

1.2 智慧矿隧安全风险预控技术平台关键技术

（1）基于物联网、复杂网络、云计算和大数据挖掘分析的矿隧安全风险监测预警与辅助决策指挥系统的云应急协同指挥时空网络结构模型。

面向矿隧事故风险预测、演化及协同指挥的海量应急指挥信息需求分析，进一步开展：

1）以现有矿用救灾多媒体通信系统为基础，采集矿井工业物联网的环境数据，搭建基于大数据和云监测预警与辅助决策指挥系统样机，采用基于 Hadoop 的矿隧事故监测和案例推理（CBR）的数字预案系统的海量数据分布式存储（HDFS）策略和基于 HBase 的云端数据库存入和基于 Hive 的大数据提取、转换和加载的机制。

2）同时，对矿隧突发事件应急系统进行了分析，分别建立接警、应急救援处置、后期处置流程这三部分的网络模型，最后得出基于四级安全风险监测预警与应急响应级别的矿隧事故应急处置数字化流程的系统网络模型。

3）利用 Petri 网和衍生模型对同步、并发、互斥等复杂离散事件的精确描述和建模能力，建立各级应急通信指挥体系三维需求分析模型，进行技术架构、系统架构、信息架构的研究。

4）以技术架构、系统架构和信息架构为基础，构建以 Petri 网为载体的高可信云计算构架的矿隧事故应急通信指挥体系的通信模式和信息调度模型、信息传递模式、信息调度联动机制。

（2）智慧矿隧安全风险监测预警与辅助救援指挥决策系统体系的信息资源传递联动机制、模式，信息流图检索匹配生成与优化。

本书内容实施包括：

1）以国家"一案三制"中的应急预案为基础依据，建立数字化预案及场景库、矿隧安全风险监测预警与应急联动信息资源调度云平台；以"3D 模型"能力需求框架模型和各级"数字预案"基础，基于四库、GIS+Hadoop+Petri 复杂网络架构的应急信息调度路线，建立一套"矿隧安全风险监测预警与辅助决策指挥信息一张图"和"数字预案"结合的煤矿应急指挥在线智能决策模式。

2）深入调研矿隧事故应急指挥体系和应急处置数字化流程，凝练出多种应急场景对应的指挥工作流模型，在以随机 Petri 网为载体的细粒度模型基础上，实现精确的数学化和形式化描述，建立一系列信息资源传递体系的建模、预测、调度组合模型和算法。

3）在现有矿隧环境中部署应急处置数字化流程并采集数据，采用 Map/Reduce 函数将应急处置数字化流程和信息资源调度工作流细分成 M 个较小的任务，然后分配给多个 worker 并行处理，将 Map 阶段处理后的结果进行汇总分析，输出最终结果；将 Petri 网的顺序、并发、选择、循环结构的化简原则，分别对矿隧事故应急处置数字化流程的信息调度体系模型进行等价简化。

4）在"信息孤岛"和"信息稀疏分布"场景下对系统信息传输流进行细粒度的理论建模和分析，部署于异构云计算系统上的、采用 Hadoop 分布式搜索引擎架构的、满足多尺度可信性约束的系统信息传输路线和救灾控制信令自动生成的决策方法，提高指挥决策效率。

（3）矿隧安全风险监测预警与辅助决策指挥系统的信息资源调度与协同决策服务组合、云资源调度服务 QoS 预测模型和方法。

本书内容实施包括：

1）面向智慧安全风险监测预警与辅助决策指挥应急指挥业务流程调度和协同决策服务组合问题，提出在易失、易损、易错、高移动性的云平台基础设施和协同决策服务上构建可信、可靠事故灾害应急处理业务流程的方法和框架。

2）在"信息孤岛"和"信息稀疏分布"场景下对矿隧安全风险监测预警与辅助决策指挥信息传输流的进行细粒度的理论建模和分析，部署于异构云、分布式搜索引擎架构、不确定信息的匹配方法、满足多尺度可信性约束的矿隧安全风险监测预警与辅助决策指挥信息传输路线和救灾控制信令自动生成的决策方法。

3）在智慧环境中部署服务并采集 QoS 数据，对前面提出的缺失 QoS 数据分析、时变波动 QoS 趋势预测、免疫-群协作进化策略的服务组合决策算法。

4）针对智慧环境下 QoS 波动的高移动性云服务，以云资源调度服务历史 QoS 数据为出发点，设计多元时间序列云资源调度服务 QoS 预测模型和方法，在智慧环境中部署服务并采集 QoS 数据，以搭建的基于大数据和云应急管理协同平台的原型系统为测试系统，对前面提出的缺失 QoS 数据分析、时变波动 QoS 趋势预测等模型与方法进行验证。

（4）智慧矿隧安全风险监测预警与辅助救援指挥决策系统的可靠性预测、负载均衡优化、容错优化和效能评价。

1.3　矿隧安全风险监测预控技术效益分析

依据《中华人民共和国国民经济和社会发展第十四个五年规划和 2035 年远景目标纲要》《"十四五"国家安全生产规划》《"十四五"国家应急体系规划》《中华人民共和国安全生产法》等法律法规和文件，都把"加快数字化发展，建设数字中国""提高数字政府建设水平""安全风险监测预警""安全生产应急救援""强化信息支撑保障""强化数字技术在事故灾害事故应对中的运用，全面提升监测预警和应急处置能力""布局建设公共安全、生态环境等重大信息系统，提升跨部门协同治理能力；加快构建数字技术辅助政府决策机制，提高基于高频大数据精准动态监测预测预警水平""强化数字技术在公共卫生、自然事故灾害、事故灾难、社会安全等突发公共事件应对中的运用，全面提升预警和应急处置能力""系统推进'智慧应急'建设建立符合大数据发展规律的应急数据治理体系，完善监督管理、监测预警、指挥救援、灾情管理、统计分析、信息发布、灾后评估和社会动员等功能""加强重点行业领域企业安全生产风险监测预警系统建设，实现分级分类、实时监测、动态评估和及时预警""以物联网、大数据为基础，加强重点行业领域安全生产监管，构建基于工业互联网的安全感知、评估、监测、预警与处置体系"，等等。

矿隧安全风险监测预警与辅助救援指挥决策系统是"安全风险监测预警工程""救援处置能力建设工程"和"智慧应急"建设的重要组成部分。智慧矿隧安全风险监测预控平台系统有利于促进矿隧安全统技术及装备转型升级，提高安全监控预警系统的数字化、自动化、信息化水平，为施工企业提供一整套安全风险一体化监测预警与事故灾害救援指挥决策解决方案，推动国家、地方重点工程项目节本增效，提高建筑施工行业职业健康水平，提升产业层次，延伸产业链，促进产品结构、技术结构调整，加速云南自主品牌的推广。通过研究，可以达到社会效益有：

（1）构建一种典型的基于大数据挖掘分析和云 QoS 感知的安全风险监测预警和应急处置示范工程。

将物联网、大数据、云感知、人工智能等先进科技融入矿山、隧道的安全生产管理中，整合安全管理关键资源能力打造"科技+服务+应用"的全过程风险管理云平台。针对施工企业安全生产特点，采用系统工程的安全风险预控思维及工具手段，精准解决施工企业安全生产标准化执行、安全风险分级预控、隐患排查治理、物联网监测预警、应急辅助决策等安全管理难题。帮助政府监管部门、救援部门、服务机构、生产经营单位科学高效的管理安全风险监测预警及应急处置能力。

（2）为公共安全与应急管理信息化提供一种应用场景及安全生产服务体系。

智慧矿隧安全风险监测预控平台系统为建立了一种"平战结合"的多应用系统多时间维度联动开发模式，为数据开发者、数据分析师、数据资产管理者打造一个具备全栈数据研发能力的一站式、标准化、可视化、透明化的智能大数据全生命周期一体化研发平台。同时，为政府监管部门、救援部门、施工单位、监理单位、交通局、供水公司、供电局等主管公共基础设施的主管单位提供矿隧施工综合风险评估、实时监测报警、事故灾害预测预警、应急救援指挥等服务。打通数据采集、数据治理、数据服务和应用的全链路，构建一体化时空系统的多灾种多部门跨区域安全生产管理服务体系。

（3）实现事前监测预警、事后调查恢复的扁平化管理。

系统建成后，可充分整合政府、企业和施工人员的视频、语音、人与设备、环境参数（人员定位数据、有毒有害气体数据、顶底板位移、施工及监测设备运行参数等）海量数据，实时掌握现场情况，实现现场可视化指挥调度和救援指挥和辅助决策；通过系统的监看功能，注重对各类现场的"事前预警"，提前发现异常情况，提高了事前发现能力；便于及时掌握现场情况，提高快速应急处置能力；能够为深度应用提供数据，定期分析可防性事件的发生部位、时间和特点，采取警情通报、专项预警等方式，发布预警性和前瞻性信息，并及时有效地调整部署警力，进行动态布警，牢牢把握防控工作的主动权；通过整合现有矿隧事故风险采集数据、视频、语音等平台数据，能实现可视化指挥调度，提高了管理水平和事件处置能力水平。

（4）提升产业层次，延伸产业链，促进工业信息化产品结构、技术结构调整。

智慧矿隧安全风险监测预控平台系统产品的研发和生产不仅可以为企业带来新的利益增长点，引领高危工程项目的安全保障水平和职业健康水平；而且可以带动相关产业的发展，提升矿山、隧道施工项目的质量、安全、环保和产业层次，随着高危施工项目安全水平、职业健康水平、信息化水平提高，将有更多人才尤其是高学历人才愿意进入采矿、建筑施工等工程一线领域，能为社会创造更多的就业机会，提高工程技术队伍整体素质，提升工程领域尤其是安全工程领域科技水平；系统建成实施有利于促进本地的社会稳定，使之持续有效的发展，实现增产增效、提质增效、节约增效的多赢发展。

智慧矿隧安全风险监测预控平台系统符合国家《中华人民共和国国民经济和社会发展第十四个五年规划和 2035 年远景目标纲要》《"十四五"国家安全生产规划》《"十四

五"国家应急体系规划》及各级行政区域"十四五"发展规划需求，是国家、省、市重点支持的社会民生保障发展领域，有利于促进平安中国、数字中国、智慧应急建设；系统建成有利于保障国家财产安全，减少施工人员伤亡，为我国、"一带一路""十四五"重点工程项目保驾护航；系统对地方经济具有积极意义，对促进我国公共安全与应急保障能力、社会稳定和保护国家人民财产具有重要的意义。因此，智慧矿隧安全风险监测预控平台系统实施充分考虑了可能会出现的社会风险因素，提前制定相应措施，减小或分散风险。

1.4 本书内容架构

全书共 14 章，其主要内容包括（图 1-1）：

（1）第 1 章首先分析了国内矿隧安全风险监测预控技术的研究背景及意义，综述国内外研究现状和发展趋势；其次，分析本书研究需求和目标，制定本书研究内容及其关键技术点，并分析本书的技术经济效益；最后，编制本书内容框架。

（2）第 2 章介绍矿隧事故风险监测预控与应急联动体系技术。包括突发安全风险监测预控技术发展现状、智慧矿隧安全风险监测预控关键技术、矿隧安全风险监测预警与评估、智慧矿隧安全生产事故风险预控平台集成设计、煤矿安全瓦斯监测预控的预测模型和算法、瓦斯隧道安全风险监测预控的预测模型和算法、神经网络组合模型、瓦斯浓度预测模型及方法。

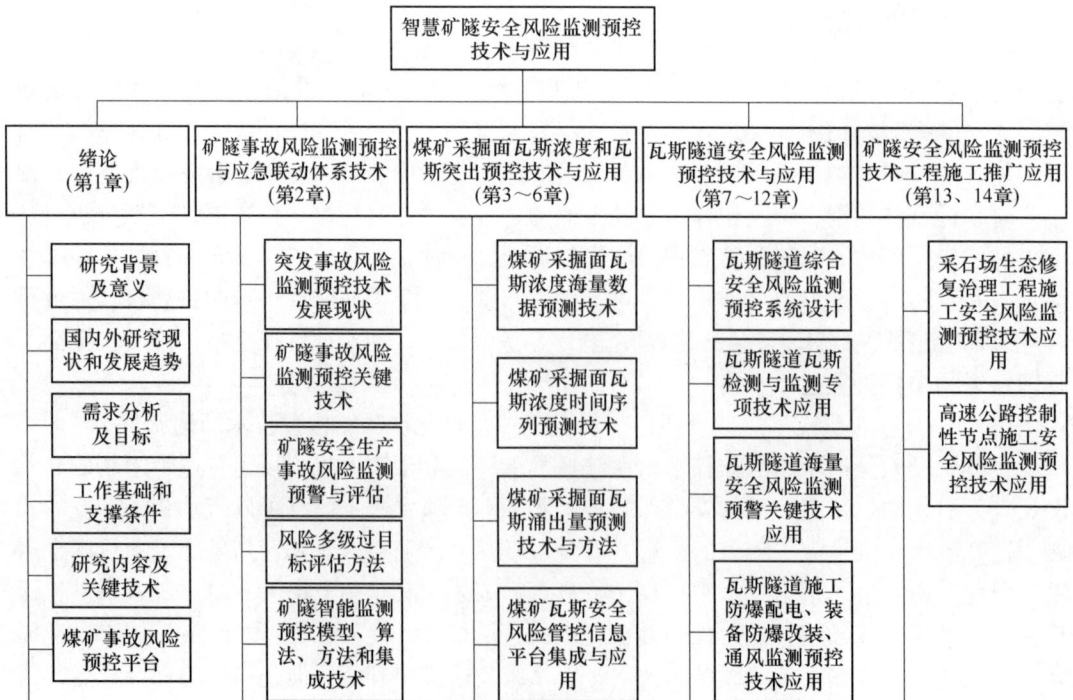

图 1-1 本书研究内容架构

（3）第 3~6 章介绍煤矿采掘面瓦斯浓度和瓦斯突出风险监测预控技术与应用。主要开展了煤矿采掘面瓦斯浓度海量数据预测技术、煤矿采掘面瓦斯浓度时间序列预测技术、煤矿采掘面瓦斯涌出量预测技术与方法和煤矿瓦斯安全风险管控信息平台集成与应用的专题研究。首先，开展改进灰度模型、基于回归的时间序列模型、基于神经网络的时间序列模型的瓦斯浓度预测模型及应用研究；其次，针对瓦斯涌出量影响因素分析，开展孔雀优化算法、麻雀搜索算法的煤矿采掘面瓦斯涌出量预测研究；最后，以吉林珲春某矿瓦斯安全风险管控信息平台为例，开展瓦斯监测预警技术、硬件技术、软件技术、平台集成应用及其运行功能效果评价分析。

（4）第 7~12 章介绍瓦斯隧道安全风险监测预控技术与应用。主要开展了瓦斯隧道综合安全风险监测预控平台系统集成设计、瓦斯隧道瓦斯检测与监测专项技术应用、瓦斯隧道海量安全风险监测预警关键技术应用、瓦斯隧道施工防爆配电技术应用、瓦斯隧道施工装备防爆改装技术应用、瓦斯隧道施工通风监测预控技术应用的专题研究。首先针对都四轨道交通映秀一号隧道瓦斯安全监测预控信息平台，开展综合安全监测预控信息平台系统、组网及硬件、云服务器端软件、计算机终端软件、手机终端软件的系统集成设计；其次，针对四川都四轨道交通映秀一号隧道制定瓦斯监测与监测专项技术方案，并对瓦斯隧道施工装备开展防爆改装设计；再次，以山西黎霍高速间腰隧道为工程背景，开展基于大数据、人工智能、物联网、云计算的瓦斯隧道海量安全风险监测预警关键技术与应用研究；最后，以重庆白市驿隧道为工程背景，开展瓦斯隧道防爆配电技术应用研究，同时以平顶丘隧道为工程背景，开展瓦斯隧道施工通风技术应用研究。

（5）第 13~14 章介绍矿隧安全风险监测预控技术工程施工推广应用。主要开展了采石场生态修复治理工程施工安全风险监测预控技术与应用、山岭重丘区高速公路控制性节点安全风险监测预控技术与应用。首先，借鉴矿隧安全风险监测预控技术，在采石场（露天矿）生态修复施工工程应用示范；其次，在山岭重丘区高速公路控制性节点施工场景，开展的地质灾害和结构安全风险监测预控技术应用示范研究。

参 考 文 献

[1] 新华社. 中华人民共和国国民经济和社会发展第十四个五年规划和 2035 年远景目标纲要［DB/OL］. （2021-03-13）［2022-04-15］. http：//www. gov. cn/xinwen/2021-03/13/content_ 5592681. htm.

[2] 国务院. 国务院关于印发"十四五"国家应急体系规划的通知（国发［2021］36 号）［DB/OL］. （2022-02-14）［2022-04-15］. http：//www. gov. cn/zhengce/content/2022-02/14/content_ 5673424. htm.

[3] 国务院安全生产委员会. 国务院安全生产委员会关于印发《"十四五"国家安全生产规划》的通知（安委［2022］7 号）［DB/OL］.（2022-04-12）［2022-04-15］. https：//www. mem. gov. cn/gk/zfxxgkpt/fdzdgknr/202204/t20220412_ 411518. shtml.

[4] 郑万波. 低可靠环境中云计算系统的服务质量预测与优化调度研究［D］. 重庆：重庆大学，2017.

[5] 张俊娜，王尚广，孙其博，等. 融合网络环境下快速可靠的服务组合容错方法［J］. 软件学报，2017，28（4）：940-958.

[6] Berge M E，Hopperstad C A. Demand Driven Dispatch：A Method for Dynamic Aircraft Capacity Assignment，Models and Algorithms［J］. Operations Research，1993，41（1）：153-168.

[7] Yan S，Shih Y L. A time-space network model for work team scheduling after a major disaster［J］. Journal of the Chinese Institute of Engineers，2007，30（1）：63-75.

[8] 赵林度，刘明，戴东甫. 面向脉冲需求的应急资源调度问题研究 [J]. 东南大学学报（自然科学版），
2008，38（6）：186-190.

[9] Yan S Y, Shih Y L. Optimal scheduling of emergency roadway repair and subsequent relief distribution [J].
Computers & Operations Research, 2009, 36（6）：2049-2065.

[10] Sheu J B. Dynamic relief-demand management for emergency logistics operations under large-scale disasters
[J]. Transportation Research Part E Logistics & Transportation Review, 2010, 46（1）：1-17.

[11] 卓嵩，黄瑞金. 基于事件的疫情应急时空数据模型 [J]. 测绘科学，2012，37（6）：79-82.

[12] 曹策俊，谢天，李从东，等. 基于 X 列表的云应急管理体系构建 [J]. 中国安全生产科学技术，
2013，9（7）：73-80.

[13] 雷志梅，王延章，裴江南，等. 安全风险监测预警与应急联动信息的多维度需求分析 [J]. 情报科
学，2014，32（12）：133-137.

[14] 张艳琼，陈祖琴，苏新宁. 基于云模型的突发事件分级模型研究 [J]. 情报学报，2015，34（1）：76-84.

[15] 王海鹰，李志雄，张涛，等. 地震应急救援信息需求及获取建议 [J]. 事故灾害学，2016，31
（4）：176-180.

[16] Sánchez-Nielsen E., Chávez-Gutiérrez F. Towards Effective and Efficient Open Government in Parliaments
with Situational Awareness-Based Information Services [C] //Scholl H, et al.（eds）Electronic
Government. EGOV 2016. Lecture Notes in Computer Science, vol 9820. Springer, Cham, 2016.

[17] 郭路生，刘春年，胡佳琪. 基于 ZACHMAN 架构思想的应急指挥信息需求多维度多视角分析 [J].
情报理论与实践，2017，40（11）：73-79.

[18] 蒋勋，苏新宁，周鑫. 适应情景演化的安全风险监测预警与应急响应知识库协同框架体系构建
[J]. 图书情报工作，2017，61（15）：60-71.

[19] 武强，徐华，赵颖旺，等. 基于云平台的矿山水害智慧应急救援系统与应用 [J]. 煤炭学报，2018，
43（10）：5-11.

[20] 马文娟，刘坚，蔡寅，等. 大数据时代基于物联网和云计算的地震信息化研究 [J]. 地球物理学进
展，2018，33（2）：0835-0841.

[21] Yousefpour A, Ishigaki G, Gour R, et al. On Reducing IoT Service Delay via Fog Offloading [J]. IEEE
Internet of Things Journal, 2018, 5（2）：1-7.

[22] Moghaddam M, Nof S Y. Collaborative service-component integration in cloud manufacturing [J].
International Journal of Production Research, 2018, 56（12）：677-691.

[23] 储节旺，汪敏，郭春侠. 云平台驱动的应急决策情报工程架构研究 [J]. 图书情报工作，2019，63
（16）：5-13.

[24] 肖花. 协同理论视角下的突发事件应急处置信息资源共享研究 [J]. 现代情报，2019，39（3）：
109-114.

[25] Marcelo P A, et al. LW-CoEdge：a lightweight virtualization model and collaboration process for edge
computing [J]. World Wide Web, 2020, 23：1127-1175.

[26] 窦林名，王盛川，巩思园，等. 冲击矿压风险智能判识与监测预警云平台 [J]. 煤炭学报，2020，45
（6）：2248-2255.

[27] 陈翠霞，王小龙，蒋太交，等. 基于多源异构大数据挖掘的流感病毒防控预测预警平台构建研究
[J]. 中国生物工程杂志，2020，40（z1）：109-115.

[28] 乔伟，靳德武，王皓，等. 基于云服务的煤矿水害监测大数据智能预警平台构建 [J]. 煤炭学报，
2020，45（7）：2619-2627.

[29] 倪甲林，于涛，刘双印，等. 近岸海洋放射性监测预警技术支持平台的设计与研发 [J]. 应用海洋
学学报，2020，39（3）：444-451.

［30］ 许宁，袁帅，史文奇，等．海冰预警监测综合信息服务平台设计与实现［J］.海洋环境科学，2020，
39（3）：447-452.

［31］ 余国锋，袁亮，任波，等．底板突水事故灾害大数据预测预警平台［J］.煤炭学报，2021，46
（11）：3502-3514.

［32］ 李俊荻，高凌宇，张晴晖，等．滇池蓝藻水华监测预警平台设计［J］.中国环境监测，2021，37
（2）：162-167.

［33］ 连会青，徐斌，田振焘，等．矿井水情监测与水害风险预警平台设计与实现［J］.煤田地质与勘探，
2021，49（1）：198-207.

［34］ 潘俊锋，冯美华，卢振龙，等．煤矿冲击地压综合监测预警平台研究及应用［J］.煤炭科学技术，
2021，49（6）：32-41.

［35］ 窦林名，周坤友，宋士康，等．煤矿冲击矿压机理，监测预警及防控技术研究［J］.工程地质学报，
2021，29（4）：917-932.

［36］ 晏涛，连会青，夏向学，等．基于多源数据融合的矿井水害"一张图"预警平台构建与应用［J］.
金属矿山，2022（3）：158-164.

［37］ 陈磊，李斌，彭程，等．岩溶山区滑坡监测预警云平台设计与实现［J］.长江科学院院报，2022，
39（6）：138-144.

［38］ 王恩元，冯小军，刘晓斐，等．煤矿瓦斯事故灾害风险隐患大数据监测预警云平台与应用［J］.煤
炭科学技术，2022（1）：142-150.

［39］ 姚宏武，林建，邢玉斌，等．基于全过程诊疗数据的医疗机构传染病预防控制信息系统的研发与
应用［J］.中华医院感染学杂志，2022，32（24）：3372-3377.

［40］ 曹亚利，李振雷，刘旭东，等．基于卷积神经网络的冲击地压预警方法研究［J］.中国安全科学学
报，2022，18（10）：101-108.

［41］ 周勇，杨波，唐伟，等．面向公共安全的气象监测预报预警软件发展综述［J］.中国安全科学学报，
2022，32（9）：76-85.

［42］ 邱银国，段洪涛，万能胜，等．巢湖蓝藻水华监测预警与模拟分析平台设计与实践［J］.湖泊科学，
2022，34（1）：38-48.

［43］ 马海涛．重特大地质事故灾害应急救援现场监测预警保障体系研究［J］.2022，18（S1）：5-9.

［44］ 杜岩，霍磊晨，张洪达，等．岩块体崩塌事故灾害遥感监测预警试验研究［J］.中国矿业大学学
报，2022，51（6）：1201-1208.

［45］ 贾永刚，陈天，李培英，等．海洋地质事故灾害原位监测技术研究进展［J］.中国地质事故灾害与
防治学报，2022，33（3）：1-13.

［46］ 毕波，陈永春，谢毫，等．多源数据挖掘下潘谢矿区深部灰岩水突水预警研究［J］.煤田地质与勘
探，2022，50（2）：81-88.

［47］ 郭飞，黄晓虎，邓茂林，等．三峡库区"阶跃"型滑坡变形机理与预警模型［J］.测绘学报，
2022，51（10）：2205-2215.

［48］ 朱武，张勤，朱建军，等．特大滑坡实时监测预警与技术装备研发［J］.岩土工程学报，2022，44
（7）：1341-1349.

［49］ 王文，张志，张岩，等．自然事故灾害综合监测预警系统建设研究［J］.灾害学，2022，37（2）：
229-234.

［50］ 冯巩，夏元友，王智德，等．基于位移信息融合的露天矿边坡动态预警方法［J］.中国安全科学学
报，2022，32（3）：116-122.

［51］ 张巨峰，施式亮，邵淑珍，等．基于动态数据驱动的煤矿瓦斯异常涌出风险预警系统设计［J］.中
国安全生产科学技术，2022，18（10）：100-105.

[52] 郑宗利, 关惠军, 苟想伟, 等. 岩溶隧道突涌水预警体系的建立 [J]. 事故灾害学, 2022, 37(1): 41-46.

[53] 王家柱, 巴仁基, 葛华, 等. 基于 MACD 指标的渐变型滑坡临滑预报模型研究 [J]. 水文地质工程地质, 2022, 49 (6): 133-140.

[54] 张超, 裴玉起, 邱华. 国内外数字化应急预案技术发展现状与趋势 [J]. 中国安全生产科学技术, 2016, 6 (5): 154-158.

[55] Krogh B H. Controlled Petri nets and maximally permissive feedback logic [J]. Proceedings of the 25th Annual Allerton Conference on Communications, Control and Computing, 1987, 2: 317-326.

[56] Zhou M, Dicesare F, Desrochers A A. A hybrid methodology for synthesis of Petri net models for manufacturing systems [J]. IEEE Transactions on Robotics and Automation, 1992, 8 (3): 350-361.

[57] 李建强, 范玉顺. 一种工作流模型的性能分析方法 [J]. 计算机学报, 2003, 26 (5): 513-523.

[58] 袁宏永, 苏国锋, 李藐. 论应急文本预案、数字预案与智能方案 [J]. 中国应急管理, 2007(4): 20-23.

[59] Sheu J B. An emergency logistics distribution approach for quick response to urgent relief demand in disasters [J]. Transportation Research Part E: Logistics and Transportation Review, 2007, 43 (6): 687-709.

[60] White C, Plotnick L, Addams-Moring R, et al. Leveraging a Wiki to EnhanceVirtual Collaboration in the Emergency Domain [C] //Proceedings of the 41st Annual Hawaii International Conference on System Sciences (HICSS 2008), Waikoloa, HI, 2008.

[61] Dotoli M, Fanti M P, Mangini A M. Real time identification of discrete event systems using Petri nets [J]. Automatica, 2008, 44 (5): 1209-1219.

[62] 郭德勇, 郑茂杰, 程伟, 等. 煤与瓦斯突出事故应急预案研究与应用 [J]. 煤炭学报, 2009, 34 (2): 208-211.

[63] 张子民, 周英, 李琦, 等. 基于信息共享的安全风险监测预警与应急响应信息模型 (Ⅱ): 模型计算 [J]. 中国安全科学学报, 2010, 20 (9): 160-167.

[64] 杜磊, 王文俊, 董存祥, 等. 基于多 Agent 的应急协同 Petri 网建模及协同检测 [J]. 计算机应用, 2010, 30 (10): 2567-2571.

[65] Shan S Q, Wang L, Li L. Modeling of emergency response decision-making process using stochastic Petri net: an e-service perspective [J]. Information Technology and Management, 2012, 13 (4): 363-376.

[66] Manuel C, Ivan C B, Luca D, et al. Modeling Emergency Response Plans with Coloured Petri Nets [J]. CRITIS, 2012: 106-117.

[67] Yue E, Zhu Y P. Study on Emergency Decision-Making of Natural Disaster Based on Collaboration of Multi-Agent [J]. Applied Mechanics and Materials, 2013, 411: 2684-2693.

[68] Satria H J, Aviv S. Humanitarian Assistance Ontology for Emergency Disaster Response [J]. IEEE Intelligent Systems, 2014, 29 (3): 6-13.

[69] Mohammed O, Marouane H, Hassan M, et al. A Formal Modeling Approach for Emergency Crisis Response in Health during Catastrophic Situation [J]. ISCRAM-med, 2014: 112-119.

[70] 曾庆田, 周长红, 鲁法明, 等. 面向多视图的跨部门应急处置流程相似度计算方法 [J]. 计算机集成制造系统, 2015, 21 (2): 368-380.

[71] 杨巧云, 姚乐野. 协同联动应急决策情报体系: 内涵与路径 [J]. 情报科学, 2016, 34 (2): 27-31.

[72] 李安楠, 邓修权, 赵秋红. 分形视角下的非常规突发事件应急协同组织 [J]. 系统工程理论与实践, 2017, 37 (4): 937-948.

[73] 谢洪波, 王林林, 刘浩, 等. 突发地质事故灾害应急案例结构化模型构建 [J]. 中国地质事故灾害与防治学报, 2018, 29 (4): 130-134.

[74] 郭鹏辉,朱建军,王嵩华.考虑异质物资合车运输的灾后救援选址-路径-配给优化[J].系统工程理论与实践,2019,39(9):2345-2360.

[75] Wafa Hidria, Riadh Hadj M'tira, Narjès Bellamine Ben Saouda, et al. Every Second Counts:Integrating Edge Computing and Service Oriented Architecture for Automatic Emergency Management [J]. Procedia Computer Science, 2019, 164:177-186.

[76] 苏鑫,刘桂云,王慈云.基于超网络理论的海上溢油事故应急物资区域调度[J].中国航海,2020,43(4):110-115.

[77] 王付宇,丁杰.基于改进天牛须算法的应急资源调度优化[J].安全与环境学报,2020,20(6):2275-2285.

[78] 刘纪平,刘猛猛,徐胜华,等.大数据时代下的综合减灾技术综述[J].武汉大学学报(信息科学版),2020,45(8):1107-1115.

[79] 眭海刚,刘超贤,刘俊怡,等.典型自然事故灾害遥感快速应急响应的思考与实践[J].武汉大学学报(信息科学版),2020,45(8):1137-1145.

[80] 赵金龙,袁杰,赵荣华,等.危化品公路泄漏多主体应急协同调度系统[J].中国安全科学学报,2020,30(8):116-121.

[81] 刘春年,陈梦秋.突发重大事件防控中应急联动协同的情报体系建构——基于推特文本的内容分析[J].情报理论与实践,2020,43(10):31-38.

[82] 梁魏,黄炎焱,王建宇.灾场内外域相结合的应急响应建模方法研究[J].系统仿真学报,2020,32(4):669-677.

[83] 朱莉,曹杰,顾珺,等.考虑异质性行为的灾后应急物资动态调度优化[J].中国管理科学,2020,28(12):151-160.

[84] 申顺发,杨树文,贾鑫,等.面向应急的星空地协同数据采集机制及实现[J].导航定位学报,2020,8(6):63-70.

[85] 万孟然,叶春明,董君,等.考虑备灾的双层规划应急资源调度选址—路径优化模型与算法[J].计算机应用研究,2021,38(10):2961-2967.

[86] 曲冲冲,王晶,何明珂.京津冀协同应对自然事故灾害应急资源配置优化研究[J].运筹与管理,2021,30(1):36-42.

[87] 柴亚光,李芃萱.考虑储备周期的应急物资柔性采购模型[J].管理学报,2021,18(7):1068-1075.

[88] 宋英华,白明轩,马亚萍,等.考虑多主体心理效应的应急资源调度超网络模型[J].中国安全科学学报,2021,31(2):158-166.

[89] 李加莲,池宏.基于煤矿透水事故应急响应时效性的水泵布局鲁棒优选问题研究[J].中国管理科学,2021,29(7):192-201.

[90] 徐绪堪,李一铭.基于情景相似度的突发事件多粒度响应模型研究[J].情报学报,2021,39(2):18-23.

[91] 李霞,李佳璇,崔洪军,等.基于需求时间的隧道塌方应急资源分级调度研究[J].中国安全生产科学技术,2021,17(1):136-141.

[92] 姚佼,邵楚薇,鲍雨婕,等.基于双层规划模型的应急救援调度与路径选择集成优化[J].公路交通科技,2021,38(6):149-158.

[93] 张志霞,朱姣宇.非常规突发事件应急响应组织网络演化研究[J].软科学,2021,35(2):129-136.

[94] 王付宇,汤涛,李艳,等.疫情事件下多灾点应急资源最优化配置研究[J].复杂系统与复杂性科学,2021,18(1):53-62.

[95] 赖俊彦，张媛，南燕云，等．应急预案体系标准化构建的初步研究［J］．事故灾害学，2021，36
　　　（4）：138-145.

[96] 都雪静，王爱辉，孙菲菲．突发事件下公路应急物资调度优化［J］．交通信息与安全，2021，39
　　　（4）：52-59.

[97] 鲁金涛．应急演练"情景-响应"模型的结构相似度构建方法［J］．中国安全科学学报，2021，31
　　　（10）：182-188.

[98] 李学工，李芳．重大突发事件下应急冷链供应链协同化评价模型及策略研究［J］．中国安全生产科
　　　学技术，2021，17（10）：18-24.

[99] 赵月华，达婧玮，万强，等．面向突发公共卫生事件的多主体协同应对策略研究——以"新冠疫
　　　情"为例的中，美，英三国应对策略比较分析［J］．现代情报，2021，41（12）：38-47.

[100] 焦麟，邢帅，王丹莳，等．面向生物危害应急响应的地理本体模型设计与构建［J］．武汉大学学报
　　　（信息科学版），2021，46（4）：586-594.

[101] 刘冰，肖高飞，霍亮．重大突发疫情风险研判与决策柔性协同机制研究：基于信息聚合与知识发
　　　现［J］．图书与情报，2021（5）：1-8.

[102] 吴鹏，王路兵，储诚斌．资源受限下考虑救援优先级的森林火灾应急资源调度［J］．系统科学与数
　　　学，2021，41（12）：3461-3477.

[103] 胡东滨，冯婧瑜，杨艺，等．考虑处置效果的苯系物泄露应急方案生成方法［J］．浙江大学学报
　　　（理学版），2022，49（4）：11.

[104] 靳鹏，唐晓茜．考虑合成机制的多星应急任务调度［J］．系统工程与电子技术，2022，44（4）：
　　　1270-1281.

[105] 李希腾，王琳，秦宏楠，等．基于区块链Fabric的应急物资调度模式构建［J］．中国安全科学学
　　　报，2022，32（9）：192-198.

[106] 汤兆平，余时钧，宫素萍，等．基于优先权的铁路多事故点应急资源调度多目标优化研究［J］．重
　　　庆交通大学学报（自然科学版），2022，41（1）：29-37.

[107] 黄彩霞，刘年平，谢晓君．基于改进飞蛾扑火算法的应急资源调度研究［J］．中国安全生产科学技
　　　术，2022，18（6）：211-216.

[108] 吴海涛，黎双喜，侯成龙．高速铁路应急调度预案复杂度量化方法研究［J］．铁道学报，2022，44
　　　（2）：1-7.

[109] 郭爱斌，刘斌，付林，等．航空应急救援立体协同关键技术研究［J］．自然事故灾害学报，2022，
　　　31（1）：157-167.

[110] 邵蕊，邵薇薇，苏鑫，等．基于TELEMAC-2D模型分析不同洪涝情景对城市应急响应时间的影响
　　　［J］．清华大学学报（自然科学版），2022，62（1）：61-69.

[111] 陈培珠，陈国华，门金坤．化工园区应急响应阶段应急救援与疏散双向路径规划［J］．化工进展，
　　　2022，41（1）：503-512.

[112] 姚晨，樊博，赵玉攀．多主体应急信息协同的制约因素与模式创新研究［J］．现代情报，2022，42
　　　（7）：31-41.

[113] 张桂蓉，雷雨，冯伟，等．大数据驱动下应急信息协同机制研究［J］．情报杂志，2022，41（4）：
　　　181-201.

[114] 许强，朱星，李为乐，等．"天-空-地"协同滑坡监测技术进展［J］．测绘学报，2022，51（7）：
　　　1416-1421.

[115] 郑万波，董银环，吴燕清，等．基于脉冲需求模型改进的突发事故应急物资调度方案研究［J］．安
　　　全与环境学报，2022，22（4）：2064-2069.

[116] 孙硕，孟晗，马良，等．应急救援中心的选址-调度的双层模型及混合嵌套式算法［J］．小型微型

计算机系统，2022，43（2）：328-336.

[117] 吴坷，宋英华，吕伟. 医疗应急物资车辆配送优化调度时间窗模型研究［J］. 中国安全生产科学技术，2022，18（1）：11-16.

[118] 张寒，黄炎焱，耿泽，等. 营区突发事件应急保障方案仿真推演评估方法［J］. 系统工程与电子技术，2022，44（11）：3434-3441.

[119] 梁瑾璠，赵晗萍，张家乐. 应急物资供应链快速构建模式［J］. 中国安全科学学报，2022，32（4）：135-140.

[120] 杨卿涛，郭文艳，倪维健，等. 应急预案响应过程的 BPMN 模型自动抽取方法及实现［J］. 计算机集成制造系统，2022，28（10）：3212-3224.

[121] 黄晓斌，张明鑫. 面向重大突发事件的智库应急情报保障研究［J］. 情报学报，2022，41（1）：18-28.

[122] 姜文宇，王飞，苏国锋，等. 面向森林火灾的应急管理信息化关键技术［J］. 中国安全科学学报，2022，32（9）：182-191.

[123] 张桂蓉，雷雨，王秉，等. 数智赋能的应急情报协同体系研究［J］. 现代情报，2022，42（11）：150-157.

[124] 王秉，李定霖. 情报视域下的事故风险应急管理机制研究［J］. 事故灾害学，2022，37（3）：192-197.

[125] 张莉，张惠珍，刘冬，等. 考虑紧迫度的应急物资调度及粒子群算法求解［J］. 系统仿真学报，2022，34（9）：1988-1998.

[126] 张鑫蕊，张海涛，李依霖，等. 突发公共卫生事件信息协同关键要素识别研究［J］. 情报理论与实践，2022，45（3）：141-148.

[127] 宋英华，白明轩，马亚萍，等. 考虑区域灾情分级的应急物资公平调度优化模型［J］. 中国安全科学学报，2022，32（1）：172-179.

[128] 张桂蓉，雷雨，赵维. 自然事故灾害跨省域应急协同的生成逻辑［J］. 中国行政管理，2022（1）：126-135.

[129] Doug D，Steve C，Craig A. Knoblock，Steven Minton，Austin Tate：Guest Editors' Introduction：Planning with Templates［J］. IEEE Intelligent Systems，2005，20（2）：13-15.

[130] Dana S N，Tsz-Chiu A，Okhtay I，et al. Applications of SHOP and SHOP2［J］. IEEE Intelligent Systems，2005，20（2）：34-41.

[131] 王新平，王海燕. 多疫区多周期应急物资协同优化调度［J］. 系统工程理论与实践，2012，32（2）：283-291.

[132] 尹念红，王增强，蒲云. 面向公共工程突发事件的语言信息应急决策方法［J］. 中国安全科学学报，2013，23（5）：162-166.

[133] 蔡玫，曹杰. 基于知识管理视角的非常规突发事件模糊案例推理应急决策方法［J］. 软科学，2015，29（9）：135-139.

[134] 唐攀，祁超，王红卫. 基于层次任务网络规划的应急行动方案制定方法［J］. 管理评论，2016，28（8）：43-50.

[135] Sharma S，Devreaux P，Scribner D，et al. Megacity：A Collaborative Virtual Reality Environment for Emergency Response，Training，and Decision Making［J］. Electronic Imaging，2017，2017（1）：70-77.

[136] 李群. 突发事件应急会商与预案交互生成系统设计与实现［J］. 中国安全生产科学技术，2017，13（5）：34-40.

[137] 李海涛，罗党，孙德才. 多元不确定偏好下灰色局势群体应急决策方法［J］. 中国安全科学学报，

2017, 27 (12)：140-146.

[138] 操玉杰, 李纲, 毛进, 等. 大数据环境下面向决策全流程的应急指挥信息融合研究 [J]. 图书情报知识, 2018, 185 (5)：97-106.

[139] Lei S B, Wang J H, Chen C, et al. Mobile Emergency Generator Pre-Positioning and Real-Time Allocation for Resilient Response to Natural Disasters [J]. IEEE Trans. Smart Grid, 2018, 9 (3)：2030-2041.

[140] 谭睿璞, 张文德, 陈圣群, 等. 异质信息环境下基于案例推理的应急决策方法研究 [J]. 控制与决策. 2019, 34 (4)：1-11.

[141] 苏晓慧, 邹再超, 苏伟, 等. 面向地震应急的自媒体信息挖掘模型 [J]. 地震地质, 2019, 41 (3)：759-773.

[142] 王静茹, 宋绍成, 徐慧. 基于深度学习框架下的多模态情报智能挖掘研究 [J]. 情报学报, 2019, 37 (12)：159-165.

[143] 吴健, 刘小弟, 孙超勇, 等. 基于 GM(1, 1) 与灰色关联度的概率犹豫模糊信息应急决策方法 [J]. 统计与决策, 2020 (2)：164-168.

[144] Wang C M, Qin F, Dinesh J S R. Cloud assisted big data information retrieval system for critical data supervision in disaster regions [J]. Computer Communications, 2020, 151：548-555.

[145] Freitas D P, Borges M R S, Carvalho P V R D. A conceptual framework for developing solutions that organise social media information for emergency response teams [J]. Behaviour & Information Technology, 2020, 39 (3)：360-378.

[146] 赵星, 吉康, 申珂. 基于多旅行商问题的应急设施服务区划分模型 [J]. 交通运输系统工程与信息, 2020, 20 (5)：205-211.

[147] 解明礼, 赵建军, 巨能攀, 等. 多源数据滑坡时空演化规律研究——以黄泥坝子滑坡为例 [J]. 武汉大学学报 (信息科学版), 2020, 45 (6)：923-932.

[148] 左延红, 程桦, 程堂春. 分数阶微分算子在煤矿监测数据融合处理中的应用 [J]. 煤炭学报, 2020, 45 (2)：819-826.

[149] 潘耀, 邓浩宇, 陈厦, 等. 地震事故灾害应对决策的模型集成规则挖掘 [J]. 自然事故灾害学报, 2020, 29 (6)：70-84.

[150] 苏兆品, 李沐晗, 张国富, 等. 基于 Q 学习的受灾路网抢修队调度问题建模与求解 [J]. 自动化学报, 2020, 46 (7)：1468-1478.

[151] 吴冲龙, 刘刚, 王力哲, 等. 基于大数据的城市地质环境智能监管思路与方法 [J]. 地质科技通报, 2020, 39 (1)：157-163.

[152] 刘胜男, 陶钧, 卢银宏. 地面沉降监测多源数据融合分析 [J]. 测绘通报, 2020 (12)：46-49.

[153] 倪慧荟, 姚晓晖, 初玉, 等. 集成 "能力-时效-决策" 的应急处置效果预评估模型 [J]. 中国安全科学学报, 2020, 30 (12)：148-156.

[154] 王治莹, 聂慧芳, 赵宏丽. 考虑决策者情绪更新机制的多阶段应急决策方法 [J]. 控制与决策, 2020, 35 (2)：436-446.

[155] 刘阳, 田军, 冯耕中. 基于数量柔性契约与 Markov 链的应急物资采购模型 [J]. 系统工程理论与实践, 2020, 40 (1)：119-133.

[156] 唐红亮, 吴柏林, 胡旺, 等. 基于粒子群优化的地震应急物资多目标调度算法 [J]. 电子与信息学报, 2020, 42 (3)：737-744.

[157] 陈可, 黄燕霞, 徐选华. 基于突发事件相似度和区间一致性的复杂偏好大群体应急决策方法 [J]. 控制与决策, 2020, 35 (9)：2215-2224.

[158] 高山, 王晗奕. 基于前景理论的突发事件应急决策动态方法研究 [J]. 事故灾害学, 2020, 35 (4)：163-168.

[159] 张冰冰, 李培华, 孙秋乐. 基于局部约束仿射子空间编码的时空特征聚合卷积网络模型 [J]. 计算机学报, 2020, 43 (9): 1589-1603.

[160] 于冬梅, 高雷阜, 赵世杰. 中断情境下可靠性应急设施选址-分配多目标优化模型 [J]. 控制与决策, 2020, 35 (6): 1416-1420.

[161] 刘明, 曹杰, 章定. 数据驱动的疫情应急物流网络动态调整优化 [J]. 系统工程理论与实践, 2020, 40 (2): 438-448.

[162] 张建晋, 王韫博, 龙明盛, 等. 面向季节性时空数据的预测式循环网络及其在城市计算中的应用 [J]. 计算机学报, 2020, 43 (2): 286-302.

[163] 杨宏伟, 胡江, 槐先锋, 等. 基于多变量时间序列局部异常系数的滑坡预警方法 [J]. 南水北调与水利科技 (中英文), 2021, 19 (6): 1227-1237.

[164] 张正方, 闫振军, 王增杰, 等. 基于 Bayes 网络的多粒度时空对象地理过程演化建模——以新安江模型为例 [J]. 地球信息科学学报, 2021, 23 (1): 124-133.

[165] 陈培珠, 陈国华, 周利兴, 等. 化工园区多 Agent 协同应急智能决策体系 [J]. 化工进展, 2021, 40 (8): 4656-4665.

[166] 徐选华, 余艳粉. 大群体应急决策中考虑属性关联的偏好信息融合方法 [J]. 控制与决策, 2021, 36 (10): 2437-2546.

[167] 高天宇, 王庆荣, 杨磊. 粗糙集属性依赖度强化的应急数据挖掘模型 [J]. 计算机工程与应用, 2021, 57 (3): 87-93.

[168] 刘汉龙, 马彦彬, 仇文岗. 大数据技术在地质事故灾害防治中的应用综述 [J]. 防灾减灾工程学报, 2021, 41 (4): 710-722.

[169] 黄跃文, 牛广利, 李端有, 等. 大坝安全监测智能感知与智慧管理技术研究及应用 [J]. 长江科学院院报, 2021, 38 (10): 180-185.

[170] 谢和平, 张茹, 邓建辉, 等. 基于"深地-地表"联动的深地科学与地灾防控技术体系初探 [J]. 四川大学学报 (工程科学版), 2021, 53 (4): 1-12.

[171] 宋英华, 黄茜, 马亚萍, 等. 多维公平测度下考虑灾民心理痛苦效应的应急资源调配 [J]. 中国安全生产科学技术, 2021, 17 (4): 47-53.

[172] 陈赟, 陈玉斌, 李晶晶, 等. 基于知识元表达的地铁隧道施工事故情景库设计 [J]. 铁道科学与工程学报, 2021, 18 (1): 259-267.

[173] 陈锐, 范小光, 吴益平. 基于数据挖掘技术的白水河滑坡多场信息关联准则分析 [J]. 中国地质事故灾害与防治学报, 2021, 32 (6): 1-8.

[174] 吴学雨, 李明峰, 董思学, 等. 利用基于抗差垂直向方差分量估计的 GPS-InSAR 数据融合方法反演三维形变场 [J]. 测绘通报, 2021 (12): 38-43.

[175] 魏宇琪, 杨敏, 梁樑. 基于生命周期的模块化应急物资联动预储研究 [J]. 系统工程理论与实践, 2021, 41 (4): 979-994.

[176] 张翕然, 陈绍宽, 汪波, 等. 考虑替代救援可靠度的应急配置优化模型 [J]. 浙江大学学报 (工学版), 2021, 55 (1): 21-30.

[177] 代劲, 张磊, 王国胤. 基于云模型的煤矿安全大数据多粒度表示方法及应用 [J]. 控制与决策, 2021, 36 (10): 1-10.

[178] 刘利枚, 龚尹励, 曹文治, 等. 基于语言直觉模糊集的应急物流预案决策 [J]. 计算机集成制造系统, 2021, 27 (1): 1494-1501.

[179] 白静, 陈业华, 石蕊, 等. 基于概率语言赋权交叉熵信度分配的应急决策 [J]. 系统工程与电子技术, 2021, 43 (2): 476-486.

[180] 张涛, 舒斌, 解莉燕. 云南事故风险现场应急气象服务体系的构建 [J]. 事故灾害学, 2021, 36

(2)：181-186，199.

[181] 张海涛，周红磊，李佳玮，等. 信息不完全状态下重大突发事件态势感知研究 [J]. 情报学报，2021，40（9）：903-913.

[182] 姜山，丁治明，朱美玲，等. 面向时空图建模的图小波卷积神经网络模型 [J]. 软件学报，2021，32（3）：726-741.

[183] 郭骅，蒋勋，许瑞，等. 协同视角下的跨域突发事件应急情报组织模式 [J]. 情报学报，2021，40（7）：697-713.

[184] 朱莉. 考虑效率和公平的跨区域协同应急救援路径选择 [J]. 控制与决策，2021，36（2）：483-490.

[185] 王喆，蒋壮，王世昌，等. 应急智能规划中基于约束满足的资源协作方法 [J]. 系统工程学报，2020，35（6）：816-823.

[186] 张国富，陆淑君，苏兆品，等. 化工园区应急物资多目标分配问题建模与求解 [J]. 控制与决策，2022（4）：962-972.

[187] 吴澎，丁毅，周礼刚，等. 基于 DEA 交叉效率与冗余信息识别的大群体应急决策方法 [J]. 系统工程理论与实践，2022，42（10）：2840-2852.

[188] 吕伟，李承旭，马亚萍. 基于 GIS 位置分配的城市应急避难场所责任区划分 [J]. 清华大学学报（自然科学版），2022，62（6）：1102-1109.

[189] 代文强，陈琳，章潇月. 道路容量不确定情形下可靠应急疏散路径规划问题 [J]. 系统工程理论与实践，2022，42（9）：2485-2492.

[190] 王恒，李枫，江泽浩，等. 地铁应急疏散时乘客决策行为偏好的量化方法 [J]. 同济大学学报（自然科学版），2022，50（4）：571-579.

[191] 张立奎，段大猷，王佐才. 基于 LSTM 神经网络的多源数据融合桥梁变形重构方法 [J]. 土木与环境工程学报（中英文），2022，44（3）：37-43.

[192] 王慧敏，黄晶，刘高峰，等. 大数据驱动的城市洪涝事故灾害风险感知与预警决策研究范式 [J]. 工程管理科技前沿，2022，41（1）：35-41.

[193] 马睿，尹韬，李浩欣，等. 大坝机理-数据融合模型的基本结构与特征 [J]. 水力发电学报，2022，41（5）：59-74.

[194] 巴锐，张宇栋，刘奕，等. 城市复杂事故灾害"三层四域"情景分析方法及应用 [J]. 清华大学学报（自然科学版），2022，62（10）：1579-1590.

[195] 张得志，乔馨，李双艳，等. 考虑多重覆盖的应急设施多级协同布局鲁棒优化 [J]. 控制与决策，2022，37（7）：1853-1861.

[196] 陈波，詹明强，黄梓莘. 基于时空聚类挖掘的库岸边坡位移监测数据约简 [J]. 水利水运工程学报，2022（5）：94-101.

[197] 朱鸿鹄，王佳，李厚芝，等. 基于数据挖掘的三峡库区特大滑坡变形关联规则研究 [J]. 工程地质学报，2022，30（5）：1517-1527.

[198] 胡剑，朱鹏，戚湧. 基于区块链的重大公共卫生事件下应急情报体系构建 [J]. 情报理论与实践，2022，45（5）：156-164.

[199] 王国法，庞义辉，李爽，等. 基于煤矿时空多源信息感知的智能安控闭环体系 [J]. 矿业安全与环保，2022，49（4）：1-11.

[200] 陈波，詹明强，黄梓莘. 基于关联规则的库岸边坡监测数据挖掘方法 [J]. 长江科学院院报，2022，39（8）：58-65.

[201] 刘莹，杨超宇. 基于多因素的 LSTM 瓦斯浓度预测模型 [J]. 中国安全生产科学技术，2022，18（1）：108-113.

[202] 姜波, 陈涛, 袁宏永, 等. 基于情景时空演化的暴雨事故灾害应急决策方法 [J]. 清华大学学报 (自然科学版), 2022, 62 (1): 52-59.

[203] 陈莉婷, 郑晶, 高建清, 等. 基于模糊风险评估的台风事故灾害应急方案生成 [J]. 安全与环境学报, 2022, 22 (3): 1467-1475.

[204] 徐选华, 黄丽. 基于复杂网络的大群体应急决策专家意见与信任信息融合方法及应用 [J]. 数据分析与知识发现, 2022, 6 (2): 348-363.

[205] 陈伟炯, 董雯玉, 李咪静, 等. 基于马尔科夫链-多目标模型的应急供应链决策优化研究 [J]. 中国安全生产科学技术, 2022, 18 (7): 19-25.

[206] 黄梓莘, 陈波. 基于混凝土坝接缝变形监测数据的时空关联规则挖掘方法 [J]. 水电能源科学, 2022, 40 (3): 109-113.

[207] 张炜健, 施先亮, 黄安强, 等. 重大公共卫生事件下应急药品储备方式优化分配策略 [J]. 系统工程理论与实践, 2022, 42 (1): 110-120.

[208] 刘纪达, 宋雨薇, 安实, 等. 自然事故灾害应急会商协调网络特征与优化研究 [J]. 中国安全生产科学技术, 2022, 18 (7): 34-40.

[209] 谢李祥, 邢传玺, 张东玉, 等. 浅海多节点环境参数测量数据融合方法研究 [J]. 声学技术, 2022, 41 (2): 274-281.

[210] 周大伟, 安士凯, 吴侃, 等. 矿山开采损害 InSAR/UAV 融合监测关键技术及应用 [J]. 煤炭科学技术, 2022, 50 (10): 121-134.

[211] 张婧, 申世飞, 杨锐. 基于偏好序的多事故应急资源调配博弈模型 [J]. 清华大学学报 (自然科学版), 2007, 47 (12): 2172-2175.

[212] 张江石, 傅贵, 陈娜, 等. 矿工应急处置能力评估方法研究 [J]. 煤炭学报, 2012, 37 (2): 290-294.

[213] Chiara S, Danilo A, Gianpaolo C, et al. Optimizing Service Selection and Allocation in Situational Computing Applications [J]. IEEE Trans. Services Computing, 2013, 6 (3): 414-428.

[214] 夏登友, 钱新明, 康青春, 等. 基于云模型的应急决策方法 [J]. 北京科技大学学报, 2014, 36 (7): 972-978.

[215] 陈祖琴, 苏新宁. 基于情景划分的安全风险监测预警与应急响应策略库构建方法 [J]. 图书情报工作, 2014, 58 (19): 105-110.

[216] Michele G, Michele C, Giovanni P G, et al. A Model-Driven DevOps framework for QoS-aware Cloud applications [C] //17th International Symposium on Symbolic and Numeric Algorithms for Scientific Computing, IEEE, Timisoara (Romania), 2015.

[217] 赵树平, 梁昌勇, 罗大伟. 基于诱导型直觉不确定语言集成算子的应急预案评估群决策方法 [J]. 计算机应用研究, 2015, 33 (3): 726-729.

[218] Zeng Q T, Liu C, Duan H. Resource conflict detection and removal strategy for nondeterministic emergency response processes using Petri nets [J]. Enterprise IS, 2016, 10 (7): 729-750.

[219] 冯园, 赵江平. 基于柯氏模型和二元语义的应急预案培训效果评估 [J]. 中国安全科学学报, 2016, 26 (2): 168-174.

[220] 温廷新, 王冉, 杨红玉, 等. 煤矿应急处置流程的 SPN-MC 模型及性能分析 [J]. 中国安全科学学报, 2016, 26 (1): 148-154.

[221] Biswas S, Dey S, Mukherjee A. (WIP) At Most M - A Flexible Redundancy Model for Cloud Robotics [C] // 2018 IEEE 11th International Conference on Cloud Computing (CLOUD). IEEE, San Francisco, 2018.

[222] 朱莉, 丁家兰, 马铮. 应急条件下异构运输问题的协同优化研究 [J]. 管理学报, 2018, 15 (2):

309-316.

[223] 刘长石, 罗亮, 周鲜成, 等. 震后初期应急物资分配-运输的协同决策: 公平与效率兼顾 [J]. 控制与决策, 2018, 33 (11): 2057-2063.

[224] Guo J J, Ma J F, Guo X X, et al. Trust-based service composition and selection in service oriented architecture [J]. Peer-to-Peer Networking and Applications, 2018, 11 (5): 862-880.

[225] Mohammad A, Kester C, Lorenzo C, et al. Service Level Agreements for Safe and Configurable Production Environments [J]. ETFA, 2018: 1252-1255.

[226] 齐春泽, 代文锋. 基于云模型的城市事故灾害应急能力评价 [J]. 统计与决策, 2019, 35 (4): 43-47.

[227] 王景春, 林佳秀, 张法. 基于 ISM 二维云模型的应急管理协同度研究 [J]. 中国安全生产科学技术, 2019, 15 (1): 40-46.

[228] 尹鑫伟, 汪彤, 代宝乾, 等. 基于 PT-IE 的区域性企业整体应急准备能力评估分析 [J]. 中国安全生产科学技术, 2019, 15 (8): 137-143.

[229] 陈伟炯, 苏俊方, 张善杰, 等. 基于云模型的海上船舶溢油应急管理能力评估方法 [J]. 中国安全生产科学技术, 2020, 16 (2): 110-116.

[230] 蔡晨光, 徐选华, 王佩, 等. 基于决策者信任水平和组合赋权的不完全偏好复杂大群体应急决策方法 [J]. 运筹与管理, 2019, 28 (5): 17-25.

[231] 李磊, 任俞霏, 韦茜, 等. 基于云模型和 TODIM 的应急预案评估方法研究 [J]. 中国安全生产科学技术, 2023, 19 (4): 182-187.

[232] 陈钉均, 孙运豪, 李俊捷, 等. 重大疫情下铁路应急救援能力评估指标体系构建 [J]. 交通运输工程学报, 2020, 20 (3): 129-138.

[233] 苏浩然, 陈文凯, 王紫荆, 等. 基于改进引力模型的城市应急避难场所空间布局合理性评价 [J]. 地震工程学报, 2020, 42 (1): 259-269.

[234] 龚丽芳, 李爱勤, 陈张建, 等. 地质事故灾害应急制图模型研究 [J]. 武汉大学学报 (信息科学版), 2020, 45 (8): 1273-1281.

[235] 彭恒明, 王铁骊. 基于 Z-numbers 的城市内涝事故灾害应急能力评价研究 [J]. 中国安全生产科学技术, 2020, 16 (5): 115-121.

[236] 兰国辉, 陈亚树, 荀守奎. 基于 RS-IPA 的煤矿突发事件应急救援能力评价 [J]. 中国安全科学学报, 2020, 30 (5): 169-176.

[237] 刘朝峰, 杜金泽, 张嘉鑫, 等. 基于 RAGA-PP 模型的城市应急避难场所适宜性分析 [J]. 事故灾害学, 2020, 35 (1): 80-84.

[238] 何利民, 李静娜, 赵雪雯. 基于层次分析-模糊综合评价的油库衍生事故灾害分级研究 [J]. 安全与环境学报, 2021, 21 (1): 33-41.

[239] 李哲睿, 甄峰, 张姗琪, 等. 面向国土空间安全的工业园区风险监测评估系统设计思路 [J]. 自然资源学报, 2021, 36 (9): 2437-2448.

[240] 吴雪华, 毛进, 陈思菁, 等. 突发事件应急行动支撑信息的自动识别与分类研究 [J]. 情报学报, 2021, 40 (8): 817-830.

[241] 姜林, 张文毓, 钟茂生, 等. 危险物质泄漏场地污染应急响应与清理制度及关键技术 [J]. 环境科学研究, 2021, 34 (10): 2438-2445.

[242] 黄崇福, 田雯, 王润东. 在救灾智联网中推测信息孤岛救助需求强度的空间信息扩散模型 [J]. 自然事故灾害学报, 2021, 30 (2): 1-13.

[243] 成连华, 周瑞雪, 严瑾, 等. 煤矿应急救援能力成熟度评价模型构建及应用 [J]. 中国安全科学学报, 2021, 31 (7): 180-186.

［244］黄大伟，贾滨洋，谢红玉，等．流域突发性水环境风险的评估方法［J］．环境工程学报，2021，15（9）：2868-2873．

［245］王耀辉，王文和，朱正祥，等．基于多级可拓方法的长输油气管道突发事故应急管理能力评估［J］．安全与环境工程，2021，28（2）：23-29．

［246］王悦，刘阳，宋文华．基于模糊综合评价法的石化企业事故应急能力评估方法研究［J］．南开大学学报（自然科学版），2021，54（6）：75-80．

［247］Hoang Van Thanh，龙伟，李炎炎，等．金属油气管道点蚀缺陷安全评估及预警系统研究［J］．四川大学学报（工程科学版），2021，53（1）：162-169．

［248］黄亚江，李书全，项思思．基于AHP-PSO模糊组合赋权法的地铁火灾安全韧性评估［J］．事故灾害学，2021，36（3）：15-20．

［249］赵林林，尹欣欣，尹志文，等．甘肃预警台网监测能力以及预警时间评估研究［J］．地球物理学进展，2021，36（4）：1487-1492．

［250］王军，李梦雅，吴绍洪．多灾种综合风险评估与防范的理论认知：风险防范"五维"范式［J］．地球科学进展，2021，36（6）：553-563．

［251］范小杉．国际预警体系研究进展及其对国内生态环境预警研究的启示［J］．生态学报，2021，41（18）：7454-7463．

［252］刘奕，张宇栋，张辉，等．公共卫生应急精准防控与一体化管理［J］．中国工程科学，2021，23（5）：24-33．

［253］盛金保，向衍，杨德玮，等．水库大坝安全诊断与智慧管理关键技术与应用［J］．岩土工程学报，2022，44（7）：1352-1366．

［254］王迎春，刘景泰，孙沛雯，等．生态环境监测全过程病原微生物安全风险识别评估及个体防护［J］．中国环境监测，2022，38（3）：12-17．

［255］郝建盛，李兰海．雪崩事故灾害防治研究进展及展望［J］．冰川冻土，2022，44（3）：762-769．

［256］蔡耀军，周招，杨兴国，等．堰塞湖风险评估快速检测与应急抢险技术和装备研发［J］．岩土工程学报，2022，47（4）：1266-1280．

［257］罗婷，张永庆，郑明贵，等．中国钾盐资源安全评估与预警研究［J］．地球科学进展，2022，37（6）：575-587．

［258］王瑞峰，齐天锁，张振海．基于区间集对投影决策的铁路应急预案评估［J］．安全与环境学报，2022，22（1）：331-337．

［259］陈结，杜俊生，蒲源源，等．冲击地压"双驱动"智能预警架构与工程应用［J］．煤炭学报，2022，47（2）：791-806．

［260］周保，隋嘉，孙皓，等．基于多源遥感数据的青海省地质事故灾害评价［J］．自然事故灾害学报，2022，31（4）：231-240．

［261］李强．基于数字孪生技术的城市洪涝事故灾害评估与预警系统分析［J］．北京工业大学学报，2022，48（5）：476-484．

［262］李健，徐艺，刘亦文．京津冀突发事件总体应急预案量化评价［J］．事故灾害学，2022，37（1）：147-150．

［263］吴伟仁，龚自正，唐玉华，等．近地小行星撞击风险应对战略研究［J］．中国工程科学，2022，24（2）：140-151．

［264］钱瑞，彭福利，薛坤，等．大型湖库滨岸带蓝藻水华堆积风险评估——以巢湖为例［J］．湖泊科学，2022，34（1）：49-60．

2 矿隧事故风险监测预警与应急联动体系技术

2.1 突发事故风险监测预警技术发展现状

突发事故风险监测预警与应急联动系统本身就是一个复杂系统，以信息互通为基础，实现防灾、减灾、救灾各个阶段的全过程管理。本节介绍国内外突发事故风险与应急联动发展历程和典型国家应急管理体系比较研究。

2.1.1 国内外突发事故风险预警与应急联动发展历程

2.1.1.1 全球应急管理发展历程

应急管理是以政府设立专门的管理机构，或明确原有相关机构的应急管理责任为开端。以此为标准，可将应急管理的历史阶段分为三个阶段（见表 2-1）。

表 2-1 全球应急管理发展阶段及特点[1-2]

发展阶段	前应急管理时期 （20 世纪 50 年代前）	应急管理规范期 （20 世纪 50~90 年代）	应急管理拓展期 （21 世纪以来）
应急管理概念	单项事故灾害管理	综合应急管理	国家应急管理体系
管理主体	临时性机构； 政府临时参与	专门的应急管理综合协调机构	政府主导、全民参与
管理内容及特点	一事一管、一事一议； 专案处理	强调准备体系的平战结合； 提出全流程应急管理模式	涵盖各类突发事件的管理体系； 强调国土安全
管理手段	单行法律； 临时的行政行为	制定基本法； 完备的管理流程与制度	完善整个法律体系； 建立综合性国家事故反应计划
理论基础	—	命令—控制	可持续发展模式； 适应性团队

2.1.1.2 美国突发事故风险与应急联动体系发展历程

2011 年 3 月 30 日，美国总统政策 8 号令"国家应急准备"（PPD-8），希望美国通过对威胁和致灾因子的系统准备强化国家安全与恢复力，促进一个综合的、全国的、基于能力的国家应急准备方法的有效实施，PPD-8 将"国家应急准备"界定为"采取应急规划、组织、装备、培训及演练系列行动，建立和维持必要的能力，从而针对引发国家安全巨大风险的威胁，开展预防、保护、减除、响应和恢复活动"。通过分析，发现以下特点：（1）美国的"应急准备"贯穿于应急管理的五大任务领域（预防、保护、减除、响应和恢复）；（2）"应急准备"的核心工作是"能力建设"，强调提升"应急准备能力"；

（3）"应急准备"的内涵已经从"计划、程序、政策、训练及必要的装备"等零散的部件深化为一个系统的流程，即包括预案编制、组织、装备、培训及演练的一系列行动；
（4）"应急准备"的对象也由"严重事件"转向了"针对引发国家安全巨大风险的威胁"[3]。表2-2所示为美国应急管理体系的历史演变沿革。

表2-2 美国应急管理体系的历史演变沿革[4-7]

时间	应急管理理念	应急管理特点	应急管理部门/颁发文件
19世纪初~20世纪初	专项管理	专案管理	专项法律
20世纪30~40年代	系统化管理	民防与应急管理并存，建立综合性管理部门	国家应急管理委员会 应急管理办公室
20世纪50~60年代（冷战初期）	全国管理	返回以民防为主，强调准备体系的平战结合	《1950年民防法》
20世纪70~80年代	综合应急管理模式	提出综合应急管理范式（准备、应对、恢复和减灾）	国防民事整备署 联邦紧急事务管理局（FEMA） 《减灾法案》 《斯塔福德减灾和紧急救助法》
20世纪90年代	可持续性发展模式	引入适应性团队、脆弱性等概念，扩展应急管理内涵	FEMA重组与重新定位（减灾司） 联邦响应计划（FRP）
21世纪初~现在	强调国土安全	联邦及地方政府应急能力与资源重新配置，形成涵盖各类突发事件的应急管理体系，并配以综合性国家事故应急响应计划；正式确立全社会参与，明确全国准备工作战略，推动核心能力建设	国土安全部 《国家事故管理系统》（NIMS，2004年） 《国家响应计划》（NRP，2004年） 《国家应对框架》（NRF，2008年） 《总统政策第8号指令》（2011年）

2.1.1.3 中国应急管理发展历程及矿山救护

提高我国的应急管理能力是提升国家执政能力和实现国家治理体系、治理能力现代化的重要组成部分。面对新形势、新挑战、新风险，我们应该不断地总结经验教训，不断地完善与提升我国的应急管理能力建设，借鉴国外的成熟做法，发挥我们自己的优势与特色，积极推进应急管理体系与能力的现代化建设。我国应急管理发展历程及矿山救护情况如表2-3所示。

表2-3 中国应急管理发展历程[8-9]

阶段	阶段特点	时间范围	典型案例及特点
第一阶段	应急管理的非正常阶段	建国初期~20世纪70年代末	唐山大地震，全民运动式的救急，在极短时间，高效动员一个地区和全国的力量应急；无论是否参加过应急培训，无论有没有佩戴应急救援装备，都积极投入到应急救援中；1953年试制AHG-4型、AHG-2氧气呼吸器，声能电话机

续表 2-3

阶段	阶段特点	时间范围	典型案例及特点
第二阶段	应急管理的萌芽阶段	20 世纪 70 年代~2003 年	主要以专项部门应急为主的事故灾害管理为研究对象；随着地震、水害加剧，在单项事故灾害、区域综合事故灾害以及事故灾害理论、减灾理论、减灾对策、事故灾害保险方面取得一些重要研究成果，却缺乏应急管理的一般规律的综合研究；吸取文革和建国初期的经验教训，引进国外的先进经验和技术，开始提出从应急救援到事故预防的应急救援理念；发布《矿山救护规程》（AQ1008—2007），开始加强安全法制建设，整顿安全组织机构，投入大量资金进行技术改造，1986 年研制出 AHG-6 型氧气呼吸器；1987 年开始全国救援技术竞赛，以此促交流、提高和发展；1994 年以来开始引进国外先进装备；1997 年开始仿制美国正压氧呼吸器和德国的储气囊式正压氧呼吸器；电能救灾电话
第三阶段	应急管理研究的快速发展、质量提升阶段	2003~2012 年	以"一案三制"为核心的建设阶段，其主要特征是由"应对单一突发事件"向"综合应急治理"的转变。主要体现在： （1）2003 年"非典"推动了我国应急管理的理论和实践的发展，前期是多元化的研究的开端，后期进入了应急管理研究的繁荣期，行政管理学科、社会科学、社会科学与自然科学交叉初现端倪，国家预案体系开始建立，同时事前准备体系、信息沟通、应急管理体制、机制、法制开始全面推进；颁布《突发公共卫生事件应急条例》《国家突发公共事件总体应急预案》《重大动物疫情应急条例》等。 （2）南方雪灾、拉萨"3·14"事件和汶川大地震等推动我国全面深入地开展应急管理的研究和总结，科研人力、物力、财力投入较大。 （3）各级基本预案和专项体系开始建立，建立《安全生产事故应急预案管理办法》预案管理制度，事前准备、信息沟通、应急管理体制、机制、法制体系进一步完善。 （4）开始系统化的国家应急救援体系建设，国家矿山应急救援指挥中心成立，开始整合全国矿山救护资源，并为建立的国家级基地配备先进的救援装备，开始建立"以人为本"的应急装备理念，单兵装备向综合装备发展；研发了救灾机器人，有线救灾指挥通信系统，无线救灾指挥通信系统，视频通信系统和卫星通信系统，综合指挥通信系统，灾区气体检测仪器，车载矿山救灾指挥车，灾区环境无人侦测技术与装备，破拆和支护装备等专业救援设备；开始建立国家级应急指挥平台框架
第四阶段	应急管理责任明确及科技创新阶段	2012 年至今	以总体国家安全观为统领的应急管理体系全面建设的新时期，这一时期的主要特征是编织全方位、立体化的公共安全网，统筹应对我国全灾种、全领域、全过程的事故灾害风险。主要体现在： （1）2012 年以来至今，党的十八大后，进入了以总体国家安全观为统领的应急管理体系全面建设的新时期，这一时期的主要特征是编织全方位、立体化的公共安全网，统筹应对我国全灾种、全领域、全过程的事故灾害风险。十八届三中全会通过了《中共中央关于全面深化改革若干重大问题的决定》，再次强调防灾减灾救灾体制的建设问题，提出要从举国救灾向举国减灾转变，从减轻事故灾害向减轻风险转变。 （2）2014 年初成立国家安全委员会和随后提出的"总体国家安全观"，标志着我国开始从国家战略的高度来决策部署应急管理工作，随后的几年中推出了一系列的相关措施文件，进一步地深化、完善应急管理体系的"一案三制"，为后续的应急体制改革从思想上、法治上奠定了坚实的基础

阶段	阶段特点	时间范围	典型案例及特点
第四阶段		2012年至今	（3）我国相继出台了五年一期的《国家综合防灾减灾规划》《国家防震减灾规划（2006—2020）》《中国的减灾行动》《全国综合减灾示范社区标准》等重要文件。近年来将工作重心由"灾后恢复重建"向"灾前预防预警"转变；由"单一风险"向"全风险"转变；由"单纯性应急"向"全过程管理"转变；由"政府管理"向"全社会力量参与"转变。在党中央国务院的领导下，我国的应急管理事业取得了明显成效，基本构建完成了"八个体系"：组织体系、预防体系、预案体系、处置体系、保障体系、宣传体系、引导体系、法治体系。 （4）从立法角度，整合各个行业和专业领域，建立国家一体化"大救援"格局；从应急救援到事故预防的理念发展，从2010年3月王家岭透水事故应急救援开始，逐步丰富完善了应急救援理念，2013年3月八宝煤矿事故后理念走向成熟。国家级应急指挥平台建立并投入使用，省部级平台逐步建立和完善，由综合处置装备向一体化智能决策指挥技术和装备发展；加强应急处置能力建设，更加注重应急装备决策与效能提升；开始使用改进正压氧呼吸器，人体负重助力行走机器人，透地通信技术，非进入和非接触式探测技术装备，大口径钻机。 （5）十九大后机构改革中成立了应急管理部和国家综合性消防救援队伍，开启了我国应急管理事业的新时代，我国的应急管理主体机构变为国安办+应急管理部（整合事故灾难类和自然事故灾害类）+公安部（社会治安类）+卫健委（公共卫生类），建立起一套涵盖四大类突发事件的管理体系，其综合性、系统性得到进一步的加强。2019年，十九届四中全会通过了《中共中央关于坚持和完善中国特色社会主义制度　推进国家治理体系和治理能力现代化若干重大问题的决定》，要求构建统一指挥、专常兼备、反应灵敏、上下联动的应急管理体制，优化国家应急管理能力体系建设，提高防灾减灾救灾能力。2020年的十九届五中全会提出12项重要举措中，要"统筹发展和安全，建设更高水平的平安中国。坚持总体国家安全观，实施国家安全战略，把安全发展贯穿国家发展各领域和全过程，防范和化解影响我国现代化进程的各种风险。"两次的全会精神又将我国的应急管理体系建设提升到了举足轻重的战略位置，不断加强国家的安全能力建设，走出一条具有中国特色的国家安全道路

提高我国的应急管理能力是提升国家执政能力和实现国家治理体系、治理能力现代化的重要组成部分。面对新形势、新挑战、新风险，我们应该不断地总结经验教训，不断地完善与提升我国的应急管理能力建设，借鉴国外的成熟做法，发挥我们自己的优势与特色，积极推进应急管理体系与能力的现代化建设。

2.1.2　我国突发事故风险与应急联动体系架构

国家安全属于公共安全范畴上升到国家层面的最高类别，同样也涵盖了自然事故灾害、事故灾难、公共卫生事件以及社会安全事件等应急管理突发事件类型。

2005年，闪淳昌等[10]建立健全社会预警体系，形成统一指挥、功能齐全、反应灵敏、运转高效的应急机制。包括建立健全监测预警机制、应急信息报告机制、应急决策和协调机制、分级负责与响应机制、公众沟通与动员机制、应急资源配置与征用机制、奖惩机制和社会治安综合治理、城乡社会管理机制等。

2008 年，闪淳昌等[11]面对南方大雪灾这样的巨灾场景，提出在当今社会重大突发公共事件的形成与演变是一个复杂的系统，导致应急管理工作较之以前具有更强的复杂性、艰巨性、严重性和放大性。具体表现在：一是孕灾环境、多种致灾因子和不同的承灾体的相互作用、相互影响，多种因素、多个条件的复合叠加导致复杂多变、综合性强的突发公共事件；二是效率与公平、自由与安全、威胁度与成本等各种矛盾冲突，造成应急管理过程中应对目标的多元化选择；三是在道德规范、利益博弈、资源分配等制约因子的影响下，要求在应急管理过程中建立多部门、多领域、多地区和军地的会商联动机制。为建立和完善公共危机预控机制。李湖生等[12]总结了突发事件风险评估与管理理论、动力学演化机理、应急管理体系及组织行为、大规模人群管理与疏散等国内外发展状况，综合利用系统科学、管理科学、社会科学、工程科学等领域的理论与方法，解决"重大危机事件应急重大危机事件综合风险评估理论""重大危机事件动力学演化机制""重大危机事件中的个体与组织行为特征" 3 个关键科学问题。高小平等[13]概述我国应急管理体系建设经历"三点一面"（起跑点、着力点、定位点），回答了历史提出的三大课题：一、在新的历史时期政府如何认识风险，怎样防范和应对风险，要建设什么样的应急管理体系，怎样建设比较完善的中国特色的应急管理体系，应急管理体系与促进经济社会协调发展是什么关系，怎样通过加强应急管理体系建设推动国家治理方式创新；二、我国应急管理体系建设的核心框架为"一案三制"：应急预案、应急体制、应急机制、应急法制；三、我国应急管理体系建设的特点和经验为"一个整体、四个结合"：注重整体性、与行政管理体制改革结合、与公共政策优化相结合、与政府管理方式创新相结合、与法治政府建设相结合，进一步完善"五化"：综合化、系统化、专业化、协同化、规范化。

2009 年，钟开斌[14]界定了应急管理体制、机制、法制、制度，应急预案等概念的基本含义，并分析了它们之间的区别与联系。"一案三制"是基于四个维度的一个综合体系：体制是基础，机制是关键，法制是保障，预案是前提，它们具有各自不同的内涵特征和功能定位，是应急管理体系不可分割的核心要素。李湖生等[15]提出了应急准备规划理论与方法、应急准备系统结构、任务和目标能力、应急准备评估理论与方法、应急准备文化的内涵与特征等应急准备体系理论研究方面的关键科学问题。

2009 年，刘景凯等[16]提出风险管理理论指导，以风险识别为前提，以事件管理为对象，以加强应急预警和提高响应能力为重点，增强应急预案编制的针对性和实用性，从而使应急管理由事故救援向事故预防的全过程转变，应该将其作为应急管理体系研究的重要内容和发展方向。

2013 年 11 月，中国共产党十八届三中全会提出：设立国家安全委员会，完善国家安全体制和国家安全战略，确保国家安全。王旭坪等[17]构建了非常规突发事件情景构建与推演方法体系，具体包括关键要素及其作用机理提取与表示、多源信息融合下的应急情景链构建、面向"情景-应对"的应急情景推演和情景推演结果评判与应对实效评估四个部分。该方法体系及划分有助于合理展开"情景-应对"型应急管理关键问题的研究，可以促进"情景-应对"型应急管理模式在应急管理实践中的实现。

2014 年 12 月全国人大常务委员会通过《国家安全法》草案，2015 年 5 月，《国家安全法》草稿（第二稿）公开征求社会意见[18]。

2018 年，刘铁民[19]提出加快建立和完善国家应急管理体系，提高应对公共安全事件或者事故的能力，是当前我们推进国家治理体系和治理能力现代化的迫切要求。在构建统一领导、权责一致、权威高效的国家应急能力体系中，着力解决好各层级、跨部门和全社会的不协调不一致、加强防灾减灾救灾和安全生产工作有机融合、加快形成与面临风险相匹配的应急能力的问题，建议尽快开展国家风险评估和重大突发事件情景构建工作，考虑启动国内外应急管理制度化的系统分析和建设需求的重大项目，制定相应的应急评估和演练计划，加强干部应急培训，努力构建全民应急工作格局。王德学[20]提出全面加强应急管理工作，当前应重点强化基于风险分析情景构建下的应急准备，要加强突发事件应急预案制定的科学性，要全面提升政府应急领导力。

2019 年，付瑞平等[21]提出我国组建应急管理部，打破了部门本位、条块分割、自成体系的碎片化应急管理格局，实现了国家突发事件应对机构从过去综合协调型向独立统一型转变，从"条块化、碎片化"应急管理模式向"系统化、综合化"应急管理模式转变，在很大程度上提升了应急管理的能力和效率。但鉴于应急管理架构和职能调整时间较短，目前只是解决了"面"上的工作，要想真正起"化学反应"，还有许多问题亟待解决。吴波鸿等[22]回顾了中国应急管理体系发展的不同历史阶段，梳理了新中国成立以来中国应急管理体系的发展历程，提出以能力建设为核心确立职能，依据职责关系设计切实可行的协作模式并形成政策和标准，建设成果应面向应急管理全生命周期，建立配套的工作清单及管理体系，实现工作质量的标准化；重点建立风险管理为主导、平战结合的工作模式；构筑涵盖应急产业、科研教育、培训演练、宣传普及的应急支撑系统，以实现环境资源、能源资源、经济资源、权力资源及智力资源的整合；与此同时，建立健全法律法规体系、建设发展应急支撑平台、发挥科研机构团体的作用并加强第三方评估。

2020 年，张新等[23]针对中国在新型冠状病毒感染(coronavirus disease 2019，COVID-19)疫情中存在的问题与挑战，基于"让数据多跑路，靠信息精准服务，电磁波跑赢病毒"的思路，将垂直体系和水平体系相结合，提出了完善中国数字化公共卫生应急管理体系建设的科技策略建议，主要包括：完善标准统一的数字化疫情信息采集体系，动态感知民情；建设统一时空基准的公共卫生大数据中心，实现跨区域、跨行业数据的汇聚、融合与共享；强化疫情监测、预测与风险研判的人工智能技术，提高预控精准度和筛查效率；发展情势推演与优化调控计算技术，服务科学调度与应急指挥；完善运行体制机制，保障常态化、安全、稳定运行。

2021 年，国家发布《中华人民共和国国民经济和社会发展第十四个五年规划和 2035年远景目标纲要》，提出"加快数字化发展　建设数字中国""加强国家安全体系和能力建设"，强化数字技术在公共卫生、自然事故灾害、事故灾难、社会安全等突发公共事件应对中的运用，全面提升预警和应急处置能力，并把国防、产业、社会、经济、粮食、生物、信息、生态、能源、边疆和公共安全等中国"大安全"的战略规划和布局；强化数字技术在公共卫生、自然事故灾害、事故灾难、社会安全等突发公共事件应对中的运用，全面提升预警和应急处置能力[24]。宋元涛等[25]提出未来要将数字化、信息化思维贯穿应急管理体系和能力现代化建设全过程。在深刻理解信息化对社会治理形态、产业发展形态产生的深远影响基础上，要进一步借助数字中国、"互联网+"、智慧城市等信息化基础建设，以信息化构建应急发展的新格局。特别是针对当前应急管理信息化建设的短板和不足，要紧跟新一轮信息技术革命浪潮，准确把握信息化发展方向，研究新一代信息技术在应急管理工作实践中的应用，加快推进应急管理信息化建设。在以信息化加速推进应急管理现代化过程中，我们还要进一步解放思想、拓宽道路，运用顶层设计、系统工程方法，将信息化、标准化的技术和装备，现代管理、工程管理的科学和方法融合起来，加快实现应急管理现代化的步伐。张玉磊[26]提出新中国成立后中国应急管理体系的发展历程可以划分为逐步升级的四个阶段：以政府为主体、分类管理、单灾种的应急管理体系；由议事协调机构和临时机构牵头协调的应急管理体系；以"一案三制"为核心的应急管理体系；以大部制、综合化为导向的应急管理体系。与世界大多数国家一样，综合化是中国应急管理体系的变革取向，主要体现在：应急管理理念方面树立以人为本的总体国家安全观；应急管理体制方面建立以应急管理部为核心的综合性管理架构；应急管理机制方面强化统分结合的综合协调机制；应急管理法治方面完善以应急管理法律规章为基础的制度保障。钟开斌[27]采取"结构-时间"分析方法，通过分析官方文献，来刻画新中国成立以来我国"国家应急管理体系"概念的发展过程和演变轨迹，以2003年抗击非典、2012年党的十八大召开、2018年应急管理部组建为标志，"国家应急管理体系"概念在我国先后主要经历了四个发展阶段：以分类管理为主的酝酿期（2003年抗击非典之前），以应急管理体系为统领（"4+1"结构）的创立期（2003年抗击非典后至2012年党的十八大），以公共安全体系为统领（"4+1+1"结构）的拓展期（2012年党的十八大后至2018年应急管理部组建），以应急管理体系（2.0版）为统领（"1.5+0.5+1"结构）的调整期（2018年应急管理部组建后），整个概念的演变过程呈现螺旋式上升的特点。2020年抗击新冠肺炎疫情推动国家应急管理体系重新调整为"2.5+1+1"结构，未来是否会调整为"3+1+1"结构甚至"4+1+1"结构有待进一步观察。

2022年，面向国家"十四五"和远景目标规划建设，依据《"十四五"国家安全生产规划》《"十四五"国家应急体系规划》《中华人民共和国安全生产法》等法律法规和文件，都把"安全风险监测预警""安全生产应急救援""强化信息支撑保障""进行安全信息化建设，实施安全提升重大工程"作为重点规划、建设内容，强化数字技术在事故灾害事故应对中的运用，全面提升监测预警和应急处置能力，推进应急管理云计算平台建设，系统推进"智慧应急"建设，建立符合大数据发展规律的应急数据治理体系，完善监督管理、监测预警、指挥救援、灾情管理、统计分析、信息发布、灾后评估和社会动员等功能；布局建设公共安全、生态环境等重大信息系统，加快构建数字技术辅助政府决策机制，提高基于高频大数据精准动态监测预测预警水平。到2035年，建立与基本实现现代化相适应的中国特色大国应急体系，全面实现依法应急、科学应急、智慧应急，形成共建共治共享的应急管理新格局[28]，加强重点行业领域企业安全生产风险监测预警系统建设，实现分级分类、实时监测、动态评估和及时预警等[29]。

按照《国家突发公共事件总体应急预案》（2006年颁布）和《中华人民共和国突发事件应对法》（2007年颁布）的规定，进一步综合参考文献［10］~［36］，归纳成我国突发事件的主要类型，主要框架见表2-4。

表 2-4 我国突发事故风险与应急联动体系架构[10-36]

类型	主管部门	国家协调机构	主要范围	应急预案	法律体系
自然事故灾害	应急管理部（牵头）；水利部；民政部；中国地震局；国土资源部；国家林业和草原局	国家减灾委、国家防汛抗旱总指挥部、国家森林防火总指挥	水旱事故灾害、气象事故灾害、地震事故灾害、地质事故灾害、海洋事故灾害、生物事故灾害和森林草原火灾	国家自然事故灾害救助应急预案；国家地震应急预案；国家防汛抗旱应急预案；国家气象事故灾害应急预案；国家突发地质事故灾害应急预案；国家森林草原火灾应急预案；国家海洋事故灾害应急预案	气象法；防洪法；防汛条例；防震减灾法；防沙治沙法；军队参加抢险救灾条例；汶川地震事故灾害恢复重建条例；公益事业捐赠法；自然事故灾害救助条例；水库大坝安全管理条例；抗旱条例；海洋环境保护法；森林法；草原法
事故灾难	应急管理部（牵头）；交通运输部（国家铁路局）；住房和城乡建设部；电监会	国家安全生产委员会、国家核事故应急协调委员会	工矿商贸等企业的各类安全事故，交通运输事故，公共设施和设备事故，环境污染和生态破坏事件等	国家安全生产事故灾难应急预案；国家核应急预案；国家突发环境事件应急预案；化学事故应急救援管理办法；国家处置城市地铁事故灾害应急预案；国家处置民用航空器飞行事故应急预案；国家处置铁路行车事故应急预案；国家城市轨道交通运营突发事件应急预案；国家海上搜救应急预案；国家处置电网大面积停电事故应急预案；国家通信保障应急预案；国家核安全应急预案；国家突发环境事件应急预案	中华人民共和国突发公共事件应对法	安全生产法；安全生产事故应急条例；生产安全事故报告和调查处理条例；矿山安全法；煤炭法；煤矿安全检查条例；危险化学品安全管理条例；易制毒化学品管理条例；建设工程安全生产管理条例；建设工程安全管理条例；民用爆炸物品安全管理条例；烟花爆竹安全管理条例；消防法；火灾事故调查规定；道路交通安全法；民航安全保卫条例；铁路安全管理条例；渔港水域交通安全管理条例；内河交通安全管理条例；海上交通事故调查处理条例；电力法；电信条例；石油天然气管道保护法；特种设备安全法；核安全法；环境保护法

类型	主管部门	国家协调机构	主要范围	应急预案	法律体系
公共卫生事件	卫生部（牵头）； 农业农村部； 应急管理部	国家卫生健康委，国务院防艾工作委员会，全国防治"非典"指挥部，全国爱国卫生运动委员会，国务院产品质量与食品安全领导小组，全国防治高致病性禽流感指挥部，国务院吸血虫病防治工作领导小组，国家疾病预防控制局	传染病疫情，群体不明原因疾病，食品安全和职业危害，动物疫情，以及其他严重影响公众健康和生命安全的事件	国家突发公共卫生事件应急预案； 国家突发公共事件医疗卫生救援应急预案； 国家食品安全事故应急预案； 国家重大动物疫情应急预案； 国家鼠疫控制应急预案； 国家突发重大动物疫情应急预案	生物安全法； 病原微生物实验室生物安全管理条例； 突发公共卫生事件应急条例； 传染病防治法； 传染病防治法实施办法； 疫苗管理法； 国境卫生检疫法； 艾滋病防治条例； 动物防疫法； 食品安全法； 职业病防治法； 尘肺病防治条例； 工伤保险条例； 动物防疫法； 重大动物疫情应急条例； 农作物病虫防治条例； 农作物转基因生物安全管理条例； 新型冠状病毒肺炎防控方案； 基本医疗卫生与健康促进法
社会安全事件	公安部（牵头）； 中国人民银行； 国务院新闻办； 国家粮食和物资储备局； 外交部	中央社会治安综合治理委员会、中央维护稳定工作领导小组等	群体事件，恐怖袭击事件，经济安全事件和涉外突发事件等	国家粮食应急预案； 国家金融突发事件应急预案； 国家涉外突发事件应急预案	国家安全法； 戒严法； 反恐怖主义法； 反间谍法； 大型群众性活动安全管理条例； 中国人民银行法； 民族区域自治法； 行政区域边界争议处理条例

（注：法律体系列跨两行合并为"中华人民共和国突发公共事件应对法"）

2.2　智慧矿隧安全风险监测预控关键技术

　　智慧矿隧安全监控系统及其一体化预控平台建设围绕数据采集、数据安全、数据传输、数据存储、数据挖掘分析及可视化等关键技术支撑来实现。

2.2.1 智能传感器技术

智能传感器技术是一门涉及传感器、自动控制、光电检测、计算机、数据处理等众多基础理论和学科的综合性技术，与传统传感器相比精度高、功能增强、自动化程度高、信噪比和分辨力高[37]，目前国际通用的智能传感器标准是 IEEE 1451 系列标准，国内智能传感器标准为 2017 年发布的《智能传感器》（GB/T 33905—2017）。

2.2.1.1 传感器

传感器是将特定物理量转换为电信号以检测、测量或指示这些物理量的设备。当传感器感应到并发送信息时，执行器被激活并开始工作。执行器接收信号并设置其所需的动作。

2.2.1.2 智能传感器

智能传感器是集成传感器、执行器和电子电路的智能设备，或集成传感元件和微处理器，并具有监控和处理功能的设备。智能传感器最大的特点就是输出数字信号，方便后续计算处理。智能传感器的功能包括信号感知、信号处理、数据验证和解释、信号传输和转换等。主要部件包括 A/D 和 D/A 转换器、收发器、微控制器、放大器等。

智能传感器是指能够感知、收集并独立判断、分析和处理外部环境信息的传感器设备。智能传感器是具有信息采集、处理、交换、存储和传输功能的多元件集成电路，是集成传感器、通信模块、微处理器、驱动程序和接口以及软件算法的系统级设备，具有诊断和自我补偿能力，以及感官融合和灵活的沟通能力[38]。

2.2.1.3 智能传感器的特点及优势

高性能、高可靠性的多功能复杂自动、测控系统，以及基于电子标签即射频识别（Radio Frequency Identification, RFID）技术以"物"的识别为基础的物联网的兴起与发展，越发凸显了具有感知、认知能力的智能传感器的重要性及其大力、快速发展的迫切性。其重要特点有[39]：

（1）自检、自校准和自诊断。自诊断功能在开机时执行自检，并使用诊断测试来确定组件是否出现故障。可根据使用时间在线修正，微处理器利用存储的测量特性数据进行比对验证。

（2）感应融合。智能传感器可以同时测量多个物理（声、光、电、热、力等）和化学量，给出更全面反映物质运动规律的信息。例如，聚变液体传感器可以同时测量介质的温度、流量、压力和密度；机械传感器可以同时测量物体某一点的三维振动加速度、速度、位移等。

（3）精度高。智能传感器具有信息处理功能，不仅可以通过软件修正各种确定性系统误差，还能对随机误差进行适当补偿，降低噪声，从而大大提高传感器的精度。

（4）高可靠性。集成传感器系统消除了传统结构的一些不可靠因素，提高了整个系统的抗干扰性能。同时还具有诊断、校准、数据存储等功能，稳定性好。

（5）性价比。同等精度要求下，多功能智能传感器的性价比明显高于单一功能的普通传感器，尤其是在集成了更便宜的微控制器之后。

（6）功能多样化。智能传感器可实现多传感器、多参数综合测量，通过编程扩展测量和使用范围。它具有一定的自适应能力，可以根据检测对象或条件的变化，从输出数据中相应地改变范围。具有数字通信接口功能，可直接发送到远程计算机进行处理。具有多种数据输出形式，适用于各种应用系统。

（7）信号归一化。传感器的模拟信号由放大器归一化，然后由模数转换器转换为数字信号。微处理器还以串行、并行、频率、相位和脉冲等各种数字传输形式进行数字归一化。

（8）自补偿和计算功能。自补偿和计算功能更能有效地解决温度漂移和输出非线性问题。

（9）信息传输、存储和多智能体协同。智能单元具有计算、存储和通信功能，通过双向通信实现各种功能，通过集群或者分布式组网方式，实现多智能体协同工作。

传感器网络是实现物联网的重要基础，其广泛获取客观物理信息的能力，使它在环境监测、军事侦察、医疗卫生、智能人居环境及抢险救灾等领域具有十分广阔的应用前景，随着技术的进步和研究的深入，越来越多面向不同应用领域的传感器网络被部署到各种真实环境中，帮助人们以新的方式观测周围的物理世界[40-41]。

2.2.2　移动通信技术

移动通信技术是指通信双方至少有一方在运动状态中进行信息交换，它包括移动用户之间的通信、固定用户与移动用户的通信。移动通信技术的特点：复杂多变的传播环境，最为广泛的覆盖需求，最蓬勃发展的流量需求，消费者对于移动终端的重量、体积、性能、计算能力、存储、网络带宽、成本、耗电的极致要求[42]。目前移动通信技术的主流应用是 4G、5G 通信技术，其目标是要在未来移动通信系统中实现个人终端用户能够在全球范围内的任何时间、任何地点，与任何人，用任意方式、高质量地完成任何信息之间的移动通信与传输。随着移动通信技术的发展，将会迈向一个更新的时代，未来移动通信技术是集 5G、6G 与 WLAN 于一体并能够传输高质量视频图像等海量数据。

2009 年，中国开始 5G 的研究，以华为、中兴、中国移动为代表的多家设备商、运营商积极参与国际通信标准化组织 3GPP 组织的 5G 技术标准的研究，截至 2019 年 5 月，在全球 20 多家 5G 标准必要声明中，我国企业占比超过 30%，居首位[43]；目前，标准化组织 3GPP 已经把 D2D 技术列入新一代移动通信系统的发展框架中，成为第五代移动通信的关键技术之一[44-46]。作为新一代已经商用的第五代移动通信系统（5G）正在构筑万物互联的核心基础设施，赋能大数据、人工智能、云计算等新技术与社会经济深度融合，它对于国家的科技创新、产业升级、经济增长具有重要的驱动作用；我国在"新基建"国家战略驱动下，5G 技术将加快传统行业数字化、网络化、智能化发展；5G 赋能千行百业，其能力分为内生能力、融合能力和应用通用能力，三层能力层层递进、不断扩展，共同形成 5G+能力体系，更好地赋能智慧工业、智慧交通、智能娱乐、智慧城市、智慧农业、智慧教育、智慧应急等各行各业[47]，面向不同的应用场景，无线接入网由孤立管道转向支持异构基站多样（集中或分布式）的协作，灵活利用无线和有线的连接实现回转，提升覆盖区域边缘协同处置效率，优化边缘用户体验速率[48]。

2.2.3　数据加密与认证技术

信息安全不仅涉及传统的通信、军事、经济、工业信息化等相关领域，并随着 IT 技术蓬勃发展，广泛拓展，信息安全是一个相对宽泛的统称概念，它既可以看成是一个学科，也可以看成是一个方向，更可以看成是一种理论与技术。它的实质是归纳为通过一定的信息处理，达到信息不被窃听，并分辨出伪造信息的目的，信息在具体的传输等过程中，实现安全性、有效性、完整性、可用性和不可抵赖性等的统一。加密和认证技术是实施信息安全的主要手段，对于加密来说，它可用来防窃听；加密算法是密码学的核心，同样认证技术（Digital Certification）也得到了长足发展，数字认证技术作为传统的认证技术的延伸和拓展，有效地实现了防伪造的功能，比如有基于 RSA 的认证技术、基于大数分解难解的 Fiat–Schamir 签名体质、以离散对数难解问题为基础的 ELGamal 签名体制、Okamoto 签名体制、Neberg-Rueppel 签名体制、基于 ECC 的签名体制、以 Diffie-Hellman 密钥协商体制等[49]。

密码学是信息安全的核心，在信息安全中起到重要作用，通过加密来保护信息，采用密码技术来对发送信息进行验证，采用数字证书来进行身份鉴别，采用数字签名来完成签名和最终协议。加密技术包括密钥加密、公钥加密和单向函数，密码编码学和密码分析学是相互独立、相互促进而发展的，密码编码学是研究密码体系的设计，对信息进行编码并实现信息隐藏的一门科学，密码分析学是研究如何破解被加密信息的一门科学，计算机领域的加密算法有 DES、RSA、MD5、SHAI、AES 等，其加密算法和公钥是公开的[50]。

认证技术一般可以分为三个层次：安全管理协议、认证体制和密码体制。安全管理协议的主要任务是在安全体制的支持下，建立、强化和实施整个网络系统的安全策略；认证体制在安全管理协议的控制和密码体制的支持下，完成各种认证功能；密码体制是认证技术的基础，它为认证体制提供数学方法支持。随着网络安全性重视度的加强，各种应用平台实名的需求也呼之欲出，对于个人信息的加密保密，也成为网络应用和平台应用的核心要求[51]。

2011 年，李树全等[52]提出组播安全研究的方向主要有组播密钥管理、组播源认证、接收者访问控制、组播数字指纹等；组播源认证的要求是可认证性、完整性、不可否认性和效率；在组通信时可以把认证分为组认证和数据源认证，除要保证组播数据源认证和确保数据源认证外，还要确保不可否认。目前的数字签名机制计算成本非常高，因此，把每一个组播流的包都进行签名并不实用。大多数提出的方法都是基于把每个组播包分组后用单个数字签名进行签名。由于大多组播数据流的应用没有使用可靠的传输层，因此，一些包也许会在传输过程中被丢失。所以，源认证协议需要一定的认证信息冗余，利用冗余信息，即使有些包被丢失，也不影响后续包的认证。

2015 年，冯朝胜等[53]从加密存储、安全审计和密文访问控制 3 个方面对云数据安全存储的最新研究进展分别进行了评述。在加密存储上，介绍了云数据安全存储框架和主要的安全存储技术；在安全审计上，分析了外包数据安全审计，特别是公开审计面临的主要难题，介绍了包括云数据在内的外包数据完整性公开证明的主要模型和方法，并指出了它们的优势和不足；在云密文的访问控制上，详述了基于属性的云密文访问控制方法，并指出了这些方法的优劣。

2016 年，肖亮等[54]针对云存储的重复数据删除、隐藏存储、数据加密与密文搜索以及数据完整性审计 4 个方面，介绍当前云存储安全技术研究的进展，并探讨提高商业云存储系统的安全性和隐私性的未来研究方向。董秋香等[55]提出为了从根本上保护数据机密性，应确保即使攻击者能够获取存储在服务器上数据的访问权限，数据机密性依然不受到威胁，即数据以加密形式存储在服务器上；为了保持数据的可用性，应允许服务器在密文上进行计算。针对支持在加密数据上计算的密码学技术，如同态加密、函数加密、可搜索加密以及 CryptDB 和 Monomi 等应用系统。熊金波等[56]面向安全的角度从基于可信执行环境的确定性删除、基于密钥管理的确定性删除和基于访问控制策略的确定性删除 3 个方面对近年来相关研究工作进行深入分析和评述，并指出各种关键技术与方法的优势及存在的共性问题。

2018 年，王国峰等[57]从功能性、效率性和安全性等方面分析了基于访问代理的密文搜索方案，并指出其所面临的关键问题，包括代理间索引和密文的安全分享，并设计解决方案；孟倩等[58]针对现有短比较加密（Short Comparable Encryption，SCE）方案在密文比较以及生成标签的过程中会引入大量的计算和存储开销，提出一种基于滑动窗口技术统一开窗的高效短比较加密（Short Comparable Encryption Based on Sliding Window，SCESW）方案。严格的安全分析表明，SCESW 方案在标准模型下满足弱不可区分性且保障了数据的完整性和机密性。闫宏强等[59]针对物联网设备的低成本、低功耗、小存储和网络的异构性等特点，分析了物联网安全风险和认证工作面临的挑战，着重比较了 5 种典型的认证协议的优缺点，进而对 RFID、智能电网、车联网、智能家居等几种实践场景下的认证技术进行总结和对比分析。

2020 年，韩培义等[60]系统采用 JavaScript 动态程序分析技术，可自动化识别与适配各类云应用，确保了对各类云应用敏感数据的加密保护，并集成了基于安全网关执行的密文搜索功能，在实现数据加密保护的同时还可最大限度地保持云应用原有功能。孙隆隆等[61]将同态加密和安全多方计算等密码学技术与图像分类模型相结合，设计隐私保护方案。由于引入隐私保护会对模型的可用性（执行速度和分类精度）造成影响，依据模型使用场景的不同将问题分为模型推理和训练两类，对每一类问题当前的研究进展进行了详细介绍，比较了不同方案的特点和效果。

2021 年，刘明达等[62]数据在其全生命周期均面临不同种类、不同层次的安全威胁，极大降低了用户进行数据共享的意愿，区块链具有去中心化、去信任化和防篡改的安全特性，为降低信息系统单点化的风险提供了重要的解决思路，区块链在增强数据机密性、数据完整性和数据可用性三个方向能够应用于数据安全领域。

2022 年，李晓伟等[63]避免了远距离通信，用户数据在本地处理，使得用户隐私数据得以安全保护。然而网络架构的改变对边缘计算环境下的安全协议又提出了新的要求，并综述了近年来边缘计算环境下认证协议、密钥协商协议、隐私保护协议以及数据共享协议的典型研究成果，对每个安全协议进行了具体的分类、分析及总结。宋涛等[64]对智能网联汽车实施安全风险预控，建立适应车联网环境的身份识别和密钥管理体系，车联网安全加密认证体系架构中涉及的关键技术，具体包括：身份标识和密钥管理一体化技术，多维认证、态势感知技术，基于分布式、高可用、高并发的统一认证技术，国密算法应用技术以及多因子认证技术。李印等[65]将泛在计算安全问题划分为 3 个层面：系统软件安全、智能设备安全和通信安全，并系统总结了各个层面的安全问题与研究现状和重点。集中分析并讨论了泛在计算 4 个典型应用场景（智慧家庭、工业互联网、自动驾驶和智能云计算）中特定场景相关的安全问题和研究进展，通过详细分析这些安全技术挑战，指出了泛在计算安全的 8 个未来研究方向。方栋梁等[66]对工控网络架构、工控协议作用、协议的分类以及和传统协议的比较等进行详细阐述，然后从协议设计、实现和应用的角度深入分析了工控协议面临的攻击威胁和协议防护方案。钱文君等[67]针对上述大数据计算环境下的参与角色及应用场景，结合不同角色的敌手模型，从计算过程涉及的数据输入、计算和输出等三个环节出发，依据计算数据为明文、密文或可信硬件保护条件下可能存在的隐私泄露风险，总结了对应的 5 类主要研究方向，包括：基于数据分离的隐私保护、基于数据干扰的隐私保护、基于安全多方计算的隐私保护、基于硬件增强的隐私保护和基于访问模式隐藏的隐私保护等。王利朋等[68]提出区块链是由一系列网络节点构建的一种分布式账本，本身具有不可篡改性、去中心化、去信任化、密码算法安全性和不可否认性等安全属性，基于区块链实现的安全服务包括数据机密性、数据完整性、身份认证、数据隐私、数据可信删除，给出了用户真实场景中面临的安全问题以及传统的解决方案，介绍使用区块链技术解决相关问题的实现方案；RPKI 等大型互联网服务提供商、内容提供商和互联网交换中心已逐步开启 RPKI 在全球范围内部署应用的进程，越来越多的互联网关键基础设施纳入互联网码号资源公钥基础设施（Resource Public Key Infrastrcture，RPKI）认证范畴，基于 RPKI 保障域间路由安全已经成为互联网社群的共识，RPKI 在接入网安全、域间路由安全、域间源地址安全和资源相关服务安全四个领域应用[69]。刘培顺等[70]对 Kerberos 协议的认证原理进行分析；然后基于公钥体制的加密技术和 Kerberos 协议，提出了一个安全性更高的身份认证协议，较好地解决了口令猜测攻击、重放攻击、时钟同步等问题。

2.2.4 空间信息技术

空间信息技术（Spatioal Information Technology）是当代发展最快、影响国民经济发展和人们日常生活最为深刻、应用最为广泛的学科领域之一，狭义上讲，地理空间信息数据的自动获取、存储、分析及信息提取的技术都称为空间信息技术。空间信息技术是以遥感技术（RS）、地理信息系统（GIS）、全球定位系统（GPS）为基础，将 RS、GIS、GPS 三种独立技术与其他高科技领域（如网络技术、通信技术等）有机地构成一个整体，在实际使用中的集成整合称为"3S"技术，同时，随着空间技术的快速发展和航天、5G/6G、云计算、物联网和人工智能等新技术的发展，人类已经进入了万物互联时代。万物互联时代地球空间信息技术的五大特点定位技术从 GNSS 和地面测量走向无所不在的定位导航定时（PNT）服务体系、遥感技术从孤立的遥感卫星走向空天地传感网络、地理信息服务从地图数据库为主走向三维实景和数字孪生、"3S"集成从移动测量发展到智能机器人服务、学科研究范围从对地观测走向物联监测和对人类活动的感知[71-74]。

2.2.4.1 遥感技术

遥感技术（Remote Sensing，RS）是指从高空或外层空间接收来自地球表层各类地理的电磁波信息，并通过对这些信息进行扫描、摄影、传输和处理，从而对地表各类地物和现象进行远距离测控和识别的现代综合技术。可用于植被资源调查、作物产量估测、病虫害预测等方面。中国的遥感技术和遥感林业应用技术经过近几十年的发展，如今已成为支撑林业资源和生态环境监测评价的主要技术手段[75]。

依据近年来大量相关文献，对现有的理论与方法进行了归类与总结，通过分析不同方法采用的道路特征组合，将道路提取方法划分为模板匹配、知识驱动、面向对象和深度学习 4 类方法，简要介绍了道路提取普适性的评价指标并对部分方法进行了分析与评价[76]；曹海翙等[77]提出了我国新一代森林生物量遥感卫星的需求和任务，并针对高精度定量化遥感测量森林生物量过程中的技术难点，给出了任务分析过程和载荷配置方案，该方案可实现多载荷同平台观测和三维大气气溶胶探测；刘艳红等[78]提出新基建的信息基础设施包括以 5G、物联网、工业互联网、卫星互联网为代表的通信网络基础设施，以天空地对地观测与北斗卫星导航为代表的空间信息基础设施；李德仁等[79]提出遥感技术与地球物理、水文地质、地球化学、岩土工程、地貌学等多学科领域多手段联合的多传感器立体综合探测和动态观测，为滑坡事故灾害成灾机理、滑坡隐患早期识别，以及实时预测预警等持续提供时空分辨率越来越高的滑坡事故灾害链全链条多因素的多源动态监测数据，并在高位山体崩滑与冰雪崩滑等重大滑坡隐患严重制约和威胁新型城镇化与川藏铁路工程等重大基础设施建设应用；王思梦等[80]通过遥感可以监测的指标包括悬浮物、叶绿素、有色可溶有机物、溶解氧和透明度等；李强等[81]分析未来遥感技术在防震减灾中的发展趋势，以期推动遥感监测手段提供动态、实时、持续的空间信息应急服务能力，提高地震应急工作的快速响应、精细化与业务化应用能力；杨普等[82]采用无人机搭载感知成像设备已经成为智慧农业中信息获取的重要技术手段，与地上或地下传感器等共同构成空地一体化系统，为智能化农业管理提供数据支持和决策依据，多源信息融合是提高无人机感知能力的关键技术之；成永生等从[83]空-天-地研究视角，分析了土壤重金属高光谱数据特征、预处理方法与技术流程、应用条件与范围，论述了基于高光谱遥感技术开展土壤重金属监测的发展历程；眭海刚等[84]梳理图像匹配技术发展历程的基础上，对多模态遥感图像匹配分类体系进行了归纳总结，从特征驱动和数据驱动两方面论述了多模态图像匹配技术研究的最新进展；梁顺林等[85]对陆表定量遥感的核心进展进行了总结，涉及数据预处理（云及其阴影识别，大气与地形校正）、陆表辐射传输建模、不同变量的反演方法、产品生产评价与精度验证，以及相关应用等内容；舒弥等[86]回顾了过去 40 年来遥感技术在我国国土调查中的应用情况，然后围绕高分辨率影像的特征提取、大范围影像的样本获取、多时相/多传感器影像的迁移学习以及多源异构数据融合 4 个方面介绍了相关进展情况；接着归纳总结了现有遥感信息提取技术在国土调查中面临的 4 个挑战。

2.2.4.2　地理信息系统

地理信息系统（Geographical Information System，GIS）以地理空间数据库为基础，采用地理模型分析方法，适时提供多种空间和动态地理信息，为地理研究和地理决策提供服务的计算机技术系统。

在 GIS 近 60 年的发展演进中，理论和技术都取得了长足的进步；应用领域扩大到社会的方方面面，社会影响力越来越大；体系结构、开发模式和服务模式等都发生了深刻的变化。为了推动 GIS 进一步向前发展，在综述 GIS 中"S"的三种含义即 System（系统）、Science（科学）和 Service（服务）以及 GIS 近 60 年来取得的丰硕成果的基础上，重点就以下三个问题进行了讨论：（1）如何认识地理信息系统。首先解析地理信息系统的三个关键词（系统、信息、地理信息），据此论述了地理信息系统的内涵，分析了地理信息系统同地图、计算机地图制图、地图数据库的关系，认为地理信息系统源于又超越了地图、计算机地图制图和地图数据库，并认为地理信息系统具有装备的特性。（2）地理信息系统是怎样发展演进的。重点分析了由"地理信息系统"到"地理信息服务"的发展演进的社会需求背景、技术背景、学科背景，从应用领域、数据资源和功能的扩展及体系结构、开发模式和服务模式等方面，分析了地理信息系统发展演进的主要表现。(3) 地理信息系统的未来发展将走向何方。首先，讨论了正确理解地理信息系统应用领域扩展的问题，认为应用领域的扩展不可能是"无边无际"的；地理信息系统的未来发展必须面向国家经济建设和国防建设急需；在分析比较现有三种 GIS 服务模式的基础上，认为采用"网格集成"与"弹性云"的"混合式"技术体制是 GIS 服务模式的最佳选择；提出了基于"网格集成"与"弹性云"的"混合式"的时空大数据平台技术实现必须解决的 6 个关键技术问题和"时空大数据平台"的应用模式[87]。在分析全空间信息系统（PSIS）认知模型与多粒度时空对象数据模型的基础上，归纳出全空间信息系统基于时空实体的理论与技术路线，并总结其在多个领域的实践与应用[88]。

2.2.4.3 全球定位与导航系统

全球卫星导航系统国际委员会（International Committee on Global Navigation Satellite System，ICG）公布的全球 4 大卫星导航系统供应商，包括美国的全球定位系统（Global Position Satellite System，GPS）、俄罗斯的格洛纳斯卫星导航系统（Global Navigation Satellite System，GLONASS）、欧盟的伽利略卫星导航系统（Galileo Navigation Satellite System，Galileo）和中国的北斗卫星导航系统（Bei Dou Navigation Satellite System，BDS）。GPS 是世界上第一个建立并用于导航定位的全球系统，是美国从 20 世纪 70 年代开始研制，具有在海、陆、空进行全方位实时三维导航与定位能力的新一代卫星导航与定位系统；GLONASS 经历快速复苏后已成为全球第二大卫星导航系统，二者目前正处现代化的更新进程中；Galileo 是第一个完全民用的卫星导航系统，正在试验阶段[89]；BDS 已经具备了亚太区域的导航定位、授时服务功能，由北斗二号逐步过渡到北斗三号并逐步广泛应用[90]；经近 10 年我国测绘等部门的使用表明，GPS 以全天候、高精度、自动化、高效益等显著特点，赢得广大测绘工作者的信赖，并成功地应用于大地测量、工程测量、航空摄影测量、运载工具导航和管制、地壳运动监测、工程变形监测、资源勘察、地球动力学等多种学科，从而给测绘领域带来一场深刻的技术革命。1990 年以来，GNSS 凭借其全天候、连续、自动化获取高精度三维表面变形的优势，逐渐被应用于水利工程外观变形监测。随着大数据、人工智能、5G 等新兴技术的发展，多学科、多技术、多监测手段的交叉融合，以及中国北斗卫星导航系统的建设完成和 GNSS 的不断发展完善，卫星定位技术在复杂环境下的监测服务能力得到提升，为建设面向全过程（全生命周期）、全方位、全自动的水利工程智能安全监测系统提供了技术基础，GNSS 作为变形监测领域的代表性技术手段，具有全天时、全天候、全同步、全自动等优势[91-92]。张勤等[93]分析了各类GNSS 滑坡监测技术优势、适用范围和存在问题，从滑坡位移预测、临滑时间预报和预警实施等方面介绍了 GNSS 滑坡预警的技术方法；机载激光雷达技术通过主动式激光遥感探测，结合全球定位系统（GPS）和惯性导航系统（IMU）等技术，可实现对地表目标的高精度三维空间获取，在基础测绘、城市三维建模和森林管理等诸多领域应用中发挥着越来越重要的作用，随着全球变化、城市快速发展等诸多应用挑战的出现，未来遥感技术发展对目标高分辨率三维空间-光谱信息一体化获取与应用需求变得较为迫切[94-95]；经过二十多年的发展，利用 GNSS 信号可探测多项大气海洋要素，比如大气温湿度廓线、大气可降水量（PWV）、电离层电子密度、海面高度、海面风场等，逐渐形成了 GNSS 大气海洋遥感技术，该技术主要有四个分支 GNSS 延迟信号（GNSS-D）技术、GNSS 反射测量（GNSS-R）技术、GNSS 无线电掩星（GNSS-RO）技术、GNSS 极化掩星（GNSS-PRO）技术[96-97]；陆态网络和中国青海省连续运行参考站的 GNSS 观测数据，获取 2021 年青海玛多 Mw7.4 地震的同震位移波，并进行了震前精度统计和功率谱密度分析。结果表明，北斗三号在本次地震中的位移拾取精度比全球定位系统更优；采样率提高到 50Hz 对削弱位移时间序列混叠效应作用不显著，在 10Hz 左右达到饱和；对 50Hz 同震位移波差分获取到的速度和加速度序列噪声较大，难以利用[98]。

空间信息数据挖掘是一种空间决策支持技术，重在从数据中挖取隐含的知识和空间关系，帮助人们最大限度地有效利用数据，提高决策的准确性和可靠性，作为决策支持系统的一个重要组成部分，能有效地利用大型数据集，为决策者提供极有价值的知识。

2.2.5　物联网技术

2.2.5.1　物联网含义

物联网是指通过各种信息传感设备，如传感器、射频识别（RFID）技术、全球定位系统、红外感应器、激光扫描器、气体感应器等各种装置与技术，实时采集任何需要监控、连接、互动的物体或过程，采集其声、光、热、电、力学、化学、生物、位置等各种需要的信息，与互联网结合形成的一个巨大网络。

物联网的概念最初来源于美国麻省理工学院（MIT）在 1999 年建立的自动识别中心（Auto-ID Labs）提出的网络无线射频识别（RFID）系统，把所有物品通过射频识别等信息传感设备与互联网连接起来，实现智能化识别和管理[99]，物联网有两层含义[100]：

（1）物联网的核心仍然是互联网，是互联网基础上进行延伸和扩展而形成的网路；

（2）物联网的用户端延伸和扩展到了任何物品，并且可以在物品之间进行信息交换和通信。

2.2.5.2　物联网的基本特点[101-102]

（1）全面感知。利用 RFID、传感器、二维码及其他各种感知设备，随时随地采集各种动态对象，全面感知世界。物联网是各种感知技术的广泛应用，通过部署海量的多种类型感知设备，每个感知设备都是一个信息源，不同类别的感知设备所捕获的信息内容和信息格式不同。

（2）可靠地传输。通过以太网、无线网、移动网将感知的信息进行实时传输。

（3）智能处理。利用大数据、云计算等技术及时对海量信息数据进行处理，实现智能化控制和管理，真正达到人与物、物与物之间的互通。

（4）互联特征。物联网技术的重要基础和核心仍旧是互联网，通过各种有线和无线网络与互联网融合，将物体的信息实时准确地传递出去。

（5）智能化特征。物联网应具有自动化、自我反馈与智能控制的特点。物联网本身具有智能处理的能力，能够对物体实施智能控制。

（6）广泛存在。信息网络将会更加全面深入地融合人与人、人与物乃至物与物之间的现实物理空间与抽象信息空间，并向无所不在的泛在网络（Ubiquitous Network）方向演进。

2.2.5.3 物联网关键技术

物联网系统架构包括底层网络分布、汇聚网关接入、互联网络融合以及终端用户应用4个部分[103]。物联网技术框架包括感知层、网络层、应用层和公共技术，从发展趋势来看，IUT-T将泛在传感网络（Ubiquitous Sensor Network，USN）看作一种智能信息服务的物联网体系框架，包括节点信息采集层、网络接入及其数据传输层、数据汇集中间软件层、应用与服务层4层架构。

物联网操作系统作为物联网行业发展的关键技术，目前ARM、谷歌、微软、华为、阿里等国内外公司均推出了物联网操作系统[104]；在物联网安全技术方面，杨毅宇等[105]将当前研究中提出的主要威胁分为8种类型，并分析了威胁的成因和危害，提出6种威胁检测方法和5种防御方案；与传统的Baidu、Google、Bing、Yahoo等搜索引擎不同，物联网搜索从搜索对象、物理网数据的特点（大规模的、实时变化的、高度动态的、异构的、复杂的安全环境等）到物联网搜索的架构均与传统互联网不同[106]。

2.2.5.4 物联网应用及发展趋势

物联网的典型应用包括智慧城市、智能交通、智能工业、公共安全、智能农业、智能物流、智能电网、智能安防、智能家居、智能环保、智能交通、智能医疗、智能穿戴、智能电网、智能建筑、智慧医疗、智能制造、工业监控、公共安全、环境监测、环保安全质量检测[107]；同时，工业互联网通过"要素深度互联+信息流打通"，可以增强风险的感知、监测、预警、处置和评估能力。工业互联网和安全生产的有机结合，既有利于加快企业数字化转型，又有利于提升本质安全水平。工信部、应急管理部印发《"工业互联网+安全生产"行动计划（2021—2023年）》提出到2023年底基本形成工业互联网与安全生产协同发展的格局[108-109]。未来网络的核心在于大规模可扩展、支持异构技术融合、高效的网络基础体系结构，包括各种新型网络架构和解决当前网络问题的新技术、新方案。随着网络与实体经济的不断融合，未来网络逐渐成为战略新兴产业的重要发展方向，预计到2030年将支撑起万亿级、人机物、全时空、安全、智能的连接与服务的未来网络[110]。

2.2.6 云计算技术

2010年国务院发布《加快培育和发展战略性新兴产业的决定（国发〔2010〕32号）》提出：加快建设宽带、泛在、融合、安全的信息网络基础设施，推动新一代移动通信、下一代互联网核心设备和智能终端的研发及产业化，加快推进三网融合，促进物联网、云计算的研发和示范应用[111]。

2.2.6.1 传统计算与云计算

传统计算平台的核心处理器主要有CPU、GPU、FPGA和ASIC。其中，CPU包括ARM和DSP，而ASIC还包含了以RISC-V为基础的专用集成芯片等。异构计算平台至少包含两种核心。下面将围绕每一类核心处理器在边缘计算方面的优缺点进行对比分析，指出传统计算平台在边缘智能计算中的优势与局限性，说明不同类型处理器之间存在互补性[112]。然后从指令模型、通信机制与存储体系三个方面梳理核心处理器的关键技术发展脉络，得益于这些关键技术的突破，传统计算平台的能力得到飞速提升，也使得综合了多核心优势的异构计算平台大量涌现。在计算芯片的发展过程中，每一类核心处理器均形成了各自的独特优势,分别在不同领域中起到了不可代替的作用,不能笼统地下结论去判定孰强孰弱。而在同一领域中,以各处理器为核心的传统计算平台的优缺点是具有可比性的[113],各类传统计算平台对于边缘智能计算的优势侧重明显,且算力与功耗的矛盾突出。

2.2.6.2　云计算的发展历程

20世纪80年代,Sun和Oracle提出"网络就是计算机";2006年3月,亚马逊推出弹性计算云服务;2006年8月9日,Google首席执行官埃里克·施密特在搜索引擎大会(SES San Jose 2006)首次提出"云计算"的概念;后来,IBM公司参与到Google的云计算研究项目中;IBM在与Google的合作过程中提出了自己对云计算的理解以及相应的技术解决方案,包括2007年的"蓝云计划"。随后云计算受到了众多IT厂商如微软、SAP、Sun、HP、Dell、EMC等众多IT巨头纷纷加入;中国云计算主要企业有阿里巴巴、百度、中国电信、腾讯、华为、中兴等。2011年1月,美国国家标准与技术研究院(NIST)公布了其对云计算的定义,认为云计算是一种模式,能以泛在的、便利的、按需的方式通过网络访问可配置的计算资源(例如网络、服务器、存储器、应用和服务),这些资源可实现快速部署与发布,并且只需要极少的管理成本或服务提供商的干预。

2.2.6.3　云计算特点

(1)超大规模。"云"具有相当的规模,谷歌云计算已经拥上百万台服务器,亚马逊、IBM、微软、Yahoo、阿里、百度和腾讯等公司的"云"均拥有几十万台服务器。"云"能赋予用户前所未有的计算能力。

(2)虚拟化。云计算支持用户在任意位置、使用各种终端获取服务。所请求的资源来自"云",而不是固定的有形的实体。应用在"云"中某处运行,但实际上用户无须了解应用运行的具体位置,只需要一台计算机、PAD或手机,就可以通过网络服务来获取各种能力超强的服务。

(3)高可靠性。"云"使用了数据多副本容错、计算节点同构可互换等措施来保障服务的高可靠性,使用云计算比使用本地计算机更加可靠。

(4)通用性。云计算不针对特定的应用,在"云"的支撑下可以构造出千变万化的应用,同一片"云"可以同时支撑不同的应用运行。

(5)高可伸缩性。"云"的规模可以动态伸缩,满足应用和用户规模增长的需要。

(6)按需服务。"云"是一个庞大的资源池,用户按需购买,像自来水、电和煤气那样计费。

(7)极其廉价。"云"的特殊容错措施使得可以采用极其廉价的节点来构成云;"云"的自动化管理使数据中心管理成本大幅降低;"云"的公用性和通用性使资源的利用率大幅提升;"云"设施可以建在电力资源丰富的地区,从而大幅降低能源成本。因此"云"具有前所未有的性能价格比[114-115]。

2.2.6.4　云计算架构和关键技术

云计算的部署方式有私有云(Private Cloud)、公有云(Public Cloud)、混合云(Hybrid Cloud)、社区云(Community Cloud)、分布式云(Distributed Cloud)、互联云(Inter Cloud)、多重云(Multi Cloud);云计算关键技术有分布式存储系统(Google File System)、并行数据处理(MapReduce)、分布式数据库(BigTable)、分布式锁

（Chubby）、虚拟化技术、云计算管理技术、云平台技术、云安全技术、辅助技术等。云计算实际指的就是在网上的一种运行或运营模式，也是一种终端用户通过网络，按照需要，灵活使用各种计算资源（软件、数据、运算能力、存储能力）的模式，即用户使用的应用程序和保存的文件存储在某一特定的服务器上，而用户可以根据自己的需要，用自己最方便的各种终端（电脑、手机、平板电脑等）灵活地通过网络来享用这些应用程序、服务、数据以及高性能的设备等。云计算是并行计算（Parallel Computing）、分布式计算（Distributed Computing）和网格计算（Grid Computing）的发展，或者说是这些计算科学概念的商业实现。云计算是虚拟化（Virtualization）、效用计算（Utility Computing）、将基础设施作为服务（Infrastructure as a Service，IaaS）、将平台作为服务（Platform as a Service，PaaS）和将软件作为服务（Software as a Service，SaaS）等概念混合演进并跃升的结果[116]。

2.2.6.5　云计算发展趋势

随着物联网、云计算、大数据等技术的高速发展，数据规模呈爆炸式增长，传统云计算模式需要上传海量级数据到云服务器，但由于云服务器距离终端设备较远，传输过程中的传输速率、能量损耗、响应延迟、网络干扰、数据安全等问题都难以避免。尽管云计算拥有强大的计算能力，可以解决终端设备无法完成大量计算以及设备能耗问题，但是随着智能终端、新型网络应用和服务日新月异的发展，用户更加追求流畅的体验感，对数据传输速率、低延迟和服务质量的要求变高，这就使得云计算难以满足许多技术和场景的需求，并且随着 5G 的发展，终端设备和远程云服务器之间的数据交换可能会导致回程网络瘫痪，仅仅依靠云计算模式难以实现毫秒级的计算和通信延迟。为了解决因云计算数据中心离终端设备较远带来的延迟和能耗问题，学者们提出将云的功能向网络边缘端转移；在接近终端移动设备的网络边缘端，移动边缘计算（Mobile Edge Computing，MEC）作为提供信息技术服务且具有计算能力的一种新型网络结构和计算范式出现，它是一种高效的技术，通过将计算密集型任务从移动设备卸载到边缘服务器，使终端用户实现高带宽、低时延的目标[117-118]。

移动边缘计算环境下的计算卸载在减轻用户负载和增强终端计算能力等方面发挥着重要作用。考虑了服务缓存，提出一种云-边-端协同的计算卸载框架，在该框架中引入 D2D（Device-to-Device，D2D）通信和机会网络。在先进的 5G 蜂窝系统高速发展驱动下，各种新兴的资源需求型、时延敏感型移动应用不断涌现。例如数据流、实时视频、3D 游戏等，这些新兴的应用为人们的生活带来了极大的便利。然而，随着业务逐渐复杂和多样化，移动网络的流量呈指数级增长。传统的集中式网络架构由于回程链路负载过重、时延较长，无法满足移动用户的需求[110-120]。据 IDC 预测，到 2025 年底将有超过 416 亿终端设备联网，其中超过 50% 的数据需要在网络边缘分析、处理与存储，而传统的"云-端二体协同计算"模式已无法满足低时延、高带宽的需求。移动边缘计算是将网络能力从核心网下放至边缘网络的新型体系结构，使移动终端能够将计算负载转移到边缘服务器，为这一问题提供了一种有效的解决方案[121]，由于接近终端设备，MEC 不仅减轻了云中心的处理压力，而且节省了端到云的高带宽成本，降低了端到边缘节点的网络响应时延[122]。移动边缘计算作为物联网和 5G 的一项关键使能技术，可显著减少核心网络拥塞导致的延迟，计算卸载是近年来 MEC 中的一个关键问题和研究热点[123-124]。

　　人工智能、大数据、云计算及 5G 网络的发展极大促进了物联网的广泛应用,然而在万物互联的背景下,物联网底层设备的计算和存储能力一直制约其进一步发展,针对于此催生了边缘计算模型。边缘计算是指在网络的边缘提供计算和存储能力的一种新型模型。其基本思想是将原有的云计算模型的计算和存储能力迁移到边缘设备如基站、网关、路由器等,从而减缓端到端的时延,挖掘底层感知网络内在能力,提高底层设备智能化,计算卸载作为边缘计算的关键技术,是指底层终端设备将计算任务卸载到资源丰富的边缘服务器[125]。

　　云计算产业是指所有支撑云计算平台搭建、运维管理及服务的软硬件设备与产品的总和,云计算产业链包含:基础设施层、平台与软件层、运维支撑层与应用服务层四层内容。未来计算是人们为了突破目前计算技术的能力瓶颈,对现有计算技术持续进行全方位创新而发展出来的一系列计算新原理、新材料、新器件、新设备、新算法,如高性能计算(HPC)、量子计算、认知计算、异构计算、类脑计算等,代表着信息技术发展前沿。未来发展形势判断如下[126-127]:

　　(1)计算能力将是基础性、战略性资源,以美国、欧盟、英国、日本、韩国为代表的发达经济体均将计算当成基础性、战略性资源,纷纷调动政府、军队、高校、研究机构、企业等多方资源,加快推进前沿计算技术研发和产业化。

　　(2)信息产业属性将从"高技术产业"变为"基础产业",凭借在性能和算法上的巨大能力,未来计算将促使信息产业迅猛壮大,形成大量的智能机器和高效能信息网络,从而凝结出与产业相适应的新型基础设施,包括顶层、通用的基础设施和专业、专用的基础设施。

　　(3)未来计算将呈现出软硬结合、体系化推进的发展态势,短期内将主要延续对现有的信息技术(云计算、大数据、物联网、人工智能等)的融合、优化与提升,并不断出现创新亮点,如异构计算、边缘计算,感知计算、认知计算等;中长期内将可能出现新的硬件类突破,向着小微方向发展,如量子芯片、新型碳基材料等,并在新的计算原理方面出现巨大进展,一系列新算法、新应用愈加成熟,逐步产业化。

　　(4)在高性能计算方面,我国"星云""天河""神威"等超级计算机性能已达到世界领先水平,自主研制的多核处理器、网络接口芯片、交换芯片系统带宽等也已达到国际先进水平。在量子计算方面,"墨子"的成功发射奠定了我国在该领域研发进程上的领先地位,为产业率先发展提供了可能。

2.2.7　大数据及挖掘分析技术

　　2015 年国务院出台了《促进大数据发展的行动纲要》[128],提出建立"用数据说话、用数据决策、用数据管理、用数据创新"的管理机制,以实现基于数据的科学决策,

　　2.2.7.1　大数据

　　大数据或称巨量资料,指的是需要新处理模式才能具有更强的决策力、洞察力和流程优化能力的海量、高增长率和多样化的信息资产。在维克托·迈尔-舍恩伯格及肯尼斯·库克耶编写的《大数据时代》中,大数据指不用随机分析法(抽样调查)这样的捷径,而采用所有数据进行分析处理。

　　大数据的 4 个"V"特点[129]:

（1）数据体量巨大。从 TB 级别，跃升到 PB 级别。

（2）数据类型繁多。包括网络日志、视频、图片、地理位置信息等。

（3）价值密度低。以视频为例，连续不间断监控过程中，可能有用的数据仅仅有一两秒。

（4）处理速度快。实时分析而非批量分析，数据输入、处理与丢弃立刻见效，几乎无延迟。最后这一点也是和传统的数据挖掘技术有着本质的不同。

物联网、云计算、移动互联网、车联网、手机、平板电脑、计算机以及遍布地球各个角落的各种各样的传感器，无一不是数据来源或者承载的方式。

2.2.7.2 大数据开发部署环境

Hadoop 起源于从 2002 年开始的 Apache Nutch，它是 Apache Lucene 的子项目之一。

直到 2006 年，Hadoop 才逐渐成为一套完整而独立的软件，并被正式命名，最大支持者是雅虎，Yahoo Hadoop 是一个分布式处理的软件框架，主要处理大量数据，它实现了 MapReduce 一样的编程模式和框架，能在由大量计算机组成的集群中运行海量数据并进行分布式计算．它处理的海量数据能达到 PB 级别（1PB＝1024TB），并可以让应用程序在上千个节点中进行分布式处理，处理的方式是可靠的、高效的，并有可伸缩特性，Hadoop 本身具有很显著的优点[130]：

（1）高可靠性：Hadoop 中 HDFS 分布式文件系统采用了备份恢复机制以及 MapReduce 中的任务采用了监控机制，这就保证了分布式处理的可靠性，其中 Hadoop 中按位存储和处理数据的能力值得人们信赖。

（2）高扩展性：Hadoop 是在可用的计算机集群间进行数据的分配的，也是在集群中分布式完成计算任务的，这些集群族能扩展到数以千计的节点中，Hadoop 能可靠地存储和处理数据，数据级可以达到 PB 级。不管是在存储上还是在计算上，可扩展性都是 Hadoop 的设计根本所在。

（3）高效性：Hadoop 的高效性表现在 Hadoop 能够在节点之间进行动态的移动数据，同时能保证各个节点的数据动态平衡，这就使得 Hadoop 在处理数据时速度非常快。这种方式为高效处理海量数据做好了基础准备。HDFS 中高效数据交互的实现和 MapReduc 中的 Local Data 处理方式，是处理海量数据的具体表现。

（4）经济性：Hadoop 可以运行在廉价的计算机上。

（5）高容错性：Hadoop 采用自动保存数据的多个副本方式，并能自动为失败的任务进行重新分配。

2.2.7.3 知识发现与数据挖掘

知识发现过程包括数据清理、数据集成、数据选择、数据变换、数据挖掘、模式评估和知识表示，而数据挖掘是指从大量的数据中提取或者"挖掘"知识，通过算法（主要包括神经网络法、决策树法、遗传算法、粗糙集法、模糊集法、关联规则法等）搜索隐藏于其中信息的过程。数据挖掘的对象可以是任何类型的数据源。可以是关系数据库，此类包含结构化数据的数据源；也可以是数据仓库、文本、多媒体数据、空间数据、时序数据、Web 数据，此类包含半结构化数据甚至异构性数据的数据源。数据挖掘过程模型步骤主要包括定义问题、建立数据挖掘库、分析数据、准备数据、建立模型、评价模型和实施；知识发现过程由以下 3 个阶段组成：（1）数据准备；（2）数据挖掘；（3）结果表达和解释。数据挖掘可以与用户或知识库交互。数据挖掘是通过分析每个数据，从大量数据中寻找其规律的技术，主要有数据准备、规律寻找和规律表示 3 个步骤。数据准备是从相关的数据源中选取所需的数据并整合成用于数据挖掘的数据集；规律寻找是用某种方法将数据集所含的规律找出来；规律表示是尽可能以用户可理解的方式（如可视化）将找出的规律表示出来。数据挖掘的任务有关联分析、聚类分析、分类分析、异常分析、特异群组分析和演变分析等[131]。

数据挖掘是一个多学科交叉研究领域，它融合了数据库技术、人工智能技术、机器学习、统计学、知识工程、面向对象方法、信息检索、高性能计算及其数据可视化等最新技术；数据挖掘分为有指导的数据挖掘和无指导的数据挖掘。有指导的数据挖掘是利用可用的数据建立一个模型，这个模型是对一个特定属性的描述。无指导的数据挖掘是在所有的属性中寻找某种关系。具体而言，分类、估值和预测属于有指导的数据挖掘；关联规则和聚类属于无指导的数据挖掘。数据挖掘通常与计算机科学有关，并通过统计、在线分析处理、情报检索、机器学习、专家系统（依靠过去的经验法则）和模式识别等诸多方法来实现上述目标。数据挖掘是人工智能和数据库领域研究的热点问题，所谓数据挖掘是指从数据库的大量数据中揭示出隐含的、先前未知的并有潜在价值的信息的非平凡过程。数据挖掘是一种决策支持过程，它主要基于人工智能、机器学习、模式识别、统计学、数据库、可视化技术等，高度自动化地分析企业的数据，作出归纳性的推理，从中挖掘出潜在的模式，帮助决策者调整市场策略，减少风险，作出正确的决策[132-133]。

2.2.8　人工智能技术

当前人工智能在特定领域产生了超人的智能，围绕人工智能建立的系统在医疗、交通、司法、金融、安全和社会等许多领域产生了巨大的价值；人工智能赋能数字经济的需求日益增长，智能决策具有显著的竞争优势，2017 年以来，人工智能已上升为我国的国家战略，国家《新一代人工智能发展规划》[134]提出"到 2030 年，使中国成为世界主要人工智能创新中心"[135]，与此同时，以美国为代表的多个先进国家也都相继颁布了人工智能发展战略和行动计划，竞相期望未来人工智能的发展将会带动经济和社会的变革，并在引起革命性的变化中占领主导地位，同样机器学习相关技术在计算机视觉、自然语言处理、语音识别等多个领域取得了巨大成功，机器学习模型也被广泛地应用到一些重要的现实任务中，如人脸识别、自动驾驶、恶意软件检测和智慧医疗分析等[136]。

2.3　矿隧安全风险监测预控与评估

2.3.1　矿山安全风险监测预控与评估

矿产资源长期占据我国能源结构的主导地位，其矿山安全一直受到人们的高度重视，从"十五"至"十三五"期间，国家和有关企业一直以科技创新促进安全生产，经过广大研究人员、管理人员和技术人员的努力，矿山安全形势得到了重大改善。但随着开采深度的增加和开采强度的加大，矿山地质灾害产生的机理愈加复杂，地质灾害分布广、影响大、潜在灾害隐患突出，无论在理论支撑，还是关键技术装备创新方面，都面临着各种各样的挑战。因此，矿山的安全防控极为重要，国内专家学者针对各类矿山不同的风险问题做了大量研究。

2001~2018 年，根据《中华人民共和国突发事件应对法》和我国应急管理体系"一案三制"的基本框架[137]，我国开展了一系列的区域多级风险评估体系建设工作。要瑞璞等[138]提出一种专家评价法和 AHP 法相结合的方法，采用 4 种不同的评价模型对多层次、多指标的问题进行评判。刘颖等[139]提出一种区域多级模糊评估模型，毛锐等[140]提出一种省地县一体化调度安全生产保障能力评估系统。董军等[141]提出一种"逐层纵横向"拉开档次法确定多层次系统在不同时刻的评价值。汤童等[142]提出一种国家、省部级部署的一体化重大自然灾害应急评估系统。从小问题到国家级重大灾害评估，我国区域多风险评估工作均取得了显著效果，如史培军[143-145]对灾害风险科学进行了系统性研究，包括区域灾害系统、灾害风险评估、区划、灾害应急管理等，指出广义的灾害风险评估是在对致灾因子危险性、孕灾环境稳定性、承灾体脆弱性分别评估的基础上，对灾害系统进行评估。基于致灾因子、孕灾环境和承灾体的评估工作，专家学者以其适用特点对具体灾害进行相应评估工作。Davidson 等[146]在对美国沿海地区的飓风灾害风险进行比较研究的基础上，提出了基于致灾因子危险性、暴露性、脆弱性、应急响应能力及恢复力的飓风灾害风险指数模型。Hu 等[147-148]通过建立多指标综合评估体系对区域洪水灾害风险进行评估。针对洪水灾害的风险评估工作，国内部分学者以承灾体为研究对象进行了系统分析。如王煜[149]研究了洪水对化工园区及其内部设施的影响，并建立了化工园区洪水灾害风险评价指标体系。科学有效的管理体系是减少风险的基础，鉴于此，国内学者开展了一些企业级煤矿安全管理风险管控一体化体系的理论[150-151]和实践[152-153]，并与煤矿现有安全管理措施（煤矿隐患排查治理、煤矿安全质量标准化）形成一个完整的体系[154-156]。国内开展各种煤矿事故灾害的评价工作[157-158]，煤矿安全风险管控体系在神东公司运行最好，其他已引用该体系的如河南省省属煤矿、国投集团、华能集团等单位，主要是引用其第一环节，即危险源辨识和风险评估，安全管理以安全质量标准化为主。我国煤矿事故风险管理缺乏以下研究：（1）煤矿风险管理多局限于企业范围，缺乏省（直辖市）、市（区、县）和县（镇、乡）三级风险评估的理论和方法研究，缺乏省级区域多级一体化风险管理研究；（2）煤矿隐患排查治理、煤矿安全质量标准化体系和煤矿安全风险预控管理体系之间的内在联系，进行连续一体化研究；（3）省级区域煤矿事故风险采集、风险评估、三级危险源监测预警与更新、信息发布机制；（4）省级区域煤矿风险预控体系管理标准、技术措施、管理措施和应急准备，煤矿事故风险管理评价报告编制。

2019 年，孟庆勇等[159]针对煤矿工业互联网信息的安全防护，提出一种基于静态和动态两个维度的煤矿工业互联网信息安全风险评估方法。该方法能有效评估煤矿工业互联网信息安全状况，指导煤矿企业进行信息安全风险分析、安全防护规划设计及实施，降低煤矿工业互联网信息安全风险。霍顺生等[160]基于全面风险管理视角，构建了董事会领导下的横向组织到边、纵向业务到底的全员全覆盖的风险管理组织体系，提高了矿山防范化解企业风险的能力。该体系基于四层三级一单式月监控、季诊断、半年督导汇报、全年总结报告的全面风险管理长效机制，实现了风险管理与生产经营的有机融合，促进了企业风险管理文化的发展。

2020 年，李文等[161]引入灾变链式理论，研究煤矿采空区失稳灾害中致灾因素、致灾环境、作用方式、承灾体四个要素之间的关系，获取了煤矿采空区的基本失稳模式和链式类型，降低了煤矿采空区的事故发生率。在矿井水害方面，连会青等[162]针对矿井水灾事故的不确定性、复杂性和紧迫性，运用多案例分析法，确立了"情景-应对"应用在矿井水灾应急决策领域的实现途径，对提升矿井水灾事故应急救援能力和应急管理水平具有重要意义。机制的形成，满足了矿井水灾事故应急快速反应、高效决策的现场需求，规范了事故应急处理流程，实现了精准、快速、高效的目标。周超等[163]以贵州省盘州市盘关镇矿山为研究区，建立了矿山地质灾害风险评价体系，并通过证据权重法实现了矿山地质灾害易发性区划，提出不同降雨概率下的矿山地质灾害危险性评价方法，构建了典型城镇矿山地质灾害风险评价模型，为矿山地质灾害的防控提供了科学依据。贺莹鸽等[164]基于模糊层次分析法（FAHP）与信息熵（IE）理论，通过构建矿工习惯性违章行为风险态势评估模型，探讨矿工习惯性违章行为风险变化趋势，有利于找出不安定因素，降低矿工习惯性违章行为发生的概率。袁亮[165]鉴于煤矿典型动力灾害诱发机理不清、风险判识不明、监控预警技术不足等现状，围绕"煤矿典型动力灾害风险判识及监控预警技术"重大科学问题开展研究，利用大数据、互联网等新型信息技术，对灾害致因进行了全方位辨识，并研究了更为科学、合理的数据融合方法，以及风险判识与预警模型，构建了自动化、信息化、智能化的预警平台，取得了较为丰硕的成果，并通过现场实践实现了煤矿典型动力灾害隐患的在线监测、智能判识和实时预警。卢新明等[166]在精准地质建模和采掘空间实时动态更新的基础上，通过数学转化器把煤矿动力灾害发生机制和演化规律的宏观定性描述及其相关概化模型转化为可以在线计算的数学力学表述模型，提出了煤矿动力灾害本源预警方法和信息系统实现技术，实现煤矿动力灾害的精准预警。我国煤矿智能化尚处于初期发展阶段，存在相关基础理论薄弱，关键核心技术瓶颈尚未取得突破，缺少煤矿智能化相关技术标准与规范，技术与装备研发滞后于企业发展需求，研发平台不健全，高端煤矿智能化人才匮乏等问题，制约了煤矿智能化的发展。因此，应理清发展思路，创新发展模式，加快推进煤矿智能化技术与装备标准体系建设，持续深入开展煤矿智能化基础理论与技术短板攻关，加强产学研用的协同创新，推动煤矿智能化人才队伍建设，提高煤矿智能化建设的综合保障能力[167-168]。

2021年，科学有效的安全管理手段是减少风险发生的基础，清晰准确的风险预测是降低事故发生的前提。宿国瑞等[169]针对煤矿风险管理中的不足，构建了煤矿安全管理的PSR（压力—状态—响应）模型，分析煤矿采集的多源异构数据，为煤矿主要安全隐患的排查提供了新思路。王伟等[170]提出自然灾害次生事故隐患空间网络的概念，探究事故隐患与承灾体设防的关系，建立了灾害、承灾体指标、隐患、事故关系模式库，有助于煤矿次生灾害的精准治理。隋旺华等[171]基于矿山安全地质学，总结了矿山安全地质研究中亟待解决的关键科学问题和防控关键技术，为深部矿山安全地质理论的研究和灾害防控提供了科学支撑。针对矿井水害事故的不确定性、复杂性和紧迫性，连会青等[172]根据其突水机理不同，建立矿井水情监测与水害风险预警平台，实现了井上下全空间水害风险预警"一张图"的可视化展示。对于煤矿典型动力灾害的风险判识和监控预警关键技术研究及装备研发工作，袁亮[173]通过煤矿典型动力风险监测预警基础研究—关键技术开发—应用示范的有机融合，实现了煤矿重大灾害灾变隐患在线监测、智能判识和实时准确预警。刘志强等[174]通过对深部矿井开拓模式的优化设计、建井装备及其相应关键技术工艺的深入思考和分析，有望为深部矿井安全高效绿色建设提供解决思路。赵兴东等[175]提出岩爆是深部金属矿山在开采过程中最易发的采动灾害，释能锚杆在控制岩爆起到关键性作用，研发有效控制岩爆危害的矿山动力支护系统可为我国金属矿深部安全、高效开采提供技术保障。面对露天矿山安全地质问题和人工智能的应用，尹一雄[176]采用数量化理论对黑山露天矿作安全风险评价，提高了露天矿安全风险评价结果的准确性，表明露天矿风险状态受多指标综合影响，危险指数越大，风险等级越高，具有一定的运用价值。刘小杰等[177]提出解决了露天矿山穿—采—运—排全过程无人化体系生产，加快矿山智能化建设打下基础。靳昊等[178]基于改进的属性数学理论建立了金属矿山采空区塌陷危险性评价的属性识别模型，并通过工程实例验证了该模型的可靠性，为采空区塌陷风险评价提供了一种有效途径，在工程实践中具有一定的实践性。

　　2022年，臧成君等[179]从过程和结果两方面入手，构建煤矿安全绩效评估指标体系，实现风险问题的静态评估和动态预测。刘建坡等[180]以阿舍勒铜矿深部采区为研究对象，基于模糊综合评价法开展巷道围岩破坏风险定量评估研究，实现了深部金属矿山区域性地压灾害的防控与系统性开采过程的优化调控。在矿井水害方面，齐庆杰等[181]基于灾害风险科学致灾因子、孕灾环境、承灾体三要素经典理论和煤矿洪水灾害防治现状，构建了煤矿洪水灾害设防情况调查指标体系，建立了洪水灾害诱发煤矿水害事故风险评估模型。在矿井火灾方面，薛峰等[182]基于 AHP 法、熵权法、变权理论和突变级数法相结合的矿井火灾风险综合评估方法，从人、机、环、管四个方面建立了矿井火灾风险评估体系，更加全面地评估矿井火灾现场风险，以此降低矿井火灾危险性。马恒等[183]基于区域灾害系统理论，建立由致灾因子、孕灾环境和受灾体三部分组成的煤矿瓦斯危险源风险综合评价模型，对煤矿瓦斯危险源风险更完整有效地进行评估。王恩元等[184]基于安全监测大数据进行风险隐患和瓦斯灾害一体化分析预警已成为煤矿安全监管、监察和管理的迫切需求，研发了煤矿瓦斯灾害风险隐患大数据监测预警云平台，实现了动态信息资源"一张图"。煤矿瓦斯灾害作为我国深部煤矿开采的主要灾害，随着采深及开采强度的加大，灾害事故时有发生，危险性日趋严重[185]，为明确瓦斯灾害风险因素之间的作用路径，提高瓦斯涌出预测、预报的精确度和可靠度，专家学者对原有系统模型和风险监测预警与评估方法做了大量创新与改进，减少了瓦斯爆炸事故的发生[186-187]。唐飞等[188]通过对比 3 种灰色模型在煤矿事故死亡人数预测方面的适用性，并用马尔可夫模型优化修正最佳的灰色模型预测结果。王忠鑫等[189]针对目前露天煤矿山普遍存在的经济属性问题，通过解析露天煤矿生产和智能化建设的特征，提出了工艺为本、分级建设、价值导向、有序推进和虚实共生的智能化露天煤矿总体设计策略，以期全面建成数字孪生矿山，为我国露天煤矿智能化建设提供了新的思路。薛棋文等[190]对露天煤矿无人驾驶运输系统应急管理体系开展研究，探讨了露天煤矿应急管理体系未来的发展趋势，研究成果进一步完善了露天煤矿无人驾驶运输系统突发事故风险与应急联动理论和应急预案的制定。

　　因此，研究煤矿、非煤矿山、露天矿等智能化建设规划设计策略，理清规划设计的总体目标，凝练核心设计策略，统一规划设计的内容要求和通用技术架构，明确建设技术路径，建立科学的设计建设范式，对于矿山智能化建设工作具有重要的理论和现实意义。

2.3.2　隧道安全风险监测预控与评估

　　我国隧道及地下工程在"十三五"期间得到了长足的发展与进步，无论是质还是量方面，铁路、公路、地铁等领域的隧道工程建设都取得了骄人的成就，同时，随之而来的建设与运营安全问题也日益突出，针对目前隧道领域存在的问题，国内专家学者开展了一系列的研究。2019 年，李天斌等[191]采用指标打分法建立了高地应力隧道施工期大变形动态风险评估方法，完善了风险指标体系，为隧道大变形的预防和控制提供了科学依据，简单实用的隧道大变形评估方法对隧道灾害的防治具有重要价值。2020 年，张锦[192]基于可拓理论，从人员、设备、环境和管理四个方面建立艰险山区铁路施工风险预警指标体系及模型，设计了预警对象与等级的关联度计算方法，为川藏 9 个重点隧道工程建设提供了参考。2021 年，针对国内各种隧道事故的评价工作，专家学者拓展了丰富多样的方法，其中层次分析法、贝叶斯网络法、熵值法等是运用较为广泛的。如：卢庆钊[193]总结风险因素的评价指标体系，运用层次分析法（AHP）与模糊数学（Fuzzy）理论构建定量评估模型，最后通过工程实例验证了隧道穿越富水断层破碎带风险评估模型的适用性。总结出了一套适用体系，包括综合考虑隧址区自然地理因素、断层破碎带特征信息、水文地质和施工设计因素以及 4 个一级指标因素和 20 个细分二级指标因素的隧道穿越富水断层破碎带突水涌泥风险因素评价指标体系。对于铁路瓦斯隧道的施工安全，吴波等[194]采用熵值法和模糊理论相结合的方法对铁路瓦斯隧道进行施工安全风险评估，为类似的瓦斯隧道施工提供一种可行、有效的评估方法。其中，为解决软岩隧道在水文、地质、施工等因素共同作用下易出现的大变形，何乐平等[195]通过博弈论的思想，提出了一种基于 15 项评价指标和相应分级标准的全新云模型综合风险评价方法，为软岩隧道的稳定性量化评估提供了新的思路。云模型也被运用于富水岩溶隧道的风险评价，刘敦文等[196]基于云模型理论，利用模糊综合评价法建立新型风险评价体系，为隧道的寿命评估和质量控制提供了参考。2022 年，周涛等[197]利用实测数据分析常见变形监测模型的拟合及预测精度，得到使用回归模型作短期预测、使用 BP 神经网络作中长期预测的结论。深埋隧道能够克服山地和峡谷等地形障碍，缩短两地距离，让铁路、公路和管道运输的运行线路更为平顺，提高交通和运输安全质量，而高地应力软弱围岩条件下出现的挤压性大变形破坏严重威胁着隧道安全。朱正国等[198]为探究深埋隧道挤压性大变形的分级标准和控制技术措施，采用层次分析法和模糊综合评价法，并通过数值模拟提出了大变形分级标准评价体系，为深埋隧道工程提供科学指导。卢鑫月等[199]针对隧道施工中的动态演变，基于动态贝叶斯网络（DBN）和模糊综合评价法（FCEM），提出了一种动态的风险评估方法，对地铁隧道下穿既有建筑物的风险进行实时的动态评估。仇文岗等[200]提出国内外隧道风险评估主要采用定量或半定量方法，单纯的定性分析法已较少被采用。其中，运用最为广泛的风险评估方法为层次分析法和模糊层次分析法。此外贝叶斯法、蒙特卡洛法、BP 神经网络法、可拓综合评判法等其他方法也逐步被应用于隧道风险评估领域，不同风险评估方法和新技术之间的交叉融合是该领域的未来发展趋势。

隧道的安全建设与施工过程息息相关，而隧道施工中总是不可避免地产生各种各样的风险。为保障隧道的施工安全，专家学者做了大量努力，他们基于隧道工程的施工特点，为使隧道建设更科学、合理，选取了准确的分析方法，构建出符合工程实际的风险评价体系，并通过建立隧道施工风险综合评估模型验证其有效性与实用性[201-204]，隧道的改扩建工程同样如此[205]。此外，隧道改扩建的安全性定量评价及风险源辨识指南和标准也取得了较好的发展[206]，越来越多的人为隧道的建设与发展贡献自己的力量。2018 年，黄鑫等[207]为明确暗河发育区的隧道选线及突涌水灾害的风险预控，通过对实例的统计分析，提出了三阶段暗河识别方法和隧道选线原则，研究成果对类似穿越暗河发育区隧道工程建设具有一定的借鉴意义和参考价值。2019 年，薛亚东等[208]通过改进和总结已有规范与标准的风险评估过程，并从风险源辨识、风险事件辨识和两者之间关系的辨识 3 个方面对其中的风险因素辨识部分做出详细阐述，给出了风险因素辨识的流程，以期促进风险评估和管理理论在具体隧道工程中的应用；2020 年，考虑隧道地质条件的复杂性和不确定性，周宗青等[209]提出了一种改进的属性区间识别方法，使隧道突涌水风险评估中的风险等级更明确。该方法从单指标属性测度分析、多指标属性测度分析和属性识别分析 3 个方面进行探讨，提出改进的多指标属性测度计算方法，使模型用于地下工程灾害风险评价时更符合工程实际；2021 年，何发亮[210]针对长期以来地质复杂区长大深埋隧道产生的不确定类型及特点，总结提出了隧道施工"地质不确定"的类型和解决方法，减少了隧道灾害的发生；2022 年，刘常昊等[211]基于玉磨铁路景寨隧道小型富水体突涌水问题，提出了一种基于地质雷达的隧道富水段涌水量预测方法，保障了隧道的安全施工，为隧道工程掌子面前方小型富水体突涌水问题的研究提供了一种科学的富水段涌水量预测方法。项琴等[212]依托于情景分析理论，采用演化路径网络和演化矩阵模型，构建了隧道预测灾害情景状态的演化矩阵模型，为隧道应急能力的建设提供重要依据。

公路隧道作为常见的隧道模式，其运营安全备受关注。近年来，我国道路运输事故多频发趋势没有得到根本遏制，特别是公路隧道危化品车辆所带来的事故均造成了严重后果，引起了社会的高度关注[213]，其所造成的火灾事故亦极具威胁。因此，火灾风险评价研究对于预防和控制公路隧道火灾事故意义重大[214]。山岭公路隧道作为其中的典型，其所发生的灾害问题极具复杂性和模糊性，为隧道施工风险评估带来了极大的挑战[215-216]，同时，隧道塌方事故已占据隧道事故的半壁江山，成为隧道施工中亟待解决的难题之一，为此，专家学者对隧道塌方风险评估模型及其工程应用做了许多研究[217-220]。随着我国道路事业的飞速发展，越来越多的特长公路隧道及隧道群建成通车，隧道运营安全问题也日益严峻。目前，国内已有部分学者对此进行了相应研究。2019 年，王志杰等[221]针对公路特长隧道及隧道群的特点，结合实地调研，研发出基于 Web 的风险评估系统，实现对高速公路特长隧道及隧道群动态风险因素的实时监测与实时风险评估；随着复杂地形、地质条件下特长隧道工点的持续增加，由于施工环境、地质条件、不确定因素的差异，隧道事故呈现"易发、频发、多发"的特点。2020 年，赵茗年等[222]依托于高寒地区公路隧道，采用专家调查法对其进行风险评估及优化，提高了工程资源的利用率；2021 年，张睿等[223]以巴陕高速米仓山隧道为背景，分析了深埋长大隧道在建设过程中易出现的各类施工问题，总结了米仓山隧道建设过程中实施的各项关键技术，以期为类似工程提供参考。2022 年，徐洴等[224]对重庆市长大隧道群设施损坏事故展开调研，推出三大行动计划，构建以"健康监检/测，先进维护，智慧防灾，快速应急，综合评估"为核心的安全保障体系，推动我国综合立体交通网的安全发展。相对于公路隧道而言，铁路隧道的发展亦取得了巨大的成就，经过近 40 年的发展，中国铁路隧道更趋完善，隧道数量和长度已占据世界铁路隧道之首[225]。令人瞩目的成绩背后是铁路隧道工作者们一次次攻关克难的结果，面对各种各样的风险与挑战，他们总是迎难而上，针对复杂地区铁路隧道减灾选线、灾害风险评估、防灾减灾等开展研究，为铁路隧道的建设、施工、运营等提供科学的指导[226-229]。随着中国制造业的崛起，隧道施工技术与装备也取得了迅猛发展，为隧道的安全、快速施工提供了保障，盾构法隧道施工技术、钻爆法隧道机械化大断面施工技术、TBM法隧道施工技术均得到了广泛的运用，为今后更大规模的使用奠定了基础。同时，未来隧道的发展趋于机械化、信息化、数据化、人工智能的高度融合，因此，BIM与GIS两者优势的结合，将成为今后隧道工程信息化、数字化发展的方向，逐渐为解决各种复杂环境下隧道工程作出新的贡献[230-233]。

近年来，中国隧道总体上建立了隧道规划、设计、施工、运营维养等成套技术体系，于隧道的规模、工程品质和科技创新等方面取得了重大成就。然而，在面对超长深埋隧道、城市复杂环境隧道、川藏铁路高海拔隧道、长距离海底隧道等方面，仍有大量的技术难题需要突破，尤其是在隧道智能化建造、运营维护等方面，还需要开展大量的科学研究工作，这是隧道安全生产事故监测预警与评估的需求，通过关键技术的突破及其人才培养，推动中国隧道建设事业蓬勃发展。

2.4　智慧矿隧安全生产事故风险监测预控平台集成设计

矿山事故一体化决策指挥平台主要体现在三个层次：（1）硬件技术。核心技术在于复杂环境灾情信息侦测、井下与地面通信、区域联动平台等。（2）软件技术。预案库、模型库、知识库、案例库等，一体化决策支持软件，信息、人员、物资调度。（3）"平战"结合与"垂直管理+属地管理"结合的应急管理集成平台体系。以一案三制为基本框架，时间维、空间维和信息维的事前、事中和事后的全过程管理联动机制；我国应急平台建设目前"重硬件，轻软件"，管理强、机制弱，以应急平台指挥决策为需求，通过软硬件系统集成，应急管理通过一些标准化"情景-应对"模式进行运行，并演练磨合和持续改进。按美国ICS（Incident Command System）体系设计原则，结合体系工程逻辑结构的构建理论和方法，在横向上，以ICS体系构建为基本框架，增加管理幅度；在纵向上，增加管理单元的层次。遵循"自顶向下"定性与"自底向上"定量分析和综合集成，采用宏观体系工程和微观ICS体系框架结合的方法，从4个基本层次的6个方面构建了一种矿山应急指挥平台体系层次模型，构建柔性化的应急管理体系。

2.4.1　智慧矿隧安全风险监测预控平台系统集成

智慧隧道智能预控系统是一个涉及数字图像处理技术、视频监控技术、物联网技术、大数据与云计算、传感技术、人工智能、LED显示技术、无线通信技术、射频识别技术等多方面领域的先进技术，因此总体方案设计必须具有可靠性、安全性、先进性、灵活扩充性、经济实用性、操作和维护的方便性，更要具有前瞻性的一体化、智能化预控平台。

2.4.2　设计依据标准

设计规范标准、依据严格遵守国家或部委或地方相关文件执行：
（1）《系统接地的型式及安全技术要求》（GB 14050—2008）；
（2）《电能质量　三相电压不平衡》（GB/T 15543—2008）；
（3）《低压电气装置　第4-44部分：安全防护　电压骚扰和电磁骚扰防护》（GB/T

16895. 10—2010）；

（4）《供配电系统设计规范》（GB 50052—2009）；

（5）《低压配电设计规范》（GB 50054—2019）；

（6）《电力装置的继电保护和自动装置设计规范》（GB/T 50062—2008）；

（7）《电力装置电测量仪表装置设计规范》（GB/T 50063—2017）；

（8）《交流电气装置的接地设计规范》（GB/T 50065—2011）；

（9）《电子信息系统机房设计规范》（GB 50174—2008）；

（10）《视频安防监控系统工程设计规范》（GB 50395—2007）；

（11）《综合布线系统工程设计规范》（GB 50311—2016）；

（12）《电力工程电缆设计规范》（GB 50217—2007）；

（13）《低压电气装置 第 5-52 部分：电气设备的选择和安装 布线系统》（GB/T 16895.6—2014）；

（14）《低压电气装置 第 7-706 部分：特殊装置或场所的要求 活动受限制的可导电场所》（GB 16895.8—2010）；

（15）《岩土工程勘察规范》（GB 50021—2001）（2009 年版）；

（16）《铁路隧道设计规范》（TB 10003—2016 J 449—2016）；

（17）《公路隧道设计规范》（JTG D70—2004）；

（18）《岩土工程勘察安全规范》（GB 50585—2010）；

（19）《公路工程地质勘察规范》（JTG C20—2011）；

（20）《铁路工程地质勘察规范》（TB 10012—2007 J 124—2007）。

2.4.3 总体设计原则

总体设计以客户的需求为基本原则，并充分结合现有成熟完善的技术进行设计。

在规划设计过程中，系统设计以保障安全生产、提高施工质量、促进企业效率，提升企业管理品质为目标，以高质量服务管理者和使用者为基本原则和设计思路。

（1）规范性。规范包括业务规范、开发规范、术语规范和数据规范等方面。项目建设要求遵循并不局限于国家、市政设施关于智慧城市信息化建设的政策法规、规范和标准，以及国际上正式技术标准。

（2）技术先进性。要求系统平台建设初期考虑到技术的延展性，应当保证软件未来的几年中在系统基础计算结构、数据库技术、系统集成技术等方面保持技术先进性。

（3）安全性。要求运用先进的访问控制、身份认证等技术防止非法用户入侵，保证系统在异常情况下能够可靠运行。解决方案从主机、数据及网络等多方面采取相应措施，确保系统的高安全性。系统以"安全第一，保密为准，机制保证"为安全保密原则，系统遵循国家和行业安全标准和管理规范，通过服务安全认证，客户许可认证，用户权限认证，结合日志审计，确保系统安全稳定可靠。

（4）可扩展性。要求软件留有与未来工程的软件接口（API），方便未来新的应用系统加入到本软件之中，确保软件能够扩展、升级；应用软件尽量做到与平台无关，便于应用软件的移植或配置。

（5）易用性。要求软件体现以用户为中心的设计理念，充分考虑用户的需求，用户界面应该规范统一，易于用户掌握；提供方便的软件配置、管理和分发手段。

（6）共享性。要求建立目录和元数据系统，直接从分散资源中分类抽取元数据，自动分发、处理所有相关层级的关系数据。通过开发数据库标准接口，传输各级网络信息，在不同层次的各个应用系统之间的数据应能充分共享，并通过技术手段实现应用程序之间的互操作。

（7）信息兼容性。要求系统能够对非结构化的数据统一管理、联合查询。系统的建设必须支持对现有主流数据库数据的实时抽取，自动转化成统一的格式，并且集成后的数据由本平台统一管理、联合查询、综合分析。对于查询基础业务系统内数据的请求，要能够实时地对多个不同的数据库进行联合查询。

2.4.4　硬件设计原则

系统硬件设计和选型应该遵循如下原则：

先进性：系统硬件应具有先进性，避免短期内因技术陈旧造成整个系统性能不高或者过早淘汰。

低功耗：采用低压低功耗芯片，节能，可靠性高。

可靠性：在充分考虑先进性的同时，硬件系统应立足于用户对整个系统的具体需求，应优先选择先进、适用、成熟的技术，最大限度地发挥投资效益。

开放性：计算机网络选择和相关产品的选择要以先进性和适用性为基础，同时考虑兼容性。

扩充性：系统数据采集设备采用模块化结构和总线通信方式，在系统规模扩展时，不需较大的改造，增加相应的模块即可。

2.4.5　软件设计原则

系统软件设计和选型应该遵循如下原则：

可靠性和安全性：系统软件应具有很高的可靠性和安全性。

易用性：系统软件应操作方便，采用中文图形界面。

标准化：系统软件应符合国家、行业标准以及国际标准，便于多次升级和支持新硬件产品。

可扩充性：系统软件应具有可扩充性。采用面向对象的结构设计，具有一定的灵活性、可操作性和可扩展性。在今后业务发生变化时，模块的增加和对模块的修改不应对其他模块产生影响。

系统实现的目的是依据系统设计文档，由程序员进行程序编写，以便实现设计要求，系统实现过程中，开发人员需要对模块进行代码走查和交叉单元测试，以保证模块代码质量。软件实现也就是代码的生产过程。根据上一阶段形成的设计文档，程序员在完成代码之后，可以开始编码并且进行代码走查和单元测试。对于测试完成的程序可以交由配置管理人员进行配置管理。

为确保整个智能台车管控系统质量，总体方案设计原则需要达到上述可靠性、安全性、先进性、灵活扩充性、经济实用性、操作和维护的方便性的高度统一。

2.4.6 系统测试

系统开发涉及一系列的过程，每一个过程都有可能引入缺陷（Bug），本系统质量的好坏直接关系到正常使用和日后的维护。在开发过程中，我们将质量控制贯穿于所有阶段和所有参与系统的人员中，包括系统分析、设计和编码。分阶段的评审和测试是软件质量的有力保障。

系统存在平台测试和应用系统的测试以及最终的测试。由于测试也存在协调的问题，如错误具体定位，在应用系统发现一个错误，到底是应用系统的自身的错误还是中间件存在的错误，需要测试人员进行准确的判断。

（1）从测试方法上来说，分为黑盒测试和白盒测试。

黑盒测试：着重于测试软件系统的外部特性；根据系统的设计要求，每一项功能都要进行逐个测试，检查其是否达到了预期的要求，是否能正确地接受输入，是否能正确地输出结果。

白盒测试：由于软件的所有源代码都要由工作人员编写，对其内部的逻辑规则和数据流程都要进行测试，以检查其代码编写是否符合设计要求。

（2）从测试策略上来说分为集成测试和系统测试。

集成测试：在所有模块都通过了单元测试后，将各个模块组装在一起，进行组装测试，用于发现与接口相联系的问题。在通过组装测试后，将经过单元测试的模块组装成一个符合设计要求的软件结构。

系统测试：在矿隧智慧矿隧安全风险监测预控平台系统通过了以上的测试步骤后，与其他系统元素（如硬件服务器、网络系统等）进行集成测试和系统级的确认测试，将各种可能的缺陷完全排除掉，从根本上保证系统的长期稳定运行。

2.4.7 系统维护

系统平台技术支持小组的任务一方面是保证对项目客户的跟踪服务，另一方面是确保该项目的技术咨询工作。

在系统维护期，对于一般性的错误，如操作不当等引起的问题，全部由技术支持小组执行完成，但需要用户测试确认上线。如果要进行较大的修改则需要走变更控制流程，填写变更申请，经项目组讨论分析可行方案再由技术支持小组实施，通过测试后方可提交用户。在这个过程中质量人员需要对维护过程和维护记录单进行检查。

2.5 煤矿安全监测预控的预测算法

统计显示，从2004年到2007年三四年间国内发生的大大小小的煤矿安全事故达到2369起，最为严重是瓦斯事故，造成10571人死亡，平均每一起瓦斯事故有4.46人死亡。尽管在煤矿事故中瓦斯灾害事故发生的比例为11.175%，但是总的死亡人数中，瓦斯灾害事故中死亡的人数所占的比例却为28.926%，由此可知瓦斯灾害事故带来的灾害十分严重，因此瓦斯灾害事故是煤矿安全的主要致因[234]。

虽然我国具有充足的煤炭资源，但煤炭能源需求量也大。我国目前的能源结构有三大特征：煤炭能源丰沛、天然气稀缺、石油资源匮乏。由于我国经济高速发展，对煤炭等化石资源的需求量不断提高，从而导致矿井工作的危险性增加，由于采矿发生的事故越来越多，因此，如何保证煤炭的安全开采是较多人关心的话题[235]。

相关资料显示，我国的能源结构体系日益完善，在各种能源比例结构中，煤炭资源所占能源来源的比例将持续下降。目前我国能源结构中煤炭的占比为 60% 左右，并且在 2030 年将会大约下降至 50%，到 2050 年大约下降至 40%。尽管消耗的资源中煤炭资源的比重有所降低，但依旧不妨碍煤炭在能源结构中举足轻重的地位。考虑到国内的煤炭资源赋存复杂多样，开采的方式与途径基本上是依靠人工开采，一般开采深度能够达到 500m，甚至可以达到 1200m 以上，从而时常引发煤矿事故，给相关企业和个人造成不可估量的后果，并且给矿井工作人员的生命安全带来巨大的威胁[236]。

瓦斯浓度预测是煤矿安全生产防范的重要部分。瓦斯的灾害事故主要有煤与瓦斯突出、瓦斯燃烧、窒息、爆炸等，其中后果影响最大的是瓦斯突出。瓦斯通常情况下是以吸附或者以游离的形式存在于煤层中，一般是不会发生突出。但如果进行采矿工作时破坏了地层气体压力的稳定性，就会发生煤与瓦斯突出。一旦产生煤与瓦斯突出，煤岩体将会被大量的抛出，并且会涌出许多高浓度的瓦斯，正是这些瓦斯气体的产生使得矿井人员无法呼吸，从而难以自救。随着国家对煤矿安全生产越来越重视，安全生产的要求也做出了进一步提高，但危害的形势依旧十分严峻，百万吨死亡率始终居高不下，归根到底是瓦斯事故导致。虽然瓦斯事故并不占煤矿事故的最大比例，但瓦斯事故所带来的死亡人数却很高，使其下降十分困难，因此，瓦斯事故发生的次数减少能够对我国百万吨死亡率的下降起到十分重大的作用[237]。

国内外有学者针对瓦斯预测开展研究，胡千庭运用瓦斯含量指标进行预测突出危险性[238]。杨丽等[239]针对瓦斯浓度的准确预测，基于多元分布滞后模型（MDL）提出了多变量瓦斯浓度时间序列预测模型。胡坤等[240]为了准确地预测瓦斯涌出量，建立了回采工作面瓦斯涌出量的优化预测模型。李冬等[241]为了提高瓦斯突出危险区域预测精度，建立了一套瓦斯突出危险区域综合预测方法。李成武等[242]为了预测矿区突出能量，引入煤体当量半径，推导出突出能量预测模型。张友谊等[243]研究了灰色关联模型中输出端和输入端，提出了煤与瓦斯突出多指标耦合预测模型。付华等[244]提出将核主成分分析与自回归积分滑动平均模型相结合的算法。但是基于前沿技术和方法的瓦斯浓度序列预测研究较少。

国内外有学者开展了基于神经网络、随机森林等的时间序列预测研究，但是这些方法都需要大量数据进行训练，倘若（如实时瓦斯浓度序列）有效的历史数据量较小便不能做出有效预测[245-249]。在信息匮乏的时间序列预测问题上，灰色预测扮演着举足轻重的角色。灰色理论在许多领域得到了充分的运用，如能源消费[250]、电网安全运作能力[251]、光伏电厂功率[252]、风速风力[253]、光速功率、船舶交通[254]、传播路径损耗[255]、手机故障预测[256]、供水量[257]、天然气需求量[258]等众多领域。

尽管灰色理论在众多工业领域得到运用，但是在煤矿瓦斯预测方面的研究极少。目前，现有的煤矿瓦斯浓度预测方法为传统的灰色预测模型，但是传统灰色预测模型灰色作用量是常量，不随时间的变化而变化。故探索出一种有效的改进瓦斯灰色预测方法具有较大意义，下面将介绍本章提出的优化后的幂指数型灰色作用量，在此基础上又提出了基于集成学习的不同灰色作用量下的幂指数型灰色瓦斯浓度预测模型，可以有效提高预测模型的精度。

2.5.1 基于灰度学习和神经网络的瓦斯浓度时间序列预测

瓦斯浓度预测是煤矿安全生产防范的重要部分。国内学者针对瓦斯预测开展研究：杨丽等[259]基于多元分布滞后模型（MDL）提出多变量瓦斯浓度时间序列预测模型；刘超等[260]针对传统瓦斯浓度预测方法存在的问题，创新性地提出运用皮尔逊（Pearson）系数对瓦斯浓度数据进行特征选择，再使用自适应矩估计（Adam）优化的长短期记忆神经网络（LSTM）进行时序性预测的方法，并在模型构建的过程中通过比较拟合效果、运行时间和结果误差三个指标不断地调整网络层数和批尺寸（Batch Size）大小得到最优的预测模型。林海飞等[261]利用集成经验模态分解，将不规则波动项分解得到不同特征尺度的IMFs分量以及残差余量；通过遗传算法参数寻优后的支持向量回归机，对各项分解数据进行预测；叠加各分量模型预测结果，得到最终瓦斯涌出量预测结果。付华等[262]针对现有的绝对瓦斯涌出量软测量方法普遍未考虑瓦斯涌出量自身历史数据的前后影响，提出一种基于深度学习中长短时记忆网络（LSTM）的瓦斯涌出量软测量模型，利用绝对瓦斯涌出量及其相关影响因素历史数据的时间序列进行预测。姜福兴等[263]提出基于应力和瓦斯浓度动态变化特征的掘进面煤与瓦斯突出实时监测预警方法——SMD法，建立以钻孔应力增量和瓦斯浓度时间序列变化特征为判定指标的突出预报模糊综合预测模型，可以确定掘进面煤与瓦斯突出指标值。上述研究虽取得一定成果，但基于前沿技术与方法的瓦斯浓度序列预测研究较少。国内部分学者基于神经网络、随机森林等时间序列进行预测研究[264-266]，但该研究均基于大量数据。灰色预测在信息匮乏的时间序列预测中作用重大。灰色理论在能源消费、电网安全运作能力等众多领域得到充分运用[267-273]，但在煤矿瓦斯预测方面研究较少。现有煤矿瓦斯浓度预测方法为传统灰色预测模型，但传统灰色预测模型灰色作用量为常量，不随时间发生变化。因此，本文基于优化后幂指数型灰色作用量，提出基于集成学习的不同灰色作用量下幂指数型灰色瓦斯浓度预测模型，可有效提高预测模型精度。

2.5.2 预测算法设计流程与评价分析

灰色预测应用于解决不确定性问题具有独特优势，特别是对于小样本时间序列问题，其方法是通过将历史数据序列累加得到生成序列，从而对生成序列数据，建立灰色预测模型，实现对未来趋势的预测。

2.5.2.1 算法1 传统的灰色预测模型

步骤1.1 设原始瓦斯浓度序列 $X^{(0)} = (x_1^{(0)}, x_2^{(0)}, \cdots, x_n^{(0)})$ ，则一次累加生成瓦斯浓度序列为：

$$X^{(1)} = \left(x_1^{(0)}, x_1^{(0)} + x_2^{(0)}, \cdots, \sum_{i=1}^{n} x_i^{(0)} \right) \tag{2-1}$$

一次累减生成瓦斯浓度序列为：

$$X = \left(x_2^{(0)} - x_1^{(0)}, \cdots, \sum_{i=1}^{n} x_i^{(0)} - x_{i-1}^{(0)} \right) \tag{2-2}$$

步骤 1.2　从而，$X^{(1)}$ 的紧邻均值生成序列

$$Z^{(1)} = (z_2^{(1)}, z_3^{(1)}, \cdots, z_n^{(1)}) \tag{2-3}$$

式中，$z_k^{(1)} = \dfrac{x_k^{(1)} + x_{k-1}^{(1)}}{2}(k = 2, 3, \cdots, n)$。

步骤 1.3　已知方程 $x_k^{(0)} + az_k^{(1)} = b$，$k = 2, 3, \cdots, n$ 称为传统灰色预测模型，利用一阶单微分方程拟合，得到传统灰色预测模型的白化方程：

$$\frac{\mathrm{d}x_k^{(1)}}{\mathrm{d}k} + ax_k^{(1)} = b \tag{2-4}$$

式中，a 为发展系数；b 为灰色作用量。

步骤 1.4　在传统的灰色预测模型中，参数估计的方法为最小二乘法，其中向量 $u = [a, b]^{\mathrm{T}} = (B^{\mathrm{T}}B)^{-1}B^{\mathrm{T}}Y$，$Y = [x_2^{(0)}, x_3^{(0)}, \cdots, x_n^{(0)}]^{\mathrm{T}}$，$B = \begin{bmatrix} -z_2^{(1)} & -z_3^{(1)} & \cdots & -z_n^{(1)} \\ 1 & 1 & \cdots & 1 \end{bmatrix}^{\mathrm{T}}$。得到参数后，求解传统灰色模型白化方程，得到瓦斯浓度响应序列：

$$\hat{x}_k^{(1)} = \left(x_1^{(0)} - \frac{b}{a}\right)\mathrm{e}^{-a(k-1)} + \frac{b}{a}, \quad k = 1, 2, \cdots, n \tag{2-5}$$

步骤 1.5　这里 $\hat{x}_1^{(0)} = \hat{x}_1^{(1)}$，利用一次累减生成瓦斯浓度序列对式（2-5）处理，从而得到瓦斯浓度预测值序列：

$$\hat{x}_k^{(0)} = \left(x_1^{(0)} - \frac{b}{a}\right)(\mathrm{e}^{-a} - 1)^{-a(k-1)}, \quad k = 2, 3, \cdots, n \tag{2-6}$$

2.5.2.2　算法 2　改进后的幂指数型灰色预测模型

对于传统的灰色预测模型灰色作用量是常量，但是在实际问题中，灰色作用量会随时间的变化而变化，故本章对灰色作用量进行改进优化，提出幂指数型灰色作用量，建立改进的灰色预测模型。

步骤 2.1　将算法 1 中传统灰色预测模型相应的白化模型的静态灰色作用量替换为幂指数性灰色作用量，即将 b 替换为 $b\mathrm{e}^{\alpha k} + c$（其中 α 为参数），得到改进后的灰色预测模型的白化模型：

$$\frac{\mathrm{d}x_k^{(1)}}{\mathrm{d}k} + ax_k^{(1)} = b\mathrm{e}^{\alpha k} + c \tag{2-7}$$

则其改进后的灰色预测模型：

$$x_k^{(0)} + az_k^{(1)} = b\frac{\mathrm{e}^{\alpha} - 1}{\alpha}\mathrm{e}^{\alpha(k-1)} + c \tag{2-8}$$

步骤 2.2　在步骤 2.1 基础，设定向量 $\boldsymbol{Y} = [x_2^{(0)}, x_3^{(0)}, \cdots, x_n^{(0)}]^{\mathrm{T}}$，向量 $\boldsymbol{B} = \begin{bmatrix} -z_2^{(1)} & \beta\mathrm{e}^{\alpha} & 1 \\ -z_3^{(1)} & \beta\mathrm{e}^{\alpha} & 1 \\ \vdots & \vdots & \vdots \\ -z_n^{(1)} & \beta\mathrm{e}^{\alpha} & 1 \end{bmatrix}$，其中参数 $\beta = a^{-1}(\mathrm{e}^{\alpha} - 1)$，则参数估计：

$$\text{向量 } \boldsymbol{u} = [a, b, c]^{\mathrm{T}} = (B^{\mathrm{T}}B)^{-1}B^{\mathrm{T}}Y \tag{2-9}$$

步骤 2.3 假设任意函数 $\mu(k)$ 满足 $\mu'(k) = a\mu(k)$，解此方程：

$$\mu(k) = he^{ak}，其中 h 为常数 \tag{2-10}$$

步骤 2.4 在 $\dfrac{dx_k^{(1)}}{dk} + ax_k^{(1)} = be^{\alpha k} + c$ 两边同时乘上 $\mu(k)$，从而得到：

$$\mu(k)\frac{dx_k^{(1)}}{dk} + \mu'(k)x_k^{(1)} = \mu(k)(be^{\alpha k} + c) \tag{2-11}$$

即 $(\mu(k)x_k^{(1)})' = \mu(k)(be^{\alpha k} + c)$，两边积分得到：

$$x_k^{(1)} = \frac{\int \mu(k)(be^{\alpha k} + c)dk\text{-}C}{\mu(k)} \tag{2-12}$$

$$x_k^{(1)} = Ce^{-\alpha k} + \frac{b}{a+\alpha}e^{\alpha k} + \frac{c}{a} \tag{2-13}$$

步骤 2.5 将初始条件 $x_1^{(1)} = x_1^{(0)}$ 和向量 $\boldsymbol{u} = [a, b, c]$ 代入 $x_k^{(1)}$，得到改进灰色预测模型的瓦斯浓度序列：

$$\hat{x}_k^{(0)} = (1 - e^a)\left(x_1^{(0)} - \frac{b}{a+\alpha}e^a - \frac{c}{a}\right)e^{-a(k-1)} + \frac{b(1-e^a)}{a+\alpha}e^{ak},$$
$$k = 1, 2, \cdots, n, a, b 为常数 \tag{2-14}$$

2.5.2.3 算法 3 基于集成学习的幂指数型灰色预测模型

集成学习是将多种不同模型以合适的权重进行加权组合得到的新的一种预测模型。本章选择高效的标准差法得到瓦斯浓度组合预测模型的权重，进而对瓦斯浓度进行预测。具体实施流程如图 2-1 所示。

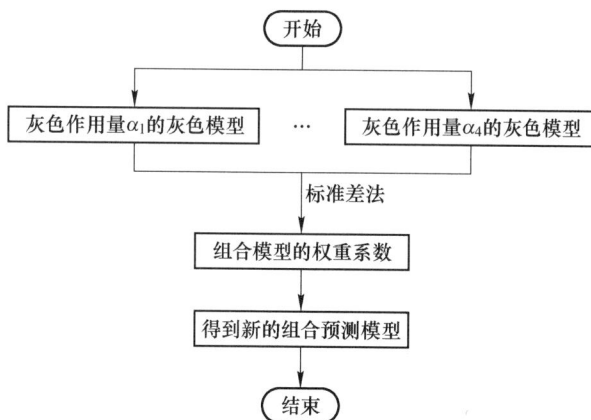

图 2-1 组合预测模型的构造流程

在上述建立的算法 2 基础上，本章选取不同参数 α 下的灰色作用量的幂指数型灰色预测模型进行结合，组合原理如下。

设不同参数 α 下的灰色瓦斯浓度预测模型的预测值分别为 $\hat{x}_{ik}(i = 1, 2, \cdots, n)$，$\hat{x}_k$ 为 k 时刻的瓦斯浓度组合预测值，w_i 为第 i 种预测方法的加权系数，则其最优加权系数和集成预测值为：

$$\hat{x}_k = \sum_{i=1}^{n} w_i \hat{x}_{ik} \tag{2-15}$$

且需要满足预测误差平方和达到最小准则：

$$\min E = \sum_{k=1}^{m} (x_k - \hat{x}_k)^2 \quad \text{s.t.} \sum_{i=1}^{n} w_i = 1, \ w_i \geqslant 0 \quad (i = 1, 2, \cdots, n)$$

式中，x_k 为 k 时刻的瓦斯浓度实际值。

2.5.2.4　模型评价指标

为了比较不同算法之间的优劣性，本章采用的评价指标为均方根差（RMSE）和平均绝对误差（MAE），对构造的不同算法的预测精度进行科学评价，均方根差和平均绝对误差计算公式如下所示：

$$\text{RMSE} = \sqrt{\frac{1}{n} \sum_{k=1}^{n} (x_k - \hat{x}_k)^2} \tag{2-16}$$

$$\text{MAE} = \frac{1}{n} \sum_{k=1}^{n} |x_k - \hat{x}_k| \tag{2-17}$$

式中，n 为样本数量；x_k 为时间点 k 的真实值；$\hat{x}_k$ 为时间点 k 的预测值。

2.5.3　煤矿瓦斯浓度预测仿真实验

为了对上述提出的改进算法与传统算法进行精度评价研究，下面将介绍该矿井背景，并以该矿瓦斯监控数据为实验数据，采用上述改进算法进行预测，并对实验结果进行讨论分析。

2.5.3.1　实验数据

实验数据来源于某煤矿瓦斯灾害风险防控技术及示范工程项目的瓦斯灾害风险预控平台 2021 年 1 月 1 日~2 月 1 日和 2 月 1 日~2 月 4 日的长期和短期瓦斯监控数据。

瓦斯浓度监控传感器数据为 24h 不间断采集（极少部分数据缺失），瓦斯浓度序列数据时间间隔为 1h。选取其中 2 个矿井工作面（南 11902 上顺工作面、北 12005 上顺工作面）采集的样本数据作为实验数据，每组样本数据集序列长度如表 2-5 所示，选取数据集的前 75% 为训练集，后 25% 为测试集。

表 2-5　煤矿井下瓦斯浓度传感器采集实验数据集描述

工作面名称	数据序列时间间隔	短期瓦斯浓度序列长度	长期瓦斯浓度序列长度
南 11902 上顺工作面	1h	3 天	1 个月
北 12005 上顺工作面	1h	3 天	1 个月

2.5.3.2　实验结果

采用上述算法 1 瓦斯浓度序列传统灰色预测算法，算法 2 幂指数型灰色预测算法和算法 3 基于集成学习的指数型灰色预测算法下得到的三种模型，对矿区南 11902 上顺工作面、北 12005 上顺工作面数据集瓦斯浓度数据进行预测并对预测误差进行分析。

A 不同模型下南 11902 上顺工作面的预测值和误差分析

根据上述算法得到的三种模型，对矿区南 11902 上顺工作面瓦斯浓度数据进行预测，得到工作面不同模型的训练集与测试集绝对误差（图 2-2）以及南 11907 上顺回风不同模型下预测值误差分析（表 2-6）。

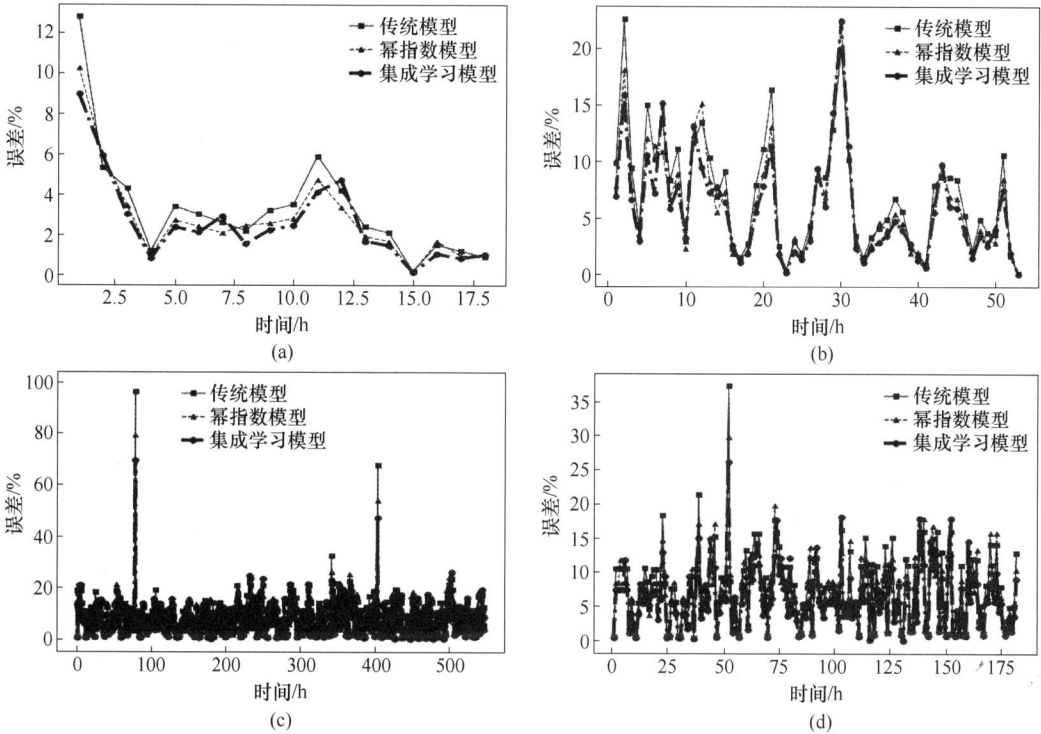

图 2-2 南 11902 上顺工作面不同模型绝对误差

（a）短期训练集绝对误差；（b）短期测试集绝对误差；（c）长期训练集绝对误差；（d）长期测试集绝对误差

表 2-6 南 11902 上顺工作面不同模型下预测值误差分析 （%）

样 本 集		模 型	平均绝对误差	RMSE
南 11902 上顺 工作面训练集	3 天	传统型	7.02	8.61
		幂指数型	6.26	7.88
		集成学习	5.75	7.35
	30 天	传统型	8.94	11.44
		幂指数型	7.85	10.00
		集成学习	7.18	9.19
南 11902 上顺 工作面测试集	3 天	传统型	3.33	4.31
		幂指数型	2.84	3.62
		集成学习	2.63	3.37
	30 天	传统型	7.65	9.24
		幂指数型	6.76	8.25
		集成学习	6.22	7.67

根据表 2-6 可知，在南 11902 上顺工作面，相较于瓦斯浓度传统灰色模型，幂指数型模型和集成学习模型平均绝对误差和均方根差都有所降低。在训练集短期预测中，集成学习模型的误差最小，较传统型平均绝对误差和均方根差分别下降了 1.27%，1.26%；长期预测中，集成学习模型较传统型平均绝对误差和均方根差分别下降了 1.76%，2.25%。

在测试集短期（3 天）预测中，集成学习模型的误差最小，较传统型平均绝对误差和均方根差分别下降了 0.7%、0.94%；长期（30 天）预测中，平均绝对误差和均方根差分别下降了 1.43%，1.57%。

B　不同模型下北 12005 上顺工作面的预测值和误差分析

根据上述算法得到的三种模型，对矿区北 12005 上顺工作面瓦斯浓度数据进行预测，得到北 12005 上顺工作面不同模型的训练集绝对误差与测试集绝对误差（图 2-3）以及北 12005 上顺回风不同模型下预测误差分析（表 2-7）。

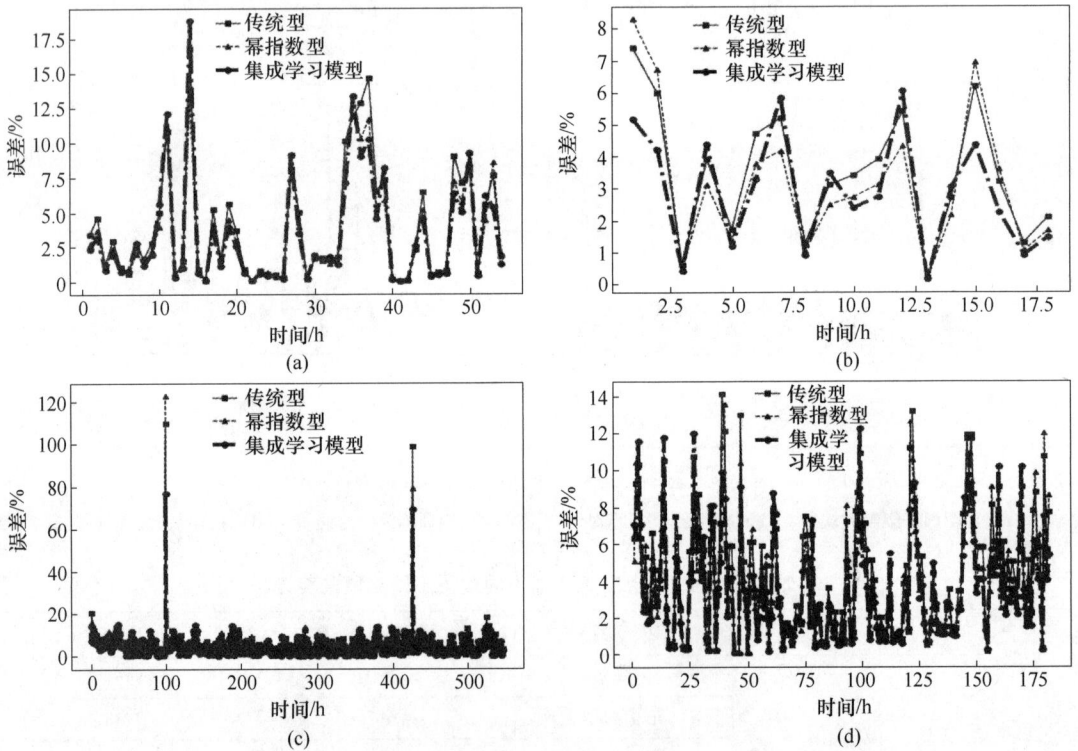

图 2-3　北 12005 上顺工作面不同模型的绝对误差
（a）短期训练集绝对误差；（b）短期测试集绝对误差；（c）长期训练集绝对误差；（d）长期测试集绝对误差

表 2-7　北 12005 上顺工作面不同模型下预测误差分析　　　　　　（%）

样 本 集		模 型	平均绝对误差	RMSE
北 12005 上顺工作面训练集	3 天	传统型	3.88	5.64
		幂指数型	3.43	5.06
		集成学习	3.37	5.19

续表 2-7

样 本 集		模 型	平均绝对误差	RMSE
北 12005 上顺 工作面训练集	30 天	传统型	5.12	8.58
		幂指数型	4.56	8.13
		集成学习	4.17	6.59
北 12005 上顺 工作面测试集	3 天	传统型	3.46	4.00
		幂指数型	3.17	3.87
		集成学习	2.90	3.40
	30 天	传统型	4.24	5.34
		幂指数型	3.75	4.81
		集成学习	3.46	4.47

C 北 12005 上顺工作面不同模型下预测误差分析

根据表 2-7 可知，在北 12005 上顺工作面，相较于瓦斯浓度传统灰色模型，幂指数型模型和集成学习模型平均绝对误差和均方根差都有所降低。在训练集短期预测中，集成学习模型的误差最小，较传统型平均绝对误差和均方根差分别下降了 0.51%，0.45%；长期预测中，集成学习模型较传统型平均绝对误差和均方根差分别下降了 0.95%，1.99%。

在测试集短期（3 天）预测中，集成学习模型的误差最小，较传统型平均绝对误差和均方根差分别下降了 0.56%，0.6%；长期（30 天）预测中，平均绝对误差和均方根差分别下降了 0.78%，0.87%。

根据上述实验结果可知，本章提出的改进模型相较于传统模型预测值误差更小，预测精度更高。

2.5.3.3 总结

（1）该节依据微分方程理论和最小二乘法，设计了幂指数型的改进灰色瓦斯浓度预测模型并给出了推导过程，提出了基于集成学习的不同灰色作用量下的幂指数型灰色瓦斯浓度预测模型。另外，以该矿 2021 年 1 月 1 日至 2 月 1 日和 2 月 1 日至 2 月 4 日的长期和短期瓦斯监控数据为实例，将改进预测算法与传统预测算法结果进行比较分析。

（2）在预测精度方面，实验仿真表明，该改进算法降低了瓦斯浓度预测值和实际值的绝对误差和均方根误差，瓦斯浓度序列均方根差最大降低了 2.25%，具有较好的预测效果。在算法设计方面，考虑了瓦斯浓度序列的混沌特性，对混沌特性的数据具有普适性。

（3）当然，该文提出的基于集成学习的改进灰色瓦斯浓度预测算法还有部分缺陷，在精度方面还可以提高，后续将继续研究瓦斯浓度预测，以期望达到更高精度，达到有效进行瓦斯预警的效果。

2.6 隧道安全风险监测预控的预测算法

2.6.1 智慧隧道项目概述

近年来，国外相继开始研究先进的隧道信息管理及控制系统，欧洲、美国、日本等西方发达国家先后开发了相应的隧道施工工艺及施工机械智能控制系统。随着计算机科学与技术、云计算与大数据技术、人工智能技术、图像处理技术、控制技术、5G 通信技术、千兆以太网技术、总线技术突破了原有的技术瓶颈，使隧道的监视与控制系统高速信息共享成为可能。由于地铁、公路、铁路隧道改善了路线技术指标、缩短了路程和行车时间，提高了运营效益，因此国家在不断加大隧道的建设力度；然而隧道建设的造价高、运营管理相对复杂，所以各地对隧道的建设都十分重视，不敢掉以轻心。随着"中国制造 2025"重大战略的实施，我国各加工制造业逐步向创新驱动、绿色发展和智能制造方向转变。国家"一带一路"规划重点工程清单涉及铁路、公路、能源、信息和产业园等。钱七虎院士提出智慧隧道就是运用人工智能和大数据分析技术、利用云计算或超级计算机实现对海量数据的处理和分析，将三维可视化表达提升为统一时空基准的四维信息；静态数据+周期性更新提升为实时获取+动态更新；有限服务提升为全面深度服务；事后分析+辅助决策提升为实时分析+智能数据挖掘+知识发现+实时决策，实现对盾构装备的智能选型，完成对隧道系统中的人员、设备、掘进和支护的自动管理和控制，实现灾害预警预报、安全高效和绿色建设，最终实现无人隧道建设和运营。

2.6.2　隧道监控量测目的

监控量测是隧道信息化设计与施工的重要组成部分，是信息化设计的重要一环，其目的可概括为预报、控制、检验、改进四个方面：

（1）预报：通过量测发现异常现象，及时预测未来形态和发展趋势，防止灾害的发生；

（2）控制：根据量测进行控制运行，适时调整支护参数以控制结构内力、位移、沉降，使支护结构发挥最佳工程效益；

（3）检验：根据量测资料可反馈和验证设计的正确性，求得合理、完善和创新；

（4）改进：通过量测结果可评价采用的施工技术的适用性、优越性和改进的途径。

2.6.3　隧道安全风险监测预控需求分析

智慧矿隧安全风险监测预控平台系统设计将邀请招标方技术负责人参与需求调研，以便保证需求调研质量，同时形成用户需求说明书。需求评审时会同双方管理层、项目实施层共同进行，对于通过用户确认的需求，交由配置管理员形成需求基线。

用户需求在招标方确认后，由系统分析人员形成软件需求分析报告，同时对软件需求分析报告进行评审，对于评审通过的软件需求分析报告可以交由测试人员进行测试计划和测试用例的编写。

对于开发过程存在的需求变动，招标方填写变更申请单发给项目经理，在质量保证人员参加的情况下，对这个变更进行评审，由项目经理组织项目组成员一起讨论实施变更的可行性及实施后所带来的影响，对于影响小的变更直接记录，大的变更则需要形成正式的变更报告，无论哪种变更都需要对相应的文档实施同步变更（包括需求分析报告、系统设计、安装手册、操作手册等）。但是对于无法实现或是变更会带来巨大的影响而将导致进度的延期，这时，将变更报告提交给招标方并召开协调会议，讨论变更取舍问题或是项目进度变更问题。

决定变更之后，由项目负责人组织实施变更，测试人员检测变更结果，而质量保证人员监督变更实施过程，并协助配置管理员对变更后的成果进行配置管理。变更实施完后，运行前还需要协助用户一同测试并由招标方签字后同意方可上线。

因此有必要将先进的互联网+技术、人工智能技术、大数据与云计算技术、计算机技术、传感器及信息检测技术、通信控制技术、数字图像处理技术等有效的集成运用于整个隧道智慧台车管理系统，建立一种全方位发挥作用的、实时、准确、高效的隧道智能预控系统。

智能隧道监控测量的意义在于：

（1）为施工开展提供及时的反馈信息；

（2）检验施工是否达到控制地面沉降和隧道沉降的要求；

（3）对隧道周围环境进行及时、有效的保护提供依据；

（4）在施工全过程中，通过对既有地面和地下建（构）筑物各项指标的监测，将结构变形严格控制在标准限值内，保证既有建（构）筑物的安全；

（5）根据监测数据及时发现险情并进行预报，为立即制定施工方案和实施加固措施提供信息；

（6）了解施工现状和相应区域地面、建筑物变形情况，确定新的施工参数和注浆量等信息和指令，并传递给施工以便作出相应调整，改善隧道推进质量；

（7）研究土层性质、地下水条件、施工方法与地表沉降的关系；

（8）将监测结果用于反馈优化设计，为改进设计提供依据；

（9）通过对监测数据与理论值的比较、分析，检验设计理论的正确性；

（10）积累量测数据，为今后类似工程设计与施工提供工程参考数据。

监控量测是工程建设中的一项重要工序，工程监控量测目的就是为了解工程本身以及场区周围建构筑物的准确信息，了解其变化的态势，以及利用监控数据信息的反馈分析，更好地预测工程系统的变化趋势，及时指导施工，必要时修改设计，为确保工期和施工安全提供信息数据。总之，为了确保本项工程沿线施工的安全，须对沿线施工过程进行监控量测工作，并将监控量测的各种信息及时反馈给建设、设计、监理、施工等相关单位，为判断施工工艺的可行性和设计参数的合理性，也为调整各种设计参数和施工措施提供依据。

2.6.4 隧道瓦斯浓度预测仿真实验

为了对上述提出的改进算法与传统算法进行精度评价研究，下面介绍都四轨道交通项目映秀一号隧道情况，并以此为实验案例，采用上述改进算法进行预测，并对实验结果进行讨论分析。

2.6.4.1 实验数据

瓦斯地质概况：

都四轨道交通项目映秀一号隧道全长 6967m，其中进口起始段 DK20+660～DK22+200（1540m）穿越三叠系上统须家河组二段（T_{3x2}）砂岩、页岩夹煤层或煤线地层，该地层含有丰富的烃源岩。同时该段隧道存在有机成因有害气体生成发育的物质基础，即该段隧道穿越东狱庙断层、北川-映秀断裂（龙圆树子—燕子窝段）断层，断层可作为瓦斯气体的运移通道。映秀一号隧道 DK20+660～DK22+200 段与既有龙溪隧道、施家山隧道、紫坪铺隧道位于同区域同套地层内，洞身地层结构相近。该段隧道地质勘察钻孔虽未揭示煤层，参照施家山隧道地质钻孔揭示煤层状况，该段隧道施工期间可能会出现煤层。

根据以往资料：

（1）2005 年 5 月 19 日，龙溪隧道左线 LK21+711 掘进掌子面瓦斯绝对涌出量为 0.80~3.27m³/min，属高瓦斯工区。

（2）施家山隧道现场钻孔瓦斯测试和室内试验结果，均有瓦斯显示，瓦斯浓度最大为 7.18%，孔内煤层瓦斯压力测定结果为 0.12~0.58MPa。

（3）施家山隧道的室内孔渗试验结果，隧址区砂岩为低孔~低渗型储层，因此，瓦斯气体主要通过节理、断层等通道运移。

（4）基于施家山隧道钻孔的瓦斯检测浓度，估算隧道开挖掌子面瓦斯涌出速度估算值为 2.26m³/min；基于煤层估算的隧道开挖掌子面瓦斯涌出速度估算值为 1.78m³/min。造成数据差异的原因在于地层中的炭质页岩、泥岩也有生烃能力，所以以检测瓦斯浓度为依据的计算结果大于以单纯煤为依据的计算结果，取前者（2.26m³/min）用于设计计算。

实验数据来源于都四轨道交通映秀一号隧道矿瓦斯灾害风险防控技术及示范工程项目供内部管理人员使用的预控平台采掘工作面 1 的 2021 年 6 月 1 日 6:22 至 11:30 共 5 个多小时和平导回风 6 月 2 日 6:00 至 13:43 共 7 个多小时的瓦斯监控数据。

瓦斯浓度监控传感器数据为一分钟采集一次，样本数据集序列长度如表 2-8 所示，选取数据集的前 80% 为训练集，后 20% 为测试集。

表 2-8   隧道瓦斯浓度传感器采集实验数据集描述

工作面名称	数据序列时间间隔/min	瓦斯浓度序列长度
采掘工作面 1	1	308
平导回风	1	463

2.6.4.2　实验结果

下面将采掘工作面 1 和平导回风瓦斯浓度序列数据进行预测，计算两个数据采集点训练集和测试集的预测值与实际瓦斯浓度值的绝对误差，得到图 2-4 和图 2-5，统计计算得到瓦斯浓度序列误差表（表 2-9）。

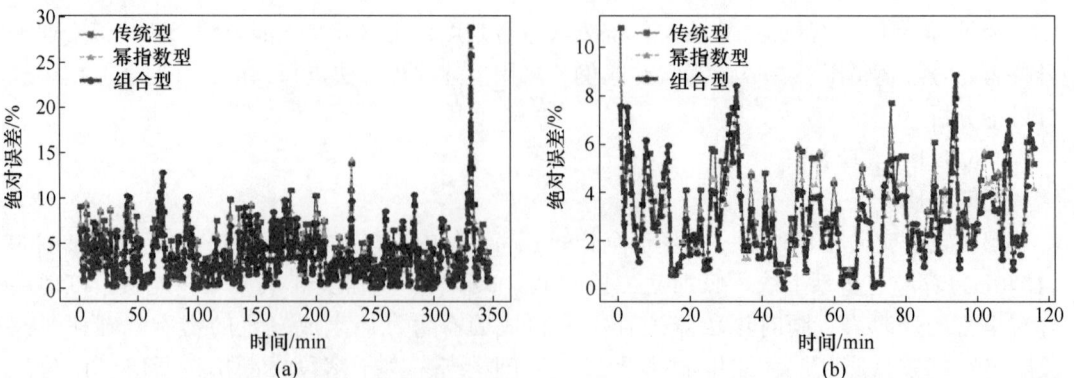

图 2-4　采掘工作面 1 训练集和测试集不同算法的绝对误差对比分析

（a）采掘工作面 1 训练集不同算法绝对误差；（b）采掘工作面 1 测试集不同算法绝对误差

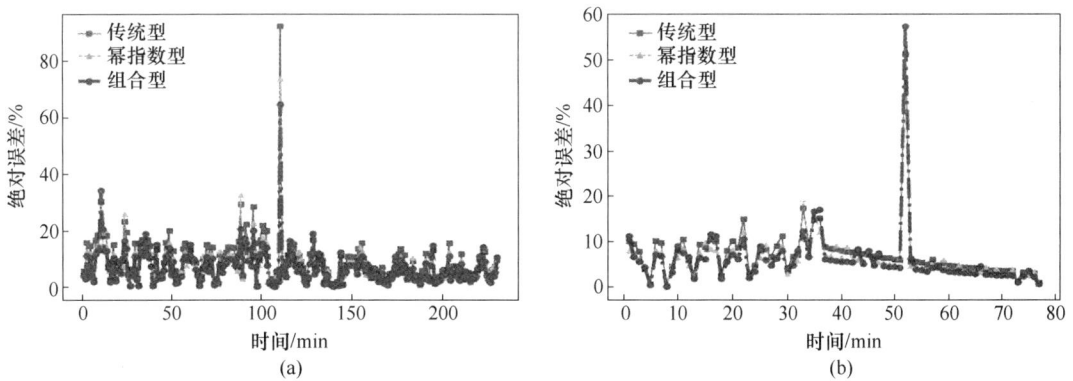

图 2-5 平导回风巷训练集和测试集不同算法的绝对误差对比分析
(a) 平导回风训练集不同算法绝对误差;(b) 平导回风测试集不同算法绝对误差

表 2-9 瓦斯浓度序列误差表

样 本 集		算 法	RMSE	MAE
采掘工作面1	train	赋权组合型	16.902	4.133
		幂指数型	17.231	4.311
		传统型	18.261	4.616
	test	赋权组合型	10.975	3.877
		幂指数型	12.189	4.190
		传统型	13.453	4.283
平导回风	train	赋权组合型	18.632	6.533
		幂指数型	19.563	6.961
		传统型	19.892	7.268
	test	赋权组合型	16.525	5.685
		幂指数型	18.694	6.156
		传统型	19.354	6.892

根据表 2-9 可知,在参数选择相同的情况下,在平导回风数据集的训练集中,赋权组合型相对于传统型的 RMSE 降低最多,降低了 1.098%,MAE 降低了 0.483%,表现出更高的预测精度。在平导回风数据集的测试集中,赋权组合型相对于传统型的 RMSE 降低了 2.478%,MAE 降低了 0.406%,表现出更高的预测精度。在模型其他条件都一致的情况下,赋权组合型相对于另外两种算法,总是表现出更好的预测效果。

在采掘工作面 1 数据集的训练集中,赋权组合型相对于传统型的 RMSE 降低最多,降低了 1.260%,MAE 降低了 0.735%,表现出更高的预测精度。在平导回风数据集的测试集中,赋权组合型相对于传统型的 RMSE 降低了 2.829%,MAE 降低了 1.207%,表现出更高的预测精度。在模型其他条件都一致的情况下,赋权组合型相对于另外两种算法,总是表现出更好的预测效果。

2.6.4.3　结论

（1）为了解决传统煤矿及隧道瓦斯浓度灰色预测模型难以做出动态预测的问题，提出了一种赋权组合改进灰色预测模型并提高预测精度。在传统灰色预测模型的灰色作用量为常量的基础上，推导出灰色作用量为幂指数型的改进灰色瓦斯浓度预测模型，提出了加权不同灰色作用量的幂指数型灰色瓦斯浓度预测模型。

（2）以都四轨道交通映秀一号隧道瓦斯监控数据为实例，利用该算法预测瓦斯浓度，在参数选择相同的情况下，在测试集中，赋权组合型相对于传统型的 RMSE 降低最多，最多降低了 2.829%，MAE 最多降低了 1.207%，表现出更高的预测精度。该算法可提高瓦斯浓度预测精度，具有较好的预测效果，对矿山瓦斯预警具有一定借鉴意义。

（3）当然，该节提出的基于赋权组合的幂指数灰色瓦斯浓度预测算法还有部分缺陷，在精度方面还可以提高，后续将继续研究瓦斯浓度预测，以期望达到更高精度，达到有效进行瓦斯预警效果。另外，该算法在智慧煤矿瓦斯预警方面，具有一定借鉴意义。

2.7　神经网络组合模型瓦斯浓度预测方法

2.7.1　算法设计流程与评价指标

我国地质环境复杂，煤矿井下作业危险重重，瓦斯灾害繁现，对瓦斯浓度进行有效预测具有重要意义。考虑到瓦斯浓度序列预测问题为非线性问题，采用传统的算法较难做出高精度预测，故该节提出一种基于门控循环单元神经网络的瓦斯浓度序列预测算法，期望可以较高的精度进行预测，以辅助瓦斯浓度监控系统进行预警。

2.7.1.1　RNN

针对给定的瓦斯浓度序列 $x = (x_1, x_2, \cdots, x_n)$，运用标准的循环神经网络（Recurrent Neural Network，RNN）算法（见图 2-6）。

可以计算出隐藏层序列 $h = (h_1, h_2, \cdots, h_n)$ 和输出层序列 $y = (y_1, y_2, \cdots, y_n)$。其内部计算公式如下：

$$\boldsymbol{h}_t = f_a(\boldsymbol{W}_{xh}x_t + \boldsymbol{W}_{hh}\boldsymbol{h}_{t-1} + \boldsymbol{b}_h) \tag{2-18}$$

$$\boldsymbol{y}_t = \boldsymbol{W}_{hy}\boldsymbol{h}_t + \boldsymbol{b}_y \tag{2-19}$$

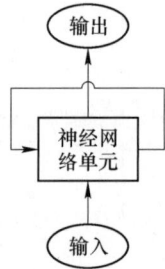

图 2-6　RNN 内部结构图

式中，$\boldsymbol{W}$ 为权重系数矩阵（如 $\boldsymbol{W}_{hy}$ 为隐藏层到输出层的权重系数矩阵）；$\boldsymbol{b}_y$、$\boldsymbol{b}_h$ 为偏置向量；f_a 为激活函数；下标 t 为时刻。

2.7.1.2　GRU

门控循环单元（Gated Recurrent Unit，GRU）不同传统神经网络，是 LSTM（长短期记忆）的变体（LSTM 是基于 RNN 的改进）。GRU 和 LSTM 的不同之处在于，GRU 将 LSTM 中的输入门和遗忘门合并成一个更新门。故而，GRU 有两个门：更新门和重置门。更新门控制上一个时刻的信息保存到下一时刻的程度；重置门控制当前状态信息与上一时刻信息是否结合。GRU 的结构见图 2-7。该算法结构可以有效避免梯度爆炸和梯度消失问题，可以对时间序列数据进行预测、分类，是先进有效的深度学习算法之一。

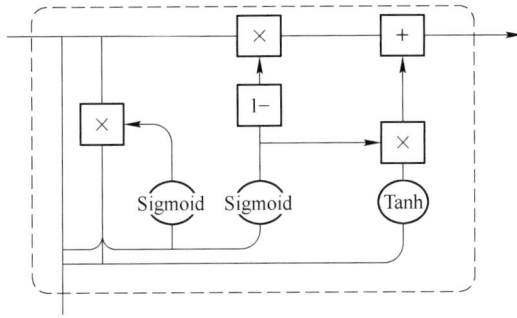

图 2-7 GRU 内部结构图

其内部计算公式如下：

$$z_t = \sigma (\boldsymbol{W}_{zx} x_t + \boldsymbol{U}_{zh} h_{t-1} + \boldsymbol{b}_z) \tag{2-20}$$

$$r_t = \sigma (\boldsymbol{W}_{rx} x_t + \boldsymbol{U}_{rh} h_{t-1} + \boldsymbol{b}_r) \tag{2-21}$$

$$\widetilde{h}_t = \tanh(\boldsymbol{W}_{hx} x_t + r_t \circ \boldsymbol{U}_{hh} h_{t-1} + \boldsymbol{b}_h) \tag{2-22}$$

$$h_t = (1 - z_t) \circ \widetilde{h}_t + z_t \circ h_{t-1} \tag{2-23}$$

式中，x_t 为输入；h_t 为隐藏层的输出；z_t 和 r_t 为更新门和重置门；$\widetilde{h}_t$ 为输入 x_t 和上一个时刻输出 h_{t-1} 的汇总；σ 为 Sigmoid 函数；$\boldsymbol{W}_{hx}$、$\boldsymbol{W}_{zx}$、$\boldsymbol{W}_{rx}$、$\boldsymbol{U}_{hh}$、$\boldsymbol{U}_{zh}$、$\boldsymbol{U}_{rh}$ 为权重系数矩阵；$\boldsymbol{b}_h$、$\boldsymbol{b}_z$、$\boldsymbol{b}_r$ 为偏置向量；$z_t \circ h_{t-1}$ 为 z_t 和 h_{t-1} 的符合关系。

2.7.1.3 注意力机制

注意力机制是将注意力放在需要重点关注的领域，忽略无关信息，或者降低无须重点关注信息的注意力，以获取更多的有用信息。注意力机制的结构如图 2-8 所示，$x_t(t = [1, n])$ 表示网络层中输入数据，$h_t(t = [1, n])$ 表示网络层中每一个隐藏层输出，$a_t(t = [1, n])$ 表示网络中隐藏状态的每一个注意力概率分布值。

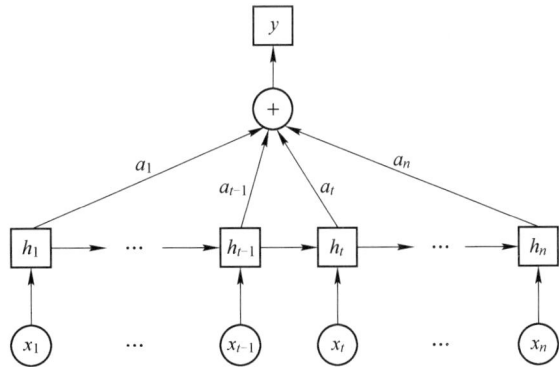

图 2-8 注意力机制原理

2.7.1.4 算法结构设计

该文采用瓦斯浓度序列为模型的输入，对下一时刻瓦斯浓度序列进行预测，提出的基于 A-GRU 神经网络瓦斯浓度预测模型见图 2-9，包含 5 个板块：输入层，隐藏层，输出层，网络训练，网络预测。

（1）输入层：瓦斯浓度序列数据输入之前，先定义瓦斯浓度序列数据 $x = (x_1, x_2, \cdots, x_n)$，再将数据集划分为训练集 $x_{\text{train}} = (x_1, x_2, \cdots, x_m)$，$m \in (0, n)$ 和测试集 $x_{\text{test}} = (x_{m+1}, x_{m+2}, \cdots, x_n)$，最后将划分好训练集和测试集数据进行归一化，得到 $x'_{\text{train}} = (x'_1, x'_2, \cdots, x'_m)$，$m \in (0, n)$ 和 $x'_{\text{test}} = (x'_{m+1}, x'_{m+2}, \cdots, x'_n)$。

（2）隐藏层：隐藏层采用 A-GRU 构造的神经网络，将输入数据输入到隐藏层，经过前向传播计算公式得到输出，计算损失，再将模型进行优化，经过 A-GRU 隐藏层的损失

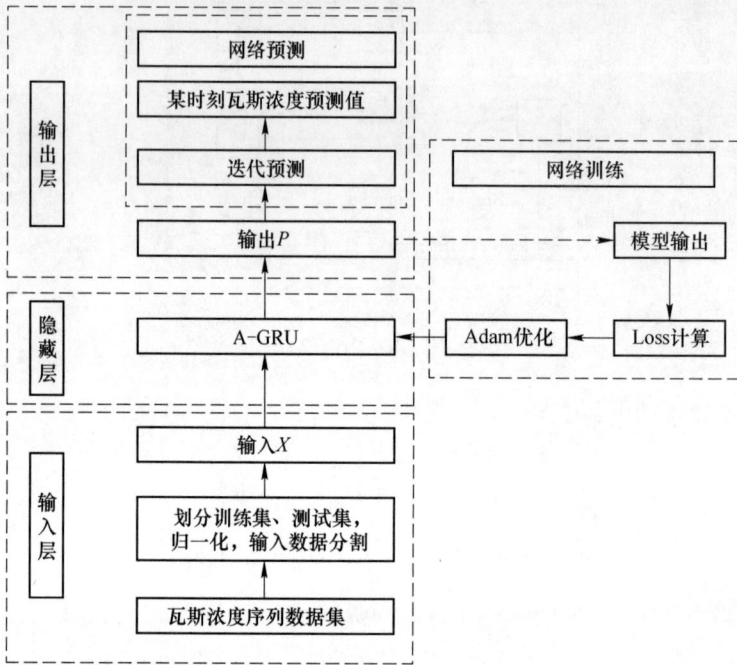

图 2-9　网络模型结构设计

计算和优化，得到最终隐藏层的输出。

（3）输出层：输出层是将预测值于真实值的损失进行优化降低后的输出 $y = (y_1, y_2, \cdots, y_n)$，将 m 时刻的结果提供给预测模块，进行 $m+1$ 时刻的预测，最终得到瓦斯浓度序列预测结果。

（4）网络训练：网络训练的部分是隐藏层部分，利用 RMSE 进行损失计算，其次用 Adam 优化算法进行优化，经过多次训练迭代，得到预测值。

（5）网络预测：网络预测是采用训练好的 A-GRU 神经网络模型进行预测，得到多个时刻的瓦斯浓度序列预测值。

2.7.1.5　模型评价指标

为了比较不同算法之间的优劣性，本节采用的评价指标为均方根差（Root Mean Sequare Error，RMSE）和平均绝对误差（Mean Absolute Error，MAE），对构造的不同算法的预测精度进行科学评价，均方根差和平均绝对误差计算公式如下所示：

$$RMSE = \sqrt{\frac{1}{n}\sum_{k=1}^{n}(x_k - \hat{x}_k)^2} \tag{2-24}$$

$$MAE = \frac{1}{n}\sum_{k=1}^{n}|x_k - \hat{x}_k| \tag{2-25}$$

式中，n 为样本数量；x_k 为时间点 k 的真实值；$\hat{x}_k$ 为时间点 k 的预测值。

2.7.2　瓦斯浓度预测仿真实验

针对上节提出的 A-GRU 神经网络瓦斯浓度预测算法，以实际案例为算例，并和另外三种预测算法（多层神经网络、卷积神经网络和循环神经网络算法）进行比较分析。接着将介绍吉林某煤矿项目应用背景，并以吉林某煤矿瓦斯浓度监控数据为实验数据，采用该四种算法进行实验验证，得出各个算法的优劣性，并对实验结果讨论分析。

2.7.2.1 实验数据

该实验数据来源于吉林某煤矿瓦斯灾害风险防控技术及示范工程项目供管控人员使用的吉林某煤矿瓦斯灾害风险预控平台（见图 2-10）2020 年 10 月 1 日~2021 年 10 月 1 日和 2021 年 1 月 1 日~4 月 1 日两个阶段的瓦斯监控数据。

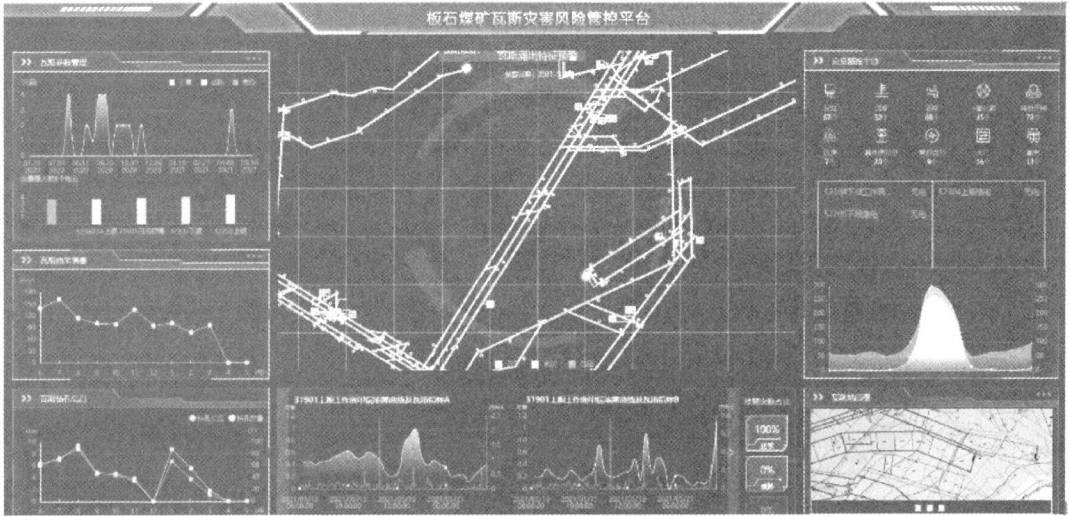

图 2-10 吉林某煤矿瓦斯灾害风险预控平台
（扫描书前二维码看彩图）

瓦斯浓度监控传感器数据为全天候不间断采集（极少部分数据缺失），瓦斯浓度序列数据时间间隔为 1h。为了避免实验的片面性，选取 31901 上顺工作面和 31901 下顺工作面采集的样本数据作为实验数据，每组样本数据集序列长度如表 2-10 所示，选取数据集的前 80% 为训练集，后 20% 为测试集。

表 2-10 煤矿井下瓦斯浓度传感器采集实验数据集描述

工作面名称	数据序列时间间隔	短期瓦斯浓度序列长度	长期瓦斯浓度序列长度
南 11902 上顺工作面	1h	3 个月	6 个月
72305 上顺回风	1h	3 个月	6 个月

2.7.2.2 实验结果

由于瓦斯浓度序列具有序列性，而上述所提瓦斯浓度序列的 A-GRU 神经网络预测算法的参数设置对于预测结果较为敏感，设置合理的参数尤为重要。

A 算法参数的设置

根据经验确定模型的参数，设置历史数据特征数（即步长）为 6，训练网络模型的损失函数选择均方误差，优化器选择 Adam，迭代次数 30 次，批大小为 8。

B　不同算法的预测

　　下面将从空间的角度考察所提 A-GRU 算法的优势，采用 31901 上顺和 31901 下顺三个月的实验数据——31901 上顺工作面和 31901 下顺工作面瓦斯浓度序列数据，进行预测并得到预测值（图 2-11 和图 2-12）和三个月瓦斯浓度序列误差表（表 2-11）。

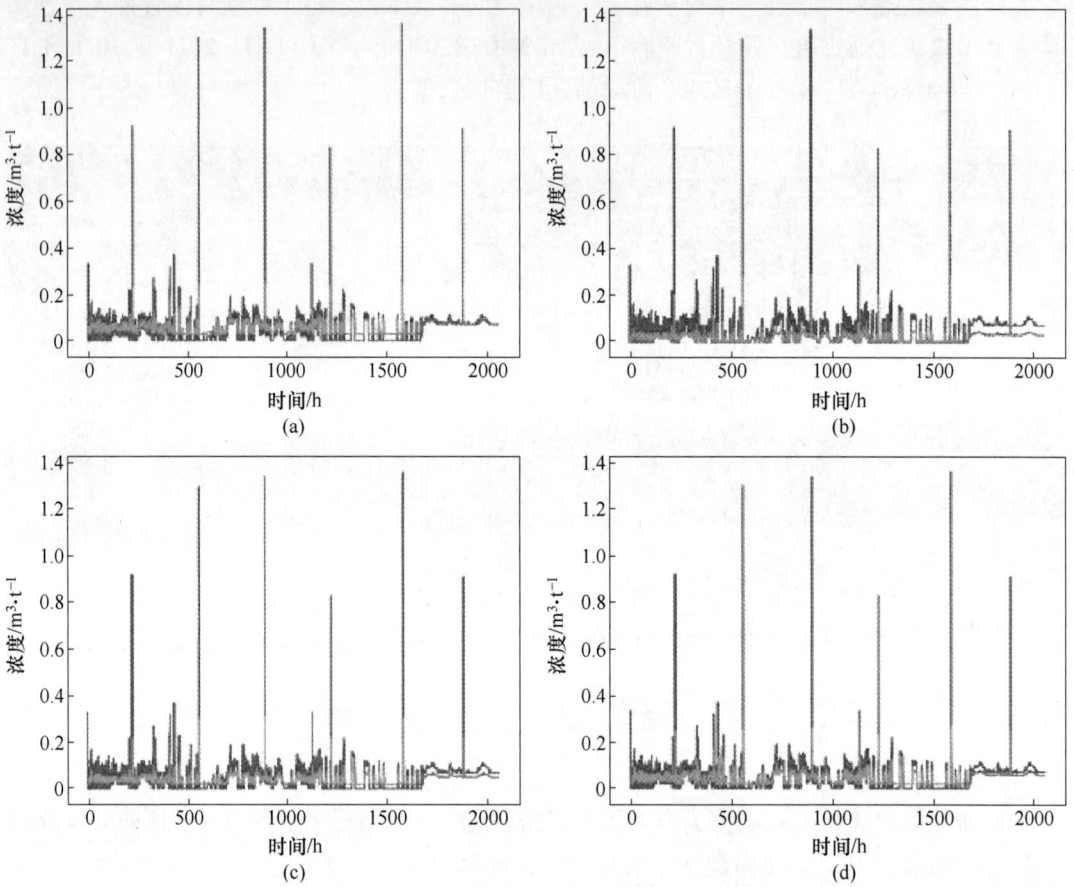

——实际值；——训练集预测值；——测试集预测值

图 2-11　31901 上顺工作面（三个月）不同算法瓦斯预测值

（a）A-GRU；（b）MLP；（c）CNN；（d）RNN

（扫描书前二维码看彩图）

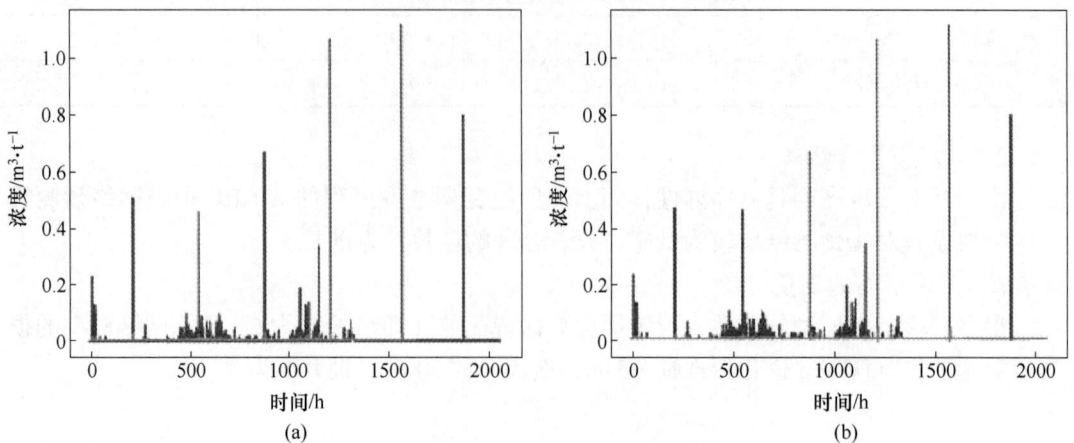

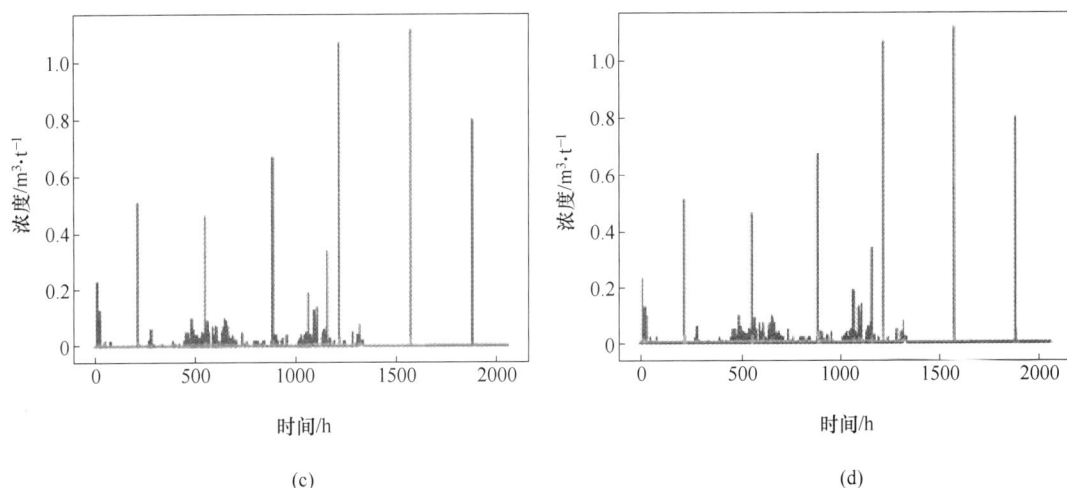

(c)   (d)

——实际值；——训练集预测值；——测试集预测值

图 2-12   31901 下顺工作面（三个月）不同算法瓦斯预测值

(a) A-GRU；(b) MLP；(c) CNN；(d) RNN

（扫描书前二维码看彩图）

表 2-11   三个月瓦斯浓度序列误差表

样 本 集		算 法	RMSE	MAE
31901 上顺 工作面	训练集	A-GRU	0.07498	0.03296
		MLP	0.07965	0.03440
		CNN	0.07633	0.03593
		RNN	0.07507	0.03352
	测试集	A-GRU	0.04466	0.01113
		MLP	0.06324	0.04598
		CNN	0.05163	0.02903
		RNN	0.04858	0.02286
31901 下顺 工作面	训练集	A-GRU	0.04823	0.01107
		MLP	0.04861	0.01070
		CNN	0.04843	0.01018
		RNN	0.04835	0.01154
	测试集	A-GRU	0.03950	0.00365
		MLP	0.03959	0.00393
		CNN	0.03962	0.00549
		RNN	0.03980	0.00733

根据表 2-11 可知，在参数选择相同的情况下，在 31901 上顺工作面数据集为三个月（短期）的训练集中，A-GRU 算法相对于 MLP 算法的 RMSE 降低最多，降低了 0.467%，相对于 CNN 算法的 MAE 下降最多，降低了 0.297%；采用三个月（短期）的测试集中，A-GRU 算法相对于 MLP 算法的 RMSE 降低最多，降低了 1.858%，MAE 降低了 3.483%，

表现出更高的预测精度。

　　为了充分验证算法的可行性，对 31901 上顺工作面和 31901 下顺工作面六个月的瓦斯浓度值进行预测，得到了预测值（图 2-13 和图 2-14）6 个月瓦斯浓度序列误差表（表 2-12）。在 31901 下顺工作面数据集为三个月（短期）的测试集中，A-GRU 算法相对于 RNN 算法的 MAE 降低最多，降低了 0.368%，表现出更高的预测精度。在模型其他条件都一致的情况下，A-GRU 相对于另外三种算法，总是表现出更好的预测效果。

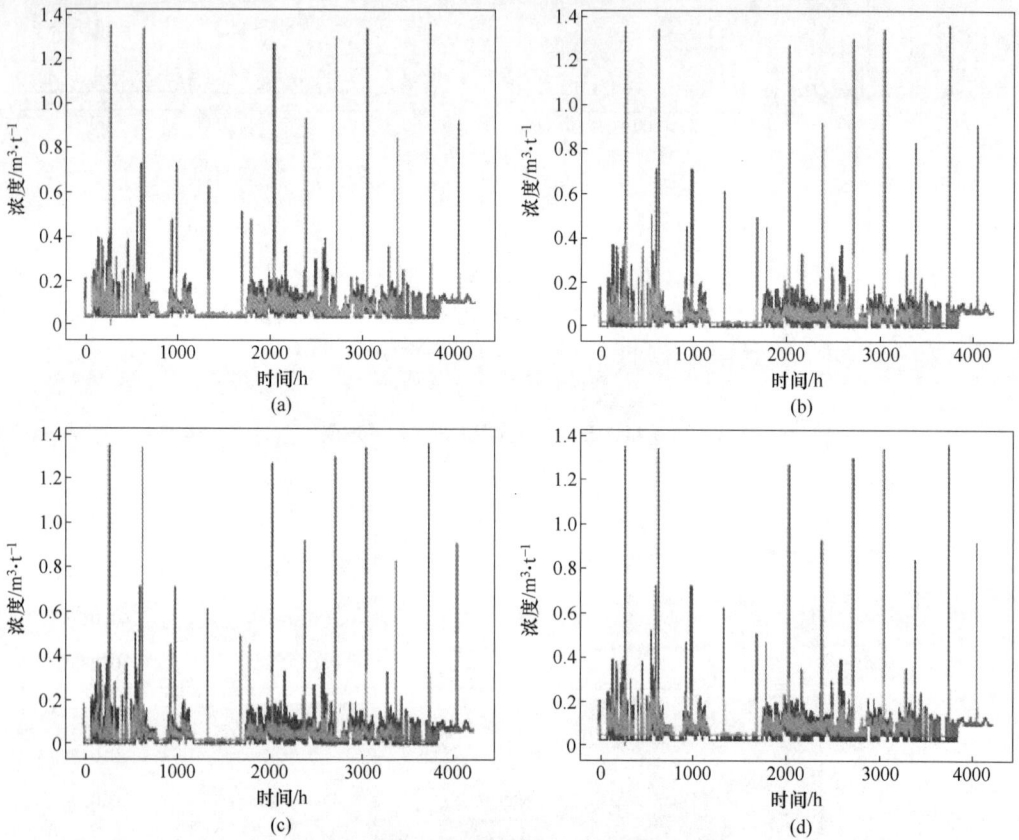

——实际浓度；——训练集预测；——测试集预测值

图 2-13　31901 上顺工作面（六个月）不同算法瓦斯预测值

（a）A-GRU；（b）MLP；（c）CNN；（d）RNN

（扫描书前二维码看彩图）

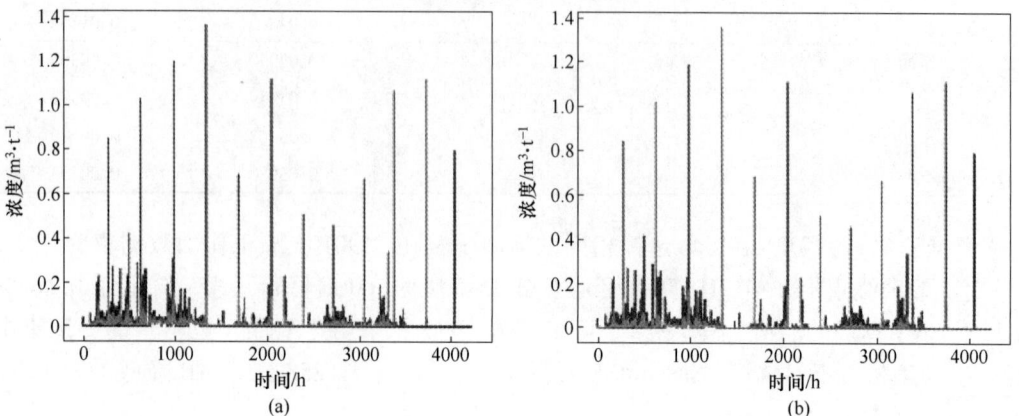

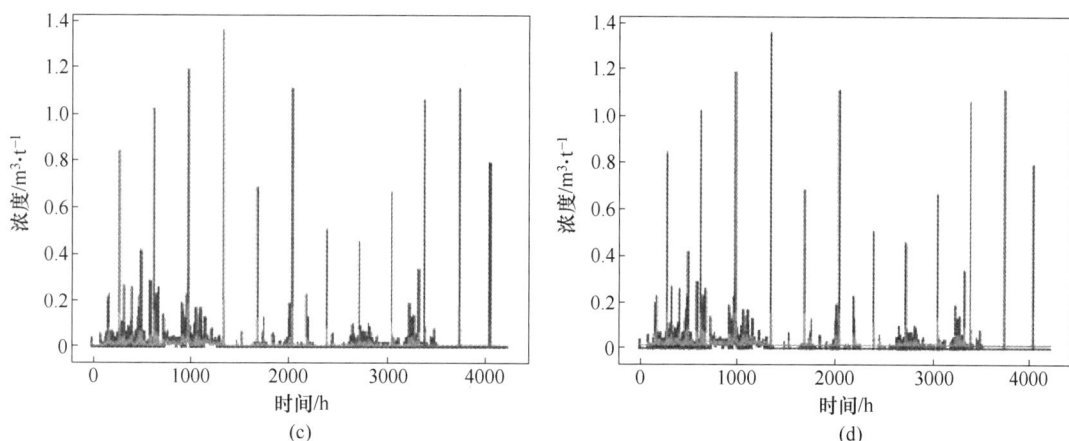

——实际浓度；——训练集预测值；——测试集预测值

图 2-14 31901 下顺工作面（六个月）不同算法瓦斯预测值

（a）A-GRU；（b）MLP；（c）CNN；（d）RNN

（扫描书前二维码看彩图）

表 2-12 六个月瓦斯浓度序列误差表

样 本 集		算 法	RMSE	MAE
31901 上顺 工作面	训练集	A-GRU	0.07230	0.03162
		MLP	0.07448	0.03535
		CNN	0.07447	0.03467
		RNN	0.07307	0.03650
	测试集	A-GRU	0.06639	0.01984
		MLP	0.06899	0.02703
		CNN	0.06916	0.02760
		RNN	0.06719	0.02313
31901 下顺 工作面	训练集	A-GRU	0.05499	0.01534
		MLP	0.05675	0.01552
		CNN	0.05574	0.01778
		RNN	0.05549	0.02045
	测试集	A-GRU	0.06056	0.00710
		MLP	0.06144	0.00749
		CNN	0.06124	0.01243
		RNN	0.06174	0.01734

根据表 2-12 可知，在参数选择相同的情况下，在 31901 上顺工作面数据集为六个月（长期）的测试集中，A-GRU 算法相对于 CNN 算法的 RMSE 降低最多，降低了 0.277%，相对于 CNN 算法的 MAE 下降最多，降低了 0.776%。

在 31901 下顺工作面数据集为六个月（长期）的训练集中，A-GRU 算法相对于 MLP

算法的 MAE 降低最多，降低了 0.176%，相对于 RNN 的 MAE 降低最多，降低了 0.511%，表现出更高的预测精度。

采用六个月（长期）的测试集中，A-GRU 算法相对于 RNN 算法的 MAE 降低了 1.024%，表现出更高的预测精度。在模型其他条件都一致的情况下，A-GRU 相对于另外三种算法，总是表现出更好的预测效果。

2.7.3　结论

（1）为了解决瓦斯浓度序列数据难以准确预测的问题，本书提出了一种基于 A-GRU 神经网络的瓦斯浓度序列预测方法。该方法先对数据进行数据集划分和归一化，接着引入更新门和重置门处理具有时序性的历史瓦斯浓度序列数据，设计网络结构学习瓦斯浓度序列内部动态变化规律，以瓦斯浓度误差损失最小化为目标，得到预测模型完成瓦斯浓度预测。

（2）以吉林某煤矿瓦斯浓度监控数据为实例，采用 A-GRU 神经网络方法进行瓦斯预测，经过时间和空间不同角度的实例数据验证表明：该方法预测得到的最小均方根误差为 3.95%，最小平均绝对误差为 0.71%，并与卷积神经网络、循环神经网络和多层感知机进行对比，MAE 最大降低了 3.483%，表现出较高的精度预测后续时刻瓦斯浓度值。在算法设计方面，考虑了瓦斯浓度序列的混沌特性，对混沌特性的数据具有普适性。

2.8　本章小结

我国煤矿，穿煤隧道瓦斯灾害导致人员伤亡事件时有发生，对煤矿，穿煤隧道瓦斯浓度进行预测预警，是煤矿，穿煤隧道安全生产的迫切需要。在煤矿，穿煤隧道瓦斯监测预警中，预测精度高、收敛效果好的煤矿瓦斯浓度预测算法具有一定的理论意义和实际价值。因此，本章提出了两种煤矿，穿煤隧道瓦斯浓度海量时间序列数据的预测算法，主要工作内容如下：

（1）对灰色预测模型进行静态灰色作用量优化，构造一种幂指数型的灰色作用量的改进灰色瓦斯浓度序列预测算法，并通过，穿煤隧道瓦斯监控系统中公开的瓦斯浓度数据验证该算法的可行性。

（2）引入门控循环单元，设计网络结构和算法框架，学习瓦斯浓度序列内部动态变化规律，以最小化损失函数为目标函数。结合算例，对煤矿、隧道瓦斯浓度数据进行小波降噪，分析并确定算法的初始参数；比较 Adam、SGD 和 RMSProp 三种优化器的预测精度，确定以 Adam 为算法的优化器；构造了基于小波降噪的 Adam-GRU 煤矿、隧道瓦斯浓度预测算法，并分析了该算法的收敛性、收敛速度和预测精度。

参 考 文 献

[1] 闪淳昌，周玲，方曼. 美国应急管理机制建设的发展过程及对我国的启示 [J]. 中国行政管理，2010 (8)：100-105.

[2] 薛澜，彭龙，陶鹏. 国家安全委员会制度的国家比较及其对我国的启示 [J]. 中国行政管理，2015 (1)：146-151.

［3］ 吴晓涛 . 美国突发事件应急准备理念的新特点及启示［J］. 事故灾害学，2014，29（2）：123-127.

［4］ 刘爱华，刘海燕. 中美日突发公共事件应急管理机制的比较研究［J］. 工业安全与环保，2020，36（9）：4-6.

［5］ 游志斌，薛澜 . 美国应急管理体系重构新趋向：全国准备与核心能力［J］. 国家行政学院学报，2015（3）：118-122.

［6］ 吴晓涛，申琛，吴丽萍 . 美国突发事件应急准备体系发展战略演变研究［J］. 河南理工大学学报（社会科学版），2015，16（3）：307-312.

［7］ 欧阳静，陈小东. 美国突发公共卫生事件应急管理体系的启示［J］. 预防医学情报杂志，2020，36（7）：859-862.

［8］ 高广伟 . 理念与装备-打造"以人为本"的应急救援装备［C］//安全生产应急管理理论创新论文集，2016：208-212.

［9］ 王冬冬 . 简述我国应急管理体系的发展史［DB/OL］. （2020-12-07）［2023-2-15］. http：//yjglj. wulanchabu. gov. cn/information/ajj11657/msg1749958288565. html.

［10］ 闪淳昌 . 建立突发公共事件应急机制的探讨［J］. 中国安全生产科学技术，2005，1（2）：24-26.

［11］ 闪淳昌，周玲 . 危机管理与应急管理研究（三篇）——从 SARS 到大雪灾：中国应急管理体系建设的发展脉络及经验反思［J］. 甘肃社会科学，2008（5）：40-44.

［12］ 李湖生，姜传胜，刘铁民 . 重大危机事件应急关键科学问题及其研究进展［J］. 中国安全生产科学技术，2008，4（5）：13-18.

［13］ 高小平 . 中国特色应急管理体系建设的成就和发展［J］. 中国行政管理，2008（11）：18-24.

［14］ 钟开斌 . "一案三制"：中国应急管理体系建设的基本框架［J］. 南京社会科学，2009（11）：77-83.

［15］ 李湖生，刘铁民 . 突发事件应急准备体系研究进展及关键科学问题［J］. 中国安全生产科学技术，2009，5（6）：5-10.

［16］ 刘景凯 . 以风险管理理论指导应急管理体系建设［J］. 中国安全生产科学技术，2010，6（4）：97-100.

［17］ 王旭坪，杨相英，樊双蛟，等 . 非常规突发事件情景构建与推演方法体系研究［J］. 电子科技大学学报：社会科学版，2013（1）：22-27.

［18］ 闪淳昌，薛澜 . 应急管理概论——理论与实践［M］. 北京：高等教育出版社，2012.

［19］ 刘铁民 . 新时代应急管理体系建设现状与展望［J］. 中国应急管理，2018（6）：35-38.

［20］ 王德学 . 新时代新挑战与应急管理体系建设［J］. 中国应急管理，2018，141（9）：38-40.

［21］ 付瑞平，温志强，刘楠. 从"板块整合"到"有机融合"——完善新时代中国特色应急管理体系建设的思考与建议［J］. 中国应急管理，2019（11）：19-22.

［22］ 吴波鸿，张振宇，倪慧荟 . 中国应急管理体系 70 年建设及展望［J］. 科技导报，2019，37（16）：12-20.

［23］ 张新，林晖，王劲峰，等 . 中国数字化公共卫生应急管理体系建设的科技策略建议［J］. 武汉大学学报（信息科学版），2020，45（5）：634-639.

［24］ 新华社 . 中华人民共和国国民经济和社会发展第十四个五年规划和 2035 年远景目标纲要［DB/OL］. （2021-03-13）［2023-2-15］. http：//www. gov. cn/xinwen/2021-03/13/content_ 5592681. htm.

［25］ 宋元涛，王大伟，杨春立，等 . 以信息化加速推进应急管理现代化［J］. 中国应急管理，2021（6）：14-25.

［26］ 张玉磊 . 中国公共危机治理模式的发展演变与变革取向——基于应急管理体系发展史的考察［J］. 江汉学术，2021，40（4）：34-43.

［27］ 钟开斌 . 螺旋式上升："国家应急管理体系"概念的演变与发展［J］. 中国行政管理，2021（5）：

122-129.

[28] 国务院. 国务院关于印发"十四五"国家应急体系规划的通知（国发［2021］36号）［DB/OL］. (2022-02-14)［2023-2-15］. http：//www. gov. cn/zhengce/content/2022-02/14/content_ 5673424. htm.

[29] 国务院安全生产委员会. 国务院安全生产委员会关于印发《"十四五"国家安全生产规划》的通知（安委［2022］7号）［DB/OL］. (2022-04-12)［2023-2-15］. https：//www. mem. gov. cn/gk/zfxxgkpt/fdzdgknr/202204/t20220412_ 411518. shtml.

[30] 闪淳昌. 应急管理：中国特色的运行模式与实践［M］. 北京：北京师范大学出版社，2011.

[31] 张海波. 当前应急管理体系改革的关键议题——兼中美两国应急管理经验的比较［J］. 甘肃行政学院学报，2009（1）：55-59.

[32] 郑万波，吴燕清，夏云霓，等. 矿山事故应急救援指挥决策一体化信息平台关键技术［M］. 北京：气象出版社，2020.

[33] 郑万波，吴燕清，胡运兵，等. 区域煤矿安全风险预警和应急预案信息系统关键技术［M］. 北京：气象出版社，2020.

[34] 人民日报. 《新型冠状病毒肺炎防控方案（第九版）》正式公布［DB/OL］. (2022-06-29)［2023-2-15］. http：//www. gov. cn/zhengce/content/2022-02/14/content_ 5673424. htm.

[35] 单册. 党的十八大以来我国突发公共卫生事件应急管理体系建设的重大成就和重要经验［J］. 管理世界，2022（10）：70-77.

[36] 中国法制出版社. 应急管理与突发事件应对-法律法规速查通［M］. 北京：中国法制出版社，2021.

[37] 吴盘龙. 智能传感器技术［M］. 北京：中国电力出版社，2015.

[38] 陈雯柏，李邓化，何斌，等. 智能传感器技术［M］. 北京：清华大学出版社，2022.

[39] 王劲松，刘志远. 智能传感器技术与应用［M］. 北京：电子工业出版社，2022.

[40] 邬贺铨. 物联网的应用与挑战综述［J］. 重庆邮电大学学报（自然科学版），2010（5）：526-531.

[41] 马峻岩，周兴社，张羽，等. 传感器网络调试研究综述［J］. 计算机学报，2012，35（3）：405-422.

[42] 秦浩，马卓，张艳玲. 无线通信基础与应用［M］. 西安：西安电子科技大学，2022.

[43] 王汉杰，孙慧洋，朱振荣，等. 专用移动通信工程技术［M］. 北京：清华大学出版社，2020.

[44] 钱志鸿，王雪. 面向5G通信网的D2D技术综述［J］. 通信学报，2016，37（7）：1-14.

[45] Imran A, Zoha A. Challenges in 5G：how to empower SON with big data for enabling 5G［J］. IEEE Network, 2014, 28（6）：27-33.

[46] 钱志鸿，王义君. 物联网技术与应用研究［J］. 电子学报，2012，40（5）：1023-1029.

[47] 张平，崔琪楣. 第五代移动通信技术导论［M］. 北京：中国科学技术出版社，2021.

[48] 张博. 第五代移动网络通信技术［M］. 北京：北京邮电大学出版社，2019.

[49] 张焕炯. 加密与认证技术的数学基础［M］. 北京：国防工业出版社，2013.

[50] 杨静，张长天. 数据加密解密技术［M］. 武汉：武汉大学出版社，2017.

[51] 杨波. 现代密码学［M］. 5版. 北京：清华大学出版社，2022.

[52] 李树全，周帆，吴跃，等. 组播数据源认证研究进展［J］. 计算机应用研究，2011，28（12）：4401-4404.

[53] 冯朝胜，秦志光，袁丁. 云数据安全存储技术［J］. 计算机学报，2015，38（1）：150-163.

[54] 肖亮，李强达，刘金亮. 云存储安全技术研究进展综述［J］. 数据采集与处理，2016，31（3）：464-472.

[55] 董秋香，关志，陈钟. 加密数据上的计算密码学技术研究综述［J］. 计算机应用研究，2016，33（9）：2561-2572.

[56] 熊金波，李凤华，王彦超，等. 基于密码学的云数据确定性删除研究进展［J］. 通信学报，2016，

37（8）：1-18.

[57] 王国峰，刘川意，韩培义，等．基于访问代理的数据加密及搜索技术研究［J］．通信学报，2018，39（7）：1-14.

[58] 孟倩，马建峰，陈克非，等．基于云计算平台的物联网加密数据比较方案［J］．通信学报，2018，39（4）：167-175.

[59] 闫宏强，王琳杰．物联网中认证技术研究［J］．通信学报，2020，41（7）：213-222.

[60] 韩培义，刘川意，王佳慧，等．面向云存储的数据加密系统与技术研究［J］．通信学报，2020，41（8）：55-65.

[61] 孙隆隆，李辉，于诗文，等．面向加密数据的安全图像分类模型研究综述［J］．密码学报，2020，7（4）：525-540.

[62] 刘明达，陈左宁，拾以娟，等．区块链在数据安全领域的研究进展［J］．计算机学报，2021，44（1）：1-27.

[63] 李晓伟，陈本辉，杨邓奇，等．边缘计算环境下安全协议综述［J］．计算机研究与发展，2022，59（4），765-780.

[64] 宋涛，李秀华，李辉，等．大数据时代下车联网安全加密认证技术研究综述［J］．计算机科学，2022，49（4）：340-353.

[65] 李印，陈勇，赵景欣，等．泛在计算安全综述［J］．计算机研究与发展，2022，59（5）：1054-1081.

[66] 方栋梁，刘圃卓，秦川，等．工业控制系统协议安全综述［J］．计算机研究与发展，2022，59（5）：1-16.

[67] 钱文君，沈晴霓，吴鹏飞，等．大数据计算环境下的隐私保护技术研究进展［J］．计算机学报，2022，45（4）：670-701.

[68] 王利朋，关志，李青山，等．区块链数据安全服务综述［J］．软件学报，2023（1）：1-32.

[69] 邹慧，马迪，邵晴，等．互联网码号资源公钥基础设施（RPKI）研究综述［J］．计算机学报，2022，45（5）：1100-1132.

[70] 刘培顺，魏红宇．海洋环境信息云计算身份认证技术研究［J］．华中科技大学学报（自然科学版），2012，40（S1）：270-273.

[71] 李德仁，徐小迪，邵振峰．论万物互联时代的地球空间信息学［J］．测绘学报，2022，51（1）：1-8.

[72] 赵忠明，周天颖，严泰来．空间信息技术原理及其原理（上册）［M］．北京：科学出版社，2013.

[73] 赵忠明，严泰来，周天颖．空间信息技术及其应用［M］．北京：科学出版社，2013.

[74] 倪金生．空间信息技术集成应用与实践［M］．北京：电子工业出版社，2010.

[75] 覃先林，李晓彤，刘树超，等．中国林火卫星遥感预警监测技术研究进展［J］．遥感学报，2020，24（5）：511-520.

[76] 戴激光，王杨，杜阳，等．光学遥感影像道路提取的方法综述［J］．遥感学报，2020，24（7）：804-823.

[77] 曹海翊，邱心怡，贺涛．森林生物量遥感卫星发展综述［J］．光学学报，2022，42（17）：1-8.

[78] 刘艳红，黄雪涛，石博涵．中国"新基建"：概念、现状与问题［J］．北京工业大学学报（社会科学版），2020，20（6）：1-12.

[79] 李德仁，张洪云，金文杰．新基建时代地球空间信息学的使命［J］．武汉大学学报（信息科学版），2022，47（10）：1515-1522.

[80] 王思梦，秦伯强．湖泊水质参数遥感监测研究进展［J］．环境科学，2022，43（7）：1-21.

[81] 李强，耿丹，张景发，等．面向地震应急调查的遥感应用现状及趋势分析［J］．遥感学报，2022，26（10）：1920-1934.

[82] 杨普，赵远洋，李一鸣，等. 基于多源信息融合的农业空地一体化研究综述 [J]. 农业机械学报，2021 (S1)：185-196.

[83] 成永生，周瑶. 土壤重金属高光谱遥感定量监测研究进展与趋势 [J]. 中国有色金属学报，2021，31 (11)：3450-3467.

[84] 眭海刚，刘畅，干哲，等. 多模态遥感图像匹配方法综述 [J]. 测绘学报，2022，51 (9)：1846-1861.

[85] 梁顺林，白瑞，陈晓娜，等. 2019 年中国陆表定量遥感发展综述 [J]. 遥感学报，2020，24 (6)：618-671.

[86] 舒弥，杜世宏. 国土调查遥感 40 年进展与挑战 [J]. 地球信息科学学报，2022，24 (4)：597-616.

[87] 王家耀. 关于地理信息系统未来发展的思考 [J]. 武汉大学学报 (信息科学版)，2022，47 (10)：1535-1545.

[88] 华一新，赵鑫科，张江水. 地理信息系统研究新范式 [J]. 地球信息科学学报，2023 (1)：15-24.

[89] 刘艳亮，张海平，徐彦田，等. 全球卫星导航系统的现状与进展 [J]. 导航定位学报，2019，7 (1)：18-21.

[90] 高志钰，郭进义，刘杰. 北斗在地壳形变监测中的应用进展 [J]. 测绘通报，2022 (3)：32-35.

[91] 姜卫平，梁娱涵，余再康，等. 卫星定位技术在水利工程变形监测中的应用 [J]. 武汉大学学报 (信息科学版)，2022，47 (10)：1625-1634.

[92] 宁津生，姚宜斌，张小红. 全球导航卫星系统发展综述 [J]. 导航定位学报，2013，1 (1)：3-8.

[93] 张勤，白正伟，黄观文，等. GNSS 滑坡监测预警技术进展 [J]. 测绘学报，2022，51 (10)：1985-2000.

[94] 龚威，史硕，陈必武，等. 对地观测高光谱激光雷达发展及展望 [J]. 遥感学报，2021，25 (1)：501-513.

[95] 龚威，史硕，陈博文，等. 机载高光谱激光雷达成像技术发展与应用 [J]. 光学学报，2022，42 (12)：1-12.

[96] 安豪，严卫，杜晓勇，等. GNSS 大气海洋遥感技术研究进展 [J]. 全球定位系统，2021，46 (6)：1-10.

[97] 李国平. 地基 GPS 气象学 [M]. 北京：科学出版社，2010.

[98] 柴海山，陈克杰，魏国光，等. 北斗三号与超高频 GNSS 同震形变监测：以 2021 年青海玛多 Mw7.4 地震为例 [J]. 武汉大学学报 (信息科学版)，2022，47 (6)：946-957.

[99] 严晨晨. 物联网：概念，架构与关键技术研究综述 [J]. 数码设计，2018，7 (12)：1-9.

[100] 廖建尚，杨尚森，潘必超. 物联网系统综合开发与应用 [M]. 北京：电子工业出版社，2020.

[101] 李向文. 物联网概论：物联网框架及其产业链蓝图 [M]. 北京：中国物资出版社，2011.

[102] 张平，苗杰，胡铮，等. 泛在网络研究综述 [J]. 北京邮电大学学报，2010，33 (5)：1-6.

[103] 钱志鸿，王义君. 面向物联网的无线传感器网络综述 [J]. 电子与信息学报，2013，35 (1)：215-227.

[104] 彭安妮，周威，贾岩，等. 物联网操作系统安全研究综述 [J]. 通信学报，2018，39 (3)：22-34.

[105] 杨毅宇，周威，赵尚儒，等. 物联网安全研究综述：威胁，检测与防御 [J]. 通信学报，2021，42 (8)：188-205.

[106] 高云全，李小勇，方滨兴. 物联网搜索技术综述 [J]. 通信学报，2015，36 (12)：57-76.

[107] 张鸿涛，徐连明，张一文，等. 物联网关键技术及其系统应用 [M]. 北京：机械工业出版社，2011.

[108] 王兴伟, 李婕, 谭振华, 等. 面向"互联网+"的网络技术发展现状与未来趋势 [J]. 计算机研究与发展, 2016, 53 (4): 729-741.

[109] 张国之, 王云龙, 穆波. 工业互联网在化工企业安全生产中的研究现状和发展趋势 [J]. 应用化工, 2022, 51 (5): 1403-1407.

[110] 黄韬, 刘江, 汪硕, 等. 未来网络技术与发展趋势综述 [J]. 通信学报, 2021, 42 (1): 130-150.

[111] 国务院. 国务院关于加快培育和发展战略性新兴产业的决定 (国发 [2010] 32 号) [EB/OL]. (2010-10-18) [2022-11-25]. http://www.gov.cn/zhengce/content/2010-10/18/content_ 1274. htm.

[112] 万朵, 胡谋法, 肖山竹, 等. 面向边缘智能计算的异构并行计算平台综述 [J]. 计算机工程与应用, 2022, 58 (10): 1-12.

[113] 中国信息通信研究院. 先进计算发展研究报告 [EB/OL]. (2018-12-19) [2022-11-25]. http://www.caict.ac.cn/kxyj/qwfb/bps/201812/P020181218519867225833. pdf.

[114] 刘鹏. 云计算 [M]. 3 版. 北京: 电子工业出版社, 2015.

[115] 管增辉, 曾凡浪. OpenStack 架构分析与实践 [M]. 北京: 中国铁道出版社, 2018.

[116] 英特尔开源技术中心. OpenStack 设计与实现 [M]. 2 版. 北京: 电子工业出版社, 2017.

[117] 施巍松, 张星洲, 王一帆, 等. 边缘计算: 现状与展望 [J]. 计算机研究与发展. 2019, 56 (1): 69-89.

[118] 张依琳, 梁玉珠, 尹沐君, 等. 移动边缘计算中计算卸载方案研究综述 [J]. 计算机学报, 2021, 44 (12): 2406-2430.

[119] Zhou Z, Chen X, Li E, et al. Edge intelligence: Paving the last mile of artificial intelligence with edge computing [J]. Proc. of the IEEE, 2019, 107 (8): 1738-176.

[120] 张祥俊, 伍卫国, 张弛, 等. 面向移动边缘计算网络的高能效计算卸载算法 [J]. 软件学报, 2023 (1): 849-867.

[121] Li E, Zeng L K, Zhou Z, et al. Edge AI: On-demand accelerating deep neural network inference via edge computing [J]. IEEE Trans. On Wireless Communications, 2020, 19 (1): 447-457.

[122] Shi W S, Cao J, Zhang Q, et al. Edge computing: Vision and challenges [J]. IEEE Internet of Things Journal, 2016, 3 (5): 637-646.

[123] Zhang D G, Gong C L, Jiang K W, et al. A kind of new method of intelligent trust engineering metrics (ITEM) for application of mobile ad hoc network [J]. Engineering Computations, 2020, 37 (5): 1617-1643.

[124] 谢人超, 廉晓飞, 贾齐民, 等. 移动边缘计算卸载技术综述 [J]. 通信学报, 2018, 39 (11): 138-155.

[125] 张德干, 董文森, 张捷, 等. 边缘计算中可靠数据收集方法 [J]. 软件学报, 2023: 1-17.

[126] Zhang D G, Zhang T, Liu X H. Novel self-adaptive routing service algorithm for application in VANET [J]. Applied Intelligence, 2019, 49 (5): 1866-1879.

[127] Zhang D G, Wu H, Zhao P Z, et al. New approach of multi-path reliable transmission for marginal wireless sensor network [J]. Wireless Networks, 2020, 26 (2): 1503-1517.

[128] 国务院. 国务院关于印发促进大数据发展行动纲要的通知 (国发 [2015] 50 号) [DB/OL]. (2015-09-05) [2022-4-15]. http://www.gov.cn/zhengce/content/2015-09/05/content_ 10137. htm.

[129] 刘鹏, 张燕, 张重生, 等. 大数据 [M]. 北京: 电子工业出版社, 2017.

[130] 万川梅, 谢正兰. Hadoop 应用开发实战详解 [M]. 北京: 中国铁道出版社, 2013.

[131] Jiawei Han, Micheline Kamber, Jian Pei, 等. 数据挖掘概念与技术 [M]. 机械工业出版社, 2012.

[132] 刘宇, 倪问尹. 中国网络文化发展二十年 (1994—2014) 网络技术编 [M]. 长沙: 湖南大学出版

社，2014.

[133] 毛国军，段立娟，王实，等. 数据挖掘原理与算法 [M]. 2 版. 北京：清华大学出版社，2007.

[134] 国务院. 国务院关于印发新一代人工智能发展规划的通知（国发 [2017] 35 号）[DB/OL]. (2017-07-20) [2022-4-15]. http：//www. gov. cn/zhengce/content/2017-07/20/content_ 5211996. htm.

[135] 孔祥维，唐鑫泽，王子明. 人工智能决策可解释性的研究综述 [J]. 系统工程理论与实践，2021，41 （2）：524-536.

[136] 纪守领，李进锋，杜天宇，等. 机器学习模型可解释性方法、应用与安全研究综述 [J]. 计算机研究与发展，2019，56 （10）：2071-2096.

[137] 江田汉，邓云峰，李湖生，等. 基于风险的突发事件应急准备能力评估方法 [J]. 中国安全生产科学技术，2011，7 （7）：35-41.

[138] 要瑞璞，沈惠璋，刘铎. 多层次系统的综合评价方法研究 [J]. 系统工程与电子技术，2005，27 （4）：656-658.

[139] 刘颖，尹华川，阳岁红. 区域制造业信息化工程多级模糊评估模型分析 [J]. 重庆大学学报，2009，31 （11）：1251-1256.

[140] 毛锐，张毅，何明，等. 省地县一体化调度安全生产保障能力评估系统建设 [J]. 四川电力技术，2010，33 （6）：23-25.

[141] 董军，国方媛. 多层次系统的动态评价研究 [J]. 运筹与管理，2011，20 （5）：176-184.

[142] 汤童，范一大，杨思全，等. 重大自然灾害应急监测与评估应用示范系统的设计与实现 [J]. 国土资源遥感，2014，25 （3）：175-181.

[143] 史培军. 五论灾害系统研究的理论与实践 [J]. 自然灾害学报，2009，18 （5）：1-9.

[144] 史培军，孔锋，叶谦，等. 灾害风险科学发展与科技减灾 [J]. 地球科学进展，2014，29 （11）：1205-1211.

[145] 史培军. 灾害风险科学 [M]. 北京：北京师范大学出版集团，2016.

[146] Rachel A. Davidson, Kelly B. Lambert. Comparingthe Hurricane Disaster Risk of U. S. Coastal Counties [J]. Natural Hazards Review，2001，2 （3）：132-142.

[147] Hu S S, Cheng X J, Zhou D M, et al. GIS-based flood risk assessment in suburban areas：acase study of the Fangshan District, Beijing [J]. Natural Hazards，2017，87 （3）：1525-1543.

[148] Xiao Y F, Yi S Z, Tang Z Q. Integrated flood hazard assessment based on spatial ordered weighted averaging method considering spatial heterogeneity of risk preference [J]. Science of the Total Environment，2017，599/600：1034-1046.

[149] 王煜. 洪水灾害下卧式储罐可靠性分析与风险评估研究 [D]. 广州：华南理工大学，2016.

[150] 林光侨，王颜亮. 煤矿风险管控本质安全管理体系建设与应用 [J]. 煤炭工程，2013 （8）：135-138.

[151] 孟现飞，宋学峰，张炎治. 煤矿风险管控连续统一体理论研究 [J]. 中国安全科学学报，2011，21 （8）：90-94.

[152] 任占昌. 风险管控管理在保德煤矿的应用 [J]. 煤矿安全，2014，45 （8）：234-236.

[153] 罗建军. 神华集团上湾煤矿风险管控管理体系的建设与应用 [J]. 煤炭经济研究，2009 （10）：100-102.

[154] 梁子荣，辛广龙，井健. 煤矿隐患排查治理、煤矿安全质量标准化与煤矿安全风险管控管理体系三项工作关系探讨 [J]. 煤矿安全，2015，41 （7）：116-117.

[155] 赵振海. 煤矿安全风险管控管理体系与质量标准化体系比较探究 [J]. 中国煤炭，2014，40 （4）：118-121.

[156] 李光荣，杨锦绣，刘文玲，等. 2 种煤矿安全管理体系比较与一体化建设途径探讨 [J]. 中国安全

科学学报，2014，24（4）：117-122.

[157] 郝贵，刘海滨，张光德. 煤矿安全风险管控管理体系［M］. 北京：煤炭工业出版社，2012.

[158] 鹿广利，熊鹏程. 煤田火灾风险评估指标分析［J］. 矿业安全与环保，2015，42（6）：105-107.

[159] 孟庆勇，顾闯. 煤矿工业互联网信息安全风险评估［J］. 工矿自动化，2019，45（8）：43-47.

[160] 霍顺生，杨旭，蔡义兵. 基于全面风险管理视角下的国有矿山风险管理研究［J］. 中国矿业，2019，28（12）：14-17.

[161] 李文，王东昊，李宏杰，等. 煤矿采空区失稳灾害链式效应与链式类型研究［J］. 煤炭科学技术，2020，48（7）：288-295.

[162] 连会青，杨俊文，韩瑞刚，等. 基于"情景-应对"的矿井水灾事故应急决策机制［J］. 煤田地质与勘探，2020，48（1）：120-128.

[163] 周超，常鸣，徐璐，等. 贵州省典型城镇矿山地质灾害风险评价［J］. 武汉大学学报（信息科学版），2020，45（11）：1782-1791.

[164] 贺莹鸽，连民杰，江松，等. 矿工习惯性违章行为风险态势评估［J］. 中国安全科学学报，2020，30（12）：62-69.

[165] 袁亮. 煤矿典型动力灾害风险判识及监控预警技术研究进展［J］. 煤炭学报，2020，45（5）：1557-1566.

[166] 卢新明，阚淑婷. 煤矿动力灾害本源预警方法关键技术与展望［J］. 煤炭学报，2020，45（S1）：128-139.

[167] 李爽，薛广哲，方新秋，等. 煤矿智能化安全保障体系及关键技术［J］. 煤炭学报，2020，45（6）：2320-2330.

[168] 王国法，任怀伟，庞义辉，等. 煤矿智能化（初级阶段）技术体系研究与工程进展［J］. 煤炭科学技术，2020，48（7）：1-27.

[169] 宿国瑞，贾宝山，王鹏，等. 基于多源异构数据的煤矿安全管理效果评估［J］. 中国安全科学学报，2021，31（6）：64-69.

[170] 王伟，齐庆杰，刘文岗. 自然灾害次生事故隐患空间网络研究［J］. 中国安全科学学报，2021，31（10）：152-158.

[171] 隋旺华. 矿山安全地质学：综述［J］. 工程地质学报，2021，29（4）：901-916.

[172] 连会青，徐斌，田振焘，等. 矿井水情监测与水害风险预警平台设计与实现［J］. 煤田地质与勘探，2021，49（1）：198-207.

[173] 袁亮. 煤矿典型动力灾害风险判识及监控预警技术"十三五"研究进展［J］. 矿业科学学报，2021，6（1）：1-8.

[174] 刘志强，宋朝阳，纪洪广，等. 深部矿产资源开采矿井建设模式及其关键技术［J］. 煤炭学报，2021，46（3）：826-845.

[175] 赵兴东，周鑫，赵一凡，等. 深部金属矿采动灾害防控研究现状与进展［J］. 中南大学学报（自然科学版），2021，52（8）：2522-2538.

[176] 尹一雄. 基于数量化理论的露天矿安全风险评价［J］. 中国安全科学学报，2021，31（S1）：86-91.

[177] 刘小杰，曹胜武，罗怀廷，等. 露天矿山无人驾驶卡车安全管控研究［J］. 中国安全科学学报，2021，31（S1）：43-48.

[178] 靳昊，陈彦好，周宗青，等. 基于属性识别理论的金属矿山采空区塌陷灾害风险评估［J］. 金属矿山，2021（3）：184-190.

[179] 臧成君，瞿园，高旭. 基于风险管控的煤矿安全绩效评估方法［J］. 中国安全科学学报，2022，32（S1）：29-33.

[180] 刘建坡，武峰，王人，等．基于模糊综合评价的深部巷道破坏定量风险评估 [J]．东北大学学报（自然科学版），2022，43（5）：733-739．

[181] 齐庆杰，孙祚，刘文岗，等．洪水灾害诱发煤矿水害事故风险评估模型研究 [J]．煤炭科学技术，2023，51（1）：395-402．

[182] 薛峰，李希建，徐恩宇，等．变权-突变级数在矿井火灾危险性评估中的应用 [J]．消防科学与技术，2022，41（9）：1242-1246．

[183] 马恒，刘晓宇，高科．基于区域灾害系统论的煤矿瓦斯危险源风险评价 [J]．安全与环境工程，2022，29（3）：29-36．

[184] 王恩元，李忠辉，李保林，等．煤矿瓦斯灾害风险隐患大数据监测预警云平台与应用 [J]．煤炭科学技术，2022，50（1）：142-150．

[185] 景国勋，刘孟霞．2015—2019 年我国煤矿瓦斯事故统计与规律分析 [J]．安全与环境学报，2022，22（3）：1680-1686．

[186] 张巨峰，施式亮，邵淑珍，等．基于动态数据驱动的煤矿瓦斯异常涌出风险预警系统设计 [J]．中国安全生产科学技术，2022，18（2）：100-105．

[187] 梁运培，郑梦浩，李全贵，等．我国煤与瓦斯突出预测与预警研究综述 [J]．煤炭学报，2023，48（8）：2976-2994．

[188] 唐飞，王云刚，杜炳成，等．基于优化马尔可夫模型的煤矿事故死亡人数预测 [J]．中国安全科学学报，2022，32（4）：122-128．

[189] 王忠鑫，辛凤阳，宋波，等．论露天煤矿智能化建设总体设计 [J]．煤炭科学技术，2022，50（2）：37-46．

[190] 薛棋文，丁震，孙振明，等．露天煤矿无人驾驶运输系统应急管理体系研究 [J]．工矿自动化，2022，48（10）：107-115．

[191] 李天斌，何怡帆，付弦．高地应力隧道施工期大变形动态风险评估方法及应用 [J]．工程地质学报，2019，27（1）：29-37．

[192] 张锦，徐君翔．基于可拓理论的艰险山区铁路施工风险预警 [J]．安全与环境学报，2020，20（3）：824-831．

[193] 卢庆钊．基于 AHP-Fuzzy 的隧道穿富水断层破碎带突水涌泥评估 [J]．地下空间与工程学报，2021，17（S1）：439-448，462．

[194] 吴波，陈辉浩，黄惟．基于模糊-熵权理论的铁路瓦斯隧道施工安全风险评估 [J]．安全与环境学报，2021，21（6）：2386-2393．

[195] 何乐平，徐应东，胡启军，等．基于博弈论-云模型的软岩隧道大变形风险评估 [J]．现代隧道技术，2021，58（6）：85-94．

[196] 刘敦文，曹敏，唐宇，等．基于云模型的富水岩溶隧道涌水风险评价 [J]．中国安全生产科学技术，2021，17（1）：109-115．

[197] 周涛，邹进贵，郭际明．隧道变形监测与智能预警方法研究 [J]．测绘通报，2022（S2）：91-94．

[198] 朱正国，方智淳，韩智铭，等．深埋隧道挤压大变形分级标准与控制技术研究 [J]．铁道工程学报，2022，39（5）：47-52．

[199] 卢鑫月，许成顺，侯本伟，等．基于动态贝叶斯网络的地铁隧道施工风险评估 [J]．岩土工程学报，2022，44（3）：492-501．

[200] 仇文岗，梁文灏，覃长兵，等．长大隧道建设与运营安全致灾风险评估综述 [J]．铁道标准设计，2022，67（2）：1-11．

[201] 张欢，郝伟，顾伟红．基于数据场聚类的拉林铁路隧道施工风险评估 [J]．铁道科学与工程学报，2020，17（7）：1874-1882．

[202] 王永祥，吴滔，李亮，等 . 基于突变级数法的地铁盾构施工安全风险评价 [J]. 安全与环境工程，2021，28（1）：95-102.

[203] 黄震，傅鹤林，张加兵，等 . 基于云理论的盾构隧道施工风险综合评价模型 [J]. 铁道科学与工程学报，2018，15（11）：3012-3020.

[204] 张锦，徐君翔 . 川藏铁路桥隧施工安全风险评价 [J]. 安全与环境学报，2020，20（1）：39-46.

[205] 王春河，朱福强，罗兴，等 . 隧道改扩建工程施工风险评估研究 [J]. 现代隧道技术，2021，58（2）：63-70.

[206] 张在晨，林从谋，李家盛，等 . 我国公路隧道改扩建技术发展现状及研究展望 [J]. 隧道建设（中英文），2022，42（4）：570-585.

[207] 黄鑫，李术才，许振浩，等 . 暗河发育区隧道选线与突涌水灾害管控分析 [J]. 中国公路学报，2018，31（10）：101-117，140.

[208] 薛亚东，董宏鑫，李彦杰 . 山岭公路隧道施工安全风险评估理论体系 [J]. 天津大学学报（自然科学与工程技术版），2019，52（S1）：84-91.

[209] 周宗青，孔军，杨为民，等 . 改进的属性区间识别方法及其在隧道突涌水风险评估中的应用 [J]. 中南大学学报（自然科学版），2020，51（6）：1703-1711.

[210] 何发亮 . 隧道施工“地质不确定”问题及其解决 [J]. 现代隧道技术，2021，58（2）：8-13.

[211] 刘常昊，郑万波，吴燕清，等 . 玉磨铁路景寨隧道富水段涌水量预测方法 [J]. 安全与环境工程，2022，29（4）：66-73.

[212] 项琴，朱宏伟，杜义祥，等 . 隧道突泥涌水情景构建及演化状态预测模型 [J]. 中国安全生产科学技术，2022，18（8）：154-160.

[213] 范文姬 . 公路隧道危化品车辆通行管控现状研究 [J]. 公路交通科技，2020，37（S1）：49-53.

[214] 林志，陈文，陈思 . 公路隧道典型火灾场景风险评估研究 [J]. 现代隧道技术，2018，55（S2）：619-626.

[215] 刘尚各，彭文波，刘继国，等 . 公路隧道施工风险评估方法及其应用研究 [J]. 现代隧道技术，2020，57（S1）：241-246.

[216] 张延杰，杨小兵，任孟德，等 . 山岭隧道施工期静态与动态风险评估方法及应用 [J]. 铁道科学与工程学报，2020，17（10）：2703-2710.

[217] 张晨曦，吴顺川，吴金 . 山岭隧道施工中塌方风险评估模型研究及应用 [J]. 中国安全生产科学技术，2019，15（9）：128-134.

[218] 李志强，杨涛 . 浅埋黏土层大跨度隧道施工技术与塌方风险分析 [J]. 公路交通科技，2020，37（2）：116-122.

[219] 詹金武，刘国，黄明，等 . 山岭隧道塌方风险评估模型及系统研究 [J]. 地下空间与工程学报，2022，18（4）：1338-1346，1362.

[220] 陈舞，孙海清，王浩，等 . 山岭隧道坍塌风险评价的熵权-集对分析模型及工程应用 [J]. 工程科学与技术，2023：1-12.

[221] 王志杰，王如磊，舒永熙，等 . 高速公路特长隧道及隧道群运营安全风险评估研究 [J]. 现代隧道技术，2019，56（S2）：36-43.

[222] 赵茗年，王永刚，庞小冲，等 . 高寒地区公路特长隧道风险评估优化应用 [J]. 地下空间与工程学报，2020，16（S1）：426-430.

[223] 张睿，周凯歌，姚志刚，等 . 米仓山特长公路隧道关键施工技术应用分析 [J]. 隧道建设（中英文），2021，41（S2）：664-674.

[224] 徐湃，朱代强，蒋树屏，等 . 重庆长大公路隧道结构安全保障技术及策略研究 [J]. 现代隧道技术，2022，59（4）：18-28，39.

[225] 田四明，王伟，杨昌宇，等．中国铁路隧道40年发展与展望［J］．隧道建设（中英文），2021，41（11）：1903-1930.

[226] 郑余朝，周贤舜，李俊松．盾构隧道下穿高速铁路站场安全风险评估管理方法［J］．地下空间与工程学报，2018，14（2）：523-529，557.

[227] 毛邦燕，蒋良文，王科，等．高速铁路穿越大型溶洞风险评估研究［J］．铁道工程学报，2019，36（2）：21-26，32.

[228] 黄健陵，杨云，蔡茜，等．穿越断层破碎带铁路隧道施工安全多重风险网络研究［J］．铁道科学与工程学报，2021，18（10）：2780-2787.

[229] 唐艳．铁路隧道下穿高速公路工程风险评估管理方法研究［J］．现代隧道技术，2022，59（3）：220-226.

[230] 柳程柱，苏永华．盾构施工引起的管线变形规律及安全风险评估［J］．铁道科学与工程学报，2020，17（11）：2882-2891.

[231] 阎向林．盾构掘进风险评估模型［J］．铁道科学与工程学报，2022，19（8）：2453-2460.

[232] 仝跃，岳瑶，黄宏伟，等．钻爆法施工隧道塌方风险量化评估模型及其应用［J］．土木与环境工程学报（中英文），2022，44（5）：46-56.

[233] 洪开荣，杜彦良，陈馈，等．中国全断面隧道掘进机发展历程、成就及展望［J］．隧道建设（中英文），2022，42（5）：739-756.

[234] 裴韶华．基于优化的神经网络模型在矿井瓦斯涌出预测中的应用研究［D］．太原：太原理工大学，2014.

[235] 任少伟．基于PCA的PSO-DE混合算法优化BP神经网络在煤与瓦斯突出预测中的应用研究［D］．太原：太原理工大学，2015.

[238] 王昱舒．基于PCA-AKH-BP神经网络的面域相结合的煤与瓦斯突出预测模型及其应用研究［D］．太原：太原理工大学，2017.

[237] 王书芹．基于深度学习的瓦斯时间序列预测与异常检测［D］．徐州：中国矿业大学，2018.

[238] 胡千庭，邹银辉，文光才，等．瓦斯含量法预测突出危险新技术［J］．煤炭学报，2007，32（3）：276-280.

[239] 杨丽，刘晖，毛善君，等．基于多元分布滞后模型的瓦斯浓度动态预测［J］．中国矿业大学学报，2016，45（3）：455-461.

[240] 胡坤，王素珍，韩盛，等．基于TLBO-LOIRE的回采工作面瓦斯涌出量预测［J］．应用基础与工程科学学报，2017，25（5）：1048-1056.

[241] 李冬，彭苏萍，杜文凤，等．煤层瓦斯突出危险区综合预测方法［J］．煤炭学报，2018，43（2）：466-472.

[242] 李成武，付帅，解北京，等．煤与瓦斯突出能量预测模型及其在平煤矿区的应用［J］．中国矿业大学学报，2018，47（2）：231-239.

[243] 张友谊，崔金雷，焦向东．煤与瓦斯突出多指标耦合预测模型研究及应用［J］．工程科学学报，2018，40（11）：1309-1316.

[244] 付华，付昱，赵俊程，等．基于KPCA-ARIMA算法的瓦斯涌出量预测［J］．辽宁工程技术大学学报（自然科学版），2022，41（5）：406-412.

[245] Jia P, Liu H, Wang S, et al. Research on a Mine Gas Concentration Forecasting Model Based on a GRU Network［J］. IEEE Access, 2020, 8（2）：38023-38031.

[246] Xue G，Song J，Kong X, et al. Prediction of Natural Gas Consumption for City-Level DHS Based on Attention GRU：A Case Study for a Northern Chinese City［J］. IEEE Access, 2019, 7（9）：130685-130699.

［247］ Fu J , Xiao H, Wang T, et al. Prediction Model of Desulfurization Efficiency of Coal-Fired Power Plants Based on Long Short-Term Memory Neural Network ［C］// 2019 International Conference on Internet of Things （iThings） and IEEE Green Computing and Communications （GreenCom） and IEEE Cyber, Physical and Social Computing （CPSCom） and IEEE Smart Data （SmartData）, Atlanta, GA, USA, 2019：40-45.

［248］ Ding J, Shi H, Jiang D, et al. Prediction of coal mine gas concentration based on partial least squares regression ［C］// 2019 Chinese Automation Congress （CAC）, Hangzhou, China, 2019：5243-5246.

［249］唐泽斯，郭进，王金贵，等 . 基于人工神经网络的气体泄爆最大超压预测研究 ［J］. 中国安全生产科学技术，2020，16（4）：56-62.

［250］ Liu Y, Xue D , Pan F, et al. Hybrid Gray Model Based on Fractional order Gray Model and Verhulst model ［C］// 2019 Chinese Control And Decision Conference （CCDC）, Nanchang, China, 2019：2048-2053.

［251］ Zhao J, An K, Zhao J. Research on Multi-variable Grey Prediction Model for Icing Thickness ［C］// 2019 IEEE 3rd Conference on Energy Internet and Energy System Integration （EI2）, Changsha, China, 2019：754-758.

［252］ Dong J, Zhang X , Deng M, et al. Research on Power Prediction of Photovoltaic Electric Field Based on Grey Model ［C］// 2019 Chinese Control Conference （CCC）, Guangzhou, China, 2019：7120-7125.

［253］ Zhang Y, Sun H, Guo Y. Wind Power Prediction Based on PSO-SVR and Grey Combination Model ［J］. IEEE Access, 2019, 7 （9）：136254-136267.

［254］ Zhang S, Dong Z . Study on Ship Traffic Prediction Model with Grey Neural Network ［C］// 2019 IEEE 3rd Advanced Information Management, Communicates, Electronic and Automation Control Conference （IMCEC）, Chongqing, China, 2019：1728-1731.

［255］ Wu L , Liu X, Qi Y, et al. Propagation Path Loss Prediction Based-on Grey Verhulst Model ［C］// 2018 IEEE/ACIS 17th International Conference on Computer and Information Science （ICIS）, Singapore, 2018：772-775.

［256］ Liu Y, Cao B, Liu Y. The Prediction of Cellphones' Fault Rates with Grey Models ［C］// 2018 5th International Conference on Systems and Informatics （ICSAI）, Nanjing, 2018.

［257］熊远南 . 基于改进灰色-多元回归组合预测模型的燃煤电厂智慧水务研究 ［J］. 化工进展，2020，39（S2）：393-400.

［258］王建良，李翚 . 中国东中西部地区天然气需求影响因素分析及未来走势预测 ［J］. 天然气工业，2020，40（2）：149-158.

［259］ Yang L, Liu H, Mao S J, et al. Dynamic gas concentration prediction based on multivariate distributed lag model ［J］. Journal of China University of Mining and Technology, 2016, 45 （3）：455-461.

［260］刘超、张爱琳、李树刚，等 . 基于 Pearson 特征选择的 LSTM 工作面瓦斯浓度预测模型及应用 ［J/OL］. 煤炭科学技术. https：//doi. org/10. 13199/j. cnki. cst. 2022-1618.

［261］林海飞、刘时豪、周捷，等. 基于 STL-EEMD-GA-SVR 的采煤工作面瓦斯涌出量预测方法及应用 ［J］. 煤田地质与勘探，2022，50（12）：131-141.

［262］付华、赵俊程、付昱，等. 基于量子粒子群与深度学习的煤矿瓦斯涌出量软测量 ［J］. 仪器仪表学报，2021，42（4）：160-168.

［263］姜福兴、尹永明、朱权洁，等. 基于掘进面应力和瓦斯浓度动态变化的煤与瓦斯突出预警试验研究 ［J］. 岩石力学与工程学报，2013，33（2）：3581-3588.

［264］ Jia P, Liu H, Wang S, et al. Research on a mine gas concentration forecasting model based on a gru network ［J］. IEEE Access, 2020, 8 （2）：38023-38031.

［265］ Xue G , Song J , Kong X, et al. Prediction of natural gas consumption for city-level dhs based on attention gru: a case study for a Northern Chinese city ［J］. IEEE Access, 2019, 7（9）: 130685-130699.

［266］ 孙继平, 余星辰, 王云泉. 基于声谱图和 SVM 的煤矿瓦斯和煤尘爆炸识别方法 ［J］. 煤炭科学技术, 2023, 51（2）: 366-376.

［267］ Liu Y, Xue D , Pan F, et al. Hybrid gray model based on fractional order gray model and verhulst model ［C］//2019 Chinese Control And Decision Conference, Nanchang, China, 2019: 2048-2053.

［268］ 赵佩, 代业明. 基于实时电价和加权灰色关联投影的 SVM 电力负荷预测 ［J］. 电网技术, 2020, 44（4）: 1325-1332.

［269］ Dong J, Zhang X , Deng M, et al. Research on power prediction of photovoltaic electric field based on grey model ［C］// 2019 Chinese Control Conference, Guangzhou, China, 2019: 7120-7125.

［270］ Zhang Y, Sun H, Guo Y. Wind power prediction based on pso-svr and grey combination model ［J］. IEEE Access, 2019, 7（9）: 136254-136267.

［271］ Wu L , Liu X, Qi Y, et al. Propagation path loss prediction based-on grey verhulst model ［C］// 2018 IEEE/ACIS 17th International Conference on Computer and Information Science, Singapore, 2018: 772-775.

［272］ 李文璟, 李梦, 邢宁哲, 等. 基于熵权-灰色模型的电力数据网风险预测 ［J］. 北京邮电大学学报, 2018, 41（3）: 39-45.

［273］ 卢凯, 吴蔚, 林观荣, 等. 基于 KNN 回归的客运枢纽聚集人数组合预测方法 ［J］. 吉林大学学报, 2021, 51（4）: 1241-1250.

3 煤矿采掘面瓦斯浓度海量数据预测技术

从 2004 年到 2020 年全国煤矿事故数据统计可以看出（见图 3-1），各类煤矿事故仍然层出不穷，顶板事故、机电事故、放炮事故、瓦斯事故等依然影响煤矿正常开采。

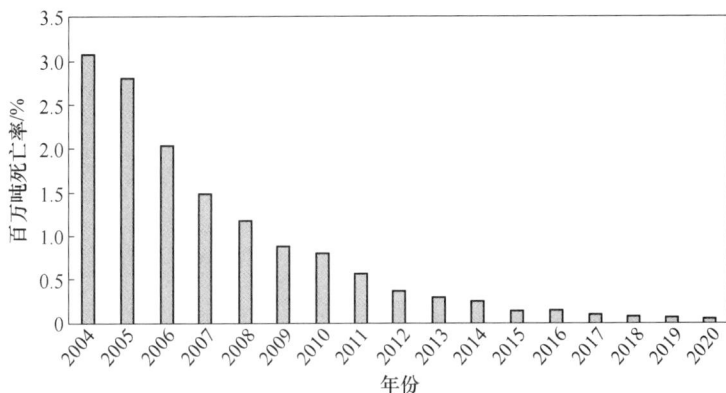

图 3-1　2004~2020 年煤矿百万吨死亡率

从 2004 年到 2015 年，如图 3-2 所示，中国每百万吨煤矿的死亡率处于世界较高水平。煤矿事故为煤矿安全敲响了警钟。其中，瓦斯爆炸是煤矿最常见的事故，瓦斯异常泄露是事故的主要原因。只有精准和明确地了解瓦斯的涌出规律，准确预测瓦斯排放，特别是针对异常排放阶段提出有针对性的瓦斯煤矿相关的预防措施，才能有效预防瓦斯事故的发生。然而，瓦斯涌出这一现象是一个复杂的非线性动力系统，受煤层和临近层瓦斯含量、煤层厚度、产量、开采强度等众多复杂因素影响。因此，有必要考虑诸多因素的影响，以便准确和快速地预测瓦斯涌出。在硬件方面上加快高速感应器建设从基础实现预测方法和技术方面取的突破。

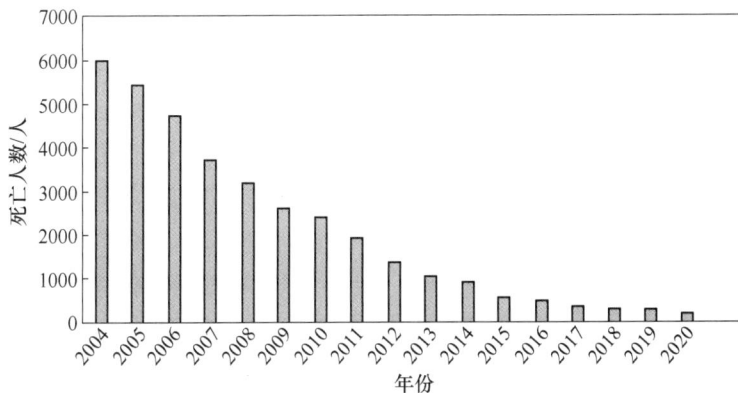

图 3-2　2004~2020 年煤矿百万吨死亡人数

　　根据国家煤矿安全监察局和国家统计局的相关数据统计，随着近二十年来国家基础设施水平提高，中国煤矿每年的事故数量和死亡人数呈现明显的下降态势。根据大量调查数据显示，尽管总体煤矿事故数量在减少，但每年因瓦斯所造成的事故死亡人数仍保持占整体煤矿死亡率的10%左右，所占比重没有明显下降。并且，煤矿重大事故年中瓦斯死亡人数中的比例上升，说明瓦斯引起重大事故比例在提升。中国煤矿死亡率持续降低这一现象表明，近年来在煤矿开采设备、感应器等技术不断革新的同时，我国在软件方面技术也在不断进步预测精度不断提高，泛化能力更强。在制度方面，在国家级层面上采取了一系列煤矿安全管理的重大措施，显著改善了我国煤矿等矿山的安全生产状况。但是，生命权利是我国最高权利，瓦斯事故导致死亡率仍与国际顶尖水准有所差距，这表明，瓦斯事故造成的严重矿山事故仍然没有好的有效控制方法，工人的生命安全依然受到瓦斯等众多事故的威胁。

3.1　煤矿瓦斯浓度海量数据预测技术背景与意义

　　本节综述煤矿瓦斯浓度预测的背景意义，分析煤矿瓦斯浓度序列预测算法现状，提出本章的研究内容、创新点和本章结构。针对煤矿井下瓦斯浓度监控系统，国内外专家学者开展了不少研究。智能边缘设备运用也逐渐推广，鉴于现有的系统具有一定局限性[1]，Zhang 等[2] 为显著减少模型训练消耗的时间，便于实时预测，提出了基于区间预测而非点预测的单隐层随机权重神经网络作为预测模型，采用非支配排序遗传算法 II 训练神经网络，利用智能边缘系统中的多维数据来预测气体浓度的新方法，开发一种新型的大型智能边缘设备瓦斯浓度预测系统。Kumari 等[3] 提出了一种统一流形逼近和投影和长短期记忆深度学习模型来预测地下煤矿封闭区域的火灾状况，并且采用一项实验来衡量所提出的预测模型的效率和两个现有的机器学习模型，即支持向量回归（SVR）和自回归综合移动平均（ARIMA）模型，提出的 UMAP-LSTM 模型的气体浓度预测对于 O_2、CO、CH_4、CO_2、H_2、N_2 和 C_2H_4 气体分别比现有的 SVR 和 ARIMA 模型的预测模型的效率更高。Song 等[4] 从红阳二矿 1203 工作面采空区瓦斯抽采管道采集瓦斯样品，采用 R/S 分析方法分析瓦斯抽采管道煤气指标的混沌特征，实验证明了煤自燃相关瓦斯指标时间序列 Hurst 指数在氧气浓度平稳波动时表现出稳定的统计特性，提出监测点煤自燃相关瓦斯指标时间序列 Hurst 指数可用于判断采空区煤自燃的时间趋势，进一步判断煤自燃状态，而赫斯特指数可以定量反映气体浓度变化过程的内在趋势特征和持续强度。

　　有效预测瓦斯浓度，合理制定相应的安全措施，对于提高煤矿安全管理水平具有重要的指导意义。Zhang 等[5] 为提高瓦斯浓度预测的准确性，增强模型的适用性，选择更大的样本和更长的时间跨度为数据特征的瓦斯浓度时间序列，通过模型结构设计、模型训练、模型预测和模型优化以实现预测算法，提出一种基于煤矿实际生产监测数据的长短期记忆（Long Short Term Memory Neural Network，LSTM）神经网络预测方法。

　　BP 神经网络对非线性系统的预测有很好的性能，但在训练网络时，往往需要大量的数据。Zhang 等[6] 利用灰色预测模型算法简单，且建模过程所需数据量少的优点进行建模，通过 BP 神经网络对灰色预测模型进行修正，提出基于灰色理论和 BP 神经网络，并进行实验验证对非线性系数具有较好预测效果。Lyu 等[7] 计算不同传感器瓦斯浓度的皮尔逊相关系数，可以验证每个工作面监测到的瓦斯浓度的空间相关性，提出了基于 ARMA 模型、CHAOS 模型和 Encoder-Decoder 模型（单传感器和多传感器）的气体浓度时间序列的多步预测结果，并比较了这些结果。Encoder-Decoder 模型具有很高的鲁棒性，并且可以预测五个不同时间步的气体浓度。其预测误差明显低于 ARMA 和 CHAOS 模型。

支持物联网的传感器设备和机器学习方法在监测和预测矿山灾害方面发挥了重要作用。Dey 等[8]提出用于使用混合 CNN-LSTM 模型和支持物联网的传感器来提高地下煤矿的安全性和生产力，混合 CNN-LSTM 模型可以从矿山数据中提取空间和时间特征，提出的模型提高了矿山监控系统对地下矿山偏远位置的灵活性、可扩展性和覆盖范围，以最大限度地减少矿工的生命损失，有效地预测了矿山采空区工作面和瓦斯的矿工健康质量指数（MHQI）。

Dey 等[9]提出 t-SNE 方法可以最小化气体浓度的维数，VAE 层检索低维气体浓度的内在特征，进而提出了 t-SNE-VAE-bi-LSTM 模型作为结合 t-SNE、VAE 和 bi-LSTM 网络的预测模型，并利用模型的 Bi-LSTM 层预测 CH_4、CO_2、CO、O_2 和 H_2 气体的浓度。Yang 等[10]对指数平滑算法、灰色预测算法和相空间重构原理进行了改进，形成了一种新的组合模型算法，用于煤矿瓦斯量的预测。

瓦斯浓度序列数据预测是一个非线性、复杂度高的问题[11]。目前诸多学者对瓦斯浓度序列预测展开研究，有学者运用灰色预测理论[12-14]进行预测，其中灰色预测模型是一种数学方法[15-16]。有学者使用 ACC-ENN[17]、TLBO-LOIRE[18]、泛平均运算[19]、多指标耦合[20]、多元分布滞后模型[21]、ARIMA[22]等方法进行瓦斯预测。对于基于神经网络的瓦斯预测算法[23-24]，只要数据样本足够大，神经网络算法就可以将预测值无限逼近一个非线性函数。而灰色理论算法可以让神经网络避免陷入局部最优化。

但这些方法依旧存在一些问题，如初始值设置盲目，预测精度低，容易受无关或低相关性指标影响等，存在一定的局限性，使得瓦斯浓度序列预测误差始终很高，倘若要进一步提高传统的瓦斯浓度预测算法精度，进一步提高训练速度，就需要在前人的基础[25-26]上做出一定的优化改进。而本章提出的算法具有无限接近逼近能力，能够有效预测瓦斯浓度序列，对瓦斯工况进行预测，阻断危险，防止瓦斯灾害发生。

在目前的研究中，灰色预测和时间序列预测方法对瓦斯浓度序列的预测效果不佳。而传统方法具有一定的工程意义，但是算法的逼近效果一般，对具有时间步特性的瓦斯浓度序列数据预测精度有限。于是本章先是采用数学方法中改进的灰色预测模型[27]进行预测，接着追随热门的深度学习技术[28]，将深度神经网络引入，替换传统的神经网络，目的是提高预测精度，提高收敛速度，以促进煤矿安全生产。

3.2 煤矿瓦斯浓度海量数据预测技术基础理论

3.2.1 煤矿瓦斯监控系统传感器布置和数据采集

煤矿开采中会伴随瓦斯浓度的变化，瓦斯异常升高极有可能导致瓦斯爆炸，对瓦斯浓度进行监控，安装各种传感器，定期对温度、一氧化碳、瓦斯浓度等数据进行监测，具有重大的安全生产意义。但是监测数据在采集、传输、储存和处理的过程中可能会导致数据丢失与异常、出现数据噪声等情况[29]。

　　一般情况，瓦斯传感器要放置在巷道上侧并且风流稳定的地方，距离顶板的位置一般不能超过30cm，离巷道侧壁的间隔一般不能少于20cm。掘进工作面的传感器，要悬挂在离迎头的距离要少于5m，并且置于风筒出口另一侧，而回风处的瓦斯传感器一般要悬挂于混合回风靠近内侧的12m左右的位置。倘若瓦斯传感器故障，可以使用便捷式瓦斯检测报警仪来检测瓦斯浓度，便捷式的瓦斯检测报警仪应该吊挂在发生故障的瓦斯传感器处[30]。

3.2.2　煤矿瓦斯预测指标的确定和数据分析

　　煤矿生产过程中容易产生瓦斯灾害，瓦斯事故危险性高，对煤矿工人生命安全造成巨大威胁，同时也会导致财产损失。而我国能源结构依旧以化石能源为主，经济发展需求下的能源需求在不断攀升，伴随着不断加大的煤炭开采深度，煤与瓦斯突出的事故更加突出。因此要处理好煤和瓦斯突出的问题，首要问题是找出瓦斯灾害的主要致因，结合矿井实际情况，确定瓦斯预测的指标。通过参阅文献，可以确定主要的影响因素包括地应力因素、煤体结构、开采技术等[31]。

　　地质构造演化中，地应力是一种不可或缺的影响因素。但是地应力也推动了瓦斯灾害事故发生，因此研究人士在研究中要注意地应力的影响，而且地应力大小和瓦斯突出有关联。当浅埋煤层时，应该增加地应力，防止地应力较小导致的事故。因此，为了煤矿安全生产和安全开采作业，相关人员可以通过科学的方式处理地应力的影响，进而减少瓦斯灾害发生[32]。

　　地球的运动导致地球内外部有不同的应力变化，原始岩体的变化产生了多样的地质构造。由于聚煤期与含煤地层先于地质构造形成，因此地质构造影响含煤地质的形成，决定事故发生的可能性和发生区域，所以对瓦斯突出的研究中，地质构造也是不容小觑的因素。地质活动导致地质构造的变化，影响地质构造稳定性，地质构造变化导致煤岩体失衡，煤层中瓦斯状态也就随之变化，假如煤层封闭性好，瓦斯状态就比较稳定，聚集在内部，反之，瓦斯会扩散。

　　瓦斯灾害事故会随瓦斯含量和瓦斯压力增加而增加。瓦斯压力导致瓦斯状态转变，同时会为瓦斯突出事故提供动力。煤层深度和瓦斯压力的函数关系：

$$p = p_0 + n(H - H_0) \tag{3-1}$$

式中，p、p_0分别为埋深H、瓦斯风化带埋深H_0的瓦斯压力，MPa；n为瓦斯浓度梯度，MPa/m。

　　瓦斯突出会出现预兆，瓦斯浓度异常，对瓦斯浓度进行预测可以有效预防瓦斯突出，提前做出安全防范措施。虽然预测指标越多，预测越准确，但是预测模型的变量越多，模型的复杂度也就越高，模型的预测效率和时效性会受到很大影响。另外，不同变量对瓦斯浓度的影响具有不同的贡献度，不同变量之间也会互相影响，从而导致重复使用变量信息引起预测模型的预测速度下降，甚至导致错误预测结果，远远偏离实际情况瓦斯浓度值。而且，类似于地应力、地质构造、瓦斯放散初速度、瓦斯突出速度等指标需要单独的专门仪器和人员进行测量，每收集一次预测指标数据就要花费大量的人力物力财力，在实际的瓦斯预测工作中，没有足够的条件始终测量这些数据，因此需要寻找更加便于测量的预测指标。

时间序列为某一变量按照一定的固定时间的间隔和时间顺序发生变化的一组数据。生活中时间序列数据随处可见，如股票的变化指数，天气预报的温度值，春运期间每天的客流量等等。煤矿瓦斯监测系统的瓦斯浓度值，按照采集的周期，可以形成瓦斯浓度时间序列数据，这些数据可以直接反应煤矿生产现场安全性情况。而瓦斯浓度自身数据会随着历史数据的变化而变化，采用瓦斯传感器获取瓦斯浓度更为便捷，以瓦斯浓度作为瓦斯浓度序列预测的综合性预测指标具有理论上的合理性。

而时间序列预测和分类具有重要的研究意义，一直得到诸多学者和研究人士的关注和重视，在该领域也取得了一定的进展。但是随着时间序列的复杂度增加，问题难度增加，现有的预测办法已不能有效应对这些问题，故提出更加有效符合实际煤矿生产过程瓦斯浓度的时间序列预测算法具有不同凡响的意义[33]。

3.2.3 瓦斯浓度时间序列数据预处理

获得原始数据后，一般需要对数据进行预处理，不能直接将数据输入模型中进行训练。原始数据可能出现缺失值或者异常值，传感器采集过程中也出现噪声的可能，对原始数据进行预处理非常有必要。预处理过程包括空缺值和异常值处理，数据集降噪与标准化等[34]。

3.2.3.1 空缺值与错误值处理

传感器在采集数据或者自身缺陷等其他情况都可能导致数据出现缺失的问题，缺失值一般表示为 NAN，当缺失的数据比较少的时候可以直接将其删除，不过，会丢失部分信息，倘若数据量小会导致结果受到影响，主流的填充办法包括统计量统计法等[35]。统计量填充法是利用平均值、众数以及中位数来补充。模型预测填充法是采用模型预测或者回归，实现缺失值的预测。插值法是使用函数逼近的方式，根据某些点的取值来推算别的点的近似值，常见的插值办法包括线性插值法等。时间序列数据一般是特征连续性的数据，缺失值附近的数据可以用来计算填充缺失，文中的数据是通过 K 近邻算法填充缺失值，先计算它们的欧氏距离，寻找最邻近的 K 个数值，计算加权平均数，表 3-1 和表 3-2 为填充前后的部分样本数据对比，其中 K 为 3。

表 3-1 缺失值填充前

序号	名称	系　统	时间	数据	位　置
162	瓦斯	瓦斯风险监测系统	12:00	0.026	南 652365
163	瓦斯	瓦斯风险监测系统	13:00	0.025	南 652365
164	瓦斯	瓦斯风险监测系统	14:00	NAN	南 652365
165	瓦斯	瓦斯风险监测系统	15:00	0.023	南 652365
166	瓦斯	瓦斯风险监测系统	16:00	0.025	南 652365

表 3-2　缺失值填充后

序号	名称	系　　统	时间	数据	位　　置
162	瓦斯	瓦斯风险监测系统	12:00	0.026	南 652365
163	瓦斯	瓦斯风险监测系统	13:00	0.025	南 652365
164	瓦斯	瓦斯风险监测系统	14:00	0.024	南 652365
165	瓦斯	瓦斯风险监测系统	15:00	0.023	南 652365
166	瓦斯	瓦斯风险监测系统	16:00	0.025	南 652365

异常值，一般是样本数据中异常大或异常小的值，异常值会导致模型的训练效果不佳，甚至影响预测结果，严重影响预测精度。异常值处理常规的办法有通过距离检测异常点，然后将异常值删去，再将其视为缺失值，再通过补充法方法进行填充[36]。

3.2.3.2　评价指标

本章算法的预测性能评价指标[37]，采用的方法是计算均方根差（RMSE）和计算平均绝对误差（MAE），对不同的预测算法预测精度开展客观评价。均方根误差的计算公式与平均绝对误差的计算公式如式（3-2）~式（3-3）所示：

$$RMSE = \sqrt{\frac{1}{n} \sum_{k=1}^{n} (x_k - \hat{x}_k)^2} \tag{3-2}$$

$$MAE = \frac{1}{n} \sum_{k=1}^{n} |x_k - \hat{x}_k| \tag{3-3}$$

式中，n 为样本数量；x_k 为时间点 k 真实值；$\hat{x}_k$ 为时间点 k 预测值。

3.2.4　瓦斯浓度时间序列的传统灰色预测模型

传统的灰色预测模型[38]的建立步骤主要如下。

（1）设初始的瓦斯浓度序列如式（3-4）所示：

$$X^{(0)} = (x_1^{(0)}, x_2^{(0)}, \cdots, x_n^{(0)}) \tag{3-4}$$

经过一次累加生成的瓦斯浓度序列如式（3-5）所示：

$$X^{(1)} = \left(x_1^{(0)}, x_1^{(0)} + x_2^{(0)}, \cdots, \sum_{i=1}^{n} x_i^{(0)}\right) \tag{3-5}$$

经过一次累减生成的瓦斯浓度序列如式（3-6）所示：

$$X = \left(x_2^{(0)} - x_1^{(0)}, \cdots, \sum_{i=1}^{n} x_i^{(0)} - x_{i-1}^{(0)}\right) \tag{3-6}$$

式中，$x_i^{(0)}(i = 1, 2, \cdots, n)$ 为瓦斯浓度值。

（2）$X^{(1)}$ 紧邻均值生成序列如式（3-7）所示：

$$Z^{(1)} = (z_2^{(1)}, z_3^{(1)}, \cdots, z_n^{(1)}) \tag{3-7}$$

式中，$z_k^{(1)} = \dfrac{x_k^{(1)} + x_{k-1}^{(1)}}{2}$ （$k = 2, 3, \cdots, n$）。

（3）传统的灰色预测模型如式（3-8）所示：

$$x_k^{(0)} + az_k^{(1)} = b \tag{3-8}$$

式中，$k = 2, 3, \cdots, n$。

采用一阶的单微分方程拟合，得到传统的灰色预测模型的白化方程，如式（3-9）所示：

$$\frac{\mathrm{d}x_k^{(1)}}{\mathrm{d}k} + ax_k^{(1)} = b \tag{3-9}$$

式中，a 为发展系数；b 为灰色作用量。

（4）在传统的灰色预测模型中，利用最小二乘法进行参数估计，向量 $\boldsymbol{u}$，$\boldsymbol{Y}$，$\boldsymbol{B}$ 分别如式（3-10）~式（3-12）所示：

$$\boldsymbol{u} = [a, b]^{\mathrm{T}} = (B^{\mathrm{T}}B)^{-1}B^{\mathrm{T}}Y \tag{3-10}$$

$$\boldsymbol{Y} = [x_2^{(0)}, x_3^{(0)}, \cdots, x_n^{(0)}]^{\mathrm{T}} \tag{3-11}$$

$$\boldsymbol{B} = \begin{bmatrix} -z_2^{(1)} & -z_3^{(1)} & \cdots & -z_n^{(1)} \\ 1 & 1 & \cdots & 1 \end{bmatrix}^{\mathrm{T}} \tag{3-12}$$

基于式（3-10）~式（3-12）求解传统的灰色模型白化方程，得到瓦斯浓度的响应序列如式（3-13）所示：

$$\hat{x}_k^{(1)} = \left(x_1^{(0)} - \frac{b}{a}\right)\mathrm{e}^{-a(k-1)} + \frac{b}{a} \quad (k = 1, 2, \cdots, n) \tag{3-13}$$

式中，$\hat{x}_1^{(0)} = \hat{x}_1^{(1)}$。

（5）利用一次累减生成的瓦斯浓度序列，得到瓦斯浓度预测值序列如式（3-14）所示：

$$\hat{x}_k^{(0)} = \left(x_1^{(0)} - \frac{b}{a}\right)(\mathrm{e}^{-a} - 1)^{-a(k-1)} \quad (k = 2, 3, \cdots, n) \tag{3-14}$$

3.2.5 长短期记忆神经网络

区别于传统的神经网络，长短期记忆神经网络（Long Short Term Memory Neural Network，LSTM）是由循环神经网络（Recurrent Neural Network，RNN）改进而来，能够快速有效的解决梯度消失和梯度爆炸的问题，还能预测时间序列数据，并进行分类，是一种先进的深度学习算法。

给定的序列 $x = (x_1, x_2, \cdots, x_n)$，运用典型的循环神经网络算法，如图3-3所示。

由此可得到隐藏层序列 $h = (h_1, h_2, \cdots, h_n)$，以及输出层序列 $y = (y_1, y_2, \cdots, y_n)$。

图中的内部计算公式为：

$$h_t = f_\mathrm{a}(W_{xh}x_t + W_{hh}h_{t-1} + b_h) \tag{3-15}$$

$$y_t = W_{hy}h_t + b_y \tag{3-16}$$

式中，$\boldsymbol{W}$ 为权重系数矩阵（如 W_{hy} 代表从隐藏层到输出层的权重系数矩阵）；b_y、b_h 为偏置向量；f_a 为激活函数；t 为时刻。

对比 RNN，LSMT 增添了一个状态单元，其中包含三个部分：输入门、遗忘门和输出门。输入门的作用是将输入单元传输到状

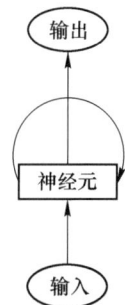

图3-3 RNN 内部结构图

态单元，输出门的作用是将状态单元 c_t 中的部分信息传输到输出门，遗忘门的作用是保存或删除状态单元，其内部结构如图 3-4 所示。

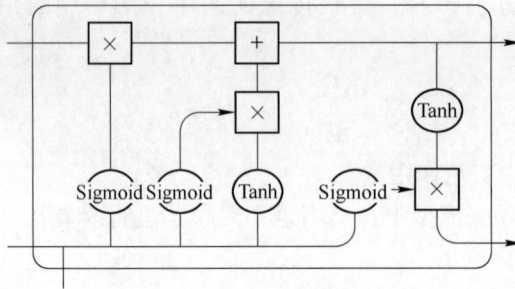

图 3-4　LSTM 内部结构图

图 3-4 的内部计算公式为：

$$i_t = \sigma(W_{ix}x_t + W_{ih}h_{t-1} + b_i) \tag{3-17}$$

$$f_t = \sigma(W_{fx}x_t + W_{fh}h_{t-1} + b_f) \tag{3-18}$$

$$\widetilde{c}_t = \tanh(W_{cx}x_t + W_{ch}h_{t-1} + b_c) \tag{3-19}$$

$$c_t = f_t \cdot c_{t-1} + i_t\widetilde{c}_t \tag{3-20}$$

$$o_t = \sigma(W_{ax}x_t + W_{ah}h_{t-1} + b_a) \tag{3-21}$$

$$h_t = o_t \cdot \tanh(c_t) \tag{3-22}$$

式中，σ 为激活函数 Sigmoid；x_t 为时刻 t 的输出量；W_{fx}、W_{ix}、W_{cx}、W_{ax}、W_{fh}、W_{ih}、W_{ch}、W_{ah} 为权重系数；i_t、f_t、o_t 分别为输入门、遗忘门、输出门的激活函数；c_t、$\widetilde{c}_t$ 分别为状态单元和即时单元的向量；h_t 为 LSTM 当前的输出结果。

3.2.6　小结

本节首先介绍了煤矿瓦斯监控系统的传感器数据采集装置安装位置的要求，煤矿瓦斯浓度预测的指标确定。分析时间序列数据并介绍煤矿瓦斯数据的预处理，包括数据缺失和异常数据的处理。提供了瓦斯浓度预测算法的评价指标。最后，介绍了传统型煤矿瓦斯浓度的灰色瓦斯浓度预测算法和预测序列推导过程，介绍了时间序列数据长短期记忆神经网络的内部机理和计算公式。

3.3　煤矿采掘面瓦斯浓度序列改进灰色预测模型

面对低瓦斯煤矿瓦斯浓度预测的不确定性问题，灰色预测模型拥有一定优势，特别是小样本数据的时间序列问题。其原理就是将历史时间序列数据进行累加从而得到新的生成序列，进而构建煤矿瓦斯浓度序列数据的灰色预测模型，最后对瓦斯浓度后期发展趋势预测。

3.3.1　改进后的幂指数型灰色预测模型

实际问题中，煤矿瓦斯浓度序列数据的灰色作用量是伴随时间变化的。因此，本书优化灰色作用量，提出幂指数型的灰色作用量，建立改进后的灰色预测模型，主要包括以下几个步骤。

（1）将传统的灰色预测模型的白化模型静态灰色作用量，改变为幂指数型的灰色作用量，即将 b 替换为 $be^{\alpha k}+c$（其中 α 为常量），得到改进后的灰色预测模型的白化模型，如式（3-23）所示：

$$\frac{\mathrm{d}x_k^{(1)}}{\mathrm{d}k}+ax_k^{(1)}=be^{\alpha k}+c \tag{3-23}$$

改进后的灰色预测模型如式（3-24）所示：

$$x_k^{(0)}+az_k^{(1)}=b\frac{e^{\alpha}-1}{\alpha}e^{\alpha(k-1)}+c \tag{3-24}$$

式中，c 为常量。

（2）设向量 $\boldsymbol{Y}$，$\boldsymbol{B}$ 如式（3-25）~式（3-26）所示：

$$\boldsymbol{Y}=[x_2^{(0)},\ x_3^{(0)},\ \cdots,\ x_n^{(0)}]^{\mathrm{T}} \tag{3-25}$$

$$\boldsymbol{B}=\begin{bmatrix}-z_2^{(1)} & \beta e^{\alpha} & 1\\ -z_3^{(1)} & \beta e^{\alpha} & 1\\ \vdots & \vdots & \vdots\\ -z_n^{(1)} & \beta e^{\alpha} & 1\end{bmatrix} \tag{3-26}$$

式中，$\beta=a^{-1}(e^{\alpha}-1)$。

则参数估计向量 $\boldsymbol{u}$ 如式（3-27）所示：

$$\boldsymbol{u}=[a,\ b,\ c]^{\mathrm{T}}=(B^{\mathrm{T}}B)^{-1}B^{\mathrm{T}}Y \tag{3-27}$$

（3）假设任意函数 $\mu(k)$ 满足式（3-28）：

$$\mu'(k)=a\mu(k) \tag{3-28}$$

通过求解可得式（3-29）：

$$\mu(k)=he^{\alpha k} \tag{3-29}$$

式中，h 为常数。

（4）将式（3-29）两边同乘 $\mu(k)$ 并积分，如式（3-30）~式（3-32）所示：

$$\mu(k)\frac{\mathrm{d}x_k^{(1)}}{\mathrm{d}k}+\mu'(k)x_k^{(1)}=\mu(k)(be^{\alpha k}+c) \tag{3-30}$$

$$x_k^{(1)}=\frac{\int\mu(k)(be^{\alpha k}+c)\mathrm{d}k-C}{\mu(k)} \tag{3-31}$$

$$x_k^{(1)}=Ce^{-\alpha k}+\frac{b}{a+\alpha}e^{\alpha k}+\frac{c}{a} \tag{3-32}$$

式中，C 为常数。

（5）将初始条件 $x_1^{(1)}=x_1^{(0)}$ 与向量 $\boldsymbol{u}=[a,\ b,\ c]$ 代入式（3-32），从而计算得到改进后的灰色预测模型的瓦斯浓度如式（3-33）所示：

$$\hat{x}_k^{(0)}=(1-e^a)\left(x_1^{(0)}-\frac{b}{a+\alpha}e^a-\frac{c}{a}\right)e^{-a(k-1)}+\frac{b(1-e^a)}{a+\alpha}e^{ak} \tag{3-33}$$

式中，$k=1,\ 2,\ \cdots,\ n$；a、b 为常数。

3.3.2　实验数据

为了对上述提出的改进算法与传统算法进行精度评价研究，下面将以具体某煤矿工程项目采掘工作面实际采集数据为研究背景，基于矿井 2020 年 11 月 1 日~11 日这十天和 2021 年 1 月 1 日~2 月 1 日这一个月瓦斯监控数据，利用不同的算法进行预测，并且分析讨论实验结果。瓦斯浓度的监控传感器的数据采用 24h 不间断的采集方式（极少部分数据缺失），瓦斯浓度序列数据的时间间隔为 1h。选取其中两个矿井工作面（南 12015 上顺槽工作面、72303 采煤备用工作面）的监测数据作为实验数据。选取数据集的前 75% 的数据为训练集，剩余 25% 的数据为测试集。2 个矿井工作面瓦斯浓度传感器采集的数据集见表 3-3。

表 3-3　采掘工作面瓦斯浓度传感器采集的实验数据集

工 作 面	数据序列时间间隔	短期瓦斯浓度序列长度	长期瓦斯浓度序列长度
南 12015 上顺槽工作面	1h	10d	—
72303 采煤备用工作面	1h	10d	—
南 12015 上顺槽工作面	1h	—	31d
72303 采煤备用工作面	1h	—	31d

采用瓦斯浓度序列传统灰色预测算法，幂指数型的灰色预测算法这两种模型，对南 12015 上顺槽工作面、72303 采煤备用工作面数据集瓦斯浓度数据进行预测，并且分析预测误差。

3.3.2.1　矿区南 12015 上顺槽工作面的预测值与误差分析

根据上述算法得到两种模型，对南 12015 上顺槽工作面瓦斯浓度数据开展预测，得到不同模型训练集与测试集绝对误差如图 3-5 和图 3-6 所示，不同模型预测值误差分析见表 3-4。

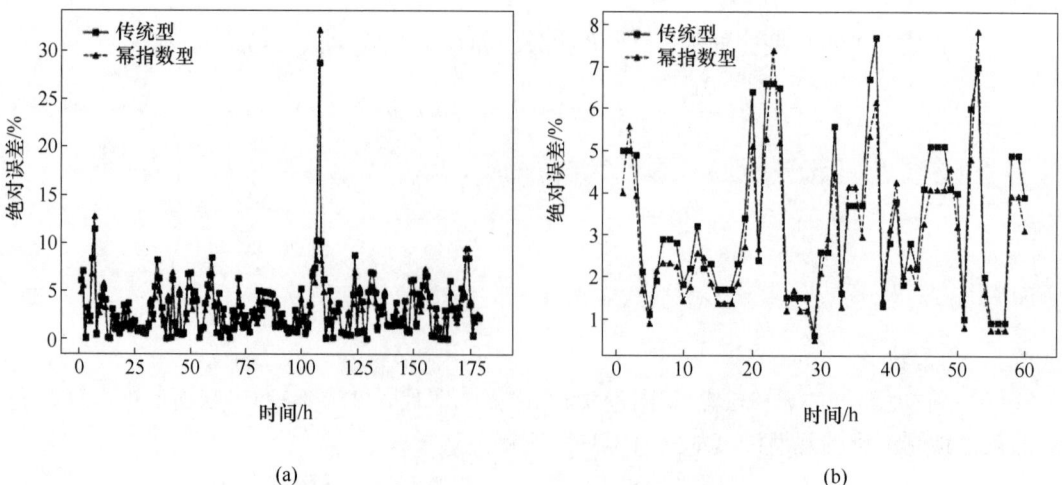

(a)　　　　　　　　　　　　　　　(b)

图 3-5　短期南 12015 上顺槽工作面绝对误差图
（a）训练集绝对误差图；（b）测试集绝对误差图

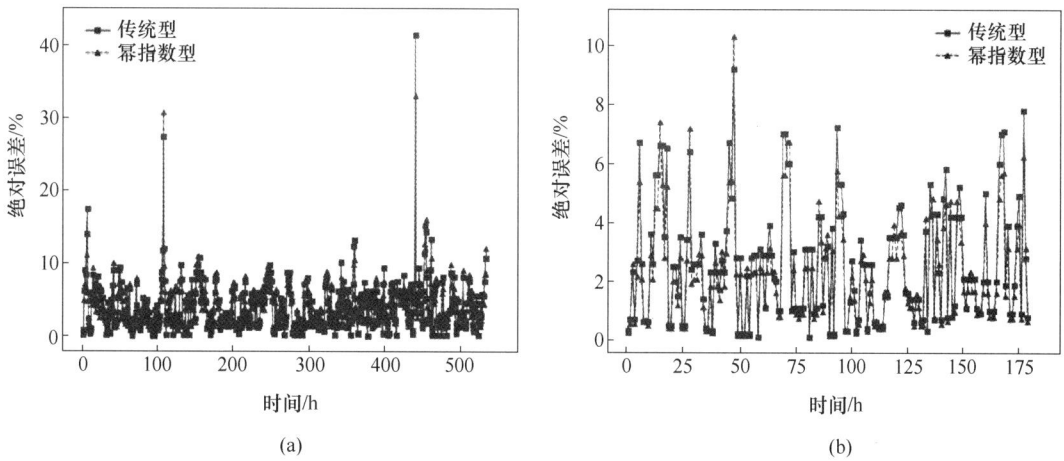

(a)　　　　　　　　　　　　　　(b)

图 3-6　长期南 12015 上顺槽工作面绝对误差图

（a）训练集绝对误差图；（b）测试集绝对误差图

表 3-4　南 12105 上顺槽工作面不同模型下预测值误差

样　本　集		模　　型	MAE	RMSE
南 12015 上顺 工作面训练集	短期	传统型	3.2491	4.4627
		幂指数型	2.8689	4.2182
	长期	传统型	4.0101	4.8961
		幂指数型	3.5310	4.3803
南 12015 上顺 工作面测试集	短期	传统型	3.3116	3.7930
		幂指数型	2.9181	3.3735
	长期	传统型	2.8661	3.6342
		幂指数型	2.5426	3.2111

由表 3-4 可知，对于短期南 12015 上顺槽工作面训练集，幂指数型瓦斯浓度预测模型相较于瓦斯浓度的传统灰色预测模型，平均绝对误差和均方根差分别下降了 0.3802%，0.2425%；在长期预测中，平均绝对误差和均方根差分别下降了 0.4791%、0.5158%。

对于短期南 12015 上顺槽工作面测试集，幂指数型瓦斯浓度预测模型相较于瓦斯浓度的传统灰色预测模型，平均绝对误差和均方根差分别下降了 0.39357%、0.4195%；在长期预测中，平均绝对误差和均方根差分别下降了 0.3235%、0.4231%。

从上述分析中可以看出，瓦斯浓度的幂指数型灰色预测模型精度要高于传统型的预测精度，均方根差最大降低 0.5158%。

3.3.2.2　72303 采煤备用工作面的预测值与误差分析

根据上述算法得到两种模型，对 72303 采煤备用工作面瓦斯浓度数据进行预测，得到不同模型训练集与测试集绝对误差如图 3-7 和图 3-8 所示，不同模型预测值误差分析见表 3-5。

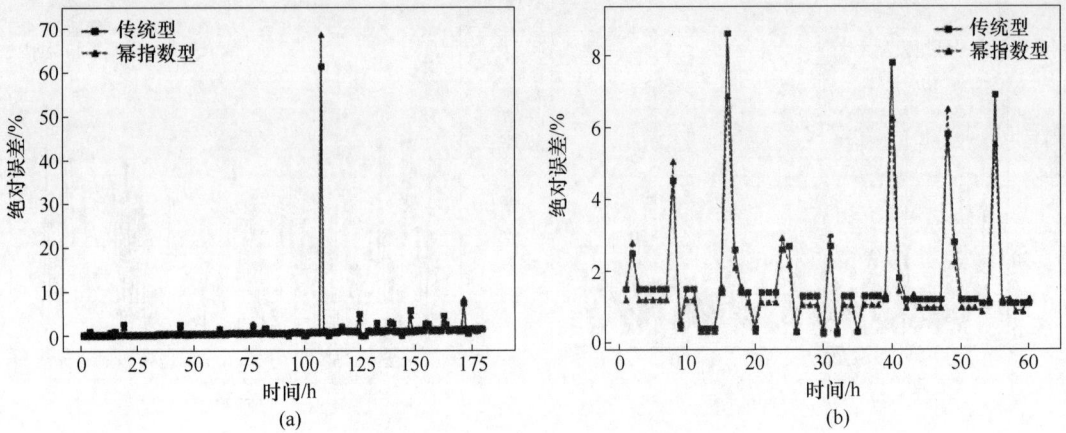

图 3-7　短期 72303 采煤备用工作面绝对误差图
（a）训练集绝对误差图；（b）测试集绝对误差图

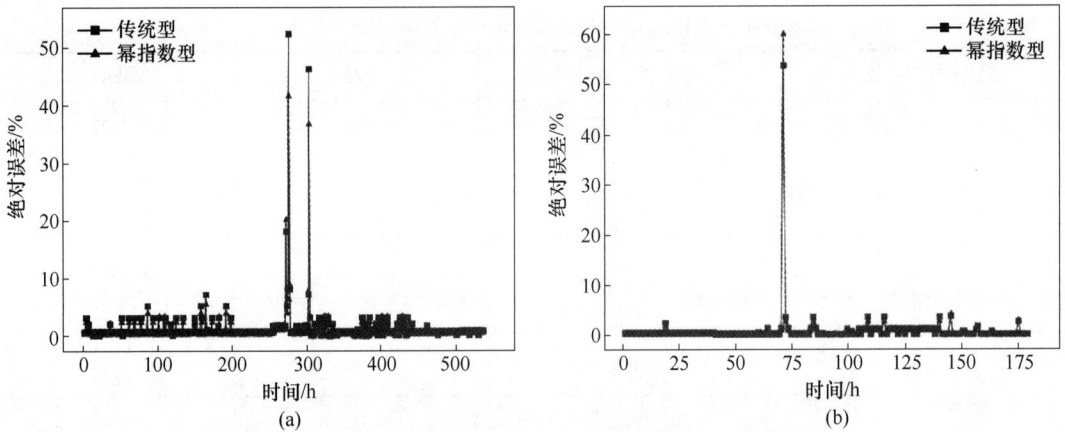

图 3-8　长期 72303 采煤备用工作面绝对误差图
（a）训练集绝对误差图；（b）测试集绝对误差图

表 3-5　72303 采煤备用工作面不同模型预测值误差

样 本 集		模 型	MAE	RMSE
72303 采煤备用 工作面训练集	短期	传统型	1.2961	4.7503
		幂指数型	1.2331	5.2524
	长期	传统型	0.5686	0.6990
		幂指数型	0.4967	0.6011
72303 采煤备用 工作面测试集	短期	传统型	1.7516	2.4122
		幂指数型	1.5523	2.1459
	长期	传统型	0.4718	0.7317
		幂指数型	0.4160	0.6328

由表 3-5 可知，对于短期 72303 采煤备用工作面训练集，相较于瓦斯浓度的传统灰色

模型，幂指数型模型的平均绝对误差降低了 0.063%，均方根差提高了 0.5021%；长期预测中，误差相对较小，平均绝对误差和均方根差分别下降了 0.0719%、0.0979%。

对于短期 72303 采煤备用工作面测试集，相较于瓦斯浓度的传统灰色模型，幂指数型模型的平均绝对误差和均方根差分别下降了 0.1993%、0.2663%；在长期预测中，误差相对较小，平均绝对误差和均方根差分别下降了 0.0558%、0.0989%。

从上述分析可以看出，瓦斯浓度的幂指数型灰色预测模型精度要高于传统型的预测精度，均方根差最大降低了 0.5021%。

3.3.3　小结

本章提出了基于幂指数型的改进灰色瓦斯浓度预测算法。首先，根据微分方程理论知识与最小二乘法及其相关知识，对灰色预测模型进行静态灰色作用量优化，构造一种幂指数型的灰色作用量的改进灰色瓦斯浓度序列预测算法。同时，以某煤矿工程项目为例，对煤矿采掘工作面瓦斯情况进行预测，对于南 12015 上顺槽工作面，瓦斯浓度的幂指数型灰色预测模型精度要高于传统型的预测精度，均方根差最大降低 0.5158%；对于 72303 采煤备用工作面的瓦斯浓度数据，该算法精度比传统灰色预测模型的均方根差最大降低 0.5021%。

3.4　基于 Adam-GRU 的煤矿采掘工作面瓦斯浓度序列预测

3.4.1　小波降噪

煤矿采掘工作面瓦斯传感器采集的瓦斯浓度数据具有噪声，对有用数据进行增强，对瓦斯浓度序列预测精度的保证具有重要的意义。小波变换有时频局部化的性质，可以保护局部信息，也可以抑制噪声，采用小波降噪需要确定阈值函数并选取合适的阈值。一般阈值会采用启发式阈值、极大极小阈值及通用阈值的方法。目前一般比较常见的阈值函数是软阈值函数和硬阈值函数[39]。

3.4.1.1　小波变换的定义

若原始信号是 $f(t)$，定义信号 $f(t)$ 的连续小波变换[40]：

$$W_x(2^j, \ 2^j k) = 2^{-j/2} \sum f(m)\psi^*(2^{-j}m - k) \tag{3-34}$$

式中，$\psi(t)$ 为小波；$\psi_{s,\ t}^*(t) = \psi\left(\dfrac{t - \tau}{s}\right)$；$*$ 为复共轭；s 为尺度因子；τ 为时间因子。

要使小波变换存在且唯一，要求 $\psi(t)$ 满足：

$$\int_R \frac{|\psi(\omega)|^2}{|\omega|} \mathrm{d}\omega < +\infty \tag{3-35}$$

式中，$\psi(\omega)$ 为 $\psi(t)$ 的傅式变换，若 $\psi(\omega) \in L^1 R$，则式（3-35）等价于 $\int_R \psi(t)\mathrm{d}t = 0$ 或 $\psi(0) = 0$。

如果尺度因子离散化，取 $s = 2^j$，$j \in Z$，那么由连续小波变化转变成的小波级数为：

$$W_x(2^j, \tau) = 2^{-j/2} \int_R f(t)\psi^*(2^{-j}(t-\tau))\,\mathrm{d}t \tag{3-36}$$

若考虑离散化的时间因子和原始信号 $f(t)$ ，$\tau = 2^j k$ ，$j \in Z$ ，$k \in Z$ ，那么得到的离散小波变换是：

$$W_x(2^j, 2^j k) = 2^{-j/2} \sum f(n)\psi^*(2^{-j}n - k) \tag{3-37}$$

3.4.1.2　小波降噪的数学模型

若一维含噪信号模型的表达方式为：

$$f(t) = s(t) + n(t), \ t = 1, 2, \cdots \tag{3-38}$$

式中，$f(t)$ 表示真实信号，$s(t)$ 表示原信号，$n(t)$ 表示噪声信号，且有 $s(t)$ 与 $n(t)$ 是相互独立的。

不妨设噪声信号 $n(t)$ 符合以下三个条件：（1）方差为常量；（2）服从正态分布；（3）不相关。事实上，一般实际情况较为困难满足以上条件。通常会假设噪声信号 $n(t)$ 是高斯噪声，它的概率密度函数是服从正态分布 $n(t) \sim N(0, \sigma^2)$ 的，经过小波变换，信号数据变为：

$$Wf = Ws + Wn \tag{3-39}$$

式中，$Wf = W(f)$ 是含噪系数；$Ws = W(s)$ 是信号系数；$Wn = W(n)$ 是噪声数。

3.4.1.3　小波降噪的原理

一般，小波降噪采用小波分解系数处理，小波降噪常见的方法是小波变换模极大重构降噪。首先，从信号 $f(t)$ 中取 N 个点，对其进行离散采样，得到的离散信号为 $f(n)$ ，$n = 0, 1, \cdots, N-1$ ，再经过小波变换便得到：

$$Wf(j, k) = 2^{-j/2} \sum_{n=0}^{N-1} f(n)\psi(2^{-j}n - k) \tag{3-40}$$

式中，$Wf(j, k)$ 为小波系数（可简单记为 $W_{j,k}$ ）；j 为分解尺度；k 为位置。

小波阈值降噪的具体步骤如图 3-9 所示。

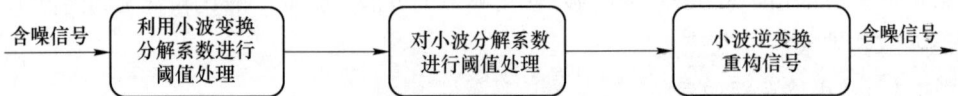

图 3-9　小波阈值降噪流程图

（1）对于含噪信号 $f(t)$ 进行离散采样，获得离散信号 $f(n)$ ，可以挑选合适的分解尺度 $f(n)$ 和小波基 j ，从而得到小波分解系数 $W_{j,k}$ ；

（2）对每一个小波分解系数 $W_{j,k}$ 进行阈值处理，经过处理之后，可以得到小波分解系数 $\overline{W}_{j,k}$ ；

（3）对 $\overline{W}_{j,k}$ 进行小波逆变换，重新构造信号，可以得到降噪后信号 $\overline{f}(n)$ 。

3.4.2　门控循环单元

门控循环单元（Gated Recurrent Unit, GRU）与 LSTM 十分相似，它是由 LSTM 转变而来的[41-42]。不同的是，GRU 把 LSTM 中的遗忘门和输入门合成为一个门，称为更新门。

因此，GRU 只有两个门，分别为更新门和重置门。更新门控制上一时刻信息保存到下一时刻的程度，重置门控制当前状态与上一个时刻的结合程度。GRU 的结构如图 3-10 所示。

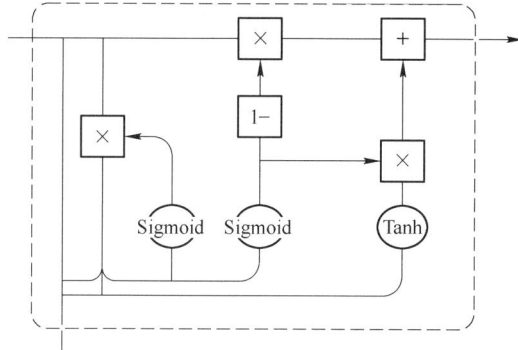

图 3-10 GRU 内部结构图

图 3-10 中的内部计算公式为：

$$z_t = \sigma(\boldsymbol{W}_{zx}\boldsymbol{x}_t + \boldsymbol{U}_{zh}\boldsymbol{h}_{t-1} + \boldsymbol{b}_z) \tag{3-41}$$

$$r_t = \sigma(\boldsymbol{W}_{rx}\boldsymbol{x}_t + \boldsymbol{U}_{rh}\boldsymbol{h}_{t-1} + \boldsymbol{b}_r) \tag{3-42}$$

$$\widetilde{\boldsymbol{h}}_t = \tanh(\boldsymbol{W}_{hx}\boldsymbol{x}_t + r_t \circ \boldsymbol{U}_{hh}\boldsymbol{h}_{t-1} + \boldsymbol{b}_h) \tag{3-43}$$

$$\boldsymbol{h}_t = (1 - z_t) \circ \widetilde{\boldsymbol{h}}_t + z_t \circ \boldsymbol{h}_{t-1} \tag{3-44}$$

式中，$\boldsymbol{x}_t$ 为输入；$\boldsymbol{h}_t$ 为隐藏层的输出；z_t 为更新门；r_t 为重置门；$\widetilde{\boldsymbol{h}}_t$ 为输入 $\boldsymbol{x}_t$ 与上一时刻输出 $\boldsymbol{h}_{t-1}$ 的结合；σ 为 Sigmoid 函数；$\boldsymbol{W}_{hx}$、$\boldsymbol{W}_{zx}$、$\boldsymbol{W}_{rx}$、$\boldsymbol{U}_{hh}$、$\boldsymbol{U}_{zh}$、$\boldsymbol{U}_{rh}$ 为权重系数矩阵；$\boldsymbol{b}_h$、$\boldsymbol{b}_z$、$\boldsymbol{b}_r$ 为偏置向量；$z_t \circ \boldsymbol{h}_{t-1}$ 为 z_t 与 $\boldsymbol{h}_{t-1}$ 的复合关系。

3.4.3 优化器的选择

随机梯度优化算法在工程领域应用广泛，对参数进行调整，得到最值，选出 LSTM 预测瓦斯适应性好的优化器具有重要作用。不同的参数所表现出来的结果不同，梯度优化算法是一种行之有效的优化办法。目前，主流的优化器有 SGD、RMSprop、Adam。

3.4.3.1 SGD 算法

随机梯度下降法，是寻找最小值的优化算法。对于传统神经网络，常采用梯度下降法处理，梯度下降法是每次都按此刻函数位置导数的方向移动，且重复迭代，直到寻找到最小值，因为下降过程接近由大到小，因此叫作梯度下降法。在传统神经网络算法中，梯度下降法具有诸多应用，不过也存在一些缺点。当数据集很大时，仅是计算函数 f_x 的导数，就要遍历一次全部数据集迭代一步，一般梯度下降法会迭代上千次，这将严重影响算法效率[43]。另外，下降流程碰到局部最优点，导数是 0，迭代过程就会停止，得到的结果只是局部最优值，不是全局最优值，如图 3-11 所示。

但是 SGD 不会出现这种缺点，其可以采用

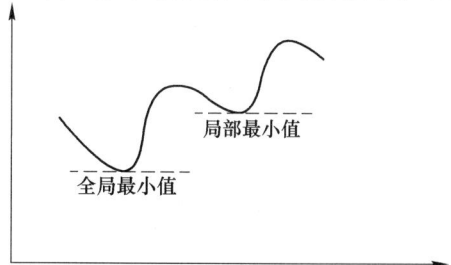

图 3-11 梯度下降法局部最小值的问题

样本数据的损失函数对 θ 求偏导，进而得到相应梯度来更新 θ：

$$\theta'_j = \theta_j + (y^i - h_\theta(x^i))x^i_j \tag{3-45}$$

3.4.3.2　RMSprop 优化器

机器学习的学习率对于算法预测结果影响很大，学习率过小会出现收敛缓慢，学习率过大容易丢失部分信息，导致得不到最优值。AdaGrad 算法的本质是不同的参数通过不同学习率来更新，如式（3-46）和式（3-47），式中 α 为学习率，一般取值 0.0001，ε_t 为参数，一般取 1×10^{-6}。

$$G_{t+1} = G_t + g_t^2 \tag{3-46}$$

$$\theta_{t+1} = \theta_t - \frac{\alpha}{\sqrt{G_t + \varepsilon_t}} \cdot g_t \tag{3-47}$$

AdaGrad 会导致学习率降低太快，使学习提早停止。RMSprop 通过仅仅累计窗口大小为 w 的梯度，通过指数加权平均的方法，如式（3-48）所示，ρ 表示指数加权参数，通常取值为 0.9。

$$\sum_t g^2 = \rho \cdot \sum_{t-1} g^2 + (1 - \rho) \cdot g_t^2 \tag{3-48}$$

此方法利用式（3-49）来更新下一时刻，式中 α 为学习率，一般取值 0.0001，ε_t 为参数，一般取 1×10^{-6}。

$$\theta_{t+1} = \theta_t - \frac{\alpha}{\sqrt{\sum_t g^2 + \varepsilon_t}} \cdot g_t \tag{3-49}$$

RMSprop 是计算梯度平方的平均值，可以弥补 AdaGrad 方法学习率下降太快的缺陷[44]。

3.4.3.3　Adam 优化器

Adam 优化算法较随机梯度下降法的优势在于学习率会变化，其采用一阶矩估计和二阶矩估计得出自适应学习率，可以表现更高的计算效率，同时，Adam 算法梯度的对角缩放表现出不变性[45]，网络参数更新流程如下：

$$g_t = \frac{1}{n} \nabla\theta \sum_i L(F(Y_i, \theta), X_i) \tag{3-50}$$

$$m_t = u \times m_{t-1} + (1 - u) \times g_t \tag{3-51}$$

$$n_t = v \times n_{t-1} + (1 - v) \times g_t^2 \tag{3-52}$$

$$\widetilde{m_t} = \frac{m_t}{1 - u^t} \tag{3-53}$$

$$\widetilde{n_t} = \frac{n_t}{1 - v^t} \tag{3-54}$$

$$\widetilde{\theta}_t = -\eta \times \frac{\widetilde{m_t}}{\sqrt{\widetilde{n_t}} + \varepsilon} \tag{3-55}$$

$$\theta_{t+1} = \theta_t + \widetilde{\theta}_t \tag{3-56}$$

一般衰减系数 u 取 0.9，v 取 0.99，步长 η 取 0.001，常数 ε 取 10^{-8}，其中 g_t 代表均方误差函数 $L(\theta)$ 对 θ 的梯度，m_t 代表一阶矩估计，n_t 代表二阶矩估计，$\widetilde{m_t}$ 代表对 m_t 的偏差修正，$\widetilde{n_t}$ 表示对 n_t 的偏差修正，$\Delta\theta_t$ 代表 θ_t 的更新值，θ_{t+1} 表示 $t+1$ 时刻的 θ 值。Adam 优化一般将向量初始化，接着循环迭代更新，使得 θ 收敛。也就是将时间步 t 加上 1 后，更新偏差的一阶和二阶矩估计，然后计算矩估计的偏差修正，再更新参数 θ 的梯度，最后利用上面算出的值更新 θ[43]。

3.4.4　Dropout 方法

Dropout 可以避免预测结果过拟合，该方法的思想是将一定比例的神经网络单元从网络中丢弃，可以提高神经网络单元的利用率。图 3-12 是神经网络神经元全连接的连接图和 Dropout 处理后的神经元连接图。

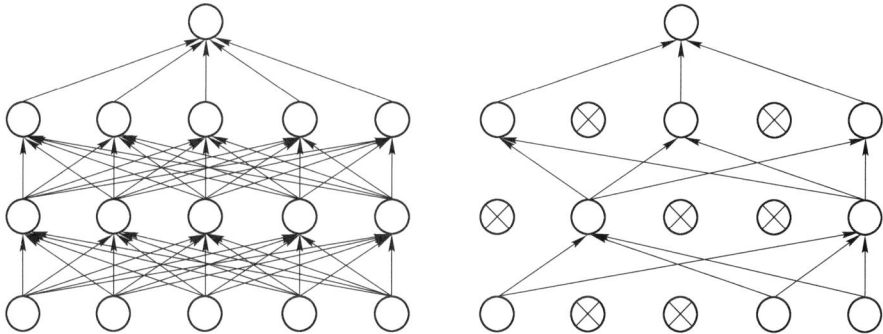

图 3-12　在深度网络中 Dropout 的应用示意图

从图 3-12 两个示意图可以发现，当神经网络规模过大时，大量的训练会导致神经元大量交织，需要耗费大量算力，导致训练时间过长，甚至出现过拟合。但是 Dropout 能够避免这些缺陷。Dropout 能够控制隐藏层的激活值按某个固定比例变成 0，缩短隐藏层节点数量，缩短训练时间；也能够让某个神经元和另外随机挑选的神经元联合决策，减弱神经元节点之间的联合适应性，提升泛化性[46]。

3.4.5　算法结构设计

将煤矿瓦斯浓度序列历史数据作为输入量，对下一时刻的瓦斯浓度序列进行预测，构造的基于 Adam-GRU 的煤矿瓦斯浓度预测模型如图 3-13 所示，包含输入层，隐藏层，输出层，网络训练，网络预测五个板块。

（1）输入层。输入瓦斯浓度序列数据之前，先定义瓦斯浓度序列数据 $x = (x_1, x_2, \cdots, x_n)$，再将瓦斯浓度序列数据集划分为训练集 $x_{\text{train}} = (x_1, x_2, \cdots, x_m)$，$m \in (0, n)$ 和测试集 $x_{\text{test}} = (x_{m+1}, x_{m+2}, \cdots, x_n)$，最后将划分好训练集和测试集数据进行标准化，得到 $x'_{\text{train}} = (x'_1, x'_2, \cdots, x'_m)$，$m \in (0, n)$ 和 $x'_{\text{test}} = (x'_{m+1}, x'_{m+2}, \cdots, x'_n)$。

（2）隐藏层。隐藏层采用 GRU 神经网络，学习数据输入到隐藏层，通过前向传播计算公式之后，得到输出，再计算损失，接着将模型进行优化，通过 GRU 两层隐藏层的损失计算和优化，最后得到最终隐藏层的输出。整个流程如下：

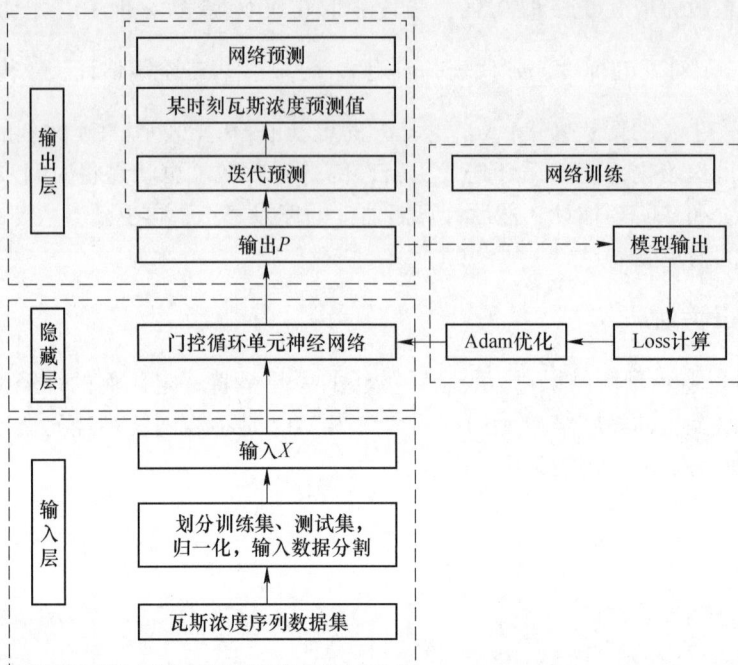

图 3-13　网络模型结构设计

Step1：将 x 输入隐藏层。

Step2：隐藏层中由多个 GRU 细胞单元构成，隐藏层的输出为：

$$P = \{P_1,\ P_2,\ \cdots,\ P_L\} \tag{3-57}$$

$$P_P = \mathrm{GRU}_{\mathrm{forward}}(X_P,\ C_{P-1},\ H_{P-1}) \tag{3-58}$$

式中，C_{P-1} 和 H_{P-1} 是 GRU 细胞单元的输出结果；$\mathrm{GRU}_{\mathrm{forward}}$ 是 GRU 的前向传播计算流程。

Step3：采用输出的数据计算损失函数的值，求出 MAE 和 RMSE，作为损失的误差标准。

Step4：采用 Adam 优化器进行算法参数优化，来适应不同参数的学习率。

（3）输出层。输出层其实就是将预测值和真实值的损失进行优化降低后的输出 $y = (y_1,\ y_2,\ \cdots,\ y_n)$，接着将 m 时刻的结果反馈到预测模块，进行下一时刻的预测，得到瓦斯浓度序列预测结果。

（4）网络训练。网络训练的部分就是隐藏层部分，利用 RMSE 进行损失计算，其次用 Adam 优化算法进行优化，经过多次训练迭代，得到预测值，整个流程如下：

Step1：将数据集 $x'_{\mathrm{train}} = (x'_1,\ x'_2,\ \cdots,\ x'_m)$，$m \in (0,\ n)$ 输入隐藏层；

Step2：通过 GRU 的内部计算公式中的隐藏层输出计算，计算均方根误差，得到 loss 损失函数值；

Step3：采用 Adam 优化算法的参数，更新网络中权重 W_{hx}，W_{zx}，W_{rx}，U_{hh}，U_{zh}，U_{rh}；

Step4：最终将 loss 计算和 Adam 优化后的输出结果输出为 $\{P_1,\ P_2,\ \cdots,\ P_L\}$。

（5）网络预测。网络预测其实就是采用训练好的 GRU 神经网络模型进行预测，最后得到多个时刻的瓦斯浓度序列预测值。具体流程如下：

Step1：输出 P 的最终数据 $Y_f = \{Y'_{m-L+1},\ Y'_{m-L+2},\ \cdots,\ Y'_m\}$；

Step2：将 Y_f 输入 $\mathrm{GRU}^*_{\mathrm{net}}$，可以得到下一个时刻的预测值 P_{m+1}，其输出结果是：

$$P_f = \mathrm{GRU}^*_{\mathrm{net}}(Y_f) = \{P_{m-L+2},\ P_{m-L+3},\ \cdots,\ P_{m+1}\} \tag{3-59}$$

Step3：将 Y_{f+1} 输入 $\mathrm{GRU}^*_{\mathrm{net}}$ 得到下一时刻的预测值，依次操作下去，得到 $n+1$ 时刻的预测值。

Step4：最终计算训练集预测值与实际值的偏差和测试集预测值与实际值的偏差，计算出模型的预测精度。

3.4.6　实验结果与分析

3.4.6.1　实验数据

为了对上述提出的算法与传统算法进行精度评价研究，下面将以国内某煤矿工程项目矿井采掘工作面实际采集数据为研究背景，基于矿井 2020 年 11 月 1 日~2021 年 2 月 1 日这三个月和 2021 年 3 月 1 日~9 月 1 日这六个月瓦斯监控数据，采用不同算法进行预测，并对实验结果进行讨论分析。瓦斯浓度监控传感器数据 24h 不间断采集（极少部分数据缺失），瓦斯浓度序列数据时间间隔为 1h。选取其中两个矿井工作面（南 12015 上顺槽工作面、72303 采煤备用工作面）监测数据为实验数据。选取数据集的前 75% 的数据为训练集，剩余 25% 的数据为测试集。两个矿井工作面瓦斯浓度传感器采集的数据集见表 3-6。

表 3-6　两个采掘工作面瓦斯浓度传感器采集的实验数据集

工 作 面	数据序列时间间隔	短期瓦斯浓度序列长度	长期瓦斯浓度序列长度
南 12015 上顺槽工作面	1h	92d	—
72303 采煤备用工作面	1h	92d	—
南 12015 上顺槽工作面	1h	—	184d
72303 采煤备用工作面	1h	—	184d

3.4.6.2　小波降噪

利用采煤备用工作面采集的连续的 500 条瓦斯浓度数据，采用上述小波降噪的原理，对瓦斯浓度数据进行小波降噪，小波降噪后的瓦斯浓度序列数据如图 3-14 所示。

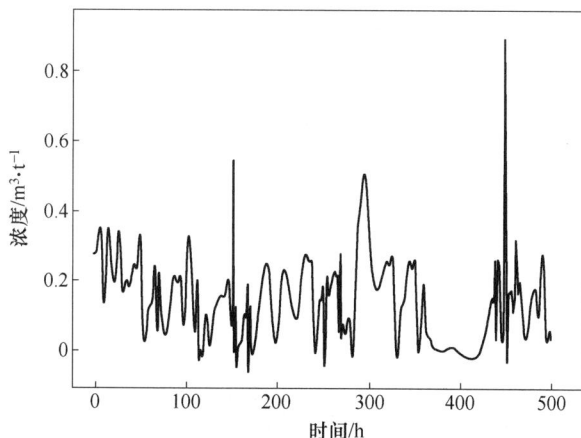

图 3-14　小波降噪后的部分瓦斯浓度数据

3.4.6.3　优化器的选择

利用煤矿瓦斯传感器采集的瓦斯数据，以南 19205 上顺槽工作面 2021 年 6 月 1 日~7 月 1 日（短期）和 2021 年 7 月 1 日~10 月 1 日（长期）的瓦斯浓度数据为例，采用小波降噪处理原始数据之后得到降噪后数据，利用上述提到的三种优化器对瓦斯浓度进行预测，并且计算出不同优化器对预测结果的平均绝对误差和均方根差，得到表 3-7。

表 3-7　南 19205 上顺槽工作面不同优化器下预测值误差

数　据　集		优化器	MAE	RMSE
南 19205 上顺槽工作面	短期	SGD	8.652	12.856
		RMSProp	8.743	11.856
		Adam	7.513	10.652
	长期	SGD	7.846	12.654
		RMSProp	7.182	11.939
		Adam	6.512	11.610

采用上述实验数据和三种优化器，分别计算 RMSE、MAE，列表比较各个优化器的误差，对于南 19205 上顺槽工作面短期的数据中，Adam 的平均绝对误差比 SGD 和 RMSProp 都低，分别降低了 1.139%、1.230%；均方根差分别降低了 2.204%、1.204%。对于南 19205 上顺槽工作面长期的数据中，Adam 的平均绝对误差比 SGD 和 RMSProp 都低，分别降低了 1.334%、0.670%；均方根差分别降低了 1.044%、0.329%。结果表明，Adam 的优化效果比 SGD 和 RMSProp 更佳。

3.4.6.4　参数的设置

首先建立上述所提采掘工作面瓦斯浓度序列的深度学习 GRU 神经网络预测算法，根据初始经验确定模型的参数，设置模型的优化器为 Adam，batch 大小设置为 8，verbose 设置为 2，损失函数为均方差。

由于瓦斯浓度序列具有序列性，故而选择合适的历史数据作为的特征较为重要，下方将采用南 19205 上顺槽工作面的瓦斯浓度序列为实验数据，分别选取时间步长为 1，2，3，…，20。图 3-15 展示了相同参数不同时间步长，训练模型的 RMSE 变化情况，当步长为 7 时，训练集和测试集的 RMSE 都是最小的，故而选择时间步长为 7。

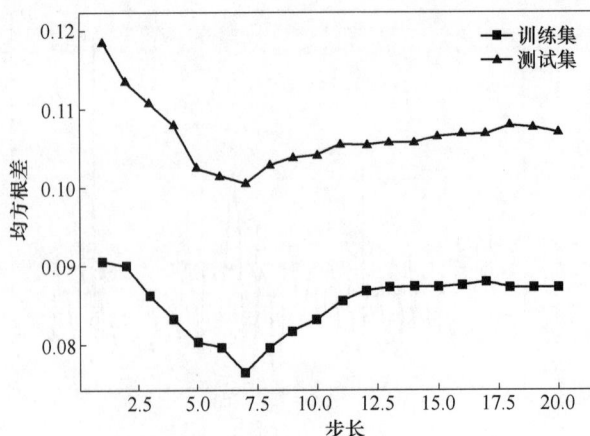

图 3-15　不同时间步长的 RMSE 变化

3.4.6.5 算法的收敛速度情况

采用上述所提的 Adam-GRU 算法，对南 19205 上顺槽工作面的瓦斯浓度序列数据进行训练，得到不同算法在每个迭代的损失函数值，如图 3-16 所示，Adam-GRU 算法在较少的迭代次数下便实现收敛，明显优于 Adam-LSTM 和 Adam-RNN 两种算法，而且损失函数也是最低。

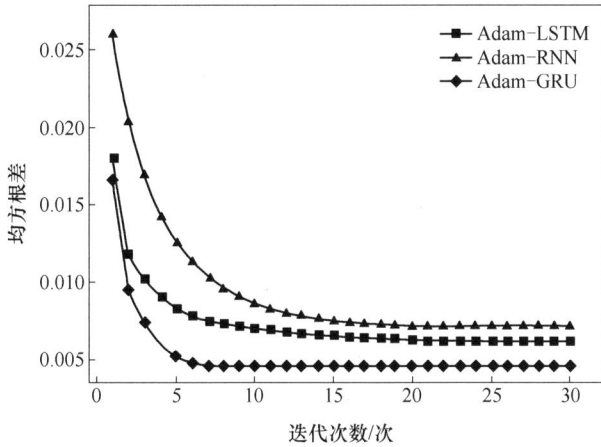

图 3-16 三种算法的收敛情况

3.4.6.6 不同预测模型的预测值与误差分析

根据上述算法得到三种模型，对南 12015 上顺槽工作面瓦斯浓度数据进行预测，得到不同模型训练集与测试集绝对误差如图 3-17~图 3-19 所示，不同模型预测值误差分析见表 3-8。

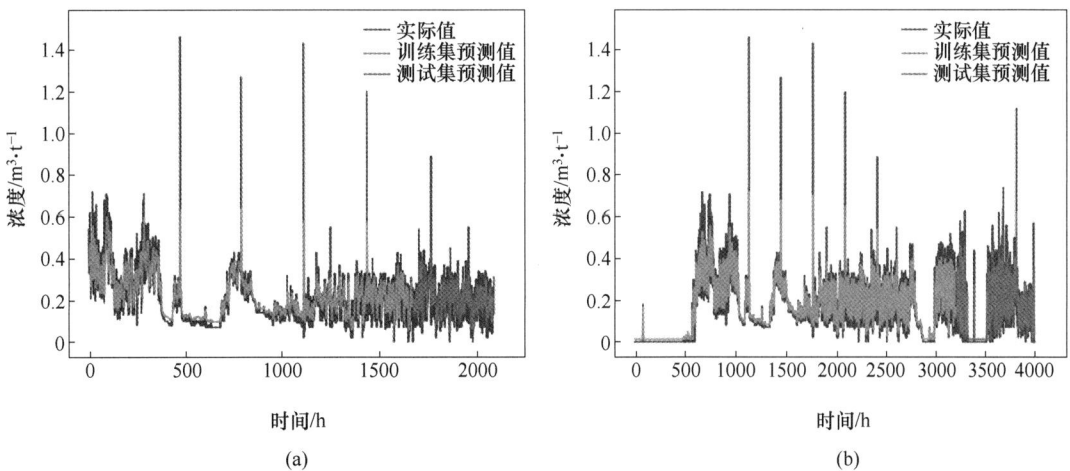

(a)

(b)

图 3-17 南 12015 上顺槽工作面瓦斯浓度 Adam-GRU 预测值

（a）三个月的预测值；（b）六个月的预测值

（扫描书前二维码看彩图）

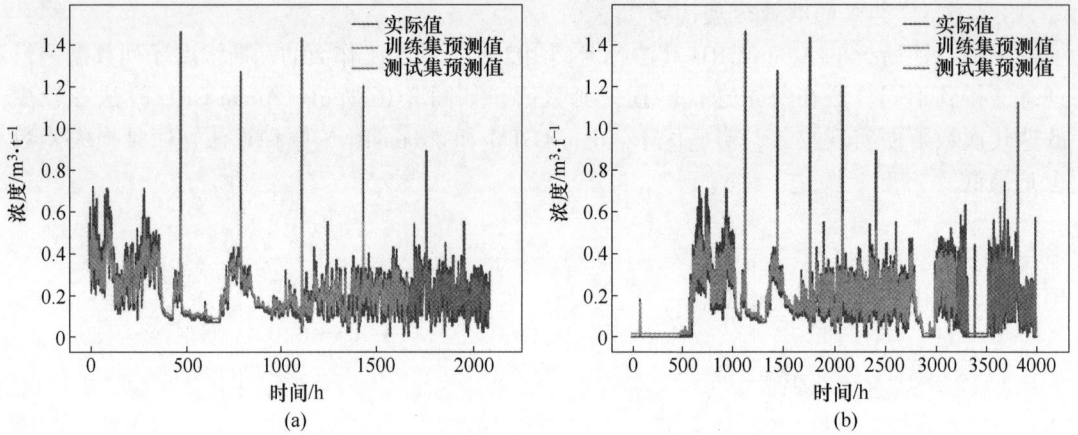

图 3-18　南 12015 上顺槽工作面瓦斯浓度 Adam-LSTM 预测值

（a）三个月的预测值；（b）六个月的预测值

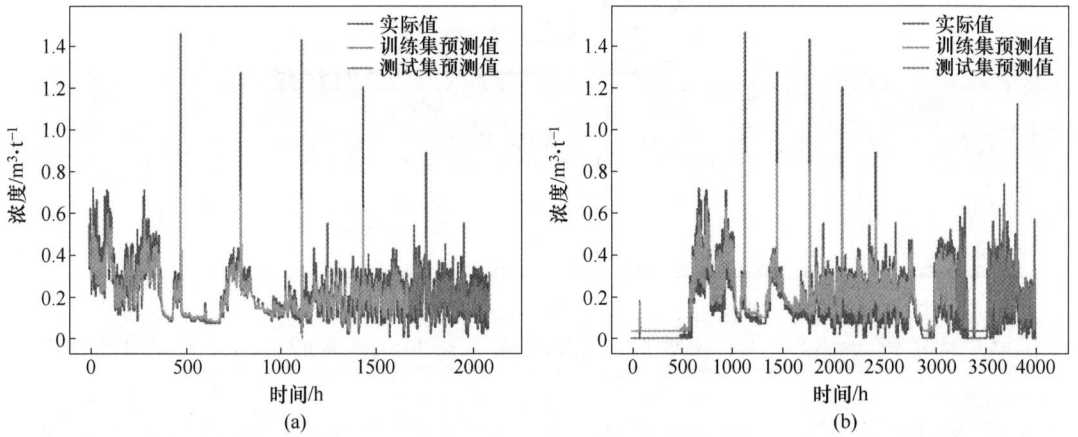

图 3-19　南 12015 上顺槽工作面瓦斯浓度 Adam-RNN 预测值

（a）三个月的预测值；（b）六个月的预测值

（扫描书前二维码看彩图）

表 3-8　南 12015 上顺槽工作面不同算法下预测值误差

数　据　集		算　法	MAE	RMSE
南 12015 上顺槽 工作面训练集	短期	Adam-RNN	8.652	11.685
		Adam-LSTM	8.165	11.484
		Adam-GRU	7.334	10.502
	长期	Adam-RNN	5.685	9.806
		Adam-LSTM	5.186	9.513
		Adam-GRU	4.769	8.182
南 12015 上顺槽 工作面测试集	短期	Adam-RNN	8.695	13.397
		Adam-LSTM	8.179	12.654
		Adam-GRU	7.825	11.817

数 据 集		算 法	MAE	RMSE
南 12015 上顺槽 工作面测试集	长期	Adam-RNN	7.940	11.627
		Adam-LSTM	7.642	10.891
		Adam-GRU	7.005	10.010

由表 3-8 可知，对于短期南 12015 上顺槽工作面训练集，基于 Adam-GRU 的瓦斯浓度预测模型，相较于基于 Adam-RNN 的瓦斯浓度预测模型平均绝对误差降低了 1.318%，均方根误差降低了 1.183%；相较于基于 Adam-LSTM 的瓦斯浓度预测模型平均绝对误差降低了 0.831%，均方根误差降低了 0.982%。

对于长期南 12015 上顺槽工作面训练集，基于 Adam-GRU 的瓦斯浓度预测模型，相较于基于 Adam-RNN 的瓦斯浓度预测模型平均绝对误差降低了 0.916%，均方根误差降低了 1.624%；相较于基于 Adam-LSTM 的瓦斯浓度预测模型平均绝对误差降低了 0.417%，均方根误差降低了 0.580%。

对于短期南 12015 上顺工作面测试集，基于 Adam-GRU 的瓦斯浓度预测模型，相较于基于 Adam-RNN 的瓦斯浓度预测模型平均绝对误差降低了 0.870%，均方根误差降低了 1.580%；相较于基于 Adam-LSTM 的瓦斯浓度预测模型平均绝对误差降低了 0.354%，均方根误差降低了 0.837%。

对于长期南 12015 上顺工作面测试集，基于 Adam-GRU 的瓦斯浓度预测模型，相较于基于 Adam-RNN 的瓦斯浓度预测模型平均绝对误差降低了 0.935%，均方根误差降低了 1.617%；相较于基于 Adam-LSTM 的瓦斯浓度预测模型平均绝对误差降低了 0.637%，均方根误差降低了 0.881%。

从上述分析中可以看出，基于 Adam-GRU 的煤矿瓦斯浓度预测模型要高于另外两种算法的预测精度，均方根差最大降低 1.624%。另外，可以发现长期的平均绝对误差和均方根误差普遍比短期的小，因为历史数据越长，学习的性能越强，预测效果越好。

对 72303 采煤备用工作面瓦斯浓度数据进行预测，得到不同模型训练集与测试集绝对误差如图 3-20~图 3-22 所示，不同模型预测值误差分析见表 3-9。

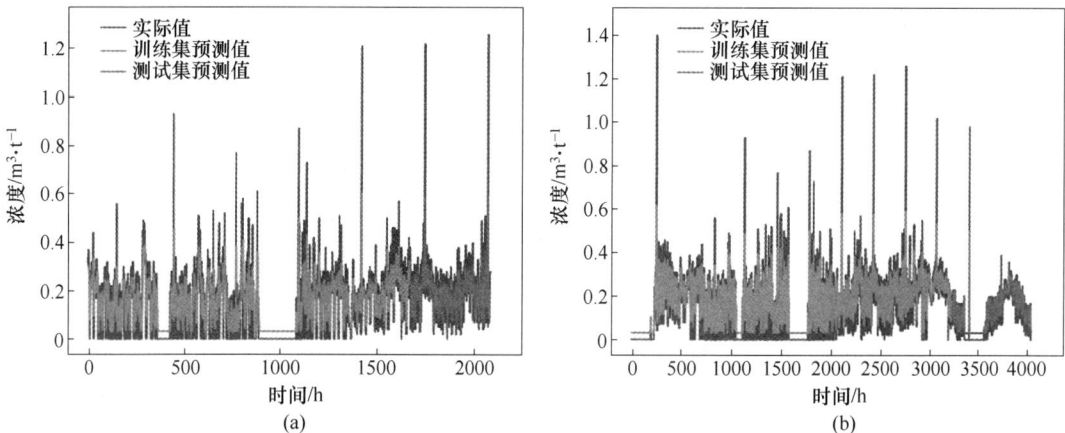

图 3-20 72303 采煤备用工作面瓦斯浓度 Adam-GRU 预测值

（a）三个月的预测值；（b）六个月的预测值

（扫描书前二维码看彩图）

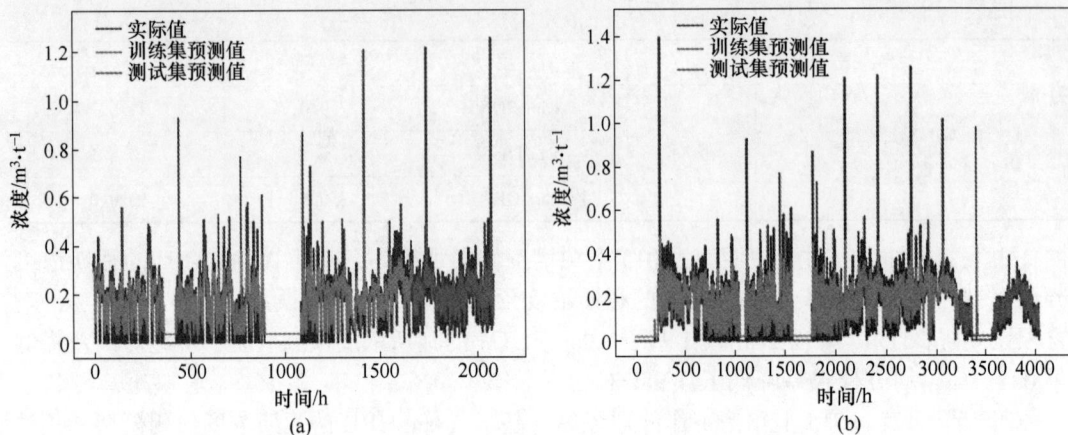

图 3-21　72303 采煤备用工作面瓦斯浓度 Adam-LSTM 预测值
(a) 三个月的预测值；(b) 六个月的预测值

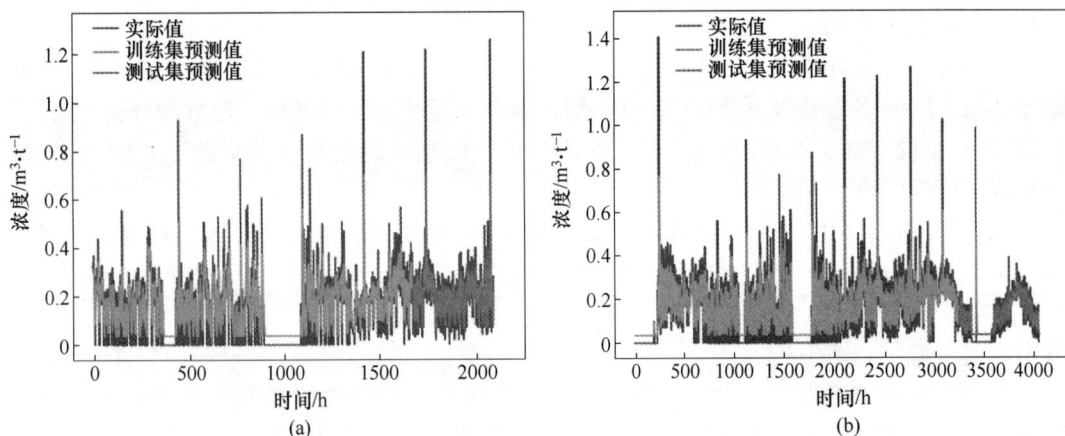

图 3-22　72303 采煤备用工作面瓦斯浓度 Adam-RNN 预测值
(a) 三个月的预测值；(b) 六个月的预测值
(扫描书前二维码看彩图)

表 3-9　72303 采煤备用工作面不同优化器下预测值误差

数　据　集		算　法	MAE	RMSE
72303 采煤备用 工作面训练集	短期	Adam-RNN	5.413	9.541
		Adam-LSTM	5.137	9.062
		Adam-GRU	5.086	8.698
	长期	Adam-RNN	6.895	11.023
		Adam-LSTM	7.049	10.991
		Adam-GRU	6.349	9.711
72303 采煤备用 工作面测试集	短期	Adam-RNN	8.145	11.846
		Adam-LSTM	7.839	10.819
		Adam-GRU	7.529	10.125
	长期	Adam-RNN	5.621	8.913
		Adam-LSTM	5.074	7.513
		Adam-GRU	4.034	6.150

由表 3-9 可知，对于短期 72303 采煤备用工作面训练集，基于 Adam-GRU 的瓦斯浓度预测模型，相较于基于 Adam-RNN 的瓦斯浓度预测模型平均绝对误差降低了 0.327%，均方根误差降低了 0.843%；相较于基于 Adam-LSTM 的瓦斯浓度预测模型平均绝对误差降低了 0.051%，均方根误差降低了 0.364%。

对于长期 72303 采煤备用工作面训练集，基于 Adam-GRU 的瓦斯浓度预测模型，相较于基于 Adam-RNN 的瓦斯浓度预测模型平均绝对误差降低了 0.546%，均方根误差降低了 1.312%；相较于基于 Adam-LSTM 的瓦斯浓度预测模型平均绝对误差降低了 0.700%，均方根误差降低了 1.280%。

对于短期 72303 采煤备用工作面测试集，基于 Adam-GRU 的瓦斯浓度预测模型，相较于基于 Adam-RNN 的瓦斯浓度预测模型平均绝对误差降低了 0.616%，均方根误差降低了 1.721%；相较于基于 Adam-LSTM 的瓦斯浓度预测模型平均绝对误差降低了 0.310%，均方根误差降低了 0.694%。

对于长期 72303 采煤备用工作面测试集，基于 Adam-GRU 的瓦斯浓度预测模型，相较于基于 Adam-RNN 的瓦斯浓度预测模型平均绝对误差降低了 1.587%，均方根误差降低了 2.763%；相较于基于 Adam-LSTM 的瓦斯浓度预测模型平均绝对误差降低了 1.040%，均方根误差降低了 1.363%。

从上述分析中可以看出，基于 Adam-GRU 的煤矿瓦斯浓度预测模型要高于另外两种算法的预测精度，均方根差最大降低 2.763%。另外，可以发现长期的平均绝对误差和均方根误差普遍比短期的小，因为历史数据越长，学习的性能越强，预测效果越好。

3.4.7 小结

本节提出了基于 Adam-GRU 的煤矿瓦斯浓度预测算法。首先，引入 GRU 神经网络细胞，设计网络结构和算法框架，学习瓦斯浓度序列内部动态变化规律，以最小化损失函数为目标函数。接着以国内某煤矿工程项目的采掘工作面瓦斯浓度数据为例，采用小波降噪的原理，对瓦斯浓度数据进行小波降噪。其次，比较 Adam、SGD 和 RMSProp 三种优化器的预测精度，实验表明，Adam 优化器对算法参数的优化效果最佳，迭代次数最少，损失函数最低。最后，对煤矿采掘工作面瓦斯浓度情况进行预测。实验表明，对于南 12015 上顺槽工作面的煤矿瓦斯浓度数据预测中，基于 Adam-GRU 的煤矿瓦斯浓度预测模型要高于另外两种算法的预测精度，均方根差最大降低 1.624%；对于 72303 采煤备用工作面的煤矿瓦斯浓度数据预测中，该算法精度比另外两种算法的均方根差最大降低 2.763%。

3.5　本　章　小　结

（1）本章介绍了煤矿瓦斯监控系统的瓦斯传感器数据采集装置安装位置的要求，瓦斯浓度预测的指标确定；分析了时间序列数据并介绍瓦斯数据的预处理，包括数据缺失和异常数据的处理；提供了算法的评价指标；介绍了传统型的灰色瓦斯浓度预测算法和预测序列推导过程，以及长短期记忆神经网络的内部机理和计算公式。

（2）对灰色预测模型进行静态灰色作用量优化，构造一种幂指数型的灰色作用量的改进灰色瓦斯浓度序列预测算法。结合国内某煤矿工程项目，通过采集采掘工作面实际数据进行算法验证。实验表明，对于南 12015 上顺工作面的瓦斯浓度数据，瓦斯浓度的幂指数型灰色预测模型精度要高于传统型的预测精度，均方根差最大降低 0.5158%；对于 72303 采煤备用工作面，该算法精度比传统灰色预测模型的均方根差最大降低 0.5021%。

（3）提出了基于 Adam-GRU 的煤矿采掘工作面瓦斯浓度预测算法，引入 GRU 神经网络细胞，设计网络结构和算法框架，学习瓦斯浓度序列内部动态变化规律，以最小化损失函数为目标函数。分析 Adam、SGD 和 RMSProp 三种优化器的预测精度，实验表明，Adam 优化器对算法参数的优化效果最佳。最后，对矿井采掘工作面瓦斯浓度情况进行预测。实验表明，对于南 12015 上顺工作面的煤矿瓦斯浓度数据预测，基于 Adam-GRU 的煤矿瓦斯浓度预测模型要高于另外两种算法的预测精度，均方根差最大降低 1.624%；对于 72303 采煤备用工作面的煤矿瓦斯浓度数据预测，该算法精度比另外两种算法的均方根差最大降低 2.763%。

（4）在今后研究中，对于基于幂指数型灰色作用量的改进灰色煤矿瓦斯浓度序列预测算法，还需进一步结合注重数据特点，结合实际工程场景优化改进。同时，通过数学和系统科学方法对小波降噪的 Adam-GRU 煤矿瓦斯浓度序列预测算法参数进行优化，优化网络算法的结构，在控制一定时效性的前提下，提高预测精度。

参 考 文 献

[1] 张雨. 基于深度学习的井下瓦斯浓度预测系统设计与实现 [D]. 徐州：中国矿业大学，2019.

[2] Zhang Y, Guo H, Lu Z, et al. Distributed gas concentration prediction with intelligent edge devices in coal mine [J]. Engineering Applications of Artificial Intelligence, 2020, 92：103643.

[3] Kumari K, Dey P, Kumar C, et al. UMAP and LSTM based fire status and explosibility prediction for sealed-off area in underground coal mine [J]. Process Safety and Environmental Protection, 2021, 146：837-852.

[4] Song Y, Yang S, Hu X, et al. Prediction of gas and coal spontaneous combustion coexisting disaster through the chaotic characteristic analysis of gas indexes in goaf gas extraction [J]. Process Safety and Environmental Protection, 2019, 129：8-16.

[5] Zhang T, Song S, Li S, et al. Research on Gas Concentration Prediction Models Based on LSTM Multidimensional Time Series [J]. Energies, 2019, 12 (1)：161.

[6] Zhang S, Wang B, Li X, et al. Research and Application of Improved Gas Concentration Prediction Model Based on Grey Theory and BP Neural Network in Digital Mine [J]. Procedia CIRP, 2016, 56：471-475.

[7] Lyu P, Chen N, Mao S, et al. LSTM based encoder-decoder for short-term predictions of gas concentration using multi-sensor fusion [J]. Process Safety and Environmental Protection, 2020, 137：93-105.

[8] Dey P, Chauly S, Kumar S. Hybrid CNN-LSTM and IoT-based coal mine hazards monitoring and prediction system [J]. Process Safety and Environmental Protection, 2021, 152：249-263.

[9] Dey P, Saurabh K, Kumar C, et al. t-SNE and variational auto-encoder with a bi-LSTM neural network-based model for prediction of gas concentration in a sealed-off area of underground coal mines [J]. Soft Computing, 2021, 25：14183-14207.

[10] Liu Y, Li G M, Li X W. Combined Prediction Algorithm for Coal Gas Emission Amount [C]// 2020 12th International Conference on Measuring Technology and Mechatronics Automation (ICMTMA). Phuket, Thailand, 2020：513-516.

［11］ 高卫. 基于神经网络的青龙矿薄煤层瓦斯预测研究 ［M］. 北京：中国矿业大学，2021.

［12］ Shen Q Q, Shi Q, Tang T P, et al. A novel weighted fractional GM（1，1）model and its applications ［J］. Complexity, 2020, 2020: 1-20.

［13］ Liu J, Guo Y, Li B, et al. Prediction of SO_2 emission from industrial sector in Shanghai city based on novel discrete grey model ［J］. Journal of Grey System, 2017, 29（3）：26-35.

［14］ Zeng L. A fractional order opposite-direction accumulative grey prediction model with time-power ［J］. Journal of Grey System, 2019, 31（3）：90-104.

［15］ Xu H T, Liu B, Fang Z G. New grey prediction model and its application in forecasting land subsidence in coal mine ［J］. Natural Hazards, 2014, 71（2）：1181-1194.

［16］ Nguyen N T, Edward S, Bogdan T, et al. Nonlinear grey Bernoulli model based on fourier transformation and its application in forecasting the electricity consumption in Vietnam ［J］. Journal of Intelligent & Fuzzy Systems, 2019, 37（6）：7631-7641.

［17］ 付华，谢森，徐耀松，等. 基于 ACC-ENN 算法的煤矿瓦斯涌出量动态预测模型研究 ［J］. 煤炭学报，2014，39（7）：1296-1301.

［18］ 胡坤，王素珍，韩盛，等. 基于 TLBO-LOIRE 的回采工作面瓦斯涌出量预测 ［J］. 应用基础与工程科学学报，2017，25（5）：1048-1056.

［19］ 贾澎涛，邓军. 基于泛平均运算的矿井瓦斯浓度组合预测模型 ［J］. 中国安全科学学报，2012，22（6）：41-46.

［20］ 张友谊，崔金雷，焦向东. 煤与瓦斯突出多指标耦合预测模型研究及应用 ［J］. 工程科学学报，2018，40（11）：1309-1316.

［21］ 杨丽，刘晖，毛善君，等. 基于多元分布滞后模型的瓦斯浓度动态预测 ［J］. 中国矿业大学学报，2016，45（3）：455-461.

［22］ 王鹏，伍永平，王栓林，等. 矿井瓦斯浓度 Lagrange-ARIMA 实时预测模型研究 ［J］. 煤炭科学技术，2019，47（4）：141-146.

［23］ 魏林，白天亮，付华，等. 基于 EMD-LSSVM 的瓦斯浓度动态预测模型 ［J］. 安全与环境学报，2016，16（2）：119-123.

［24］ 王晓路. 基于蚁群算法优化 SVM 的瓦斯涌出量预测 ［J］. 煤炭技术，2011，30（5）：81-83.

［25］ 郭瑞，徐广璐. 基于信息融合与 GA-SVM 的煤矿瓦斯浓度多传感器预测模型研究 ［J］. 中国安全科学学报，2013，23（9）：33-38.

［26］ 刘俊娥，杨晓帆，郭章林. 基于 FIG-SVM 的煤矿瓦斯浓度预测 ［J］. 中国安全科学学报，2013，23（2）：80-84.

［27］ Moonchai S, Chutsagulprom N. Short-term forecasting of renewable energy consumption: Augmentation of a modified grey model with a Kalman filter ［J］. Applied Soft Computing Journal, 2020, 87: 1-13.

［28］ 王耀艺，张金钱，杨倩文. 基于 ACA-BP 神经网络瓦斯发电预测的研究 ［J］. 工业控制计算机，2020，33（9）：51-53，57.

［29］ 马晟翔，李希建. 基于因子分析与 BP 神经网络的煤与瓦斯突出预测 ［J］. 矿业安全与环保，2019，46（2）：70-74.

［30］ 林海飞，高帆，严敏，等. 煤层瓦斯含量 PSO-BP 神经网络预测模型及其应用 ［J］. 中国安全科学学报，2020，30（9）：80-87.

［31］ 刘彦青，赵灿，李国富，等. 晋城矿区煤与煤层气协调开发模式优化决策方法 ［J］. 煤炭学报，2020，45（7）：2575-2589.

［32］ 汪吉林，翟建廷，秦勇，等. 淮北许疃矿抽采后瓦斯含量损失影响因素分析及预测 ［J］. 煤炭学报，2019，44（8）：2401-2408.

[33] 肖鹏，谢行俊，双海清，等．基于 KPCA-CMGANN 算法的瓦斯涌出量预测研究 [J]．中国安全科学学报，2020，30（5）：39-47.

[34] 董丁稳，刘洁，王红刚．矿井瓦斯浓度自适应预测及其预警应用 [J]．中国安全科学学报，2013，23（5）：88-93.

[35] 吴海波，施式亮，念其锋．基于 Spark Streaming 流回归的煤矿瓦斯浓度实时预测 [J]．中国安全生产科学技术，2017，13（5）：84-89.

[36] 李树刚，马莉，潘少波，等．基于循环神经网络的煤矿工作面瓦斯浓度预测模型研究 [J]．煤炭科学技术，2020，48（1）：33-38.

[37] 曹博，白刚，李辉．基于 PCA-GA-BP 神经网络的瓦斯含量预测分析 [J]．中国安全生产科学技术，2015，11（5）：84-90.

[38] 张鹏．小样本时间序列灰色预测关键技术研究 [D]．成都：电子科技大学，2020.

[39] 王晓路，刘健，卢建军．基于小波变换和优化预测器的瓦斯浓度预测 [J]．应用基础与工程科学学报，2011，19（3）：499-508.

[40] 徐明林．基于小波降噪和经验模态分解的滚动轴承故障诊断 [D]．哈尔滨：哈尔滨工业大学，2013.

[41] 张晓，丁云峰，王刚．基于预训练 GRU-Light GBM 的电力负荷预测 [J]．计算机系统应用，2021，30（8）：288-292.

[42] 贺小伟，徐靖杰，王宾，等．基于 GRU-LSTM 组合模型的云计算资源负载预测研究 [J]．计算机工程，2022，48（5）：1-11.

[43] 袁群勇．深度神经网络的训练优化方法研究 [D]．广州：华南理工大学，2020.

[44] 叶美彤．非凸随机设定下两类 RMSProp 算法的收敛性 [D]．长春：东北师范大学，2021.

[45] 毕常遥，袁晓彤．基于 Adam 局部优化的分布式近似牛顿深度学习模型训练 [J]．计算机应用与软件，2021，38（10）：278-283.

[46] 牟晓惠．回声状态网络学习机制的研究及其应用 [D]．北京：北京邮电大学，2021.

4 煤矿采掘面瓦斯浓度时间序列预测技术

本章主要针对煤矿采掘面瓦斯浓度智能预测模型及算法，建立回归和基于神经网络的两种预测模型，通过理论分析和煤矿实际应用测试，提出优化方法。

4.1 煤矿采掘面瓦斯浓度时间序列预测技术背景与意义

瓦斯浓度异常是影响矿井正常安全生产的一个重要因素。长期以来，国内外的许多学者都在进行瓦斯浓度的预测。以往，人们只把瓦斯预测与单一的开采深度成比例，而在复杂的地质条件下，这一看法很快就被新的理论所否定。随着时间的推移，许多学者将注意力集中在神经网络[1]、径向基神经网络[2,3]、支持向量机[4-6]、艾尔曼神经网络[7]等方面，对瓦斯浓度进行预测。在杨丽等[8]的基础上，根据最小二乘和自回归原理，对新的变量进行了修正，从而建立了多个分布延迟的瓦斯预报模型。赖祥威等[9]基于微分方程理论和最小二乘法，从灰色预测模型静态灰色作用量出发，推导基于集成学习不同灰色作用量幂指数型灰色瓦斯预测模型。Ma 等[10]利用基于灰色理论的神经网络气体预测模型，且利用量子遗传算法对其进行了优化。目前在实现瓦斯浓度预测方面已有的研究成果有：分布流处理技术[11]，异常值隔离和回归[12]，多指标耦合[13]，自回归差分移动平均[14]，等等。

随着煤矿开采量的增加，利用数据挖掘技术和机器学习技术对瓦斯浓度进行预测需求，越来越多地暴露出了利用深度神经网络进行瓦斯浓度预测的不足，这样的时代背景推动了学者们将基于深度神经网络[15,16]的方法应用于矿井矿山开采时瓦斯浓度的预测中。Zhang 等[17]提出了一种基于单隐随机加权神经网络的瓦斯预测模型，并利用该方法建立了一种基于遗传算法的大型智能边界设备的气体浓度预报系统。Xu 等[18]将随机森林与梯度增强的决策树回归方法结合起来，利用网格搜索技术对参数进行了优化，并给出了一种新的叠加模型。郭思雯等[19]针对静态预测方法存在的不足，构建时间序列动态预测方法，预测结果由动态构建的 ARMA 模型实时获得，然后通过训练好的 BP 神经网络模型对预测结果进行修正，从而有效降低预测结果的误差。张思瑞等[20]结合了灰色预测所需数据量少、建模方便的优点和 BP 神经网络对非线性预测具有较好性能的优点，基于灰色预测和 BP 神经网络建立了改进瓦斯浓度预测模型，该模型有效提高了瓦斯浓度预测的精度。姚青华等[21]针对基于传统煤矿的瓦斯预警的误差和可靠性问题，结合遗传算法与 BP 神经网络算法提出优化算法，优化后算法的迭代次数和预测绝对误差相比于原始的模型均有所下降。黄为勇[22]根据支持向量机和非线性组合预测，以及基于多最小二乘支持向量机的多变量决策预测方法，构建融合预测模型，实验结果表明，该预测模型可有效地应用于煤矿瓦斯预警。耿越[23]结合了混沌理论和粒子群优化算法提出了 CT-PSO-RBFNN 预测模型，该模型相较已有的径向基函数神经网络算法具有预测精度更高、预测误差更小和预测能力更稳定的优点。

4.2　时间序列技术

4.2.1　时间序列简介

时间序列是按照时间排序的一组随机变量，它通常是在相等间隔的时间段内，依照给定的采样率对某种潜在过程进行观测的结果[24]。时间序列数据通常是一系列实值型数据，用 X_1, X_2, X_3, $\cdots$, X_t, $X_t \in R(t \in Z)$ 表示时间。现实生活中，在一系列时间点上现测数据是司空见惯的活动，在农业、商业、气象、军事和医疗等研究领域都包含大量的时间序列数据，目前时间序列数据正以不可预测的速度产生于现实生活中的每一个应用领域。

时间序列数据的研究方法主要包括分类、聚类和回归预测等方面，其本质主要是根据前 T 个时刻的观测数据推算出 $T+1$ 时刻的时间序列的值。将时间序列数据保存在三维张量中，并具有时间轴，如图 4-1 所示。

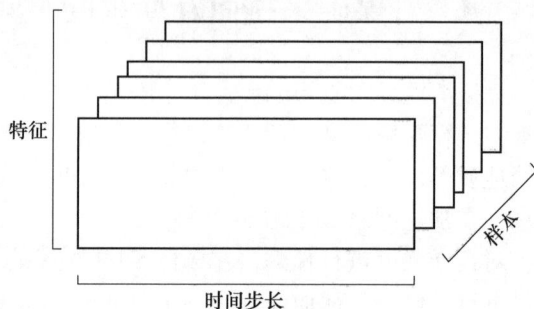

图 4-1　时间序列结构图

4.2.2　时间序列数据的特点

时间序列数据本质上反映的是某个或者某些随机变量随时间不断变化的趋势，而时间序列预测问题的核心就是从数据中挖掘出这种规律，并利用其对将来数据做出估计。时间序列数据被看作一种独特的数据来处理，具有以下特点[25]：

（1）时间序列数据与其他类型的数据的最大区别在于当前时刻的数据值与之前时刻的数据值存在着联系，该特点表明过去的数据已经暗示了现在或者将来数据发展变化的规律，这种规律主要包括趋势性、周期性和不规则性。趋势性反映的是时间序列在一个较长时间内的发展方向，它可以在一个相当长的时间内表现为一种近似直线的持续向上或持续向下或平稳的趋势。周期性反映的是时间序列受各种周期因素影响所形成的一种长度和幅度固定的周期波动。不规则性反映的是时间序列受各种突发事件、偶然因素的影响所形成的非趋势性和非周期性的不规则变动。

（2）时间序列的平稳性和非平稳性。时间序列的平稳性表明了时间序列的均值和方差在不同时间上没有系统的变化，而非平稳性意味着均值和方差随着时间推移会发生变化。也就是说，时间序列的平稳性保证了时间序列的本质特征不仅仅存在于当前时刻，还会延伸到未来。

（3）时间序列数据的规模不断变大。一方面，随着各方面硬件技术的不断发展，实际应用中数据的采样频率不断提高，因此时间序列的长度也不断变大，仅仅把时间序列看作单纯的一维向量数据来处理不可避免地会带来维数灾难等问题。另一方面，很多实际应用中的时间序列数据不仅仅是单纯的一维数据，往往包含了一组数值，这一组数值之间也存在着联系，多维时间序列对时间序列预测提出了新的要求。

实际上，在具体研究时间序列预测方法的过程中，时间序列数据的这些特点是需要首先考虑的，这是完成预测工作的难点和关键。结合这些特点进行时间序列预测，才能针对实际问题给出满意的结果。

4.2.3　煤矿瓦斯浓度时间序列数据采集

本书以吉林省某煤矿项目为背景，并以该矿瓦斯灾害风险防控技术及示范工程项目，通过爬虫获取该煤矿煤矿瓦斯灾害风险管控平台采集的实时数据为实验数据。

瓦斯浓度监控传感器不间断采集 2021 年 1 月 1 日至 4 月 1 日全天候数据（极少部分数据缺失），瓦斯浓度序列数据时间间隔为 1h。为了避免实验的片面性，选取南 11902 上顺工作面、72305 上顺回风采集的样本数据作为实验数据，每组样本数据集信息见表 4-1。

表 4-1　煤矿井下瓦斯浓度传感器采集实验数据集描述

工作面名称	数据序列时间间隔	瓦斯浓度序列长度	数据集
南 11902 上顺工作面	1h	3 个月	
72305 上顺回风	1h	3 个月	

4.2.3.1 缺失数据填补

数据丢失导致的主要问题是数据处理和分析的复杂性，观测数据和非观测数据之间的偏差。本书中采用多重填补法（Multiple Imputation，MI）对瓦斯浓度时间序列数据中的缺失值进行填补[26]。填补步骤及其统计分析可分为三个步骤，如图 4-2 所示。

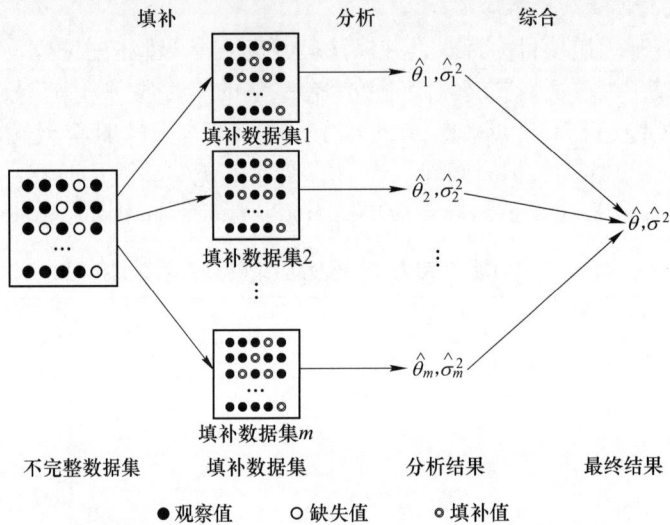

图 4-2　多重填补过程

（1）生成一组反映无反应模式的不确定度的遗漏值，每个数值都用来填充资料集合中的缺省，生成多组完整的资料。

（2）使用对完全数据集合的统计方法，对每个填充数据集进行统计分析。

（3）将从单独的填充数据集合中得到的结果进行综合，从而得到一个因数据填充而带来的不确定因素的最后的统计推理。

缺失数据填补后数据集如图 4-3 和图 4-4 所示。

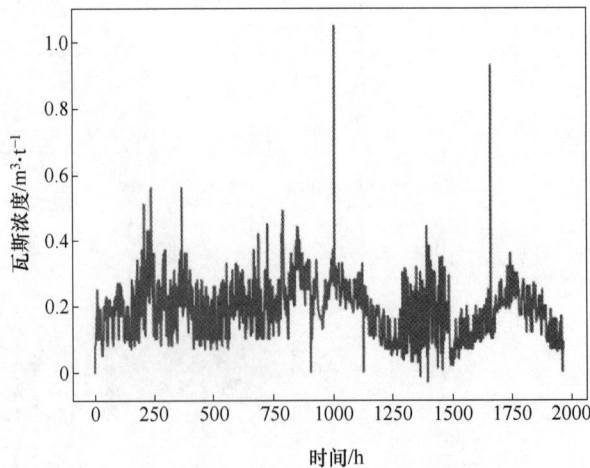

图 4-3　72305 上顺回风工作面数据集

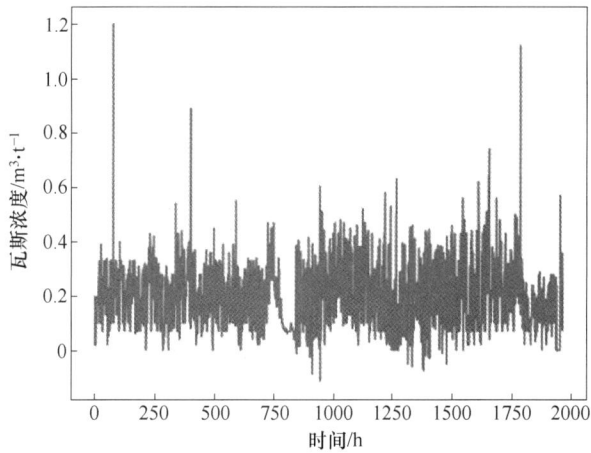

图 4-4 南 11902 上顺工作面数据集

4.2.3.2 归一化处理

由于数据集的特征间具有一定的差异，有必要对数据进行标准化预处理，使其特征具有相同的度量标准。这个过程就叫作归一化，归一化公式：

$$x' = \frac{x - x_{\min}}{x_{\max} - x_{\min}} \tag{4-1}$$

式中，x 为实际值；x' 为归一化之后的值；$x_{\max}$、$x_{\min}$ 分别为各维数据中的最大值和最小值。

4.2.3.3 数据切片

本实验中选取窗口长度 20，将序列分成多个输入模式，称为样本，其中以二十个时间步作为输入，一个时间步作为输出，并据此来预测一个时间步的输出值 y。将结果数据转化为时间序列数据矩阵，得到 CNN-GRU-LSTM 模型的输入数据。

x				y
$x_1,$	$x_2,$	$x_3,$	$\cdots,$	x_{20}
$x_2,$	$x_3,$	$x_4,$	$\cdots,$	x_{21}
$\vdots$	$\vdots$	$\vdots$	$\ddots$	$\vdots$
$x_{n-20},$	$x_{n-19},$	$x_{n-18},$	$\cdots,$	x_{n-1}
$x_{n-19},$	$x_{n-18},$	$x_{n-17},$	$\cdots,$	x_n

4.3 基于回归的时间序列预测模型

4.3.1 回归分析

回归分析是基于一定的实验或观测数据，研究一个变量或多个变量与另外一个或多个变量之间的统计规律，一般多指研究一个变量与其他一个或多个变量的关系[27]。在回归分析中，变量会分为两类，一类是因变量，往往是在实际问题中需要关注的指标等；另一类是自变量，往往是对所分析的指标具有一定影响的各种因素。根据所建立的回归方程形式，回归分析可分为线性回归与非线性回归；按照自变量的多少，又可以分为一元回归与多元回归等。

线性回归往往比较简单，而非线性回归则显得复杂得多。在非线性回归中，对于一些比较简单的模型，例如对数模型、幂函数模型等，往往可通过数据变换实现模型的线性化，从而可以使用线性回归的方法进行研究[28]。

4.3.1.1　回归模型的建立

设 Y 为可观测的随机变量，受到 X_1，X_2，$\cdots$，X_{p-1} 等 $p-1$ 个非随机因素以及随机误差 ε 的影响，如果 Y 与 X_1，X_2，$\cdots$，X_{p-1} 有如下的线性关系：

$$Y = \beta_0 + \beta_1 X_1 + \beta_2 X_2 + \cdots + \beta_{p-1} X_{p-1} + \varepsilon \tag{4-2}$$

式中，β_0，β_1，$\cdots$，β_{p-1} 是未知参数；ε 是均值为零、方差为 $\sigma^2 > 0$ 的不可预测随机变量，称为误差项。

上式称为线性回归模型。可见，要建立线性回归模型，首先要估计未知参数 β_0，β_1，$\cdots$，β_{p-1}。根据对 Y 及 X_1，X_2，$\cdots$，X_{p-1} 的 $n(n \geqslant p)$ 次独立观测，可得到 n 组数据（样本），且应当满足上式，即有：

$$\begin{cases} Y_1 = \beta_0 + \beta_1 X_{11} + \beta_2 X_{12} + \cdots + \beta_{p-1} X_{1,\,p-1} + \varepsilon_1 \\ Y_2 = \beta_0 + \beta_1 X_{21} + \beta_2 X_{22} + \cdots + \beta_{p-1} X_{2,\,p-1} + \varepsilon_2 \\ \quad\quad\quad\quad\quad\quad\quad\quad \vdots \\ Y_n = \beta_0 + \beta_1 X_{n1} + \beta_2 X_{n2} + \cdots + \beta_{p-1} X_{n,\,p-1} + \varepsilon_n \end{cases} \tag{4-3}$$

可写为如下的矩阵形式：

$$Y = X\beta + \varepsilon \tag{4-4}$$

令：

$$Y = \begin{bmatrix} Y_1 \\ Y_2 \\ \vdots \\ Y_n \end{bmatrix}, \; \beta = \begin{bmatrix} \beta_0 \\ \beta_1 \\ \vdots \\ \beta_{p-1} \end{bmatrix}, \; X = \begin{bmatrix} 1 & X_{11} & X_{12} & \cdots & X_{1p-1} \\ 1 & X_{21} & X_{22} & \cdots & X_{2p-1} \\ \vdots & \vdots & \vdots & \ddots & \vdots \\ 1 & X_{n1} & X_{n2} & \cdots & X_{np-1} \end{bmatrix}, \; \varepsilon = \begin{bmatrix} \varepsilon_1 \\ \varepsilon_2 \\ \vdots \\ \varepsilon_n \end{bmatrix}$$

若 Y 与 X_1，X_2，$\cdots$，X_{p-1} 满足线性回归模型（4-2），则误差 ε 应当是比较小的，选择使得 β 误差项的平方和达到最小，其表达式如下：

$$S(\beta) = \sum_{i=1}^{n} \varepsilon_i^2 = \varepsilon^{\mathrm{T}} \varepsilon = (Y - X\beta)^{\mathrm{T}} (Y - X\beta) \tag{4-5}$$

根据最小二乘法，使得 $S(\beta)$ 达到最小可得到 β 的估计：

$$\hat{\beta} = (X^{\mathrm{T}} X)^{-1} X^{\mathrm{T}} Y \tag{4-6}$$

易知 $\hat{\beta}$ 为参数 β 的无偏估计值。当得到 β 的估计之后，将估计的参数代入式，并略去误差项，从而可得到：

$$\hat{Y} = \hat{\beta}_0 + \hat{\beta}_1 X_1 + \cdots + \hat{\beta}_{p-1} X_{p-1} \tag{4-7}$$

式（4-7）称为回归方程，利用回归方程便可由自变量 X_1，X_2，$\cdots$，X_{p-1} 求出因变量 Y 的估计值。

此时称 $\hat{\boldsymbol{\varepsilon}} = \boldsymbol{Y} - \boldsymbol{X}\hat{\boldsymbol{\beta}}$ 为回归模型的残差向量。

4.3.1.2 回归模型的检验

得到了回归方程，并不能说明 Y 与 X_1，X_2，$\cdots$，X_{p-1} 的线性关系一定存在，还需要对模型做显著性检验，只有通过检验的模型，才能说明其线性关系的成立。

做模型检验时，一般提出如下假设：

$H_0 : \beta_0 = \beta_1 = \cdots = \beta_{p-1} = 0$；

$H_1 : \beta_0$，β_1，$\cdots$，β_{p-1} 至少有一个不为 0。

并可构造出假设检验的统计量：

$$F = \frac{SS_R/p - 1}{SS_E/n - 1} \sim F(p - 1，n - 1) \tag{4-8}$$

式中，SS_R 为回归平方和，SS_E 为残差平方和，其表达式分别为：

$$SS_R = \sum_{i=1}^{n} (\hat{y_i} - \bar{y})^2 \tag{4-9}$$

$$SS_E = \sum_{i=1}^{n} (y_i - \hat{y_i})^2 \tag{4-10}$$

对于给定的显著性水平 α 可查 F 分布表得到 $F_\alpha(p - 1，n - p)$，若 $F \leqslant F_\alpha(p - 1$，$n - 1)$，则接受 H_0，认为线性回归关系不显著；若 $F > F_\alpha(p - 1，n - 1)$，则拒绝 H_0，认为回归关系显著。事实上，通过计算机进行回归方程显著性检验的时候，一般会直接给出显著性检验指标 p 值，当 $p < \alpha$，拒绝原假设，认为回归关系显著；反之，则接受原假设。

除了需要对回归模型进行显著性检验外，还需对回归系数进行检验，以确定各个因素对因变量的影响是否显著存在。多元线性回归分析中，各个参数的检验需要构造 t 统计量。而对于一元线性回归，参数的显著性检验等价于回归模型的显著性检验，因此仅对回归模型进行显著性检验即可[29]。

4.3.2 ARMA 模型及其衍生模型

ARMA 模型，即自回归移动平均模型，常被用于对平稳的时间序列进行建模[30]。ARMA 模型是 AR 模型、MA 模型的组合，因此又称回归滑动平均混合模型。这三种模型都是通过建立一个线性的模型来对时间序列的变化趋势进行拟合，均只能用于对平稳的时间序列数据进行预测[31]。

4.3.2.1 AR 模型

自回归模型（Autoreqressive Model，AR）认为预测值与前 q 期的历史数据有关，通过历史数据与预测数据之间的关联，即自相关来建立回归方程进行拟合，从而对数据进行预测。如果时间序列中时间点 t 时的数据值 X_t 满足式（4-11），则该序列基本符合 p 阶自回归过程，可以使用 AR(p) 模型进行拟合。

$$X_t = \phi_1 X_{t-1} + \phi_2 X_{t-2} + \cdots + \phi_p X_{t-p} + e_t \tag{4-11}$$

式中，X 为某一时刻的数据值；ϕ 为自回归系数；e_t 为白噪声。

4.3.2.2 MA 模型

滑动平均模型（Moving Average Model，MA）认为预测值与前 q 期的随机扰动有关，通过对历史数据中的干扰项加权和，建立移动平均方程，从而对数据进行预测。如果时间序列中时间点 t 时的数据值 X_t 满足如下公式，则该序列符合 q 阶移动平均过程，可以使用 MA(q) 模型进行拟合。

$$X_t = e_t - \theta_1 e_{t-1} - \theta_2 e_{t-2} - \cdots - \theta_q e_{t-q} \tag{4-12}$$

式中，X 为某一时刻的数据值；θ 为干扰项系数；e 为某一时刻的白噪声。

4.3.2.3　ARMA 模型

回归滑动平均混合模型（Auto-Regressive Moving Average Model，ARMA）认为预测值不仅与历史数据有关，也与随机扰动的干扰有关，它是由自回归模型和移动平均模型两部分组成的，写作 ARMA(p, q)，其中 p 代表自回归阶数，q 代表移动平均阶数。ARMA(p, q) 模型的过程如下：

$$X_t = \phi_1 X_{t-1} + \phi_2 X_{t-2} + \cdots + \phi_p X_{t-p} - \theta_1 e_{t-1} - \theta_2 e_{t-2} - \cdots - \theta_q e_{t-q} + e_t \tag{4-13}$$

式中，X 为某一时刻的数据值；ϕ 为自回归系数；θ 为干扰项系数；e 为某一时刻的白噪声。

不管针对什么类型的时间序列，ARMA 时间序列模型的构建过程一般包含模型识别、参数估计、模型诊断这三个可以循环应用的步骤：

（1）模型识别。模型识别，就是从备选的模型里选择适合本序列的时间序列模型。

（2）参数选择。选择了合适的模型之后，就要对选取模型中包含的相应参数进行选择。

（3）模型检验。在进行了模型识别和参数选择后，最后一个步骤就是模型检验，这一步的目的是对之前选取的模型进行质量评估。若检验结果符合预设结果，则说明选取的模型较好，建模成功。如果不符合预设结果，则需要再次重复这三个步骤，重新进行模型选择和参数识别，直到满足预设结果，才能得到最终的模型。

4.3.2.4　ARIMA 模型

差分自回归移动平均模型（Autoregressive Integrated Moving Average Model，ARIMA）从时间序列自身出发，建立相应的模型进行分析，得出关于其过去行为的有关结论，并对其未来行为进行预测和推断。由于其理论分析的深入彻底和应用分析的简单有效，是线性时间序列预测的主要工具之一。ARIMA(p, d, q) 模型由三部分组成：自回归过程（AR(p)），AR 是自回归，即一个时间序列的当前值可以表示为滞后 p 期观测值的线性组合；单整（I(d)），d 为时间序列成为平稳时所做的差分次数，指将一个非平稳时间序列，经过 d 次差分后，转化为平稳序列；移动平均过程（MA(q)），MA 为移动平均值，即模型值可以表示为 q 阶残差项的线性函数。该模型的表达式如下：

$$X_t = \phi_0 + \phi_1 X_{t-1} + \cdots + \phi_p X_{t-p} - \theta_1 e_{t-1} - \cdots - \theta_q e_{t-q} \quad (\phi_p \neq 0, \theta_q \neq 0) \tag{4-14}$$

ARIMA 模型的基本思想和原理是：将预测对象随着时间推移而形成的数据序列视为一个随机序列，对其序列进行差分，使之变为平稳，再用一定的数学模型来近似描述这个序列。这个模型一旦被识别，就可以根据该时间序列的过去及现在值来预测其未来值。

4.3.2.5　SARIMA 模型

相对于 ARMA 模型，季节差分自回归-滑动平均模型（Seasonal Autoregressive Integrated Moving Average Model，SARIMA）对序列稳定性没有限制，可以对原始序列同时进行季节差分和一般差分操作，使不平稳序列变为平稳序列，消除原始数据中的不确定因素和周期性因素，是一种广泛采用的时间序列预测方法[32]。

SARIMA 模型形式一般为 SARIMA$(p, d, q)(P, D, Q)$，公式定义如下：

$$\phi_P(B^S)\varphi(B)\,\nabla_S^D\,\nabla^d = \Theta_Q(B^S)\theta(B)W_t \tag{4-15}$$

其中，$\{X_t\}$ 是非平稳时间序列中 t 时刻的观测值；W_t 通常代表高斯白噪声过程。S 是一个季节周期，多项式 $\phi(B)$、$\theta(B)$ 分别表示 P 阶回归阶数和 Q 阶平均移动阶数。B 代表延迟算子，d 表示对时间序列进行平稳化差分操作时的阶数。多项式 $\phi_P(B^S)$、$\Theta_Q(B^S)$ 分别表示 P 阶季节自回归阶数和 Q 阶季节平均移动阶数，D 表示对时间序列进行季节差分操作的阶数，∇^d、∇_S^D 分别代表 d 阶差分算子和 D 阶季节差分算子。式（4-15）中对应的各多项式展开如下：

$$\varphi(B) = 1 - \varphi_1 B - \varphi_2 B^2 - \cdots - \varphi_P B^P \tag{4-16}$$

$$\phi_P(B^S) = 1 - \phi_1 B^S - \phi_2 B^{2S} - \cdots - \phi_P B^{PS} \tag{4-17}$$

$$\theta(B) = 1 + \theta_1 B + \theta_2 B^2 + \cdots + \theta_Q B^Q \tag{4-18}$$

$$\Theta_Q(B^S) = 1 + \Theta_1 B^S + \Theta_2 B^{2S} + \cdots + \Theta_Q B^{QS} \tag{4-19}$$

$$\nabla^d = (1 - B)^d \tag{4-20}$$

$$\nabla_S^D = (1 - B^s)^D \tag{4-21}$$

$$B^k x_t = x_{t-k} \tag{4-22}$$

4.3.3 基于 ARMA 模型预测

4.3.3.1 时间序列平稳性检验

采集到的数据会受到外界因素的影响，如震动、粉尘等，为了使时间序列平滑，对时间序列进行小波分解。小波分解的思想是将原数据 data 进行分解，将其分解为高频信号和低频信号，其表达式为：

$$data = D_1 + D_2 + \cdots + D_N + A_N \tag{4-23}$$

式中，data 为分解前的数据序列；D_N 为第 N 层的高频信号；A_N 为第 N 层的低频信号。

db 系列小波的优点是在小波重构的过程中较为光滑，并且阶次越多光滑性越好，选择 db4 小波函数对数据序列进行三阶分解，将原来的时间序列分解为四组序列，使得时间序列平稳化。

使用 Python 中的 pywt 模块将时间序列基于 db4 小波函数进行三层分解，得到 A_3、D_1、D_2、D_3 等四组数据，其中 A_3 为高频信号，其余为低频信号。

使用 ARMA 模型进行预测的序列必须是平稳的，所以要检验数据的平稳性。检验平稳性的方法主要有：时序图检验、ACF 图检验、ADF 单位根检验等，前两种方法都是用肉眼检验，依赖个人经验，主观性较大，ADF 单位根检验在平稳性检验方法中较为客观且简便有效，所以选用这一方法来进行检验。

当序列中存在着一个单位根时，就表示序列是不平稳序列。ADF 检验的原假设是序列中有单位根，若得到的 ADF 假设检验值小于原假设的统计量，则有相应的可能性拒绝原假设，一般来说小于 5% 就可以拒绝原假设。且当被检验序列中不存在单位根时，这个序列的 ADF 检验结果中 P-value 的值近似为零。

4.3.3.2　模型参数选择

通过了平稳性检验后就可为序列选择合适的模型参数，ARMA（p，q）模型中 p、q 选择参数的方法主要有：ACF 法、PACF 法、信息准则法（AIC、BIC、HQIC）、热力图法，使用最普遍的是赤池信息准则法（AIC）和贝叶斯信息准则法（BIC）。一般情况下 AIC 或 BIC 信息量最小的 p、q 为最优模型参数。本文选用 BIC 来进行模型参数的选择。

以小波分解后的第一组数据为例，其 BIC 信息量见表 4-2。

表 4-2　BIC 信息量表

BIC	$q = 0$	$q = 1$	$q = 2$	$q = 3$	$q = 4$
$p = 0$	-69.533862	-66.893742	-65.691938	-74.694210	-70.460562
$p = 1$	-66.516804	-70.507702	-66.160777	-70.300110	-69.300339
$p = 2$	-62.139329	-66.322680	-61.487298	-67.613861	-63.206247
$p = 3$	-70.576560	-68.670971	-75.237959	-63.185916	-60.997709
$p = 4$	-70.618750	-67.314260	-62.787240	-67.959797	-56.407462

由表中数据可知，当 $p = 3$，$q = 2$ 时有最小的 BIC 信息值-75.237959，则该数据序列的最优 ARMA 模型为 ARMA（3，2），用同样的方法依次找到另外三组数据的最优模型参数。分别是 ARMA（2，2）、ARMA（1，1）、ARMA（0，0）。

4.3.3.3　模型检验

模型检验的检验对象并非模型本身，而是模型的残差序列。模型残差是所选模型将原时间序列中有效信号提取后剩余的信号。在选定了模型参数后，分别对四组数据的模型残差进行检验，检验方法是白噪声检验和正态性检验。如果两个检验都通过了，则说明选取的这一模型较好。

（1）白噪声检验。白噪声本身没有可以用于预测的意义。对数据序列进行白噪声检验，如果检验结果显示该序列为白噪声序列，则说明被检序列中的数据是随机扰动的，数据之间没有关联。由于检验对象是模型残差，这样的检验结果就意味着残差中已经不存在可以用于预测的有效信息，在时间序列中能够用于预测的有效信息已经全部被模型提取了。

白噪声检测的方法中最常用的是 LB 检验，给定显著性水平 0.05，当检验概率大于 0.05 时，原假设为真，这一序列是一个白噪声序列。检验概率是输出结果的最后一列，图中检验概率均显著大于 0.05，原假设为真，该序列为白噪声序列，说明模型参数选择得较好。

（2）正态性检验。当模型残差符合正态分布时，残差具有随机性，说明在时间序列中能够用于预测的有效信息已经全部被模型提取了。使用分位数图（Quantile-Quantile plot，QQ 图）来检验数据序列是否符合正态分布，这一方法的判断标准是画出 QQ 图，观察图上的点与直线的相对位置关系，如果图上几乎所有的点都分布在直线周围，则被检验的序列是一个符合正态分布的序列。QQ 图还可以提供关于样本的偏斜度和曲率的粗略信息，线的斜率是标准差，截距是平均值。使用 QQ 图对四组数据的模型残差序列进行正态性检验，结果如图 4-5 所示，四组数据序列均符合正态分布。

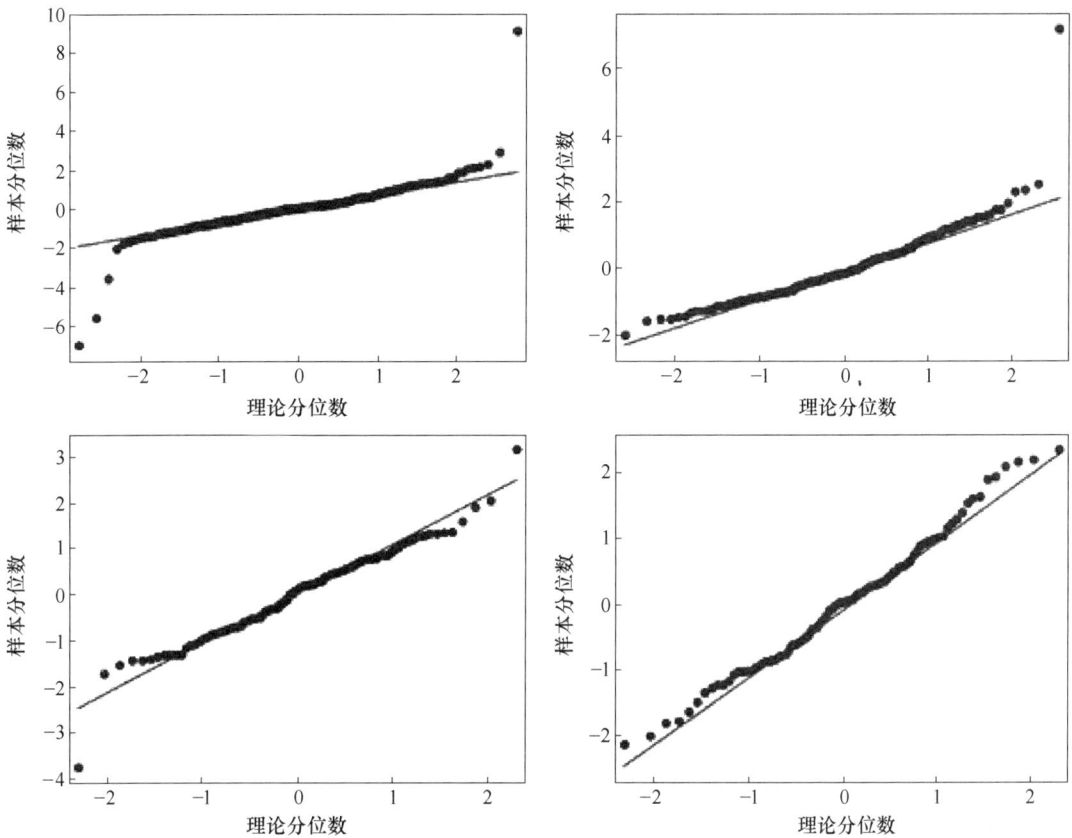

图 4-5 QQ 图检验结果

4.3.3.4 预测结果

采用 ARMA 模型进行预测并画出预测结果的曲线，如图 4-6 所示，其中横坐标为时间变化，纵坐标为瓦斯浓度。可以明显看出预测瓦斯浓度曲线走势大致符合实际瓦斯浓度曲线，但准确率较低，将在本章后续内容中进一步优化预测模型。

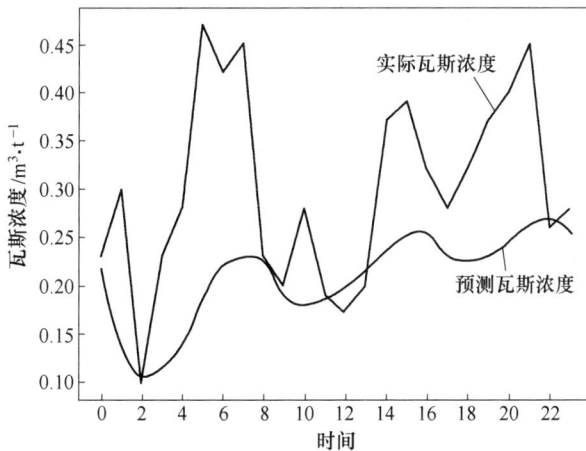

图 4-6 ARMA 预测结果

4.4 基于神经网络的时间序列预测模型

4.4.1 深度学习

随着信息化进程的加快，网络技术的飞速发展，人工智能（Artificial Intelligence，AI）和深度学习（Deep Learning，DL）日益受到人们的关注，并被广泛地应用于各行各业。深度学习是机器学习的一个重要分支，它是一种新的学习方式，即从数据中学习并分析表达，强调学习过程中的层次感和含义。在搜索、数据挖掘、机器学习、机器翻译、自然语言处理、多媒体教学、语音、推荐、个人化等方面，深度学习已有许多成就。深度学习使计算机能够模拟人的视觉、思维等行为，并解决了许多复杂的模式识别问题，从而推动了人工智能技术的发展[33]。

4.4.2 基于梯度的优化

4.4.2.1 张量运算的导数

在矢量微积分中，其梯度是一种矢量场。在标量场的一个点上，一个梯度的方向是最大的，而梯度的长度就是最大的。从欧几里德空间 R_n 到 R 的函数梯度是 R_n 的一个最好的直线逼近。从这种角度看，斜率是雅可比矩阵的一种特殊情形。在单一变量的实值函数中，梯度仅仅是一个微分，或线性函数，即直线的坡度。坡度即在某一特定的方向上，一个表面的斜率，这个斜率的数值，有时也叫作斜率。

梯度（gradient）是张量操作的一个微分。这是一种将微分的概念推广到多元函数的微分。多元函数是用张量来表示的。

假定存在输入矢量 x，矩阵 W，目标 y，损耗函数 loss。预测 $y\_$pred 可以用 W 来计算，接着就是损失，也就是 $y\_$pred 到目标 y 的距离。

若输入资料 x 与 y 仍是相同，则可视为 W 与损耗的关系。

假定 W 的当前数值是 W_0，f 在 W_0 的微分为具有与 W 相同的形状的张量 $\text{gradient}(f)(W_0)$，代表 $W_0[i,j]$ 中的每一个因子 $\text{gradient}(f)(W_0)(W_0)$ 代表 loss_ value 的变化方向和幅度。W_0 是函数 $f(W) = \text{loss\_value}$ 的微分。

函数 $f(x)$ 的微分可以看成是 f 曲线的一个斜率。类似地，可以将 $\text{gradient}(f)(W_0)$ 视为代表靠近 $W_0 f(W)$ 的曲率的张量。

在 $f(x)$ 函数中，只要把 x 朝导的相反方向稍微移动一小步，就能减少 $f(x)$ 的数值。同样，对于张量的函数 $f(W)$ 也可以通过将 W 向梯度的反方向移动来减小 $f(W)$，比如 $W_1 = W_0 - \text{step} * \text{gradient}(f)(W_0)$，其中 step 是一个很小的比例因子。换句话说，从曲率相反的角度来看，它的位置会更低。请注意，需要定标系数 step，因为 $\text{gradient}(f)(W_0)$ 仅仅是接近 W_0 的一个近似，并且不能远离 W_0。

4.4.2.2 梯度下降

对于一个微分函数，从理论上来说，可以用解析方法求出其最小值：最小的函数就是一个微分 0，找出全部导数为 0 的点再求出函数的最小值的过程叫作梯度下降[34]，如图 4-7 所示。

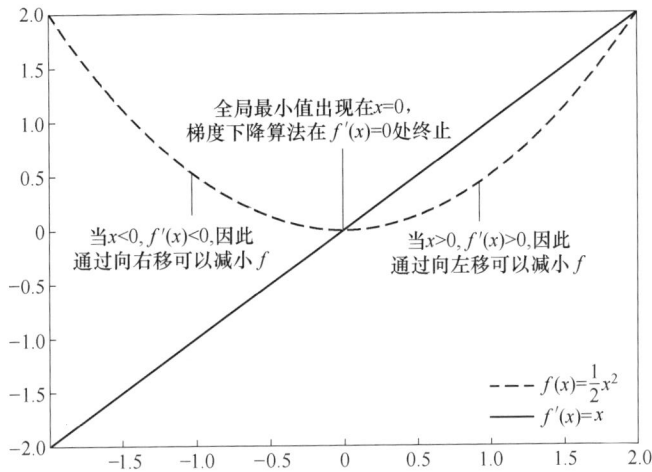

图 4-7 梯度下降示意图

该算法在神经网络中的应用，即通过分析法，确定了与最小损失函数相对应的所有权重。该方法可以由另一方程 gradient(f)(W) = 0 来完成。这是一个由 N 个变量组成的多项式方程，N 为网络中的系数数目。在 $N = 2$ 或者 $N = 3$ 的情况下，可以解出这些方程，但是由于这些方程中的参数数量往往不会低于数千万个。

取而代之，可以采用五个步骤：根据随机数据的当前损耗，逐步调整各参数。由于该方法是一种可微函数，因此能够求出其梯度，使之能高效地完成第四阶段。随着梯度的反向变化，加权值也会逐渐减小，包括：

（1）从构成该数据批次的训练样本 x 和相应的对象 y 中提取。

（2）使网络在 x 上运行，从而产生一个预测值 $y\_$pred。

（3）对这一批次的数据进行计算，以测量 $y\_$pred 与 y 的间隔。

（4）计算损耗与网络参数之间的梯度 [一次逆向传播（backward pass）]。

（5）沿斜坡的相反方向稍微移动一些参数，例如 W −= step ∗ gradient，这样就可以减少这一组数据的损耗。

刚刚描述的方法叫作小批量随机梯度下降（mini-batch stochastic gradient descent, SGD）。术语随机（stochastic）是指每批数据都是随机抽取的（stochastic 是 random 在科学上的同义词）。

4.4.3 神经网络中的层

4.4.3.1 卷积层、激活层、池化层

（1）激活层。所谓"激活层"，就是一次对卷积层的输出进行非线性的映射。活化功能可以通过引入非线性因子来解决线性模型无法处理的问题。从图 4-8 中可以看到，输入信息 x 在神经元内首先经过加权求和，然后通过激活函数的非线性转换，将数据控制在一定范围区间内。转换的结果作为下一层神经元的输入，或作为结果进行输出[35]。

（2）池化层。所谓"池化"（欠取样或下取样），其主要作用是对数据进行降维、压缩数据及参数数目、减少过度拟合。

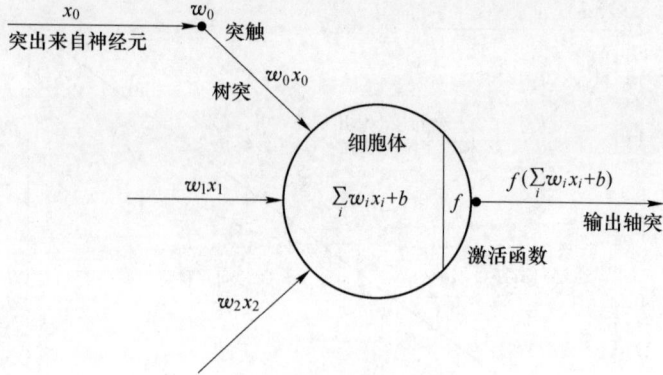

图 4-8　神经网络激活层内部结构

4.4.3.2　全连接层

（1）在进行了几次卷积、激活、池化之后，就进入了全连接层（Fully Connected Layers，FC），在完全连接层之前，如果神经元数量太多，学习能力较强，就会发生过拟合。通过引入 Dropout 运算对神经元进行随机删除，从而解决该问题。

（2）一个完整的连通层，它是整个卷积神经网络的"分类器"。

（3）若卷积层、池化层、活化功能层等操作是将原始资料映射至隐层特征空间，那么，全连通层的功能就是将所学到的"分布特性表达"映射到样本标志空间。

4.4.3.3　输出层

最后一层全连接+Softmax 如图 4-9 所示。

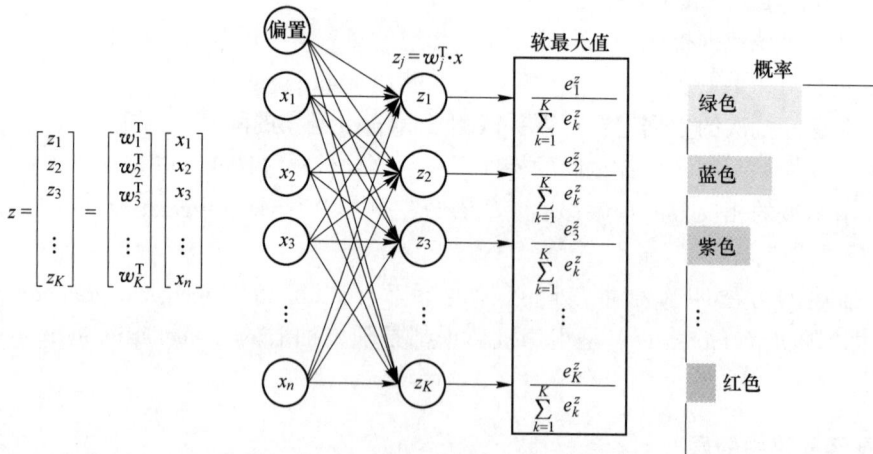

图 4-9　神经网络输出层内部结构

全连接层通过乘以输入矢量和偏压的加权矩阵，把 n 个（$-\infty$，$+\infty$）实数值映射成 K 个（$-\infty$，$+\infty$）实数值（分数）；软件 max 把 K 个实数映射成 K 个（0，1）的真实值（可能性），并确保其总和是 1。具体过程如下：

$$\hat{y} = \mathrm{softmax}(z) = \mathrm{softmax}(W_x^{\mathrm{T}} + b) \tag{4-24}$$

式中，x 为全连接层的输入；W_x^{T} 为权重；b 为偏置项；$\hat{y}$ 为 Softmax 输出的概率。Softmax 的

计算方式如下：

$$\text{softmax}(z_j) = \frac{e^{z_j}}{\sum\limits_k e^{z_j}} \tag{4-25}$$

若拆成每个类别的概率如下：

$$\hat{y}_j = \text{softmax}(z_j) = \text{softmax}(w_j \cdot x + b_j) \tag{4-26}$$

式中，w_j 表示图中全连接层中由同一颜色权重组成的向量。

加权角度可能是最直接的理解角度。

一般认为，网络的最后一层完全连通的输入，也就是以上的 x，就是从输入的数据集合中抽取出来的特性：

$$z_j = w_j \cdot x + b_j = w_{j1}x_1 + w_{j2}x_2 + \cdots + w_{jn}x_n + b_j \tag{4-27}$$

在分类 j 中，各属性的重要性、对最终得分的影响程度，对各类型的得分进行加权，将 w_j 视为第 j 类下特征的权重，然后用 Softmax 将其转换成概率，如图 4-10 所示。

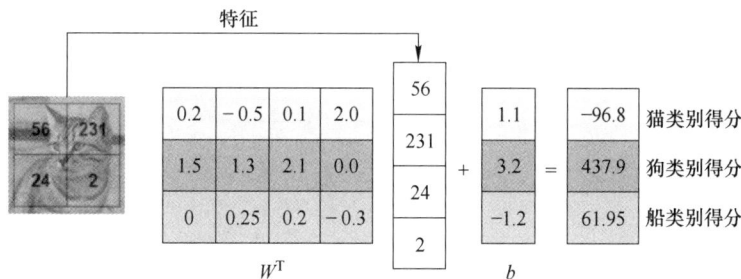

图 4-10 Softmax 映射过程

4.4.4 激活函数

在一组给定的输入和输出的情况下，一个节点的活动功能决定了它的输出。一个标准的电脑芯片电路可以被认为是一个数字电路启动功能，该功能基于一个输入而产生一个开（1）或者关（0）。这和神经网络中的线性感知器相似。但是，只有一个非线性的活化函数使得这样的网络能够利用很少的节点进行非普通问题的求解。该函数在 ANN 中又被称作传递函数。

其中，Sigmoid 函数和 Tanh 函数是两个常用的激活函数。这两种方法都是 S 型的饱和函数。当 Sigmoid 函数的输入值接近无限或正无限时，梯度会趋近零，产生梯度扩散。Sigmoid 函数的输出为正，且非零值，因此当权重更新时，只能在一个方向上进行更新，因此会对收敛速度产生一定的影响。Tanh 激活函数是 Sigmoid 函数的一个改进版本，它是一个以 0 为中心的对称函数，它的收敛性很好，很少会发生 Loss 值的抖动，但它不能克服梯度扩散的问题。两个函数均为指数级，其运算过程比较繁琐。Softsign 函数是一个改良的 Tanh 函数，它是一个 S 型的，它的中心是 0，并且值范围是（−1，1）。

在神经网络中，一个常用的激活函数是 Sigmoid 函数（Sigmoidfunction），它由下面的公式来表达。

$$h(x) = \frac{1}{1 + \exp(-x)} \tag{4-28}$$

在本文的神经网络中用 Sigmoid 函数作为激活函数，在进行信号的转换后将转换后的信号传送给下一个神经元。

4.4.5　损失函数与优化器

一旦网络结构被决定，下面的两个参数就必须被选中：

（1）损失函数（目标函数）。它是在培训期间最大限度地减少的。它可以测量目前的工作是否已经顺利地完成。

（2）优化器。根据损耗函数来确定网络的更新。这是随机梯度下降（SGD）的一个变异。

多个输出的神经网络会有多个损耗函数（每一个输出都有一个损耗）。然而，该方法必须建立在单一的标量损耗基础上。在这种情况下，当网络中存在多个损失函数时，必须将其全部损失函数求平均值，使之成为一个标准值。在求解问题时，如何选取合适的目标函数是关键。网络设计的目的是尽量减少损失，所以，如果目标功能不能很好地完成当前的工作，则网络的最终结果可能与实际期望不符[34]。

4.4.6　Dropout 方法

Dropout 可以避免预测结果过拟合，该方法的思想是将一定比例的神经网络单元从网络中丢弃，可以提高神经网络单元的利用率[36]。图 4-11 是 Dropout 处理后的神经元连接图。

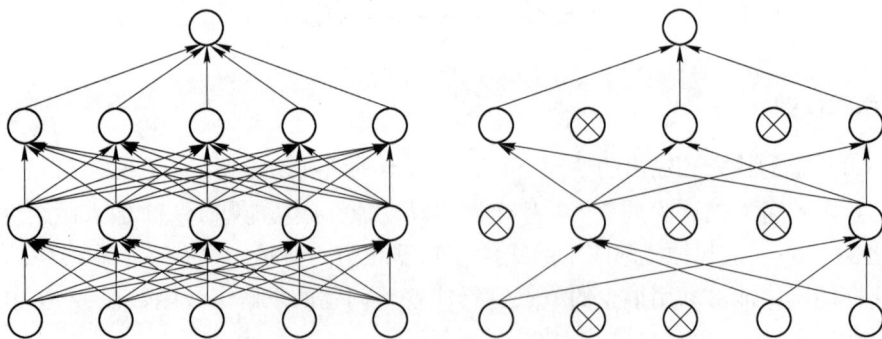

图 4-11　在深度网络中 Dropout 的应用示意图

从上述图中两个示意图可以发现，当神经网络规模过大时，大量的训练会导致神经元大量交织，需要耗费大量算力，导致训练时间过长，甚至出现过拟合。但是 Dropout 能够避免这些缺陷。Dropout 能够控制隐藏层的激活值按某个固定比例变成 0，缩短隐藏层节点数量，缩短训练时间；也能够让某个神经元和随机挑的别的神经元联合决策，减弱神经元节点之间的联合适应性，提升泛化性。

4.4.7　基于 BP 神经网络模型预测及误差分析

使用 Python 中的 Keras 来搭建神经网络模型，这是一个用 Python 编写的高级神经网络 API，具有模块化、易扩展性的优点。建立模型并进行预测的步骤如下：

（1）构建模型；

（2）设置输出层，隐藏层；

（3）选择激活函数和损失函数；

（4）训练模型；

（5）进行预测。

将一个月份的 744 个数据当作训练集，将未来 24h 的数据当作测试集，设置学习率为 0.1，连接权值和阈值随机产生并通过学习过程进行更新，分别设输入层节点数、输出层节点数为 1，隐藏层节点数为 2，训练 22 次。

得到了基于该煤矿南 11902 上顺工作面和 72302 上顺工作面未来一天内的 24 条预测值，画出预测结果和真实测量值的变化趋势曲线图（见图 4-12、图 4-13）。

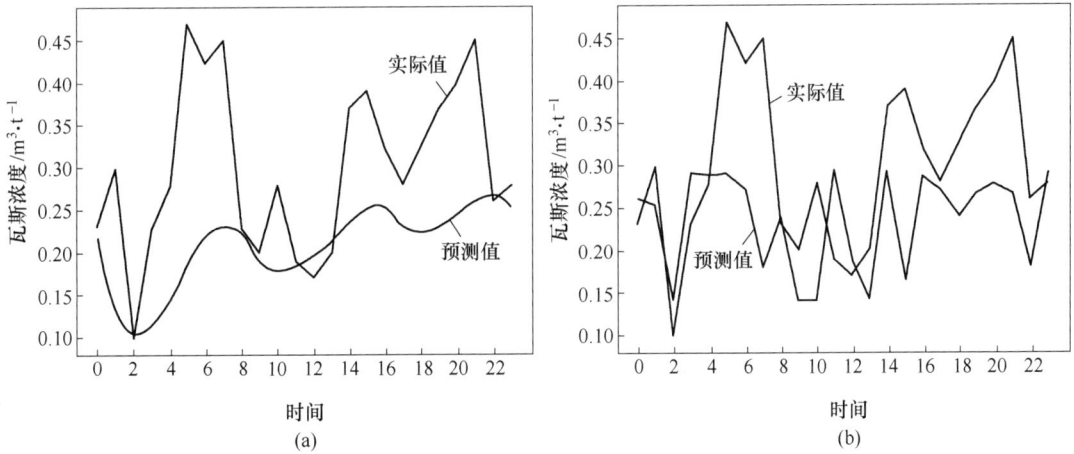

图 4-12　南 11902 上顺面预测结果曲线图

（a）ARMA；（b）BP

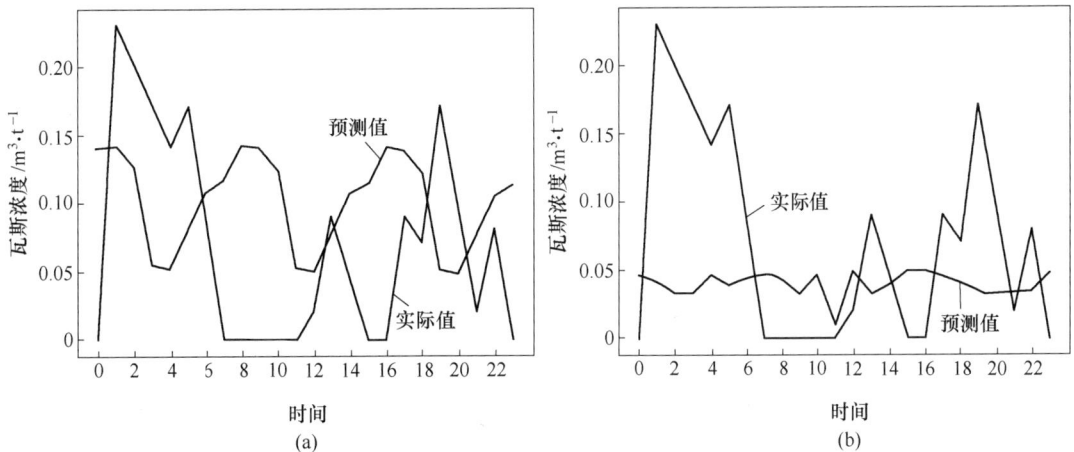

图 4-13　72302 上顺面预测结果曲线图

（a）ARMA；（b）BP

通过以下的指标来对两个模型的预测误差进行对比分析。

均方根误差（RMSE），是均方误差的算术平方根，用来衡量观测值同真值之间的偏差，其公式如下：

$$RMSE = \sqrt{\frac{1}{N}\sum_{i=1}^{N}(y_i - \hat{y}_i)^2} \tag{4-29}$$

式中，N 为数据个数；y 为真实值；$\hat{y}$ 为预测值。

平均绝对误差（MAE），是绝对误差的平均值，可以较好地反映预测值误差的实际情况，其公式如下：

$$MAE = \frac{1}{N}\sum_{i=1}^{N}|y_i - \hat{y}_i| \tag{4-30}$$

式中，N 为数据个数；y 为真实值；$\hat{y}$ 为预测值。

根据表 4-3 和表 4-4 可以看出，对两个工作面的预测结果，BP 模型的预测误差都比 ARMA 模型的预测误差更小，在对 72302 上顺面的预测中，BP 模型的平均绝对误差比 BP 神经网络模型降低了 0.021，可见在对瓦斯浓度的预测中，BP 神经网络模型的预测效果更好。

表 4-3   南 11902 上顺面预测误差

预测模型	均方根误差	平均绝对误差
ARMA	0.125	0.096
BP	0.113	0.087

表 4-4   72302 上顺面预测误差

预测模型	均方根误差	平均绝对误差
ARMA	0.094	0.085
BP	0.081	0.064

4.4.8   基于 CNN-GRU-LSTM 神经网络模型预测

4.4.8.1   一维卷积神经网络

CNN 是一种典型的前馈神经网络，其实质是利用多个滤波器对输入信号进行特征提取。通过分层卷积、池化等方法，将输入数据中包含的拓扑特征一层一层地抽取出来。在对所抽取的特征进行抽象的同时，对所抽取的特征进行了进一步的抽象，最后获得了具有平动转动不变的稳健特性[37]。

CNN 网络本身就具有稀疏连接和分享权重的特点。稀疏连接是通过构造相邻层的非完全连通的空间关系来减少模型所需训练的参数数目；为了防止算法的过度拟合，采用了权重分配的方法。另外，该方法充分利用了数据自身的局部特性，在优化网络结构的同时，降低了数据的维数，增强了特征的鲁棒性。一维卷积神经网络内部结构如图 4-14 所示。

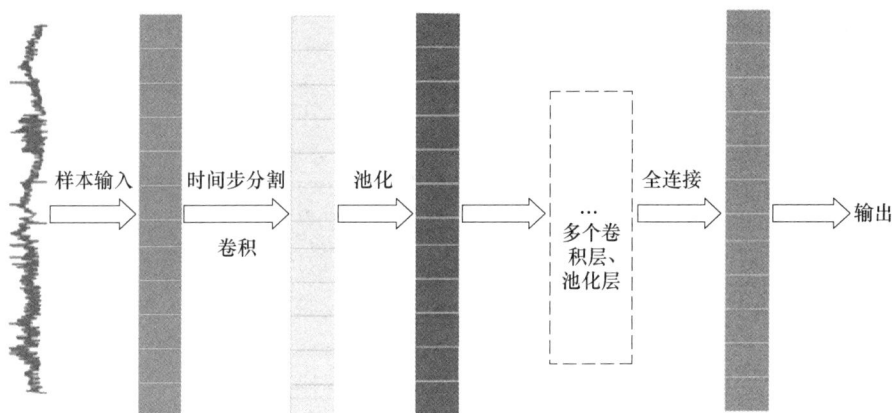

图 4-14 一维卷积神经网络内部结构图

一个典型的 CNN 网络包括输入层、卷积层、池化层、全连接层及输出层。在 CNN 的早期特征抽取算法中，采用了基于卷积层和池化层的交替迭代抽取输入数据的特征，而在临近输出层使用常规的多层神经网络。在卷积层中，通过卷积校验上一层输出的特征向量进行卷积运算，然后通过非线性激发函数构造输出的特征向量。其数学模型可以描述为：

$$x_j^l = f\left(\sum_{i \in M_j} x_i^{l-1} \times k_{ij}^l + b_j^l\right) \tag{4-31}$$

式中，x_j^l 为第 l 层输出；M_j 为输入特征矢量；x_j^{l-1} 为第 l 层输入；k 为卷积核；l 为第 l 层网络；b 为网络偏置。

在 CNN 中，非线性激活函数一般采用修正线性单元（Rectified Linear Unit, ReLU），ReLU 的优点是将局部神经元的输出变为 0，增加了网络的稀疏性，减小了参数间的依赖，从而减轻了过拟合问题的发生。ReLU 的公式化表达如下：

$$a_i^{l+1}(j) = f(y_i^{l+1}(j)) = \max\{0, y_i^{l+1}(j)\} \tag{4-32}$$

式中，$a_i^{l+1}(j)$ 是 $y_i^{l+1}(j)$ 的激活值；$y_i^{l+1}(j)$ 表示卷积操作的输出值。

在实际应用中，常用的是最大池化算子，池化层是对上一层数据的缩放映射，它可以从输入的特征中抽取局部极值，从而减少了可训练的参数数量，增强了特征的鲁棒性。最大池的转换函数是：

$$P_i^{l+1}(j) = \max_{(j-1)W+1 \leqslant i \leqslant jW}\{q_i^l(t)\} \tag{4-33}$$

式中，$q_i^l(t)$ 表示第 l 层的第 i 个特征矢量中第 t 个神经元的值，t 的范围是 $[(j-1)W+1, jW]$；P_i^{l+1} 表示第 $l+1$ 层神经元对应的值；W 为池化区域的宽度。

CNN 的输出部分包含了对上一池化层的输出端的完全连接，然后利用 Softmax 分类器来处理多分类问题，该模型可以如下描述：

$$O = f(b_o + w_o f_v) \tag{4-34}$$

式中，f_v 为特征矢量；b_o 为偏差向量；w_o 为权值矩阵。

一维 CNN 网络输入的数据是一维的，它的卷积核也是一维的，而每一卷积层和池化层的输出都是一维的本征向量。在一定的取样频率下，机器的振动资料要达到一个完整的冲击循环，所需的数据点一般为 102，而当卷积核的大小过小时，所需的卷积运算就会大幅增加，从而大大提高了计算时间。如果卷积核的大小过大，就不能对输入的特征进行准确的定位，而且所抽取的特征也不会有明显的冗余。

4.4.8.2　GRU 神经网络

GRU 非常类似 LSTM，它是 LSTM 的一个变种，区别是 GRU 把输入和遗忘两个门合并为一个更新门[38]。因此，GRU 的两个门：一个是更新门（用于控制上一个时刻的信息到下一时刻时的保存程度），另一个是重置门（控制当前状态信息与上一时刻信息是否结合）。GRU 的内部结构如图 4-15 所示。

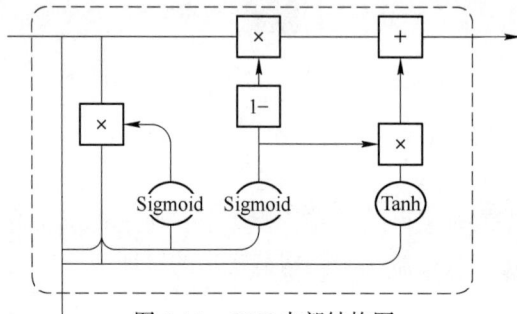

图 4-15　GRU 内部结构图

其内部计算公式如下：

$$z_t = \sigma(W_{zx}x_t + U_{zh}h_{t-1} + b_z) \tag{4-35}$$

$$r_t = \sigma(W_{rx}x_t + U_{rh}h_{t-1} + b_r) \tag{4-36}$$

$$\widetilde{h}_t = \tanh(W_{hx}x_t + r_t \circ U_{hh}h_{t-1} + b_h) \tag{4-37}$$

$$h_t = (1 - z_t) \circ \widetilde{h}_t + z_t \circ h_{t-1} \tag{4-38}$$

式中，h_t 是隐藏层的输出；x_t 是输入；z_t 和 r_t 是更新门和重置门；$\widetilde{h}_t$ 是输入 x_t 和上一个时刻输出 h_{t-1} 的汇总；σ 是 Sigmoid 函数；W_{hx}、W_{zx}、W_{rx}、U_{hh}、U_{zh}、U_{rh} 为权重系数矩阵；b_h、b_z、b_r 是偏置向量；$z_t \circ h_{t-1}$ 是 z_t 和 h_{t-1} 的符合关系。

4.4.8.3　LSTM 神经网络

LSTM 不同于传统神经网络，它是一种基于循环神经网络（Recurrent Neural Network，RNN）的新技术，能够有效地克服梯度爆炸和梯度消失现象，可以对时间序列数据进行预测，分类，是先进的有效的深度学习算法之一[39]。

针对给定的序列 $x = (x_1, x_2, \cdots, x_n)$，运用标准的循环神经网络算法。

可以计算出隐藏层序列 $h = (h_1, h_2, \cdots, h_n)$ 和输出层序列 $y = (y_1, y_2, \cdots, y_n)$。其内部计算公式如下：

$$h_t = f_a(W_{xh}x_t + W_{hh}h_{t-1} + b_h) \tag{4-39}$$

$$y_t = W_{hy}h_t + b_y \tag{4-40}$$

式中，$\boldsymbol{b}_y$ 和 $\boldsymbol{b}_h$ 为偏置向量；$\boldsymbol{W}$ 为权重系数矩阵（如 $\boldsymbol{W}_{hy}$ 为隐藏层到输出层的权重系数矩阵）；f_a 为激活函数；下标 t 代表时刻。

LSTM 相对于 RNN 增加了一个状态单元，该单元包含输入门、遗忘门、输出门。输入门控制输入单元信息传递到状态单元，输出门控制状态单元 c_t 的部分信息作为 LSTM 的输出，遗忘门控制状态单元信息的保存或删除，其内部结构如图 4-16 所示。

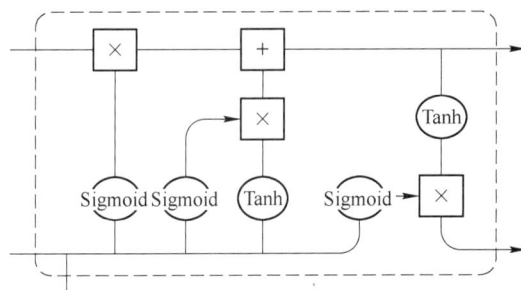

图 4-16　LSTM 内部结构图

其内部计算公式如下：

$$\boldsymbol{i}_t = \sigma(\boldsymbol{W}_{ix}\boldsymbol{x}_t + \boldsymbol{W}_{ih}\boldsymbol{h}_{t-1} + \boldsymbol{b}_i) \tag{4-41}$$

$$\boldsymbol{f}_t = \sigma(\boldsymbol{W}_{fx}\boldsymbol{x}_t + \boldsymbol{W}_{fh}\boldsymbol{h}_{t-1} + \boldsymbol{b}_f) \tag{4-42}$$

$$\widetilde{\boldsymbol{c}}_t = \tanh(\boldsymbol{W}_{cx}\boldsymbol{x}_t + \boldsymbol{W}_{ch}\boldsymbol{h}_{t-1} + \boldsymbol{b}_c) \tag{4-43}$$

$$\boldsymbol{c}_t = \boldsymbol{f}_t\boldsymbol{c}_{t-1} + \boldsymbol{i}_t\widetilde{\boldsymbol{c}}_t \tag{4-44}$$

$$\boldsymbol{o}_t = \sigma(\boldsymbol{W}_{ox}\boldsymbol{x}_t + \boldsymbol{W}_{oh}\boldsymbol{h}_{t-1} + \boldsymbol{b}_o) \tag{4-45}$$

$$\boldsymbol{h}_t = \boldsymbol{o}_t\tanh(\boldsymbol{c}_t) \tag{4-46}$$

式中，$\boldsymbol{x}_t$ 是时刻 t 的输入向量；$\boldsymbol{i}_t$、$\boldsymbol{f}_t$、$\boldsymbol{o}_t$ 分别是输入门、遗忘门和输出门的激活函数；$\boldsymbol{W}_{fx}$、$\boldsymbol{W}_{ix}$、$\boldsymbol{W}_{cx}$、$\boldsymbol{W}_{ox}$、$\boldsymbol{W}_{fh}$、$\boldsymbol{W}_{ih}$、$\boldsymbol{W}_{ch}$、$\boldsymbol{W}_{oh}$ 是权重系数矩阵；$\boldsymbol{c}_t$、$\widetilde{\boldsymbol{c}}_t$ 是状态单元和即时单元的向量；σ 为激活函数 Sigmoid；$\boldsymbol{h}_t$ 是 LSTM 当前的输出。

4.4.8.4 CNN-GRU-LSTM 神经网络

该文以瓦斯浓度序列历史数据为输入量，进行下一时刻瓦斯浓度序列的预测，构造的基于卷积单元-门控循环单元-长短期记忆神经网络（Convolutional Neural Networks-Gate Recurrent Unit-Long Short Term Memory，CNN-GRU-LSTM）瓦斯浓度预测模型，模型内部结构如图 4-17 所示。

以南 11902 上顺工作面为例，开展如下参数设置。

（1）Conv1D 卷积核个数。卷积核的数量跟特征图的数量是相关的。卷积核的数量越多，对应计算量越大，神经网络的能力就越强。Conv1D 卷积核个数对预测准确性影响较大，经过多次调参后综合考虑最终确定 Conv1D 卷积核个数为 256 个，表 4-5 为 Conv1D 卷积核个数调参对比结果。

（2）GRU 卷积核个数。GRU 卷积核个数对预测准确性影响稍小，但对运行时间影响较大，综合考虑最终确定 GRU 卷积核个数为 64 个，表 4-6 为 GRU 卷积核个数调参对比结果。

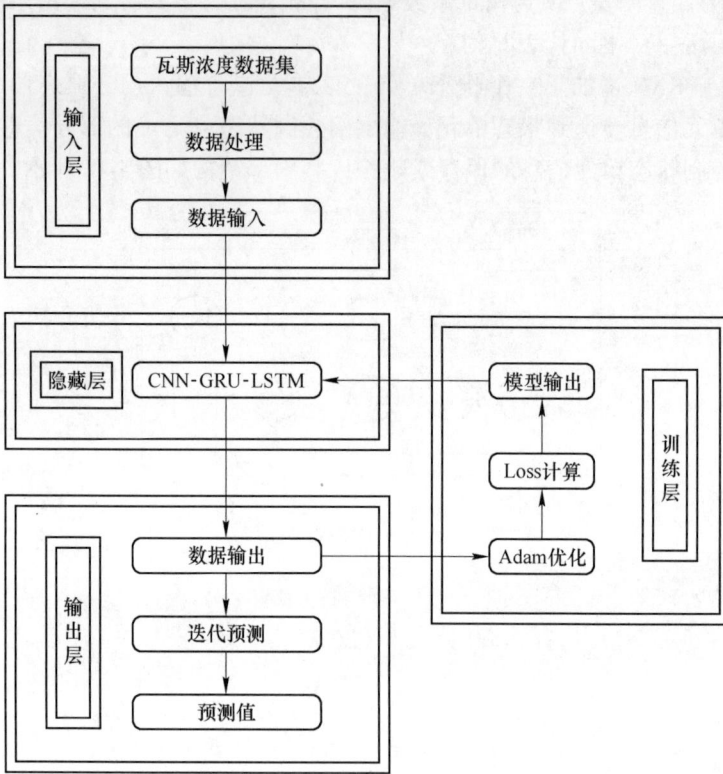

图 4-17　CNN-GRU-LSTM 模型内部结构

表 4-5　Conv1D 卷积核个数调参对比

Conv1D	训练集 RMSE	测试集 RMSE
256	0.11824	0.13049
128	0.11834	0.13051
64	0.11973	0.13404
32	0.11960	0.13349
16	0.11846	0.13124
8	0.12105	0.13696
4	0.12074	0.13506
2	0.12170	0.13512

表 4-6　GRU 卷积核个数调参对比

GRU	训练集 RMSE	测试集 RMSE
256	0.10649	0.12087
128	0.10663	0.12459
64	0.10598	0.12302
32	0.10746	0.12479

续表 4-6

GRU	训练集 RMSE	测试集 RMSE
16	0.10775	0.12242
8	0.11001	0.12404
4	0.10990	0.12332
2	0.11688	0.12886

（3）LSTM 卷积核个数。LSTM 卷积核个数对预测准确性影响稍小，但对运行时间影响较大，综合考虑最终确定 LSTM 卷积核个数为 2 个，表 4-7 为 LSTM 卷积核个数调参对比结果。

表 4-7 LSTM 卷积核个数调参对比

LSTM	训练集 RMSE	测试集 RMSE
256	0.10962	0.12346
128	0.11223	0.12657
64	0.10768	0.12086
32	0.10639	0.12106
16	0.10879	0.12304
8	0.11041	0.12553
4	0.10916	0.12500
2	0.10629	0.12369

（4）Conv1D 卷积核大小。在卷积神经网络中，一般情况下，卷积核越大，感受野（Receptive Field）越大，所获得的全局特征越好。但是大的卷积核会导致计算量的暴增，不利于模型深度的增加，计算性能也会降低。Conv1D 卷积核大小对预测准确性影响较大，经过多次调参后综合考虑最终确定 Conv1D 卷积核大小为 13，表 4-8 为 Conv1D 卷积核大小调参对比结果。

表 4-8 Conv1D 卷积核大小调参对比

Conv1D 卷积核大小	训练集 RMSE	测试集 RMSE
1	0.11477	0.12887
3	0.11961	0.13732
5	0.10629	0.12369
7	0.11723	0.13370
9	0.10701	0.11825
11	0.11521	0.13403
13	0.10437	0.11923
15	0.11980	0.13061
17	0.11546	0.12684

（5）训练次数。训练轮次大小实际上影响的是模型的容量。在模型容量较大的前提

下，限制训练轮次可以起到正则化权重的作用，训练轮次较大则会发生过拟合。但如果模型容量本来就比较小或者正好合适，训练轮次大小并不会影响到过拟合。经过多次调参后综合考虑最终确定训练次数为 20 次，表 4-9 为训练次数调参对比结果。

表 4-9　训练次数调参对比（扫描书前二维码看彩图）

训练次数	训练集 RMSE	测试集 RMSE	拟 合 图 像
10	0.10855	0.11933	
20	0.10597	0.11804	
30	0.10574	0.12179	

续表4-9

训练次数	训练集 RMSE	测试集 RMSE	拟 合 图 像
40	0.10312	0.12040	
50	0.10087	0.11796	

（6）池化层大小。池化层可以有效地缩小参数矩阵的尺寸，从而减少最后连接层中的参数数量。所以加入池化层可以加快计算速度和防止过拟合的作用。池化层大小对训练所需时间、图像拟合程度（准确性）影响较大，经过多次调参后最终确定训练次数为2，表4-10为池化层大小调参对比结果。

表4-10 池化层大小调参对比（扫描书前二维码看彩图）

MaxPooling1D（pool_size）	训练集 RMSE	测试集 RMSE	拟 合 图 像
1	0.09137	0.12103	

MaxPooling1D（pool_size）	训练集 RMSE	测试集 RMSE	拟 合 图 像
2	0.09609	0.11505	
3	0.10377	0.12429	
4	0.10597	0.11804	

MaxPooling1D (pool_size)	训练集 RMSE	测试集 RMSE	拟 合 图 像
6	0.10332	0.12952	

（7）Dropout。Dropout 有一定正则化的作用，可以防止模型过拟合。调参后选定 Dropout 值为 0.2。Dropout 调参对比结果如表 4-11 所示。

表 4-11　Dropout 调参对比（扫描书前二维码看彩图）

Dropout	训练集 RMSE	测试集 RMSE	拟 合 图 像
0.1	0.09651	0.11823	
0.2	0.09609	0.11505	

续表 4-11

Dropout	训练集 RMSE	测试集 RMSE	拟 合 图 像
0.3	0.09970	0.11684	
0.4	0.09981	0.11867	
0.5	0.10084	0.11579	

（8）Param 计算过程。图 4-18 和图 4-19 分别为两个工作面的 Param 计算过程，通过

这些参数，可以看到模型各个层的组成，也能看到数据经过每个层后输出的数据维度。

```
Model: "sequential1"
_____
Layer (type)                 Output Shape              Param #
=================================================================
conv1d (Conv1D)              (None, 8, 256)            3584
_____
max_pooling1d (MaxPooling1D) (None, 4, 256)            0
_____
dropout (Dropout)            (None, 4, 256)            0
_____
gru (GRU)                    (None, 4, 64)             61824
_____
lstm (LSTM)                  (None, 2)                 536
_____
dense (Dense)                (None, 1)                 3
=================================================================
Total params: 65,947
Trainable params: 65,947
Non-trainable params: 0
```

图 4-18　吉林某煤矿 72305 工作面上顺回风工作面 Param 计算过程

```
Model: "sequential1"
_____
Layer (type)                 Output Shape              Param #
=================================================================
conv1d (Conv1D)              (None, 8, 256)            3584
_____
max_pooling1d (MaxPooling1D) (None, 4, 256)            0
_____
dropout (Dropout)            (None, 4, 256)            0
_____
gru (GRU)                    (None, 4, 64)             61824
_____
lstm (LSTM)                  (None, 2)                 536
_____
dense (Dense)                (None, 1)                 3
=================================================================
Total params: 65,947
Trainable params: 65,947
Non-trainable params: 0
```

图 4-19　吉林某煤矿南 11902 上顺回风工作面 Param 计算过程

最终预测图像拟合结果（见图 4-20、图 4-21），可以明显看出预测瓦斯浓度曲线走势大致符合实际瓦斯浓度曲线，且重合度较高，预测准确率较高。

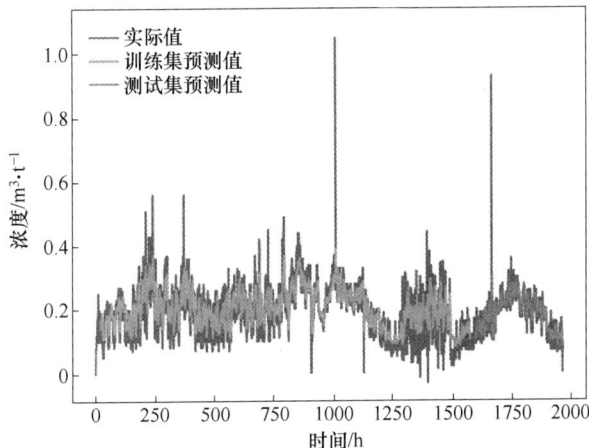

图 4-20　吉林某煤矿 72305 上顺回风
(扫描书前二维码看彩图)

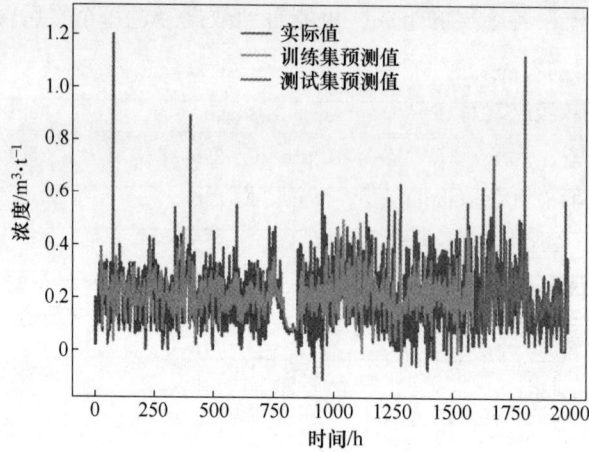

图 4-21   吉林某煤矿南 11902 上顺工作面
(扫描书前二维码看彩图)

4.4.8.5   模型评价指标

为了比较不同算法之间的优劣性,本文采用的评价指标为均方根差(Root Mean Square Error,RMSE),对构造的不同算法的预测精度进行科学评价,均方根差计算公式如下:

$$\text{RMSE} = \sqrt{\frac{1}{n}\sum_{k=1}^{n}(x_k - \hat{x}_k)^2} \tag{4-47}$$

式中,n 为样本数量;x_k 为时间点 k 的真实值;$\hat{x}_k$ 为时间点 k 的预测值。

4.4.8.6   不同算法预测效果对比

下面着手于空间的角度衡量所提到的 CNN-GRU-LSTM 算法的优势,采用南 11902 矿井和 72305 矿井三个月的实验数据-南 11902 上顺工作面和 72305 上顺回风瓦斯浓度序列数据,进行预测并得到三个月瓦斯浓度序列误差表(见表 4-12)。

表 4-12   三个月瓦斯浓度序列误差表

样 本 集		算　法	RMSE
南 11902 上顺工作面	train	LSTM	0.11341
		ARIMA	0.12681
		ESN	1.41196
		CNN-GRU-LSTM	0.09609
	test	LSTM	0.12149
		ARIMA	0.12879
		ESN	1.68711
		CNN-GRU-LSTM	0.11505
72305 上顺回风	train	LSTM	0.06690
		ARIMA	0.85736
		ESN	1.50574
		CNN-GRU-LSTM	0.06454

样 本 集		算 法	RMSE
72305 上顺回风	test	LSTM	0.06005
		ARIMA	0.84285
		ESN	1.49417
		CNN-GRU-LSTM	0.05732

上述表格可见，在相同的参数设置下，对于南 11902 上顺工作面的训练集和测试集，CNN-GRU-LSTM 算法较 ARIMA 算法和 LSTM 算法而言分别降低了 10.67% 和 5.30%，表现出更高的预测精度。对于 72305 上顺回风的训练集和测试集，CNN-GRU-LSTM 算法较 ARIMA 算法和 LSTM 算法而言分别降低了 92.47% 和 4.55%，表现出更高的预测精度。故而，两个矿井瓦斯浓度序列预测值与真实值的 RMSE，相较于其他三种算法，CNN-GRU-LSTM 都是最小的，具有较好的预测效果。

4.4.8.7 结论

针对统计学习和机器学习方法难以对瓦斯浓度序列数据准确预测的问题，本节提出了一种基于 CNN-GRU-LSTM 神经网络的瓦斯浓度序列预测方法。该方法先对数据进行数据集划分和归一化，接着引入一维卷积神经网络细胞、门控循环单元神经网络细胞和长短期记忆神经网络细胞，处理具有时序性的历史瓦斯浓度序列数据，设计网络结构学习瓦斯浓度序列内部动态变化规律，以误差损失最小化为目标，得到预测方法，完成瓦斯浓度预测。

以吉林某矿瓦斯浓度监控数据为实例，采用该方法进行瓦斯预测，经过时间和空间不同角度的实例数据验证表明：

（1）该方法预测得到的均方根误差，南 11902 上顺工作面为 11.51%，72305 上顺回风为 5.73%，并与单一长短期记忆神经网络、差分整合移动平均自回归模型和回声状态网络进行对比，表现出较高的精度预测后续时刻瓦斯浓度值。在算法设计方面，考虑了瓦斯浓度序列的混沌特性，对混沌特性的数据具有普适性。

（2）同时在迭代次数方面也有较少的次数，可以在迭代 20 次之前达到较好的收敛效果，表现出较 LSTM、ARMA、ESN 更快的收敛速度，为瓦斯浓度监控预警争取宝贵的时间，以便应急响应处置。

4.5 优化方法

4.5.1 多目标优化算法

进化多目标优化算法是一种基于群智能的启发式搜索算法，然而基于群智能的启发式搜索算法会带来很大的计算负担，深度学习网络本身的计算复杂度就高，使基于 Pareto 占优的神经网络预测算法的复杂度保持在合理的范围，且有效地利用梯度信息辅助进化算法寻优[40]。

4.5.1.1 多目标优化的解集

通过绝对最优解、有效解（Pareto 最优解）、最优解集和最优前沿来描述多目标优化问题，其中相等、严格小于、小于、小于且不等于定义如下：设 R^N 为 N 维实向量空间，$y = (y_1,\ y_2,\ \cdots,\ y_n)^\mathrm{T}$，$z = (z_1,\ z_2,\ \cdots,\ z_n)^\mathrm{T}$：

$$\begin{cases} \text{相等：} y = z \Leftrightarrow y_i = z_i,\ i = 1,\ 2,\ \cdots,\ N \\ \text{严格小于：} y < z \Leftrightarrow y_i < z_i,\ i = 1,\ 2,\ \cdots,\ N \\ \text{小于：} y \leqslant z \Leftrightarrow y_i \leqslant z_i,\ i = 1,\ 2,\ \cdots,\ N \\ \text{小于且不等于（支配）：} y \leqslant z \Leftrightarrow y_i \leqslant z_i,\ i = 1,\ 2,\ \cdots,\ N;\ y \neq z \end{cases}$$

$\forall x_1,\ x_2 \in R^N$，如果对于所有的 $k = 1,\ 2,\ \cdots,\ K$ 都有 $f_k(x_1) \leqslant f_k(x_2)$，则 x_1 支配 x_2。当不存在一个解 x 支配 x^* 时称 x^* 为 Pareto 最优解。Pareto 集（PS）是包含所有 Pareto 最优解的集合，如下式所示：

$$PS \xlongequal{\text{def}} \{ x^* \mid x \notin \Omega,\ x\ \text{支配}\ x^* \} \tag{4-48}$$

Pareto 前沿面（PF）是对应 PS 解目标向量的集合，如下式所示：

$$PF \xlongequal{\text{def}} \{ F(x) \mid x \in PS \} \tag{4-49}$$

4.5.1.2　多目标算法优化

本节提出一个基于多目标优化和梯度下降的混合优化方式。在此方式下，多目标优化关注全局搜索，梯度下降算法主要用于局部搜索。多目标优化可以帮助梯度下降算法跳出局部极值点，同样梯度下降算法可以加快多目标优化的收敛速度，两者相互结合可以更加有效的对模型进行优化求解。在这个方式下，优化问题首先被分解为多个单目标优化问题，然后使用梯度下降算法对其进行优化求解。

将多目标优化问题转化为多个单目标优化问题：

$$\min_{\theta \in \Omega} J_M(\theta) = \frac{1}{2} \sum_{i=1}^{n} (w_i \cdot fcr_i^2(\theta)) \tag{4-50}$$

其中，$w = \{ w_1,\ w_2,\ \cdots,\ w_C \}$ 是每个类别错误预测率的权重，它能反映每个类别的样本对最终预测的影响程度。w 的权重可以根据先验经验设置，也可以通过多目标优化对其优化求解得到。

对于一组给定的 w，模型的损失函数 $J_M(\theta)$ 可以采用梯度下降算法对其优化。损失函数 $J_M(\theta)$ 关于 θ 的偏导数：

$$\Delta_\theta J_M(\theta) = \sum_{i=1}^{C} (w_i \cdot fcr_i(\theta)) \tag{4-51}$$

梯度下降算法可以加快整个算法的收敛速度。权重 w 可以使用多目标优化对其优化求解：

$$\min_{w \in \Omega_w} CNN - GRU - LSTM(w) = (fcr_1(\theta),\ fcr_2(\theta),\ \cdots,\ fcr_C(\theta))(w)$$

$$s.t. \sum_{i=1}^{C} w_i = 1 \tag{4-52}$$

其中，Ω_w 是 w 的解空间。对于一个给定的 w，模型的参数 w 可以使用梯度下降算法优化求解。梯度下降算法可以有效找到局部最优解，进化算法可以为梯度下降算法找到一个初始解。通过两种算法结合可让混合算法找到全局最优解。

4.5.2 Attention 机制优化算法

注意力机制从一开始就因其独特的思想深受广大学者的喜爱，通过实验测试将其进行拓展，应用于多种情景。注意力机制与传统算法的简单结合就可以提高系统的性能，因此注意力机制的提出对深度学习许多结构都有着性能提高的作用。基于注意力机制的结构模型不仅能够记录信息间的位置关系，还能依据信息的权重去度量不同信息特征的重要性。通过对信息特征进行相关与不相关的抉择建立动态权重参数，以加强关键信息弱化无用信息，从而提高深度学习算法效率同时也改进了传统深度学习的一些缺陷[41-43]。

4.5.2.1 Attention

一般大多数注意力机制均基于 Encoder-Decoder 框架，特别是在文本处理领域中常用的 Encoder-Decoder 抽象框架，如图 4-22 所示。

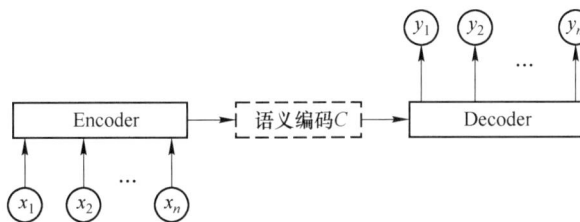

图 4-22 Encoder-Decoder 抽象框架

该模型将一个变长的输入 $X = (x_1, x_2, \cdots, x_n)$，映射到一个变长输出 $Y = (y_1, y_2, \cdots, y_n)$。其中，Encoder（编码器）把一个变长的输入序列 X，通过非线性变换转化为一个中间的语义表示 C：$C = f(x_1, x_2, \cdots, x_n)$；Decoder（解码器）的任务是根据输入序列 X 的中间语义表示 C 和先前已经生成的 y_1，y_2，$\cdots$，y_i 来预测并生成 i 时刻的输出 $y_i = g(y_1, y_2, \cdots, y_{i-1}, C)$，其中，$f(x_1, x_2, \cdots, x_n)$ 和 $g(y_1, y_2, \cdots, y_{i-1}, C)$ 均为非线性转化函数。由于传统的 Encoder-Decoder 框架对输入序列 X 缺乏区分度，因此 Bahdanau 等引入了注意力机制来解决这个问题，他们提出的模型结构如图 4-23 所示。

图中，s_{t-1} 是 Decoder 端在 $t-1$ 时刻的隐状态，y_t 是目标词，C_t 是上下文向量，则 t 时刻的隐状态：

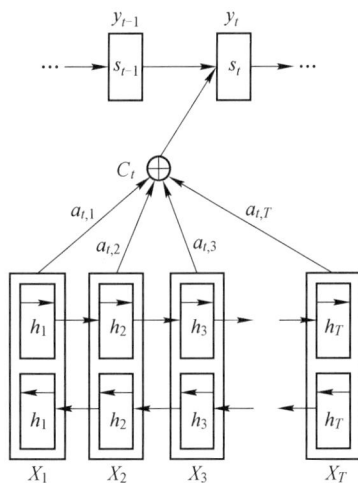

图 4-23 注意力机制模型结构

$$s_t = f(s_{t-1}, y_{t-1}, C_t) \tag{4-53}$$

C_t 依赖于编码端输入序列的隐藏层表示，通过加权处理后可表示：

$$C_t = \sum_{j=1}^{T} \alpha_{t,j} h_j \tag{4-54}$$

其中，h_j 表示 Encoder 端第 j 个词的隐向量，它包含整个输入序列的信息，但重点关注第 j

个词周围的部分。T 是输入端长度，α 表示 Encoder 端第 j 个词对 Decoder 端第 t 个词的注意力分配系数，且 α 概率值之和为 1。α 的计算公式：

$$\alpha_{t,j} = \frac{\exp(\alpha_{t,j})}{\sum\limits_{j=1}^{T} \exp(\alpha_{t,j})} \tag{4-55}$$

$$\alpha_{t,j} = \alpha(s_{t-1},\ h_j) \tag{4-56}$$

其中，$\alpha_{t,j}$ 表示一个对齐模型，用于衡量 Encoder 端位置 j 的词相对于 Decoder 端位置 t 的词的对齐程度/影响程度。通常将对齐模型 α 参数化为前馈神经网络与系统中其余部分共同训练。常见的方式有如下四种：

（1）加性注意力（Additive Attention）。

$$\alpha(s_{t-1},\ h_j) = \boldsymbol{v}_a^{\mathrm{T}} \tanh\left(\boldsymbol{W}_a s_{t-1} + \boldsymbol{U}_a h_j\right) \tag{4-57}$$

其中，$\boldsymbol{W}_a \in R^{n \times n}$，$\boldsymbol{U}_a \in R^{n \times 2u}$ 和 $\boldsymbol{v}_a \in R^n$ 表示权重矩阵，u 为单向隐藏层单元数。加性注意力是最经典的注意力机制，它通过使用隐含层的前馈神经网络来计算注意力的权重，由于 $\boldsymbol{U}_a h_j$ 不依赖于 t，可提前计算以最小化计算量。

（2）乘法（点积）注意力（Multiplicative Attention）。

$$\alpha(s_{t-1},\ h_j) = s_{t-1}^{\mathrm{T}} \boldsymbol{W}_a h_j \tag{4-58}$$

其中，$\boldsymbol{W}_a \in R^{n \times 2u}$ 表示权重矩阵。乘法注意力和加性注意力在复杂度上是相似的，但由于乘法注意力可以使用矩阵操作，使其在实践中计算速度更快，且存储性能更高。在低维度解码器状态中两者性能相似，但在高维情况，加性注意力的性能更优。

（3）自注意力（Self-Attention）。

$$A = \operatorname{softmax}(\boldsymbol{v}_a \tanh\left(\boldsymbol{W}_a \boldsymbol{H}^{\mathrm{T}}\right)) \tag{4-59}$$

$$\boldsymbol{H} = (h_1,\ h_2,\ \cdots,\ h_T) \tag{4-60}$$

其中，$\boldsymbol{H} \in R^{T \times 2u}$ 表示输入序列的隐向量。$\boldsymbol{W}_a \in R^{d_a \times 2u}$ 是一个权重矩阵，$\boldsymbol{v}_a \in R^{r \times d_a}$ 是一个参数向量，其中 d_a 为一个自定义的超参数，r 为需要从输入序列中抽取的信息个数，A 即为最终得到的注意力矩阵。由此可见自注意力机制通常不需要其他额外信息，它能够关注自身进而从中抽取相关信息。

（4）关键值注意力（Key-value Attention）。关键值注意力是 Daniluk 提出的注意力机制的变体，它将形式和函数分开，从而为注意力计算保持分离的向量。具体而言，关键值注意力将每一个隐藏向量 $\boldsymbol{h}_j$ 分离为一个键 k_j 用于计算注意力分布 $\alpha_{t,j}$ 和一个值 v_j 用于编码下一个词的分布和上下文表示：

$$\begin{bmatrix} k_j \\ v_j \end{bmatrix} = \boldsymbol{h}_j \tag{4-61}$$

$$\alpha_{t,j} = \tanh\left(\boldsymbol{W}_1\left[k_{j-L};\ \cdots;\ k_{j-1}\right] + (\boldsymbol{W}_2 k_j)\boldsymbol{I}^{\mathrm{T}}\right) \tag{4-62}$$

$$\alpha_{t,j} = \operatorname{softmax}(\boldsymbol{v}_a^{\mathrm{T}} \alpha_{t,j}) \tag{4-63}$$

$$c_{t,j} = \left[v_{j-L};\ \cdots;\ v_{j-1}\right] \alpha_{t,j}^{\mathrm{T}} \tag{4-64}$$

其中，$\boldsymbol{W}_1$，$\boldsymbol{W}_2 \in R^{n \times n}$，$\boldsymbol{v}_a \in R^n$ 是权重矩阵；L 为注意力窗体的长度；$\boldsymbol{I}$ 为所有单元为 1 的向量。

4.5.2.2　注意力机制结构

（1）软注意力机制（Soft Attention）。软注意力机制考虑所有的输入，但并不是给每个输入相同的权重，而是更关注某些特定的输入。软注意力机制会为每一个特征分配一个注意力权值，即一个概率分布。其特定区域信息的上下文向量 $c_{t,j}$ 可直接通过比重加权求和得到：

$$E_{p(s_t|a)}\left[c_{t,j}\right] = \sum_{j=1}^{T} \alpha_{t,j} h_j \tag{4-65}$$

软注意力机制是参数化的，光滑且可微，可以被嵌入到模型中直接训练，且梯度可以通过注意力机制模块反向传播到模型的其他部分。

（2）硬注意力机制（Hard Attention）。硬注意力机制是一个随机过程，在某一时刻只关注一个位置信息，注意力相对集中，常采用 One-Hot 形式。位置信息的多元伯努利分布：

$$p(s_{t,j} = 1 \mid s_{i<t}, H) = \alpha_{t,j} \tag{4-66}$$

$$c_{t,j} = \sum s_{t,j} h_j \tag{4-67}$$

注意力权重 $\alpha_{t,j}$ 在此所起的作用是表明该位置是否被选中，只有 0、1 两个选项。$s_{t,j}$ 是一个 One-Hot 指示器，值为 1 表示第 j 个位置被选中，否则为 0。为了实现梯度的反向传播，需要采用蒙特卡罗采样方法来估计模块的梯度。两种注意力机制都有各自的优点，软注意力机制相对发散，而硬注意力机制会专注于某一特定区域。Luong[43] 在此基础上进一步提出针对上述两种注意力机制的改进版本，即全局注意力（Global Attention）和局部注意力（Local Attention）。全局注意力机制关注全部位置的信息，因此计算开销较大，为提升模型效率，遂提出局部注意力机制，该机制每次仅需关注源语言编码中一个较小的上下文窗口，其计算复杂度要低于全局注意力机制和软注意力机制，且与硬注意力机制不同的是，它几乎处处可微，易于训练。因此，常认为局部注意力机制是软注意力机制和硬注意力机制优势上的混合体。

（3）位置注意力机制。一般地，在文本中与目标词距离较近的上下文词汇比距离较远的词汇更重要。因此，Duyu Tang 将位置信息（Local Attention）编码到注意力模型中，并归纳出如下四种编码策略：

1）$m_j = e_j \odot l_j$

$$l_j^k = (1 - L_j/T) - (k/d)(1 - 2 \times L_j/T) \tag{4-68}$$

其中，$\odot$ 表示逐元素相乘；$e_j \in R^{d \times 1}$ 和 $l_j \in R^{d \times 1}$ 分别表示词 x_j 的词向量和位置向量；m_j 表示记忆向量。位置向量可通过上式计算得出，其中，T、k 和 d 分别表示句子长度、跳数及维度；L_j 是词 x_j 的位置。

2）$l_j = 1 - L_j/T$

这是模型 1）的简化版，其在不同的跳中使用相同的位置向量 l_j。当 L_j 距离越大时，l_j 的重要性就越低。

3）$m_j = e_j + l_j$

将位置向量 l_j 视为模型的一个参数，使用向量相加得到记忆向量。位置向量随机初始化，并通过梯度下降学习得到。

4）$m_j = e_j \odot \sigma(l_j)$

与模型 3）不同的是，位置表示被认为是控制有多少单词语义被写入记忆的神经门。

对位置向量进行 Sigmoid 函数 σ 处理，并使用逐元素相乘计算记忆向量 m_j。在上述四个模型中，模型 1) 和模型 2) 位置向量的值是固定的，并以启发式的方式进行计算；模型 3) 和模型 4) 位置向量作为参数与其他参数共同训练。模型 2) 比较直观、计算成本更低且不损失精度。模型 4) 对神经门的选择非常敏感。

4.5.3　多元融合优化

LSTM 设置特征为三个门控状态（输入门 i_t，遗忘门 f_t，输出门 o_t）及隐藏和候选细胞状态（h_t，c_t）。

细胞状态表示记忆，隐藏状态为模型在 t 时刻的输出。门控状态控制当前和过去的信息需要融合多少并及时传递到下一个状态。两个隐藏状态执行着重要的功能，即对抗梯度消失问题的慢状态 c_t，以及允许 LSTM 在短时间内做出复杂决策的快状态 h_t。每个门控态执行一个独特的任务，调制细胞和隐藏态的曝光和组合。

4.5.3.1　ERF

早期递归融合（Early Recurrent Fusion，ERF）将 LSTM 扩展到多模态的最简单方法是首先将所有传感器编码并联或串联，并将其作为 LSTM 的输入，即 $X = (x_1, x_2, \cdots, x_n)$，其中每个 $x_t = (s^1 \oplus s^2 \cdots s^i \oplus s^j \cdots s^n)$。从时间的角度来看，我们可以将其视为一种早期融合，如图 4-24 所示。

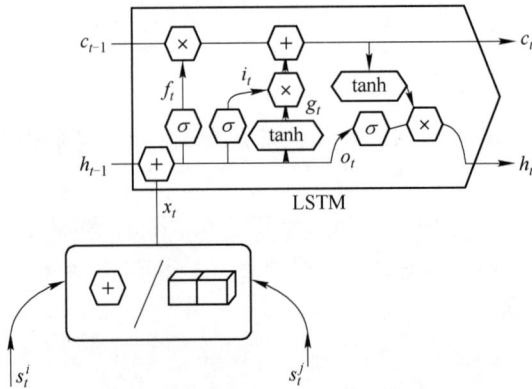

图 4-24　早期递归融合内部结构图

$$x_t = \cdots s_t^i + s_t^j \cdots (or) \cdots s_t^i \oplus s_t^j \cdots \tag{4-69}$$
$$f_t = \sigma(W_f x_t + U_f h_{t-1} + b_f) \tag{4-70}$$
$$i_t = \sigma(W_i x_t + U_i h_{t-1} + b_i) \tag{4-71}$$
$$o_t = \sigma(W_o x_t + U_o h_{t-1} + b_o) \tag{4-72}$$
$$g_t = \tanh(W_g x_t + U_g h_{t-1} + b_g) \tag{4-73}$$
$$c_t = c_{t-1} \odot f_t + i_t \odot g_t \tag{4-74}$$
$$h_t = o_t \odot \tanh(c_t) \tag{4-75}$$

在向 LSTM 提供单个传感器输入以提取有用信息的同时，使细胞和隐藏状态大小膨胀。另一方面，求和减少了单元格的大小，但天真地将所有传感器编码等同地组合在一起。时态融合架构必须提供足够的调优选择，以便他们能够学习如何融合和使用时态数据。这在驱动数据集中尤为必要，而这两个 ERF 模型都缺乏明确的结构来学习它们。

4.5.3.2 LRS

在晚期递归融合（Late Recurrent Summation, LRS）模型中，我们使用 M 个 LSTM 单元的副本，每个传感器一个。模型示意图和方程如下所示。对于每个模态单独忘记，首先计算输入、输出和细胞状态。变换每个门的输入空间的权重 W, U, 偏置 b, 对于每个模态来说是唯一的，但能够跨时间共享。

如前文所述，每个 LSTM 单元接收来自上一时间步状态（c_{t-1}^i, h_{t-1}^i）和当前时间步输入 s_t^i 的信息。

$$f_t^i = \sigma(W_f^i s_t^i + U_f^i h_{t-1} + b_f^i) \tag{4-76}$$

$$i_t^i = \sigma(W_i^i s_t^i + U_i^i h_{t-1} + b_i^i) \tag{4-77}$$

$$o_t^i = \sigma(W_o^i s_t^i + U_o^i h_{t-1} + b_o^i) \tag{4-78}$$

$$g_t^i = \tanh(W_g^i s_t^i + U_g^i h_{t-1} + b_g^i) \tag{4-79}$$

$$c_t^i = c_{t-1} \odot f_t^i + i_t^i \odot g_t^i \tag{4-80}$$

$$h_t^i = o_t^i \odot \tanh(c_t^i) \tag{4-81}$$

$$c_t = \sum_{i=1}^{M} c_t^i, \ h_t = \sum_{i=1}^{M} h_t^i \tag{4-82}$$

所有副本接收到的状态与上一时间步得到的状态（c_{t-1}, h_{t-1}）相同，而不是传感器的每个 LSTM 单元有单独的状态。通过这种建模选择，我们可以在时间上传播融合的表示。通过在所有传感器之间共享过去的细胞状态（c_{t-1}），模型可以单独决定是否保留或丢弃每个模态的记忆。最后，将所有隐藏的（h_t^i）和细胞（c_t^i）状态相加，产生组合表示 h_t 和 c_t，并发送给下一个时间步，如图 4-25 所示。

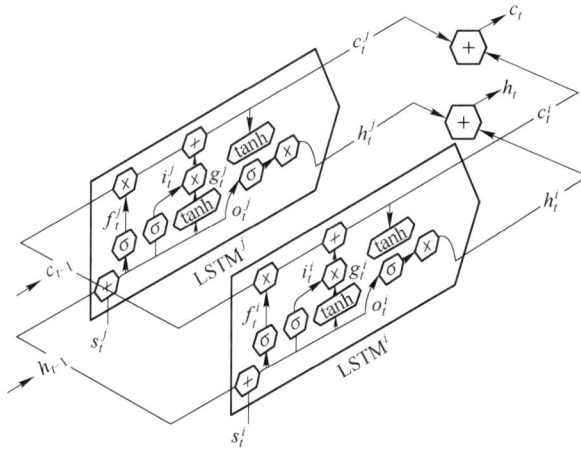

图 4-25 晚期递归融合内部结构图

4.5.3.3 EGRF

在早期研究中认为后期融合为模型提供了一定的灵活性，可以单独控制单个传感器的记忆，但即使在这里，最后的总和融合了所有具有同等重要性的传感器。然而，我们也希望从数据中了解每个传感器对最终融合状态的贡献程度，故提出早期门控递归模型

（Early Gated Recurrent Fusion，EGRF）。

对于 M 个传感器，我们定义了 $M-1$ 个门（ p^* ）控制传感器编码 s_t^i 在最终状态 a_t 的曝光。定义最后一个传感器的门为 $1-\sum_i^{M-1}p^i$ 。这使得联合表示成为单个传感器编码的线性插值。模型示意图和方程如图 4-26 所示。在下式中，我们给出了最终的融合步骤，其中每个门乘以相应的传感器编码并求和形成融合状态 a_t 。将 a_t 作为 LSTM 的输入进行时序建模：

$$e_t^i = \text{relu}(W_e^i s_t^i) \tag{4-83}$$

$$p_t^k = \sigma\left(\sum_{i=1}^M W_p^i e_t^i\right), \ \forall k \in [1, \ M-1] \tag{4-84}$$

$$a_t = \left(\sum_{k=1}^{M-1} p_t^k \odot e_t^k\right) + \left(1-\sum_{k=1}^{M-1}p_t^k\right)\odot e_t^k \tag{4-85}$$

$$f_t = \sigma(W_f x_t + U_f h_{t-1} + b_f) \tag{4-86}$$

$$i_t = \sigma(W_i x_t + U_i h_{t-1} + b_i) \tag{4-87}$$

$$o_t = \sigma(W_o x_t + U_o h_{t-1} + b_o) \tag{4-88}$$

$$g_t = \tanh(W_g x_t + U_g h_{t-1} + b_g) \tag{4-89}$$

$$c_t = c_{t-1}\odot f_t + i_t \odot g_t \tag{4-90}$$

$$h_t = o_t \odot \tanh(c_t) \tag{4-91}$$

门控功能对于获得洞察和解释模型内发生的融合的本质非常有价值，一旦被学习，用户可以很容易地将门控值解释为每个传感器的百分比贡献，并验证它们是否与数据集中某些任意样本的人类洞察力/经验相匹配。这种可解释性特征在涉及安全关键任务的复杂建模场景中变得非常关键和有用，如图 4-26 所示。

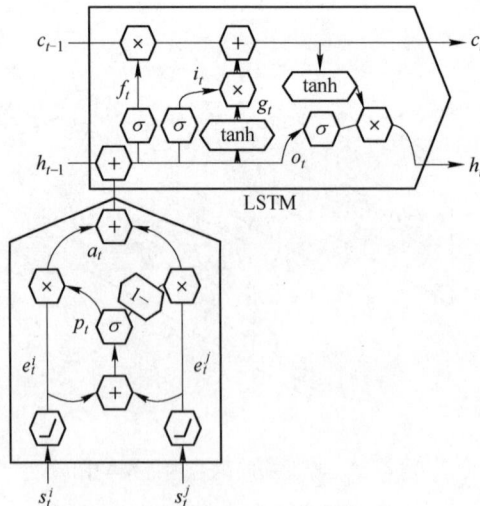

图 4-26　早期门控递归模型内部结构图

4.5.3.4　LGRF

最后提出晚期门控循环融合（Late Gated Recurrent State Fusion，LGRF）模型结合了

晚期循环融合（每个传感器独立控制内存）和门控循环融合（学习如何融合）的优点，提高了时间融合模型的学习性能。

$$e_t^i = \text{relu}(W_c^i s_t^i) \tag{4-92}$$

$$p_t^k = \sigma\left(\sum_{i=1}^M W_p^i e_t^i\right), \ \forall\, k \in [1,\ M-1] \tag{4-93}$$

$$a_t^i = \begin{cases} p_t^k \odot e_t^k,\ i \in [1,\ M-1] \\ \left(1 - \displaystyle\sum_{k=1}^{M-1} p_t^k\right) \odot e_t^k,\ i = M \end{cases} \tag{4-94}$$

$$f_t^i = \sigma(W_f^i s_t^i + U_f^i h_{t-1} + b_f^i) \tag{4-95}$$

$$i_t^i = \sigma(W_i^i s_t^i + U_i^i h_{t-1} + b_i^i) \tag{4-96}$$

$$o_t^i = \sigma(W_o^i s_t^i + U_o^i h_{t-1} + b_o^i) \tag{4-97}$$

$$g_t^i = \tanh(W_g^i s_t^i + U_g^i h_{t-1} + b_g^i) \tag{4-98}$$

$$c_t^i = c_{t-1} \odot f_t^i + i_t^i \odot g_t^i \tag{4-99}$$

$$h_t^i = o_t^i \odot \tanh(c_t^i) \tag{4-100}$$

$$c_t = \sum_{i=1}^M c_t^i,\ h_t = \sum_{i=1}^M h_t^i \tag{4-101}$$

类似于早期的门控循环融合模型，我们计算融合门 p_t^* 作为所有传感器编码 e_t^* 的函数，但并不使用对所有传感器输入进行线性插值来获得联合输入状态，而是使用门控来控制每个编码的曝光，这些编码被传递到传感器特定的 LSTM 单元。最终的联合单元和隐藏状态通过对所有最终单元和隐藏状态输出求和计算得到。

4.6 本 章 小 结

本章中以吉林某煤矿瓦斯浓度监控数据为实例介绍了基于回归和基于神经网络的两种预测模型，并提出优化方法，结论如下：

（1）将瓦斯浓度时间序列小波分解，然后检验分解后的序列，确认序列满足 ARMA 模型的预测要求，再用 ARMA 模型来预测，最后将预测结构进行小波重构得到瓦斯浓度预测结果；

（2）将处理后的瓦斯浓度序列数据，引入隐藏层，设计网络结构和算法框架学习瓦斯浓度序列内部动态变化规律，以最小化损失函数为目标函数，逐步进行参数优化，构建了基于 CNN-GRU-LSTM 神经网络的煤矿瓦斯浓度序列预测方法。并与 LSTM、ARIMA 和 ESN 的预测效果进行对比。实验表明，本算法对于南 11902 上顺工作面的测试集较 ARIMA 算法和 LSTM 算法而言分别降低了 10.67% 和 5.30%，对于 72305 上顺回风的测试集较 ARIMA 算法和 LSTM 算法而言分别降低了 92.47% 和 4.55%，均表现出更高的预测精度。

参 考 文 献

[1] 王晓路，刘健，卢建军. 基于小波变换和优化预测器的瓦斯浓度预测 [J]. 应用基础与工程科学学

报，2011，19（3）：499-508.

[2] 贾澎涛，邓军. 基于泛平均运算的矿井瓦斯浓度组合预测模型 [J]. 中国安全科学学报，2012，22（6）：41-46.

[3] 董丁稳，刘洁，王红刚. 矿井瓦斯浓度自适应预测及其预警应用 [J]. 中国安全科学学报，2013，23（5）：88-93.

[4] 刘俊娥，杨晓帆，郭章林. 基于 FIG-SVM 的煤矿瓦斯浓度预测 [J]. 中国安全科学学报，2013，23（2）：80-84.

[5] 郭瑞，徐广璐. 基于信息融合与 GA-SVM 的煤矿瓦斯浓度多传感器预测模型研究 [J]. 中国安全科学学报，2013，23（9）：33-38.

[6] 魏林，白天亮，付华，等. 基于 EMD-LSSVM 的瓦斯浓度动态预测模型 [J]. 安全与环境学报，2016，16（2）：119-123.

[7] 付华，谢森，徐耀松，等. 基于 ACC-ENN 算法的煤矿瓦斯涌出量动态预测模型研究 [J]. 煤炭学报，2014，39（7）：1296-1301.

[8] 杨丽，刘晖，毛善君，等. 基于多元分布滞后模型的瓦斯浓度动态预测 [J]. 中国矿业大学学报，2016，45（3）：455-461.

[9] 赖祥威，夏云霓，郑万波，等. 基于集成学习的改进灰色瓦斯浓度序列预测 [J]. 中国安全生产科学技术，2021，17（7）：16-21.

[10] Ma X, Zhu H. Gas concentration prediction based on the measured data of a coal mine rescue robot [J]. Journal of Robotics, 2016, 3：1-10.

[11] 吴海波，施式亮，念其锋. 基于 Spark Streaming 流回归的煤矿瓦斯浓度实时预测 [J]. 中国安全生产科学技术，2017，13（5）：84-89.

[12] 胡坤，王素珍，韩盛，等. 基于 TLBO-LOIRE 的回采工作面瓦斯涌出量预测 [J]. 应用基础与工程科学学报，2017，25（5）：1048-1056.

[13] 张友谊，崔金雷，焦向东. 煤与瓦斯突出多指标耦合预测模型研究及应用 [J]. 工程科学学报，2018，40（11）：1309-1316.

[14] 王鹏，伍永平，王栓林，等. 矿井瓦斯浓度 Lagrange-ARIMA 实时预测模型研究 [J]. 煤炭科学技术，2019，47（4）：141-146.

[15] Zhang T, Song S, Li S, et al. Research on Gas Concentration Prediction Models Based on LSTM Multidimensional Time Series [J]. Energies, 2019, 12（1）：161.

[16] 李树刚，马莉，潘少波，等. 基于循环神经网络的煤矿工作面瓦斯浓度预测模型研究 [J]. 煤炭科学技术，2020，48（1）：33-38.

[17] Zhang Y, Guo H, Lu Z, et al. Distributed gas concentration prediction with intelligent edge devices in coal mine [J]. Engineering Applications of Artificial Intelligence，2020，92：103643.

[18] Xu Y, Meng R, Zhao X. Research on a Gas Concentration Prediction Algorithm Based on Stacking [J]. Sensors. , 2021, 21（5）：1597.

[19] 郭思雯，陶玉帆，李超. 基于时间序列的瓦斯浓度动态预测 [J]. 工矿自动化，2018，44（9）：20-25.

[20] Zhang S R, Wang B T, Li X E, et al. Research and Application of Improved Gas Concentration Prediction Model Based on Grey Theory and BP Neural Network in Digital Mine [J]. Procedia CIRP，2016，56：471-475.

[21] 姚青华，邱本花. 基于改进 BP 神经网络的矿井瓦斯浓度预测算法 [J]. 煤炭技术，2017，36（5）：182-184.

[22] 黄为勇. 基于支持向量机数据融合的矿井瓦斯预警技术研究 [D]. 徐州：中国矿业大学，2009.

［23］ 耿越. 基于混沌粒子群神经网络的瓦斯浓度预测 ［J］. 中国煤炭, 2017, 43 （3）: 124-129.

［24］ 原继东, 王志海. 时间序列的表示与分类算法综述 ［J］. 计算机科学, 2015, 42 （3）: 1-7.

［25］ 杨海民, 潘志松, 白玮. 时间序列预测方法综述 ［J］. 计算机科学, 2019, 46 （1）: 21-28.

［26］ Mousavi R, Eftekhari M, RandariF. Omni-Ensemble Learming （OEL）: Uilizing Over-Bagging. Static and Dynamic Ensemble Selection Approaches tor Software Delect Prediction ［C］//Int. J. Artit. Intell, Tools, 2018, 27 （6）: 1850024.

［27］ 林石莲. 多重共线性修正方法的比较与应用研究 ［D］. 广州: 广东财经大学, 2016.

［28］ 王俊瑞, 梁力文, 邓强, 等. 基于多元回归模型重构测井曲线的方法研究及应用 ［J］. 岩性油气藏, 2016, 28 （3）: 113-120.

［29］ 朱松涛. 回归方程显著性检验的统一形式 ［J］. 曲阜师范大学学报 （自然科学版）, 2000, 26 （3）: 43-45.

［30］ 孙晓磊, 丁亚委, 郭克余, 等. 基于 ARMA 模型的船舶海水冷却系统参数预测 ［J］. 计算机测量与控制, 2017, 25 （7）: 285-289.

［31］ 王丽娜, 肖冬荣. 基于 ARMA 模型的经济非平稳时间序列的预测分析 ［J］. 武汉理工大学学报 （交通科学与工程版）, 2004, 28 （1）: 133-136.

［32］ 马涛. 组合预测方法及其应用研究 ［D］. 兰州: 兰州大学, 2017.

［33］ 孙志军, 薛磊, 许阳明, 等. 深度学习研究综述 ［J］. 计算机应用研究, 2012, 29 （8）: 2806-2810.

［34］ Nagappan N, Bal T. Using Software Dependencies and Churn Metrics to Predict Field Failures, An Empirical Case Study ［C］//First International Symposlum an Empirical Software Engineering and Measurement （ESEM 2007）, 2007: 364-373.

［35］ Moser R, Pedrycz W, Succi G. A comparative analysis of the efficilency of change metrics andstatic code attributes for defect prediction ［C］//Proc. —Int. Conf. Softw. Eng., 2008: 181-190.

［36］ Arar O F, Ayan K. A feature dependent Naive Bayes approach and its application to the sotwaredefect prediction problem ［J］. Appl. Soft Comput., 2017, 59: 197-209.

［37］ Jing X Y, Ying S, Zhang Z W, et al. Dictionary learning based scftware delect prediction ［C］// Proc. —Int. Gonf. Softw. Eng., 2014, 1: 414-423.

［38］ Khoshgoftaar T M, Allen E B, Goel N, et al. Detection of software moduleswith high debug code churn in a very large legacy system ［C］//Praceedings of ISSRE'96: 7th Internationall Symposlum on Software Reliabiliny Engineering, 1996: 364-371.

［39］ Nam J S, Pan J, Kim S. Transter detect learning ［C］//2013 35th Internationall Conterence on Software Engineering （ICSE）, 2013: 382-391.

［40］ 黄振华. 基于群搜索算法的桁架结构多目标优化研究 ［D］. 广州: 广东工业大学, 2013.

［41］ 朱张莉, 饶元, 吴渊, 等. 注意力机制在深度学习中的研究进展 ［J］. 中文信息学报, 2019, 33 （6）: 1-11.

［42］ 任欢, 王旭光. 注意力机制综述 ［J］. 计算机应用, 2021, 41 （S1）: 1-6.

［43］ Luong M T, Pham H, Manning C D. Effective approaches to attention-based neural machine translation ［C］//Proceedings of the 2015 Conference on Empirical Methods in Natural Language Processing. Lis-bon, Portugal: ACL, 2015: 1412-1421.

5 煤矿采掘面瓦斯涌出量预测技术与方法

5.1 煤矿采掘面瓦斯涌出量预测技术背景与意义

在 20 世纪末的 1999 年首届"国际数字地球会议"上，吴立新教授首次提出了"智慧矿山"这一概念[1-2]。智慧矿山按照物联网为基础、数字化为主导、可视化为支撑、智能化为方向的建设思路，依托三网一平台，建立数据中心、调度中心、控制中心、检测中心、运营管理中心的矿井可视化预控体系，实现自动化、监测监控、视频监控，对人员定位在内的各种需求做出智能响应。为此，进一步加快建设"智慧矿山"并且精准快捷预测瓦斯涌出量的前提条件就是对其影响因素指标进行特征提取。

瓦斯涌出量是一个复杂的非线性系统，需要在众多的降维算法中寻找或改进一种适合于瓦斯煤矿系统的非线性数据降维的方法。核主成分分析法（Kernel Principal Component Analysis，KPCA）是既能在煤矿瓦斯体系中保留全局特征，又能进行非线性特征提取的方法，刚好满足瓦斯涌出量影响因素特征提取的要求。为实现精准快捷预测，还需寻找预测精度高、泛化能力强的预测方法。随着智能算法应用越来越广泛，其中极限学习机（Extreme Learning Machine，ELM）学习速度快，泛化能力强，可以做到近似无误差地构建任意函数模型，这也正好满足瓦斯涌出量预测对预测精度及效率的要求。为了保证预测精度和稳定性，可以对麻雀搜索算法进行参数改进，得到基于莱维飞行的麻雀搜索算法（Sparrow Search Algorithm，SSA），并对极限学习机进行耦合优化。基于核主成分分析降维、SSA-ELM 预测算法的预测方法能够解决单一方法预测精度不精确、速度不快、考虑参数复杂等问题，最终实现精准预测瓦斯涌出量的目标，对煤矿井下瓦斯灾害防治具有重要的实际意义。

5.1.1 瓦斯涌出量预测方法研究现状

5.1.1.1 传统预测方法研究

早期生产煤炭的国家，很早以前已经进行瓦斯涌出量预测技术的研究，提出了多种多样的预测方法，苏联的煤科院联合其他研究小组通过对西伯利亚煤矿进行监测，收集了浩如烟海的数据，通过拟合等手段推导出了瓦斯涌出量相关影响因素的计算公式；德国的煤炭研究所通过监测瓦斯涌出量，根据其时间变化，提出时间与瓦斯涌出量具有一定预测效果的方法，国外的这些技术给国内的研究提供了技术支持和思路。

国内外已经有大量专家和学者投入了瓦斯涌出量预测技术的研究，并获得了丰富研究成果和技术积累。Airey 等[3]开始通过基础性碎煤的瓦斯气体排放，进行研究煤解吸指数。Nguyen[4]正式开始研究煤中气体解吸，通过收集大量数据，推导出解吸影响公式。Shepherd 等[5]开始集中研究煤与地质构造的相关性，通过梳理大量地质信息进行非线性的分析，推导基础公式。伴随着 LSTM 提出，煤与瓦斯突出的研究开始向长时间预测方向发展，并且全球煤矿甲烷排放现状报告的提出，使全球各国学者和专家开始了新一轮的技术研究[6-7]。中国学者马尚权等[8]在世界上首次提出"安全流变-突变论"在煤岩结构中流体效应和突变效应。2007 年，胡千庭等[9]进一步研究了采空区这种特殊环境下的瓦斯流变效应。在国内早期常用的瓦斯预测依然是以开采煤层煤矿等深度数据集中统计与分析为基础的瓦斯地质统计法、矿山统计法和分源预测法[10-11]。

5.1.1.2　单一模型预测研究

在全世界煤炭瓦斯领域的早期研究中，基本上是针对某一种理论和体系展开的深入研究并尝试组合一些有效内容。在单一模型预测阶段，由于微电子进步同时基于计算机技术高效预测算法进行探索性研究，在一定程度上取得了有效且有一定泛化作用的预测方法。

2011 年，王晓路等[12]根据虚拟状态变量融合卡尔曼滤波，构建起新型滤波算法，同时嵌合智能群优化算法进行瓦斯涌出量预测，同时利用煤矿的实际数据进行实验，获得出色的瓦斯涌出量算法。2012 年，Torno 等[13]从突出危险指数出发研究了单一预测算法和地下煤矿分段崩落法综合性应用。樊保龙等[14]提出利用局部平均分解方法获取特殊的生产函数分量进行支持向量机建模，同时操作所有生产函数分量各自利用支持向量机函数拟合方法进行外延组合预测。施式亮等[15]采用模态分解、支持向量机、粒子群算法三种线性组合方式研究了在非平稳时间状态下有关的瓦斯涌出量，并分析了煤矿与瓦斯涌出的非线性关系。2015 年，张志刚等[16]通过力学平衡方程研究了瓦斯气体分子在煤岩里的流动状态，并且进一步讨论了煤与瓦斯气体分子间的吸附作用，同时证明了瓦斯煤体内的附加阻力来源于基质膨胀，这一现象说明了矿井中瓦斯涌出呈现非线性特性与状态。Abdi 等[17]采用主成分分析法对瓦斯等影响因素进行数据降维并提取核心数据，得到了基础性的回归预测模型，通过大量数据验证和比对研究，结果表明逐步回归法的预测精度更高。Wang 等[18]进一步开展了在低温和超低温环境小型煤炭煤颗粒气体解吸公式的研究，并同时研究了在新解吸公式下的煤炭-瓦斯涌出现象。

5.1.1.3　组合模型预测研究

伴随着越来越多的单一瓦斯预测模型方法的提出，许多专家和学者们开始尝试进一步提高泛化能力，开始将工程和力学等各种领域的建模、预测算法进行有机结合和嵌入式组合，提出更加适用于瓦斯涌出量预测的模型和技术。

A　以关联法为主的组合模型

Zhang 等[19]利用灰箱模型理论组合传统的 BP 神经网络进行瓦斯浓度预测，同时对比这种新型组合模型与传统粒子群、神经网络算法之间性能差距和预测效果，并测试了这种模型在数字矿山中的研究与应用。Zhao 等[20]采用常规气体预测中的支持向量机算法引进最小二乘构建其中新型权值系统，形成新的瓦斯预测系统。王云刚等[21]构建了将灰色分析理论和灰色关联度相互结合，并且通过变异系数进行判断的瓦斯突出预测方法，此方法的核心是在系统下分析开采深度、瓦斯压力等众多主要因素的关联性。齐翠玉[22]提出了改进万有引力算法-KELM 的瓦斯涌出量预测方法研究，核极限学习机（Kernel Based Extreme Learning Machine，KELM）是基于极限学习机（Extreme Learning Machine，ELM）并运用非线性变换在支持向量机数据进行内积运算的改进算法，核极限学习机基于其自身特点的非线性映射能够在保留极限学习机优点的基础上，根据复杂性运算来提高各个嵌合模型的预测性能，这种新型的极限学习机结合新式优化算法提高了预测效率。梁栋[23]为了保证在变换过程中的稳定性，构建了在伸缩和平移作用下改进的小波变换，构造了一种新型人工神经网络模型，同时引入蚁群算法，在两种算法融合下进行了多角度多方位的瓦斯涌出预测实验。付华等[24]采用实际矿井的回采工作面绝对瓦斯涌出量进行预测，在此基础上提出了以蚁群聚类优化算法构建神经网络的权值与节点优化的绝对瓦斯涌出量动态预测方法。这种新的算法通过优化神经网络的权值、阈值等建立了评价性优化的 ACC-ENN 瓦斯预测模型。

B　以耦合式为主的组合模型

董晓雷等[25]提出将支持向量机与遗传算法两个体系通过耦合交互作用建立新型算法。利用遗传算法寻找支持向量机最佳的惩罚和核函数参数，并结合支持向量机的高速特点，建立了回采工作面瓦斯涌出量预测模型。李军等[26]基于核主成分分析和核最小最大概率回归机的短期风电功率概率预测，深入探讨了奇异矩阵分解后，在最小边界条件下的预测算法流程。You 等[27]综合介绍了人工智能在煤矿瓦斯的应用，其中重点介绍了耦合式方法在此领域中的运用。Zhang 等[28]通过云、5G 连接、人工智能和智能边缘四个计算机技术改进创新完成了煤矿智能边缘设备分布式瓦斯浓度预测。Wu 等[29]提出了基于模拟退火的混合遗传算法同步优化 BP 神经网络的煤与瓦斯涌出预测。Wang 等[30]基于可拓理论的三个支柱基元理论、可拓集合理论和可拓逻辑分析了煤与瓦斯突出预测模型及其应用。Rong[31]等通过双向门控循环单元控制 GRU 网络进行耦合，提出了基于优化 BiGRU 网络的矿井瓦斯浓度预测模型。

C　其他相关理论算法的组合模型

在整体研究推进过程中，一些被开发出来的新人工神经网络和智能优化算法也被应用到煤矿-瓦斯涌出量预测研究。Wang 等[32]开发了煤矿工作面隅角瓦斯浓度预测的多序列长短记忆网络模型。Chen 等[33]首次提出基于瓦斯涌出量的采掘工作面瓦斯压力预测模型，实验结果表明该预测方法是精准高效的。Prasanjit 等[34]利用双 LSTM 神经网络的 t-SNE 和变分自动编码器预测地下煤矿封闭区瓦斯浓度，最后建立预测模型，预测结果非常理想。Rui 等[35]提出了基于气候模型和长短期记忆神经网络的月风力发电量预测方法。Dey 等[36]利用水文气候数据探索深层双向长短期记忆模拟长期地下水位。

根据了解到的多种研究方法，发现这些大量研究基于通过多角度分析了瓦斯涌出量并进行了预测，传统的矿山统计法、分源预测法和瓦斯地质统计法计算公式冗杂，且大量公式中参数的取值都是根据经验法和固定选取拟合公式得到，由于传统公式的参数选取自我主观性太强，因此导致预测算法的精度无法在千分位量级上实现，在单位预测时间上的高效预测也较难实现；其中属性单一的预测模型的通性问题是泛化能力不好，难以根据不同矿井及情况进行预测反应和动态变化能力较差，并且针对瓦斯的预测精度仍然需要进一步提高；技术进步组合式预测模型开始大规模出现在不同预测领域，除了瓦斯外在工程、金融、环境等众多方面都有运用，例如全连接神经网络（FNN）、卷积神经网络（CNN）、循环神经网络（RNN）、支持向量机（SVM）等算法的预测性嵌合方法均涉及大量参数，并且参数的设置调整问题使得瓦斯涌出量预测方法的快捷、通适性有限。极限学习机（ELM）和长短期神经网络（LSTM）两种方法无需通过设置大量参数，并且两个方式本身建模训练的速度较快，泛用性强，在处理灰箱模型和非线性的状况下具有出色的处理能力，可以满足瓦斯涌出量预测的多参数、非线性、精准的要求。

5.1.2　群智能优化算法研究现状

现在国内关于瓦斯涌出量组合模型的预测主要是，通过优化各种神经网络的权值和节点来达到预测效果提升，在节点上提高预测精度的预测模型，其中在多种多样寻优和优化算法的判断与抉择也就变成了在此领域下的核心环节。其中由于早期计算机预测算法，如模拟退火算法计算方式为迭代式，前期结构和数据影响迭代工程中的运算，在诸多领域的算法竞争中逐渐落后并被淘汰，因此随着现代仿生学的发展，人们通过观察各种生物群落提出了更加优秀的群智能优化算法。其中，国内外专家学者研究了最重要的群居生物，提出了大量群智能优化算法，并广泛应用于各个生活、科研、工程领域。现在常用的优化算法有遗传算法（GA）、禁忌算法（TS）、模拟退火算法（SA）、粒子群算法（PSO）、差分算法（DE）、生物地理算法（BBO）等。温廷新等[37]结合果蝇优化算法（IFOA）和极限学习机提出了融合新型预测算法的预测模型，其中主要方式是通过联合灰色关联分析法与熵权法删除权值较小的瓦斯因素，并且应用主成分分析法合成因素矩阵，以此来构建预测模型。程子均等[38]根据瓦斯数据特性，进一步融合深度学习算法长短期记忆并尝试构建全连接神经网络，并构建了工作面的瓦斯分布图。徐耀松等[39]针对现有煤与瓦斯突出预测精度不足的问题，提出了基于构成主成分时每个变量前面的系数前加入稀疏矩阵，同时增强拓扑神经进化算法的煤与瓦斯突出混合预测方法。

5.1.3　煤矿安全技术

目前矿山瓦斯防治技术主要考虑的方向包括瓦斯赋存及含量[40-42]、瓦斯涌出、瓦斯致灾。瓦斯致灾主要指瓦斯突出和瓦斯窒息、瓦斯燃烧爆炸、瓦斯喷出。瓦斯喷出指大量在承压状态的瓦斯从肉眼可见的煤岩中快速喷射的现象。瓦斯突出指在极端的时间内由煤岩向巷道喷出大量煤炭，同时涌出大量瓦斯。瓦斯爆炸指在单位气体中瓦斯含量占比达到5%～16%，形成的爆炸。

现阶段的煤矿安全技术主要是瓦斯抽采技术和瓦斯防爆技术两种。瓦斯抽采又分为采空区瓦斯抽采、临近层瓦斯抽采、本煤层的瓦斯抽采。瓦斯防爆技术主要为防止火花、岩粉堕化技术、被动式与主动式隔离防爆。郑万波等[43]提到安全风险是指在安全生产过程中，引发煤矿事故并造成影响和危害的可能，针对安全风险、危害因素及重大危险源进行分级分控、超前辨识，对全方位、各要素进行管理。杨胜强等[44]通过对自燃煤层瓦斯致灾机理进行研究，在理论上综合指导煤矿安全技术，分析煤体孔隙的瓦斯储存状态及自燃复合致灾机理研究。蓝航等[45]从超深部矿石开采分析矿山灾害防治。袁亮等[46]从煤矿水力化技术方向进行探讨，希望将瓦斯涌出转化水力与电力，并对此进行了综合性描述。

5.1.4　关键技术问题与技术路线

5.1.4.1　存在关键技术问题

针对瓦斯涌出预测，主要存在以下关键技术问题：

（1）瓦斯涌出量是一个非线性系统，具有因素繁多、存在信息重叠等特征，在预测的过程中会导致输入信息的冗余和输入空间维数过高，影响预测精度和效率。

（2）极限学习机算法的训练过程可归结为一个非线性优化问题。当隐藏层节点的激活函数可微时，网络的输入权值和隐藏层节点阈值可以随机赋值，但是在瓦斯计算中由于每次计算过程中都需要经过隐含层，同时输出矩阵和连接权值可能不同，导致预测效果不稳定。

（3）麻雀搜索算法和孔雀优化算法虽然有很多突出的优点，但是后期收敛速度慢、最优解求解精度不高，需要对基本麻雀搜索算法进行改进，以进一步提高寻优效率。

（4）长短期记忆网络（LSTM）避免了无休止的连乘，改为边加边乘，但仍然没有在核心改变梯度爆炸，因此寻优 LSTM 可以消除一些梯度消失的问题，强化瓦斯涌出预测。

针对以上问题，考虑到瓦斯系统的地质结构和影响因素繁多，在简单结构体中线性状态都难以为继，因此为确保人为因素和环境因素可被充分全面考虑，并且使得所建立的模型高效、精确，因此本章从两种情况入手，一是数据降维的 POA-LSTM，另一种是直接通过数据预测的 CISSA-ELM，提出如下研究内容：

（1）瓦斯涌出量影响因素的非线性分析及特征提取：通过自然因素和开采技术因素，选取影响因素（开采煤层和围岩的瓦斯含量、开采规模、开采顺序和回采方法、生产工艺过程、风量变化、采空区密闭质量等），并建立预测指标体系。同时对自然地质、开采技术两大方面的因素进行理论分析，通过煤矿瓦斯数据进行单因素与瓦斯浓度的拟合来进行非线性特征，明确瓦斯涌出量影响因素作用规律特征；之后利用核主成分分析法（KPCA）进行多维数据的特征提取，建立从多维数据到三维数据降维后的数据体系，将改变后的数据体系作为预测数据输入。

（2）改进麻雀搜索算法-极限学习机（CISSA-ELM）耦合算法设计：针对麻雀搜索算法的缺陷，采用混沌映射改变麻雀搜索算法中种群的映射范围，通过扩大搜索范围进行参数改进，改进后的算法在前期就可以达到极高的收敛程度，同时为确保搜索速度，使极限学习机很快到达全局最优值，因此在后期，选择麻雀搜索算法的最优值，使整个预测系统避免陷入搜索震荡，同时选取各种混沌映射进行覆盖实验，确保验证后的性能。同时采用基于混沌搜索算法的麻雀搜索算法（CISSA）优化极限学习机（ELM），解决其预测效果不稳定、误差大的弊端，以提高预测精度。最终，结合以上两种算法，构建适用于非线性系统的预测算法（CISSA-ELM 预测算法），最后通过对比预测实验，验证 CISSA-ELM 瓦斯预测算法的预测可行性与可信度。

（3）构建通过数据降维后的 POA-LSTM 预测算法的瓦斯涌出量预测模型：基于 POA-LSTM 预测算法的瓦斯涌出量预测模型开发快速性瓦斯预测算法，构建瓦斯涌出量预测模型，并利用矿井现场瓦斯涌出量数据，检验算法的预测效果，并进行通适性验证。

5.1.4.2　研究思路及技术路线

本章结合实际瓦斯矿井应用，首先依据矿山统计法、分源预测法和瓦斯地质统计法三种核心理论，综合回采工作面的瓦斯涌出数据来源和情况，并结合核主成分分析法来选取初始预测指标体系。然后采用多项式进行单因素拟合，通过图形分析其非线性特征，通过图像分析来考察瓦斯涌出量影响因素规律。同时运用核主成分分析法（KPCA）对瓦斯影响因素数据进行整体特征提取，减小多个因素间的重合影响程度，通过降维矩阵得到指标和输入变量。之后对基本麻雀搜索算法进行参数上的改进，以弥补其自身的缺陷。然后采用改进麻雀搜索算法（CISSA）对极限学习机（ELM）进行优化，以提高预测算法的稳定性和泛化能力，形成 CISSA-ELM 预测算法。最后根据上述研究建立基于 KPCA、CISSA-ELM 算法的瓦斯涌出量预测模型。并通过 MATLAB2020A 软件开发基于 KPCA-CISSA-ELM 算法的瓦斯涌出量预测软件。若不通过降维简化数据，则选择 POA-LSTM，通过孔雀优化算法的：雄孔雀的能量搜索行为、雌孔雀的适应性接近行为、孔雀幼崽适应搜索行为三种行为强化数据处理能力，构建长短期记忆和孔雀优化算法，并利用矿井现场瓦斯涌出量数据，对预测算法的预测精度和通适性进行验证，技术路线如图 5-1 所示。

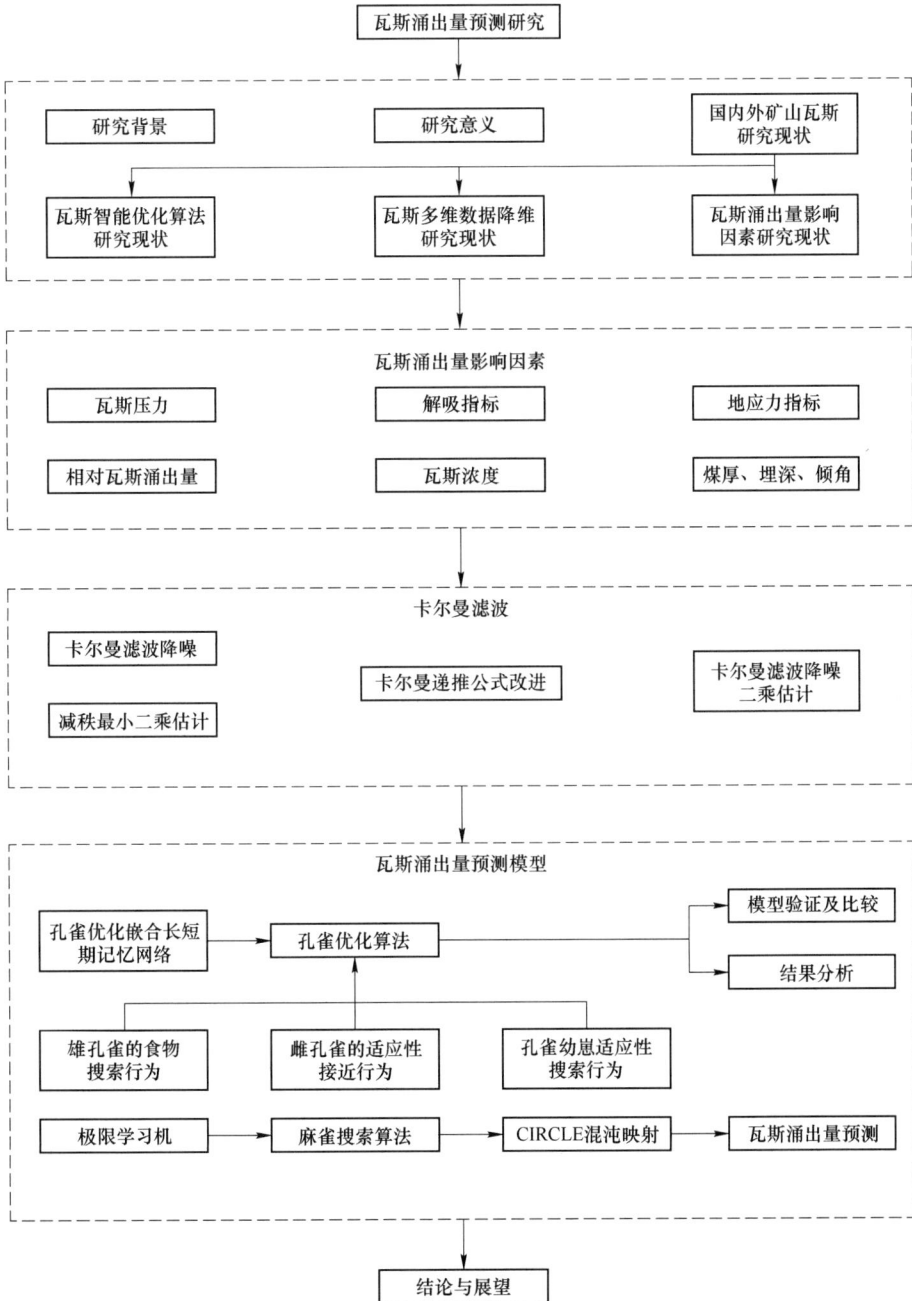

图 5-1 研究思路及技术路线

5.2　瓦斯涌出量影响因素分析与预测指标确定

由于现代煤矿需要实时互联互动，故对矿井通风系统和巷道检测系统有更高的气体检测需要。在矿井的开采过程中，由于受到开采区挖掘煤矿的影响[8]，在单一煤矿瓦斯系统中地应力遭到破坏，同时由于岩层受到剪切力使得瓦斯溢出平衡系统遭到破坏，因此容易出现短时间急促的瓦斯涌出，造成重大灾难。瓦斯涌出过程中由于受到大量因素影响，因此选取瓦斯涌出量相关因素十分重要。

5.2.1　瓦斯涌出量影响因素分析

矿山和煤矿的瓦斯预测是一个多维度长数据周期的数据处理问题，在漫长的周期中瓦斯突出等状况极易出现[47]。因此通过煤矿回采工作面中的瓦斯现场数据采用多项式等多样拟合方法对单因素至瓦斯浓度的非线性特征进行分析，建立瓦斯预测体系。

5.2.1.1　瓦斯涌出量影响因素选取

根据传统瓦斯采集工作和系统性理论，煤矿的回采工作面如图5-2所示。

通过瓦斯涌出汇源关系分析可明确瓦斯涌出量的影响因素[48]，一般主要分为自然地质因素、开采技术因素两大类。选取影响因素一般遵循以下原则：

（1）影响因素的值易确定。

（2）影响因素的影响作用具有连贯性。

（3）影响因素的覆盖信息广，能充分反映其影响作用。

（4）在上述原则的基础上，还需注意精炼性、唯一性，即具有完全相同的影响作用时，只需保留其一，从而降低复杂度。

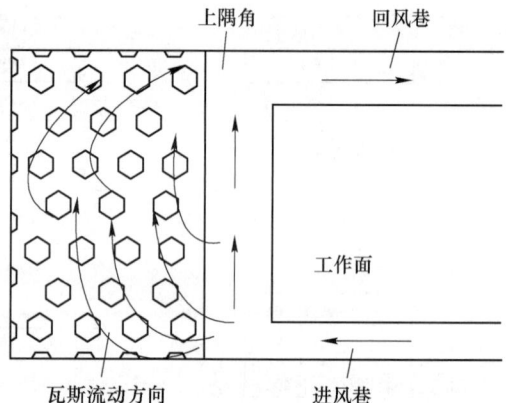

图5-2　煤矿回采工作面示例图[60]

结合分源预测理论与选取原则，选取16个影响因素初步建立预测指标体系[22-23,43]。自然地质因素方面主要有煤层原始瓦斯含量、煤层厚度、煤层倾角、层间岩性、底板标高、瓦斯压力等；开采技术因素方面主要有日产量、瓦斯抽采纯量、回采率、顶板管理方式等。由于部分因素（如层间岩性和顶板管理方式等）是通过定性的方式分析其对瓦斯涌出量的影响，不能直接作为输入指标，因此必须进行量化处理。根据文献的研究，层间岩性的量化指标为围岩硬度的加权平均值，故将4种不同的顶板管理方式分别量化成数值1、2、3、4。

5.2.1.2　自然地质与开采技术因素的影响特征

根据上述分析，自然地质与开采技术[22-23,43]方面的影响因素主要有以下13个，结合以往相关文献的研究，现对这13个因素的影响规律进行分析总结。

（1）原始瓦斯含量。煤层原始瓦斯含量是瓦斯涌出量的直接来源，根据多年来的研究，瓦斯含量大，在相应的位置其瓦斯涌出量也比较大，即绝对瓦斯涌出量是随着瓦斯含量的增大而变大的。

（2）邻近层瓦斯含量。随着开采作业的进行，邻近层受到干扰，这些邻近层中赋存的瓦斯开始大量涌入到开采层的巷道，从而使工作面的瓦斯涌出量升高。因此，邻近层瓦斯含量大，绝对瓦斯涌出量会随之升高，即绝对瓦斯涌出量随着邻近层瓦斯含量的增大而升高。

（3）煤层厚度。煤层厚度越高，瓦斯生成量越大，所以绝对瓦斯涌出量是随着煤层厚度的增加而变大的。这是由于周围的岩石层比煤层更易渗透，对煤层顶板和底板附近形成的厚煤层进行分层可以防止瓦斯气体逸出，从而增加了厚煤层中心部位的瓦斯含量。当煤层被埋在一定深度时，其瓦斯保存状态是相对稳定的，并且所产生的瓦斯气体量由煤层的厚度决定，这反映了瓦斯涌出分布的差异。随着煤层厚度的变化，煤层中部赋存的瓦斯气体开始大量涌出。这是因为煤层厚度变化时应力集中在局部，使得瓦斯涌出量升高。

（4）底板标高。通常煤层底板标高对瓦斯涌出量的影响是通过瓦斯含量表现出来的，在一定范围内，随着底板标高增加，煤对瓦斯的吸附能力慢慢达到极限，煤层瓦斯含量因此增大，瓦斯涌出量也会因此升高。

（5）层间岩性。层间岩性的影响作用主要体现在煤层与围岩的渗透性方面。当煤层的渗透性比较大时，瓦斯在煤层中的流动性增大，并且流动速度也会变快，导致瓦斯大量涌出，工作面的瓦斯涌出量因此增大，对邻近层而言，邻近层中瓦斯也会由于相同原因大批量流入开采层的巷道，进一步导致工作面的瓦斯涌出量增大。

（6）煤层埋深。埋藏深度增加，瓦斯在煤层中赋存量越多，当瓦斯涌出时，其涌出量会升高。这是由于开采煤层埋藏较深时地应力是慢慢增加的，这使得煤层和围岩的渗透性降低，也增加了煤层内赋存的瓦斯运移距离，导致瓦斯运移扩散能力下降，煤层内赋存的瓦斯量变大，所以在瓦斯带内绝对瓦斯涌出量随着埋深的增加而变大。

（7）煤层倾角。随着煤层倾角及其变化的增大，工作面的瓦斯涌出量也随之变大。这是由于煤层的透气性在不同方向上是不同的，在其顺层方向上要比垂直层面方向上的透气性更大；当煤层倾角大时，受到开采干扰的范围变大，使邻近层瓦斯更容易涌出；在相同深度、相同压力的条件下，倾角大的煤层，瓦斯涌出所受到的阻力会更小，这导致瓦斯更容易涌出。所以，煤层倾角对瓦斯涌出的影响不是单一的，其他因素对煤层倾角的影响起到促进或者干扰的作用。通常，绝对瓦斯涌出量是随着煤层倾角的变大而增加的。

（8）煤层间距。在采动影响下，邻近煤层的瓦斯赋存平衡状态受到干扰，使得邻近层涌向工作面的瓦斯会随煤层间距的增大而降低。但不是一直降低，当到达临界距离时，这一作用会消失。因此，在一定距离内，绝对瓦斯涌出量与煤层间距成反比。

（9）瓦斯压力。通常瓦斯压力与埋藏深度、底板标高密切相关，瓦斯压力随着埋藏深度、底板标高的增加而增大。在一定范围内，瓦斯压力增大，瓦斯逸出的阻力变大，但是反而导致瓦斯赋存得更多，当瓦斯能够涌出时，其涌出量会升高。绝对瓦斯涌出量是随着瓦斯压力的增大而变大的。

（10）顶底板岩性。顶底板岩性对瓦斯涌出量的影响主要体现在煤层的顶板和底板的透气性不同方面，瓦斯主要在煤岩层的孔隙、裂隙通道中进行运移扩散，所以透气性不同的岩层就使得瓦斯涌出的能力不同。粉砂岩等岩层的透气性较好，瓦斯不容易大量赋存聚集，不会出现瓦斯涌出量大量涌出现象；但泥岩等岩层的透气性较差，瓦斯赋存更容易，因此会导致瓦斯涌出量增大。

（11）推进速度。工作面日推进速度通常与绝对瓦斯涌出量是同步变化的，绝对瓦斯涌出量随着推进速度增加而增加。这是因为推进速度越快，工作面日产量越大，在同一个时间段内，产量越高，造成瓦斯涌出越多。因此，绝对瓦斯涌出量与推进速度的变化一致。

（12）瓦斯抽采纯量。瓦斯抽采纯量是指钻孔抽放量乘以瓦斯浓度，绝对瓦斯涌出量与抽采纯量的变化规律大体一致。这是由于高位钻孔的布置，使邻近层中的瓦斯产生了更多逸出的机会，如果矿井通风能排走的瓦斯量比较小的话，则随着抽采纯量变化，回采工作面的绝对瓦斯涌出量也会产生相应变化，整体上呈现同步变化趋势。

（13）日产量。煤矿日产量通常是由掘进速度决定的，但是其他影响产量的因素还有很多，譬如包括管理、地质条件、溜煤上山、职工素质、机电设备，以及顶板管理等各个方面，能够进一步提高采煤工作面产量。

5.2.2　瓦斯涌出量影响因素非线性特征分析

5.2.2.1　试验工作面基本情况

本节采用数据为位于珲春市春化镇境内某煤矿，矿区北东距珲春市90km。本节生产勘探的目的是为矿井设计生产提供可靠地质依据，共完成主要实物工作量：钻探236.30m；测井198.00m；工程测量3个钻孔；采取煤层煤样17件。投入经费32.95万元。矿区构造形态为一北西向宽缓背斜，两翼倾角1°～10°，构造复杂程度属简单类型。含煤地层为新近系土门子组，含可采煤层3层，即1、2、3号煤层，全区可采，煤层走向长400m，倾向宽770m，赋存标高248～314.80m，煤层结构简单，煤层稳定程度属稳定类型。区内煤层平均水分（M_{ad}）12.06%，平均灰分（A_d）26.85%，平均挥发分（V_{daf}）64.60%，平均发热量（$Q_{net,d}$）18.23MJ/kg，平均全硫含量（$S_{t,d}$）0.35%，透光率（P_m）36.7%，黏结指数0，煤类为褐煤，主要用途为燃料用煤。矿床开采技术条件为以工程地质问题为主的复杂类型（Ⅲ-2型）。估算后保有资源储量1814kt，其中基础储量（111b）：836kt，资源量：978kt。

5.2.2.2　现场数据的单因素拟合分析

在瓦斯涌出过程中，为了在复杂条件下精准预测瓦斯突出，首先要分析在瓦斯涌出时，瓦斯涌出与瓦斯压力、解吸系数等的相互关系；在复杂、多影响因素中，其核心在于瓦斯含量、煤岩结构、地应力三个要素，并且由于煤体结构和地应力，地形越复杂瓦斯突出的突发情况越多。

以吉林省珲春市某矿为例，其矿岩体主要构成为红柱石板岩、粉砂岩、片岩，其中粉砂岩岩芯呈柱状，岩石质地坚硬，属于高瓦斯矿井，珲春市煤矿地层有17断层裂隙含水带且为张扭性正断层，水文地质条件复杂，工作面顶板为粉砂岩是中等稳定易垮落顶板。选取该矿A-523a03工作面作为采集数据点，将采集到该矿回采工作面的瓦斯数据及其各影响指标数据合成数据集，利用MATLAB软件拟合各影响因素与瓦斯涌出量之间的关系。

其中，根据最小二乘曲线拟合法，得到线性拟合公式为：

$$y = 637.52x + 108.97 \tag{5-1}$$

绝对瓦斯涌出量和瓦斯压力的线性拟合曲线如图5-3所示。

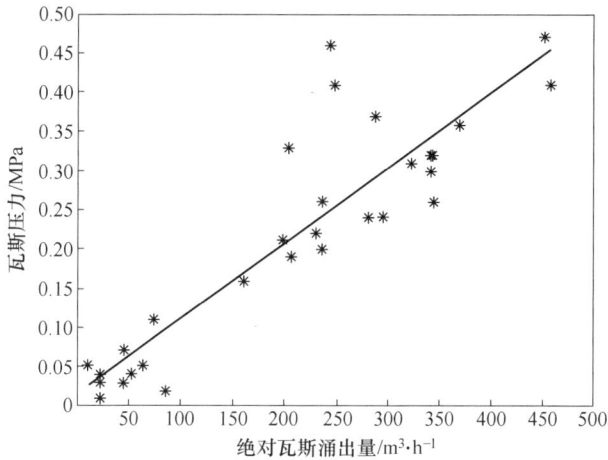

图 5-3 瓦斯压力线性拟合

根据多项式拟合，得到非线性拟合公式：

$$y = -0.00897x^3 + 0.005479x^2 - 146x + 120.10 \tag{5-2}$$

绝对瓦斯涌出量和瓦斯压力的非线性拟合曲线如图 5-4 所示。

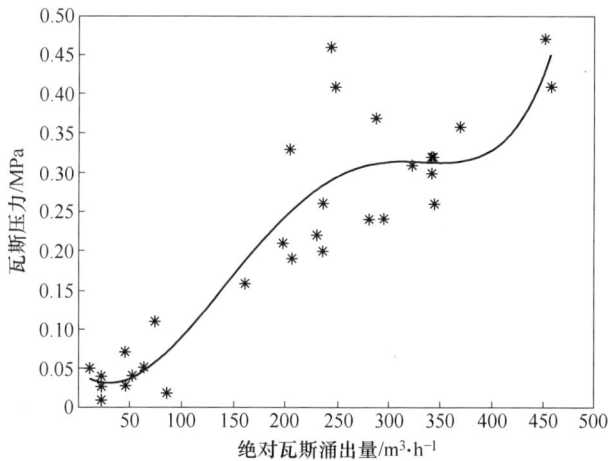

图 5-4 瓦斯压力非线性拟合

可以看出，非线性拟合度为 0.6991，线性拟合度为 0.4971，非线性拟合的拟合度远大于线性拟合度。结合绝对瓦斯涌出量和瓦斯压力的影响规律及拟合度大小，验证并确认了瓦斯压力与瓦斯涌出量为非线性关系，瓦斯压力、解吸系数、瓦斯趋势峰均比、瓦斯趋势波峰比、瓦斯波趋势峰差、相对瓦斯涌出量对绝对瓦斯涌出量的影响分析同理，其拟合结果见表 5-1。

表 5-1 瓦斯涌出量影响因素非线性拟合表

影响因素	相关系数	拟合关系式	拟合度	相关性
瓦斯压力	0.9114	$y = -0.00897x^3 + 0.005479x^2 - 146x + 120.10$	0.6991	正相关

影响因素	相关系数	拟合关系式	拟合度	相关性
解吸系数	0.9121	$y = -0.00394x^3 + 0.00113x^2 + 817.89x + 107.36$	0.8188	正相关
相对瓦斯涌出量	0.4008	$y = -1.75 \times 10^8 x^5 + 1.45 \times 10^8 x^4 +$ $7.25 \times 10^6 x^3 + 7.25 \times 10^5 x^2 - 5.35 \times 10^5 x + 1.52 \times 10^4$	0.8901	正相关
瓦斯趋势波峰比	0.2866	$y = -21.35x^3 + 359.26x^2 - 929.54x + 906.37$	0.3926	正相关
瓦斯趋势峰均比	0.1023	$y = 823.36x^3 - 4065x^2 - 6379x + 2914$	0.1962	无相关
瓦斯波趋势峰差	0.1769	$y = 83.16x^3 - 65.74x^2 - 69.19x + 77.46$	0.1134	无相关

根据表 5-1 拟合度的大小可以看出，瓦斯压力、解吸系数、相对瓦斯涌出量与绝对瓦斯涌出量之间存在明显的非线性关系。剔除个别拟合度较小（拟合度<0.15）的单因素，因此，最终选取以下煤层瓦斯涌出量的主要影响因素：瓦斯压力、解吸系数、相对瓦斯涌出量、瓦斯趋势波峰比、瓦斯趋势峰均比与地应力参数以及地应力指标。选取的影响因素及其他数据与绝对瓦斯涌出量见表 5-2。

表 5-2　煤层瓦斯涌出量影响因素

组号	绝对瓦斯涌出量 /m³·h⁻¹	相对瓦斯涌出量 /m³·t⁻¹	瓦斯压力 /MPa	解吸指标 /mL·g⁻¹·m⁻⁰·⁵	地应力指标 /MPa	瓦斯趋势波峰比	瓦斯趋势峰均比	瓦斯趋势波峰差
1	296.96	0.191	1.2	0.151	41.20	1	1.091	1
2	262.09	0.264	1.4	0.181	41.40	2.28	1.924	0.141
3	141.60	0.146	1.6	0.101	41.60	1.28	1.594	0.072
4	169.25	0.114	1.5	0.079	41.50	1.9	1.613	0.153
⋮	⋮	⋮	⋮	⋮	⋮	⋮	⋮	⋮
183	101.92	0.014	0.3	0.001	40.30	1.379	1.043	0.006
184	101.68	0.014	0.1	0.001	40.10	1.035	1.006	0.001
185	108.25	0.014	0.1	0.001	40.40	1.008	1.002	0
186	140.13	0.062	0.2	0.061	40.30	4.522	3.164	0.055
187	169.45	0.088	0.5	0.097	40.10	1.714	2.02	0.050
188	168.21	0.053	0.5	0.011	40.10	1.111	1.454	0.005

5.2.3　瓦斯涌出量预测指标确定

从众多因素中选取瓦斯涌出量的预测指标体系[49]，首先综合考虑不同煤矿间的非线性特征和影响因素，原始瓦斯含量、邻近层瓦斯含量、顶板管理方式、瓦斯抽采纯量、煤层埋深等是可量化指标，但在其地理位置还存在不能量化的指标，如水文、大气、地震造成地质破坏等因素。不可量化的因素因为其影响程度较低，影响不显著，故将其归类为可剔除因素。由于矿井瓦斯主要形成于煤的变质阶段，因此以吸附态和游离态存在于煤层中。

由于煤层透气性小，瓦斯在压力作用下会存在于煤层中。在煤巷掘进过程中，采掘机的活动破坏了原有煤层和岩层之间的瓦斯压力平衡，在水平和垂直方向的压力梯度在循环状态下形成流场；同时瓦斯涌出量跟通风系统等生产过程中的其他开采因素有关，因此，掘进过程中巷道瓦斯涌出是不平衡的。采高与煤层厚度、日产量与推进速度的作用因素相同，因此在后续的降维中，采高、日产量因素被合成，最终选择几个影响因素建立煤矿的瓦斯涌出量预测体系。

5.2.4　小结

（1）建立一个有效瓦斯涌出影响因素的预测体系，并且在控制情况下使多种瓦斯危险源处于有效控制状态下，为了有效地识别影响因素，建立科学合理的指标体系至关重要，包括预警指标的确定和预警指标的计算权重设计。

（2）瓦斯涌出量预测体系是一个复杂的综合系统。目前，在瓦斯涌出量预测体系的过程中，主要存在以下两个方面的问题。第一个问题，评价指标和评价方法通常由多个不同的行政部门或机构制定，这导致反复评估，结果不一致，评价有偏差。第二个问题，通常将瓦斯涌出量预测体系的权重设置为抑制采出值，无法对瓦斯涌出量预测体系进行合理调整，并且由于针对某一煤矿的矿井具有不同的特定、特性、特征，使其瓦斯涌出量预测体系缺乏针对性和系统性，因此，要有效识别和控制各个因素，建立科学合理的瓦斯涌出量预测体系，这一体系对煤矿安全异常重要。

5.3　瓦斯涌出量影响因素的数据预处理

在 5.2 节中提到煤矿的瓦斯涌出有诸多的影响因素，根据 5.2.1.2 节描述了 13 个指标，原始瓦斯含量、邻近层瓦斯含量、顶板管理方式、瓦斯抽采纯量、煤层埋深等。由于这些煤矿瓦斯涌出的因素复杂，在不同程度上均会影响瓦斯涌出现象。一方面这些数据的采集周期长，易受到干扰；另一方面，用于煤矿的感应器采集到的数据可能存在带有噪声的数据链或者数据集，因此如果直接将数据集导入，可能在迭代或者求解过程中由于机械误差和本身数据错误导致建立的瓦斯浓度预测模型预测效果不佳。所以需要对煤矿瓦斯涌出的相关数据进行预处理或者降噪处理，其中预处理降维主要是对数据集进行多维降维操作[50]，若不进行数据降维和降噪处理[51]，则构建的数据预测模型会因为环境噪声导致预测效果不佳。

在使用瓦斯煤矿感应器之前需要对数据集进行预处理操作。真实世界的数据通常包含噪声、缺失值，并且可能采用无法直接用于机器学习模型的不可用格式[52]。数据预处理是清理数据并使其适用于机器学习模型的必要步骤，这可提高机器学习模型的准确性和效率。

数据清洗通常要对数据的完整性和一致性进行检查，数据清洗包括四个意义：现实生活中，数据并非完美的，只有进行清洗才能进行后面的数据分析；数据清洗是整个数据分析项目最消耗时间的一步；数据的质量最终决定了数据分析的准确性；数据清洗是唯一可以提高数据质量的方法，可使得数据分析的结果变得更加可靠。

5.3.1　瓦斯多参数时间序列预处理

由于地下的诸多因素的影响易导致瓦斯不能形成完整的、精准数据集，例如高温、高压等导致生产、工作环境恶劣；随时掘进导致无法建立全系统、全方位、无死角的瓦斯监控系统等[52]。系统容易存在缺失数据、异常数据以及噪声数据。

因此，绝大多数矿井和煤矿在对各种因素进行监控和预测时，总是采用多种技术降低环境因素的干扰。例如卡尔曼滤波、均值滤波、小波变换、奇异值分解、改变 BinSize。

5.3.2　缺失值与异常值处理

5.3.2.1　平均值修正法

将采样的时间长度设为 T，记为 x_t 时刻 t 瓦斯浓度的测量结果，设某时刻 $t_i(i=1,2,\cdots,n)$ 瓦斯浓度表现出异常，用式（5-3）中的平均值代替采集样本中的异常数据。

$$x_{ti} = \frac{\sum\limits_{t=t_1}^{t_{i-1}} x_t + \sum\limits_{t=t_{t+1}}^{n} x_t}{n-1} \tag{5-3}$$

式中，x_{ti} 为 t_i 时刻的采样数值，一个周期 T 内瓦斯浓度监测个数记为 $n-1$。

5.3.2.2　三次指数平滑方法

当样本数据出现某一段缺失时，可根据该缺失数据前面一部分样本值，在缺失数据处插入数据点数与平滑步数。记 $\varLambda_t'$，$\varLambda_t''$，$\varLambda_t'''$ 分别为经过一次、二次、三次平滑处理后的值，有：

$$\begin{cases} \varLambda_t' = kx_t + (1-k)\varLambda_{t-1}' \\ \varLambda_t'' = k\varLambda_t' + (1-k)\varLambda_{t-1}'' \\ \varLambda_t''' = k\varLambda_t'' + (1-k)\varLambda_{t-1}''' \end{cases} \tag{5-4}$$

其中，平滑处理权重系数记为 k，k 取 0.5；平滑步数记为 m，m 取 3；

$$\hat{x}_{t+m} = a_t + b_t m + \frac{1}{2}b_t m^2 \tag{5-5}$$

式中，$\hat{x}_{t+m}$ 是缺失数据平滑值；a、b、c 为平滑值待定系数，通过式（5-6）计算：

$$\begin{cases} a_t = 3\varLambda_t' - 3\varLambda_t'' + \varLambda_t''' \\ b_t = \dfrac{k}{2(1-k)}(6-k)\varLambda_t' - (10-8k)\varLambda_t'' + (4-3k)\varLambda_t''' \\ c_t = \dfrac{k_2}{(1-k)^2}(\varLambda_t' - 2\varLambda_t'' + \varLambda_t''') \end{cases} \tag{5-6}$$

5.3.2.3　归一化处理

瓦斯浓度各影响因素的数据取值量级相差较大，为了消除不同因素的不同单位带来的影响，需要对数据进行归一化处理，将数据调整到 [0，1] 之间。公式如下：

$$x_{\text{agv}} = \frac{x - x_{\min}}{x_{\max} - x_{\min}} \tag{5-7}$$

式中，x_{agv} 为归一化之后的值；$x_{\min}$、$x_{\max}$ 分别为 x 中的最大值、最小值。

5.3.2.4 KALMAN 滤波

卡尔曼滤波是将观测噪声和过程噪声进行处理的一种现代滤波算法，适用于多模态且具有非平稳性的瓦斯、大坝变形、航空等多种监测数据。根据斯坦利·施密特（Stanley Schmidt）和卡尔曼（Kalman）[12]推演，其状态转移方程和观测预估方程分别为：

$$X_k = \boldsymbol{C}_{k|k-1} X_{k-1} + W_{k-1} \quad (k = 1, 2, \cdots) \tag{5-8}$$

$$Y_k = \boldsymbol{M}_k X_k + V_k \quad (k = 1, 2, \cdots) \tag{5-9}$$

式中，X_k、Y_k 为 t_k 节点的当前系统状态值和观测值；$\boldsymbol{C}_{k|k-1}$ 为从 t_{k-1} 节点到 t_k 节点的系统一步状态转移矩阵；$\boldsymbol{M}_k$ 为观测矩阵；W_k、V_k 分别为系统内噪声和环境观测噪声。

卡尔曼滤波递推计算公式如下：

$$\hat{X}_k = \hat{X}_{k|k-1} + K_k (Y_k - \boldsymbol{M}_k \hat{X}_{k|k-1}) \tag{5-10}$$

$$\hat{X}_{k|k-1} = \boldsymbol{C}_{k|k-1} \hat{X}_{k-1} \tag{5-11}$$

$$K_k = \boldsymbol{P}_{k|k-1} \boldsymbol{M}_k^{\mathrm{T}} (\boldsymbol{M}_k \boldsymbol{P}_{k|k-1} \boldsymbol{M}_k + \boldsymbol{R}_k)^{-1} \tag{5-12}$$

$$\boldsymbol{P}_{k|k-1} = \boldsymbol{C}_{k|k-1} \boldsymbol{P}_{k-1} \boldsymbol{C}_{k|k-1}^{\mathrm{T}} + \boldsymbol{Q}_{k-1} \tag{5-13}$$

$$\boldsymbol{P}_k = (I - K_k \boldsymbol{M}_k) \boldsymbol{P}_{k|k-1} \tag{5-14}$$

式中，$\boldsymbol{Q}_k$、$\boldsymbol{R}_k$ 分别为系统内噪声和环境观测噪声的方差矩阵。$\hat{X}_{k|k-1}$ 为 t_{k-1} 节点到 t_k 节点系统检测值；K_k 为 t_k 节点的卡尔曼增益值；$\boldsymbol{P}_k$ 为 t_k 节点的系统状态估计矩阵；$\boldsymbol{P}_{k|k-1}$ 为 t_{k-1} 节点到 t_k 节点的系统协方差矩阵。

卡尔曼滤波流程如图 5-5 所示。

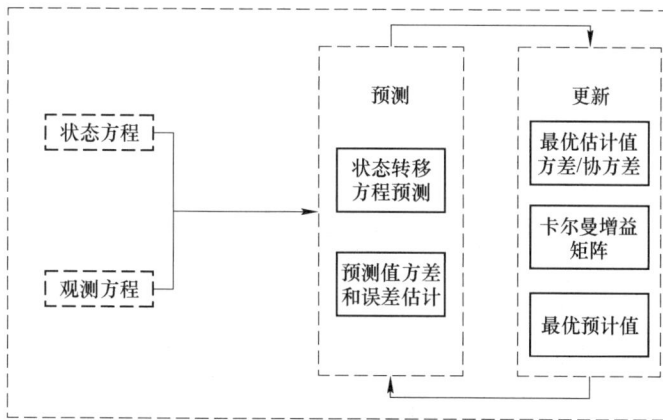

图 5-5 卡尔曼滤波流程

5.3.3 核主成分分析

主成分分析法（Principal Components Analysis，PCA）是现代统计学方法，常用于数理、工程，并且是一种常见的数据分析方式[39-41]，常用于高维数据的降维，其主要建模过程为：计算核矩阵，核矩阵中心化，特征值分解，计算非线性主成分。而核主成分分析 KPCA 是对 PCA 的非线数据样本特征的扩展版本，KPCA 相对于 PCA 主要是核函数的选取方面有了较大区别。核函数选用径向基函数（Radial Basis Function，RBF），$K(z, z_c) = \exp(-|z - z_c|^2 / 2\psi^2)$。其中，$z$ 为样本，z_c 为基函数的中心点，核主成分分析中的核参数

是核主成分分析中的选择性变量，核主成分分析的核参数的选择影响最终的分析结果。

对第 2 章数据使用核主成分分析方法进行降维处理，计算得到数据前 3 项主成分累计贡献率达到 99% 以上，累计贡献率如图 5-6 所示。

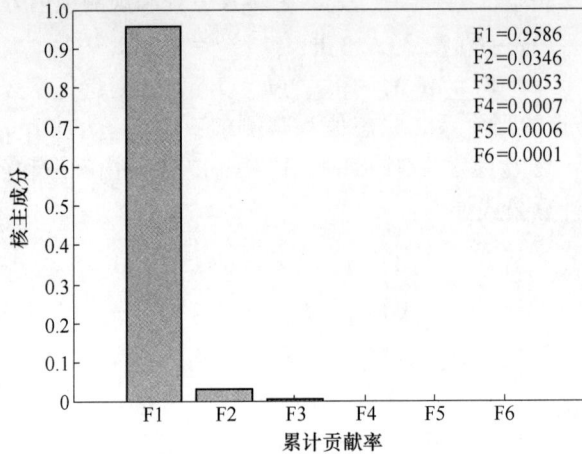

图 5-6　煤层瓦斯含量基础指标累计贡献

图中 F1 ~ F6 分别为相对瓦斯涌出量、瓦斯压力、解吸系数、瓦斯趋势波峰比、瓦斯趋势峰均比与地应力参数以及地应力指标。因此将原数据预测变量降为三维预测变量 X_1、X_2、X_3，对 188 组测试数据降维后再进行标准化处理，得到的主成分数据见表 5-3。

表 5-3　煤层瓦斯含量基础数据的核主成分数据

组号	X_1	X_2	X_3	Y
1	−0.83	−0.98	−0.91	296.96
2	−0.55	−0.68	−0.64	262.09
3	−0.60	−0.58	−0.66	141.60
4	−0.65	−0.61	−0.69	169.25
⋮	⋮	⋮	⋮	⋮
187	−0.62	−0.64	−0.61	214.04
188	−0.62	−0.63	−0.67	173.14

5.3.4　小结

（1）本节以瓦斯影响因素的预处理为重点，其中平均值修正法、三次指数平滑方法是常用的数据出现异常值和缺失值时用到的填补方法，同时阐述了目前的数据处理方向包括数据清洗、数据集成、数据归约，对煤矿回采工作面的瓦斯数据处理进行了基本阐述与分析。

（2）介绍了井下瓦斯监测数据预处理的方法，其中重点介绍了卡尔曼滤波，卡尔曼滤波的优点在于它的估计的偏差小，同时它巧妙地融合了观测数据与估计数据，对误差进行闭环管理，将误差限定在一定范围，如果没有两者的信息融合，只有估计数据的话，会导致误差随时间的积累越来越大，时间越长不确定性越大，这对于长时间的瓦斯预测数据和多因素控制来说，会导致瓦斯最后的预测结果误差大到不可控，而引入观测数据会对估计数据进行校正，防止估计数据的误差过大。估计数据融合了观察数据，相当于对前者的估计进行了闭环的反馈管理。不可否认卡尔曼滤波仍然是有误差的，但它的优点在于时间久远时它仍能保持稳定的误差，因为它决策时候依赖的信息来源多了一个观察数据。

5.4 孔雀优化算法瓦斯涌出量预测分析

数据挖掘与预测是当前数据科学主要研究方向之一，长期以来备受学者专家关注[53-56]。随着深度学习发展将人工智能技术融于煤矿瓦斯预测，有助于国家的应急管理部门制定出低风险的应急策略。首先，由于煤矿瓦斯突出受煤层厚度、裂隙等众多因素的影响，使得煤矿瓦斯突出具有突发性、模糊性、复杂性和随机性等特点。其次，瓦斯突出具有一定的混沌特性，信息的交杂性也使得煤与瓦斯这一地质系统成为一个线性叠加原理不再成立的非线性系统（Nonlinear System），因此，提高瓦斯灾害中预测的准确性和鲁棒性是煤矿安全的重点。

通过对现有的算法和预测模型梳理[57-62]，为进一步提高煤层回采工作面瓦斯预测准确率和去除瓦斯数据源的噪声，本节提出一种融合 OLS-KALMAN 前期数据滤噪处理和 POA-LSTM 瓦斯数据预测的嵌合预测模型。对卡尔曼滤波算法（KALMAN filtering，KALMAN）加入减秩二乘估计（Ordinary Least Squares，OLS）构建减秩卡尔曼滤波（OLS-KALMAN）；对状态转移矩阵进行分解，减少矩阵维度，提取核心因子矩阵；将降噪后的数据输入 POA-LSTM 算法中，利用孔雀优化算法（Peafowl Optimization Algorithms，POA）优化长短期记忆网络[38]（Long Short-Term Memory，LSTM）的神经节点，得到适配权值与拓扑结构。改进的 LSTM 提高了泛化能力，根据组合方法提高了瓦斯涌出预测的准确性。

5.4.1 基于 KALMAN 滤波的减秩二乘估计

KALMAN 滤波可以在迭代和递推过程中使用初始观测信息更正系统信息和其方差，使得 KALMAN 滤波在补足数据方面具有一定有效性。但是采集数据的瓦斯感应器在高遮蔽环境下出现较大幅度波动时，常规的 KALMAN 滤波处理波动数据后依旧会出现较大误差。为满足多状态瓦斯矿井的降噪需求，将减秩最小二乘估计（OLS）用于 KALMAN 状态转移矩阵，在 KALMAN 滤波高效性能上进一步提升其抗干扰性并且降低系统误差。一般线性回归模型的减秩最小二乘估计（OLS）如下：

$$Y_t = CX_t + \varepsilon_t \quad (t = 1, 2, \cdots, T) \tag{5-15}$$

其中 $Y_t = (y_{1t}, y_{2t}, \cdots, y_{mt})$ 和 $X_t = (x_{1t}, x_{2t}, \cdots, x_{mt})$，均为一维向量；$C$ 为 $m \times n$ 系数矩阵；$\varepsilon_t = (\varepsilon_{1t}, \varepsilon_{2t}, \cdots, \varepsilon_{mt})$ 为一维误差向量且满足 $E(\varepsilon_t) = 0$。

设系数矩阵 C 为非满秩矩阵，通过矩阵分解定理其可由两个维度低于系数矩阵 C 的满秩矩阵 L 与 R 相乘得到，表达式为 $C = LR$。L 低维矩阵与 R 低维矩阵的元素为 $m \times r$ 与 $r \times n$，两个矩阵的秩均为 r，将式（5-15）进一步变换，有：

$$Y_t = LRX_t + \varepsilon_t \quad (t = 1, 2, \cdots, T) \tag{5-16}$$

令 $\sum\limits_{xx} = C_{ov}(X)$ 且 $\sum\limits_{xy} = \sum\limits_{yx} = C_{ov}(Y, X)$，则秩为 r 的分解矩阵 L 和 R 可表示为：

$$L^{(r)} = \boldsymbol{\Gamma}^{-\frac{1}{2}} V \tag{5-17}$$

$$R^{(r)} = V, \ \boldsymbol{\Gamma}^{-\frac{1}{2}} \sum\limits_{yx} \sum\limits_{xx}^{-1} \tag{5-18}$$

式中，$C_{ov}(X)$ 为样本方差的无偏估计，即 $C_{ov}(X) = \dfrac{\sum\limits_{i=1}^{n}(x - \bar{x})}{n-1}$，$C_{ov}(Y, X)$ 为协方差；$\boldsymbol{\Gamma}$ 为任意的正定矩阵；$V = [V_1, V_2, \cdots, V_r]$ 由矩阵中的全部特征向量组成，其秩为 r，且 $V_j(j = 1, \cdots, r)$ 为矩阵第 j 个特征值对应的标准特征向量。

将 OLS 代入递推式（5-8）、式（5-9），有：

$$\hat{X}_{k|k-1} = L_{k|k-1} R_{k|k-1} \hat{X}_{k-1} \tag{5-19}$$

$$\boldsymbol{P}_{k|k-1} = \boldsymbol{L}_{k|k-1} \cdot \boldsymbol{R}_{k|k-1} \cdot \boldsymbol{P}_{k-1} \cdot \boldsymbol{L}_{k|k-1}^{\mathrm{T}} \cdot \boldsymbol{R}_{k|k-1}^{\mathrm{T}} + \boldsymbol{Q}_{k-1} \tag{5-20}$$

原状态转移矩阵参数元素为 $m \times n$，经变化后参数元素为 $mr + nr - r^2$。为进一步降低系统内噪声影响，降低计算成本，设噪声矩阵 $\boldsymbol{Q}_k$ 服从高斯分布并进行矩阵分解，分解后矩阵为 W、H，则噪声矩阵 $\boldsymbol{Q}_k$ 的概率密度函数如下：

$$\boldsymbol{Q}_k = L(W, H) = \prod_{i, j} \frac{1}{\sqrt{2\pi}\sigma_{ij}} \exp\left[-\frac{(\boldsymbol{Q}_{k_{ij}} - (WH)_{ij})^2}{2\sigma_{ij}} \right] \tag{5-21}$$

对上式取对数后的似然函数如下：

$$Ln(L(W, H)) = \sum_{i, j} Ln\left(\frac{1}{\sqrt{2\pi}\sigma_{ij}}\right) - \frac{1}{2\sigma_{ij}} \sum_{i, j}(\boldsymbol{Q}_{k_{ij}} - (WH)_{ij})^2 \tag{5-22}$$

设各瓦斯数据点噪声的方差一样，则令目标函数最小，即下式最小：

$$G(W, H) = \frac{1}{2\sigma_{ij}} \sum_{i, j}(\boldsymbol{Q}_{k_{ij}} - (WH)_{ij})^2 \tag{5-23}$$

对上式 W、H 分别求偏导可得：

$$\frac{\partial G(W, H)}{\partial W_{i, k}} = (\boldsymbol{Q}_{k_{ij}} H^{\mathrm{T}})_{i, k} - (WHH^{\mathrm{T}})_{i, k} \tag{5-24}$$

$$\frac{\partial G(W, H)}{\partial H_{j, k}} = (W^{\mathrm{T}} \boldsymbol{Q}_{k_{ij}})_{j, k} - (W^{\mathrm{T}} WH)_{j, k} \tag{5-25}$$

通过梯度下降法进一步得到：

$$W_{i, k} = W_{i, k} \cdot \frac{(\boldsymbol{Q}_{k_{ij}} H^{\mathrm{T}})_{i, k}}{(WHH^{\mathrm{T}})_{i, k}} \tag{5-26}$$

$$H_{j, k} = H_{j, k} \cdot \frac{(W^{\mathrm{T}} \boldsymbol{Q}_{k_{ij}})_{j, k}}{(W^{\mathrm{T}} WH)_{j, k}} \tag{5-27}$$

式中，$\boldsymbol{Q}_{k_{ij}}$ 为 $\boldsymbol{Q}_k$ 的均值矩阵。

则最终卡尔曼滤波式（5-14）替换为式（5-28）：

$$\boldsymbol{P}_{k|k-1} = \boldsymbol{L}_{k|k-1} \cdot \boldsymbol{R}_{k|k-1} \cdot \boldsymbol{P}_{k-1} \cdot \boldsymbol{L}_{k|k-1}^{\mathrm{T}} \cdot \boldsymbol{R}_{k|k-1}^{\mathrm{T}} + W \cdot H \tag{5-28}$$

将式（5-19）、式（5-28）替换原有卡尔曼滤波递推计算公式，得到基于 KALMAN 滤波的减秩二乘估计瓦斯数据预测的嵌合预测模型。

5.4.2 POA-LSTM 煤层瓦斯预测算法

5.4.2.1 雄孔雀的能量搜索行为

孔雀优化算法[63]主要复制孔雀群的求偶、获取能量和追逐行为，其中雄孔雀、雌孔雀和孔雀幼崽三种类型的孔雀被用来模拟能量搜索过程中的动态群体行为和等级。实现了高效的探索性和开发性搜索算子，即孔雀的能量搜索和独特的旋转舞蹈行为，以及孔雀和孔雀的自适应搜索和接近机制。

该算法主要考虑了迭代过程中会导致适应度真实变化的旋转行为。雄孔雀展尾后的旋转行为包括原地旋转和围绕能量源旋转两种形式，而两种旋转机制的选择完全取决于适应度。具体来说，他们的适应度越高，就越有可能绕着一个半径较小的能量源；同时，适应度较低的孔雀更容易在圆圈半径较大的位置上旋转，数学模型构建如下：

$$X_{Pc1} = X_{Pc1}(t) + 1 \cdot R_s \cdot \frac{X_{r1}}{\| X_{r1} \|} \tag{5-29}$$

$$X_{Pc2} = \begin{cases} X_{Pc2}(t) + 1.5 \cdot R_s \cdot \dfrac{X_{r1}}{\| X_{r1} \|}, & r_1 < 0.9 \\ X_{Pc2}(t), & \text{其他} \end{cases} \tag{5-30}$$

$$X_{Pc2} = \begin{cases} X_{Pc3}(t) + 2 \cdot R_s \cdot \dfrac{X_{r3}}{\| X_{r3} \|}, & r_2 < 0.8 \\ X_{Pc3}(t), & \text{其他} \end{cases} \tag{5-31}$$

$$X_{Pc4} = \begin{cases} X_{Pc4}(t) + 3 \cdot R_s \cdot \dfrac{X_{r4}}{\| X_{r4} \|}, & r_2 < 0.6 \\ X_{Pc4}(t), & \text{其他} \end{cases} \tag{5-32}$$

$$X_{Pc5} = \begin{cases} X_{Pc5}(t) + 5 \cdot R_s \cdot \dfrac{X_{r5}}{\| X_{r5} \|}, & r_4 < 0.3 \\ X_{Pc5}(t), & \text{其他} \end{cases} \tag{5-33}$$

$$X_r = 2 \cdot \text{rand}(1, Dim) - 1 \tag{5-34}$$

式中，X_{Pci} 为第 i 只雄孔雀的位置向量（$i = 1, 2, 3, 4, 5$）；R_s 为旋转时的旋转半径；X_r 为随机向量，$\| X_r \|$ 定义为 X_r 的模量；Dim 为变量个数；r_1、r_2、r_3、r_4 分别为半径内均匀分布的 4 个随机数。此半径 R_s 为动态变化，具体方法为：

$$R_s(t) = R_{s0} - R_{s0} \left(\frac{t}{t_{max}} \right)^{0.01} \tag{5-35}$$

式中，t 和 t_{max} 分别为当前迭代次数和最大迭代次数；R_{s0} 为由优化问题的搜索范围确定的初始旋转半径向量，如下所示：

$$R_{s0} = C_v \cdot (X_U - X_L) \tag{5-36}$$

式中，X_U、X_L 分别为搜索空间的上下界；定义 C_v 为绕圈的可见性因子，其值为 0.2。

5.4.2.2 雌孔雀的适应性接近行为

雌孔雀在整个搜索过程中倾向于采用自适应的搜索和接近机制，在不同阶段动态调整自己的行为。当雌孔雀看到孔雀求偶舞蹈时，它们倾向于先接近雄孔雀，然后四处观察，雌孔雀被吸引的概率与孔雀的适应值成正比。以下数学模型用于描述雌孔雀的这种行为。

$$X_{\mathrm{Ph}} = \begin{cases} X_{\mathrm{Ph}}(t) + 3 \cdot \theta \cdot (X_{\mathrm{Pc1}} - X_{\mathrm{Ph}}(t)), \ 0.6 \leqslant r_5 \leqslant 1 \\ X_{\mathrm{Ph}}(t) + 3 \cdot \theta \cdot (X_{\mathrm{Pc2}} - X_{\mathrm{Ph}}(t)), \ 0.4 \leqslant r_5 < 0.6 \\ X_{\mathrm{Ph}}(t) + 3 \cdot \theta \cdot (X_{\mathrm{Pc3}} - X_{\mathrm{Ph}}(t)), \ 0.2 \leqslant r_5 < 0.4 \\ X_{\mathrm{Ph}}(t) + 3 \cdot \theta \leqslant (X_{\mathrm{Pc4}} - X_{\mathrm{Ph}}(t)), \ 0.1 \leqslant r_5 < 0.2 \\ X_{\mathrm{Ph}}(t) + 3 \cdot \theta \cdot (X_{\mathrm{Pc5}} - X_{\mathrm{Ph}}(t)), \ 0 \leqslant r_5 < 0.1 \end{cases} \tag{5-37}$$

$$\theta = \theta_0 + \theta_1 - \theta_0 \cdot \frac{t}{t_{\max}} \tag{5-38}$$

式中，r_5 为均匀分布在 $[0, 1]$ 内的随机数；X_{Ph} 为雌孔雀的位置向量；θ_0 和 θ_1 分别设置为 0.1 和 1。

根据式（5-38），当 $\theta < 1/3$（迭代的初始阶段）时，雌孔雀主要靠近选定的孔雀，这代表了搜索过程中的局部利用；当 $\theta > 1/3$（迭代的中后期）时，雌孔雀倾向于移动到选定孔雀的对称位置，这模拟了雌孔雀的观察行为，表示搜索过程中的全局探索。

5.4.2.3　孔雀幼崽适应搜索行为

孔雀幼崽的适应搜索行为除了接近高适应值的雄孔雀外，孔雀幼崽还充当搜索代理进行随机搜索，因为孔雀幼崽群体希望在搜索空间中找到更优质的能量来源。孔雀幼崽群体随机选择五只雄孔雀中的一只作为目标对象，每只雄孔雀被选中概率相等，以引导孔雀幼崽的"接近行为"，而随机搜索行为由 Levy Flight 描述，如下所示：

$$Levy = 0.01 \cdot \frac{r_6 \cdot \sigma}{|r_7|^{\frac{1}{\gamma}}} \tag{5-39}$$

$$\sigma = \frac{\Gamma(1 + \gamma) \cdot \sin\left(\frac{r \cdot \pi}{2}\right)}{\Gamma\left(\frac{1+\gamma}{2}\right) \gamma \times 2^{\left(\frac{\gamma-1}{2}\right)}} \frac{1}{\gamma} \tag{5-40}$$

$$\Gamma(x) = (x - 1)! \tag{5-41}$$

式中，r_6 和 r_7 分别为均匀分布在 $[-1, 1]$ 和 $[0, 1]$ 上的两个不同的一维随机向量；γ 为一个常数，其值设置为 1.5。

因此，每只孔雀幼崽的具体行为可以建模为：

$$X_{\mathrm{SPc}} = \begin{cases} X_{\mathrm{Pc1}}(t), \ 0.8 < r_8 \leqslant 1 \\ X_{\mathrm{Pc2}}(t), \ 0.6 < r_8 \leqslant 0.8 \\ X_{\mathrm{Pc3}}(t), \ 0.4 < r_8 \leqslant 0.6 \\ X_{\mathrm{Pc4}}(t), \ 0.2 < r_8 \leqslant 0.4 \\ X_{\mathrm{Pc5}}(t), \ 0 < r_8 \leqslant 0.2 \end{cases} \tag{5-42}$$

$$X_{\mathrm{PcC}} = X_{\mathrm{PcC}}(t) + \alpha \cdot Levy \cdot X_{\mathrm{Pc1}}(t) - X_{\mathrm{PcC}}(t) - \alpha \cdot Levy \cdot X_{\mathrm{PcC}}(t) + \delta \cdot X_{\mathrm{SPc}} \tag{5-43}$$

式中，r_8 为均匀分布在 $[0, 1]$ 上的随机数；X_{SPc} 和 X_{PcC} 分别为选定孔雀和孔雀幼崽的位置向量；α 和 δ 为两个系数因子，它们随迭代次数动态变化，可通过以下公式定义：

$$\alpha = \alpha_0 - (\alpha_0 - \alpha_1) \cdot \left(\frac{t}{t_{\max}}\right)^2 \tag{5-44}$$

$$\delta = \delta_0 - (\delta_0 - \delta_1) \cdot \left(\frac{t}{t_{\max}}\right)^{0.5} \tag{5-45}$$

上述公式表明迭代开始时 α 大于 δ，孔雀幼崽主要进行随机搜索；当迭代结束 δ 大于 α 时孔雀幼崽收敛到最优 5 个解（孔雀）；$\alpha_0 = 0.9$，$\alpha_1 = 1.4$，δ_0 和 δ_1 分别等于 0.1 和 1。

5.4.3　长短期记忆算法及其原理

长短期记忆网络（LSTM）是一种特殊的循环神经网络（RNN）[63-64]。长短期记忆网络依据其独有特点能够学习长期依赖关系。LSTM 网络解决了在 RNN 网络计算过程中造成的梯度消失问题，可以学习时间序列长短期依赖信息，其优秀的结构单元成为了 RNN 最适用架构之一。且 LSTM 模型也已经大规模用于瓦斯预测，LSTM 的基本单元如图 5-7 所示。

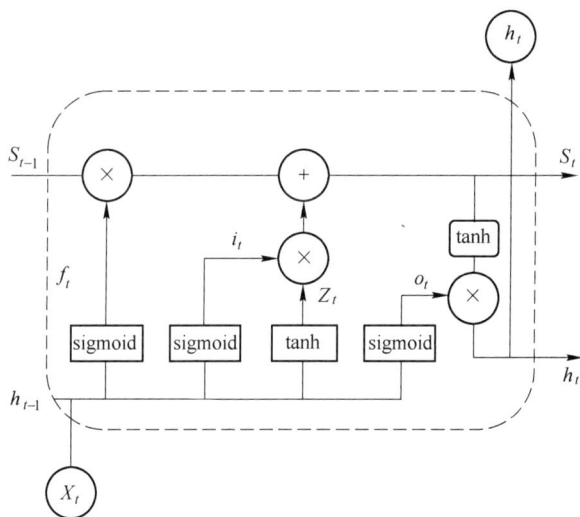

图 5-7　长短期记忆网络基本单元

LSTM 网络的基本结构单元包含三个门，其分别为遗忘门、输入门和输出门。遗忘门中输入 x_t 与状态记忆单元 S_{t-1}、中间输出 h_{t-1} 共同决定状态记忆单元遗忘部分。输入门中的 x_t 分别经过 sigmoid 和 tanh 函数变化后共同决定状态记忆单元中保留向量。中间输出 h_t 由更新后的 S_t 与输出 o_t 共同决定，计算公式如下：

$$f_t = \zeta(W_{fx}x_t + W_{fh}h_{t-1} + b_f) \tag{5-46}$$

$$i_t = \zeta(W_{ix}x_t + W_{ih}h_{t-1} + b_i) \tag{5-47}$$

$$g_t = \phi(W_{gx}x_t + W_{gh}h_{t-1} + b_g) \tag{5-48}$$

$$o_t = \zeta(W_{ox}x_t + W_{oh}h_{t-1} + b_o) \tag{5-49}$$

$$S_t = g_t \otimes i_t + S_{i-1} \otimes f_i \tag{5-50}$$

$$h_t = \phi(S_t) \otimes o_t \tag{5-51}$$

式中，f_t、i_t、g_t、o_t、h_t 和 S_t 分别为遗忘门、输入门、输入节点、输出门、中间输出和状态单元的状态；W_{fx}、W_{fh}、W_{ix}、W_{ih}、W_{gx}、W_{gh}、W_{ox} 和 W_{oh} 分别为相应门与输入 x_t 和中间输出 h_{t-1} 相乘的矩阵权重；b_f、b_i、b_g、b_o 分别为相应门的偏置项；$\otimes$ 表示向量中元素按位相乘；ζ 为 sigmoid 函数变化；ϕ 为 tanh 函数变化。

5.4.4　基于 POA-LSTM 预测方法

5.4.4.1　POA-LSTM 预测方法

为了能够发挥 POA 和 LSTM 的长处，使用 POA 寻优 LSTM 的权值与节点，其 POA-LSTM 建模流程如下：

（1）初始化参数。孔雀优化算法的参数包括雄孔雀位置、迭代次数等。

（2）确定煤层回采工作面输入和输出瓦斯样本数据，并选取 sigmoid 为激活函数，Adam 为求解器。

（3）设置算法群体规模和最大迭代次数，并计算适应度。

（4）搭建三组成分：雄孔雀、雌孔雀、孔雀幼仔，根据适应度排序，前 5 的个体为雄孔雀，剩余前 30% 为雌孔雀，其余为孔雀幼仔。

（5）雄孔雀根据适应度选择引诱策略，适应度越低搜索范围越大。雌孔雀动态调整设置为趋向于雄孔雀，根据式（5-37）和式（5-38）可知，雌孔雀被吸引的概率与雄孔雀的适应度值呈现正比。雌孔雀趋向于雄孔雀，孔雀幼仔根据式（5-39）~式（5-45）充当随机搜索，选择雄孔雀概率相当。基于雄孔雀相互吸引相互靠近的原则，当其余雄孔雀适应度大于搜索雄孔雀时，雄孔雀个体适应度更新。

（6）最终输出 POA 参数，在迭代结束后将最适应个体映射到 LSTM 得到最优参数。

（7）构建 POA-LSTM 模型，利用优化算法提高训练速度。将预测结果用 Adam 求解器输出预测结果。

POA-LSTM 预测模型算法流程如图 5-8 所示。

5.4.4.2　OLS-KALMAN 和 POA-LSTM 煤层回采工作面瓦斯预测算法预测工作流程

本节以卡尔曼滤波为前期的信号噪声处理算法和以 POA-LSTM 为后续煤层回采工作面瓦斯预测信号算法，构建小型一体化瓦斯预测算法，从而达到最佳预测效果。将信号处理和算法预测一体化，在过程中进行非线性检测，构建煤层回采工作面瓦斯体系下的系统分析集成。以最佳预测结果为目标，基于 OLS-KALMAN 和 POA-LSTM 的组合预测方法如下所示。

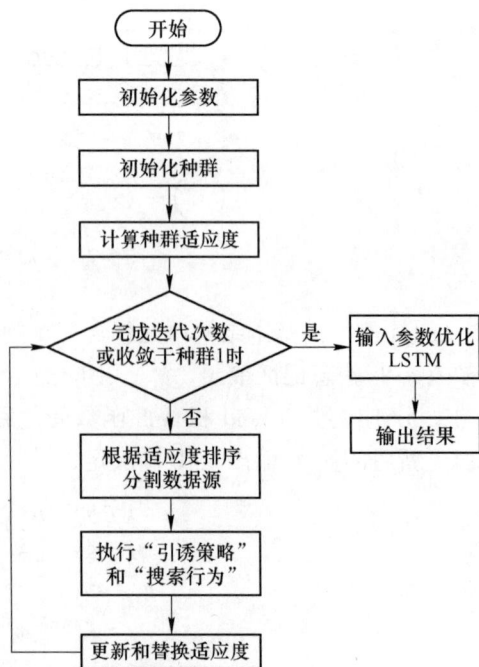

图 5-8　POA-LSTM 预测算法流程

Step1：收集原始煤层回采工作面瓦斯感应器数据，构建多维数据矩阵；

Step2：将数据导入 OLS-KALMAN 滤波处理算法，进行滤噪处理；

Step3：构建训练集和预测集；

Step4：将滤噪后数据导入 POA-LSTM 预测算法得到预测结果。

5.4.5 实验对比与仿真分析

5.4.5.1 实验环境与实验数据

采用数据为吉林省珲春市某煤矿数据，其矿岩体主要构成为红柱石板岩、粉砂岩、片岩，其中粉砂岩岩芯呈柱状，岩石质地坚硬，属于高瓦斯矿井，水文地质条件复杂。选取该矿 A-523a03 工作面作为采集数据点，将采集到的该矿回采工作面的瓦斯数据及其各影响指标数据合成数据集，采集数据为 2021 年 9 月 1 日到 2021 年 11 月 1 日的共 188 个数据样本，时间共 62 天，在早中晚三个时间段分别采样。煤层回采工作面样本数据包括绝对瓦斯涌出量、相对瓦斯涌出量、瓦斯压力、解吸指标、地应力指标、瓦斯趋势波峰比、瓦斯趋势峰均比、瓦斯趋势波峰差。瓦斯预测算法为 LSTM、PSO-LSTM 和 POA-LSTM。设置 LSTM 的阈值为 1，防止梯度爆炸；并根据数据量设置最小迭代次数为 16 次，最大训练次数为 200 次；根据训练集设置为全连接层，学习率为 0.005，求解器设置为 Adam。其中 PSO-LSTM、POA-LSTM 参数选取为全局最优搜索后结果且最大训练次数为 200 次，求解器设置为 Adam。本节实验环境为 MATLAB2021b，16GB RAM，AMD Ryzen5 3600@3.6GHz。

5.4.5.2 实验结果与分析

选定 OLS-KALMAN 滤波算法将数据集导入，其中绝对瓦斯涌出量、相对瓦斯涌出量、瓦斯压力的滤波比较结果如图 5-9 所示。

图 5-9（a）、（c）、（e）所示为多维数据实际降噪效果，图 5-9（b）、（d）、（f）所示为多维数据降噪偏差。从图 5-9（b）、（d）、（f）可以看出在不同数据集的状况下传统的 KALMAN 滤波方法的滤波值相比具有较大波动，降噪效果相对较差；改进后的 OLS-KALMAN 滤波算法的滤波值相对比较平稳，降噪效果强于传统 KALMAN 方法；OLS-KALMAN 滤波算法在一定程度上克服了 KALMAN 滤波算法缺陷。卡尔曼滤波采用自回归的递推算法来实现瓦斯系统组成的多维观测目标进行数据滤波，在动态瓦斯监测数据的降噪方面具有良好效果。在改进的卡尔曼滤波中改变了原有状态转移矩阵计算方式，减少了计算量，在递推过程中分解了系统内两种噪声，进一步加强了降噪效果。

基于上述数据，为进一步检验 POA-LSTM 模型的预测准确性和泛用性，选取降噪后的煤层回采工作面瓦斯数据导入模型中进行训练，运用 Matlab 软件训练 POA-LSTM 煤层回采工作面瓦斯预测模型、PSO-LSTM 煤层回采工作面瓦斯预测模型和 LSTM 瓦斯预测模型。选取前 158 个数据作为训练集后 30 个数据作为测试集，绘制煤层回采工作面瓦斯预测模型预测效果图。

5.4.5.3 模型预测结果

将测试数据集导入 POA-LSTM、PSO-LSTM 和 LSTM 预测模型中，比较 LSTM、PSO-LSTM 和 POA-LSTM 预测方法得到预测的实际数据，从图 5-10 可以看出 POA-LSTM 相较于实际数据更加贴合。

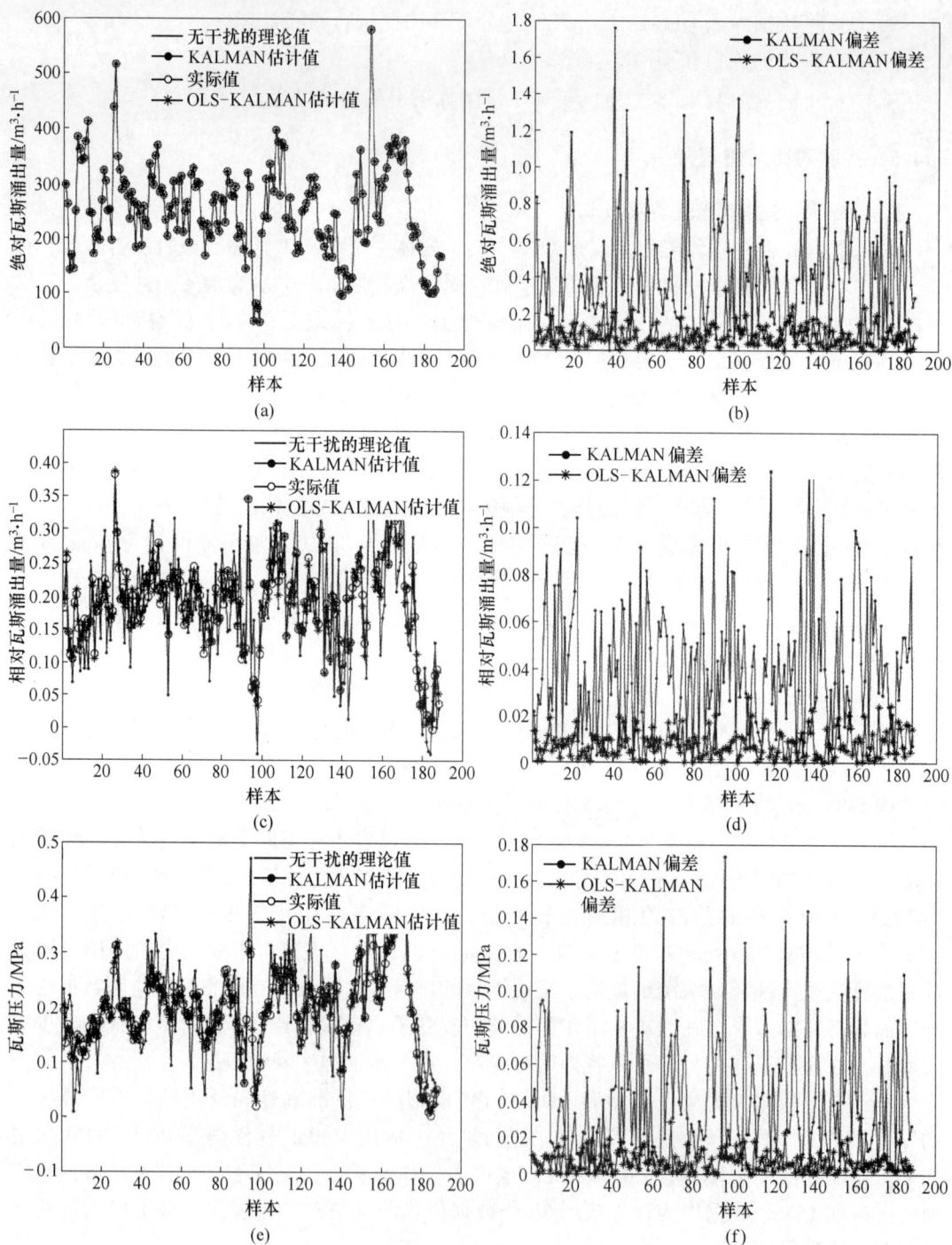

图 5-9　卡尔曼滤波的多因素对比

（a）绝对瓦斯涌出量滤波效果；（b）绝对瓦斯涌出量滤波偏差；（c）相对瓦斯涌出量滤波效果；
（d）相对瓦斯涌出量滤波偏差；（e）瓦斯压力滤波效果；（f）瓦斯压力滤波偏差

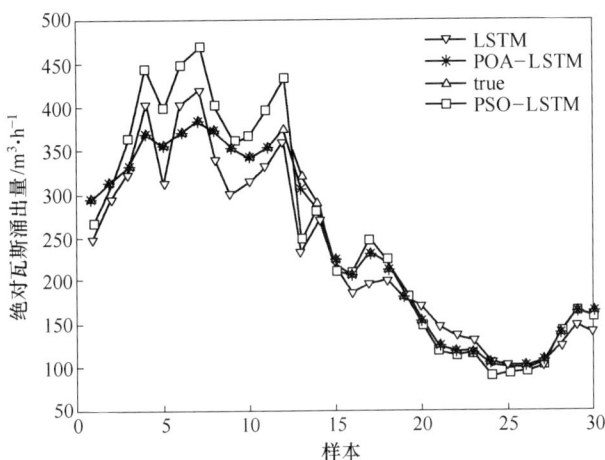

图 5-10 LSTM、PSO-LSTM 和 POA-LSTM 预测模型的预测结果对比

从图 5-10 可知，传统长短期记忆网络的预测结果误差较大，由于 LSTM 算法将一些信息存放在细胞状态里并且经过 Sigmoid 函数计算得到新的信息，计算信息过程中依靠各个结构的偏置矢量，交叉计算过程产生了异常数据。因此本节选择 RMSE、R-square 和平均值作为评价指标。在 30 个样本数据中 LSTM 算法的最大相对误差 16.05%，平均相对误差为 9.6%，均方根误差值为 36.64；PSO-LSTM 预测模型得到的煤层回采工作面瓦斯预测数据最大相对误差率为 21.85%，平均相对误差率为 8.22%；POA-LSTM 预测模型得到的煤层回采工作面瓦斯预测数据最大相对误差率为 5.8%，平均相对误差率为 1.93%，均方根误差值为 5.324，详情见表 5-4。

表 5-4 LSTM、POA-LSTM 和 PSO-LSTM 结果相关数据

序号	实际值	LSTM		POA-LSTM		PSO-LSTM	
		预测值	误差率	预测值	误差率	预测值	误差率
1	294.24	247.014	16.05%	296.433	0.74%	264.842	9.99%
2	311.24	294.708	5.31%	313.682	0.78%	312.191	0.30%
3	329.68	321.991	2.33%	330.764	0.32%	361.145	9.54%
⋮	⋮	⋮	⋮	⋮	⋮	⋮	⋮
30	168.21	141.584	15.83%	158.395	5.83%	162.89	3.16%
平均			9.60%		1.93%		8.22%
R-square			0.974		0.997		0.951
RMSE			36.64		5.324		23.351

因此，相比现有的长短期记忆网络算法，长短期记忆网络与孔雀优化算法耦合后的算法精度有极大的提高，且孔雀优化算法自适应计算可以提高收敛速度、避免陷入局部最优。

5.4.6 小结

本节针对瓦斯矿井尤其是采掘工作面的复杂地质条件，为提高煤层回采工作面瓦斯涌

出预测的准确度，采用以 OLS-KALMAN 为前端信息处理和 POA-LSTM 的后续瓦斯预测方法，通过结合两种算法，强化实际预测功效：POA 作为优秀的搜索算法具有较强的泛化能力和寻优能力；OLS-KALMAN 可以有效处理信息源问题。以组合模型和改进的方式构建一体化预测模型。从实验结果可以看出，POA-LSTM 优于现有的预测方法，OLS-KALMAN 可以弥补 KALMAN 降噪不足问题，这一组合式微型系统可以有效预测煤矿采掘工作面瓦斯涌出现象。

5.5　麻雀搜索算法瓦斯涌出量预测分析

5.5.1　基础理论

5.5.1.1　麻雀搜索算法及其原理

麻雀搜索算法是一种新型高效搜索算法，其核心是麻雀的能量获取和反捕食模拟。在麻雀搜索算法中分为麻雀搜寻者和麻雀跟随者，其中麻雀搜寻者通常具有较高的能量储备，并且由于处在种群中的领头位置负责整个种群的前进方向，同时负责搜索到具有丰富能量的区域或目标，在整个种群中为所有的麻雀跟随者提供获取能量的区域和方向。麻雀搜寻者在进行探索时若发现危险区域则会发出警报，当报警值大于阈值时，麻雀搜寻者会将麻雀跟随者带到其他安全区域进行获取能量。在 SSA 中，具有较好适应度值的麻雀搜寻者在搜索过程中会优先获取能量；此外，麻雀搜寻者负责为整个麻雀种群寻找能量，并为所有麻雀跟随者提供获取能量的方向[64]。因此，麻雀搜寻者可以获得比麻雀跟随者更大的能量搜索范围，麻雀搜寻者的位置更新描述如下：

$$X_{i,j}^{t+1} = \begin{cases} X_{i,j} \cdot \exp\left(-\dfrac{i}{\alpha \cdot iter_{\max}}\right), & R_2 < ST \\ X_{i,j} + Q \cdot \boldsymbol{L}, & R_2 \geqslant ST \end{cases} \tag{5-52}$$

式中，t 为在此循环中的计算次数，$j = 1, 2, 3, \cdots, d$；$iter_{\max}$ 为最大迭代次数；X_{ij} 为麻雀所空间的区域与位置信息；$\alpha \in (0, 1]$ 是一个随机数；$R_2(R_2 \in [0, 1])$ 和 $ST(ST \in [0.5, 1])$ 分别表示预警值和安全值；Q 为服从正态分布的随机数；$\boldsymbol{L}$ 为一个 $1 \times d$ 的矩阵，其中该矩阵内每个元素全部为 1。

当 $R_2 < ST$ 时，麻雀搜寻者执行在区域空间中进行广域的搜索操作；当 $R_2 > ST$ 时，麻雀发现了危险区域，执行规避操作。

执行规避时其他麻雀的位置更新描述如下：

$$X_{i,j}^{t+1} = \begin{cases} Q \cdot \exp\left(-\dfrac{X_{\mathrm{worst}} - X_{i,j}^t}{\alpha \cdot iter_{\max}}\right), & i < n/2 \\ X_{\mathrm{p}}^{t+1} + |X_{i,j} - X_{\mathrm{p}}^{t+1}| \cdot \boldsymbol{A}^+ \cdot \boldsymbol{L}, & \text{其他} \end{cases} \tag{5-53}$$

式中，X_{p} 为目前麻雀搜寻者所占据的当前最优选择；X_{worst} 为在整个搜索空间中的最差位置；$\boldsymbol{A}$ 为一个 $1 \times d$ 的一维矩阵，同时在整个其中每个元素随机赋值为 1 或 -1；当 $i > n/2$ 时，表明适应度值较低的第 i 个麻雀跟随者没有获得能量。

5.5.1.2　CIRCLE 映射

混沌映射具有不可预测、非周期等多项特点。混沌映射的主要原理是利用广义非周期函数的随机特性，将原始值映射到二次变量空间的取值区间内。因此利用 CIRCLE 混沌映射可以将原始种群个体映射为随机分布的种群，经过 CIRCLE 混沌映射的种群的空间位置更加均匀化。目前，主要应用在遗传算法、智能群优化算法等多种智能算法中。

5.5.1.3 极限学习机

极限学习机（ELM）是当前一类非常热门的机器学习算法，被用来训练单隐层前馈神经网络（SLFN）。ELM 自 2004 年南洋理工大学的黄广斌教授提出相关概念以来一直争议不断，但每年相关论文层出不穷，在过去的 20 年里其理论和应用被广泛研究。极限学习机（ELM）模型的网络结构与单隐层前馈神经网络（SLFN）一样，只不过在训练阶段不再是传统的神经网络而是基于梯度的算法，即采用随机的输入层权值和偏差[54]，根据广义逆矩阵理论计算得出输出层权重。

ELM 结构模型如图 5-11 所示，设定 N 个任意不同样本 (x_i, t_i)，其中 $x_i = (x_{i1}, x_{i2}, \cdots, x_{in})^T$，$t_i = (t_{i1}, t_{i2}, \cdots, t_{in})^T$，则 ELM 输出为：$f(x_j) = \sum_{i=1}^{l} \beta_i g(w_i, b_j, x_j)(j = 1, 2, \cdots, N)$，其中：$w_i = (w_{i1}, w_{i2}, \cdots, w_{in})^T$ 为输入层神经元与隐含层神经元之间的输入权值；$\beta_i = (\beta_{i1}, \beta_{i2}, \cdots, \beta_{im})^T$ 为隐含层神经元与输出层神经元之间的输出权值；b_i 为隐含层神经元的偏置；$g(.)$ 为隐含层神经元的激活函数。

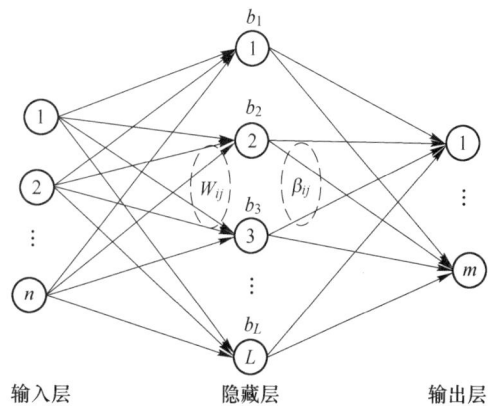

图 5-11 ELM 结构模型

ELM 系统表达式为：

$$H\beta = T \tag{5-54}$$

其中 $\beta = [\beta_1^T \quad \beta_2^T \quad \cdots \quad \beta_l^T]_{l*m}^T$，$T = [t_1^T \quad t_2^T \quad \cdots \quad t_l^T]_{N*m}^T$

为了达到 ELM 的最终的训练效果，需要得到最小二乘解 $\hat{\beta}$，使得：

$$\| H\hat{\beta} - T \| = \min_\beta \| H\beta - T \| \tag{5-55}$$

式中，H 为 ELM 网络的隐含层输出矩阵；T 为网络的样本期望输出矩阵。

最终通过求解得到输出权值为：

$$\hat{\beta} = H'T \tag{5-56}$$

式中，H' 为输出矩阵的广义逆矩阵[55]。

极限学习机以减小误差数值为训练目标，通过直接特征映射，重复迭代，达到输出误差达到允许范围内。由于极限学习机随机权重特性，当权值和隐含层随机的值为 0 时，将使整个节点无效化。为避免大规模节点失效，提出将 SSA 融入极限学习机，使用智能算法搜寻网络中最优连接参数，将各个模型耦合以提高模型的预测精度。

5.5.2 CISSA-ELM 预测模型建立

本节针对 ELM 权值过度随机、全局搜索性较差等不足，提出一种融合混沌映射、正弦余弦和麻雀搜索算法的多维度极限学习机预测算法。

5.5.2.1　混沌映射策略选择

在处理多维度瓦斯复杂预测的问题时，由于 ELM 简单随机的特征映射，导致 ELM 预测存在预测误差性较大、收敛速度过快的问题。混沌预测因其强映射性、覆盖性等特点，近几年已经大规模应用于自适应算法的多种群映射，其思路是通过混沌随机特征序列将数据转换到优化算法的搜索空间中。常见的混沌映射有 Sinusoidal、Singer、Logistic 等。其中 Chebyshev 和 Circle 等 10 种混沌映射的函数表达见表 5-5。

表 5-5　10 种混沌映射的函数表达式

函数类别	函数名	函数表达式	参　数
F1	Chebyshev	$x_{n+1} = \cos(n \arccos x_n)$	—
F2	Circle	$x_{n+1} = \mathrm{mod}\left(x_n + 0.2 - \left(\dfrac{0.5}{2\pi}\right)\sin(2\pi x_n),\ 1\right)$	—
F3	Gauss	$x_{n+1} = \begin{cases} 0, & x_n = 0 \\ \dfrac{1}{x_k \bmod(1)}, & \text{otherwise} \end{cases}$	—
F4	Iterative	$x_{n+1} = \sin\left(\dfrac{a\pi}{x_{n+1}}\right) - 1$	$a \in (0,\ 1)$
F5	Logistic	$x_{n+1} = a x_k(1 - x_k)$	—
F6	Piecewise	$x_{n+1} = \begin{cases} \dfrac{x_n}{P}, & 0 \leqslant x_n < P \\ \dfrac{x_n - P}{0.5 - P}, & P \leqslant x_n < \dfrac{1}{2} \\ \dfrac{1 - P - x_n}{0.5 - P}, & \dfrac{1}{2} \leqslant x_n < 1 - P \\ \dfrac{1 - x_n}{P}, & 1 - P \leqslant x_n < 1 \end{cases}$	$P \in (0,\ 1)$
F7	Sine	$x_{n+1} = \dfrac{a}{4}\sin(\pi x_n)$	$a \in (0,\ 4]$
F8	Singer	$x_{n+1} = \mu(7.86 x_n - 23.31 x_k^2 + 28.75 x_k^3 - 13.3 x_k^4)$	$\mu \in (0.9,\ 1.08]$
F9	Sinusoidal	$x_{n+1} = a x_k^2 \sin(\pi x_k)$	$a = 2.3$
F10	Tent	$x_{n+1} = \begin{cases} \dfrac{x_n}{\alpha}, & x_n < \alpha \\ \dfrac{1 - x_n}{1 - \alpha}, & x_n \geqslant \alpha \end{cases}$	$\alpha \in (0,\ 1)$

表中，x 的范围为 $[0,\ 1]$，同时设置 10 种混沌映射迭代次数为 150 次，使用 Circle 映射来初始化种群，能够提高初始种群的多样性。

相较于其他 9 种混沌映射，Circle 混沌映射可以较好地平均种群数量和映射系统参数，敏感性优于其他多种混沌映射。10 种混沌函数映射图如图 5-12 所示。

5.5.2.2　麻雀搜索位置更新改进

本节针对 SSA 中麻雀搜寻者和麻雀跟随者位置更新做出改进以提高算法性能。正弦余弦算法（Sinecosinealgorithm，SCA）是 2016 年由 Mirjalili 提出的一种仿自然算法。

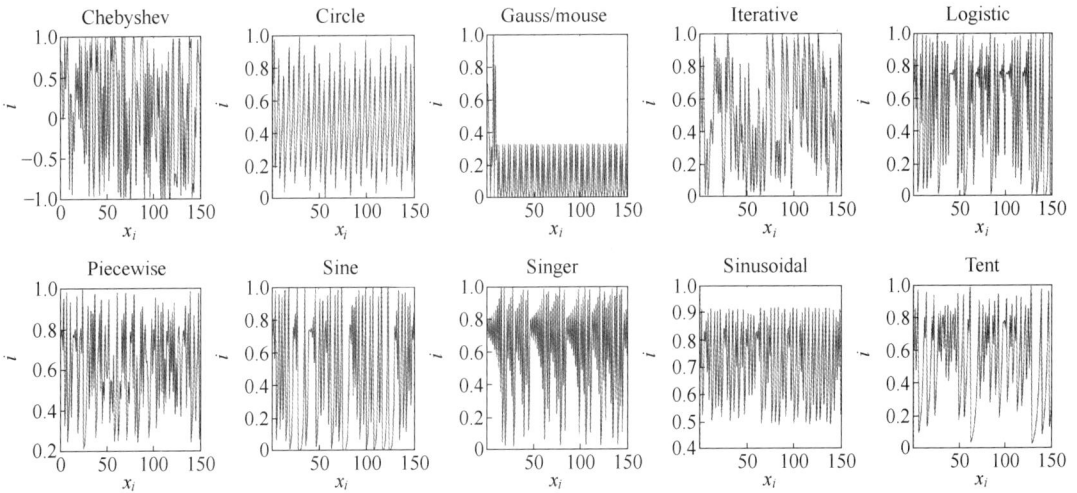

图 5-12 10 种混沌函数映射图

该自然算法通过运行多个初始随机候选解，通过正余弦等相关变类数学模型来进行优化，正弦余弦数学模型具有结构简单、覆盖性强的特点，该模型通过正弦余弦模型的周期性循环将一个解限制于另一个解的环形周围，并且正弦余弦函数在麻雀搜索空间可以对各个解之间的空间外部进行圆圈搜索。如图 5-13 所示，正弦余弦算法的位置更新公式如下：

$$x = \begin{cases} x_{ij}^t + r_1 . \sin r_2 . \left| r_3 p_{gj}^t - x_{ij}^t \right|, & r_4 < 0.5 \\ x_{ij}^t + r_1 . \cos r_2 . \left| r_3 p_{gj}^t - x_{ij}^t \right|, & r_4 \geqslant 0.5 \end{cases} \quad (5\text{-}57)$$

式中，x_{ij}^t 为在第 t 次迭代中第 i 个个体在第 j 维的位置，$j \in \{1, 2, \cdots, N\}$；$r_2$、$r_3$、$r_4$，采用种子随机递进方式；$r_2 \in [0, 2\pi]$，$r_3 \in [0, 2]$，$r_4 \in [0, 1]$；$r_1$ 作为控制参数，$r_1 = a\left(1 - \dfrac{t}{T}\right)$，$T$ 为最大迭代次数，a 为常数；$p_g = (p_{g1}, p_{g2}, \cdots, p_{gN})$。

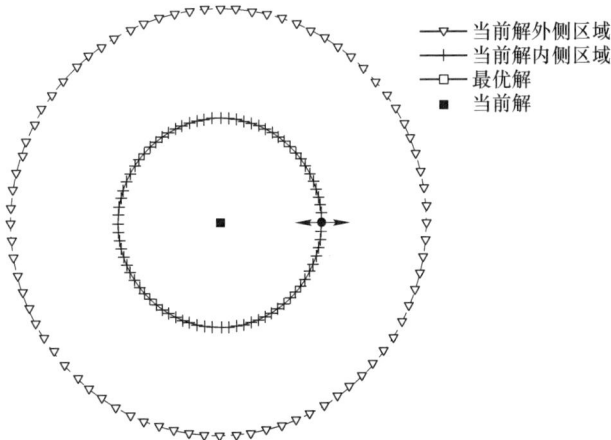

图 5-13 正弦余弦展开影响图

5.5.2.3 位置更新公式改进

麻雀搜索算法的搜索过程中，麻雀族群的麻雀搜寻者占据能量值较高的地方，通过适应度领导整个族群进行集中获取能量。但是麻雀族群中的各个麻雀搜寻者无法进行有效的交互，正弦余弦算法的位置更新策略可以有效弥补这些不足，式（5-57）中 p_{gj}^t 是当前全局最优位置，可以周期性引导麻雀搜寻者并且使得全部麻雀族群相互靠拢，这样强化了搜索空间的搜索效率，使得空间内最优解信息快速地在麻雀种群传递。式（5-57）能够使麻雀种群遍历自身搜索域和附近领域，搜索更加全面，强化了探索整个搜索空间的能力，进一步强化收敛速度与精度。在麻雀搜寻者位置更新公式中引入正弦余弦的位置更新策略是有效的。引入正弦余弦后的麻雀算法更新位置方式为：

$$X_{i,j}^{t+1} = \begin{cases} X_{i,j} + r_1 \sin r_2 \cdot \left| r_3 X_{i,j}^t \cdot - X_{i,j} \right|, & R_2 < 0.5 \\ X_{i,j} + r_1 \sin r_2 \cdot \left| r_3 X_{i,j}^t \cdot - X_{i,j} \right|, & 0.5 < R_2 < ST \\ X_{i,j} + Q \cdot L, & ST < R_2 \end{cases} \tag{5-58}$$

5.5.2.4 极限学习机优化

启发式算法是基于直观和经验构造的算法，解决组合优化与预测问题。麻雀搜索算法作为一种全局的概率型搜索算法，通过改进 ELM 输入层到隐含层的特征映射以提高算法性能。

麻雀搜索算法在迭代过程中麻雀搜寻者们总是会占据当前适应度值较高的位置，从而领导整个族群进行能量获取，但是这些麻雀搜寻者由于族群适应度关系总是易在迭代后融合为同一族群。混沌映射可以很好地弥补这一缺陷，在迭代后期强化维持种群数量。因此嵌合麻雀搜索算法、正弦余弦策略和混沌映射优化极限学习机，从而得到最优 ELM 模型。CISSA-ELM 算法的主要步骤如下：

（1）多维瓦斯数据的预处理。将瓦斯数据划分为训练集和测试集，分析原始数据特征，进行归一化处理。

（2）网络结构初始化。对麻雀搜索算法的参数和 ELM 模型的网络结构参数初始化处理。麻雀初始位置矩阵：

$$X = \begin{bmatrix} x_{(1,1)} & x_{(1,2)} & \cdots & x_{(1,\dim)} \\ x_{(2,1)} & x_{(1,2)} & \cdots & x_{(2,\dim)} \\ \vdots & \vdots & \ddots & \vdots \\ x_{(n,1)} & x_{(n,2)} & \cdots & x_{(n,\dim)} \end{bmatrix} \tag{5-59}$$

其中，要确定麻雀个体数量 n、瓦斯预测问题变量的维度 $\dim$。

（3）融合混沌映射，寻找初始最优值。将麻雀种群初始位置矩阵 X 和瓦斯数据代入 ELM 模型，初步计算得到 ELM 的输出预测值，从而计算出麻雀的适应度值。同时寻找麻雀搜寻者的最优值，强化引导麻雀种群，并储存个体最优值和群体最优值的位置及适应度函数。麻雀群体的适应度函数取：

$$X = \left[f(x_1), f(x_2), f(x_3), \cdots, f(x_n) \right] \tag{5-60}$$

式中，$f(x_n)$ 为个体适应函数。

（4）麻雀群体的映射。将有序的麻雀种群通过混沌映射到麻雀搜索空间，使其种群均匀散布到全搜索空间，以加强麻雀初始位置的数据敏感性。

（5）迭代寻求最优值。在周期的迭代过程中，麻雀种群通过更新式（5-58）得到麻雀搜寻者最优值和种群最优值，同时麻雀搜寻者进一步更新自身位置，最终引导全局获取最优麻雀适应度值和全局最差适应度值。

（6）完成 CISSA-ELM 模型。最优麻雀群体位置即是 ELM 的最优权值和阈值，将其代入 ELM 模型，用瓦斯测试数据对多种 ELM 预测算法进行测试及评价。

CISSA-ELM 预测模型算法流程如图 5-14 所示。

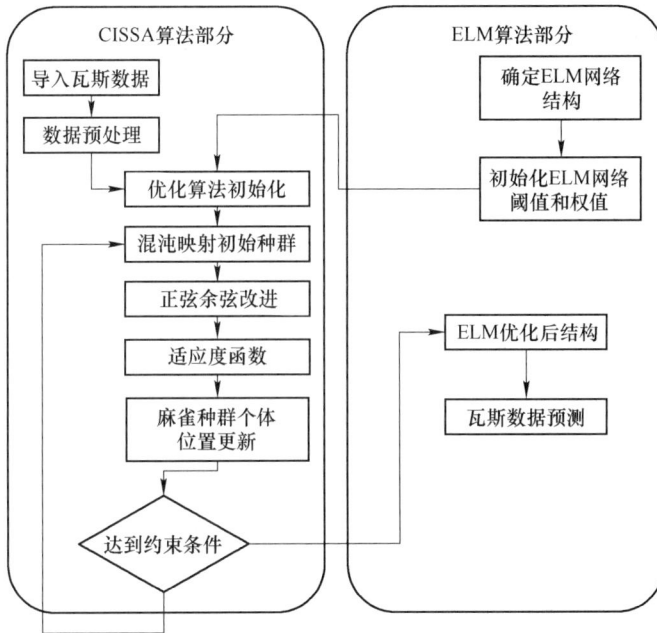

图 5-14　CISSA-ELM 预测模型算法流程

5.5.3　模型预测结果

5.5.3.1　模型预测结果分析

为体现改进算法优越性，将多项测试数据导入 CISSA-ELM 等多个预测模型中，通过多模型多数据验证改进模型。以瓦斯预测数据集进行分析，混沌 CIRCLE 映射和麻雀搜索算法得到的平稳散布后极限学习机的瓦斯预测结果见表 5-6。

表 5-6　煤层瓦斯涌出量预测结果对比

序号	实际值	ELM		PSO-ELM		SSA-ELM		CSSA-ELM		CISSA-ELM	
		预测值	误差率	预测值	误差率	预测值	误差率	预测值	误差率	预测值	误差率
1	19.76	21.3	8.2%	20.9	6.1%	21.8	10.4%	20.7	4.75%	20.1	1.87%
2	18.65	17.7	5.6%	18.8	1.2%	17.6	5.3%	16.2	13.13%	18.5	0.79%
3	21.83	23.5	8.0%	23.9	9.9%	24.9	14.3%	21.3	2.42%	22.0	1.08%
4	22.15	26.0	17.5%	27.1	22.5%	23.1	4.3%	22.4	1.12%	21.9	0.89%
5	14.57	18.2	25.1%	15.4	5.7%	14.1	2.7%	15.6	7.06%	14.6	0.55%
平均			12.9%		9.1%		7.4%		5.70%		1.04%

从表 5-6 可知，极限学习机的预测结果误差较大，且由于随机产生权重导致存在异常数据，最大相对误差 25.15%，平均相对误差 12.91%；PSO-ELM 预测模型得到的煤层瓦斯涌出量预测数据最大相对误差率为 22.5%，平均相对误差率为 9.1%；SSA-ELM 预测模型得到的煤层瓦斯涌出量预测数据最大相对误差率为 14.34%，平均相对误差率为 7.43%；CSSA-ELM 预测模型得到的煤层瓦斯涌出量预测数据最大相对误差率为 13.13%，平均相对误差率为 5.70%；CISSA-ELM 预测模型得到的煤层瓦斯涌出量预测数据最大相对误差率为 1.87%，平均相对误差率为 1.04%，与其他算法相比，CISSA-ELM 预测模型给出了极限学习机算法自适应的权重调整与优化机制，CISSA 给予 ELM 更强抗干扰性。引入混沌映射进一步强化了空间搜索能力，正弦余弦优化使得 CISSA 的鲁棒性均优于其他几种优化算法。

由表 5-7 可知，CISSA-ELM 模型原始瓦斯数据集上实验得到的 RMSE、MAE 和 SSE 均大幅度小于 ELM、CSSA-ELM、SSA-ELM 和 PSO-ELM 模型，R^2 数据更加接近于 1。这表明与同类型的极限学习机模型相比，CISSA-ELM 模型预测的瓦斯涌出量更加接近于真实瓦斯数据。证明针对瓦斯预测问题，使用混沌序列对原始数据进行映射后使用麻雀搜索算法进行优化权值，可以极大改善极限学习机的预测性能。

表 5-7　不同模型下测试集的预测性能

模　型	SSE	RMSE	MAE	R^2
ELM	35.3179	2.6577	2.3954	0.0579
PSO-ELM	31.7445	2.5197	1.8847	0.1532
SSA-ELM	16.1363	1.7965	1.5092	0.5696
CSSA-ELM	11.5764	1.2376	0.7627	0.6675
CISSA-ELM	0.2616	0.2287	0.2069	0.9930

与此同时在多数据情况下，如图 5-15 所示，CISSA-ELM 预测模型在迭代 250 次后快速收敛于目标值，而 SSA-ELM、PSO-ELM、CSSA-ELM 多预测模型在迭代 250 次后适应度函数均大于 CISSA-ELM 预测模型。

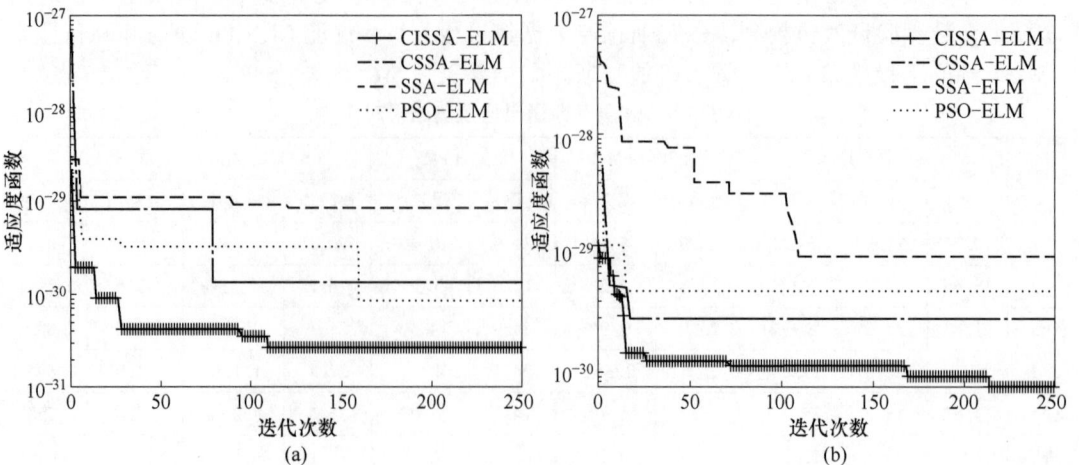

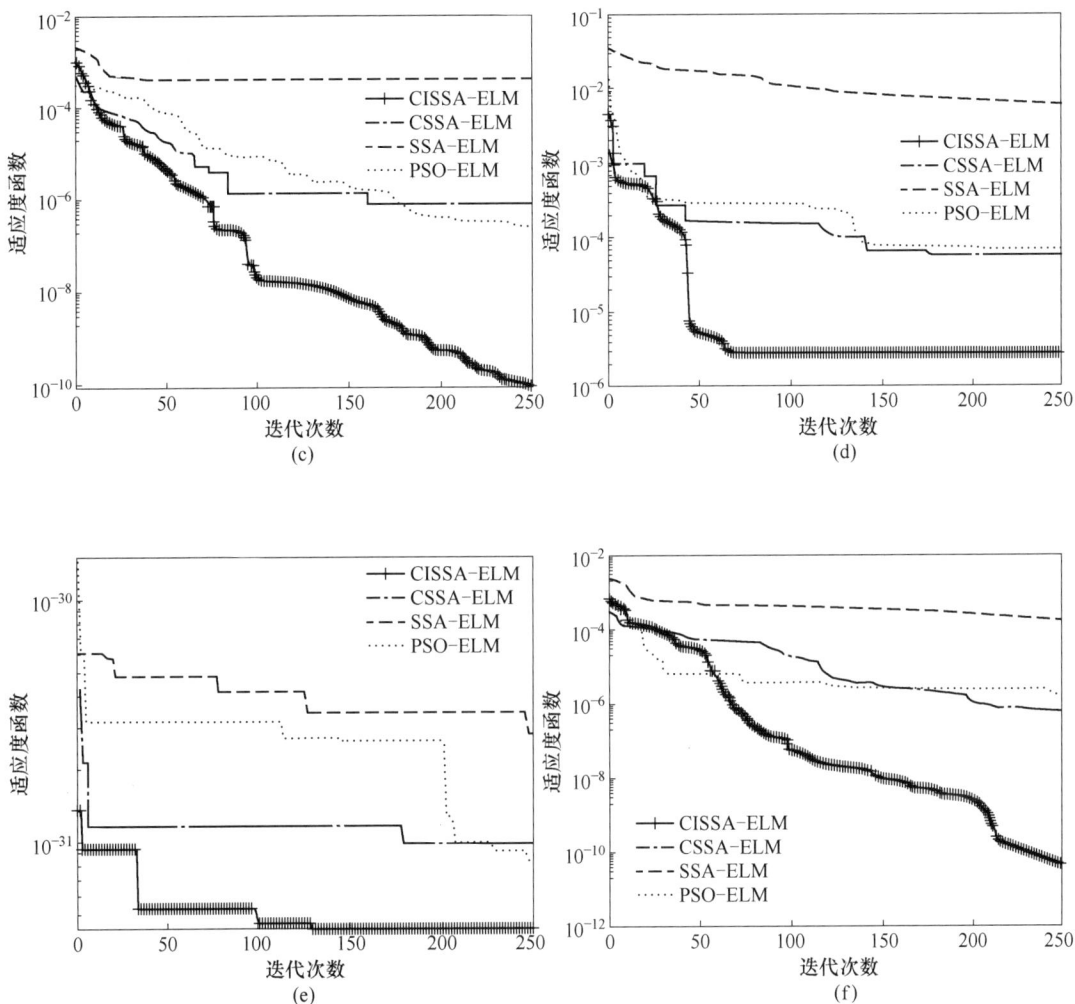

图 5-15 ELM 不同模型迭代次数曲线

（a）数据集 1；（b）数据集 2；（c）数据集 3；（d）数据集 4；

（e）数据集 5；（f）数据集 6

因此，可以证明麻雀搜索算法与混沌映射耦合优化后的极限学习精度有极大的提高。混沌映射使得收敛速度提高，且均匀散布的原因避免陷入局部最优。根据 MATALB 软件绘制 PSO-ELM、CSSA-ELM、SSA-ELM、CSSA-ELM 的预测结果，如图 5-16 所示。CISSA-ELM 预测模型的煤层瓦斯涌出量预测结果与实际煤层瓦斯涌出量最为耦合，PSO-ELM 模型次之，极限学习机模型耦合效果最差，且存在数据异常值，说明 CISSA-ELM 预测模型最靠近实际值。

从煤层瓦斯涌出量实际值与多种极限学习机算法预测的对比图（图 5-16）可以看出，在同等迭代次数和训练参数条件下，CISSA-ELM 预测模型的预测值与实际煤层瓦斯涌出量最为贴合，CISSA-ELM 预测准确性比 ELM-PSO、SSA-ELM、CSSA-ELM 三个极限学习机均有较大提高。

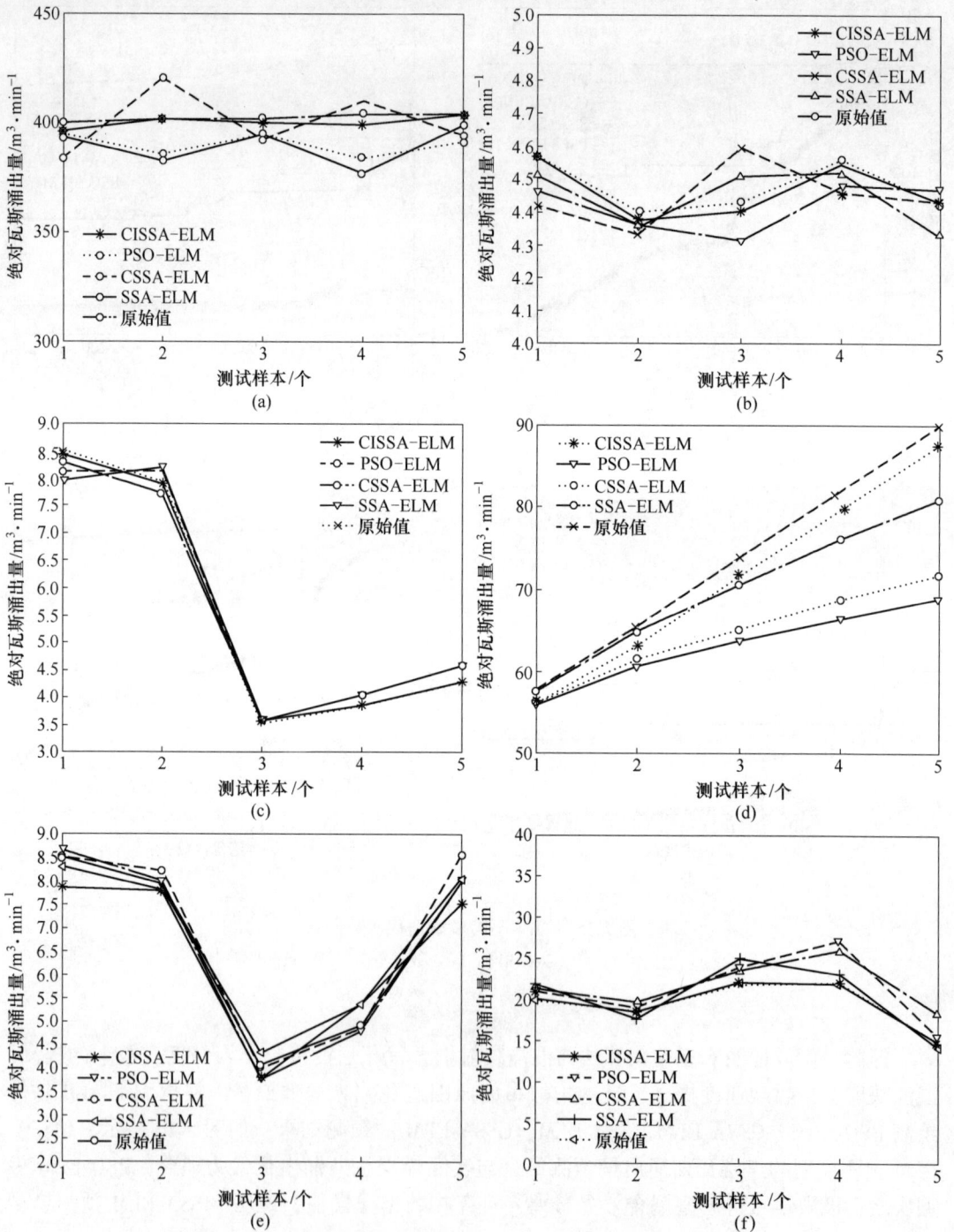

图 5-16　PSO-ELM、CSSA-ELM、SSA-ELM、CISSA-ELM 预测模型实际值与预测值对比

(a) 数据集 1；(b) 数据集 2；(c) 数据集 3；

(d) 数据集 4；(e) 数据集 5；(f) 数据集 6

5.5.3.2　模型预测结果收敛性分析

根据图 5-15 给出了本节所提到的所有算法在 250 次迭代过程中的收敛曲线。对比分析可知，针对数据集 1、3、4、5，CISSA 的最优值呈指数级速度下降，其收敛速度要远优于其他算法，其后期也表现出了较强的局部搜索能力；对数据集 2、6，CISSA 在前期能够迅速逼近瓦斯预测的实际值，其他算法相对收敛较为缓慢；由图 5-16 可以看出，对于数据集 1~6 改进 CISSA 最终寻得的最优值要明显好于其他极限学习机，也就是说 CISSA 有更强的逃离局部最优的能力。结果表明，SSA 和混沌映射，以及正弦余弦公式的引入有效提高了算法的收敛速度。映射处理可以使得种群位置更加灵活，扩展算法的搜索区间，提高算法逃离局部最优的能力。综上可以证明，本节提出的 CISSA-ELM 收敛速度更快、稳定性更强、优化精度更高。

在上述的 4 种煤层瓦斯涌出量预测模型中，由图 5-16 和表 5-8 可以看出，绝对误差的变化幅度为：PSO-ELM 预测模型变化幅度最大，SSA-ELM 预测模型次于 CISSA-ELM，其原因是上述两种极限学习机算法中易陷于局部最优缺陷的问题并没有得到解决。因为局部最优值的存在，导致神经网络的训练过程中存在较大误差。因为极限学习机随机权值问题，使其在随机条件下部分偶然误差小于 PSO-ELM、SSA-ELM，由于普通的极限学习机无法保证训练过程中随机权值均为有效，且随机赋值的特性使其在部分场合不能有效发挥其预测特性，因此采用 CIRCLE 混沌映射对 SSA 进行搜索空间上的搜索个体均匀映射。混沌算法不仅提高了模型的收敛速度与精度，而且 CISSA-ELM 煤层瓦斯涌出量预测模型的

表 5-8　不同模型下测试集的寻优结果

数据	维度	指　标	PSO-ELM	SSA-ELM	CSSA-ELM	CISSA-ELM
F1	16	最优值误差	1%	3%	0.4%	0.9%
		平均值误差	4%	13%	4.6%	2%
		标准差	0.089805	0.163002	0.096678	0.071472
F2	18	最优值误差	5%	2%	2.9%	0.1%
		平均值误差	3%	4%	4.9%	1.7%
		标准差	0.101704	0.093839	0.099271	0.026382
F3	30	最优值误差	0.3%	1%	0.8%	0.1%
		平均值误差	2%	1.7%	1.4%	0.3%
		标准差	0.066264	0.058311	0.053211	0.058642
F4	29	最优值误差	0.9%	1.2%	1.3%	0.04%
		平均值误差	5.9%	3%	2.9%	0.5%
		标准差	0.109032	0.078619	0.076582	0.033634
F5	18	最优值误差	3%	0.2%	0.5%	1%
		平均值误差	7%	2.7%	3%	6%
		标准差	0.119406	0.073578	0.086686	0.111645
F6	30	最优值误差	5%	0.5%	2.7%	0.1%
		平均值误差	12.9%	8%	7%	0.9%
		标准差	0.160721	0.128708	0.121942	0.043752

绝对误差折线图整体更加平稳，并且绝对误差率更小。

5.5.4　小结

（1）针对极限学习机的传统缺陷，构建 CISSA 算法耦合 ELM，建立 CISSA-ELM 煤层瓦斯涌出量预测模型，依靠 SSA 解决 ELM 随机权值和局部最优问题，依靠 CIRCLE 混沌映射加快收敛并且进行全局搜索，三种算法相互嵌合提高了煤层瓦斯涌出量的预测效率和精度。

（2）通过 CIRCLE 混沌映射增强麻雀种群独立性、丰富性；融合正弦余弦策略改进麻雀位置更新公式，加强全局探索性，以避免陷于局部最优，进一步提高瓦斯预测能力。

（3）经过对比模型及对应数据测试，以数据集 6 为例，采用 CISSA-ELM 模型预测的煤层瓦斯涌出量数据相对误差分别为 1.87%、0.79%、1.08%、0.55% 和 0.89%，相对平均误差均值仅为 1.04%，在相同迭代次数下 CISSA-ELM 模型效果最好。在设置迭代次数为 250 次条件下，CISSA-ELM 煤层瓦斯涌出量预测模型的收敛值更加趋向于目标。CISSA-ELM 煤层瓦斯涌出量模型的收敛速度和煤层瓦斯涌出量预测精度均高于 PSO-ELM 煤层瓦斯涌出量模型、CSSA-ELM 煤层瓦斯涌出量模型和 SSA-ELM 煤层瓦斯涌出量模型。CISSA-ELM 煤层瓦斯涌出量预测模型满足瓦斯煤层的工程应用要求，在瓦斯煤层中有极好的瓦斯前瞻预测效果。CISSA-ELM 煤层瓦斯涌出量预测模型的迭代次数、预测准确性更高，并且可以达到很好的煤层瓦斯涌出量动态预测效果。

5.6　本章小结

首先通过对自然地质、开采技术两大方面的因素进行理论分析，及时煤矿瓦斯数据进行单因素与瓦斯浓度的拟合，得到进行非线性特征，明确瓦斯涌出量影响因素作用规律特征。之后利用核主成分分析法进行多维数据的特征提取，建立从多维数据到三维数据降维后的数据体系，将改变后的数据体系作为预测数据输入。为确保人为因素和环境因素可被充分全面考虑，并且使得所建立的模型高效、精确，因此本章从数据降维的 POA-LSTM 和直接通过数据预测的 CISSA-ELM 两种情况入手。

本章研究结论如下：

（1）本章首先对极限学习机和长短期记忆网络算法进行改进。麻雀搜索算法-极限学习机耦合算法设计是针对麻雀搜索算法的缺陷，采用混沌映射改变麻雀搜索算法中种群的映射范围，通过扩大搜索范围进行参数改进，改进后的算法在前期就可以达到极高的收敛程度。为确保搜索速度，使极限学习机很快到达全局最优值，因此在后期选择麻雀搜索算法的最优值，使整个预测系统不陷入搜索震荡现象，同时选取各种混沌映射进行覆盖实验，确保验证后的性能。采用基于混沌搜索算法的麻雀搜索算法（CISSA）优化极限学习机（ELM），解决了预测效果不稳定、误差大的弊端，提高了预测精度。

（2）构建通过数据降维后的 POA-LSTM 预测算法的瓦斯涌出量预测模型，基于 POA-LSTM 预测算法的瓦斯涌出量预测模型开发快速瓦斯预测算法，构建瓦斯涌出量预测模型，并利用矿井现场瓦斯涌出量数据，验证算法的预测效果，并进行通适性验证。

理论价值方面，研究成果初步解释了群智能算法在瓦斯预测系统中的运用；同时在实际价值方面，针对粒子群等传统算法的已有的研究成果相对比，本章算法预测精度有了较大提升。

参 考 文 献

［1］路甬祥.合作开发"数字地球" 共享全球数据资源——在国际数字地球研讨会议开幕式大会上的报告［J］.地球信息科学，2000（1）：6-7.

［2］吴立新，殷作如，邓智毅，等.论21世纪的矿山——数字矿山［J］.煤炭学报，2000，8（4）：337-342.

［3］Airey E M. Gas emission from broken coal. An experimental and theoretical investigation［J］. International Journal of Rock Mechanics & Mining Sciences & Geomechanics Abstracts，1968，5（6）：475-494.

［4］Nguyen V U. A FORTRAN program for modeling methane gas desorption from coal［J］. Computers & Geosciences，1989，15（5）：695-707.

［5］Shepherd J. Outbursts and geological structures in coal mines［J］. Int J Rock Mech Min Sci & Geomech，1981，18（4）：267.

［6］Hochreiter S，Schmidhuber J. Long short-term memory［J］. Neural computation，1997，9（8）：1735-1780.

［7］Bibler C J，Marshall J S. Pilcher Status of worldwide coal mine methane emissions and use RC［J］. Int J Coal Geol，1998，23（35）：283-310.

［8］马尚权，何学秋.煤层事故中"安全流变-突变论"的研究［J］.中国安全科学学报，1999，9（5）：9-12.

［9］胡千庭，梁运培，刘见中.采空区瓦斯流动规律的CFD模拟［J］.煤炭学报，2007，154（7）：719-723.

［10］Dougherty H N，Karacan C. A new methane control and prediction software suite for long wall mines［J］. Computers & Geosciences，2011，37（9）：1490-1500.

［11］张淑同.煤与瓦斯突出模拟试验综述与展望［J］.矿业安全与环保，2014，41（1）：83-86.

［12］王晓路，刘健，卢建军.基于虚拟状态变量的卡尔曼滤波瓦斯涌出量预测［J］.煤炭学报，2011，36（1）：80-85.

［13］Torno S，Alvarez E. Application of outburst risk indices in the underground coal mines by sublevel caving［J］. International Journal of Rock Mechanics & Mining Sciences，2012，50（1）：94-101.

［14］樊保龙，白春华，李建平.基于LMD-SVM的采煤工作面瓦斯涌出量预测［J］.采矿与安全工程学报，2013，30（6）：946-952.

［15］施式亮，李润求，罗文柯.基于EMD-PSO-SVM的煤层瓦斯涌出量预测方法及应用［J］.中国安全科学学报，2014，24（7）：43-49.

［16］张志刚，程波.含瓦斯煤体非线性渗流模型［J］.中国矿业大学学报，2015，44（3）：453-459.

［17］Abdi H，Williams L J. Principal component analysis［J］. Wiley Interdisciplinary Reviews Computational Statistics，2015，2（4）：433-459.

［18］Qi C J，Wang Z F，Xie Ce，et al. Study on description of empirical formula on gas desorption of coal particles in low temperature environment［J］. Safety in Coal Mines，2016，47（10）：29-32.

［19］Zhang S，Wang B，Li X，et al. Research and application of improved gas concentration prediction model based on grey theory and BP neural network in digital mine［J］. Procedia Cirp，2016，56（1）：

471-475.

[20] Zhao X H, Wang G, Zhao K K, et al. On-line least squares support vector machine algorithm in gas prediction [J]. Mining Science and Technology, 2009, 19 (2)：194-198.

[21] 王云刚, 周辰, 李辉, 等. 基于熵权灰色关联法的煤与瓦斯突出主控因素分析 [J]. 安全与环境学报, 2016, 16 (6)：5-9.

[22] 齐翠玉. 基于改进万有引力算法——KELM 的瓦斯涌出量预测方法研究 [D]. 阜新：辽宁工程技术大学, 2019.

[23] 梁栋 . IACA-WNN 模型在瓦斯涌出量中预测及瓦斯防治技术研究 [D]. 西安：西安科技大学, 2018.

[24] 付华, 谢森, 徐耀松, 等. 基于 ACC-ENN 算法的煤矿瓦斯涌出量动态预测模型研究 [J]. 煤炭学报, 2014, 39 (7)：1296-1301.

[25] 董晓雷, 贾进章, 白洋, 等. 基于 SVM 耦合遗传算法的回采工作面瓦斯涌出量预测 [J]. 安全与环境学报, 2016, 16 (2)：114-118.

[26] 李军, 常燕芝. 基于 KPCA-KMPMR 的短期风电功率概率预测 [J]. 电力自动化设备, 2017, 37 (2)：22-28, 36.

[27] You M J, Li S, Li D W, et al. Applications of artificial intelligence for coal mine gas risk assessment [J]. Safety Science, 2021, 143：105420-105435.

[28] Zhang Y W, Guo H S, Lu Z H, et al. Distributed gas concentration prediction with intelligent edge devices in coal mine [J]. Engineering Applications of Artificial Intelligence, 2020, 92, 103643-103654.

[29] Wu Y Q, Gao R L, Yang J Z. Prediction of coal and gas outburst：A method based on the BP neural network optimized by GASA [J]. Process Safety and Environmental Protection, 2020, 133：64-72.

[30] Wang W, Wang H P, Zhang B, et al. Coal and gas outburst prediction model based on extension theory and its application [J]. Process Safety and Environmental Protection, 2021, 154：329-337.

[31] Liang R, Chang X T, Jia P T, et al. Mine gas concentration forecasting model based on an optimized biGRU network [J]. ACS Omega, 2020, 5：28579-28586.

[32] Wang D K, Zhao L Z, Hao T X, et al. Multiple sequence long and short memory network model for corner gas concentration prediction on coal mine workings [J]. ACS Omega, 2022, 7：37980-37987.

[33] Chen L, Liu Q. A gas pressure prediction model of the excavation face based on gas emission [J]. Int J Environ Res Public Health, 2022, 19：4891-4903.

[34] Prasanjit D, Saurabh K, Kumarer C, et al. T-SNE and variational auto-encoder with a bi-LSTM neural network based model for prediction of gas concentration in a sealed-off area of underground coal mines [J]. Soft Computing, 2021, 25：14183-14207.

[35] Yin R, Li D X, Wang Y F, et al. Forecasting method of monthly wind power generation based on climate model and long short-term memory neural network [J]. Global Energy Interconnection, 2020, 3 (6)：571-576.

[36] Dey S, Dey A K, Mall R K. Modeling long-term groundwater levels by exploring deep bidirectional long short-term memory using hydro-climatic data [J]. Water Resources Management, 2021, 35 (10)：3395-3410.

[37] 温廷新, 靳露露. 基于预处理的 IFOA-ELM 煤与瓦斯突出预测模型 [J]. 中国安全科学学报, 2020, 30 (1)：35-41.

［38］程子均，马六章，张翼翔．基于 LSTM-FC 的瓦斯浓度时空分布预测［J］．计算机工程与应用，2020，56（16）：258-264.

［39］徐耀松，程业伟．基于 SKPCA 与 NEAT 算法的煤与瓦斯突出危险性预测［J］．安全与环境学报，2021，21（4）：1427-1433.

［40］赖祥威，夏云霓，郑万波，等．基于集成学习的改进灰色瓦斯浓度序列预测［J］．中国安全生产科学技术，2021，17（7）：16-21.

［41］金洪伟，周捷．基于无量纲数的 PCA-MRA 在煤矿瓦斯涌出量预测中的应用［J］．安全与环境工程，2019，26（3）：187-192.

［42］王亮，郑思文，赵伟，等．淮北煤田煤与瓦斯突出灾害差异性和控制因素研究［J］．煤炭科学技术，2020，48（10）：75-83.

［43］郑万波，吴燕清，胡运兵，等．区域煤矿安全风险预警和应急预案信息系统关键技术［M］．北京：气象出版社，2020.

［44］杨胜强，秦毅，孙家伟，等．高瓦斯易自燃煤层瓦斯与自燃复合致灾机理研究［J］．煤炭学报，2014，39（6）：1094-1101.

［45］蓝航，陈东科，毛德兵．我国煤矿深部开采现状及灾害防治分析［J］．煤炭科学技术，2016，44（1）：39-46.

［46］袁亮，林柏泉，杨威．我国煤矿水力化技术瓦斯治理研究进展及发展方向［J］．煤炭科学技术，2015，43（1）：45-49.

［47］Yang L，Fang X，Wang X，et al. Risk prediction of coal and gas outburst in deep coal mines based on the SAPSO-ELM algorithm［J］．Int J Environ Res Public Health，2022，19：12382-12400.

［48］Zeng J，Li Q S. Research on prediction accuracy of coal mine gas emission based on grey prediction model［J］．Processes，2021，9：1147-1160.

［49］Jia P T，Liu H D，Wang S J，et al. Research on a mine gas concentration forecasting model based on a GRU network［J］．IEEE Access，2020，8：38023-38032.

［50］张震，朱权洁，李青松，等．基于 Keras 长短时记忆网络的矿井瓦斯浓度预测研究［J］．安全与环境工程，2021，28（1）：61-67，78.

［51］周荣义，钟岸，任竟舟，等．基于主成分分析和神经网络的事故预测方法及应用［J］．中国安全科学学报，2013，23（7）：55-60.

［52］王鹏，伍永平，王栓林，等．矿井瓦斯浓度 Lagrange-ARIMA 实时预测模型研究［J］．煤炭科学技术，2019，47（4）：141-146.

［53］王淑月．基于 LSTM 多参数的瓦斯浓度预测预警研究［D］．阜新：辽宁工程技术大学，2022.

［54］谢行俊．基于 KPCA-IAFSA-ELM 算法的煤层瓦斯涌出量预测研究［D］．西安：西安科技大学，2021.

［55］高帆．煤层瓦斯含量 WKNN-FS-SVM 模型预测方法研究及应用［D］．西安：西安科技大学，2021.

［56］Khadijeh A，Mehdi N，Ramin R. Prediction of coal and gas outburst risk by fuzzy rock engineering system［J］．Environmental Earth Sciences，2021，80：491-506.

［57］Song S，Li S G，Zhang T J，et al. Research on time series characteristics of the gas drainage evaluation index based on lasso regression［J］．Scientific Reports，2021，11：20593-20604.

［58］Xu Y H，Meng R T，Zhao X. Research on a gas concentration prediction algorithm based on stacking［J］．Sensors，2021，21：1597-1614.

［59］康恩胜，孟海东，李绪萍．基于多源监测数据的瓦斯涌出量 GM(0，N)-ELM 预测研究［J］．数学

的实践与认识，2021，51（13）：139-147.

[60] 何宇峰. 基于改进 PCA-MEA-BP 神经网络的瓦斯涌出量预测研究 [D]. 西安：西安科技大学，2020.

[61] 梁华珍. 工作面瓦斯涌出量预测的研究与应用 [D]. 淮南：安徽理工大学，2007.

[62] 李丹辉. 基于改进长短期记忆网络的煤矿瓦斯涌出量预测研究 [D]. 太原：太原科技大学，2020.

[63] Wang J B，Yang B，Chen Y J，et al. Novel phasianidae inspired peafowl（Pavo muticus/cristatus）optimization algorithm：Design，evaluation，and SOFC models parameter estimation [J]. Sustainable Energy Technologies and Assessments，2022，5：101825-101851.

[64] 薛建凯. 一种新型的群智能优化技术的研究与应用：麻雀搜索算法 [D]. 上海：东华大学，2020.

6 煤矿瓦斯安全风险管控信息平台集成与应用

在第 2~5 章的理论技术基础上，以吉林珲春某煤矿安全风险预控信息平台为实例，开展软硬件集成、监测预警模型及算法应用研究。

6.1 煤矿瓦斯安全风险预控信息平台工况与风险分析

该井田区域地层由老至新依次由古生界二叠系下统柯岛组（P_{1k}）、上统开山屯组（P_{2k}）、中生界侏罗系上统屯田营组（J_{3t}）、新生界古近系古新统-渐新统珲春组（E_h）以及第四系（Q）构成，该煤矿主要含煤层为 7 层，可采煤层为 19 号煤层，其余为大部可采和局部可采。

6.1.1 矿井通风及瓦斯

6.1.1.1 矿井通风

该矿目前的通风方式为混合式，通风方法为抽出式。矿井有 2 个进风井筒，即主井、副井进风，2 个回风井筒，即中央风井和西风井回风。总入风量 15462m^3/min，总回风量 16264m^3/min，地面安装 4 台轴流式主要通风机，中央风井、西风井各 2 台，其中中央风井主要通风机型号为 BDK-10-No25，电动机功率 2×250kW，转速 592r/min，额定风量 2580~8820m^3/min，风压 1670~4510Pa，一用一备，反风采用电机反转反风；西风井主要通风机型号为 FBCDZ-No30/2×450，电动机功率 2×450kW，转速 594r/min，额定风量 7200~14100m^3/min，风压 4300~2000Pa，一用一备，反风采用电机反转反风。

矿井回采工作面采用"U"形全负压通风，掘进面采用压入式通风，每个掘进面布置 2 台局部通风机，一用一备。局部通风机型号为 FBD No 5.6/2×7.5 型、FBD No 5.6/2×11 型、FBD No 5.6/2×15 型、FBD No 5.6/2×30 型，使用 ϕ600~800mm 风筒。

6.1.1.2 矿井瓦斯

吉林某矿近几年瓦斯等级鉴定结果见表 6-1。

表 6-1 吉林某矿近几年瓦斯等级鉴定结果

年份	绝对瓦斯涌出量/$m^3 \cdot min^{-1}$	相对瓦斯涌出量/$m^3 \cdot t^{-1}$	矿井瓦斯等级
2015	68.29	11.37	高瓦斯矿井
2016	66.81	10.54	高瓦斯矿井
2017	58.77	10.62	高瓦斯矿井

6.1.1.3 瓦斯抽采

该矿建立有 1 处地面固定时瓦斯抽采系统和 3 处井下移动式瓦斯抽采系统。地面瓦斯抽采泵站安设 2 台 2BEC-80 型水环式真空泵（一用一备），额定流量为 560m³/min，功率为 600kW，压力为 16kPa。抽采主管路为直径 630mm 的无缝钢管，沿西风井井筒、西部总回风巷分支为 2 条直径 400mm 管路。

6.1.1.4　监测监控

该矿安装了 KJ19N 型安全监控系统，全矿井设置 ZJB660-Z 和 KJ19-F 型监控分站、甲烷传感器、一氧化碳传感器、温度传感器、风速传感器、负压传感器、风门传感器、设备开停传感器、馈电传感器，对井下的瓦斯浓度、一氧化碳浓度、风速、负压、温度、风门开关状态、设备开停状态进行监测和监控，并通过远动开关实现甲烷风电闭锁，确保停风停电，瓦斯超限断电。

6.1.2　煤层自燃、煤尘爆炸危险性

（1）煤层自燃发火倾向。据测验评估，该矿开采煤层的自然倾向性鉴定结果如下。

19 号煤层：煤层自燃等级为 Ⅱ 级、自燃煤层；

19-2 号煤层：煤层自燃等级为 Ⅰ 级、易自燃煤层；

20 号煤层：煤层自燃等级为 Ⅱ 级、自燃煤层；

23 号煤层：煤层自燃等级为 Ⅱ 级、自燃煤层；

26 号煤层：煤层自燃等级为 Ⅱ 级、自燃煤层。

（2）煤尘爆炸性。根据吉林某检测机构煤尘鉴定，结果显示：19 号、19-2 号、20 号、23 号、26 号煤层煤尘有爆炸性。

6.2　瓦斯基础参数与瓦斯赋存规律

煤层瓦斯基本参数测定包括煤的孔隙率、工业分析、瓦斯吸附常数、煤的瓦斯放散初速度、坚固性系数、瓦斯含量等参数，实验煤样取自该煤矿井下 19 号、23 号、26 号煤层开采范围。

6.2.1　吸附常数测定

煤体内部存在着大量孔隙，具有很大的表面积，因此煤是一种天然吸附剂。瓦斯作为一种吸附质，在某一恒定温度下，吸附量与压力关系较好地符合朗格缪尔方程：

$$Q = abP/(1 + bP) \tag{6-1}$$

式中，Q 为压力 P 下的煤的可燃质吸附瓦斯量，cm³/(g·r)；P 为瓦斯压力，MPa；a 为吸附常数，当 $P→∞$ 时，即为煤的可燃质饱和吸附量 cm³/(g·r)；b 为吸附常数，MPa^{-1}。

常数 a、b 即为煤的吸附常数，决定着煤样在不同压力下吸附瓦斯量的多少，因此煤的瓦斯吸附常数是衡量煤吸附瓦斯能力大小的指标。a 值的物理意义是当瓦斯压力趋向无穷大时，煤的可燃质极限瓦斯吸附量。

煤对瓦斯吸附常数由 HCA 型高压容量法瓦斯吸附装置测定。

本次测定该煤矿 19 号煤层部分测试点，煤层的吸附常数见表 6-2，实验温度 25℃。

表 6-2 部分测试点煤层瓦斯吸附常数测定结果

序号	采 样 点	$a/\mathrm{m}^3 \cdot \mathrm{t}^{-1}$	b/MPa^{-1}
1	11902 回风巷 1900m 距切眼 100m 8 号钻场	22.7595	1.0522
2	北采区 11902 回风巷 50m 处	40.3483	0.6802
3	北采区 11902 回风巷 1500m 22 号钻场处	39.6963	0.6148
4	北采区 11902 回风巷 350m 处	27.6542	1.0148
5	北采区 11902 回风巷 1000m 40 号钻场	26.3979	0.9249
6	西六回风巷靠 21903 运输顺槽	23.1571	1.2580
7	西二回风上山西 37 南	39.2866	0.6192
8	西六回风巷北端头	19.5930	1.2077
9	西区轨道下山与 31910 回风顺槽联靠大巷	32.3835	0.5849
10	西区轨道下山与 31908 运输顺槽联巷交叉	31.0435	0.7374

6.2.2 煤的孔隙率测定

煤的孔隙率是决定煤种游离瓦斯含量大小的主要因素之一。在相同瓦斯压力下,煤的孔隙率越大,则煤中所含游离瓦斯量也越大。煤的孔隙率是煤中孔隙总体积与煤的总体积之比,通常用百分数表示。煤的孔隙率通过实测煤的真密度和视密度来确定,不同单位煤的孔隙率与煤的真、视密度存在如下关系:

$$K = \frac{1}{\rho_P} - \frac{1}{\rho_t} \qquad (6-2)$$

$$K_1 = \frac{\rho_t - \rho_P}{\rho_t} \qquad (6-3)$$

$$K_1 = \rho_t K \qquad (6-4)$$

式中,K 和 K_1 分别为用煤单位体积和单位质量中孔隙体积表示的煤的孔隙率,m^3,m^3/t;ρ_P 为煤的视密度,即包括孔隙在内煤密度,$\mathrm{t/m}^3$;ρ_t 为煤的真密度,即扣除煤孔隙后煤骨架的密度,$\mathrm{t/m}^3$。

确定煤的孔隙率归结为测定煤的真密度和视密度。

该矿煤层部分测试点真密度、视密度及孔隙率实验测定结果见表 6-3。

表 6-3 部分测试点真密度、视密度及孔隙率测定值

采 样 地 点	编号	分析参数		η
		TRD	ARD	
N11902 回风巷距巷道口 105m	北-66	1.52	1.27	16.45
N11902 回风巷距开口 350m	北-67	1.68	1.4	16.67
N11902 回风巷距开口 600m	北-68	1.45	1.27	12.41
N11902 回风巷距开口 1000m	北-69	1.57	1.29	17.83
N11902 回风巷距开口 1500m	北-70	1.42	1.29	9.15
N11902 回风巷距开口 1700m	北-71	1.55	1.33	14.19

采 样 地 点	编号	分析参数		η
		TRD	ARD	
N11902 回风巷距开口 1900m	北-72	1.53	1.3	15.03
南翼斜上前 20m	南-43	1.45	1.22	15.86
南翼集中回风巷与西部回风巷联巷岔口	南-45	1.43	1.28	10.49
南翼集中回风巷中 11901 运输顺槽拉门点后 145m	南-50	1.45	1.23	15.17
北翼集中运输巷中二联巷后 50m	南-59	1.57	1.3	17.2
北翼集中轨道巷中二联巷前 70m	南-60	1.43	1.27	11.19
西区轨道下山巷避难所	西-1	1.46	1.3	10.96
西二回风上山西 37 南	西-36	1.46	1.27	13.01
西六回风巷北端头	西-38	1.4	1.25	10.71
西六回风巷北端头	西-40	1.42	1.21	14.79

6.2.3　煤的工业分析

工业分析是分析化学的一部分，是分析化学在工业生产上的应用。通过工业分析能够评定燃料、原料及产品的质量。煤的工业分析结果可以用来利用间接法计算煤的残存瓦斯含量，即常压不可解吸瓦斯含量，压力 P 取一个大气压（约 0.1MPa）。煤的工业分析方法是我国工矿企业中经常采用的一种简易的分析方法，即通过对实验中风干煤样（空气干燥基）所含水分、灰分、挥发分和固定碳的测定，得到煤的工业分析组成。即：

$$W_{ad} + V_{ad} + A_{ad} + F_{cad} = 100\% \tag{6-5}$$

式中，W_{ad} 为空气干燥基煤样中水分的质量分数，%；V_{ad} 为空气干燥基煤样中挥发分的质量分数，%；A_{ad} 为空气干燥基煤样中灰分的质量分数，%；F_{cad} 为空气干燥基煤样中固定碳的质量分数，%。

实验原理为热解称量法，即根据煤样中各组分的不同物理化学性质，控制不同的温度和时间，使该种组分热分解或燃烧，以样品失去的质量占原试样的质量百分比得出该成分的质量分数。

吉林某煤矿 19 号部分测试点煤样工业分析测定结果见表 6-4。

表 6-4　部分测试点煤样的工业分析测定结果

序号	采 样 点	A_d/%	M_{ad}/%	孔隙率/%	挥发分/%	真密度/t·m⁻³	视密度/t·m⁻³
1	11902 回风巷 1900m 距切眼 100m 8 号钻场	16.28	12.32	15.03	47.23	1.53	1.3
2	北采区 11902 回风巷 50m 处	16.12	15.83	6.52	42.71	1.38	1.29
3	北采区 11902 回风巷 1500m 22 号钻场处	28.71	10.15	12.5	46.97	1.52	1.33
4	北采区 11902 回风巷 350m 处	25.75	12	16.67	48.65	1.68	1.4

序号	采样点	A_d/%	M_{ad}/%	孔隙率/%	挥发分/%	真密度/$t \cdot m^{-3}$	视密度/$t \cdot m^{-3}$
5	北采区 11902 回风巷 1000m 40 号钻场	25.22	12.68	17.83	48.65	1.57	1.29
6	西六回风巷靠 21903 运输顺槽	8.78	11.08	12.5	45.9	1.52	1.33
7	西二回风上山西 37 南	16.31	1.57	12.5	47.69	1.52	1.33
8	西六回风巷北 端头-38	7.23	11.74	12.5	45.64	1.52	1.33
9	西区轨道下山与 31910 回风 顺槽联靠大巷西-3	18.74	8.04	10.42	48.98	1.44	1.29
10	西区轨道下山与 31908 运输 顺槽联巷交叉西-10	6.2	8.93	10	47.14	1.4	1.26

6.2.4 瓦斯放散初速度测定

瓦斯放散初速度指标 Δp 表示煤的放散瓦斯的能力。Δp 所反映的是煤在常压下吸附瓦斯的能力和放散瓦斯的速度，是反映煤层突出区域危险性的一种单项指标。煤的放散初速度 Δp 是指 1 个大气压下吸附后用 mmHg 表示的 45~60s 的瓦斯放散量与 0~10s 内的放散量的差值。瓦斯放散初速度的测定采用 WFC-2 瓦斯放散初速度自动测定仪进行测定，按照《煤的瓦斯放散初速度（Δp）测定方法》（AQ 1080—2019）执行。

吉林某煤矿部分测试点瓦斯放散初速度测定结果见表 6-5。

表 6-5 吉林某煤矿部分测试点瓦斯放散初速度 Δp 测定结果

序 号	采 样 地 点	Δp
1	11902 回风巷 1900m 距切眼 100m 8 号钻场	7
2	北采区 11902 回风巷 50m 处	13
3	北采区 11902 回风巷 1500m 22 号钻场处	6
4	北采区 11902 回风巷 350m 处	6
5	北采区 11902 回风巷 1000m 40 号钻场	5
6	西六回风巷靠 21903 运输顺槽	12
7	西二回风上山西 37 南	12
8	西六回风巷北端头-38	9
9	西区轨道下山与 31910 回风顺槽联靠大巷西-3	17
10	西区轨道下山与 31908 运输顺槽联巷交叉西-10	23

6.2.5 镜质体反射率测定

镜质体反射率是最重要的有机质成熟度指标，并用来标定从早期成煤作用直至深变质阶段有机质的热演化。随着煤化程度的增大，有机质热变质作用越深，镜质体的反射率越大。镜质体反射率的测定是根据光电倍增管所接受的反射光强度与其光电信号成正比的原理，在入射光强度一定的反光显微镜下，对比煤光片中的镜质体和已知反射率的标准样的光电信号值而确定。该矿主采煤层镜质体反射率测定结果见表6-6。

表 6-6　吉林某煤矿部分测试点镜质体反射率测定结果

序号	煤样编号	镜质体反射率			测点数	标准偏差
		最小值	最大值	平均值		
1	南 43	0.44	0.58	0.51	24	0.04
2	南 45	0.54	0.74	0.6	30	0.04
3	南 50	0.46	0.62	0.54	30	0.03
4	南 60	0.42	0.58	0.5	27	0.04
5	西 1	0.48	0.67	0.58	30	0.05
6	西 2	0.46	0.65	0.55	25	0.05
7	西 3	0.51	0.63	0.56	31	0.03
8	西 7	0.51	0.67	0.57	31	0.04
9	北 71	0.45	0.61	0.53	23	0.04
10	北 72	0.49	0.59	0.52	21	0.03

6.2.6　瓦斯含量测定

为了研究瓦斯地质规律及考察瓦斯涌出指标，在该矿主要掘进巷道 N12606 运输巷、31803 上顺、北一区西翼回风巷等地点对煤层瓦斯含量进行了井下实测（表6-7）。测量方法采用钻屑瓦斯解吸指标法，即井下采集新鲜原始煤样，实测煤样瓦斯解吸量，根据煤样瓦斯解吸规律推算取样过程煤样的损失瓦斯量，然后在实验室测定煤样的残存瓦斯量，最后根据煤样的取样损失瓦斯量、井下瓦斯解吸量、残存瓦斯量和煤样重量计算煤层瓦斯含量。

表 6-7　瓦斯含量测定结果

序号	巷道	瓦斯含量/$m^3 \cdot t^{-1}$	距开口/m
1	N12606 运输巷	2.72	720
2	N12606 运输巷	2.91	730
3	N12606 运输巷	2.14	740
4	N12606 运输巷	2.47	750
5	31803 上顺	3.83	610
6	31803 上顺	3.89	620
7	31803 上顺	2.53	630
8	31803 上顺	3.29	640
9	北一区西翼回风巷	3.82	400
10	北一区西翼回风巷	3.32	410
11	北一区西翼回风巷	3.46	420

序号	巷　道	瓦斯含量/m³·t⁻¹	距开口/m
12	北一区西翼回风巷	3.76	430
13	北一区西翼回风巷	2.86	440
14	北一区西翼回风巷	2.53	450
15	北一区西翼回风巷	2.56	460
16	北一区西翼回风巷	2.98	470
17	北一区西翼回风巷	3.12	480
18	北一区西翼回风巷	2.75	490
19	北一区西翼回风巷	2.91	500
20	北一区西翼回风巷	2.70	510

6.2.7　瓦斯赋存规律

6.2.7.1　瓦斯风化带的确定

赋存于煤层中的瓦斯通过各种方式由地下深处向地表流动，而地表的空气和生物化学作用所生成的气体沿着煤层和煤层围岩向下运动，使地表浅部的气体形成相反方向的交换运动。因此造成了煤层中各种瓦斯成分由浅到深有规律地逐渐变化，这就是煤层瓦斯的带状分布。

一般来说，煤层中瓦斯的分布状况由浅到深可划分为四个带，自上而下依次为：(1) 二氧化碳氮气带；(2) 氮气带；(3) 氮气甲烷带；(4) 甲烷带。前三个带统称为瓦斯风化带，甲烷带称为瓦斯带。瓦斯带内甲烷浓度超过 80%，瓦斯含量随埋深增加而有规律的增加，但是增加的瓦斯梯度因地质条件而定 (见图 6-1)，表 6-8 按瓦斯成分划分瓦斯带标准。影响瓦斯风化带的地质因素很多，除埋藏深度外，含煤地层倾角、风化作用强度、煤层的围岩性质、煤层的结构破坏程度、地质构造情况、地下水作用、冲积层厚度等因素均可能影响瓦斯风化带的发育程度。因而，井田不同部位的瓦斯风化带下界深度会有所波动。

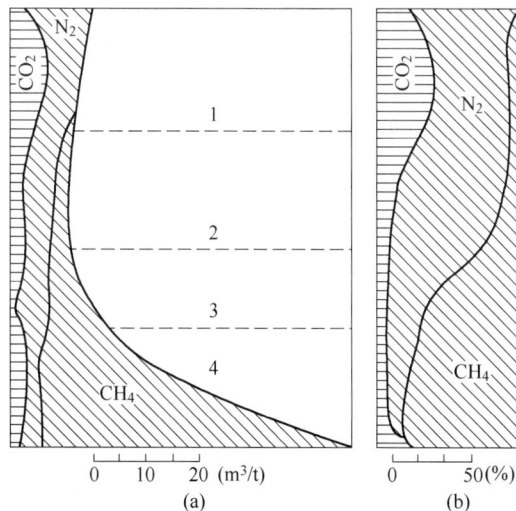

图 6-1　瓦斯分带

(a) 瓦斯含量；(b) 瓦斯浓度

1—二氧化碳氮气带；2—氮气带；3—氮气甲烷带；4—甲烷带

表 6-8　按瓦斯成分划分瓦斯带标准

瓦斯带名称	组分含量/%		
	CH_4	N_2	CO_2
二氧化碳-氮气带	0~10	20~80	20~80
氮气带	0~20	80~100	0~20
氮气-甲烷带	20~80	20~80	0~20
甲烷带	80~100	0~20	0~10

确定瓦斯风化带的深度对于预测瓦斯涌出量、掌握瓦斯赋存与运移规律及搞好瓦斯管理工作都有十分重要的实际意义。在瓦斯风化带内的开采区域一般为低瓦斯的区域，但当通风不良和停风时，不但有 CO_2、N_2 引起的窒息危险，而且也有发生瓦斯爆炸的危险。

该矿 19 号煤层埋藏深度为 350~674m；19-2 号煤层埋藏深度为 358~682m，23 号煤层埋藏深度为 388~712m，26 号煤层埋藏深度为 444~728m。综合得知煤层整体处于瓦斯带。在瓦斯带中，瓦斯压力、瓦斯含量及瓦斯涌出量，都随埋藏深度的增大而增加。

6.2.7.2　地质构造对瓦斯的控制作用

该矿矿区断层发育，但是均为正断层，且为连续的大的断层，由于 19 号煤层均开采，所以大的断层均已探明，断层的瓦斯有时增大，但大部分时候瓦斯有减弱的现象。此外，该矿有火成岩侵入，经过查阅该矿瓦斯涌出相关资料，发现有火成岩的地方，瓦斯涌出就会成倍增加，所以，该矿煤层煤化程度低是造成区内瓦斯普遍较低的主要原因；同时，区内发育的正断层为煤层瓦斯逸散提供了通道，也是瓦斯较低的原因之一。

6.2.7.3　断层对瓦斯赋存的影响

断层对瓦斯赋存的影响是多方面的，它不仅控制着煤层的完整性和瓦斯的封闭条件，而且对煤层和盖层的产状、结构、物性、裂隙发育状况及地下水径流等条件均有不同程度的影响，进而影响到煤层瓦斯的保存。断层对瓦斯赋存的影响程度与断层性质及规模有关。从断层对瓦斯赋存、运移、释放的影响角度，可以将断层分成开放性和封闭性两种。开放性断层也称作张性断层，主要有正断层、拉张走滑断层和发生反转的逆断层，断层面为开放性，断层面附近由于构造应力释放而成为低压区，煤层瓦斯大量解吸，并从断层面逸散，使煤层含气量急剧下降。但在远离断层面的两侧一般形成两个平行断层呈对称的条带状构造应力高压区，煤层瓦斯含量相对升高，成为阻止煤层瓦斯进一步向断层运移的天然屏障。封闭性断层也称作压性断层，主要有逆断层、压性走滑断层和发生反转的正断层，断层面为密闭性，断层面附近成为构造应力集中带，使煤层吸附瓦斯量增多，煤层瓦斯含量相对增高，同时由于瓦斯不易透过断层面逸散而有利于瓦斯的保存。

矿井内已经探明的断层以正断层和开放性断层为主，在断层发育的地段地应力特别是水平应力比较小，形变潜能相对小得多，断层面粗糙、宽阔、延展性好、充填性差，断层面倾角也比较大，构造面、裂隙面连通性好，有利于瓦斯的逸散。其余断层均是矿井在巷道掘进过程中揭露的小型断层，落差仅为 1~2.5m，这些断层发育的区域地应力特别是水平应力比较大，积聚的形变潜能相对较大，断层面起伏度大，接触紧闭延展性差，有利于瓦斯的积聚；同时这些小断层其力学性质多具扭动性质，断层面上都具有或厚或薄的泥膜，结构致密，小断层发育的地段，往往也是裂隙发育的地方，裂隙发育就会使煤层及其顶、底板的强度降低；小断层容易造成厚煤层层间滑动，滑动构造引起煤厚变化，滑动构造面两侧多为瓦斯富集区；在采动应力影响下，这类小断层易造成应力集中。

综合来看，井田内以开放性正断层最为发育，为煤层瓦斯提供了逸散通道，不利于瓦斯的保存，也是井田内煤层瓦斯含量较低的原因之一；但是在巷道掘进过程陆续揭露出的一些小型断层是瓦斯积聚的有利条件，同时逆断层所在区域积聚的形变潜能较大，对煤矿安全生产影响极大。

6.2.7.4 煤层顶、底板岩性对瓦斯的影响

煤层围岩的透气性好坏，直接影响着煤层瓦斯的赋存、运移或富集，透气性好的砂岩顶板，有利于煤层瓦斯的逸散，煤层瓦斯含量相对较低，透气性差的泥岩、砂质泥岩顶板，对煤层瓦斯的逸散起阻碍作用，含量则相对较高。孔隙与裂隙发育的砂岩、砾岩和灰岩的透气系数非常大，一般比致密而裂隙不发育的页岩、泥岩等岩石透气系数高出千倍以上。

该煤矿顶底板均为泥岩、粉砂岩居多，所以顶底板透气性较差，在掘进过程中，以62302 运输顺槽掘进工作面为例，工作面风量为 $353m^3/min$，绝对瓦斯涌出量为 $0.42m^3/min$，工作面瓦斯浓度为 0.12%，瓦斯明显很小。但是在回采过程中，特别是初次来压以后，由于裂隙的发育，邻近层瓦斯涌出增大。

6.2.7.5 埋藏深度及标高对瓦斯的影响

在影响煤层瓦斯含量的众多地质因素中，煤层埋深被认为是最具普遍性的因素之一。从以往研究来看，出露于地表的煤层，瓦斯容易逸散，并且空气也向煤层渗透，导致煤层中的瓦斯含量小，甲烷浓度低。当埋藏深度增加，瓦斯向地表运移的通道也增长；地应力增高，煤层所受到的有效应力也会增高，基质孔隙、煤层微裂缝变小，煤层渗透性较低；同时高地应力，使围岩的透气性降低，十分有利于瓦斯的赋存；同时深部煤层煤化程度一般较高，生气较多，大量吸附瓦斯，瓦斯含量高。瓦斯在煤层中从深部向浅部运移，通过地表煤层露头和瓦斯风化带释放到空气中，同时部分空气也渗入到煤层中，瓦斯含量极低。因此在瓦斯风化带内瓦斯含量对埋深变化不敏感，而瓦斯风化带以下的瓦斯含量则整体上和煤层埋深近似正线性相关。但在达到一定深度后，瓦斯含量的增加并非随埋深的增加而呈线性增加，而是趋于一个较稳定的值。

一般露于地表的煤层，瓦斯容易逸散，并且空气也向煤层渗透，导致煤层中的瓦斯含量小，甲烷浓度低。随着煤层埋藏深度的增加，地应力不断增高，煤层和围岩的透气性也会降低，而且瓦斯向地表运移的距离也增大，这些变化均有利于瓦斯的赋存。因此，瓦斯风氧化带越深，瓦斯含量、涌出量和煤层压力通常随煤层埋深的增加和标高的递减而变大。

以该矿井下实测煤层瓦斯含量值为基础数据，并对这些数据进行筛选、修正和分析，发现煤层瓦斯含量与埋深具有一定的相关性，如图 6-2 和图 6-3 所示，这是因为煤层埋深越大，越不利于瓦斯向地表逸散，相应的煤层瓦斯含量也就越大，所以当埋深增大时，瓦斯含量有明显的递增趋势。

回归方程：

$$w = -0.0144x - 2.8427 \tag{6-6}$$
$$R^2 = 0.5721$$

式中，w 为煤层瓦斯含量，m^3/t；x 为煤层标高，m；R 为相关性系数。

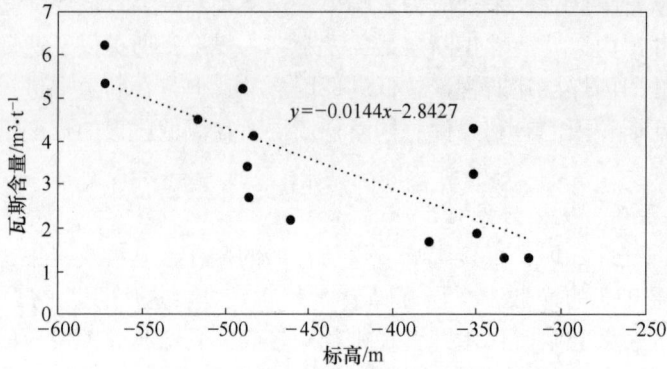

图 6-2　19 号煤层瓦斯含量与标高关系

从回归方程可以看出，19 号煤层埋深与瓦斯含量线性相关，且相关性较好，其瓦斯含量梯度为 $1.44m^3/(t \cdot 100m)$。

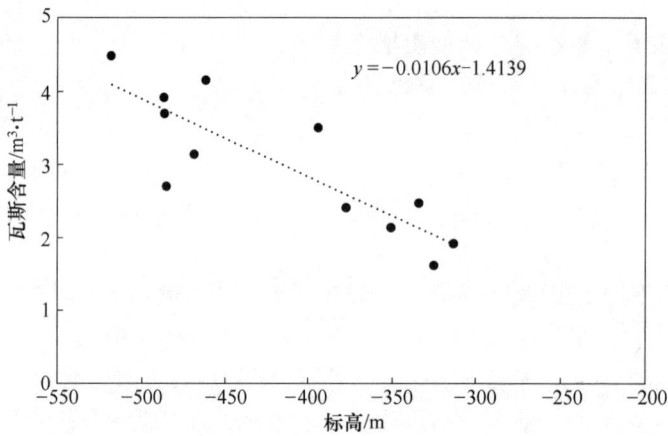

图 6-3　23 号煤层瓦斯含量与标高关系

回归方程：

$$w = - 0.0106x - 1.4139 \tag{6-7}$$
$$R^2 = 0.5968$$

式中，w 为煤层瓦斯含量，m^3/t；x 为煤层标高，m；R 为相关性系数。

从回归方程可以看出，23 号煤层埋深与瓦斯含量线性相关，且相关性较好，其瓦斯含量梯度为 $1.06m^3/(t \cdot 100m)$。

6.3　矿井概况与系统平台设计需求

（1）矿井实现安全高效生产的需要。该矿通过近年来的努力，在建设理念、技术装备、组织管理、人员素质、矿区生态等方面走在了吉林省煤炭行业的前列，但是矿井本身采区较多使得矿井通风衔接紧张、瓦斯治理隐患频现、抽采效果较差，难以完全有效地遏制瓦斯隐患，使得其难以进一步成为国内先进的高产、高效矿井。该矿在矿井瓦斯事故灾害防治领域中瓦斯事故灾害风险预控与通风管理是矿井面临的主要安全威胁。而作为吉林省煤矿标杆生产企业，该矿安全领域中的信息化与自动化就是现代化矿井的追求目标，也只有自动化和信息化才能真正达到实现通风、瓦斯治理领域减员增效的目的。

就当前的开采条件来讲，该煤矿虽然煤层瓦斯含量不大，但综合机械化程度正显著提升，产量集中，瓦斯涌出不均衡矿井瓦斯涌出量随着开采范围、开采深度、开采强度的加大，进而造成瓦斯涌出量增加，掘进和回采的风排瓦斯压力增大，掘进工作面及回采工作面上隅角瓦斯会时有超限现象，瓦斯涌出不均衡系数可达到 2.5 以上。目前，矿区瓦斯主要来源于本煤层、采空区（采空区丢煤、煤柱及邻近层），占矿井瓦斯涌出量的 60% 以上，是瓦斯治理的重点区域。

矿区高度集约化开采，导致矿区煤层开采深度不断增加，随着开采深度增加，瓦斯含量逐渐增大，矿井将可能升级为高瓦斯矿或者突出矿。瓦斯事故灾害防控压力增大，高瓦斯矿和低瓦斯矿井高瓦斯区域是矿区瓦斯管理的重点。

（2）智能化、信息化是该矿瓦斯治理的发展趋势。矿井信息化系统必须能够实现对安全、生产等信息进行有机集成，实现信息的集中监控、集中传输及系统间联动；实现对主要生产环节设备的远程监控、诊断及预警，主要生产环节应实现自动化运行、具备无人值守条件；在对地测、设计、生产、安全信息共享和分析的基础上形成专家决策系统。

珲春矿业集团高度重视矿区瓦斯事故灾害治理工作，加大各矿井硬件投入，近几年，在矿井通风系统进行改造，矿井配备了防治瓦斯专业技术人员，制定了瓦斯治理相关的管理制度，矿井安全监控系统升级改造、联网管理随之完善，为"通风可靠，抽采达标，监控有效，管理到位"的瓦斯综合治理工作体系提供了可靠、有效的技术支撑。

虽然该矿瓦斯治理成效显著，但是矿区瓦斯治理的技术水平仍需要进一步提高，借助科技的手段，将矿区瓦斯治理规划落地生根，实现矿区瓦斯事故灾害的过程化预控，从区域的角度超前控制，局部的角度实时预警，使矿区瓦斯治理整体水平达到行业领先水平。从技术层面分析，在矿区加强新技术研发的同时，将瓦斯事故灾害风险防控相关科研成果根据矿区实际优化、集成、再创新，成功推广应用到吉林省变得更为迫切。

6.3.1 系统设计目标和内容

6.3.1.1 设计目标

该矿瓦斯事故灾害风险防控技术及示范工程项目的本质是通过对矿井瓦斯防治过程的煤层、瓦斯、构造等客观信息，生产过程的抽采、参数测定、预测预报、瓦斯监控等生产信息及生产过程中的隐患信息进行全方位、全过程、全要素的分析，实现对矿井瓦斯治理数据的信息化、过程化、智能化预控，并以此寻找瓦斯风险大数据的预测预报方法，实现瓦斯事故灾害风险的全方位防控。

6.3.1.2 系统设计内容

针对项目研究目标，主要对以下几个方面做出研究。

（1）煤层基本参数测定工程。对矿区主采煤层的瓦斯参数、煤质特征的信息进行系统测定并存储，形成系统化参数管理系统，便于研究煤层各区域瓦斯基本参数的变化规律。

（2）矿井多级瓦斯地质分析系统建设工程。研究矿井主采煤层瓦斯主控因素，分析矿区主采煤层瓦斯赋存规律，构建矿井、采区、工作面多级互动的动态瓦斯分析系统。研究矿井瓦斯地质图的动态绘制工艺，实现矿井瓦斯地质图的定期更新；实现矿井瓦斯地质资料的信息化规范管理，瓦斯赋存状态自动分析，突出危险区自动圈定，煤层、采区、工作面三级瓦斯地质图的智能绘制和动态更新。

（3）瓦斯抽采钻孔智能设计及管理分析系统定制开发。基于瓦斯抽采钻孔三维信息平台，定制开发该矿瓦斯抽采钻孔智能设计及管理分析系统，实现瓦斯抽采钻孔设计施工资料的信息化管理，以及钻孔智能设计、自动成图、三维立体展示和缺陷自动判识。

（4）根据瓦斯抽采监测数据能够集中展示统计本年度矿井累计瓦斯抽采量、当月矿井瓦斯抽采量、本年度的月度瓦斯抽采量；本年度矿井瓦斯抽采钻孔施工累计进尺、当月矿井瓦斯抽采钻孔施工进尺、本年度的月度瓦斯抽采钻孔施工进尺统计图，以曲线图的形式集中展示上述信息，同时能够根据区域瓦斯抽采监测数据，自动分析煤层是否抽采达标。

（5）瓦斯涌出异常分析系统建设。研究采掘工作面瓦斯涌出异常超前分析方法，构建瓦斯涌出异常超前预警实时分析技术指标，开发瓦斯涌出异常分析系统，实现工作面瓦斯涌出异常超前分析，预防瓦斯超限。

（6）瓦斯参数信息化管理技术及系统建设。购置突出参数无线测定装备，安装无线基站，搭建防突预测数据井下自动上传技术，从数据录入、数据管理、数据显示等多个方面进行突出参数报表的针对性设计，基于防突动态信息平台，定制开发矿井的突出参数信息管理系统软件和移动终端 APP，实现矿井突出参数的信息化管理，防突报表自动生成和网上审批，以及通过移动终端查询。

（7）瓦斯事故灾害风险防控信息集成平台建设。定制开发瓦斯事故灾害风险信息集成软件，搭建瓦斯事故灾害风险防控信息集成网络，构建矿井瓦斯事故灾害风险防控信息集成平台，实现瓦斯地质、瓦斯抽采、防突预测、瓦斯涌出等瓦斯事故灾害风险信息的集中展示。

6.3.2　系统技术路线

智慧矿隧安全瓦斯风险监测预控平台系统研究过程中拟采用的技术路线如图6-4所示。

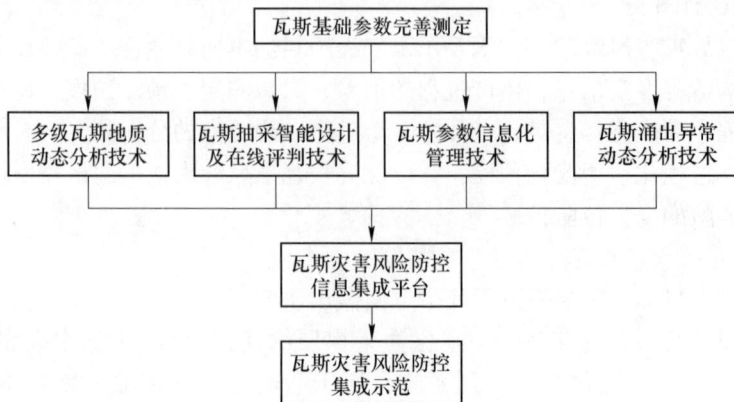

图 6-4　系统技术路线图

技术路线针对该矿瓦斯事故灾害特征，基于过程化、系统化、动态化控制的思想进行构架，构建多级瓦斯事故灾害风险防控技术体系。首先，进行矿井瓦斯基本参数的完善性测定，全面掌握矿井瓦斯事故灾害危险程度，夯实瓦斯事故灾害防治技术；然后，从瓦斯地质、瓦斯抽采、防突预测、瓦斯涌出等方面构建专业化、信息化系统，"区域、局部、实时"纵向到底，"客观危险、措施缺陷、管理隐患"横向到边，进行瓦斯事故灾害风险多级防控；在此基础上，构建矿井瓦斯事故灾害风险防控信息集成平台，实现对瓦斯事故灾害风险的超前、全面、实时把握。

6.4　瓦斯涌出预警技术

6.4.1　瓦斯涌出特征

通常情况下，掘进面瓦斯监控数据受到工作面瓦斯风量以及工作面瓦斯涌出的影响。然而井下工作面的风量一般较为稳定，因此，工作面瓦斯监控数据可以比较客观地描述工作面的瓦斯涌出。不同突出危险区域，掘进面瓦斯涌出特征的主要差异在于掘进面瓦斯涌出量特征、掘进面瓦斯涌出峰值特征、掘进面瓦斯涌出紊乱程度特征及掘进面瓦斯涌出趋势特征等。

（1）瓦斯涌出量特征。瓦斯涌出量是指工作面在掘进相同量煤体，涌入采掘空间的瓦斯量的大小，在巷道基本情况、采掘工艺及通风条件基本相同的情况下，突出危险区域的瓦斯涌出量明显大于无突出危险的瓦斯涌出量。

（2）瓦斯涌出峰值特征（瓦斯解吸特征）。瓦斯涌出峰值特征主要是指煤体初始暴露后，瓦斯涌出解吸量快速增加的现象，因此，也称它为瓦斯解吸特征。在非突出危险区，瓦斯涌出解吸特征变化不大且较为稳定，但是在突出危险区，瓦斯涌出解吸特征变动较大。

（3）瓦斯涌出波动特征。在非突出危险区，瓦斯涌出波动较为规律，但是在突出危险区，瓦斯波动极不规律，且波动幅度也较大。

（4）瓦斯涌出趋势特征。根据井下工作面作业工序特点，当井下掘进面瓦斯涌出较小时，工作面一般已经停止作业，这时工作面的瓦斯涌出主要来源于煤壁瓦斯涌出。工作面在此时的瓦斯涌出来源比较单一、受人为影响较小。但是当工作面进入瓦斯富集区域时，这种单一、受人为影响较小的时候瓦斯涌出相比低瓦斯区域也会呈显著地增加趋势，把瓦斯涌出的这种特征叫作瓦斯涌出趋势特征。

6.4.2　瓦斯涌出影响因素

掘进面瓦斯涌出出现上述特征的影响因素是极为复杂的。煤体的瓦斯含量、煤体的渗透性、地质构造、采掘工艺条件、煤体的物理力学性质等都会影响掘进面的瓦斯涌出。除去采掘工艺条件外，其他影响因素看似杂乱无章，但是究其根本，这些影响因素都是通过对煤体瓦斯含量、煤体的解吸特性及煤体渗透性的影响与控制，从而达到对瓦斯涌出的影响与制约的。因此，可以认为掘进面瓦斯涌出的主要影响因素是煤体瓦斯含量、煤体的解吸特性、煤体的渗透性及井下开采技术与开采工艺。

6.4.2.1　煤体瓦斯含量

煤体瓦斯含量是煤体瓦斯涌出潜能的直接表现。煤体瓦斯涌出量的多少最终还是要看煤体本身拥有的瓦斯含量或者说是瓦斯潜能的多少。煤体本身拥有的瓦斯越多，其越有可能涌出大量的瓦斯；反之，无论何种煤体，其内部没有瓦斯，则不可能涌出瓦斯。因此，煤体的瓦斯含量是掘进面瓦斯出的主要影响因素之一。而在通常情况下煤体瓦斯含量主要受到以下因素的影响。

（1）煤层赋存条件。

1）煤层埋深。煤层埋深的增加，地应力增高，使得煤层以及围岩透气性变差，再加上瓦斯向地表运移的距离的增加，使得煤层本身在长期的地质演化过程中对瓦斯的封存能力增强，煤体瓦斯含量因此增加。

2）煤层倾角。一般情况下，同一埋藏深度，煤层的倾角越小，煤层瓦斯含量越高。这主要是因为瓦斯的顺层运移比穿层运移容易。当煤层倾角较小时，煤体内部的瓦斯很难穿越煤层，使得煤层尽可能多的保存了煤体内部的瓦斯气体。

3）煤层露头。煤层露头使得瓦斯可以直接向地面排放，露头的存在时间越长，瓦斯排放越多。地表无露头的煤层瓦斯含量相对较高。

4）煤层和围岩透气性。煤层及其围岩的透气性越好，瓦斯越易流失，煤层的瓦斯含量就会越低。反之，煤层的瓦斯含量会越大。

（2）煤层特征。这里的煤层特征是指煤体的煤化程度。煤层的煤化程度越高，其在煤质变化过程中生成的瓦斯越多，其煤体内部的瓦斯潜能也就越大。

（3）地质条件。

1）地质构造。地质构造对掘进工作面瓦斯涌出能力的影响非常复杂，但主要还是在于地质构造对瓦斯赋存条件和瓦斯分布情况的影响。当煤层遇见封闭的地质构造带时，煤体的原生瓦斯无法逸出，从而导致煤体内部的瓦斯含量增加；反之，煤体的原生瓦斯就会大量的排放，使得煤体内部的瓦斯含量减小。

2）煤层地质史。煤层地质史对瓦斯含量的影响主要体现在煤层地质史直接影响到煤层围岩特性以及煤层的排放瓦斯量，从而影响煤层的瓦斯含量。

3）水文地质条件。通常情况下，地下水活跃的地区，煤层的瓦斯含量较小。

（4）开采技术与开采工艺。开采技术与开采工艺也会在一定程度上影响煤体的瓦斯含量，只是这里的瓦斯含量不是煤体的原生瓦斯含量，而是受采动影响后的煤体瓦斯含量。开采技术中的瓦斯抽放或者开采保护层使得煤体内大量瓦斯流向抽放管道或临近巷道，煤体内原生瓦斯大量提前流出释放，从而减小了煤体落煤前的瓦斯含量。

6.4.2.2　煤体的瓦斯解吸特性

煤体瓦斯涌出的另一大主要影响因素是煤体对瓦斯的吸附特性。可能出现这种情况，煤体的瓦斯含量并不是很高，但是其吸附能力很差，使得煤体内绝大多数的瓦斯都能释放出来，从而使得煤体向采掘空间涌出大量瓦斯；反之，当煤体的瓦斯含量比较大，但是其吸附能力很强，从而使得煤体向采掘空间涌出的瓦斯不多。这就造成煤体本身拥有较多的瓦斯含量，却因为煤体本身对瓦斯吸附特性的不同，使得采掘空间内的瓦斯涌出产生显著的差异。

大多数煤体都是一种天然的固体吸附剂，其对 CO_2 及 CH_4 的吸附是典型的固相-气相吸附现象。一般认为，煤体对 CH_4 的吸附符合 Langmuir 理论。Langmuir 理论认为，吸附平衡时，在单位时间内进入到吸附位的分子数即吸附速度 v_a 和离开吸附位的分子数即脱附速度 v_d 相等。根据气体分子运动理论，设绝对温度为 T、气体压力为 p、气体相对分子质量为 M、气体常数为 R，在每秒内碰撞到 $1cm^2$ 表面固体上的气体分子物质的量 μ 为：

$$\mu = \frac{p}{(2\pi MRT)^{1/2}} \tag{6-8}$$

然而，并不是所有碰撞到固体表面的分子都被吸附，只是其中一部分固体表面吸附，用 α 表示这个比值。α 一般接近于 1。因此气体的吸附速度 v_a 正比于 $\alpha\mu$。此外，v_a 也正比于固体表面的空吸附位的分数 θ_0，则吸附速度可表示为：

$$v_a = k_a \alpha \theta_0 \mu \tag{6-9}$$

式中，v_a 为分子吸附速度，$mol/(s \cdot cm^2)$；k_a 为常数；α 为分子碰撞吸附分数；μ 为 1s 碰到 $1cm^2$ 表面固体上物质的量，$mol/(s \cdot cm^2)$；θ_0 为固体表面空吸附位分数。

另一方面，脱附速度 v_d 与被吸附的分子数成正比，设表面被吸附分子占领的位置分数为 θ，则脱附速度为：

$$v_d = k_d \theta \tag{6-10}$$

式中，v_d 为分子脱附速度，$mol/(s \cdot cm^2)$；k_d 为分子极限脱附速度，$mol/(s \cdot cm^2)$；θ 为固体表面被吸附分子占领的位置分数，$\theta + \theta_0 = 1$。

吸附平衡时，吸附速度 v_a 和脱附速度 v_d 相等，假设 $1cm^2$ 表面的总吸附位数 N_0，吸附量为 N。

$$\theta = N/N_0 = k_a \alpha \mu / (k_d + k_a \alpha \mu) = k_a \alpha p / [k_d (2\pi MRT)^{1/2} + k_a \alpha p] \tag{6-11}$$

再令：$N = A$，$k_a \alpha / [k_d (2\pi MRT)^{1/2}] = b$，$N_0 = a$，则可得到 Langmuir 单分子层等温吸附式。

$$A = \frac{abp}{1 + bp} \tag{6-12}$$

Langmuir 理论认为，对于同一种煤质，煤体的极限吸附量及极限脱附速度是恒定的，即在单位面积下脱附速度 v_d 只与被吸附的分子数有关。即：

$$v_d = k_d \theta = k_d \frac{bp}{1 + bp} = k_d \frac{A}{a} \tag{6-13}$$

由于落煤瓦斯含量是一个非恒定的源，即脱附时间越长，煤体对瓦斯的吸附量越小。另外，在采掘空间内的瓦斯还存在一定的吸附现象，可以认为采掘空间内瓦斯压力恒定，煤体对瓦斯的吸附速度恒定为 c。则根据 Langmuir 理论可得单位面积煤体的解吸（瓦斯在煤体表面脱附与吸附量之差）速度为：

$$v = \frac{k_d(A_0 + c)}{a}\left(1 - \frac{k_d}{a}\right)^t - c = \frac{k_d\left(\dfrac{abp}{1 + bp} + c\right)}{a}\left(1 - \frac{k_d}{a}\right)^t - c \tag{6-14}$$

式中，v 为单位面积煤体的解吸速度，$mol/(s \cdot cm^2)$；A_0 为煤体对瓦斯的初始吸附量 mol/cm^2；c 为巷道煤体对巷道内瓦斯吸附速度，可近似为 0；k_d 为瓦斯极限脱附速度，$mol/(s \cdot cm^2)$；a 为饱和吸附量，mol/cm^2；b 为与脱附活化能 E_d 相关的常数（$b = k\exp$

$(-E_d/RT))$；t 为时间，s。

通过上述分析再结合井下生产现场，影响煤体解吸特性的主要因素主要有以下几点：

（1）温度。温度的升高使得瓦斯气体分子的能量增加，而煤体的瓦斯吸附活化能又不变，这就使得煤体吸附瓦斯在高温下更易发生脱附行为。实验室试验分析表明，煤体温度每升高1℃，煤的瓦斯吸附能力下降约8%。

（2）煤化程度。煤的煤化程度不仅决定了在成煤过程中瓦斯产生量，同时也影响到煤体本身的瓦斯吸附能力，煤化程度反映了煤的比表面积大小与化学组成，一般的讲，从挥发范围20%~26%之间的煤到无烟煤，相应的吸附量呈快速增加趋势。煤体的吸附能力越强其解吸瓦斯的能力也就相应越差。

（3）煤中水分。煤中水分的增加会降低煤的吸附能力，其影响程度可以用爱琴格尔经验公式来表示：

$$x_{ch} = x \frac{1}{1 + 0.31W} \tag{6-15}$$

式中，x_{ch} 为含有水分 $W(\%)$ 的湿煤的瓦斯吸附量，m³/t；x 为不含水分的干煤的瓦斯吸附量，m³/t。

6.4.2.3　煤体渗透性

煤体表面瓦斯解吸特性是造成暴露煤体瓦斯涌出的根本原因。但是一定量煤体其瓦斯含量是有限的，而井下瓦斯涌出得以持续、近乎无限向采掘空间涌入，其主要原因在于煤体的渗透性（也称煤体内、外瓦斯流通通道）。

在同一地质构造单元，其煤体可以近似的认为是一个多孔介质，这种多孔介质不但可以大量的吸附瓦斯，也可以成为瓦斯流通通道，帮助高压力区域的瓦斯向低压力区域流动，这种流动现象就是瓦斯在煤体内部的渗透现象。原始煤体本身在经过千百万年的演化后，其瓦斯含量与压力是相对平衡的。但是，采掘活动改变了这种相对平衡。暴露煤体表面的瓦斯压力与井下空间连通，气体压力急速下降，从而使得煤体内部瓦斯压力相对升高，从而造成了内部煤体与暴露煤体的瓦斯压力差或者瓦斯压力梯度，致使瓦斯向采掘空间涌入。

瓦斯在煤体内的运移基本上可以分为两类：一类是扩散运动，另一类是渗透运动。瓦斯在小孔（<1μm）或微孔（<0.1μm）内的运移主要是扩散运动，即分子在其浓度（或密度）梯度的作用下，由高浓度向低浓度方向运移，其运移规律基本符合菲克（Fick）定律：

$$dm = -D \frac{dc}{dl} dt \tag{6-16}$$

式中，dm 为瓦斯扩散量，m³/m²；D 为瓦斯扩散系数，在理论上 $D = \frac{1}{3}l\bar{u}$（l 为分子平均自由程；$\bar{u}$ 为分子平均速度，m²/s）；$\frac{dc}{dl}$ 为瓦斯浓度梯度，(m³/m²)/m；dt 为时间，s。

瓦斯在中孔（>1μm）以上的孔隙或裂隙内的运移主要是渗透。渗透可能有两种形式：层流和紊流。层流又分为线性层流和非线性层流。其符合条件不同又有如下划分：

雷诺系数 $Re = 1 \sim 10$ 时，为线性层流，符合达西定律：

$$V = -\frac{K}{\mu}\frac{\partial p}{\partial l} \qquad (6-17)$$

式中，K 为煤层的渗透率，m^2（1 达西 = $9.869 \times 10^{-13} m^2$）；$\mu$ 为流体的绝对黏度，$Pa \cdot s$（对于甲烷 $\mu = 1.08 \times 10^{-5} Pa \cdot s$）；$\dfrac{\partial p}{\partial l}$ 为流体的压力梯度，Pa/m。

雷诺系数 $Re = 10 \sim 100$ 为非线性层流，符合非线性渗透定律：

$$V_n = -a\left(\frac{\mathrm{d}p}{\mathrm{d}l}\right)^m \qquad (6-18)$$

式中，V_n 为无因次流速；a 为煤的瓦斯渗透性常数；m 为指数；$\dfrac{\mathrm{d}p}{\mathrm{d}l}$ 为无因次瓦斯压力梯度。

雷诺系数 $Re > 100$ 为紊流。

煤壁瓦斯涌出就是煤体瓦斯渗透现象的一个最常见的宏观表现。通过渗流理论发现，距离暴露煤体表面越远，其瓦斯可能渗透或扩散到煤体暴露表面越困难。因此，煤体内部与表面的瓦斯压力差会随着时间的改变而改变，其瓦斯渗透强度亦会出现相应的变化，直至产生新的动态平衡。苏联学者彼特罗祥、法国学者 C. JEGER、王省身等通过在现场实测分析表明，暴露煤壁与落煤瓦斯涌出比流量会随着暴露时间 t 的增加呈指数减小关系，其形式如：

$$q = A_t^B \qquad (6-19)$$

式中，A、B 为常数，取决于煤层瓦斯流动特性；t 为排放瓦斯时间，d；q 为排放瓦斯时间为 t 时煤暴露面的比流量，$m^3/(m^2 \cdot d)$。

掘进面煤壁的瓦斯涌出应分为移动煤壁瓦斯涌出和固定煤壁瓦斯涌出（把当天暴露出来的新鲜煤壁看作移动煤壁，其余煤壁看作固定煤壁）其与暴露时间 t 呈对数关系：

$$q_t = q_0 \mathrm{e}^{-\alpha t} \qquad (6-20)$$

$$q_t = aq_0(1+t)^{-\beta} \qquad (6-21)$$

式中，q_t 为煤壁暴露时间为 t 时，煤壁瓦斯涌出强度，$m^3/(min \cdot m^2)$；q_0 为煤壁暴露初始的瓦斯涌出强度，$m^3/(min \cdot m^2)$；苏联学者用公式 $q_0 = aq[0.0004(V_{daf})^2 + 0.16]$ 计算 q_0，这一计算方法也应用到了我国掘进面瓦斯涌出量预测的行业标准之上。α 为煤壁瓦斯衰减系数，d^{-1}；t 为煤壁暴露时间，d；β 为煤壁瓦斯涌出特征系数，$0 < \beta < 1$；a 为时间因子换算系数，当 $\beta = 0.5$ 时，$a = \dfrac{1}{\sqrt{1440+1}} \approx 0.026$。

当煤体渗透性较差时，煤体与采掘空间的连通通道呈现严重堵塞现象，那么瓦斯很难涌入采掘工作面。而影响煤体渗透性的因素大致有：煤体的破坏类型、煤的空隙率、煤层及其围岩透气性、煤的煤化程度等。

6.4.2.4 开采技术与开采工艺

开采技术与采掘工艺对掘进面的瓦斯涌出影响也是极为显著也是极为复杂的。同样的工作面，因不同的采掘工艺、不同的抽放时间及不同的作业工序都会严重影响掘进面的瓦斯涌出。但是在生产现场，一条巷道在掘进过程中的开采技术或者开采工艺一般都是固定或变化不大的。所以在同一条巷道中，可以忽略开采技术及开采工艺对瓦斯涌出的影响。

6.4.3　瓦斯涌出特征与突出危险性关系

上一节通过对瓦斯涌出突出特征的分析发现，在不同突出危险区域，掘进面瓦斯涌出特征主要在瓦斯涌出量特征、瓦斯涌出峰值特征、瓦斯涌出波动特征及瓦斯涌出趋势特征等方面存在显著的差异，而这些差异与突出危险性之间的关联就是本节的主要分析目标。

6.4.3.1　瓦斯涌出量特征与突出危险性之间的关联

（1）瓦斯涌出量特征的影响因素。瓦斯涌出量是指在矿井生产过程中从煤与岩石内涌出的瓦斯量。瓦斯涌出量大小的表示方法主要有绝对瓦斯涌出量（单位时间涌出的瓦斯体积，m^3/min 或 m^3/d）及相对瓦斯涌出量（平均日产 1t 煤同期所涌出的瓦斯量，m^3/t）。掘进面瓦斯涌出量主要受到煤体可解吸瓦斯含量、煤体渗透性、煤体运离工作面时煤体的残存瓦斯含量及巷道掘进速度等因素的影响。

1）煤体可解吸瓦斯含量。煤体可解吸瓦斯含量是掘进面瓦斯涌出的主要来源，煤体的可解吸瓦斯越多，其在巷道空间内的解吸量可能越大。相反的，如果煤体没有可解吸瓦斯，掘进面就不会有瓦斯涌出。这就意味着，煤体可解吸瓦斯含量的多少从根源上控制着掘进面的瓦斯涌出量。因此，煤体的可解吸瓦斯含量实际上就是瓦斯涌出主控因素——煤体瓦斯涌出潜能的直接反应。

2）煤体渗透性。煤体渗透性从根本上是指煤体瓦斯涌出的流通通道，没有流通通道的煤体，其内部瓦斯是不会被释放的。煤体渗透性这里又分为巷道煤壁煤体渗透性和迎头煤壁煤体渗透性。迎头煤壁煤体渗透性对掘进面瓦斯涌出的控制作用主要体现在其对瓦斯涌出时间上或分源上的控制，即延迟瓦斯涌出或将迎头煤壁瓦斯涌出转化为落煤瓦斯涌出等。对瓦斯涌出总量上的控制作用是微乎其微的。这是因为，在掘进速度大致不变的情况下，迎头煤壁煤体渗透性好，瓦斯涌出量大，而落煤的瓦斯涌出就自然较小。反之，迎头煤壁煤体渗透性差，瓦斯涌出量小，但落煤的瓦斯涌出会变大。这种一正一负的影响有相互抵消作用。即在掘进速度不变的情况下，迎头煤壁煤体渗透性对煤体瓦斯涌出总量的影响是较小的。而巷道煤壁煤体渗透性的大小对工作面瓦斯涌出总量的影响却是一种绝对量增加的现象，当巷道煤壁煤体渗透性较好时，巷道周围涌出大量瓦斯，反之，巷道周围涌出瓦斯较少。

3）落煤的残存瓦斯含量。倘若落煤在掘进空间内停留足够长的时间，落煤的可解吸瓦斯基本上会得到完全的解吸，而不可解吸瓦斯（煤体在 0.1MPa 的大气压下，对瓦斯的吸附量）只与煤体的吸附特性有关。倘若停留时间太短，落煤瓦斯还未来得及解吸就已被运出工作面，其运出工作面瞬间的残存瓦斯含量肯定也越多。在井下生产现场，落煤在井下的停留时间差异较大，炮掘工作面一般都在 1h 左右，而机掘工作则较短，一般不超过 10min。这就使得落煤残存瓦斯含量与落煤的吸附特性、解吸时间及落煤粒径等相关联。

撒占友的研究也证实这种观点，其认为落煤残存瓦斯量与煤体的原始瓦斯含量，煤的变质程度等符合以下关系：

$$W_c(t) = kD^a W_0^b (1+t)^{-c} \tag{6-22}$$

式中，$W_c(t)$ 为采掘落煤暴露 t 时间的残存瓦斯量，cm^3/g；k 为与煤的变质程度有关的常数；D 为落煤平均粒径，mm；W_0 为煤的原始瓦斯含量，cm^3/g；t 为落煤暴露时间，min；a、b、c 为与落煤特征有关的常数。

在同一工作面，可以近似认为掘进面煤体的变质程度 k（吸附特性）、落煤平均粒径 D 及落煤在工作面空间内的停留时间 t 变化不大。但是式（6-22）需要修正的是 W_0（煤体原始瓦斯含量），这里的 W_0 不应该是煤体的原始瓦斯含量，而应该是煤体在掘落之前的瓦斯含量。

4）巷道掘进速度。随着时间的推移，煤体渗透瓦斯会源源不断地流入工作面。当掘进速度较慢时，深部煤体的瓦斯通过煤壁渗透的方式涌入工作面。使得前一段煤体的瓦斯涌出包含了大量后一段煤体的瓦斯。特别是在机掘巷道，掘进速度变化极为显著。通过对山西某矿考察发现，掘进速度对瓦斯涌出量的影响修正值计算如下：

$$\Delta W = c \times \ln V + d \tag{6-23}$$

式中，ΔW 为掘进速度对瓦斯涌出量的影响修正值，m^3/t；V 为巷道掘进速度，m/d；c、d 为常系数。

（2）瓦斯涌出量特征与突出危险性之间的关联。通过前面的研究分析发现，瓦斯涌出量特征与突出影响因素的关联主要体现在对煤体瓦斯含量与煤体渗透性上。当煤体瓦斯含量增大时，瓦斯涌出量增加，工作面突出危险性增加；当煤体瓦斯含量减小时，瓦斯涌出量减小，突出危险性降低。而在煤体渗透性方面，当煤体渗透性减小时，瓦斯涌出量减少，工作面突出危险性增加；当煤体渗透性增加时，瓦斯涌出来增加，突出危险性减小。

因此，瓦斯涌出量特征与突出影响因素——瓦斯含量是正相关的，而与突出影响因素——煤体渗透性非关系是反相关的。

6.4.3.2 瓦斯涌出解析值特征与突出危险性之间的关联

（1）瓦斯涌出解吸特征的影响因素。掘进面最为明显的瓦斯涌出解吸特征是井下落煤瓦斯涌出峰值，其他峰值现象视不同的采掘工艺会出现较大的不同。掘进面煤体快速大量落下，暴露煤体瓦斯快速解吸及煤体孔隙内游离瓦斯快速向工作面空间扩散的初始量即为掘进面瓦斯涌出峰值现象，造成这种现象的主要原因是落煤与新鲜煤壁瓦斯涌出快速增加的结果。落煤瓦斯涌出解吸特征主要与煤体吸附特性、可解吸瓦斯含量、煤体暴露面积及煤体渗透性有关。

1）煤体的吸附特性。吸附理论认为单位暴露面积的煤体解吸速度与煤体的吸附特性有密切的关系。在其他条件基本稳定的情况下，煤体对瓦斯气体的吸附特性主要是指煤体对瓦斯气体的极限吸附量及煤体对瓦斯气体的脱附活化能。煤体的极限吸附量或脱附活化能越大，煤体的吸附能力可能越强，越不容易发生解吸现象，解吸初始量也就越小，峰值现象也就越不明显。但是在井下生产现场，同一工作面，同一区域甚至是同一煤层，煤体整体的变质程度相差不大，因此可以认为在井下生产现场煤体的吸附特性对煤体瓦斯解吸速度的影响十分微小。

2）煤体可解吸瓦斯含量。根据 Langmuir 理论及煤体水分与灰分的瓦斯吸附的影响，可得单位面积煤体的解吸（瓦斯在煤体表面脱附速度与吸附速度之差）速度为：

$$
\begin{aligned}
v &= \frac{k_d(A_0 + c)}{a}\left(1 - \frac{k_d}{a}\right)^t - c \\
&= \frac{k_d\left(\dfrac{abp}{1 + bp}\dfrac{1}{1 + 0.31M_{ad}}\dfrac{100 - A_{ad} - M_{ad}}{100} + c\right)}{a}\left(1 - \frac{k_d}{a}\right)^t - c
\end{aligned}
\tag{6-24}
$$

$$v_0 = \frac{k_d(A_0 + c)}{a} - c \tag{6-25}$$

式中，A_0 为煤体表面对瓦斯的初始吸附量，mol；c 为巷道煤体对巷道内瓦斯吸附速度，mol/s；k_d 为固体表面对气体分子的极限脱附速度，mol/s；t 为时间，s；a 为煤体饱和吸附量，mol/cm²；b 为与脱附活化能 E_d 相关的常数，$b = k\exp(-E_d/RT)$；v 为单位面积煤体的解吸速度，mol/(s·cm²)；v_0 为单位面积煤体的解吸初速度，mol/(s·cm²)。

其中 c 远小于 A_0，可忽略不计。从式（6-25）来看，在煤体吸附特性变化不大的情况下，单位面积的煤体瓦斯解吸初速度 v_0 与煤体表面的瓦斯初始吸附量成正比关系。实验室数据表明 k_d/A_0 一般都在 0.2~0.5 之间。假设一煤样极限吸附量 a 为 31.82m³/t、b 为 1.46MPa⁻¹、A_{ad} 为 18.9%、M_{ad} 为 0.5%煤体的瓦斯含量从 8.17m³/t 增加到原始煤层瓦斯含量 16.07m³/t，其瓦斯压力从 0.4MPa 增加到 1.8MPa，增加约 4.5 倍；而解吸初速度从 1.34m³/(t·s) 增加到 3.31m³/(t·s)，增加约 2.48 倍。分别查看煤体瓦斯压力、瓦斯含量与煤体瓦斯解吸初速度之间的关系。

3）煤体的暴露面积。Langmuir 理论是最理想的固体表面吸附理论，其要求固体表面完全暴露，但是无论是在掘进还是实验室试验过程中，煤体暴露都是相对的，不完全的。同一煤样，当煤体暴露面积增加时（粒径减小），煤体表面的瓦斯初始解吸总量就会相应增加，即

$$Q_0 = Nq_0t \tag{6-26}$$

式中，Q_0 为暴露煤体初始解吸总量，mol；N 为暴露煤体表面积增加的倍率；t 为时间，s；q_0 为单位面积煤体的解吸初始量，mol/s。

影响井下煤体暴露面积的因素主要是掘进落煤量及煤体坚固性系数：

① 掘进落煤量。煤体落煤量越多，采掘空间内煤体暴露面积也就越大，只是由于井下作业的相对规范化，使得掘进落煤量越来越受到控制或者均衡。

② 煤体坚固性系数。当煤体受到的机械做功一定时，煤体的坚固性系数将是影响煤体表面积增加的主要原因。通过实验室试验分析发现，将煤破碎到一定程度所需的能量与破碎新增表面积、煤的坚固性系数、放散初速度之间存在如下相关关系：

$$W = 102.78f^{0.77}A^{1.22}\Delta p^{-0.073} \tag{6-27}$$

式中，W 为煤的破碎功，J/kg；f 为煤的坚固性系数；A 为煤破碎后的新增表面积，m²/kg；Δp 为煤的放散初速度。

当不计 ΔP 的影响时，则：

$$W = 84.57f^{0.86}\Delta A^{1.22} \tag{6-28}$$

以炮掘工作面为例。矿用炸药能量分布如下[47]：

$$E_t = K_f(\mu E_s + E_b) \tag{6-29}$$

式中，E_t 为炸药总能量，MJ/kg；K_f 为药包形状修正系数，$K_f \approx 1$；μ 为冲击波损失系数；E_s 为冲击波能，MJ/kg；E_b 为气泡能，MJ/kg。

假设在同一条巷道掘进面放炮药量或机械功量基本不变，即炸药或机械对煤体的做功量 W 恒定。三级煤矿许用乳化炸药冲击波能量约为 0.734MJ/kg，气泡能约为 2.031MJ/kg。假设冲击波能量损失系数为 1.343，每掘进 1t 煤体用药约为 0.465kg。按

照三级煤矿许用乳化炸药冲击波能量计算，掘进面每千克落煤接受的冲击波能量也高达 42.35J。

$$W = E_s' = \left(\frac{E_s G}{1.343} \times \frac{1}{6}\right)/M = \frac{7.34 \times 10^5 \times 0.465}{1.343 \times 6}/1000 \approx 42.35\text{J/kg} \qquad (6\text{-}30)$$

假设每一块落煤在暴露前都是一个正方体，该正方体有一半的面积处于暴露状态如图 6-5 所示。

煤体落下后，表面积增加倍率可由式（6-31）计算得出。

$$N = \frac{\Delta A}{A_0} = \frac{\sqrt[1.22]{W/(84.57f^{0.86})}}{A_0} = 23.665f^{-0.7049}$$

$$\qquad (6\text{-}31)$$

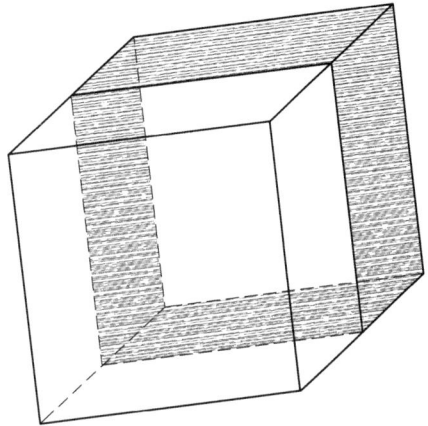

图 6-5　单位煤体的暴露示意图

4）煤壁渗透特性。井下瓦斯峰值绝对值的大小是建立在煤体渗透性即煤壁瓦斯涌出基础之上的。也就是说，瓦斯涌出峰值可能只有 0.5%，但是煤壁瓦斯涌出高达 0.3%。这就迫使瓦斯峰值的绝对值变为 0.8%。这种水涨船高的现象严重的影响了瓦斯涌出峰值反映煤体瓦斯解吸速度的可靠性。但是，煤壁瓦斯涌出对瓦斯峰值的影响是较为稳定的，其造成的绝对误差（整体影响）较大，但相对误差（个体影响）较小。

（2）瓦斯涌出解吸特征与突出危险性之间的关联。综上所述，瓦斯涌出解吸特征与突出影响因素——煤体瓦斯含量、煤体的物理力学性质及煤体渗透性相关。其中瓦斯涌出解吸特征与煤体瓦斯含量及煤体渗透性呈正相关性，与煤体的物理力学性质呈负相关性。而这三种影响因素对瓦斯峰值的影响不是同一个数量级的，煤体的物理力学性质对瓦斯涌出峰值的影响远大于其余两者影响因素对瓦斯涌出峰值特征的影响。这就为利用瓦斯涌出解吸特征反映煤体的物理力学性质奠定了理论基础。

6.4.3.3　瓦斯涌出波动特征与突出危险性之间的关联

瓦斯涌出波动特征是指瓦斯涌出数据或曲线所表现出来的没有明确物理意义的"忽大忽小"特征。瓦斯"忽大忽小"本身是具有一定的物理意义的，但是其"忽大忽小"的表现不同，其物理意义也就不同。前人研究中并未说明瓦斯涌出"忽大忽小"的基本参量（时间长度），也就是说瓦斯涌出"忽大忽小"现象的出现可能有两种情况，即短时间内"忽大忽小"与长时间内"忽大忽小"。如果是长时间的，便可以认为这是因为瓦斯涌出受煤体瓦斯流通通道的影响，使得瓦斯涌出在时间上出现滞后或提前，在分源上出现落煤与煤壁瓦斯相互转换的现象。如果是短时间内的"忽大忽小"，那么这可能是煤体内部应力传播振荡的结果。其与突出影响因素的关联也不可一概论之。因此，瓦斯涌出"忽大忽小"的影响因素可能有地应力扰动、煤体渗透性及施工作业等。

瓦斯涌出波动特征的主要影响因素有煤体渗透性、工作面地应力等。

（1）煤体本身的渗透性。当煤体的透气性较小时，在开采初期，煤体未产生破裂时，工作面前方未形成瓦斯压力梯度，瓦斯并未形成流动。根据以往的研究表明，当渗透性小到一定程度时，存在着启动压力梯度，而且渗透性越小，启动压力梯度越大，突出危险性也就越大。煤体本身的渗透性越好，分源特征越不明显，煤体内部瓦斯压力梯度越小，突出危险性越小，反之亦然。

（2）外界压力。外界压力是指煤体在采掘过程中受到地应力、自重力及采掘应力等对煤体围压或轴压产生影响的力。外界压力对分源特征的影响主要是通过对煤体渗透性的影响实现的。当围岩或者轴压增大时，型煤的渗透性会显著降低。

（3）其他因素。实际上，煤体的渗透性影响因素较多，煤体的温度、瓦斯压力、吸附作用等都会对煤体的渗透性产生一定的影响，只是其影响较小或者井下温度、压力等变化不大，一般可以忽略不计。

6.4.3.4　瓦斯涌出趋势特征与突出危险性之间的关联

造成工作面瓦斯涌出趋势存在显著差别的主要原因在于工作面在突出危险区域非突出危险区之间的穿梭过程及工作面采掘环境受到显著变化时引起的瓦斯涌出外在表现。其影响因素主要受到局部突出危险区域范围、采掘施工作业等因素的影响，井下瓦斯监控数据可以比较明显地反映工作面前方煤体的突出危险性，如图6-6所示。

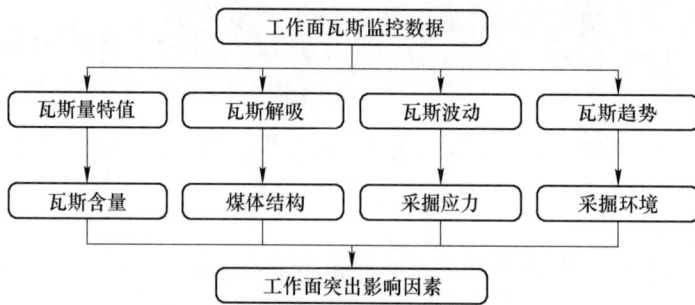

图 6-6　瓦斯涌出特征与瓦斯突出关系

6.4.4　瓦斯涌出指标确定

6.4.4.1　瓦斯涌出指标的物理意义

瓦斯涌出特征受到井下较多因素的影响，这也使得瓦斯涌出特征指标可能蕴含较多的突出危险因素，在通过对该矿地质构造、采掘工艺的对比分析后，跟踪考察过程采用16种煤与瓦斯突出预警指标进行效果分析筛选，如下所述。

16类瓦斯涌出指标的物理意义可分别概述如下：

（1）瓦斯涌出波动指标 S、D、K_v、A_2。瓦斯涌出受井下采掘作业、施工工序及突出影响因素的波动变化都会产生瓦斯涌出的剧烈波动，其中指标 S、D、K_v 是对瓦斯用数据紊乱程度的描述，而 A_2 指标是对瓦斯涌出数据变化趋势的波动幅度的一种量化。

（2）瓦斯涌出量指标 A、V_{30}、V。瓦斯涌出量指标是对当前工作面煤体瓦斯含量、煤层赋存变化、落煤残存瓦斯等井下现象的描述。其中指标 A 是对工作面较大范围内瓦斯涌出量大小的描述，而指标 V_{30}、V 是一个放炮落煤班次时间内瓦斯涌出量指标。

（3）瓦斯涌出解吸指标 B、C。瓦斯涌出解吸指标是对煤体物理力学性质的描述，这之中需要特别解释的是煤壁瓦斯涌出比重指标 C 虽然在直观上是工作面煤壁瓦斯涌出能力的描述，但是井下工作面除煤壁瓦斯涌出之外剩下的就是煤体瓦斯的解吸，因此我们将 B、C 两指标列为瓦斯解吸指标。

6.4.4.2 预警指标适应性分析

趋势预警与状态预警是根据各种瓦斯指标的物理意义及样本长度来划分的，一个样本值代表 1min 的瓦斯涌出均值，反映工作面突出危险区域超过 5m 的视为趋势预警指标，反之视为状态预警指标，即趋势预警指标为工作面较大局部环境预警，为突出危险性发展趋势预警，状态为工作面即时落煤信息预警。

6.4.4.3 瓦斯量指标适应性分析

预警指标适应性分析主要是通过对矿井典型工作面瓦斯涌出特征与井下实际突出危险性的对比分析，确定适合该典型工作面的各瓦斯涌出特征指标。

瓦斯量指标包括瓦斯含量指标和瓦斯涌出量指标，通过工作面的瓦斯浓度变化情况、工作面风量、巷道断面、煤层厚度和采掘进尺等信息来预测前方煤体的瓦斯含量和瓦斯涌出量，以指导矿井安全生产。瓦斯量指标是通过从不同时空关系的瓦斯涌出量特征反映工作面前方，煤体瓦斯含量或梯度的变化情况。从瓦斯含量的角度反映工作面的突出危险性。

通过对该矿北一区西翼回风巷、N12606 运输巷掘进过程中研究分析，北一区西翼回风巷瓦斯指标 A 与瓦斯含量变化趋势基本一致，瓦斯含量超过 $3.8m^3/t$ 时，A 指标达到最大，超过 0.36；瓦斯含量在 $3m^3$ 以下时，瓦斯 A 指标普遍在 0.25 以下，A 指标与瓦斯含量耦合性比较好，偏差率较小，如图 6-7 所示。N12606 运输巷偏差率稍微大，从总体趋势观察基本一致，如图 6-8 所示。通过以上分析说明瓦斯指标 A 对该矿瓦斯事故灾害危险性预测适应性比较强。因此，A 指标作为该矿瓦斯涌出预警指标。

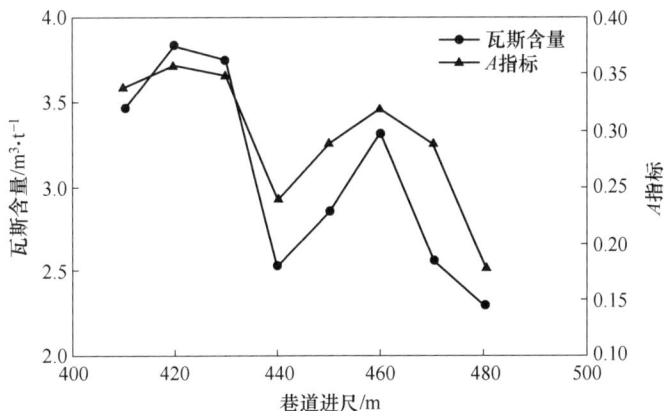

图 6-7 北一区西翼回风巷瓦斯与 A 指标耦合关系图

在考察分析瓦斯解吸指标 B 适应性的时候，主要针对正在掘进的 31803 下顺、北一区西翼回风巷考察分析。把以上巷道作为典型巷道追踪考察，在考察过程中选取一段区域作为考察对象，这些区域是重点关注区域。在该区域中把井下实测瓦斯含量或局部日常预测指标 K_1 值变化趋势与瓦斯解吸指标 B 值对比，如图 6-9 所示。通过考察分析，31803 下顺、北一区西翼回风巷虽然 K_1 和瓦斯含量值与 B 指标变化情况局部有偏差（如图 6-10 所

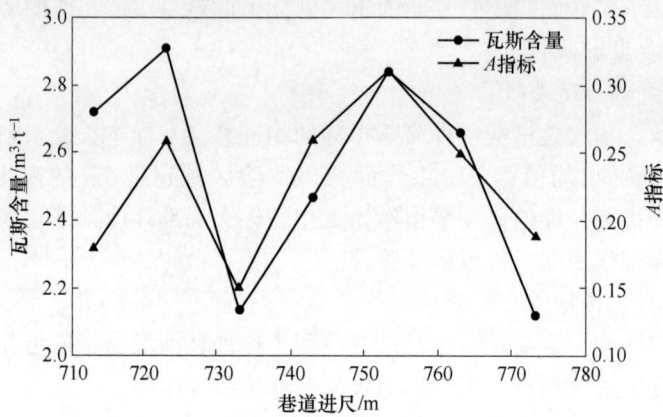

图 6-8　N12606 运输巷瓦斯与 A 指标耦合关系图

示），但整体变化趋势基本一致，适应性比较强。因此，B 指标作为该矿瓦斯事故灾害预警指标。

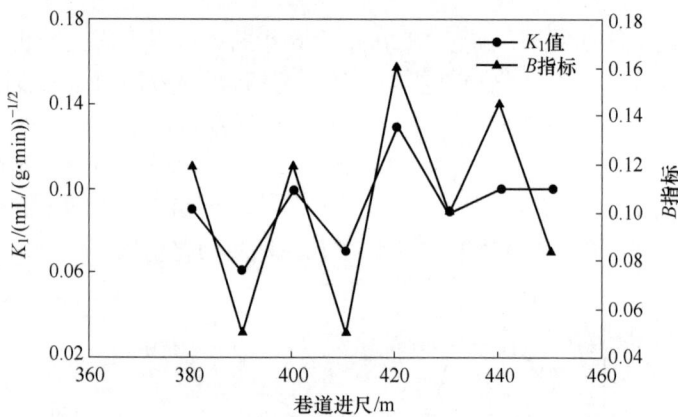

图 6-9　31803 下顺 K_1 值与瓦斯解析指标 B 耦合关系

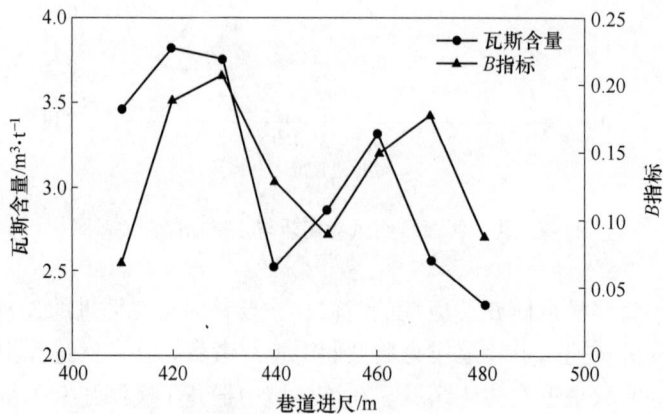

图 6-10　北一区西翼回风巷瓦斯含量值与瓦斯解析指标 B 耦合关系

通过上述对瓦斯涌出特征指标 A、B 的适应性分析认为，部分瓦斯涌出指标与该煤矿工作面井下实际测定的 K_1 值或瓦斯含量相关性较好，可以用这些指标辅助预警工作面前方煤体的瓦斯涌出异常情况或突出危险性。

因此该煤矿预警指标拟采用瓦斯量指标 A 作为趋势预警指标，瓦斯解析指标 B 作为状态预警指标。这两种指标的预警规则见表 6-9。

表 6-9 吉林某煤矿瓦斯涌出指标预警规则划分

预警类型	趋势预警		状态预警	
预警等级	橙色	红色	威胁	危险
预警信息	$0.6 \leqslant A < 0.4$	$A \geqslant 0.6$	$0.3 \leqslant B < 0.5$	$B \geqslant 0.5$

6.5 瓦斯监测预警信息化硬件系统建设

硬件系统是保障整个预警系统正常运行的重要支撑条件，根据项目实施及系统运行需要，为该矿配置了专用预警服务器及客户端、无线通信基站、新型 WTC、随钻测量仪等硬件设备。

6.5.1 瓦斯监测预警服务器

预警服务器由于需要存储及处理大量的预警信息，且需要连续工作，所以必须具备高可靠性、高稳定性和高处理能力，综合考虑各方面因素，为该预警系统选择 IBM X3850 服务器，并根据预警系统数据存储量及数据处理特点，对服务器硬件配置进行了相应扩展（具体配置见表 6-10）。服务器使用 Windows 2008 R2 Server Enterprise 64 位操作系统，以及 Microsoft SQL Server 2008 数据库系统。根据项目需求及该实际办公网络条件，1 号预警服务器安装在办公楼 2 楼监控机房，2 号预警服务器安装在办公室 4 楼预警实验室。

该预警服务器与瓦斯监测服务器直接通过监测局域网连接，预警服务器能够动态、单向获取瓦斯监测服务器的瓦斯监测实时数据；预警服务器与预警客户端之间的数据交换直接利用该矿现有的内部办公网，既实现了各专业预警子系统与预警服务器之间数据的安全、快速传输，又节省了专用网络建设费用。

表 6-10 瓦斯预警服务器主要参数

外观示意图	部件	配 置
	CPU	英特尔 Xeon（至强）E7-4850V3　4U 机架式
	主板	英特尔 Xeon E5/Core i7 DMI2 - Intel X79 PCH
	内存	64GB 1600MHz LV-DIMM DDR4 1.35V
	硬盘	SAS 硬盘，存储空间
	电源	1+1 冗余电源，支持主备模式
	光驱	DVD RW 光驱

6.5.2 瓦斯监测预警客户端

相对于服务器，预警客户端并不需要大量的数据处理及存储，因此对机器配置要求相对较低，根据需要该矿部门职责分工，共为相关职能部门配置 12 台预警系统客户端（联想扬天 T4900v-00），机器外观及配置见表 6-11。

表 6-11 预警客户端主要参数

外 观	部件	配 置
	CPU	英特尔 酷睿 I5-8500 四核处理器 3.20GHz
	主板	联想 NO DPK（英特尔 Ivy Bridge-H61 芯片组）
	内存	8GB（记忆科技 DDR4 2666MHz）
	硬盘	希捷 ST500DM002-1BD142（1TB/7200 转/分）
	显卡	Nvidia GeForce 605（511MB/微星）
	光驱	飞利浦-建兴 DVD-RW DH16ACSH DVD 刻录机
	显示器	联想 LEN0A0C LT2252 Wide（22 英寸）

6.5.3 新型 WTC 和瓦斯参数采集仪

新型 WTC 突出参数仪和瓦斯参数采集仪均用于突出参数测定和采集，其中新型 WTC 突出参数仪主要用于钻屑瓦斯解吸指标 K_1 值的测定和上传；瓦斯参数采集仪是防爆手机内嵌防突动态管理采集程序，用于突出预测指标数据的井下采集和上传。WTC 突出参数仪如图 6-11 所示。

新型 WTC 瓦斯突出参数仪一种便携式矿用本安型仪器，仪器主要用于测定煤与瓦斯突出预测预报参数（钻屑瓦斯解析指标 K_1），测定的所有数据都可存储、上传、显示、打印。通过在地面或井下布设无线基站的方式，借助仪器的无线上传功能，可实现测定指标 K_1、S 值的自动上传，保障了数据的实时性、准确性。仪器具有测量数据永久保存、背光液晶显示、中文菜单提示操作、电池电量和实时时钟显示灯功能。仪器具有功能强、体积小、重量轻、操作简单、性能可

图 6-11　WTC 突出参数仪

靠、防潮防尘性能好等优点，是煤矿防止瓦斯事故灾害不可缺少的一种先进设备。为该矿瓦斯部门共配置 6 套新型 WTC，新型 WTC 瓦斯突出参数仪与传统的 WTC 瓦斯突出参数仪相比主要从三个方面进行了改进，其一，增加了 WiFi 模式的无线传输模块，使仪器可以通过无线方式连接到井下环网将防突预测指标上传到地面；其二，对仪器存储模块进行了扩容，并对程序进行了改进，实现了对预测过程中每米钻屑量的管理；其三，取消了主

机中的参数计算模块，将计算模块移植到瓦斯参数采集仪中，大幅度减轻了主机和 WTC 整套的重量，方便对数据的智能管理。

瓦斯参数采集仪内嵌有防突动态管理采集程序，通过该程序与 WTC 蓝牙连接，可将矿井日常测定的突出预测传输到手机中。瓦斯参数采集仪可通过 WiFi 连接于井下环网，将采集的预测指标上传到地面，为该矿配备 6 台瓦斯参数采集仪。

6.5.4 无线基站

KTW118K(D)型矿用无线基站（以下简称"基站"）是矿用无线通信系统中的一个配套设备，可在煤矿有瓦斯爆炸性气体的环境中独立使用。KTW118K(D)型矿用无线基站能够完成有线信号与无线信号相互转换，对矿井巷道空间进行无线覆盖。将带有无线传输功能的 WTC 置于井下无线基站信号覆盖范围内，即可将测得 K_1 值和 S 值分门别类的上传到地面瓦斯事故灾害预警系统，省去了传统的纸质打印及数据手工录入功能。

无线基站安装考虑覆盖整个井田，从井田各个采区测得的防突数据都能在井下方便的上传到地面数据库，因此无线基站计划安装在中央变电所和西部变电所附近，具体安装地点如图 6-12 和图 6-13 所示。

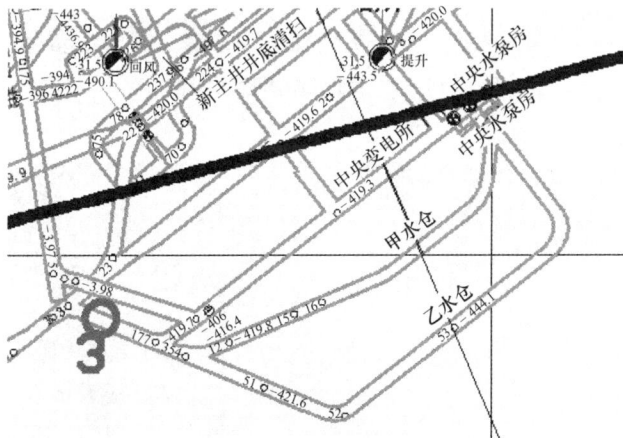

图 6-12 中央变电所附近

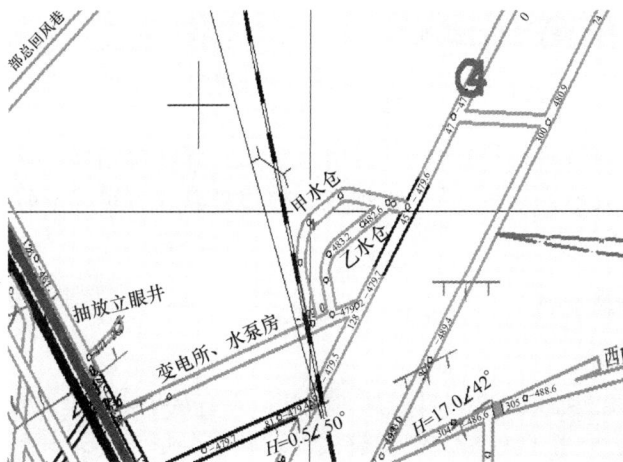

图 6-13 西部二台候车尾

　　经过多次井下调研，在瓦斯研究室、监控科的配合下，最终 6 台无线基站全部完成安装，其中包括相关通信线缆、光纤的铺设，并接入 127V 电源。6 台无线基站的安装地点为中央变电所，在−420m 北翼运输巷交叉口、西部二台候车尾、西部卡轨车、西六卡轨车、西三卡轨车。如图 6-14 和图 6-15 所示，6 台无线基站串联连接，通过中央变电所光纤交换机与地面预警服务器直接连通，构建形成了"突出预测仪器-无线基站-预警服务器"井上下相联通，有线与无线相结合的数据传输网络，为防突信息数据采集和交互共享提供网络保障。

图 6-14　西部变电所附近无线基站

图 6-15　西部二台无线基站

　　2019 年 3~4 月对基站无线上传进行了井下测试，无线基站通过光纤与服务器成功连接，WTC 测量参数从井下成功上传到地面主预警服务器中，实现了防突预测数据的井下自动上传。

6.5.5　随钻轨迹测量系统

6.5.5.1　原理概述

　　针对煤矿井下瓦斯抽采钻孔设计及施工现状，在智慧矿隧安全风险监测预控平台系统建设需求的基础上，配置了 YCSZ(A)存储式随钻轨迹测量系统。该测量系统是一套专门用于钻孔轨迹测量的本质安全型设备，主要由矿用本安型探管、数据采集仪、无磁钻具等部件组成，适用于利用普通回转钻机等施工煤矿地质勘探孔、瓦斯抽放孔等钻孔的轨迹的跟踪监测。

测量仪是以测量探管和数据采集仪为核心的钻孔轨迹随钻监测系统，主要由 YCSZ（A）随钻轨迹测量仪、数据处理软件、数据采集仪、无磁钻具等组成。测量探管由电池筒进行孔内供电。探管利用传感器磁强计和加速度计，将近钻头位置的倾角和方位角测量并计算出来，并存储在探管的存储介质中；时间记录仪负责记录采集数据的时间点，打钻完成后通过 USB 数据线连接至电脑取出测点数据和时间数据；钻孔完成后将探管数据取出，由数据处理软件对探管采集的测点数据和时间记录仪记录的时间数据进行处理及显示。

测量钻孔数据时分孔内孔外设备，孔内外设备匹配同时工作完成钻孔数据采集。探管安装在无磁钻杆内放置于钻头之后，使用电池供电，随钻孔施工进入孔内进行轨迹数据采集，钻杆停止旋转后以 10s 间隔连续记录数据，钻杆开始旋转后探管停止测量进入待机状态。数据采集仪放置于孔外，人工操作采集钻孔数据测量点，开始新钻孔时按下"开新孔"键后开始钻孔施工，钻杆施工至预定测量点深度停止旋转，按下"采集"按键指示灯亮起，指示灯熄灭后即完成当前测点数据采集，如此重复至测孔完成。钻孔测量完成后将数据取出传输至电脑，使用数据处理软件进行数据处理，得到钻孔轨迹数据并绘制钻孔轨迹图，检查钻孔测量结果无误后生成钻孔数据报告文档。

6.5.5.2　系统组成及技术指标

硬件部分：YCSZ(A)存储式随钻轨迹测量仪、YCSZ(A)配套充电器、无磁外管、无磁钻杆、变径接头及相关配件等，如图 6-16 所示。

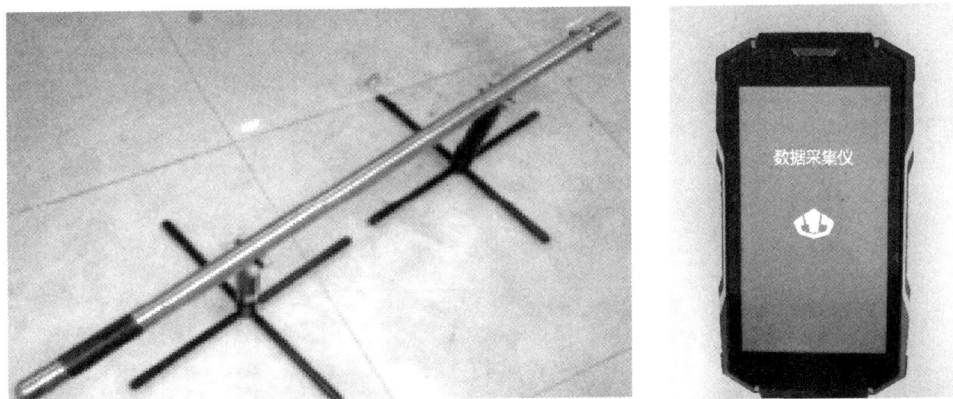

图 6-16　测量仪主要硬件实物图

软件部分：YCSZ(A)随钻测量软件、顶底板数据文件模板及相关文档。

系统软硬件设备的主要技术指标见表 6-12。

表 6-12　随钻测量系统主要技术指标

指　标	参　数	指　标	参　数
倾角	$-90°\sim90°$（$\pm0.2°$）	主机大小	$115mm\times58mm\times26mm$
方位角	$0°\sim360°$（$\pm1.5°$）	时间记录仪工作时间	$\geq24h$
弯头	$0°\sim360°$（$\pm1.5°$）	探管外形尺寸	$32mm\times1462mm$

指　　标	参　　数	指　　标	参　　数
数据存储	≥1G（标配 2G）	探管耐压	12MPa
电池筒工作时间	≥96h	适应钻杆直径	≥63mm
测量间隔	10s	无磁钻杆外径	63/73mm
测量深度	≥200m	无磁钻杆长度	1500mm

2019 年 4 月 1 日 8 点班在 62601 上顺做随钻测量试验，采用普通回转钻机，宽叶片螺旋钻杆，利用水做施工介质，轨迹测量探管送入方式采用套孔送入，实际施工钻孔深度 125m，送入探管实际深度为 123m。测量钻孔轨迹如图 6-17~图 6-19 所示，左右钻孔实际偏差较小，最大偏差位置在 80m 处，最大偏差为 1.5m，在钻孔末端偏差则较小，为 0.8m 左右。钻孔上下偏差则较大，最大偏差位置在钻孔末端，最大偏差超过 14m。因此，因根据钻孔实际偏差及时调整钻孔设计及施工。

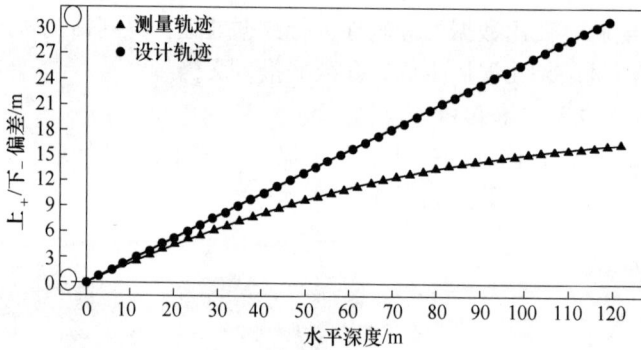

图 6-17　1 号钻孔上下轨迹

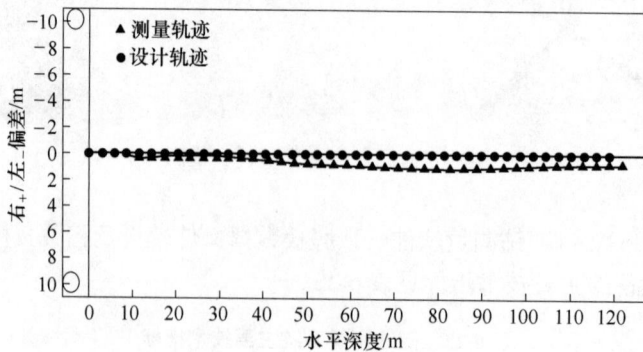

图 6-18　1 号钻孔左右轨迹

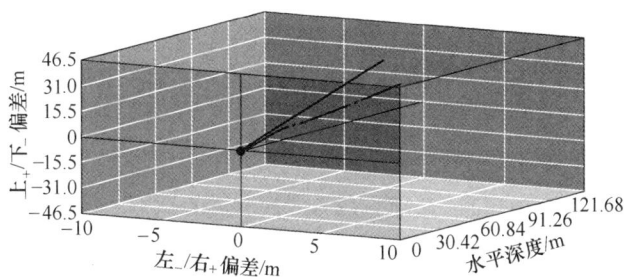

图 6-19　1 号钻孔三维轨迹

6.5.6　瓦斯涌出异常分析仪

TWY2 型瓦斯涌出异常分析仪为解决井下掘进巷道实时监测工作面前方瓦斯涌出异常情况而研发的专业分析仪器，产品设计制造上充分考虑到满足煤矿井下瓦斯涌出预警结果显示、语音播报的需求。瓦斯涌出异常分析仪包括主机、瓦斯浓度传感器、风速风向传感器、声光报警器及电源箱如图 6-20 和图 6-21 所示。瓦斯异常分析仪主机终端外壳材料采用不锈钢，结构为长方体。

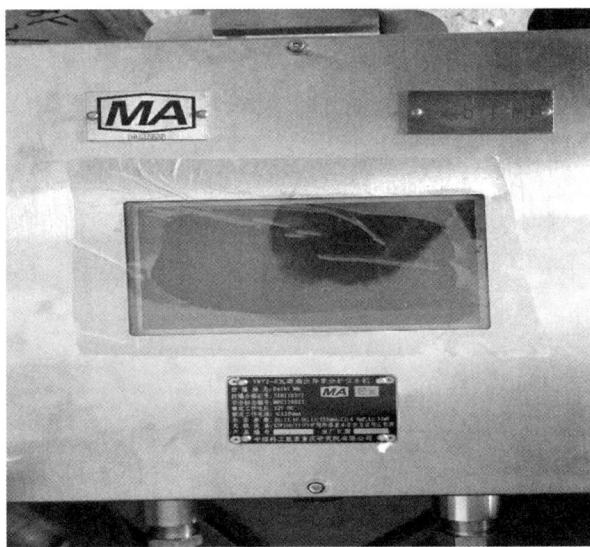

图 6-20　瓦斯异常分析仪主机

在确定预警装置与不间断电源、传感器连接无误后，设定完成后退出设定界面，预警装置即可投入使用。工作过程中，通过获取工作面甲烷浓度传感器与风速风向传感器传输过来的工作面解吸出来的瓦斯甲烷浓度与风速、风量信息，利用仪器内部预警数学计算模型，结合修正系数反演求出工作面前方煤体的原始瓦斯含量和瓦斯解析速度，进而监测分析工作面瓦斯涌出异常。

针对该煤矿井下瓦斯事故灾害现状，在项目建设需求的基础上，配备了 4 套瓦斯涌出异常分析仪。在监控科和瓦斯研究室的配合下，全部完成安装（如图 6-22 所示），分别安装在 31803 上顺、31803 下顺、12606 下顺，72301 巷。瓦斯涌出异常分析仪属

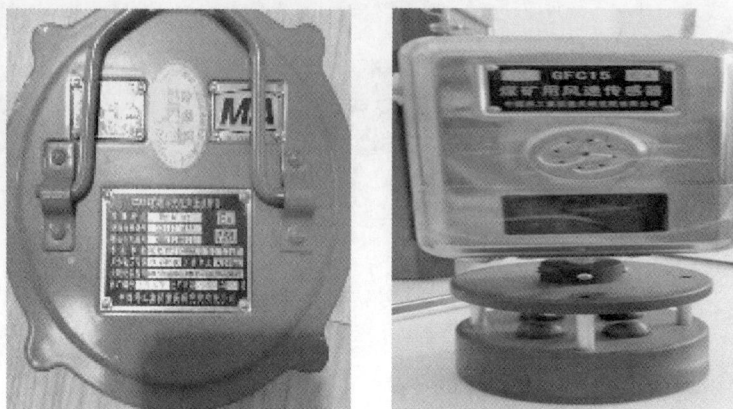

图 6-21   瓦斯涌出异常分析仪配套传感器

于瓦斯涌出预警系统的井下客户端，根据井下试验和跟踪考察，设备运行稳定并实现了如下功能：

（1）装置具有完善的数据采集模块，实现从传感器直接获取数据；

（2）具有无线传输模块，实现瓦斯涌出动态特征指标所需参数的无线传输设置；

（3）装置具有指标实时计算模块；

（4）装置具有联动控制模块，实现地面瓦斯涌出分析系统对装置的联动控制，保证参数信息同步和预警结果的一致性等；

（5）装置自动实现工作面突出危险性的在线分析、实时评价、及时预警，保证井下人员第一时间获知危险信息；

（6）显示终端具有图文显示的功能；显示终端具有语音播放功能；显示终端具有无线、光纤、485 通信功能。

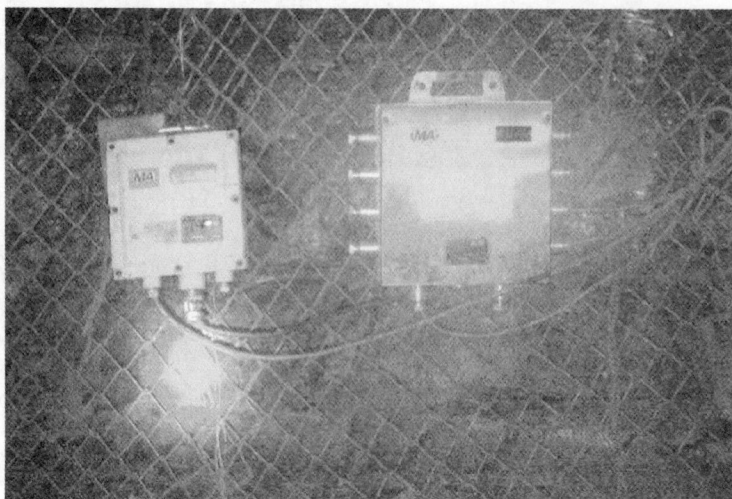

图 6-22   31803 下顺瓦斯预警仪

6.5.7 网络平台搭建

依托该矿井下安全监控环网、地面局域网，对服务器、客户端、无线基站等设备进行了连接和调试，搭建起了井上下相联合、有线和无线网络相结合的煤矿瓦斯事故灾害防控预警系统网络平台，结构如图6-23所示。

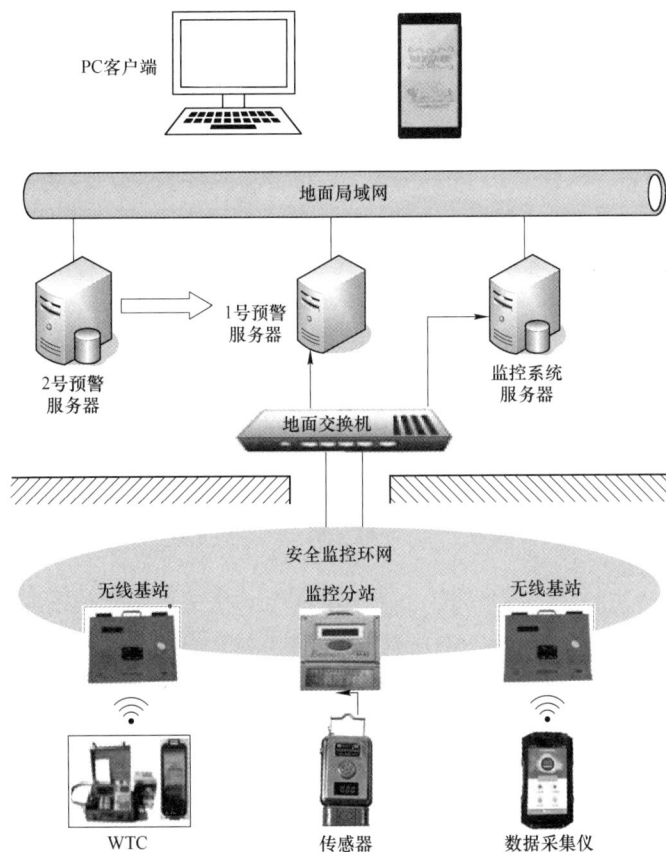

图 6-23 吉林某矿瓦斯防控预警平台网络结构

6.6 瓦斯事故灾害防控智能管理平台建设

6.6.1 多级瓦斯地质分析系统

多级瓦斯地质动态分析系统是矿井煤层瓦斯赋存规律集成、煤层瓦斯地质图绘制、更新及煤层瓦斯事故灾害区域预测的信息管理平台。系统从煤矿、采区、工作面多级瓦斯地质规律及控制的角度，层次分明地反映瓦斯地质规律与瓦斯预测成果，并随着采掘进程动态更新。系统具有全面先进的瓦斯地质图绘制技术，可输出含量、压力、标高等不同类型的分段云图，并有从 AutoCAD 文件直接导入图形数据的功能；同时根据已知的瓦斯、煤层赋存等参数自动绘制瓦斯含量、压力、涌出量等值线。

　　多级瓦斯地质分析系统是以瓦斯地质理论为指导，基于 GIS 平台开发的，在该平台的基础之上，实现该矿瓦斯地质动态分析系统的适应性调整，系统瓦斯地质数据智能分析、瓦斯地质图件自动生成与动态更新于一体，一方面满足了瓦斯地质图更新及图形绘制需要，另一方面大大方便了相关部门瓦斯地质资料的综合管理。图 6-24 所示为瓦斯地质动态分析系统主程序窗体。

　　该系统的专业功能主要包括瓦斯地质资料管理、瓦斯地质分析和矿图管理三个方面。下面将对这三个方面内容予以简单介绍。

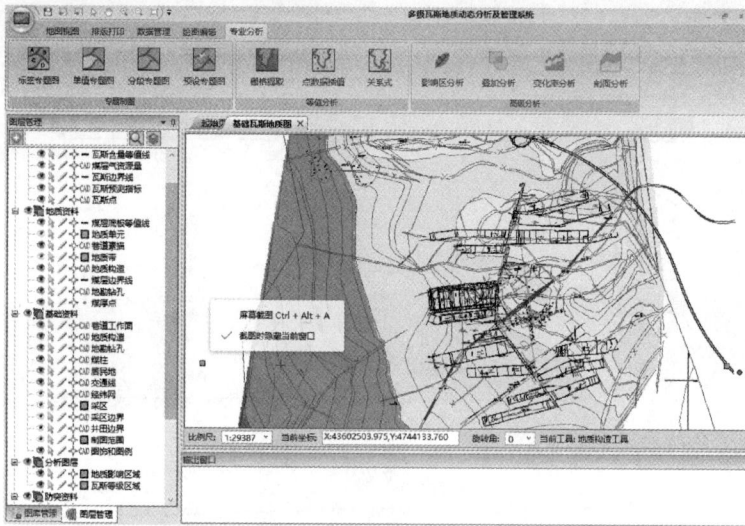

图 6-24　瓦斯地质动态分析系统主程序窗体
（扫描书前二维码看彩图）

　　（1）多级瓦斯地质分析系统瓦斯地质基础数据管理功能主要分为两个方面，即瓦斯基本参数管理和地质数据管理。

　　用户通过瓦斯基本参数管理功能可以对瓦斯含量测点、瓦斯压力测点、煤样瓦斯参数（a、b、f、Δp、工业分析等）、煤层透气性系数、瓦斯涌出量、瓦斯动力现象等矿井瓦斯基础资料进行管理（如图 6-25 所示）。

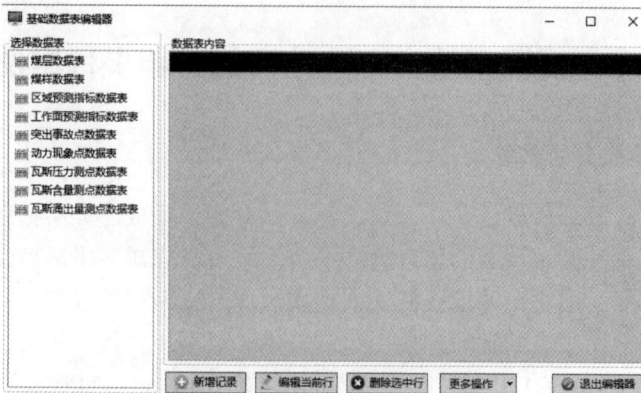

图 6-25　瓦斯基础数据维护功能
（扫描书前二维码看彩图）

（2）瓦斯地质分析。系统的瓦斯地质分析功能主要包括以下四个方面。

1）瓦斯参数预测及等值线智能绘制。系统可以根据矿井已有瓦斯地质资料进行矿井瓦斯地质规律分析，根据实测的瓦斯含量、压力等数据，实现瓦斯压力、瓦斯含量及瓦斯涌出量等瓦斯参数等值线的智能化自动绘制及更新，如图6-26所示。

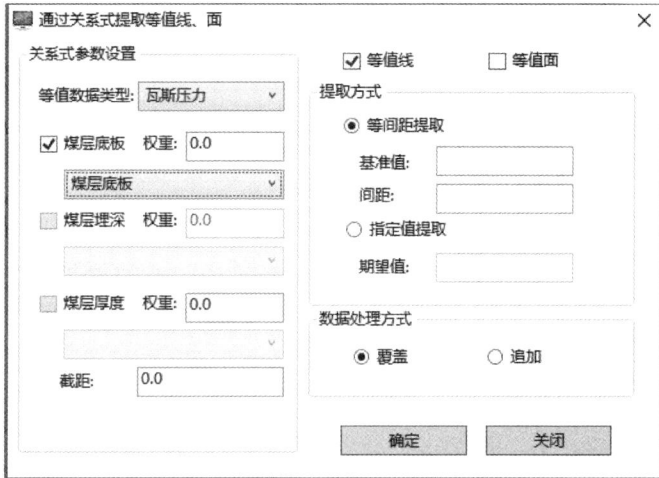

图6-26 瓦斯参数预测与等值线绘制功能
（扫描书前二维码看彩图）

2）分段专题图绘制。瓦斯地质分析系统可以根据瓦斯含量、瓦斯压力、煤层底板标高等变化智能绘制分段云图，用不同颜色区分瓦斯和地质参数的变化趋势，从而宏观整体掌握瓦斯地质参数变化情况。图6-27所示为19号瓦斯含量分段云图，随着颜色加深，瓦斯含量增大。

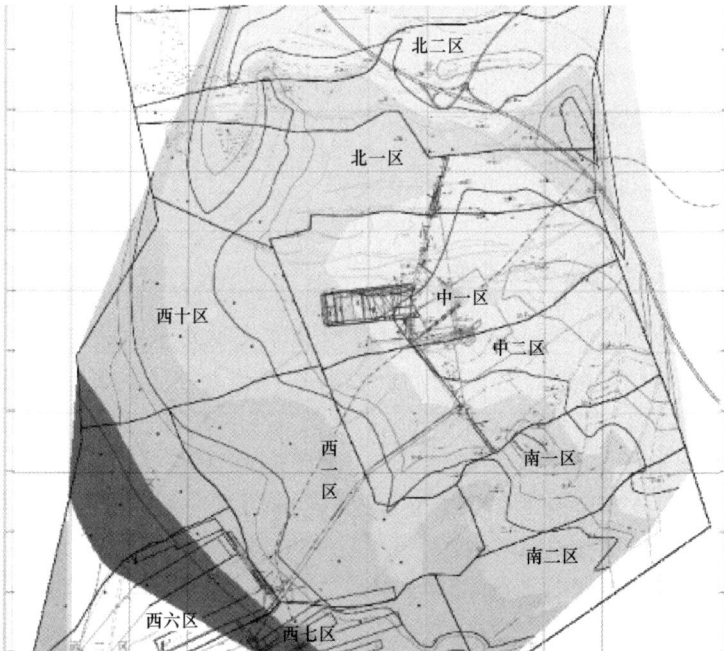

图6-27 瓦斯含量分段云图
（扫描书前二维码看彩图）

3）CAD 格式导入。支持 CAD 格式采掘巷道、地质构造、井田边界、地勘钻孔等资料导入瓦斯地质系统，节省人工输入数据时间（图 6-28）。

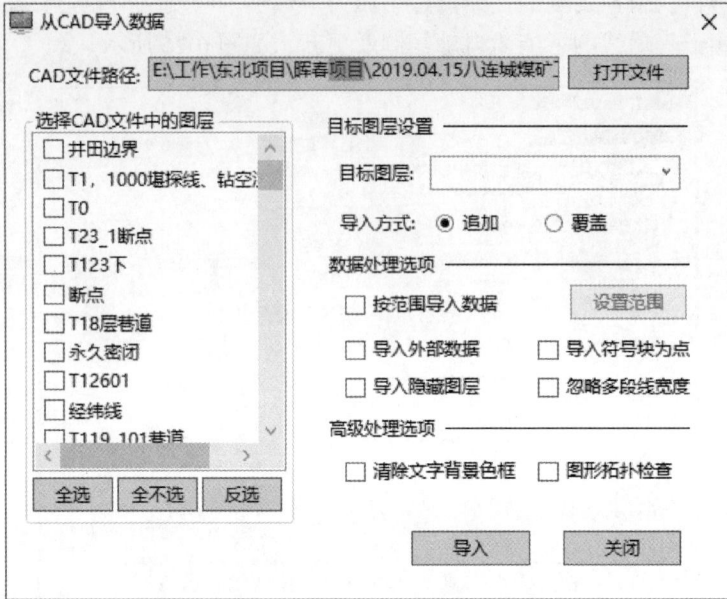

图 6-28　CAD 数据导入

4）瓦斯地质图的动态更新。系统不仅实现了瓦斯地质图的智能化自动生成，而且还可以根据相关瓦斯参数测点的增删情况，实现对瓦斯地质图的实时动态更新，该功能彻底改变了瓦斯地质图一旦生成就一成不变的传统方法，从而使瓦斯地质图能最大程度反映矿井煤层当前瓦斯赋存和突出危险情况。

（3）瓦斯地质图管理。利用本系统的图形浏览工具，用户可以方便地对瓦斯地质图进行移动、放大、缩小等浏览操作；利用系统提供的图形进行绘制与编辑工作，用户还可以对瓦斯地质图进行局部调整；同时，还可以运用系统的输出工具将图形打印或输出为pdf 格式文档。

6.6.2　瓦斯防治动态管理与分析系统

瓦斯防治动态管理与分析系统是利用计算机技术实现对重点关注的工作面"四位一体"综合防突措施执行情况进行实时分析，及时发现和处理防突工作中存在的问题，严格瓦斯防治的管理，有效地控制或消除突出事故的发生，变事后分析为事前处理。实行动态管理，有利于对工作面突出危险性预测、防突措施和措施效果检验的各种参数随时进行综合分析，有利于摸索和掌握工作面煤与瓦斯突出的规律，使防突措施的制定更具有针对性，使突出危险的消除更加及时有效。

该系统利用计算机技术对采掘工作面"四位一体"综合防突措施执行情况进行综合管理，并对日常预测指标值等参数进行智能分析，将分析结果用于瓦斯事故灾害预警。结合系统功能需求分析，在瓦斯防治动态管理信息平台基础之上，完成了对该系统功能的针对性开发，主要包括工作面管理、日常防突管理和预测指标与防突措施分析三个方面。

（1）工作面管理。该功能主要实现对三类防突工作面（煤巷掘进工作面、采煤工作面和石门揭煤工作面）基本信息进行管理，主要内容包括工作面所在位置、施工队组、巷道参数、煤层厚度等。通过该功能，用户可以添加、修改工作面，工作面采掘完成时实现工作面停头管理，可以实现工作面循环信息的剪切、粘贴等操作。同时，用户还可以很方便地对任意工作面任意时间段内的日常预测信息（预测指标 K_1、S、瓦斯含量 W）进行查询与导出，如图 6-29 所示。

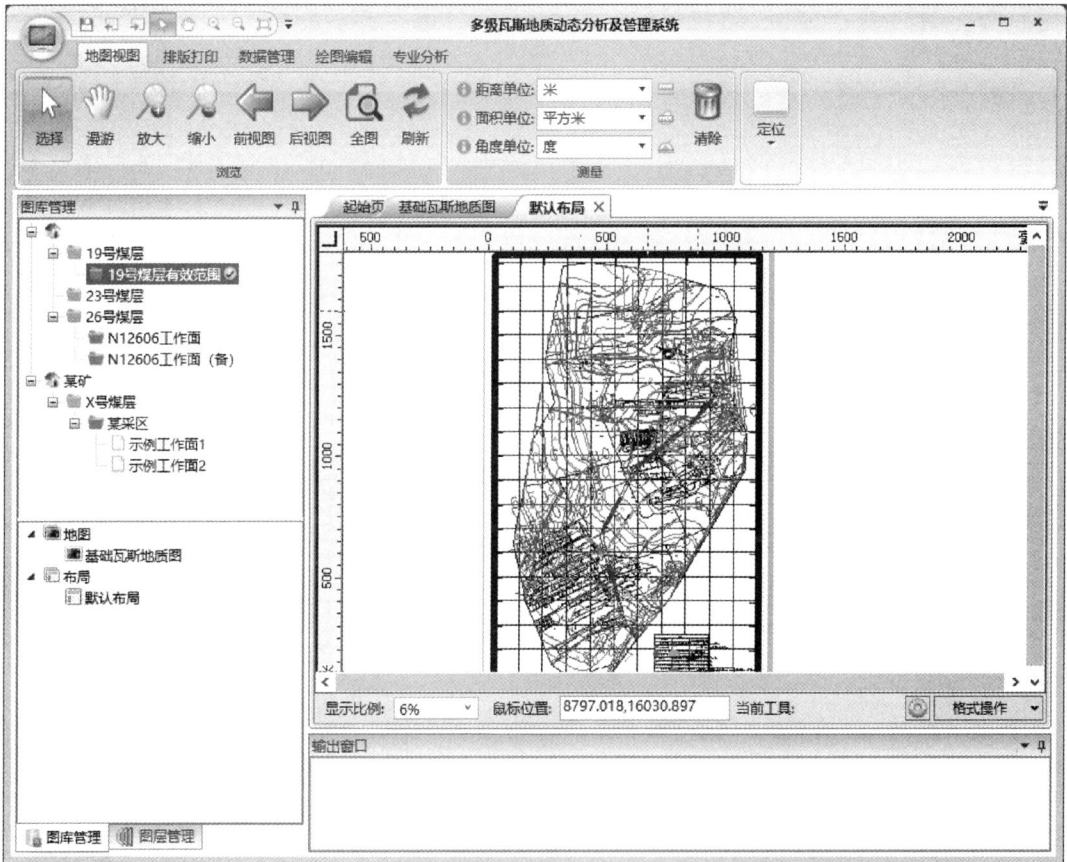

图 6-29　多级瓦斯地质动态分析及管理系统输出打印功能

（2）日常防突管理。针对该矿防突工作习惯，系统提供了与瓦斯研究实验室当前使用表单一致的突出参数测试表单与钻孔施工表单，从而在不改变技术人员操作习惯的前提下实现对防突资料的集中、专业管理，如图 6-30 所示。

系统还可以用来对工作面突出参数测定、煤体观测、动力现象、防突措施钻孔施工参数等信息进行管理，并能自动生成突出参数测试表单与钻孔施工表单，如图 6-31 所示。同时，系统也具备历史表单查询及表单打印与导出等功能。此外，系统通过与新型 WTC 瓦斯突出参数仪的无线互联，实现了井下突出预测参数 K_1、S 值的测定与自动上传，指标数据自动存储至瓦斯防治数据库，并上传预警服务器进行分析与存储，既保障了预警的及时性，又避免了手动数据录入。

系统还能根据预测（效检）钻孔施工情况、预测（效检）指标测值、措施钻孔施工

步进图　指标超标分析　预测指标统计　瓦斯含量统计　煤样参数管理　指标曲线　| 表单信息 ×

	煤矿掘进工作面预测预报指标测定表							
2	编号：△6							
3	巷道名称：31803下顺		测定时间：2019/01/30		早班		测定里程：	450	m
4	仪器编号：		K1max= 0.13 ml/g·min1/2		Smax= 1.2 kg/m		测定人员：		
5	孔深	1		2		3			
6		K1	S	K1	S	K1	S	K1	S
7	1		1.0		0.8		1.2		
8	2	0.00	0.8	0.00	0.6	0.13	1.0		
9	3		1.2		0.8				
10	4	0.00	1.0		0.6				
11	5								
12	6								
13	8								
14	8								
15	9								
16	10								
17	max								
18				钻孔布置图					

图 6-30　吉林某矿防突预测预报表单

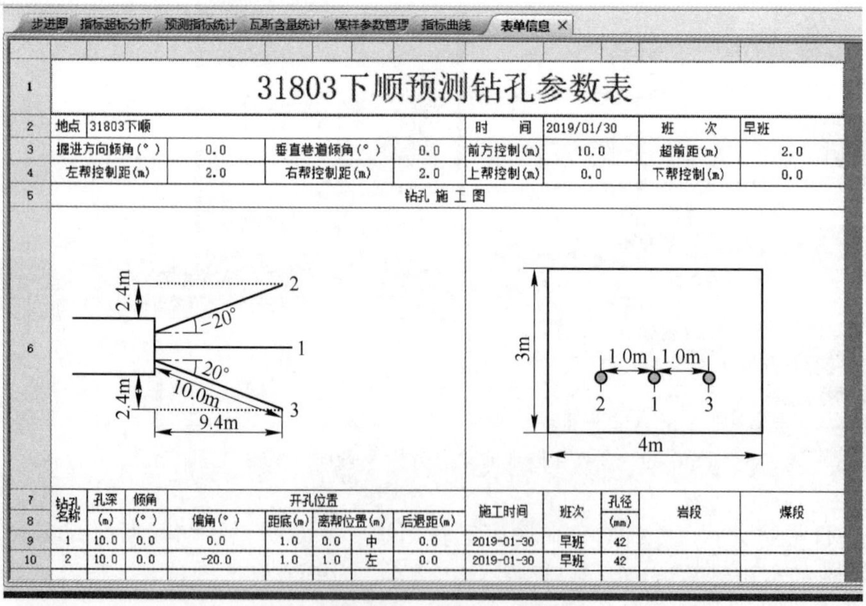

步进图　指标超标分析　预测指标统计　瓦斯含量统计　煤样参数管理　指标曲线　| 表单信息 ×

	31803下顺预测钻孔参数表							
2	地点　31803下顺			时　间	2019/01/30	班　次	早班	
3	掘进方向倾角(°)	0.0	垂直巷道倾角(°)	0.0	前方控制(m)	10.0	超前距(m)	2.0
4	左帮控制距(m)	2.0	右帮控制距(m)	2.0	上帮控制(m)	0.0	下帮控制(m)	0.0
5				钻孔施工图				

	钻孔名称	孔深(m)	倾角(°)	开孔位置				施工时间	班次	孔径(mm)	岩段	煤段
7				偏角(°)	距底(m)	离帮位置(m)	后退距(m)					
9	1	10.0	0.0	0.0	1.0	0.0 中	0.0	2019-01-30	早班	42		
10	2	10.0	0.0	-20.0	1.0	0.0 左	0.0	2019-01-30	早班	42		

图 6-31　吉林某矿预测钻孔参数表

情况、施工时间、巷道循环进尺等信息，自动生成工作面动态防突步进图、大样图。动态防突大样图以防突措施的时空关系为主线，集图形、数据于一体，系统、全面、动态地反映了采掘工作面综合防突措施执行情况，具有较高的实用价值。此外，系统可以根据实时指标信息生成工作面指标信息变化图，如图 6-32 所示。

（3）瓦斯含量管理。系统无缝集成了 DGC 瓦斯含量测定的数据管理功能，井下实测和地面实验室测得瓦斯含量后，通过瓦斯防治与动态管理系统计算出瓦斯含量结果。

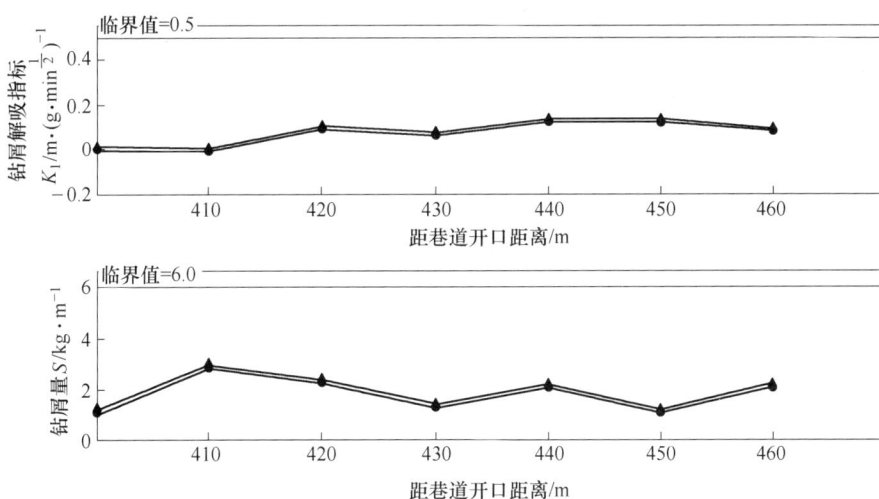

图 6-32 工作面指标信息变化

6.6.3 瓦斯涌出动态分析预警系统

6.6.3.1 功能需求分析

瓦斯涌出动态分析系统的主要目的是对矿井监控系统的瓦斯浓度监测数据进行综合分析，为突出预警提供瓦斯涌出动态指标信息，实现工作面突出危险性的实时、动态及智能预警。该系统的具体功能需求如下。

（1）实现矿井瓦斯监测信息的实时获取，自动绘制瓦斯浓度实时监测数据曲线；

（2）实现对历史预警结果的便捷查询及报表打印与输出；

（3）实现瓦斯涌出动态特征指标的自动分析、计算，并绘制指标变化曲线图；

（4）实现工作面基于瓦斯监测数据的突出危险状态及趋势的实时、自动分析和报警；

（5）实现瓦斯探头调校、更换探头时等获取的无效监测信息的自动及手动过滤。

6.6.3.2 软件的适应性调整

对瓦斯涌出动态分析系统的适应性调整是基于瓦斯涌出动态分析信息平台。由于该系统需要从矿井监控系统实时获取矿井瓦斯监测信息，并进行实时、动态分析，因此该系统对数据的处理具有量大、速度快、持续性强的特点。基于此，设计瓦斯涌出动态分析系统采用服务和客户端联合运行模式，其中 KJA 服务主要负责人机交互少、实时性强的功能，客户端主要负责人机交互较为频繁的功能。

（1）KJA 服务。KJA 服务采用 Windows 服务模式，开机自动启动，无需人工干预，因此无操作界面。KJA 服务主要用于从监控系统服务器实时读取矿井监控数据，实时、自动计算瓦斯涌出特征预警指标，并实时将指标计算结果传输给综合预警数据库，为瓦斯突出综合预警提供瓦斯涌出特征基础信息。

（2）KJA 客户端。KJA 客户端登录后主界面如图 6-33 所示，其主要功能包括瓦斯涌出动态特征分析、无效监测信息判识、瓦斯涌出预警指标及规则设置、预警结果管理和系统管理等，其主要功能菜单如图 6-33 所示。

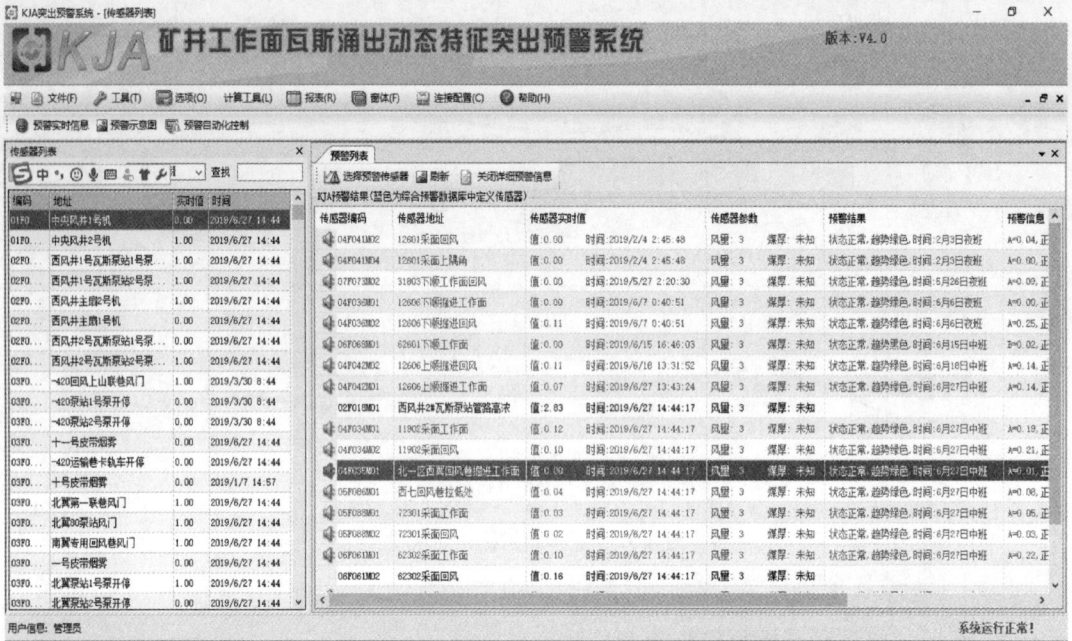

图 6-33　瓦斯涌出动态分析系统主界面
（扫描书前二维码看彩图）

1）瓦斯涌出动态特征分析。瓦斯涌出动态特征分析功能主要用于对吨煤瓦斯涌出量 V_n、瓦斯涌出量 Q_n、衰减指标 K_t 等矿井瓦斯涌出动态特征指标的适用性辅助分析，确定适合于矿井瓦斯地质条件、采掘工艺等客观条件的指标。利用系统的这一功能，可以针对考察工作面某时间段的瓦斯涌出曲线，进行瓦斯涌出动态特征指标计算，并能对各指标计算结果曲线进行统一展示，便于用户分析，如图 6-34 所示。

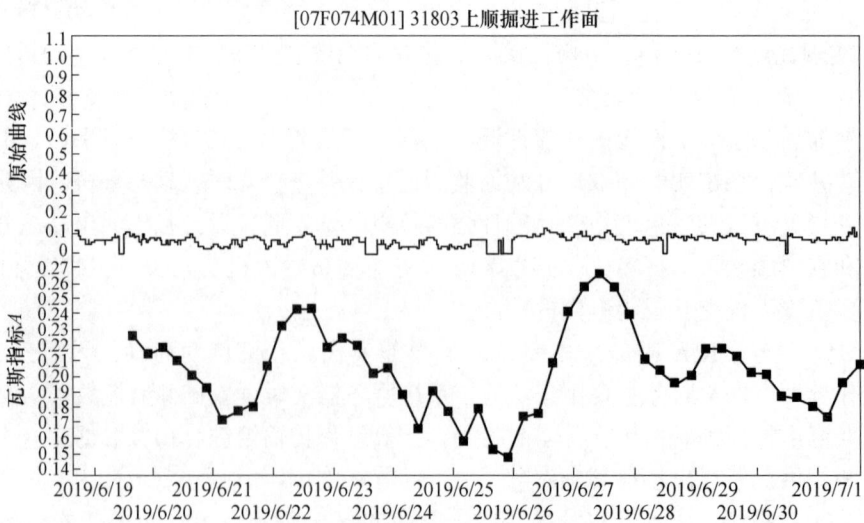

图 6-34　瓦斯涌出动态特征分析
（扫描书前二维码看彩图）

2）无效监测数据判识。该功能主要用于对瓦斯探头调校、探头损害等人为因素造成的无效监测信息进行自动判识和过滤，从而最大程度地保证瓦斯涌出监测数据的可靠性，提高预警准确率。无效监控数据过滤结果如图 6-35 所示。

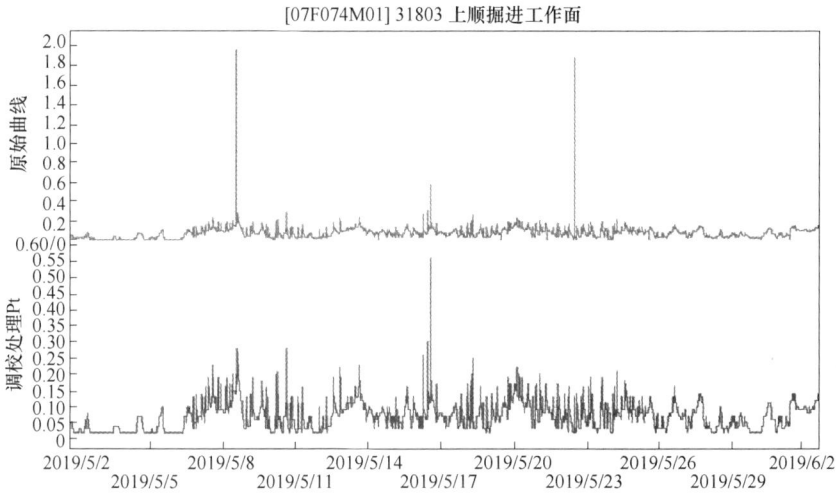

图 6-35　无效监控数据过滤
（扫描书前二维码看彩图）

3）瓦斯涌出预警指标及规则管理。用户通过系统的瓦斯涌出预警指标及规则管理功能，既可以基于系统提供的"或""与"和"非"等逻辑关系，灵活的设置矿井预警规则，也可以针对工作面进行瓦斯涌出预警指标定制和指标计算参数、指标临界值等的设置，用于煤与瓦斯突出实时预警（如图 6-36 所示）。

图 6-36　瓦斯涌出预警指标管理
（扫描书前二维码看彩图）

4）瓦斯涌出预警结果管理。预警结果管理功能主要用于控制预警结果的实时发布、预警结果查询、预警结果报表生成，并能便捷地对预警报表进行输出或打印。

5）系统管理。KJA 客户端的系统管理功能，主要用于数据库连接配置、用户信息管理等。

6.6.4 瓦斯抽采钻孔管理系统

瓦斯抽采钻孔管理与分析平台集矿井瓦斯抽采钻孔智能设计、规范管理、综合评价一体化，构建起该煤矿钻孔轨迹测量管理与分析平台，实现矿井瓦斯抽采钻孔智能设计、特定回转钻机与定向钻机施工钻孔真实轨迹数据的规范化管理、钻孔施工图的自动绘制和钻孔控制效果辅助分析，提升矿井瓦斯抽采钻孔设计、成图、管理的自动化水平，并为瓦斯抽采钻孔工程质量监督提供辅助手段；实现矿井瓦斯抽采措施设计、执行情况的准确把握和瓦斯抽采安全隐患的可靠消除，提升矿井的瓦斯抽采和瓦斯事故灾害防治技术、管理水平，保障矿井安全生产。系统主要专业功能分别如图 6-37 所示。

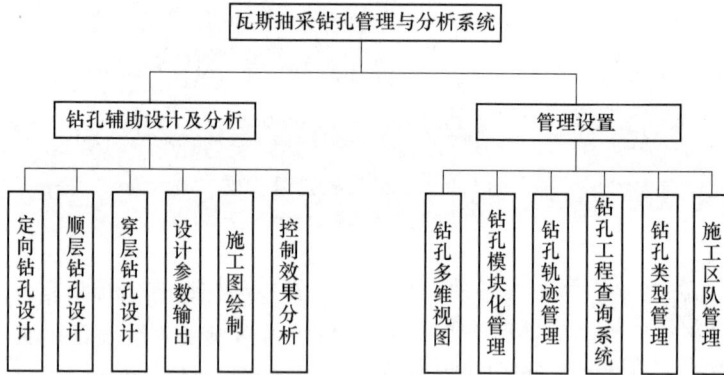

图 6-37　瓦斯抽采钻孔管理与分析系统主要功能

6.6.4.1　瓦斯抽采钻孔三维建模及可视化

系统开发了普通瓦斯抽采钻孔的真三维自动建模功能，实现了各种瓦斯抽采钻孔的三维可视化，使井下瓦斯抽采钻孔设计优化更为直观，为瓦斯抽采钻孔展示和分析提供了条件。

普通钻孔三维建模功能主要用于普通回转钻机施工的顺层或穿层瓦斯抽采钻孔的三维可视化。从方便煤矿现场应用和保证三维可视化效果出发，系统设计在小三维场景下进行普通钻孔的三维建模及可视化，即以一个钻场、掘进头、回采面作为空间背景，而不是整个矿井为空间背景，对空间内的一组钻孔进行三维建模和可视化。用户可通过系统的数据接口，将 Excel 格式的钻孔施工数据导入系统，系统将自动生成钻孔的三维模型，在小三维场景下清楚地展示出钻孔组的三维空间分布及穿煤（岩）情况。普通钻孔三维建模及可视化效果如图 6-38 所示。

6.6.4.2　瓦斯抽采钻孔智能设计及成图

瓦斯抽采钻孔智能设计及自动成图功能是专为煤矿瓦斯抽采设计、施工人员开发的专业化工具，实现了包含定向钻孔、普通顺层钻孔、普通穿层钻孔（石门揭煤）在内的各型瓦斯抽采钻孔的智能设计、自动成图，以及钻孔形态的三维展示。此外，系统与常用办公、绘图软件兼容，能够将钻孔设计参数表、设计施工图和三维场景图导出为 Excel、

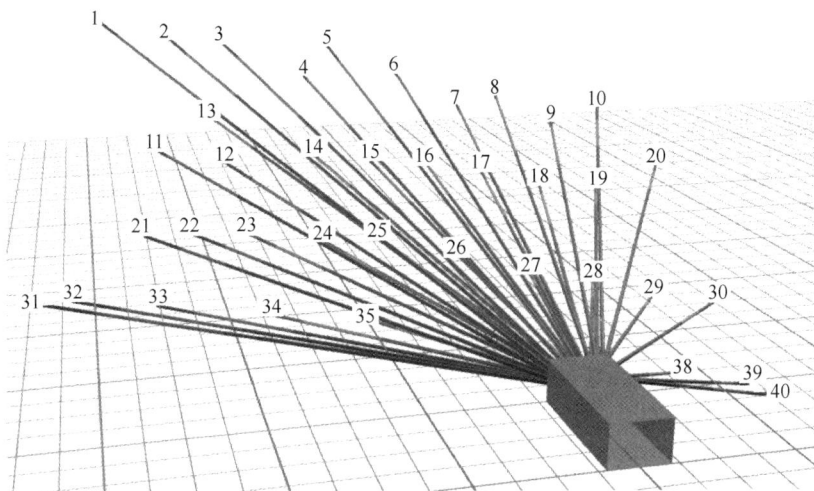

图 6-38 普通钻孔三维建模及可视化效果

Auto CAD 或 PNG 格式。

（1）定向钻孔智能设计。定向钻孔的智能设计功能实现了包括澳大利亚钻机、西安钻机和重庆钻机等在内的定向钻孔的智能设计，能够根据设计要求自动计算钻孔参数，并绘制相应的钻孔平、剖面总览图和分段图。另外，该功能充分融合了顺层定向钻孔、穿层定向钻孔、高位定向钻孔的特点，用户只需对相关设计参数进行调整，即可满足不同类型定向钻孔的设计要求。定向钻孔智能设计功能界面如图 6-39 所示。

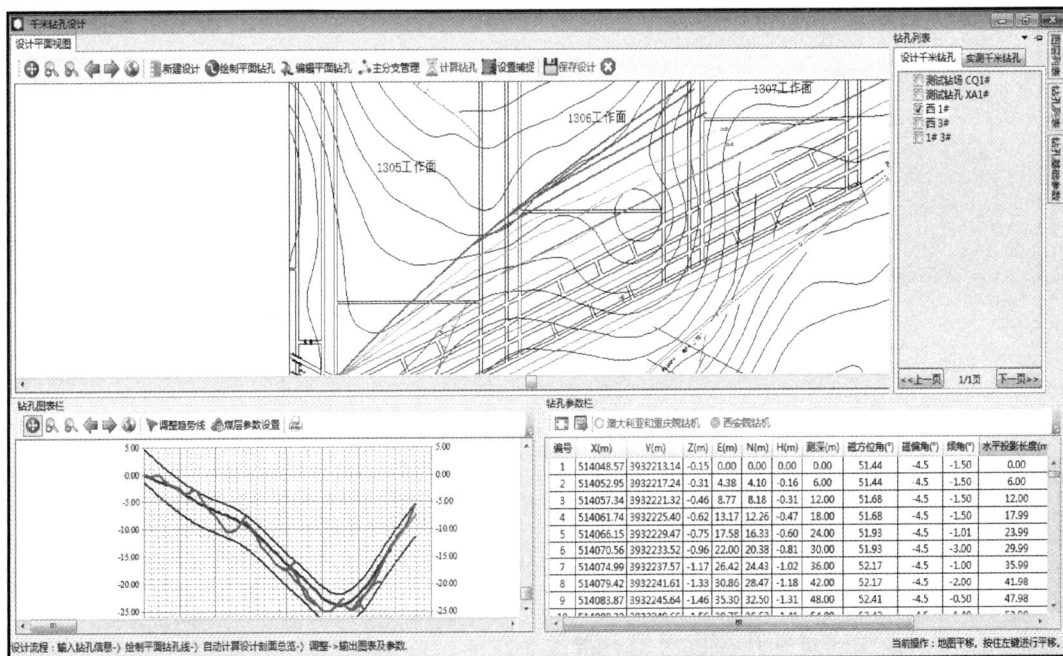

图 6-39 定向钻孔智能设计功能界面

（扫描书前二维码看彩图）

定向钻孔设计过程中，用户首先将定向钻孔控制区域 CAD 格式的采掘工程平面图导入系统，作为定向钻孔设计的平面底图，在底图上绘制设计钻孔的平面理想轨迹。其次，将邻近区域的参考定向钻孔施工数据导入系统，系统自动生成参考钻孔的剖面图，并根据参考钻孔探顶、探底数据，拟合生成控制区域煤层顶底板变化曲线。然后，用户设置钻机类型、探线方位角、测量间距、最大弯曲强度、开孔高度、目标高度等钻孔设计基础参数。系统将根据用户设置的钻孔开孔高度和目标高度参数，参照拟合的煤层顶、底板变化曲线，自动绘制设计钻孔的理想剖面线。同时，围绕用户绘制的平面目标轨迹曲线和理想剖面线，系统设计最符合要求的钻孔轨迹，自动计算设计钻孔不同测深处的倾角、方位角、水平投影长度、E 坐标、N 坐标、垂深、视平移、左右偏差、弯曲强度等参数，并生成对应的平、剖面总览图和分段图。

（2）普通钻孔智能设计。普通钻孔智能设计功能可以实现用户不同要求的顺层或穿层瓦斯抽采钻孔的科学设计，确保控制范围的全覆盖、无空白带的前提下达到最小的钻孔工程量要求，自动计算钻孔设计参数，并生成对应的钻孔设计图和三维立体图。普通钻孔智能设计功能界面如图 6-40 所示。

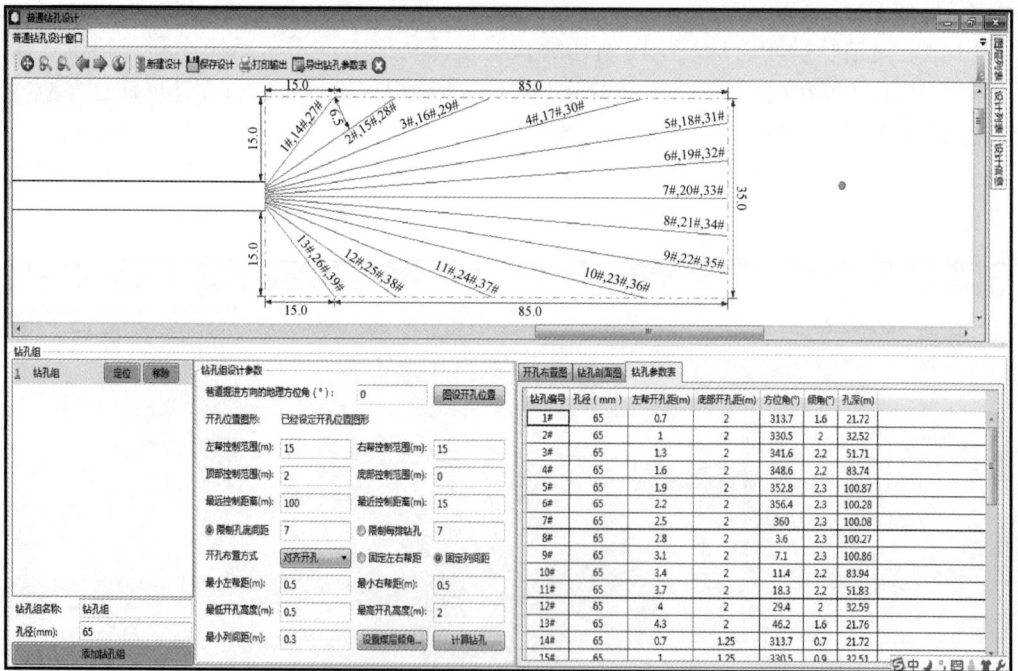

图 6-40　普通钻孔智能设计功能界面
（扫描书前二维码看彩图）

普通钻孔设计功能包含了顺层钻孔和穿层钻孔两类钻孔。在钻孔开孔方面，包含了迎头（或巷帮）开孔和顶（底）板开孔等多种开孔位置，和交错开孔、对齐开孔等多种开孔方式，并且系统通过开孔高度、左右帮最小距离、钻孔排列最小间距等开孔参数的限制，确保了设计钻孔的开孔布置能够满足煤矿现场施工要求。在孔底间距计算方面，包含了传统直线距离和垂直距离两种度量模式，满足了不同用户的需求。另外，普通钻孔设计功能还充分考虑了煤层赋存对设计的影响，能够根据煤层倾角，对设计钻孔进行修正，保证了设计钻孔的精确性。

（3）钻孔施工自动成图。钻孔施工自动成图功能实现了钻孔施工图自动绘制和钻孔布置三维展示。用户可以将 Excel 格式的钻孔施工参数导入系统中，系统将自动生成钻孔施工三视图，并能在小三维场景下展示钻孔的布置形态，如图 6-41 和图 6-42 所示。三视图可导出为 Auto CAD 格式，三维立体图可导出为 PNG 格式。

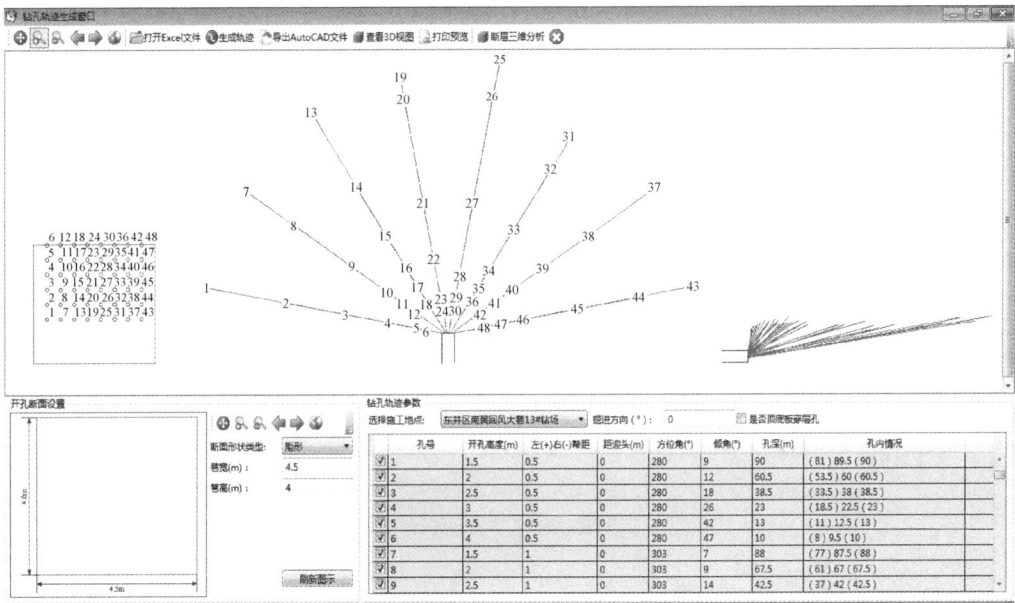

图 6-41　钻孔施工三视图自动生成
（扫描书前二维码看彩图）

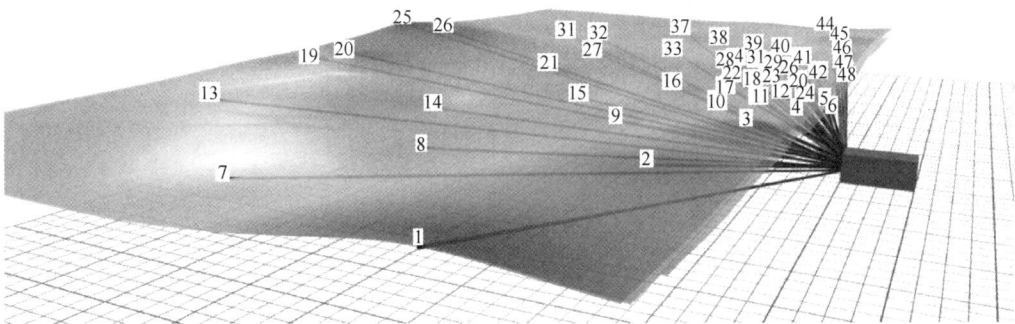

图 6-42　钻孔施工三维立体图自动生成
（扫描书前二维码看彩图）

（4）高位钻孔智能设计。高位钻孔设计如图 6-43 所示，根据建立的高位钻孔抽采设计模型，通过用户给定的设计位置、巷道参数、开孔位置、控制参数、走向控制范围、倾向控制范围、顶部控制范围等参数，智能设计符合要求的高位钻孔，并计算出孔长、开孔位置、倾角、方位角等钻孔设计参数及钻孔个数，并以 Excel 格式将参数输出。

1）工作面模型建立。工作面模型建立是设计高位钻孔的基础，根据回采工作面回风巷、运输巷沿途标高控制点（表 6-13）以及对应的地理坐标智能生成带有高程栅格的工作面模型。

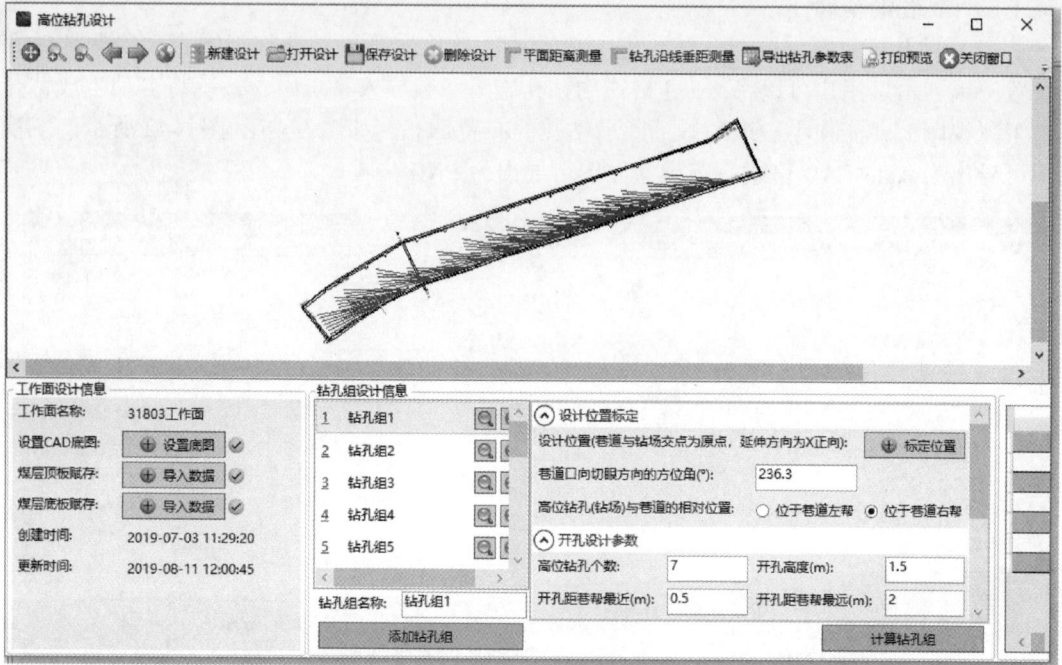

图 6-43　高位钻孔设计

(扫描书前二维码看彩图)

表 6-13　矿 31803 工作面标高控制点

序　号	坐标 X	坐标 Y	坐标 Z	顶板高程	底板高程
1	43604154.56	4741113.039	−601	−600.00	−602.00
2	43604138.41	4741107.574	−601.68	−600.68	−602.68
3	43604103.18	4741096.718	−597.9	−596.90	−598.90
4	43604061.92	4741083.08	−591.3	−590.30	−592.30
5	43603500.98	4740861.336	−525.1	−524.10	−526.10
6	43603483.71	4740881.194	−523.8	−522.80	−524.80
7	43603471.15	4740896.42	−521.1	−520.10	−522.10
8	⋮	⋮	⋮	⋮	⋮
9	43603811.43	4741072.356	−562	−561.00	−563.00
10	43603870.97	4741092.115	−573.9	−572.90	−574.90
11	43603894.84	4741100.323	−579	−578.00	−580.00
12	43603975.06	4741126.957	−592.4	−591.40	−593.40

2）高位钻孔设计。根据建立的高位钻孔抽采设计模型，如图 6-44 所示通过用户给定的设计位置、巷道参数、开孔位置、控制参数、走向控制范围、倾向控制范围、顶部控制范围等参数，智能设计符合要求的高位钻孔，并计算出孔长、开孔位置、倾角、方位角等钻孔设计参数及钻孔个数，高位钻孔设计如图 6-45 所示，并以 Excel 格式将参数输出。

图 6-44 高位钻孔设计参数

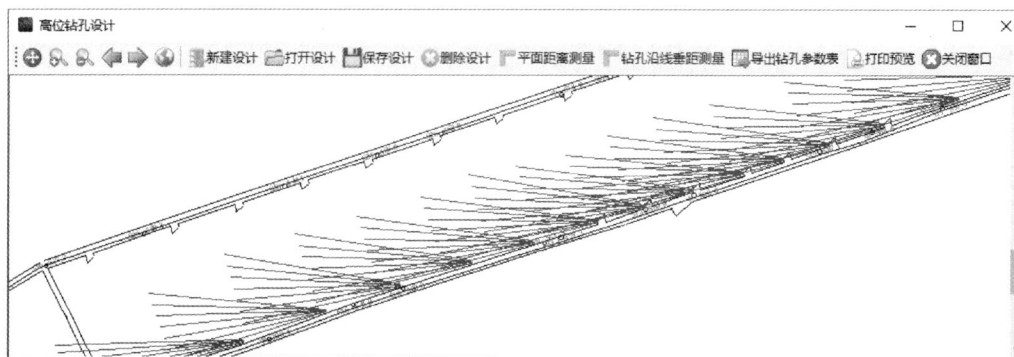

图 6-45 高位钻孔设计

（扫描书前二维码看彩图）

3）沿线垂直距离测量。系统可对设计出的高位钻孔与钻场所在巷道的平面距离及与煤层之间的沿线垂直距离自动测量。高位钻孔沿线垂直距离测量时，系统会自动生成高位钻孔与煤层的相对位置剖面图如图 6-46 所示，直观地展示出高位钻孔与煤层的空间高程位置关系，同时计算出钻孔沿线距离煤层顶板的垂直距离。

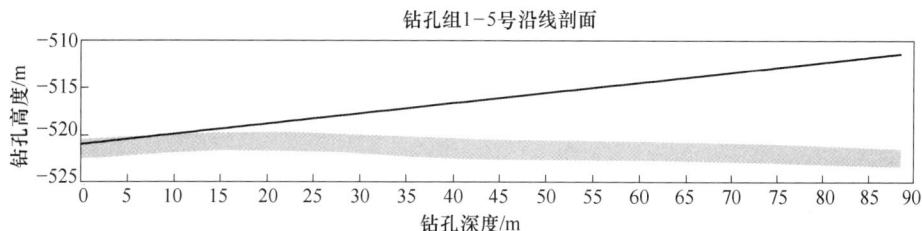

图 6-46 高位钻孔与煤层位置剖面图

6.6.4.3　抽采钻孔控制效果分析

瓦斯抽采钻孔管理与分析系统的瓦斯抽采控制效果分析建立在三维环境下的钻孔轨迹分析基础之上，从煤体中瓦斯抽采钻孔的密度分布出发，实现了瓦斯预抽钻孔布置缺陷的自动判识。

系统的瓦斯抽采控制效果分析功能综合了"线密度分析"和"核密度分析"两种密度计算方法，考虑了不同类型钻孔的有效瓦斯抽采半径不同，保证了评判结果的科学合理，其功能界面如图 6-47 所示。通过系统的 AutoCAD 接口，用户可以将 CAD 格式的钻孔施工图导入系统中，针对不同类型钻孔设置不同的瓦斯抽采有效半径，系统将自动计算钻孔控制区域煤体中钻孔密度的分布，并以云图形式进行展现。根据图中的颜色对比，用户可以清楚的了解不同区域的钻孔疏密，掌握钻孔空白带的分布，以便及时补充施工钻孔，保证抽采区域的全面覆盖，彻底消除安全隐患。

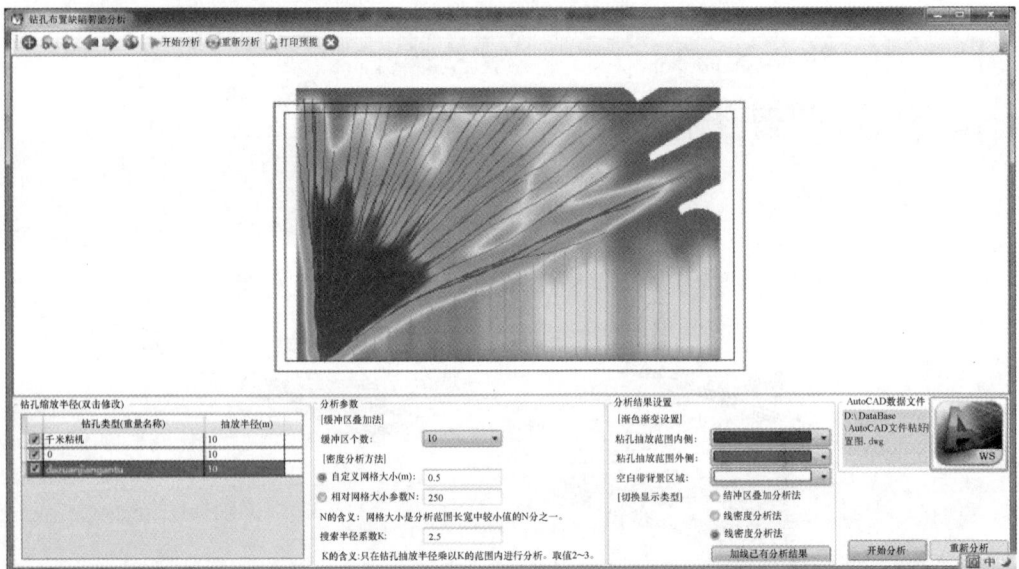

图 6-47　瓦斯抽采钻孔控制效果自动分析功能界面
（扫描书前二维码看彩图）

6.6.4.4　煤岩赋存辅助分析

煤岩赋存辅助分析功能实现了基于钻探数据的煤层赋存、地质构造空间形态的辅助分析和三维展示，可为瓦斯抽采、防突和生产作业提供直观的地质资料。系统的钻探煤岩辅助分析功能主要包括以下功能。主要为基于普通钻孔施工数据的煤层赋存和构造形态辅助分析。用户通过普通钻孔数据导入接口，将 Excel 格式的普通钻孔施工数据导入系统，系统在小三维场景下自动生成普通钻孔的三维立体图，其中煤孔段和岩孔段采用不同颜色区别显示。同时，系统根据各钻孔见煤、见岩情况，自动拟合煤体与岩体的分界面，如煤层顶底板、夹矸与煤层分界面、陷落柱边界面等，从而实现煤层和构造形态的三维探测分析展示，如图 6-48 所示。

由于煤层赋存和地质构造形态的复杂性，现阶段地质探测解释的全面自动化还有不小的差距，因此系统在煤岩体界面拟合方面引入了人机交互接口。探测分析人员可在探测钻

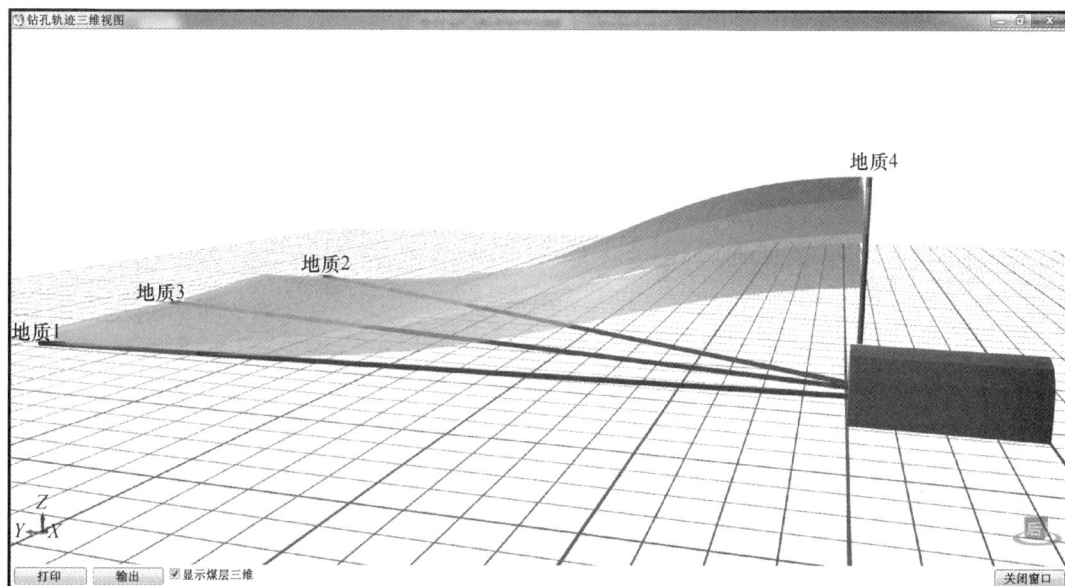

图 6-48 基于普通钻孔施工数据的煤层赋存辅助分析
(扫描书前二维码看彩图)

孔三维展示基础上，根据自身经验有针对性地选择见煤、见岩点进行拟合，以提高分析结果的可靠性。

6.6.5 瓦斯抽采信息管理平台

吉林某煤矿瓦斯抽采信息管理平台需要实时获取抽采监测系统数据，由于系统处理数据量大且对实时性要求较高，瓦斯抽采信息管理平台采用服务端和客户端联合运行模式，其中抽采服务界面主要负责数据录入、抽采系统图编辑等，客户端主要负责抽采信息展示及统计查询。

6.6.5.1 整体抽采效果展示

吉林某煤矿瓦斯抽采管理平台主界面如图 6-49 所示，矿井瓦斯抽采效果展示主要包括：本年度矿井累计瓦斯抽采量、当月矿井瓦斯抽采量、本年度的月度瓦斯抽采量；本年度矿井瓦斯抽采钻孔施工累计进尺、当月矿井瓦斯抽采钻孔施工进尺、本年度的月度瓦斯抽采钻孔施工进尺统计图，以曲线图的形式集中展示上述信息。

矿井各抽采系统运行效果展示主要包括以下内容：矿井抽采系统数量、矿井各抽采系统实时运行状态及参数（包括负压、浓度、温度等）、当年矿井各抽采系统每月瓦斯抽采量统计及累计瓦斯抽采量（曲线图）。

矿井各重点工作面的瓦斯抽采效果展示主要包括以下内容：矿井重点抽采对象、重点抽采对象抽采效果（包括名称、抽采方式、负压、浓度、混合流量、纯量、累计抽采量等）。

6.6.5.2 瓦斯抽采系统信息展示

瓦斯抽采系统信息展示主要用于展示矿井各抽采系统的装备和运行情况，界面如图 6-50 所示。根据选择的抽采系统装备，展示相应的抽采系统图，并显示该系统的抽采装备统计及明细表。

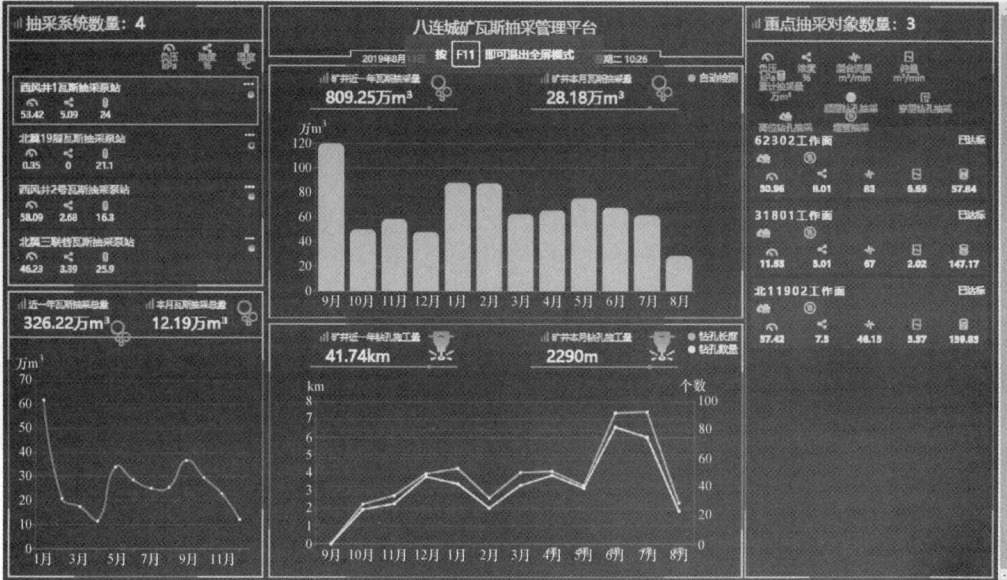

图 6-49　吉林某矿瓦斯抽采管理平台主界面

(扫描书前二维码看彩图)

抽采系统图上用不同符号表示泵站、传感器、阀门、除渣放水器、人工检测点、栅栏门、管路、钻孔等，在各设备的上方，在线显示设备对应传感器的监测值，包括甲烷浓度、负压、流量、温度、湿度等。

在统计图一项，同时列出抽采系统相关设备数量的统计，具体包括泵站（台）、除渣器（台）、放水器（台）、抽采管路（米）、传感器（支）等。

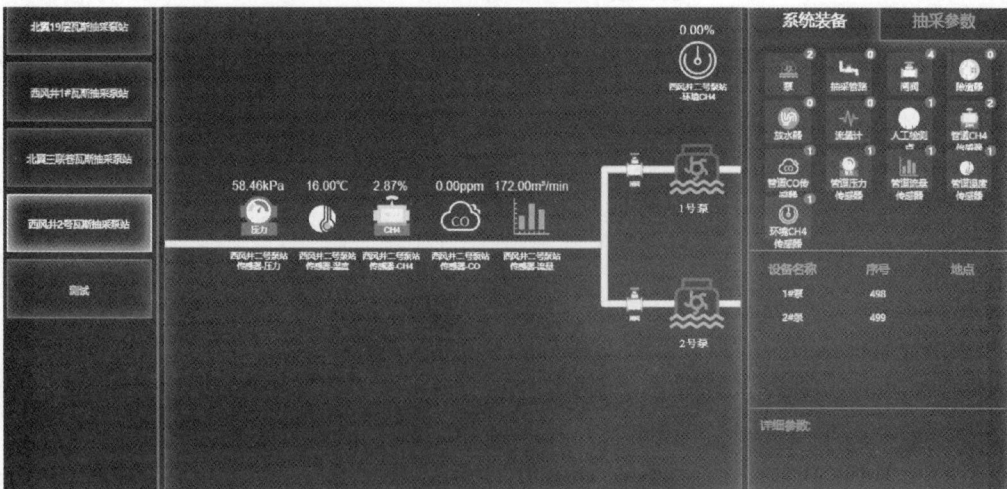

图 6-50　瓦斯抽采系统示意图

(扫描书前二维码看彩图)

6.6.5.3　重点抽采对象展示

通过抽采信息管理平台可以查询矿井所有重点抽采对象的抽采系统图、钻孔施工参数、工作面抽采量统计。

（1）抽采系统图。62302 工作面抽采系统示意图如图 6-51 所示，抽采对象的抽采系统图是通过特定的符号组合表示抽采系统的主要设备、管路连接；抽采系统图同时包含抽采管路、抽采计量传感器等信息。抽采系统图自动展示抽采对象的实时抽采参数，包括负压、温度、浓度、流量、纯量等。

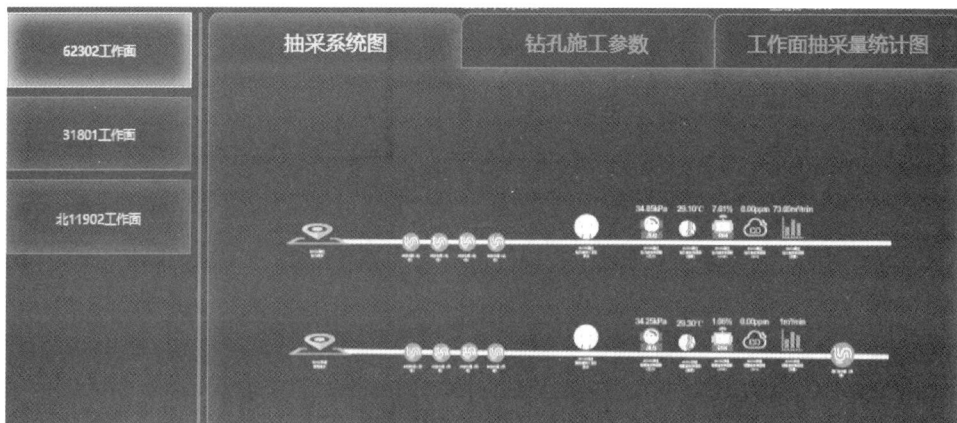

图 6-51　62302 工作面抽采系统示意图
（扫描书前二维码看彩图）

（2）抽采参数信息展示。通过抽采量分类统计图与钻孔分类统计图进行展示抽采对象的抽采参数，如图 6-52 所示。

抽采量分类统计图主要用于展示抽采对象不同抽采方式下的累计抽采量，包括顺层钻孔抽采、底（顶）板巷穿层钻孔抽采、高位钻孔抽采、埋管抽采等。

抽采钻孔分类统计图主要用于展示抽采对象不同类型钻孔工程量，包括顺层钻孔、穿层钻孔、高位钻孔等，统计信息包括钻孔总长度、钻孔个数等。

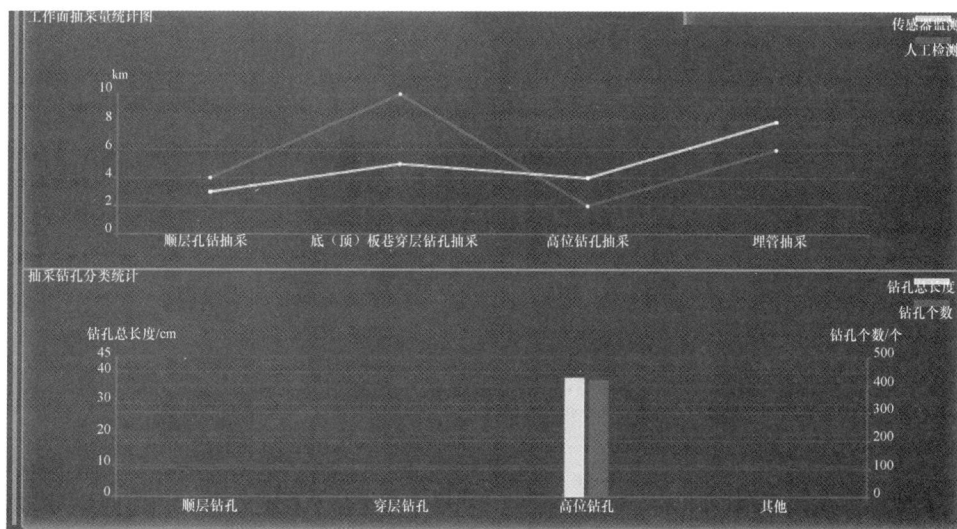

图 6-52　抽采参数信息
（扫描书前二维码看彩图）

6.6.5.4 钻孔信息展示

抽采对象钻孔施工参数的展示主要包括钻孔工程量统计与钻孔参数列表，抽采对象钻孔施工参数如图6-53所示。钻孔工程量统计又包括按时间的钻孔工程量和按类型的钻孔工程量。钻孔参数信息表包括钻孔设计参数、施工参数、施工人员、验收人员等信息，另外，每个钻孔还可上传对应的打钻视频文件。

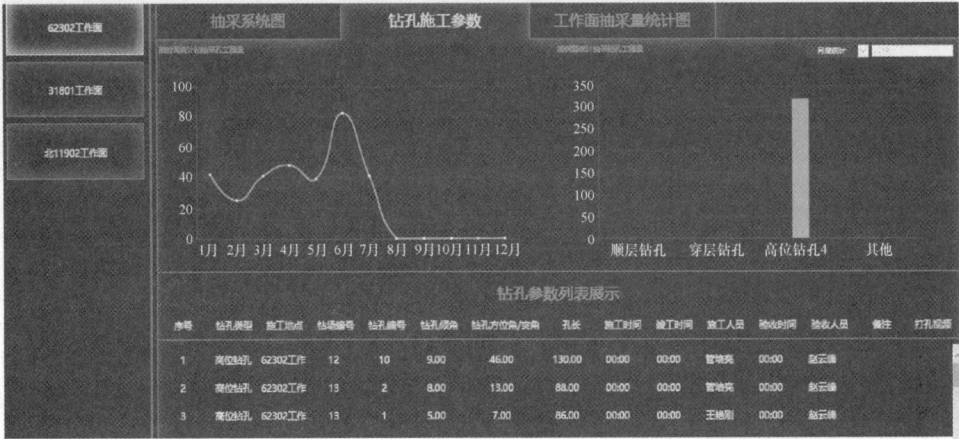

图6-53　抽采对象钻孔施工参数
（扫描书前二维码看彩图）

6.6.6　吉林某煤矿瓦斯事故灾害防控管理平台

吉林某煤矿瓦斯事故灾害防控管理平台是一个综合性的功能模块，数据来源于多级瓦斯地质分析系统、防突动态管理与分析系统、瓦斯涌出动态分析系统、安全监控综合平台等系统提供的基础数据，能够实现其他子系统中瓦斯参数、瓦斯抽采信息、安全监控信息、瓦斯涌出预警信息以及瓦斯地质信息的集中展示与信息共享，系统主界面如图6-54所示。吉林某煤矿瓦斯事故灾害防控管理平台的数据库建立在云服务器上，可以通过互联网登录相应的网址直接访问。

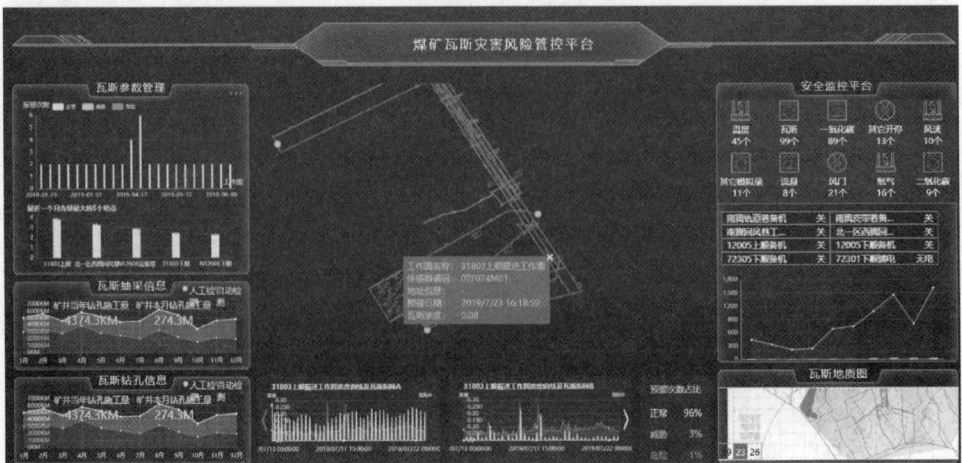

图6-54　吉林某煤矿瓦斯事故灾害风险预控平台主界面
（扫描书前二维码看彩图）

（1）瓦斯地质图。用户通过在风险预控平台可直接查看19号、23号、26号煤层瓦斯地质图。

（2）瓦斯涌出预警。可在矿井通风系统示意图上实时显示重点关注工作面的预警结果，在相应的采掘工作面以颜色闪烁表示工作面预警等级，绿色为正常，橙色为威胁，红色为危险。同时在图形的下方以曲线的形式直观展示每个工作面的瓦斯浓度变化和预警指标变化情况。

（3）瓦斯参数系统展示。防控平台通过采集瓦斯参数防治系统中的数据，独立集成工作面预测指标，对一段时间的瓦斯参数的最大值以柱状图形式展示在风险预控平台中，并对瓦斯参数超标情况进行统计，用户可以直观了解防突工作面的日常预测信息变化及超标情况。

（4）瓦斯抽采信息展示。在瓦斯抽采信息区域以曲线的形式展示瓦斯抽采量与瓦斯钻孔施工统计信息，如图6-55所示，其中包括人工检测和自动检测。从而使用户能清晰、方便地掌握当前矿井的瓦斯抽采情况。

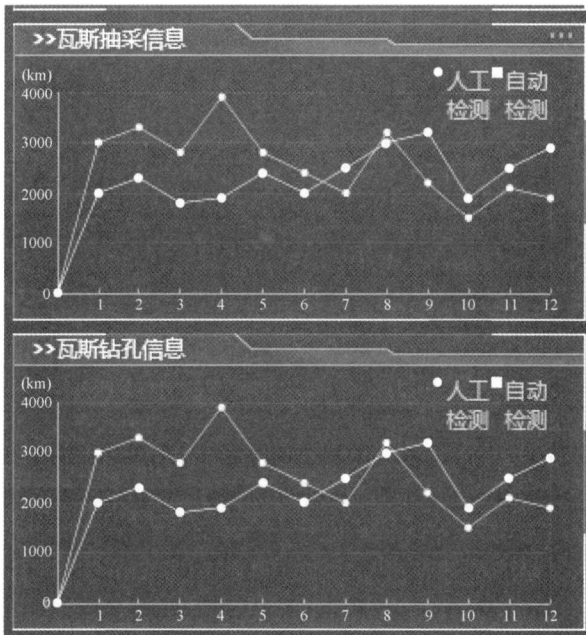

图6-55 瓦斯抽采信息统计
（扫描书前二维码看彩图）

（5）安全监控平台信息。以传感器列表统计的形式展示瓦斯事故灾害防控平台的安全监控平台区域，同时链接到安全监控平台二级网站，实现监测系统数据的移动、网络查询和分析，以提升安全监测系统网络化、移动化管理与分析水平（图6-56）。

6.6.7 安全监控系统综合平台

该煤矿安全监控综合平台，通过自动采集煤矿井下安全监控数据，并对数据进一步加工统计分析，可解决电脑客户端查询易受工作时间、地点的限制，不能方便、及时地查询、分析系统监测数据，短信发布系统功能单一的问题，实现监测系统数据的移动、网络查询和分析，以提升安全监测系统网络化、移动化管理与分析水平；使集团公司及下属矿

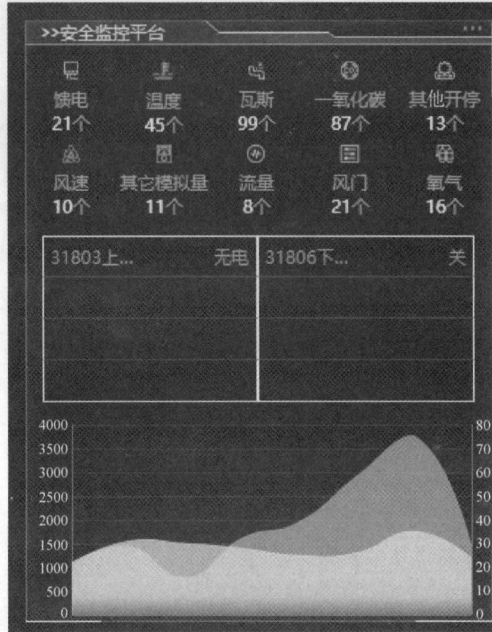

图 6-56　安全监控统计信息
（扫描书前二维码看彩图）

井的领导层和技术管理人员能及时获知矿井安全状态，并不受工作时间和地点的限制，能随时、随地方便地查询、分析系统监测数据，提升煤矿公司安全生产工作的信息化水平，为及时、科学、合理的安全决策提供平台支撑。

　　用户凭借分配的账号和密码就可以登入该网站，可以查询瓦斯传感器当前的瓦斯浓度值和其他传感器的指标值、各传感器的报警记录，系统还可以自动生成瓦斯浓度变化曲线，以供用户分析。综合平台还提供了历史报警记录查询功能，用户可以根据不同的时间、工作面查询工作面的报警信息，安全监控综合查询平台主界面如图 6-57 所示。

图 6-57　安全监控平台查询主界面
（扫描书前二维码看彩图）

6.6.8　短信发布平台

预警短信发布平台采取了一种全新的预警信息发布形式，当工作面发生预警危险和红色信息时，可以自动将预警危险结果发布到指定人员的手机号码中，使公司领导、部门领导可第一时间掌握预警危险信息，及时有效对危险情况进行判断和处理。预警短信发送设置安装在服务器上，通过软件编程将预警系统和短信发送装置连接起来，预警系统控制短信的发送时间和发送内容，短信发布平台控制面板如图6-58所示。

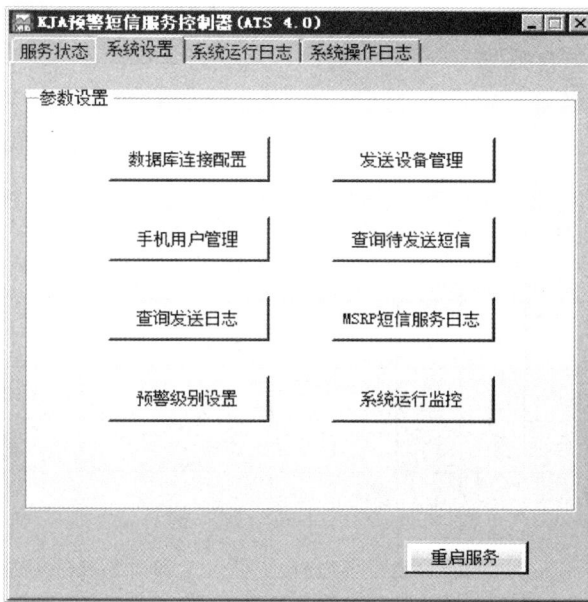

图 6-58　预警短信服务

6.7　运行情况与功能效果分析

吉林某煤矿瓦斯地质事故灾害实时监控预警平台运行情况及系统功能效果分析主要包括系统运行稳定性分析及系统实现效果分析两个方面内容。

6.7.1　系统稳定性分析

瓦斯事故灾害防控智能管理平台能够稳定运行是发挥效益的前提，软件适应性调整与系统初步测试完成之后，系统功能逐渐完善，整体运行稳定。

（1）预警系统硬件运行可靠。考察期间，1号、2号预警服务器及客户端计算机运行完全正常，没有出现死机或是异常关机等机器故障。

（2）平台软件响应速度较快。经过多次测试，预警系统各子系统打开本地矿图一般在10s内；在办公网络正常的情况下，平台各系统打开数据时间在5s内；数据保存与分析在网络正常情况下，一般可在3s内完成。

（3）整个平台系统出错率低，数据传输稳定。在维护人员按照相关要求和说明进行操作的情况下，软件出错率低，瓦斯涌出预警系统能够及时准确进行预警指标计算并及时发布预警结果，预警服务器连续、稳定运行的时间超过 6 个月。

6.7.2　运行效果分析

6.7.2.1　多级瓦斯地质分析系统

瓦斯地质数据及瓦斯地质图是指导瓦斯防治工作的重要前提，该矿多级瓦斯地质分析系统既能够方便地管理瓦斯地质数据，又可根据这些数据实时动态更新瓦斯地质图。根据该煤矿主采煤层采掘实际情况，分为煤层瓦斯地质分析、工作面瓦斯地质分析两个层次。

A　煤层瓦斯地质分析

在搜集资料与瓦斯基础参数广泛测试的基础上，研究了主采煤层原始瓦斯赋存规律，以邻近工作面瓦斯涌出规律、构造分布情况及实测瓦斯压力及瓦斯含量情况等为基础，得出瓦斯压力及含量预测模型、瓦斯涌出量预测模型，并由系统生成 19 号煤层瓦斯地质示意图（图 6-59），瓦斯压力、瓦斯含量随标高的减少而增大，符合瓦斯赋存规律要求。

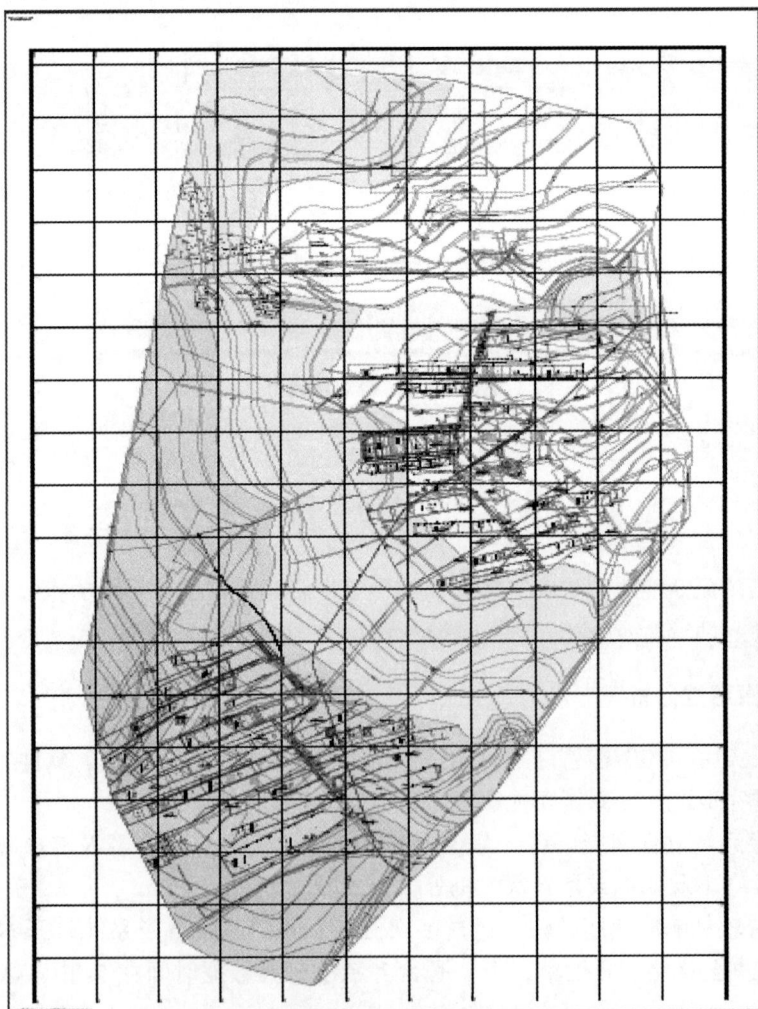

图 6-59　19 号煤层瓦斯地质示意图

（扫描书前二维码看彩图）

B 工作面瓦斯地质分析

该矿瓦斯事故灾害有着一定的分区分带特征,其中西五、西六采区由于埋深较大,瓦斯事故灾害相对严重,而其他采区相对危害较小。根据这一特征,根据工作面巷道准备和回采期间的瓦斯含量、压力、瓦斯涌出量、煤样分析参数等,以埋深、瓦斯含量为重要影响因素,利用工作面瓦斯地质分析系统新建工作面功能,裁剪出 N12606 工作面范围内的瓦斯地质图,并对工作面范围内的埋深栅格、瓦斯参数栅格进行细化处理,用不同深浅的颜色表示埋深(浅黄色小于 410m,黄色 410~450m,橙色大于 450m)、瓦斯含量大小,自动生成绘制工作面级别的瓦斯地质图(图 6-60)。

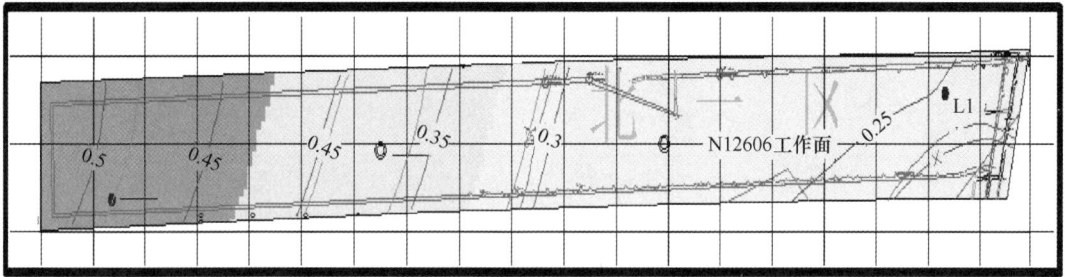

图 6-60 N12606 工作面动态瓦斯地质图
(扫描书前二维码看彩图)

6.7.2.2 瓦斯涌出动态特征预警系统

在开发监控数据采集接口以及进行矿井瓦斯涌出特征规律考察的基础上,构建了该矿工作面瓦斯涌出特征连续预警系统,深入挖掘瓦斯监控数据蕴含的突出隐患信息,实现了工作面突出危险性的实时、动态及智能预警。预警系统根据工作面前方瓦斯探头实时监测的瓦斯浓度变化情况,实时自动判断工作面煤与瓦斯突出危险程度,进而对工作面的瓦斯事故灾害危险状态及其发展趋势进行分析。

62601 采煤面在 2018 年 12 月 19 日割煤期间瓦斯浓度达到 0.65%,瓦斯涌出比正常采掘期间明显增多,瓦斯涌出异常,有发生瓦斯超限或瓦斯突出的风险。瓦斯涌出异常分析系统在 12 月 14 日到 18 日连续几个班次提前发出趋势橙色预警,A 指标连续超过临界值 0.5,提醒前方瓦斯涌出异常的风险增大(图 6-61)。由此可见,瓦斯涌出异常分析系统能够根据工作面前方瓦斯探头实时监测的瓦斯浓度变化曲线,在线监测瓦斯涌出情况,对瓦斯涌出异常情况能够及时捕捉,判断工作面的突出危险状态及其发展趋势,并实时发布煤与瓦斯突出危险程度的预警消息,达到了系统建设的预期效果。

6.7.2.3 安全监控综合查询平台

通过该平台,集团公司及其下属矿井的领导层和技术管理人员能够实时获取矿井的安全状态信息,而且不受时间和地点的限制。他们可以方便地随时随地进行查询和分析系统监测数据,以提升煤矿公司安全生产工作的信息化水平。这一平台的引入使得安全管理更加高效和便捷,为领导层和管理人员提供了及时、科学、准确的数据支持,以便他们能够及时做出决策和采取相应的安全措施,从而有效降低事故风险,保障矿井的安全运营。

用户凭借分配的账号和密码就可以登录安全监控综合平台网站(图 6-62),例如查询

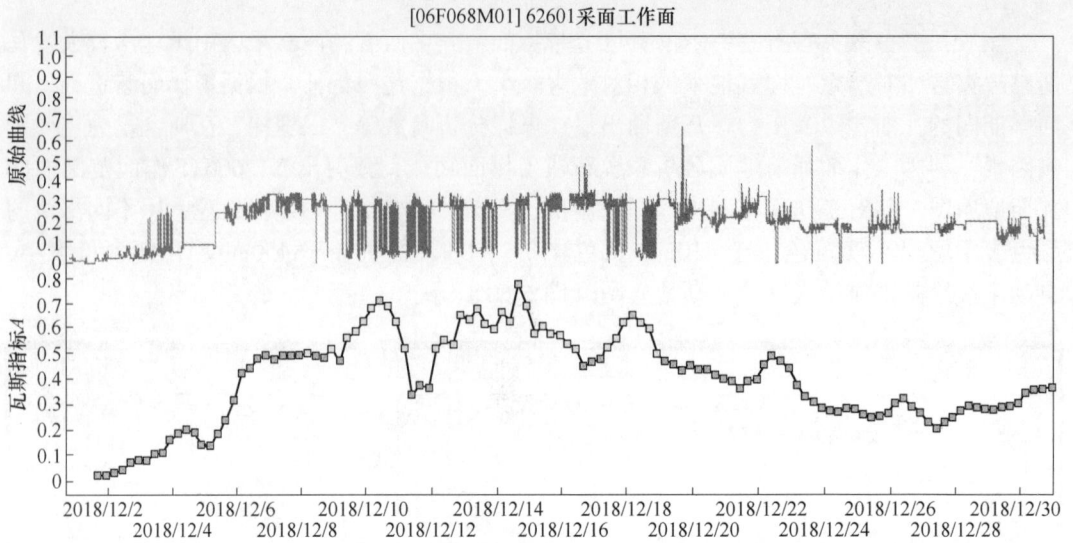

图 6-61　预警指标变化曲线
(扫描书前二维码看彩图)

图 6-62　安全监控平台查询主界面
(扫描书前二维码看彩图)

62302 工作面上隅角 2019 年 7 月 21 日至 23 日期间的瓦斯浓度变化曲线。如图 6-63 所示，通过变化曲线可清晰掌握 62302 工作面上隅角瓦斯浓度变化情况；系统同时给出了查询期间瓦斯浓度最大值为 0.44%，最小值为 0.09%，平均值为 0.21%，最大值对应时间 11：09：05，报警累计 0 次。

　　另外，系统还提供了详细的瓦斯浓度数据列表、各传感器报警记录，用户可以根据不同的时间、工作面查询对应的报警信息，如查询 2019 年 7 月 24 日至 25 日的模拟量传感器报警记录，如图 6-64 所示。

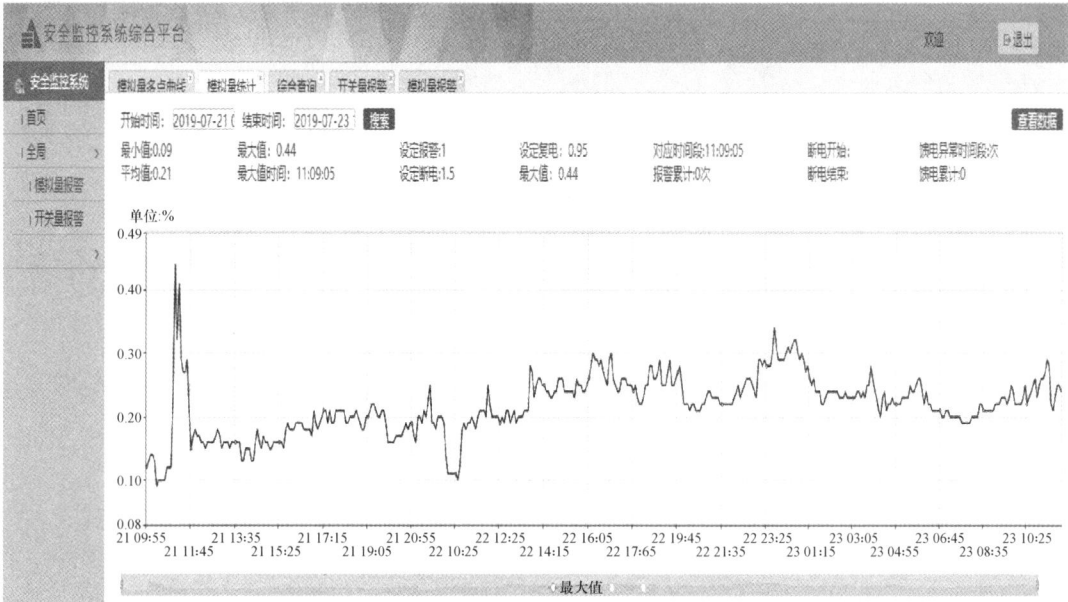

图 6-63　62302 工作面上隅角瓦斯浓度变化曲线
（扫描书前二维码看彩图）

图 6-64　报警记录查询
（扫描书前二维码看彩图）

　　安全监控综合平台手机端，让用户随时随地可以查看瓦斯监控数据，使集团公司及下属矿井技术管理人员能及时获知矿井安全状态，并不受工作时间和地点的限制，能随时、随地方便查询、分析系统监测数据，让数据分析和掌握井下瓦斯安全情况变得更加方便快捷，图 6-65 所示为应用安全监控综合平台进行分站实时值查询 31803 上顺瓦斯浓度变化曲线、62302 工作面瓦斯数据列表。

6.7.2.4　抽采钻孔管理系统

　　系统通过对煤层赋存信息分析和给定设计要求，智能设计定向钻孔、普通预抽钻孔、高位钻孔，自动计算工作面推进中高位钻孔与煤层的垂向和倾向距离；根据钻孔轨迹测定

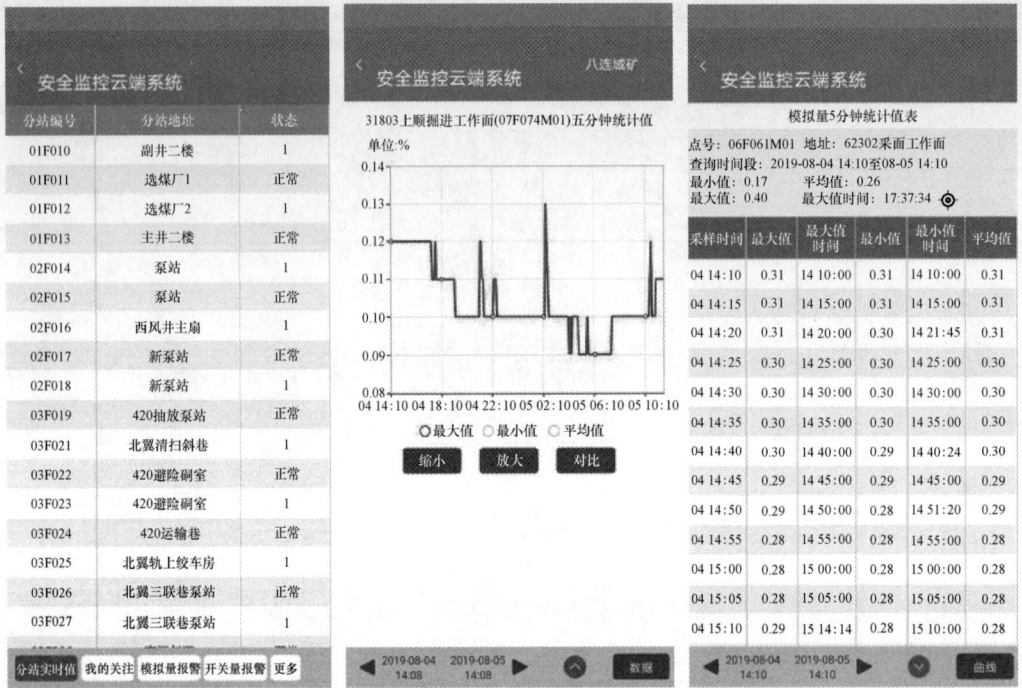

图 6-65　移动终端查询
（扫描书前二维码看彩图）

数据，绘制钻孔轨迹并分析与设计钻孔偏差；根据钻孔施工参数自动生成钻孔施工图并可以进行三维场景下的钻孔施工效果的立体展示。

A　高位钻孔设计

应用抽采钻孔管理与分析系统的高位钻孔辅助设计功能对 31803 工作面进行高位钻孔辅助设计。设计钻孔要求沿工作面走向控制范围 70m，倾向控制范围 5~40m，顶部控制范围 10~50m；开孔位置要求最小左帮距为 0.5m，最小右帮距为 0.5m，开孔高度 1.6m。

（1）建立工作面模型。将如表 6-14 所示的 31803 回采工作面回风巷、运输巷、切眼的标高控制点以及对应的地理坐标导入到设计系统中，以 31803 工作面采工图作为设计底图（图 6-66）和高位钻孔设计平面图，智能生成带有高程栅格的工作面模型。

表 6-14　31803 工作面标高控制点　　　　　　　　（m）

序　号	坐标 X	坐标 Y	坐标 Z	顶板高程	底板高程
1	43604154.56	4741113.039	−601	−600.00	−602.00
2	43604138.41	4741107.574	−601.68	−600.68	−602.68
3	43604103.18	4741096.718	−597.9	−596.90	−598.90
4	43604061.92	4741083.08	−591.3	−590.30	−592.30
5	43604021.79	4741068.234	−588.6	−587.60	−589.60
6	43604000.04	4741061.67	−587.1	−586.10	−588.10
7	43603937.29	4741040.523	−582.8	−581.80	−583.80
8	43603913.75	4741032.507	−580.9	−579.90	−581.90

续表 6-14

序　号	坐标 X	坐标 Y	坐标 Z	顶板高程	底板高程
9	43603872.01	4741018.911	−571.3	−570.30	−572.30
10	⋮	⋮	⋮	⋮	⋮
11	43603894.84	4741100.323	−579	−578.00	−580.00
12	43603975.06	4741126.957	−592.4	−591.40	−593.40

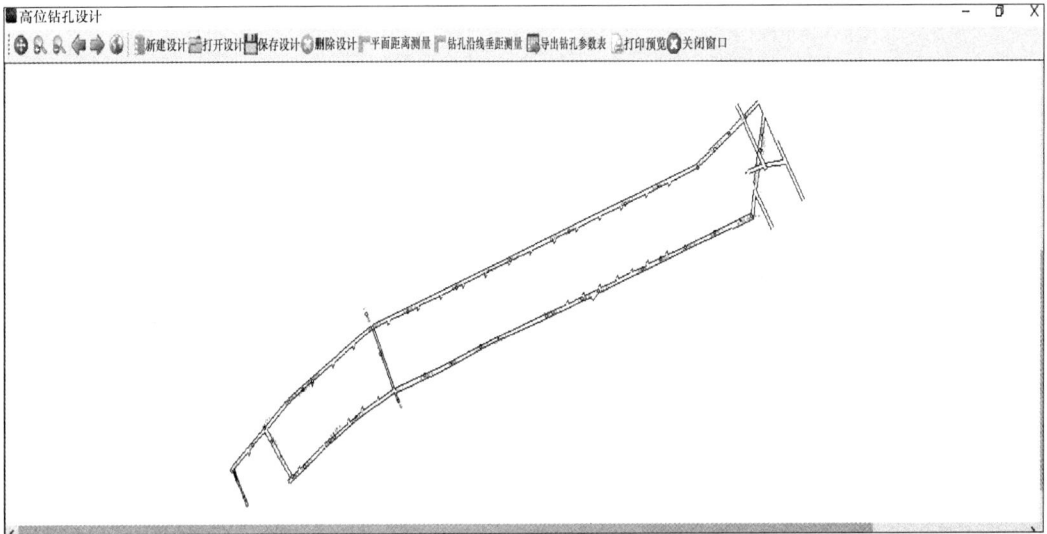

图 6-66　31803 工作面平面底图

（2）根据建立的高位钻孔抽采设计模型，对巷道参数、开孔位置、控制参数、走向控制范围、倾向控制范围、顶部控制范围等参数，在选定的设计位置上利用高位钻孔设计功能智能设计一组高位钻孔（图 6-67），并计算出孔长、开孔位置、倾角、方位角等钻孔设计参数及钻孔个数，以 Excel 格式将参数输出。

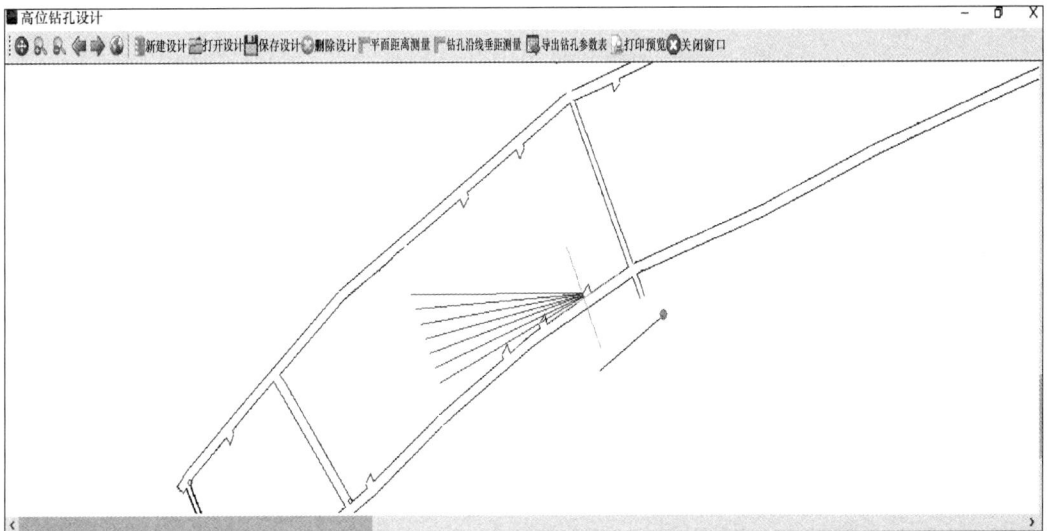

图 6-67　高位钻孔设计平面图

　　B　钻孔平面及沿线位置测量

　　通过系统可方便地实现对高位钻孔与巷道水平距离的测量、高位钻孔与煤层之间的沿线垂直距离的测量。应用系统对 5 号高位钻孔沿线垂直距离进行测量，系统自动生成高位钻孔与煤层的相对位置剖面图如图 6-68 所示，直观地展示出高位钻孔与煤层的空间高程位置关系，同时计算出钻孔沿线距离煤层顶板的垂直距离。如钻孔投影距离为 40m 时，钻孔距煤层顶板垂直距离为 14m；投影距离 60m 时，垂直距离为 22m。系统由此帮助设计人员对钻孔施工方位、控制范围有更直观的了解。

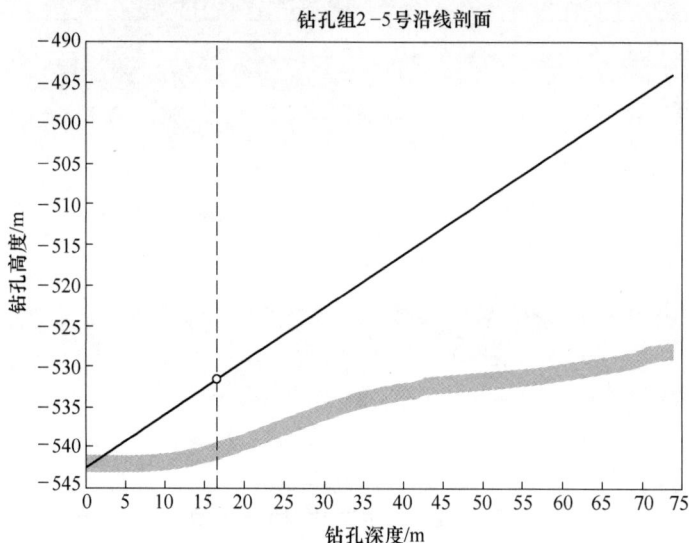

图 6-68　5 号钻孔沿线垂直距离测量

　　将设计生成的高位钻孔参数稍加整理，运用系统多维视图工具，自动生成相应的高位钻孔三视图（图 6-69）和三维立体图（图 6-70）。在小三维场景下清楚展示出钻孔组的三维空间分布，帮助设计人员或施工人员对钻孔施工方位、控制范围有更直观的了解。

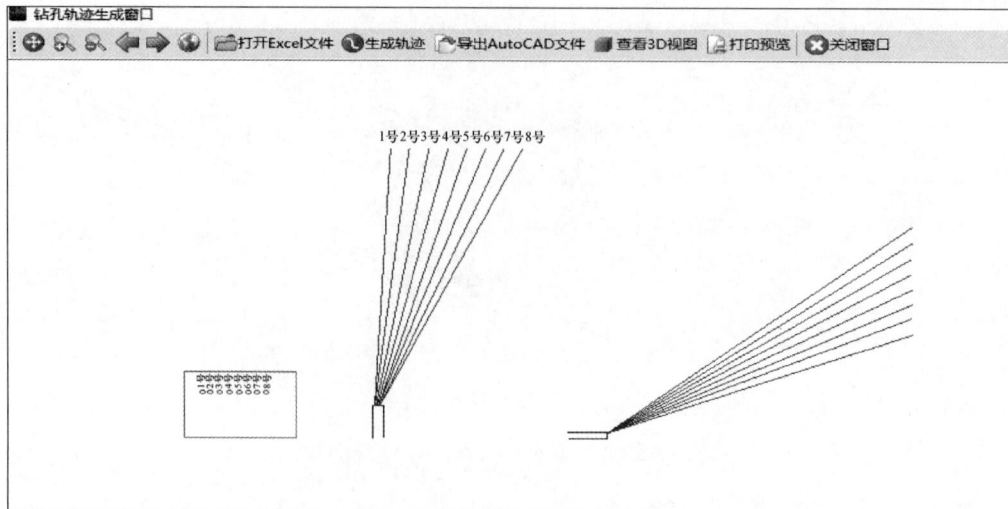

图 6-69　高位钻孔三视图

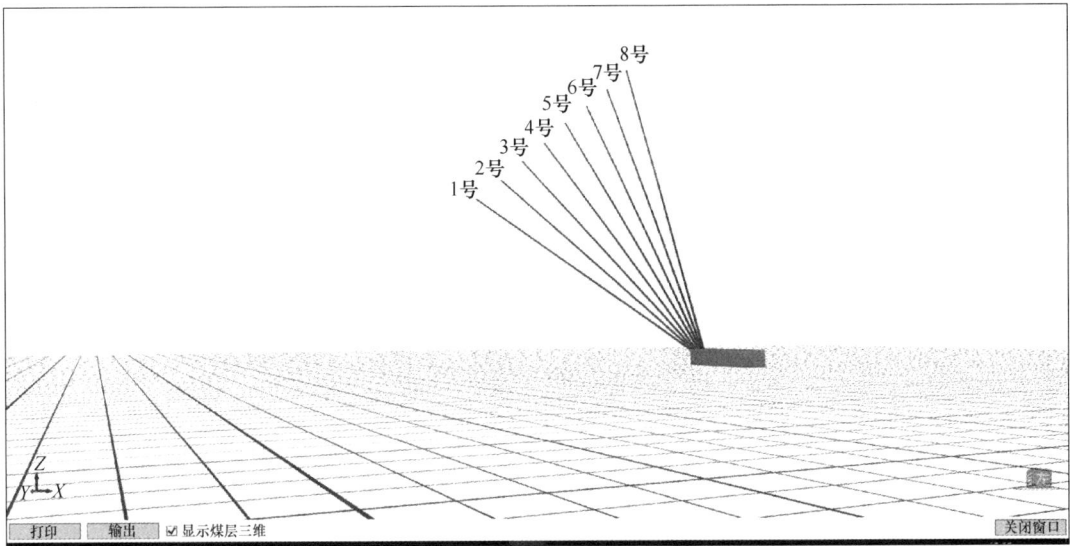

图 6-70 高位钻孔三维立体图

C 轨迹测量系统

针对该煤矿井下瓦斯抽采钻孔设计及施工现状，在智慧矿隧安全风险监测预控平台系统建设需求的基础上，研发配置了 YCSZ(A) 存储式随钻轨迹测量系统，并在井下就普通回转钻机施工钻孔轨迹测量进行了现场试验。2019 年 4 月 1 日 8 点班在 62601 上顺做随钻测量试验，采用普通回转钻机，宽叶片螺旋钻杆，利用水做施工介质，轨迹测量探管送入方式采用套孔送入，实际施工钻孔深度 125m，送入探管实际深度为 123m，钻孔上下轨迹如图 6-71 所示。

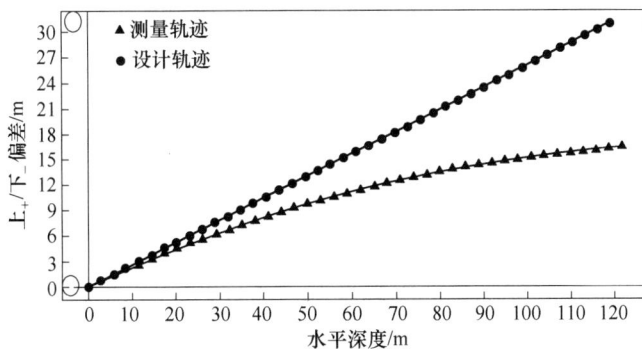

图 6-71 1 号钻孔上下轨迹

钻孔左右轨迹图如图 6-72 所示，左右钻孔实际偏差较小，最大偏差位置在 80m 处，最大偏差为 1.5m，在钻孔末端偏差则较小，为 0.8m 左右。

钻孔三维轨迹图如图 6-73 所示，钻孔上下偏差则较大，最大偏差位置在钻孔末端，最大偏差超过 14m。因此，应根据钻孔实际偏差及时调整钻孔设计及施工。

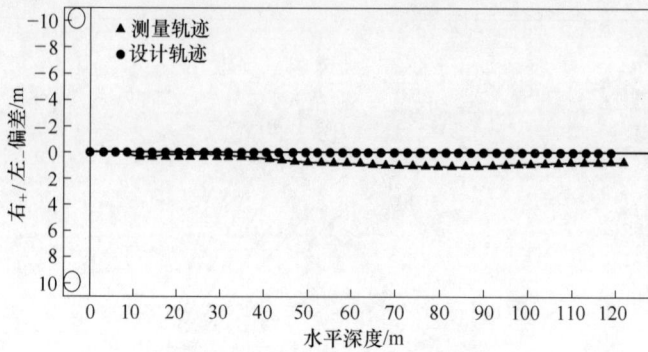

图 6-72　1号钻孔左右轨迹

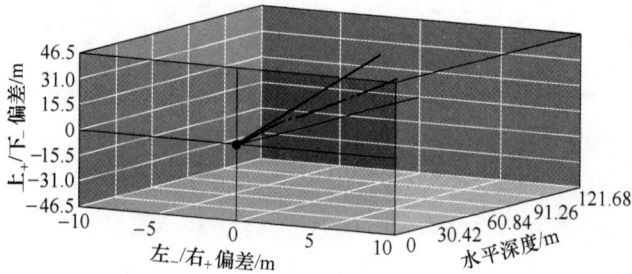

图 6-73　钻孔三维轨迹

6.7.2.5　瓦斯防治动态管理系统

瓦斯治理工作是一个系统工程，涉及井下、日常工作方方面面，工艺流程多，时间长，地点、环境复杂多变，每个环节互相联系、互相影响，无论哪个环节出问题，都会影响防突整体工作。瓦斯防治动态管理系统以两个"四位一体"防突措施为依据，提供从区域到局部系统的管理，同时自带措施分析评价功能，对防突措施缺陷进行监测；提供信息化、数字化的防突措施管理方法，进一步提升安全高效生产矿井的管理水平。

（1）防突信息上传及采集。新型 WTC 井下测定突出数据后，通过井下无线传输网络上传数据至地面预警专用服务器，通过数据采集服务系统获取数据后初步生成防突信息表单。防突人员在此基础上补充钻孔参数、煤层情况、测定位置等基本信息后，形成完整的防突信息表单；同时通过矿井办公网，进行防突信息审批申请、网络查询等，形成突出预测报告单信息化管理流程。

（2）自动填报成表及移动审批。防突信息管理系统从井下直接获取数据后自动生成防突信息表单，同时通过矿井办公网发起防突信息审批申请，如图 6-74 所示，利用手机或网络审批端各级人员在 3~5min 内即可完成审批工作，取代了传统跑送找相关领导签字的审批模式，实现了防突信息随时随地查询，既提高了防突信息获取的及时性、便捷性，又有效减少了防突信息填表、审批等所用时间，减轻了人工管理工作量。

（3）瓦斯防治工作标准化、精细化。该煤矿瓦斯防治动态管理与分析系统是实现瓦斯防治工作管理标准化、精细化的主要系统之一，由瓦斯研究室井下实测 K_1 值，通过 WTC 无线上传到系统，实现对预测指标的钻孔参数记录、打印（图 6-75）。

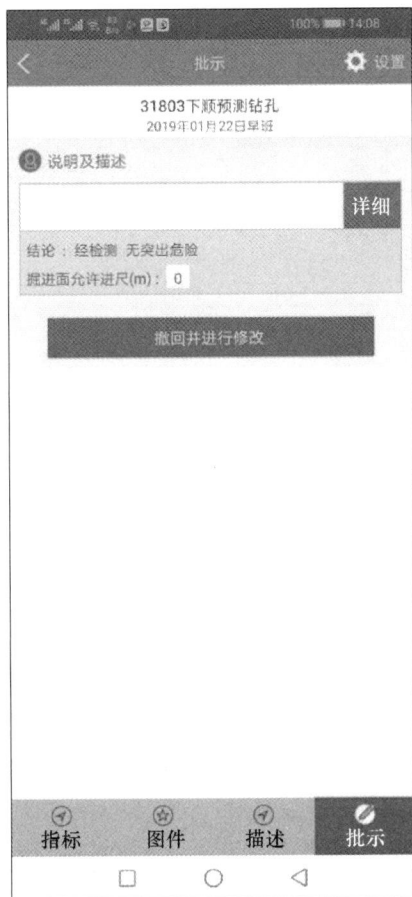

图 6-74 手机端 APP 审批端
(扫描书前二维码看彩图)

  31803 下顺工作面日常预测如图 6-76 所示，系统通过录入的钻孔参数自动生成钻孔施工主视图和剖面图，方便用户查阅和对施工钻孔的合理性进行判断。

  瓦斯防治动态管理与分析系统根据日常预测指标和预测的位置可自动生成指标大小与巷道长度变化图，应用系统对 31803 下顺 2019 年 1 月期间的 K_1 值变化规律分析，得到 K_1 值随巷道和时间变化曲线，如图 6-77 所示。

  （4）数据安全性与可靠性。新型 WTC 和瓦斯突出参数手机测量系统相结合，无线测量并自动记录存储所测指标大小，并由井下网络直接上传至地面防突信息系统，有效减少了测量中人为的干预，实现了预测信息从测量、上传、生成表单到审批的全自动化，从而避免人工信息录入中的错误，甚至人为造假引起的安全隐患。另外，对预测指标管理、审批级别及流程、不同用户权限分配等方面进行了严格规范，保障数据的可靠性与真实性。基于云服务器的数据存储和系统建设，实现了防突信息矿端、云端双向更新，定时同步，保障了防突数据存储的安全性和读取的便捷性。

  （5）基本实现了瓦斯治理工作的全过程控制管理。瓦斯治理工作是一个复杂的系统工程，涉及工艺流程多，稍有差错便可能留下安全隐患，引发事故。瓦斯事故灾害防控智

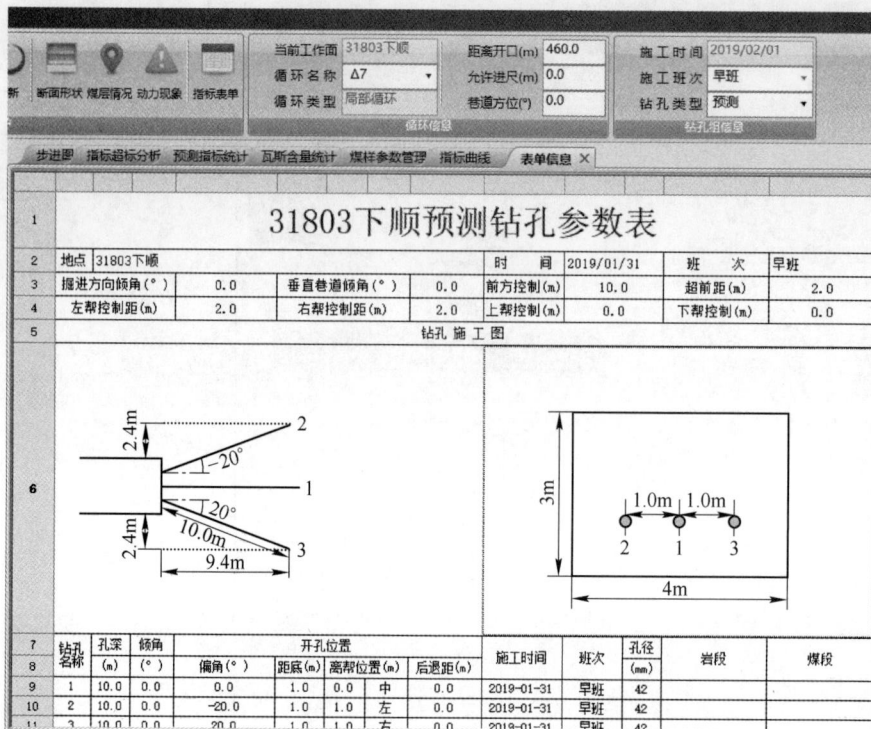

图 6-75　31803 下顺日常预测钻孔参数表
（扫描书前二维码看彩图）

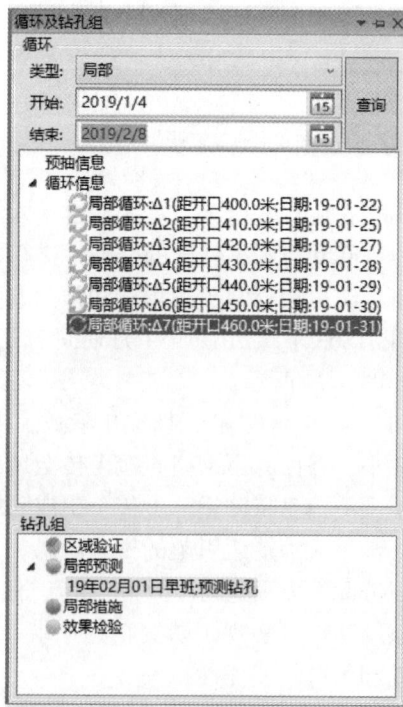

图 6-76　31803 下顺工作面日常预测
（扫描书前二维码看彩图）

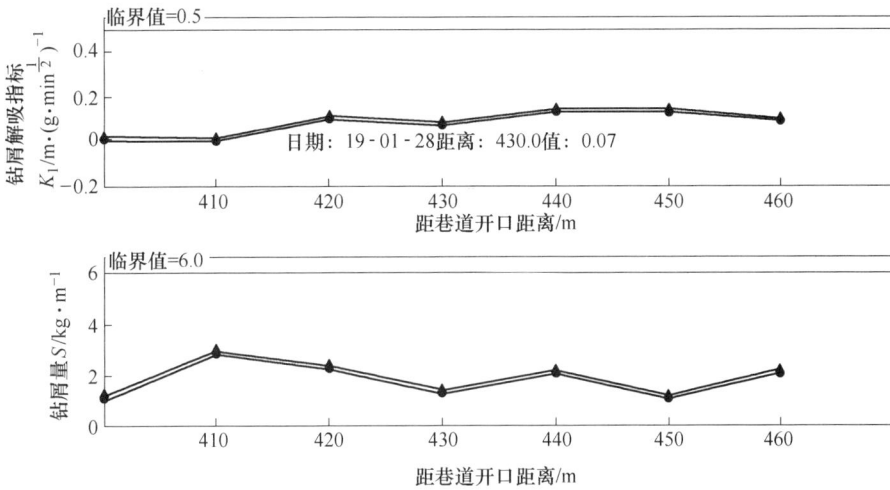

图 6-77　31803 下顺 K_1 变化曲线图

能管理平台的应用实现了从区域到局部的全过程防突控制管理，能系统地、全面地对煤与瓦斯突出相关因素和突出征兆进行实时监测、智能分析，及时发现各种异常情况并做出警示。

6.8　本　章　小　结

智慧矿隧安全风险监测预控平台系统在吉林某矿的支持下，严格按合同和实施方案要求依计划实施，主要完成了以下技术指标：

（1）大量测定了主采煤层瓦斯基础参数，包括吸附常数（a、b 值）、工业分析（灰分 A_d、水分 M_{ad}、挥发分 V_{daf}）、真密度（TRD）、视密度（ARD）、孔隙率（F）、坚固性系数（f）、瓦斯含量等。

（2）建立了该矿基于瓦斯地质事故灾害与瓦斯涌出相关信息的数据库，并在收集大量基础信息和资料的基础上进行了瓦斯地质相关信息数字化工作，主要数字化内容包括煤层、瓦斯赋存信息、地质构造信息、地质勘探信息、采掘信息、井巷信息、防突措施信息等。

（3）分析了矿井主采煤层瓦斯基本参数和瓦斯赋存规律，以此为基础，建立了多级瓦斯地质分析系统，实现煤层、采区和工作面瓦斯地质图的自动绘制和动态更新，并应用绘制了 19 号、23 号、26 号煤层瓦斯地质图和 N12606 工作面瓦斯地质图。

（4）完成了 WTC、预警服务器及客户端、数据采集仪、CFD 超声波风速仪、瓦斯异常分析仪等硬件的发货及安装工作。

（5）定制加工了 YCSZ（A）存储式随钻轨迹测量装置一套，该测量装置主要由矿用本安型探管、无磁钻具等部件组成，并在 62601 上顺成功进行了井下测量试验。其存储容量 $\geqslant$2GB，一次充电连续测量时间 $\geqslant$60h，倾角测量范围 $-90°\sim+90°$，倾角测量绝对误差 $\leqslant\pm0.2°$，方位角测量范围 $0°\sim360°$，方位角测量绝对误差 $\leqslant\pm1.5°$。

（6）完成瓦斯抽采钻孔智能设计及管理分析系统建设，实现瓦斯抽采钻孔智能设计，自动成图、三维立体展示；自动计算工作面推进中高位钻孔与煤层的垂向和倾向距离；根据钻孔轨迹测定数据，绘制钻孔轨迹并分析与设计钻孔偏差。

（7）完成瓦斯抽采信息集成平台建设，实现瓦斯抽采监测数据实时采集，矿井各抽采系统的装备和运行情况、抽采参数信息、相应的抽采系统图，以及钻孔施工信息的集中展示和统计。

（8）完成6台无线基站的购置与安装，利用井下环网，构建形成"突出预测仪器→无线基站→预警服务器"的井上下相联通、有线与无线相结合的数据传输网络。完成瓦斯参数信息化管理系统建设，实现防突预测数据的井下无线自动上传、DGC含量测定无缝对接、防突报表自动生成和网络化审批，以及移动手机终端随时随地查询。

（9）以实测瓦斯参数为依据，确定了瓦斯涌出预警指标。完成瓦斯涌出异常预警系统建设，实现了瓦斯监测数据的实时采集、无效数据自动过滤、瓦斯涌出特征智能分析、瓦斯涌出异常超前预警，以及瓦斯涌出异常预警信息的网站和移动手机终端远程查询，其中瓦斯监测数据采集时间不超过30s，无效瓦斯监测数据过滤准确率大于95%，瓦斯涌出异常预警分析周期不超过5min。

（10）建立了一套瓦斯事故灾害风险防控信息集成平台，实现安全监控信息、瓦斯地质信息、瓦斯抽采信息、防突预测信息、瓦斯涌出信息的集中展示。

7 瓦斯隧道综合安全风险监测预控系统集成设计

我国煤炭资源分布较广，目前国内高速公路、高速铁路的隧道建设常常会穿越煤层，其地质特点、灾害类型及安全防控技术相似，因此借鉴煤矿安全风险监测预控技术，应用在四川都四轨道交通映秀一号隧道（瓦斯隧道）施工中，推动瓦斯隧道施工安全防控技术向标准化、一体化方向发展，提高瓦斯隧道施工安全技术水平。

7.1 瓦斯隧道综合安全监测预控信息系统需求

都江堰至四姑娘山山地轨道交通扶贫项目站前工程起于成灌高铁都江堰站附近，经虹口、龙池、映秀、耿达、卧龙止于阿坝州小金县四姑娘山镇。线路正线长 123.18km，新建桥梁 35.4km（共 25 座），桥梁占正线线路长度的 28.74%。新建隧道 85.7km（共 25 座），占正线线路长度的 69.6%。全线新建车站 11 个，车辆基地 1 个。最高设计行车速度 120km/h，轨距为 1000mm 的双线米轨（非标准轨距）。映秀一号程道 DK20+660~DK22+200 段穿越三叠系上统须家河组二段（y_2）砂岩、页岩夹煤层或煤线地层。本阶段勘察，钻孔未揭示煤层，参照同套地层施家山隧道地质钻孔揭示煤层状况，该隧道施工期间可能会出现煤层。根据《铁路瓦斯隧道技术规范》（TB 10120—2019）规定，映秀一号隧道进口段 DK20+60~DK2200 为高瓦斯隧道工区。

（1）隧道场景化物联交互系统设计与应用。

1）技术路线：隧道场景化物联交互系统技术路线如图 7-1 所示。

2）实施方案：

① 对项目一线生产需求进行分析，从项目应用的软硬件前端设备出发，围绕"人、机、料、法、环、测"等生产数据，对传输形式、分析过程、数据作用、呈现方式进行剖析。

② 系统开发过程中，对模型与模型、模型与数据融合技术、瓦片化加载、轻量化处理、生产数据采集、传输、集成、分析、应用技术以及本工具与其他系统数据对接，预留接口研究，组织相关资源，开展技术开发。

③ 以解决施工一线实际问题且知识产权为中建铁投集团所有为核心，对系统所用图形引擎、服务器、工作站、开发单位、数据库、逻辑语言等开展技术比选。

④ 组织开发单位、项目部及其他相关部门，编制开发方案及 UI 设计效果图，并同步开展表结构设计，包含底层架构搭建、三维模型载入、前端数据融合、数据分析再应用等内容。

⑤ 综合整理智慧矿隧安全风险预控技术平台设计过程中的所有参数、阶段资料等，将实践成果形成科学结论，对于一些偏差较大的结果展开分析讨论，形成最终一致认定的结论，科学总结，形成相应科技成果。

```
                    ┌─────────────────┐
                    │  在建隧道项目管理  │
                    │  痛难点调研、分析  │
                    └────────┬────────┘
                             │
┌─────────────┐    ┌────────▼────────┐
│  内外部专家   │    │  拟定一套隧道可视化 │
│  技术论证     ├───▶│  管理系统         │
└─────────────┘    └────────┬────────┘
                             │
┌─────────────┐    ┌────────▼────────┐
│ 项目软、硬件前端数据│    │ 确定隧道可视化物联 │
│ 提取可行性分析 ├───▶│ 交互工具开发,形成  │
└─────────────┘    │ 课题、研究方案    │
                    └────────┬────────┘
┌─────────────┐             │
│ 生产数据需求调研分析├──────────┘
└─────────────┘
```

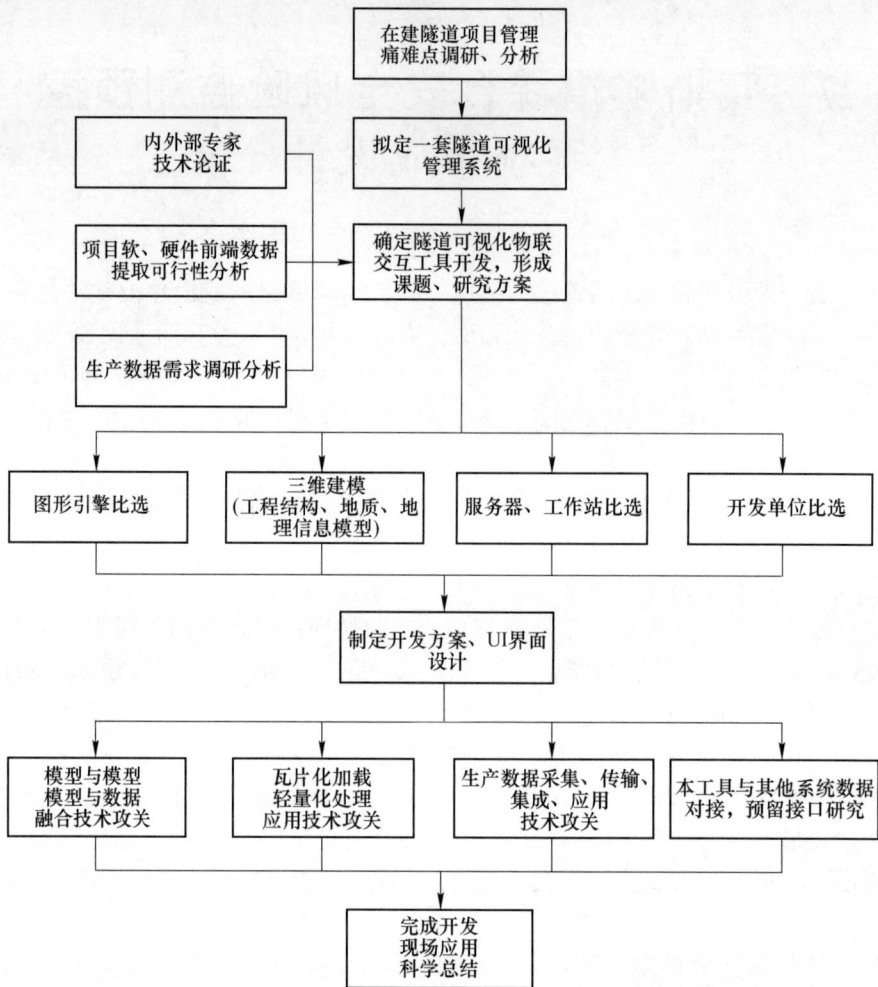

图 7-1　隧道场景化物联交互系统技术路线

（2）基于海量数据的隧道瓦斯监测预警系统设计。

1）技术路线如图 7-2 所示。

2）实施方案：瓦斯隧道安全监测预警系统技术路线如图 7-2 所示。

① 理论技术。根据搜集的典型瓦斯隧道技术方案，开展隧道瓦斯监测预警的共性关键技术（关键要素、功能架构、衔接机制等）开发，设计通用系统软硬件模型，实现监测预警系统单元化、模块化和标准化；开展隧道瓦斯防治流程构造方法、应急联动机制和瓦斯治理模式设计；以硬件平台、软件平台和人机交互界面为基础，建立"人工+自动"的全方位一体化瓦斯防治工作机制。

② 实验测试。对掌子面瓦斯传感器开展多方位测试，同时进行瓦斯钻孔数据等多方位数据采集和分析，以及基于海量数据和云平台的数据传输、存储和挖掘试验分析，建立瓦斯预警模型，选取一定"人工+自动"训练集并进行测试，开展模型训练，选择合适比例的训练样本集和测试集。

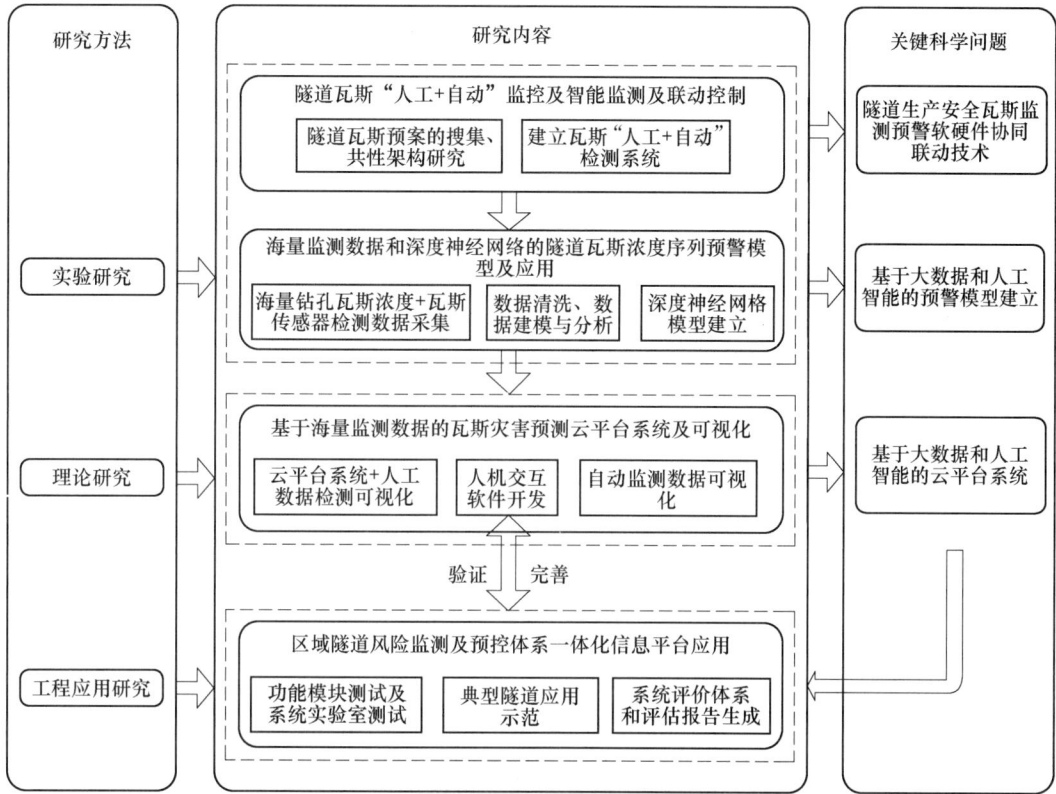

图 7-2 瓦斯隧道安全监测预警系统技术路线

③ 工程案例应用。选取多个数据集，依托区域瓦斯隧道安全管理一体化云平台，对预警模型进行现场验证；运维人员对基于云平台的"计算机端+手机 APP"辅助决策智能交互功能、实用性进行测试；在不同隧道灾情、响应等级、工况的条件下，调用云平台系统"云+端"功能模块，实现远程一体化监测、预警功能。

本次工程范围见表 7-1。

表 7-1　本次工程范围

序号	建设内容	子系统名称	系统功能
1	隧道综合系统建设	百兆以太网平台	通信平台
		瓦斯隧道综合监测平台	自动化、信息化
2	调度中心、中心机房建设	调度指挥中心大屏幕显示系统	监测、基建
3	各子系统建设	人员定位系统	监测
		瓦斯监控系统	监控
		视频监控系统	通信
		广播通信系统	通信
		钻孔瓦斯监测系统	监测
		智能通风系统	监控

7.1.1　各子系统功能要求

7.1.1.1　隧道综合监测平台

系统功能与特点如下：

（1）高度集成。整个系统采用统一框架体系，各个模块采用统一的接口标准，各个子系统可以无缝集成，子系统间通过平台交换信息，来实现系统联动和信息的共享。

（2）完善的系统安全可靠机制。采用安全网络协议，实现高效安全的数据传输，并对数据库信息建有严格的保密机制，如用户管理及权限控制，保证数据安全可靠。对系统的使用情况建立日志，记录管理等安全措施。

（3）系统授权机制。用户可以使用统一的授权机制来管理所有应用子系统中的使用权限，使用不同的用户名和密码登录，有不同的操作权限。

（4）组态要求。软件系统具备实时数据采集、报警和事件管理、快速响应处理功能。

（5）集成能力。系统集成商负责初步规划相关子系统接入，接入集成各子系统的相关重要数据并发送控制指令对相关设备进行控制，在综合监测以及隧道动态工况图中展现监控设备信息。

（6）具备良好的人机接口。系统支持在线组态功能，提供动态、实时、准确的现场数据，提供多种数据表现形式，如实时图表、文本表格、语音报警等。

（7）标准的开放协议接口。采用标准、开放的接口协议，各系统互联基于工业以太环网，采用标准、开放的协议。

（8）实时数据采集与存储功能。系统能采集存储生产过程的重要数据，并高效存入数据库，以实现设备的数据管理和分析。

（9）平台融合多系统自动化控制功能。在平台软件上通过管理权限，可对相应控制系统发送控制命令。软件提供融合接口及协议规范，人员定位、广播及安全监测系统提供的数据按照协议要求即可方便实现融合联动，联动参数可设置。

（10）实时监控功能。系统高密度采集实时数据和运行设备的状态。

（11）事件记录功能。系统对所有涉及系统配置操作、对子系统实施控制的操作及一些重要的操作，都能自动进行完整的记录，包括操作时间、操作者、操作码及描述、节点名等，为系统的事故追查及重演提供重要的信息。

（12）趋势显示功能。趋势显示可以调用历史数据，追忆历史设备运行情况，可在趋势图上切点观察任一时点的值。

（13）报警显示功能。系统自动按时间或者时间段统计查询报警个数，并按类别、等级等条件查询打印。

对于需要报警的变量给出报警提示，以颜色闪烁或提示框等方式直观表现，并有专门的报警窗口可以查看历史报警。

所有报警都能存储下来，并可由操作员选择打印。

7.1.1.2　百兆工业以太网

（1）安装位置。

1）地面环网交换机。在调度室中心机房配置 1 台 MOXA 公司的 EDS-XXX-3S 环网交换机。

2）隧道环网交换机。在平导一号横通道单掘进二衬台车处、平导二号横通道单掘进二衬台车处共配置 2 台百兆环网交换机，组成隧道以太网网络。

3）隧道无线防爆网桥。建立开挖台车与二衬台车网络链接，实现无线远程通信。减少线缆铺设带来的设备成本与人工成本的上升，最大限度的实现数字化通信。

（2）交换机配置。

1）地面环网交换机。每台设计 2 个 100M 光口并同时预留 1 个百兆光口、6 个 100M 电口、2 路 485 总线（UPS2h）。

2）隧道环网交换机。每台设计 2 个 100M 光口并同时预留 1 个百兆光口、6 个 100M 电口、4 路 485 总线（UPS2h）。

3）隧道无线防爆传输。每台无线防爆传输设备具备 300Mbps 以上的 5G 传输速率，以及直线传输距离不低于 1km 的通信距离。

（3）以太网功能。

1）整个综合控制网交换机采用工业级的设备，实现隧道硐内恶劣环境的稳定运行；

2）系统支持光纤环网工作模式，隧道硐内环网交换机与地面环网交换机故障不影响整个系统性能；

3）系统交换机具备 WLAN 划分功能；

4）所有交换机采用高性能的模块化交换机，满足以后的扩容和升级；

5）交换机具有 2h 以上的后备电源；

6）配置相应的网络管理软件，实时监控网络情况，当发生异常时报警并对故障区域进行定位；

7）网络平台完全开放，符合国际公认的网络标准 IEC61158，具备成熟的第三方连接能力；

8）环网支持星形、树形、总线型和环形等多种拓扑结构；

9）环网拥有现成灵活的网络组态工具和强大的网络诊断功能，任何节点接入网络，不需要更改从前的站号和配置，并应充分考虑今后扩展的方便性。

7.1.2 大屏幕显示系统

（1）系统功能。

1）混合显示方式。通过各种不同的途径显示 RGB 信号、网络信号、视频信号，使得视频信号的连接方式和显示方式更加灵活方便，可同时在大屏幕上混合显示。

2）通过图形控制器可以实现多种信号在大屏幕上任意位置以任意大小开窗口显示。

3）用户信号通过切换矩阵输出到大屏幕，通过图像控制器处理在大屏幕上可选单屏、多屏、整屏等拼接显示方式，并同时可在大屏幕上实现放大、缩小、跨屏、平移、叠加等多种操作，不受物理拼缝的限制。

4）通过投影墙应用管理系统软件实现简单、直观、快捷的操作，该软件具有友好用户操作界面，无须改动用户应用系统，确保用户系统的安全性。

5）图像处理系统具有多种颜色模式，既能满足一般颜色要求，也能支持真彩色。

6）系统设备配置复杂、电缆信号繁多、安装工艺和环境条件要求高，要按照机线标准化、电磁兼容性标准和大屏幕安装要求，进行工程布线和设备安装，确保系统能够长期稳定运行。

（2）主要设备参数。

1）55in 室内拼接屏。室内拼接屏技术参数见表 7-2。

表 7-2　室内拼接屏技术参数

指　标	整机型号	55in 屏
面板	单元尺寸/mm	1213.4(H) × 684.2(V) × 135(D)
	拼缝/mm	双边 3.5
	对角线尺寸	55 英寸
	屏幕长宽比例	16∶9
	点距	0.1805(H) ×0.5415(V)
	分辨率	1920×1080
	兼容分辨率	1600×1200；1280×1024；1280×768；1024×768；832×624；800×600；720×400；640×480
	视频制式	NTSC；PAL；SECAM
	亮度（标准值）/cd · m^{-2}	500
	对比度	4500∶1
	可视角度（水平/垂直）	178/178
	响应时间（灰阶）/ms	8
	显示色彩	10bit，16.7M
	色域	92%
输入通道	Video in ×1	
	RGB in×1，DVI-D in×1，HDMI in×1	
	RS323 in ×1	
输出通道	RS232 out ×2，Video out×1	
基本功能	同一显示单元内可显示一路六种类型中的任意一类输入信号，信号类型可选 RGB、DVI、HDMI、VIDEO	
支持格式	NTSC、PAL、480I、576I、480P、576P、720P、1080P、标准的 VESA 或者定制的特殊格式，最高 1920×1080	
连续工作时间	24h 不间断，每周 7d	
工作温度	0~60℃	
工作湿度	15%~85%	
供电	220V AC，50Hz	

注：1in＝0.0254m。

2）大屏控制器。系统大屏控制器清单见表 7-3。

表 7-3 系统大屏控制器清单

类　　别		描　　述
功能	传输信号类别	HDMI/DVI 信号
	传输电缆	HDMI/DVI, AWG26 HDMI1.3 电缆标准
电源部分	供电方式	可插拔式, AC 165~265V, DC 12V 300W 电源
	功耗	<60W, 根据使用板卡数量而定
HDMI/DVI 性能 及接口	支持 HDMI 版本	HDMI1.3、HDMI1.4
	支持 HDCP 版本	HDCP1.4
	HDMI 分辨率	1080P/1080I/720P/576P/576I/480P/480I, 3D, 4K
	支持视频色彩格式	24 位/30 位/36 位/48 位
	支持音频格式	DTS-HD/Dolby-trueHD/LPCM7.1/DTS/Dolby-AC3/DSD
	最大传输速率/Gbps	10.2
	输入输出 TMDS 信号	0.5~1.5Vp-p（TMDS）
	输入线缆长度/m	≤5（AWG26 HDMI1.3 电缆标准）
	输出线缆长度/m	≤5（AWG26 HDMI1.3 电缆标准）
选程控制	RS232，TCP/IP	9600 波特, 8 位, 1 位停止位, 无校验位; LAN
防护级别	静电防护	1a 接触放电 3 级, 1b 空气放电 3 级
操作环境	工作温度/℃	0~60 无冷凝
	存储温度/℃	-20~75
	湿度（无凝结）	20%~70%RH
操作响应	通道切换速度/ns	<200
操作软件	PC 控制软件	MATRIX 1.0, 用于 Windows XP/Vista/WIN7
机体属性	材料/颜色	电解板, 黑色
	选配组件	1U/3/5U 机箱, 适用 19in 机柜
可靠性	平均故障间隔时间/h	>40000

7.1.3　人员定位系统

7.1.3.1　系统组成

隧道硐内人员定位系统由主机、分站、读卡器、识别卡、电子显示屏等组成，具有监控隧道硐内各个作业区域人员动态分布及变化情况的功能。当事故发生时，救援人员可以根据系统所提供的数据、图形，及时掌握事故地点的人员和设备信息，也可以通过求救人员发出呼救信号，进一步确定人员位置及数量，及时采取相应的救援措施，提高应急救援工作的效率。

隧道硐内人员定位系统工作原理如图 7-3 所示。

7.1.3.2　系统功能要求

根据《煤矿安全规程（2023 版）》、AQ6201、AQ1029，人员定位系统应具备如下功能：

（1）人员定位系统应具有以下监测功能：

1）监测携卡人员出/入硐时刻、出/入重点区域时刻等；

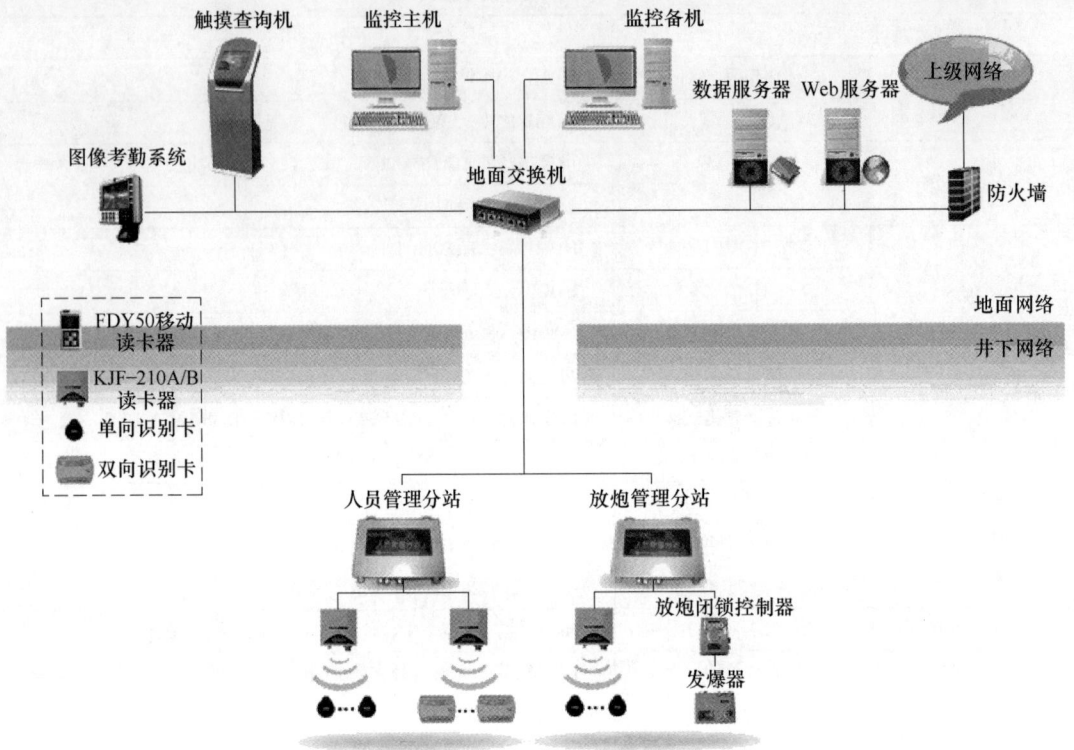

图 7-3　隧道内隧道硐内人员定位系统工作原理

2）识别多个人员同时进入识别区域。

（2）人员定位系统应具有以下管理功能：

1）能显示携卡人员的个人基本信息，主要包括卡号、姓名、身份证号、出生年月、职务或工种、所在部门或区队班组；

2）能显示携卡人员出入硐总数、个人入硐工作时间及出入硐时刻信息；

3）重点区域携卡人员基本信息及分布；

4）携卡工作异常人员基本信息及分布，并报警；

5）携卡人员入硐活动路线信息；

6）携卡人员统计信息，主要包括工作地点、月入硐次数、时间等；

7）按部门、区域、时间、分站（读卡器）、人员等分类信息查询功能；

8）各种信息存储、显示、统计、声光报警、打印等功能。

（3）人员定位系统应满足以下主要技术指标：

1）最大位移识别速度不小于 5m/s；

2）并发识别数量不小于 80；

3）漏读率不大于 10^{-4}；

4）巡检周期不大于 30s；

5）识别卡与分站（读卡器）之间的无线传输距离不小于 10m。

（4）其他要求：

1）人员定位系统主机应安装在地面，并双机备份，且应在生产调度室设置显示终端。

2）人员出入硐口和重点区域进出口等地点应安装分站（读卡器）。

3）分站（读卡器）应安装在便于读卡、观察、调试、检验，且围岩稳固、支护良好、无淋水、无杂物、不容易受到损害的位置。

4）主机及分站（读卡器）的备用电源应能保证连续工作 2h 以上。

5）识别卡应专人专卡，并配备不少于经常入硐人员总数 10% 的备用卡。

6）每个入硐人员应携带识别卡，工作时不得与识别卡分离。

7）应配备检测识别卡工作是否正常的装置，工作不正常的识别卡严禁使用。

8）电缆和光缆敷设应符合 GB 16423—2006 中 6.5.2 的相关规定。

7.1.3.3 设备选用

（1）地面中心站。由监控主机、操作系统、数据库软件、人员定位管理软件、其他辅助设备（打印机、UPS 电源，接口）组成。地面中心站负责整个系统设备及人员检测数据的管理、分站实时数据通信、统计存储、屏幕显示、查询打印、画面编辑、网络通信等任务。系统软件负责完成人员信息编码采集、识别、加工、显示、存储、查询和报表打印。中心站设置位于调度指挥中心监控室内。调度监控室内配置 ST-3KVAUPS 主机和打印机与其他系统共用。

（2）隧道硐内各设备。

1）分站选择。定位分站为读卡器提供电源，并负责读卡器与监控主机的通信传输，具有定位信息采集、处理、存储、统计、显示等功能。人员定位分站分别设置于平道口进口（1台）、1 号横洞（1台）、2 号横洞（1台）、正硐出口方向二衬台车（1台）、正硐进口方向二衬台车（1台），负责接入隧道硐内的所有读卡器设备。人员定位分站通过主通信屏蔽电缆 MHYVP 1*2*7/0.43 级联就近接入隧道硐内矿用一般型交换机，通信方式为 RS485 方式，传输距离可达 10km。

每台人员定位分站可挂接 8 个读卡器。

2）读卡器选择。读卡器负责与标识卡之间的无线通信，实现对信息的采集、处理、存储、显示及发送等功能。选用矿用读卡器为矿硐使用。该读卡器可同时识别 240 张以上的人员标识卡，允许多人以"鱼贯而入""成组成群"的方式通过检测点，不影响隧道硐内人员的正常通行和正常作业。

布置原则如下：

① 隧道入出口各设置一台读卡器，距平导入口处 200m 处设置一台读卡器。

② 对于特殊区域入口设置一台读卡器，如二衬台车、开挖台车、横洞等，用于检测是否有人员进入，并报警。

③ 各水平面斜硐平台口各设置一台读卡器，用于监测该工作面内人员情况。

④ 各中段逃生线路主要出入口位置各设置一台读卡器（用于监测隧道硐内人员情况）。

读卡器通过信号电缆 MHYV 1*4*7/0.43 并接入人员定位分站，单条信号电缆最多可接入 3 台读卡器，传输距离不少于 2km。读卡器详细布置情况见人员定位系统标注图，其构成及布置简图如图 7-4 所示。

图 7-4　矿用读卡器安装布置简图

（3）定位识别卡。定位识别卡能周期性地将加密的编码信息以微波方式发送给矿用读卡器，接受来自地面监控中心的调度命令。隧道选用双向型定位识别卡，可更换电池，电池使用 1 年以上，并具有欠压指示功能。双向识别卡适用于人员或流动设备，识别距离远，可发送求救信息、接收命令及声光提示、参数配置等。每个人员定位识别卡都拥有唯一的身份识别 ID，人员定位识别卡与读卡分站之间采用全双工方式交互定位信息。

7.1.4　瓦斯监测系统

7.1.4.1　系统组成

监测监控系统由地面监控主机、数据库服务器、网络终端、图形工作站、通信接口、避雷器、系列监控分站、各种传感器和控制执行器等部分组成。该系统能自动监测、记录隧道硐内各地点的瓦斯、硫化氢、一氧化碳、风速和其他有毒有害气体，并当某参数超过预置阈值时，能自动报警和断电，实现风机电闭锁及瓦斯电闭锁功能。监测监控系统工作原理示意如图 7-5 所示。

7.1.4.2　系统功能要求

安全监控系统采用先进的分布式处理模式，能充分发挥各部分设备的性能优势，结构简洁，可操作性强，便于系统的日常维护及管理。系统主干连接为树形结构，安装扩展简单。因此本方案设计为分层结构，具体功能如下：

（1）地面监控中心站及网络终端等是整个监控系统的核心，负责整个系统设备及监测数据的管理、定义配置、实时数据采集、分析处理、统计存储、屏幕显示、查询打印、实时控制、远程传输、画面编辑、网络通信等任务。网络终端完成系统监测信息异地实时共享，能够以文本或图形方式显示安全生产信息，查询各类报表数据，监测信息可以在调度大屏上轮换显示。系统监控地面中心站采用全网络化结构，便于实时监测信息、图像信息息及文件共享。

（2）系列化智能监控分站。主要完成对所监测的传感器数据采集、数据预处理、分类显示、报警、断电控制、与地面监控中心站的数据通信、所接传感器的集中供电等。

（3）各类模拟量传感器、开关量传感器及断电控制器等设备是整个监测系统最前沿

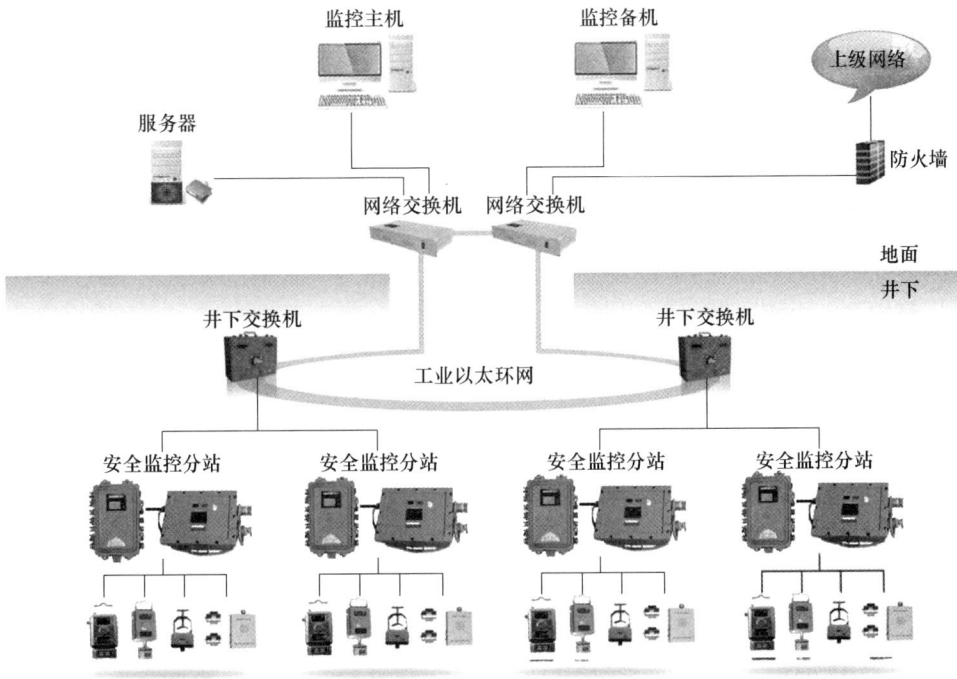

图 7-5 瓦斯监控系统组网图

的终端设备，负责对各监测点的物理数据采集、就地显示、超限报警、信号传输，对监控分站控制指令的执行等。

7.1.4.3 设备选用

A 地面中心站

地面中心站由监控主机、操作系统、监控软件及其他辅助设备（打印机、UPS电源、接口）组成。主机负责整个系统设备及人员检测数据的管理、分站实时数据通信、统计存储、屏幕显示、查询打印、画面编辑、网络通信等任务；系统软件负责完成人员信息编码采集、识别、加工、显示、存储、查询和报表打印。

B 隧道硐内各设备

（1）分站选择。分站必须通过射频电磁辐射抗扰度试验、电快速瞬变脉冲群抗扰度试验、浪涌抗扰度试验、静电放电抗扰度试验，完全满足安全监控系统行业标准中规定的抗干扰性能要求，当出现干扰时分站仍能正常工作；且分站需具备数字量传感器接入功能，提高传输环节的可靠性。按照设计要求在平导进口设置1台、1号横洞设置1台、2号横洞设置1台、正硐出口方向二衬台车与开挖台车各设置1台、正硐进口方向二衬台车与开挖台车各设置1台，全面确保隧道硐内作业面的自动化监测工作情况。

（2）传感器选择。根据设计要求，传感器选择包括一氧化碳传感器、风速传感器、激光甲烷传感器、硫化氢传感器、氧气温度传感器、催化元件甲烷传感器、馈电断电仪、风机开停传感器等。

布置原则如下：

1）隧道平导入口布置甲烷、风速、馈电断电传感器各 1 台，监测风机双回路开停布置 4 台。

2）1 号横洞、2 号横洞处布置甲烷传感器、局扇开停、风速传感器各 1 台。

3）正硐出口方向二衬台车与正硐进口方向二衬台车位置，布置激光甲烷、风速、一氧化碳、硫化氢、氧气温度传感器、馈电断电传感器各 1 台。

4）正硐出口方向开挖台车与正硐进口方向开挖台车位置，布置激光甲烷、一氧化碳、硫化氢各 1 台。

7.1.5　数字工业电视系统

本次新建工业电视监控系统所有监控点采用全数字化设备，通过工业以太网进行传输。设计由 32 路视频监控系统通过地面硬盘录像机接入工业电视监控系统。

7.1.5.1　系统功能

系统通过监视器或电视机能自动通过摄像机进行摄录，进行全天候监视。

录入的图像采用数字化存储方式，并能根据用户需要加大存储周期，或增加其他外存设备。

系统可以随时方便、即时地检索、回放记录存储的图像。回放图像稳定、清晰，可反复读写。

系统具备安全密码，非权限人员不能对监控系统进行查询、设置、删除文件操作。

系统可通过网络与信息管理系统联网，系统配有双网卡，可通过不同网段地址同时访问视频图像，图像可通过网络浏览，网络浏览图像清晰流畅。

7.1.5.2　主要设备参数

A　矿用本安型网络摄像仪

内置 Web 浏览器，支持 IE 访问，具有完整的 TCP/IP 协议；全自动光圈；3D 数字降噪，数字宽动态，适应不同监控环境。

支持 ROI 感兴趣区域增强编码，可根据场景情况自适应调整码率分配帧速度：1920 × 1080 @ 25 fps。

具有远红外夜视功能，照距可达 80m。

网络电输出：1 路，全双工 TCP/IP 传输协议；传输速率：10/100Mbps 自适应。

网络光输出：2 路，单模；传输速率：100Mbps；传输距离：10km。

接口方式：光纤串接。

B　硬盘录像机

硬盘录像机选型技术参数见表 7-4。

表 7-4　硬盘录像机选型技术参数

序号	类型	技　术　参　数
1	视频输入	网络视频输入：32 路； 网络视频接入带宽：320Mbps； 网络视频接入协议：HIKVISION、ACTi、ARECONT、AXIS、BOSCH、BRICKCOM、CANON、HUNT、ONVIF（版本支持 2.5）、PANASONIC、PELCO、PSIA、RTSP、SAMSUNG、SANYO、SONY、VIVOTEK、ZAVIO

序号	类型	技　术　参　数
2	视音频输出	HDMI输出：1路，分辨率：1024×768/60Hz，1280×720/60Hz，1280×1024/60Hz，1600×1200/60Hz，1920×1080/60Hz，2K（2560×1440）/60Hz，4K（3840×2160）/60Hz，4K（3840×2160）/30Hz； VGA输出：1路，分辨率：1024×768/60Hz，1280×720/60Hz，1280×1024/60Hz，1600×1200/60Hz，1920×1080/60Hz； 音频输出：1个，RCA接口（线性电平，阻抗：1kΩ）； 预览分割：1/4/6/8/9/16/25/32画面
3	视音频编解码参数	录像分辨率：12MP/8MP/6MP/5MP/4MP/3MP/1080P/UXGA/720P/VGA/4CIF/DCIF/2CIF/CIF/QCIF； 同步回放：16路
4	录像管理	录像/抓图模式：手动录像/抓图、定时录像/抓图、事件录像/抓图、移动侦测录像/抓图、报警录像/抓图、动测或报警录像/抓图、动测且报警录像/抓图； 回放模式：即时回放、常规回放、事件回放、标签回放、智能回放、视频摘要回放、分时段回放、日志回放、外部文件回放； 备份模式：常规备份、事件备份、录像剪辑备份
5	硬盘驱动器	类型：4个SATA接口； 最大容量：每个接口支持容量最大6TB的硬盘
6	外部接口	语音对讲输入：1个，RCA接口（电平：2.0Vp-p，阻抗：1kΩ）； 网络接口：1个，RJ45 10M/100M/1000M自适应以太网口； 串行接口：1个，标准RS-485串行接口，1个，标准RS-232串行接口； USB接口：2个USB2.0，1个USB3.0； 报警输入：16路； 报警输出：4路
7	PoE	接口：16个，RJ45 10M/100M自适应以太网口； 标准：EEE802.3af/at； 输出功率：≤200W
8	网络管理	网络协议：UPnP（即插即用）、SNMP（简单网络管理）、NTP（网络校时）、SADP（自动搜索IP地址）、SMTP（邮件服务）、PPPoE（拨号上网）、DHCP（自动获取IP地址）

7.1.5.3　隧道硐内设备

随时根据隧道硐内生产设备的工作状况，指导并科学生产，控制设备开启状况。布置原则如下：

（1）隧道平导入口布置防爆摄像头1台。

（2）1号横洞、2号横洞处各布置防爆摄像头各1台。

（3）正硐出口方向二衬台车与正硐进口方向二衬台车位置布置防爆摄像头各2台；正硐出口方向开挖台车与正硐进口方向开挖台车位置布置防爆摄像头各1台。

7.1.6　数字广播系统

7.1.6.1　系统功能

（1）系统直接嵌入IP网络传输；

（2）要求地面中心可对隧道硐内点对点、点对多点进行广播；

（3）在调度中心可实现任意/无限分区，同一时间不同区域可播放不同内容；

（4）要求终端（主音箱）能实现双向对讲功能，在紧急情况下可直接与调度中心进行对讲；

（5）矿用网络广播要求支持网线、光纤、电缆传输；

（6）定时自动广播、群播、直播、采播；

（7）运行日志、会话日志、日周月季年报表。

7.1.6.2　主要设备参数

（1）矿用广播终端。

工作电压：18V；

工作电流：≤800mA；

声音强度：95dB；

光纤通信距离：一对矿用广播终端间距不小于20km；

RJ45线通信距离：一对矿用广播终端间距不小于0.5km（电口<100m）；

外壳防护：IP54等级，通过安标防水、防尘、潮湿实验。

（2）地面广播终端。

工作电压：220V AC；

系统自恢复时间小于10ms；

输出接口：具备两路AV立体音输出，直接接定压功放。

7.1.6.3　隧道硐内设备

数字广播系统利用现有的以太工业网络，实现当隧道硐内发生突发事件时，应急救援广播系统能够尽快及时通知到隧道硐内人员撤离危险区域，引导人员有序撤离，科学避险，最大限度减少事故灾害影响，减少人员、财产损失。

布置原则如下：

（1）隧道平导入口布置广播终端1台。

（2）1号横洞、2号横洞处各布置广播终端1台。

（3）正硐出口方向二衬台车与正硐进口方向二衬台车位置布置广播终端各1台。

7.2　云服务器端和计算机端人机界面开发

都四轨道交通映秀一号隧道智慧隧道瓦斯风险综合预控云平台的服务器端（计算机端）7个子系统包括人员定位系统、环境安全监控系统、广播通信系统、视频安全监控系统、钻孔瓦斯监测系统、智能通风系统、瓦斯风险预控一体化集成软硬件平台，其主要硬件组成见表7-5。

表 7-5　智慧隧道瓦斯风险综合预控云平台的服务器端子系统硬件组成

序号	子系统名称	主要硬件组件
1	人员定位系统	监控主机、操作系统、数据库、人员定位分站、防爆电源、人员定位卡、人员识别卡、接线盒、协议转换器、线缆等

续表 7-5

序号	子系统名称	主要硬件组件
2	环境安全监控系统	监控主机、操作系统、瓦斯传感器、开停传感器、本安分站、防爆电源、有毒有害气体传感器、风速传感器、馈电传感器、防爆空开、接线盒、线缆等
3	广播通信系统	本安型电源、广播网络接口及软件、通信信号装置分机、线缆、接线盒等
4	视频安全监控系统	磁盘录像机、本安分站、防爆交换机、本安摄像机、线缆、视频软件等
5	钻孔瓦斯监测系统	系统填报终端、用户管理、后台录入人机界面、数据分析及可视化软件
6	智能通风系统	电源
7	瓦斯风险预控一体化集成软硬件平台	包括工控机、交换机、UPS、综合平台软件、工业以太网系统、工作台及大屏显示系统、辅材等

智慧隧道瓦斯风险综合预控云平台服务器端（计算机端）的系统软件主界面如图 7-6 所示，除了以上 7 个子系统的软件界面外，还包括智能通风监测控制系统、施工进度系统、设备安全监控平台系统、瓦斯超前预警系统、钻孔瓦斯填报系统、后台账户管理系统。

图 7-6 智慧隧道瓦斯风险综合预控云平台的服务器端子系统主界面
（扫描书前二维码看彩图）

其中人员定位系统在服务器端主界面（一级界面）显示工地现场在线工作人员总数，二级界面如图 7-7 所示，显示人员基本信息、部门、工种、位置、下井时间、到达时间、当前停留、井下停留等实时工作状态信息。

系统环境监测系统包括工作环境有毒有害气体、设备工作状态等监测参数，传感器在

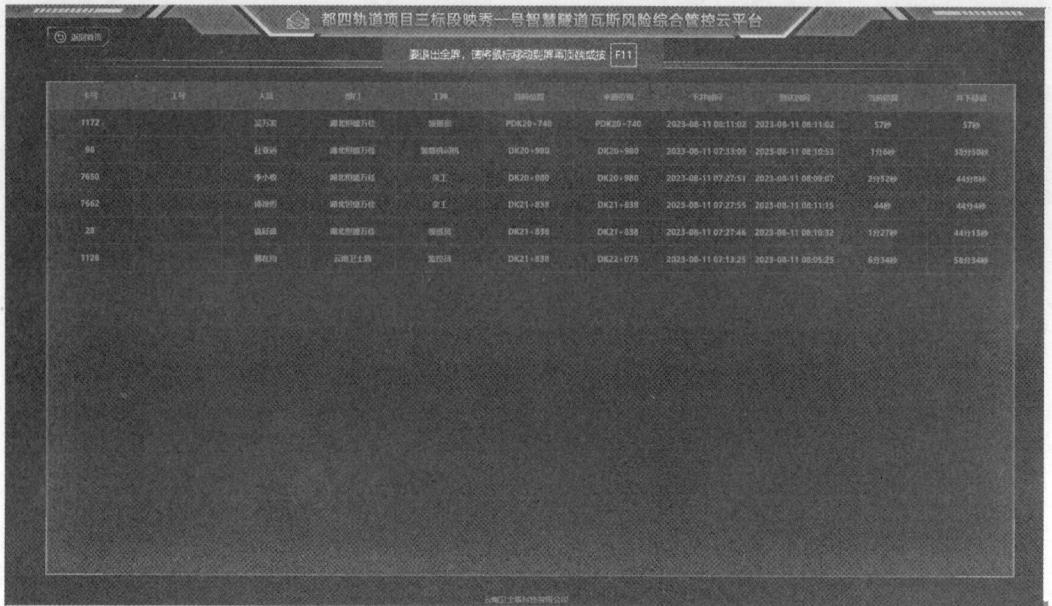

图 7-7   人员定位子系统软件界面
(扫描书前二维码看彩图)

线状态软件界面如图 7-8 所示，包括传感器编号、名称、实时值、工作状态、采集时间等。

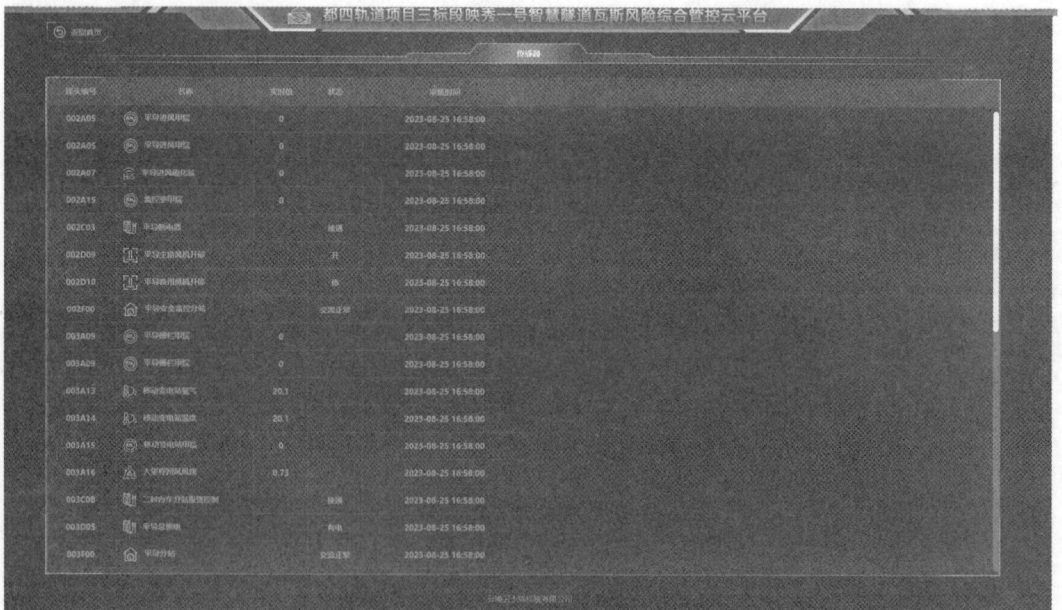

图 7-8   传感器在线状态软件界面
(扫描书前二维码看彩图)

钻孔瓦斯监测系统软件包括后台人工填入界面和计算机端主界面（一级页面）显示

界面，显示钻孔瓦斯测量时间及含量值，如图 7-9 所示。

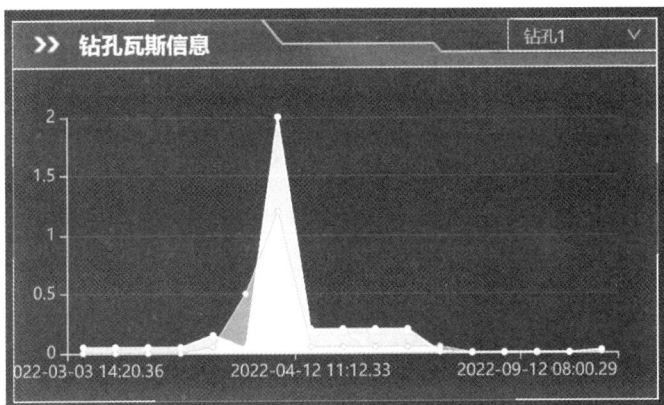

图 7-9 钻孔瓦斯监测系统界面

7.3 手机终端 APP 软件开发

手机终端 APP 登录界面如图 7-10 所示，包括工作人员和游客登录模式。

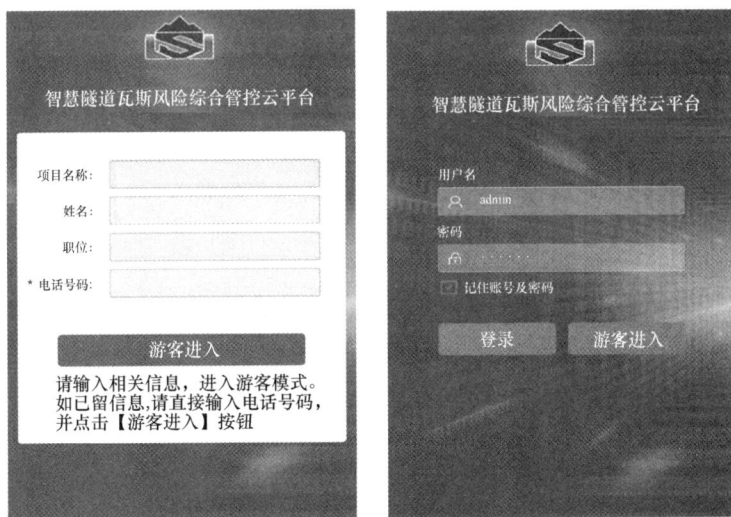

图 7-10 手机终端 APP 登录界面以及游客登录界面

手机终端 APP 主界面（一级页面）如图 7-11 所示，其主要显示 13 个传感器和设备在线数量及参数信息，具体包括：瓦斯钻孔参数、人员定位参数、瓦斯、一氧化碳、风速、硫化氢、氧气、声光报警器、温度、馈电、风机开停、断电器和监测分站。

手机终端 APP 软件的二级页面显示传感器的编号、名称、实时值、采集时间，然后通过操作进入三级页面，进一步显示其历史数据曲线、预测曲线及其预警阈值；同样其他 13 个子系统包括瓦斯监测子系统（图7-12）、瓦斯钻孔监测子系统（图7-13）、人员定位子系统（图7-14）、温度监测子系统（图7-15）、一氧化碳气体监测子系统

（图 7-16）、风速监测子系统（图 7-17）、硫化氢监测子系统（图 7-18）、氧气监测子系统（图 7-19）、声光报警器状态监测子系统（图 7-20）、馈电状态监测子系统（图 7-21）、风机开停状态监测子系统（图 7-22）、断电器状态监测子系统（图 7-23）、监测分站状态监测子系统（图 7-24），也是第二级页面显示设备基本信息，三级页面显示历史监测值和预测预警值。

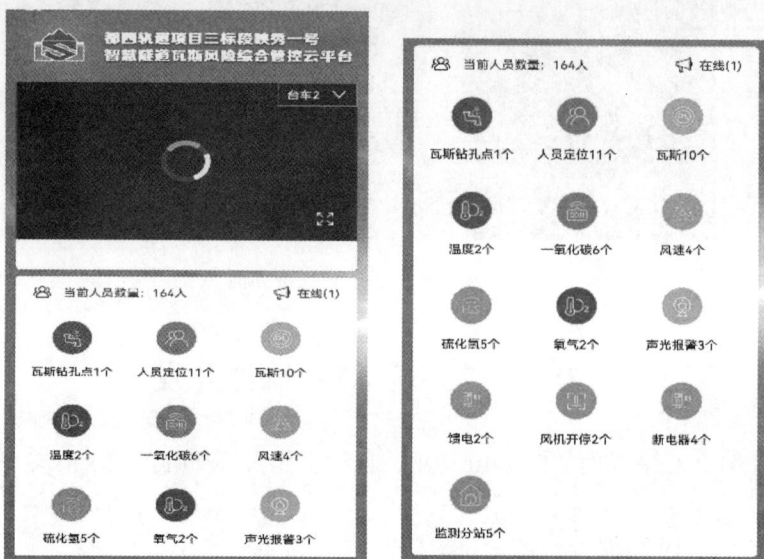

图 7-11　手机终端 APP 主界面（一级界面）

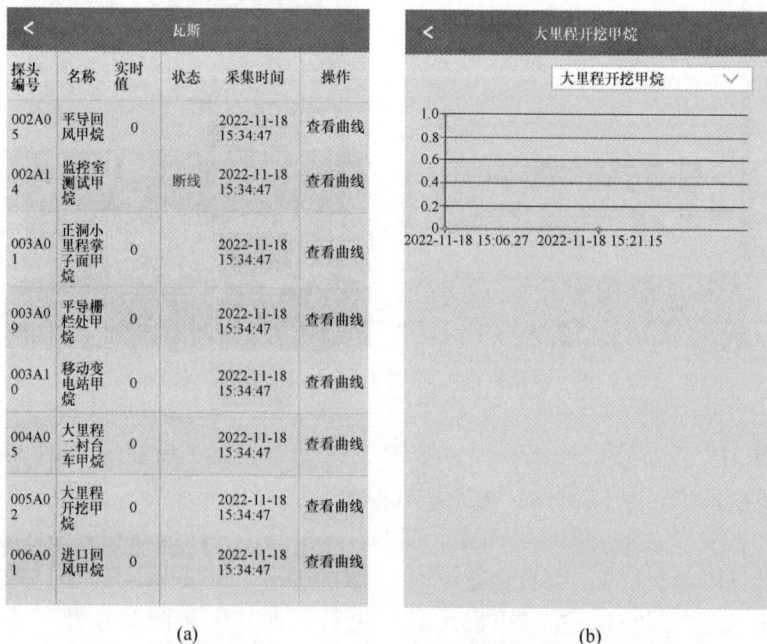

探头编号	名称	实时值	状态	采集时间	操作
002A05	平导回风甲烷	0		2022-11-18 15:34:47	查看曲线
002A14	监控室测试甲烷		断线	2022-11-18 15:34:47	查看曲线
003A01	正洞小里程掌子面甲烷			2022-11-18 15:34:47	查看曲线
003A09	平导栅栏处甲烷	0		2022-11-18 15:34:47	查看曲线
003A10	移动变电站甲烷	0		2022-11-18 15:34:47	查看曲线
004A05	大里程二衬台车甲烷	0		2022-11-18 15:34:47	查看曲线
005A02	大里程开挖甲烷	0		2022-11-18 15:34:47	查看曲线
006A01	进口回风甲烷	0		2022-11-18 15:34:47	查看曲线

(a)　　　　　　　　　　　　　　　(b)

图 7-12　手机终端 APP 瓦斯监测子系统二级页面和三级页面

（a）手机终端 APP 瓦斯参数二级页面；（b）手机终端 APP 瓦斯参数三级页面

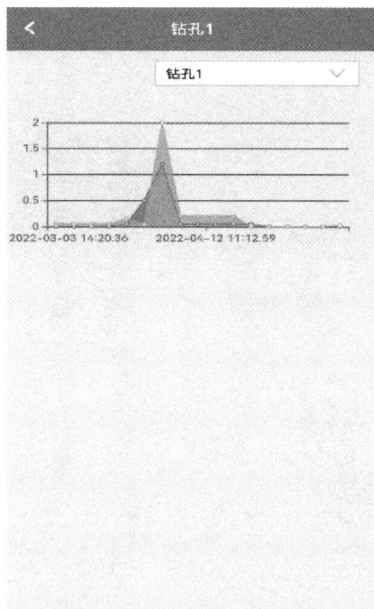

图 7-13 手机终端 APP 瓦斯钻孔监测子系统二级页面

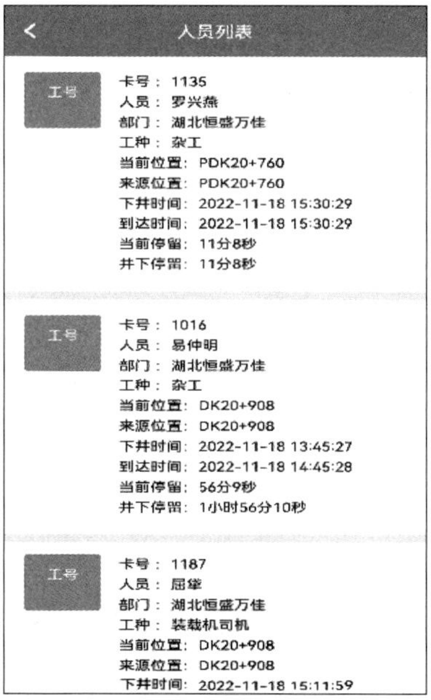

图 7-14 手机终端 APP 人员定位子系统二级页面

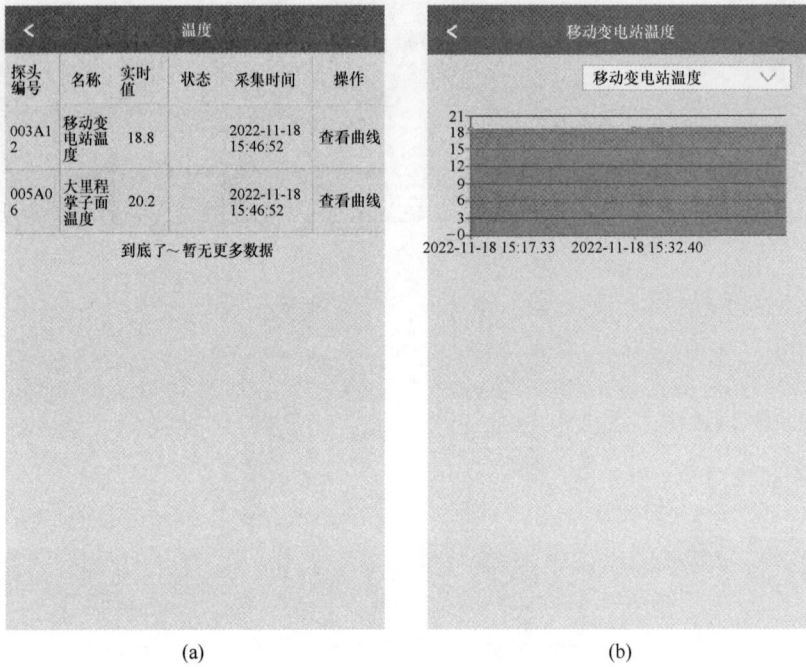

（a）　　　　　　　　　　　　　　　　（b）

图 7-15　手机终端 APP 温度监测子系统二级页面、三级页面

（a）手机终端 APP 温度参数二级页面；（b）手机终端 APP 温度参数三级页面

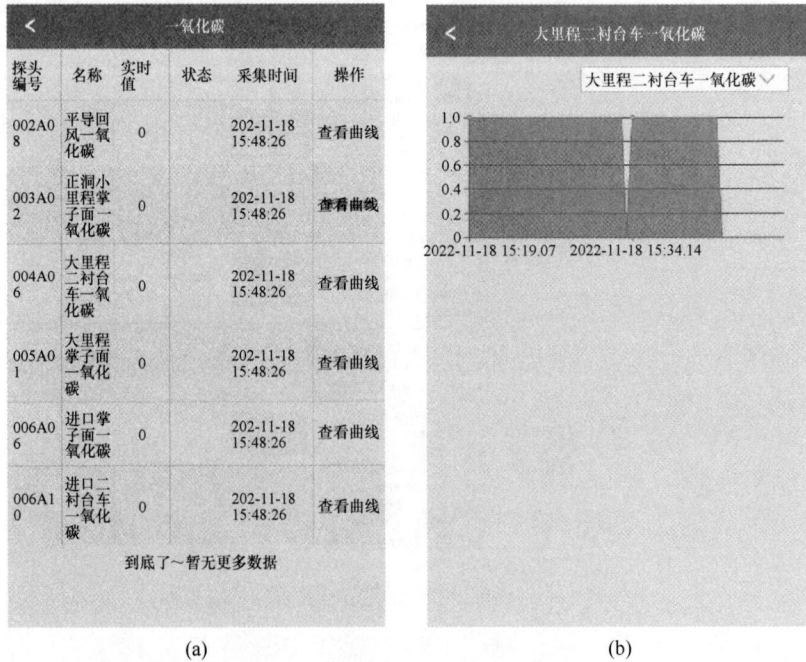

（a）　　　　　　　　　　　　　　　　（b）

图 7-16　手机终端 APP 一氧化碳气体监测子系统二级页面、三级页面

（a）手机终端 APP 一氧化碳参数二级页面；（b）手机终端 APP 一氧化碳参数三级页面

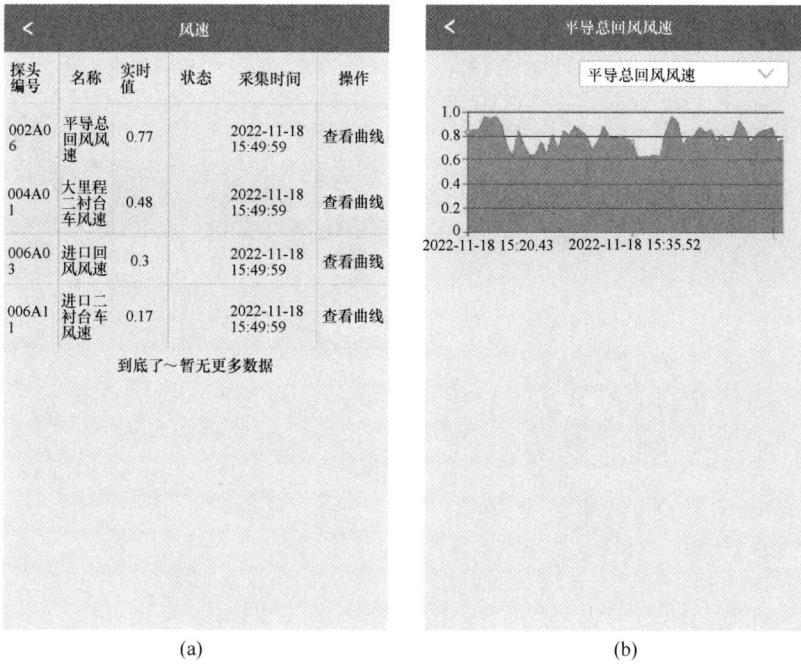

图 7-17 手机终端 APP 风速监测子系统二级页面、三级页面

（a）手机终端 APP 风速参数二级页面；（b）手机终端 APP 风速参数三级页面

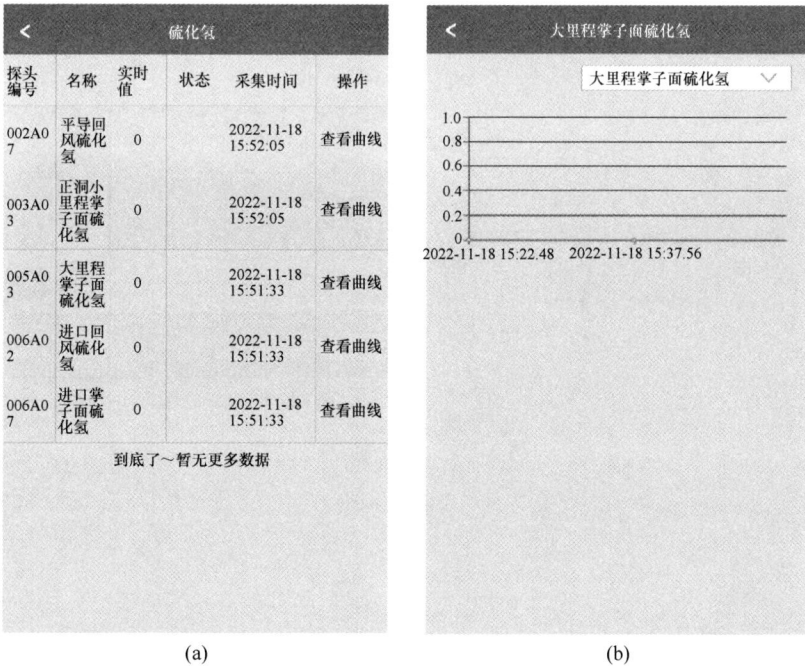

图 7-18 手机终端 APP 硫化氢监测子系统二级页面、三级页面

（a）手机终端 APP 硫化氢参数二级页面；（b）手机终端 APP 硫化氢参数三级页面

探头编号	名称	实时值	状态	采集时间	操作
003A11	移动变电站氧气	20.6		2022-11-18 15:52:05	查看曲线
005A05	大里程掌子面氧气	20.9		2022-11-18 15:52:05	查看曲线

到底了~暂无更多数据

(a)

移动变电站氧气

移动变电站氧气

2022-11-18 15:22.48   2022-11-18 15:37.56

(b)

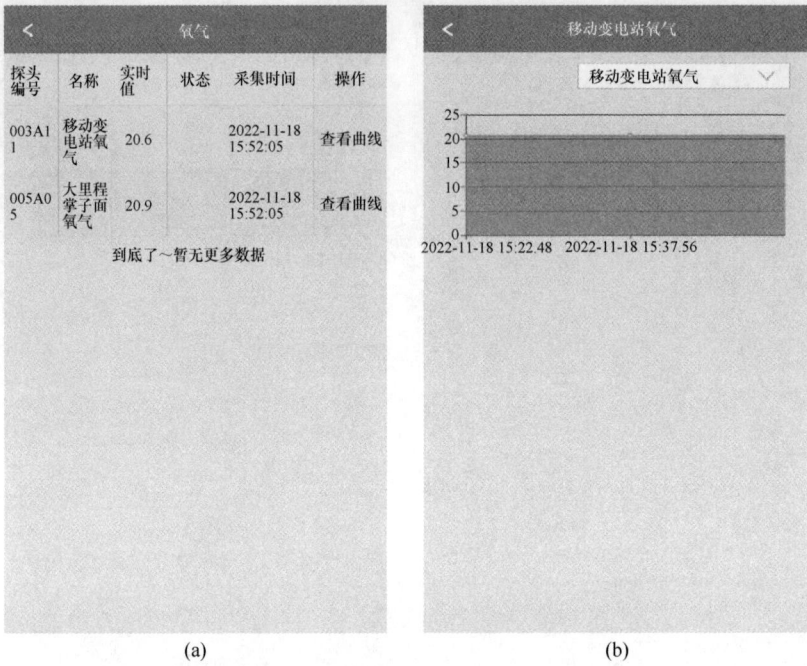

图 7-19 手机终端 APP 氧气监测子系统二级页面、三级页面
（a）手机终端 APP 氧气参数二级页面；（b）手机终端 APP 氧气参数三级页面

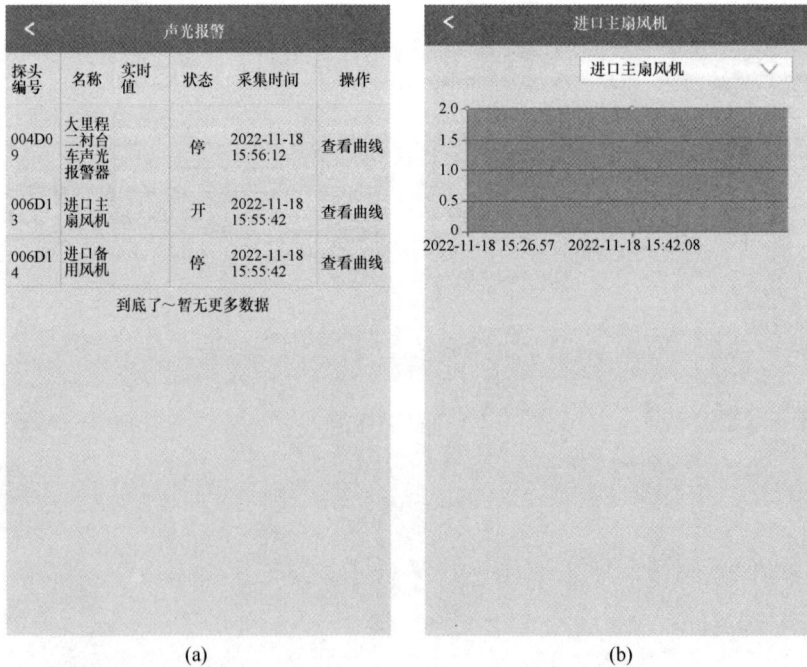

探头编号	名称	实时值	状态	采集时间	操作
004D09	大里程二衬台车声光报警器		停	2022-11-18 15:56:12	查看曲线
006D13	进口主扇风机		开	2022-11-18 15:55:42	查看曲线
006D14	进口备用风机		停	2022-11-18 15:55:42	查看曲线

到底了~暂无更多数据

(a)

进口主扇风机

进口主扇风机

2022-11-18 15:26.57   2022-11-18 15:42.08

(b)

图 7-20 手机终端 APP 声光报警器状态监测子系统二级页面、三级页面
（a）手机终端 APP 声光报警参数二级页面；（b）手机终端 APP 声光报警参数三级页面

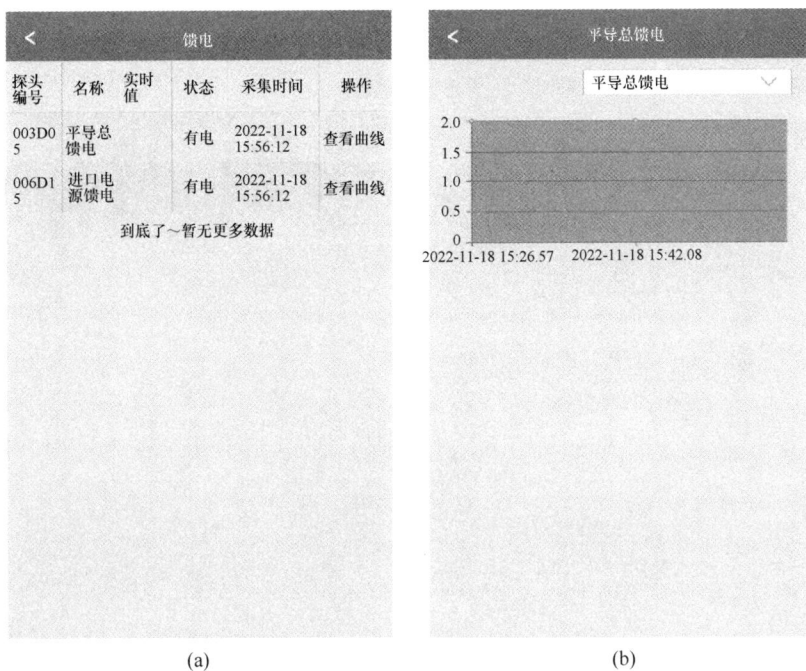

探头编号	名称	实时值	状态	采集时间	操作
003D05	平导总馈电		有电	2022-11-18 15:56:12	查看曲线
006D15	进口电源馈电		有电	2022-11-18 15:56:12	查看曲线

到底了~暂无更多数据

(a)

(b)

图 7-21 手机端 APP 馈电状态监测子系统二级页面、三级页面
（a）手机终端 APP 馈电参数二级页面；（b）手机终端 APP 馈电参数三级页面

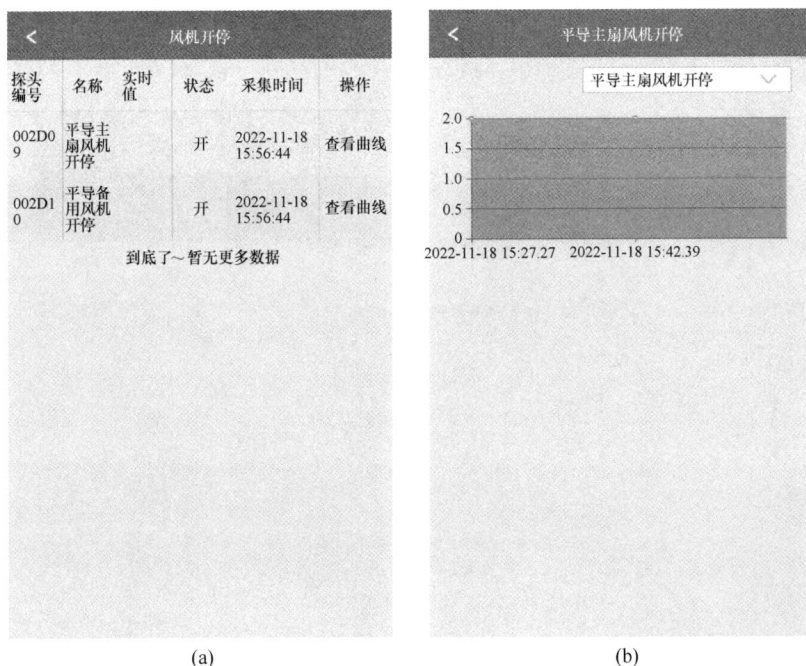

探头编号	名称	实时值	状态	采集时间	操作
002D09	平导主扇风机开停		开	2022-11-18 15:56:44	查看曲线
002D10	平导备用风机开停		开	2022-11-18 15:56:44	查看曲线

到底了~暂无更多数据

(a)

(b)

图 7-22 手机端 APP 风机开停状态监测子系统二级页面、三级页面
（a）手机终端 APP 风机开停参数二级页面；（b）手机终端 APP 风机开停参数三级页面

探头编号	名称	实时值	状态	采集时间	操作
002C03	平导断电器		接通	2022-11-18 15:56:44	查看曲线
003C08	二衬台车分站报警控制		接通	2022-11-18 15:56:44	查看曲线
004C05	大里程二衬台车分站报警控制		接通	2022-11-18 15:56:44	查看曲线
006C08	进口断电器		接通	2022-11-18 15:56:44	查看曲线

断电器

到底了~暂无更多数据

二衬台车分站报警控制

(a)　　　　　　　　　(b)

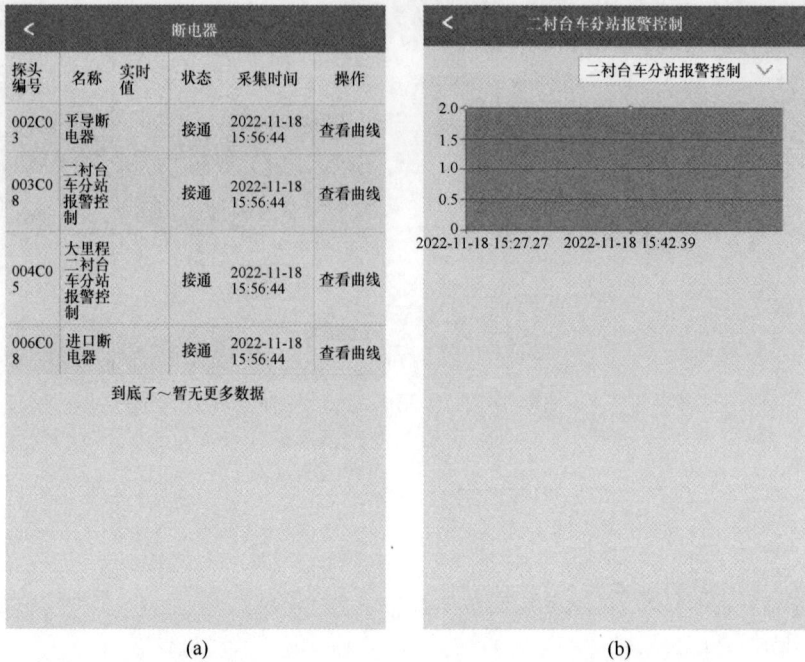

图 7-23　手机端 APP 断电器状态监测子系统二级页面、三级页面
（a）手机终端 APP 断电器参数二级页面；（b）手机终端 APP 断电器参数三级页面

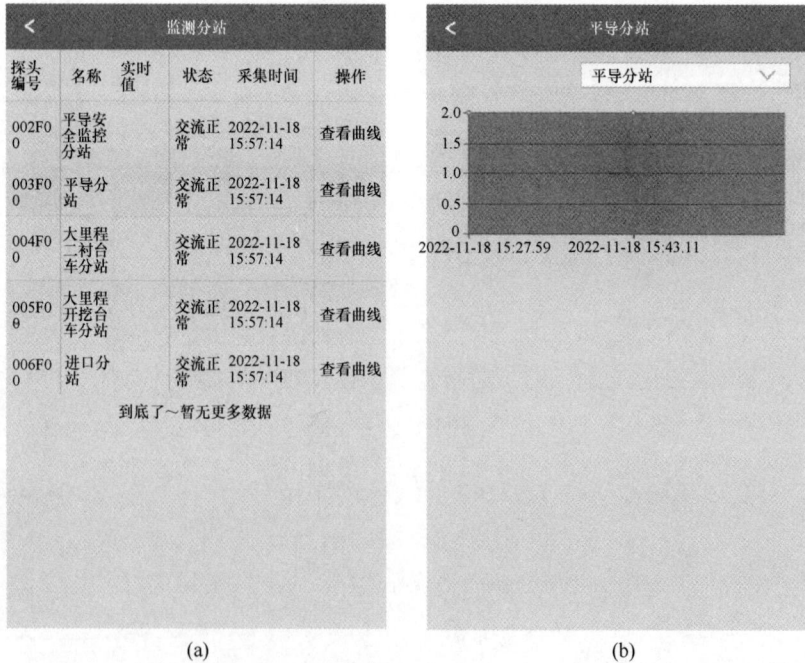

探头编号	名称	实时值	状态	采集时间	操作
002F00	平导安全监控分站		交流正常	2022-11-18 15:57:14	查看曲线
003F00	平导分站		交流正常	2022-11-18 15:57:14	查看曲线
004F00	大里程二衬台车分站		交流正常	2022-11-18 15:57:14	查看曲线
005F0θ	大里程开挖台车分站		交流正常	2022-11-18 15:57:14	查看曲线
006F00	进口分站		交流正常	2022-11-18 15:57:14	查看曲线

监测分站

到底了~暂无更多数据

平导分站

(a)　　　　　　　　　(b)

图 7-24　手机端 APP 监测分站状态监测子系统二级页面、三级页面
（a）手机终端 APP 监测分站参数二级页面；（b）手机终端 APP 监测分站参数三级页面

7.4 施工项目管理系统

7.4.1 视频共享系统

视频共享系统提供一个统一的安防集成平台，实现中心对所有视频图像、报警事件、语音对讲、GIS 地图等的集中管理和应急处置，以及对所有视频图像、报警事件及警情的记录和查询，并与"应急抢险指挥"无缝链接，结合电子地图实现报警点位定位。

系统应实现以下技术功能要求：

（1）平台采用主流成熟的 J2EE 标准多层框架体系和 JAVA 技术路线，确保平台软件的可靠性和可移植性。

（2）平台通过对操作系统、数据库、安全加密、多媒体协议的封装，屏蔽差异，实现上层应用的平台无关性、良好的分层结构、统一的接口服务，可以有效降低软件的复杂度，提高开发效率和系统兼容性。

（3）采用基于开放标准与技术的 Web Services 实现其他业务系统的对接集成，实现跨平台异构多源数据的访问和交互操作。

（4）采用 B/S 和 C/S 相结合的方式架构，页面展现使用 JSP 与主流 AJAX 框架、jquery、extjs 等技术相结合的方式，提供更好的用户交互体验。

（5）平台各服务系统支持分布式部署方式，可以根据业务发展要求分批部署，灵活扩充，关键服务器还支持集群部署；系统各服务模块可部署在通用服务器硬件设备上，并具备较强的扩容性，能随着监控和其他安防点位的增加对平台进行硬件和模块的扩容，不影响现有业务。

（6）平台提供对接第三方系统的接口，并提供系统接入的具体实现方式和相关协议，可满足多平台信息共享、资源集成整合应用需求。

（7）支持公安部视频监控系统联网标准《安全防范视频监控联网系统信息传输、交换、控制技术要求》（GB/T 28181—2011），可集成满足该标准的设备与应用系统。

7.4.2 视频终端综合管理

视频终端综合管理主要对视频监控点进行整合管理，以多级列表目录按照各安装区域、部位的不同划分，整合到智慧市政平台的视频共享中。

系统应实现以下技术功能要求：

（1）监控列表管理。所有监控点在统一界面中，按照监控点所属业务所划分为道路、桥梁、排水等多个一级目录，可收缩、展开各监控点，并可增加、删除、监控点。

（2）终端配置管理。在监控列表树形菜单中可对某一个监控点进行配置管理，管理其网络配置、录像编码、录像计划、日志等。

（3）网络配置管理。可对同批量的监控点统一配置其网络 IP 地址、DNS、子网掩码。

（4）视频画面管理。调阅、预览某个或多个监控点画面，并可以切换 1、4、9、16、24、32 画面进行分割。

7.4.3　视频 GIS 地图管理

视频 GIS 地图结合施工项目规划院在线地图，在 GIS 地图上融合所有前端视频监控点，直观在地图上进行图层展示，快速定位、查找、调取、预览监控点画面。

系统应实现以下技术功能要求：

（1）可对 GIS 地图监控点进行增加、删除、拖动操作。

（2）可在 GIS 地图上浮窗显示监控点设备编号、网络信息、GPS 位置等信息。

（3）可对 GIS 地图监控点信息单个或多个快速检索。

（4）支持 GIS 监控点通道实时视频。

（5）支持 GIS 监控点抓图功能，可以把抓到的图片保存在本地。

（6）支持 GIS 监控点云台控制，可远程控制云台变倍和旋转。

7.4.4　图像报警处理模块

报警处理服务，提供对各种告警的接收、联动、订阅、转发服务，支持对前端常规设备、智能设备、报警设备的布防，接收告警信息后，触发相关联动（短信、E-mail、告警上墙、告警录像、告警联动抓图等），并且将相关告警信息上传 CMS 中心进行数据库存储和转发给当前订阅告警信息的客户端。

报警处理服务还提供 GPS 信息的接收和转发服务，车载单兵设备的 GPS 信息通过报警处理服务进行 GPS 信息的接收，上传给 CMS 中心进行数据库存储和转发给当前订阅的 GPS 接收客户端。

同时提供第三方 GPS 设备的接入服务，通过第三方 GPS 设备的 SDK 或者协议集成到报警处理服务，完成对第三方 GPS 设备的接入。

通过使用图像画面分析，快速对各种报警类型做出响应，在平台上作出报警动作，提示现场值班人员做到防患于未然。

7.4.5　道路管理系统

道路管理系统结合施工项目规划院在线地图，对施工区域的道路主次干道、人行道的基本信息，维修养护、GIS 地理信息进行管理，建立道路信息数据库（含主次干道道路基本信息、道路地理位置、道路图像资料等信息）。

系统应实现以下技术功能要求：

（1）实现地理信息与在线地图的集成，建立道路信息可视化平台。

（2）将道路地理信息、道路设施信息，结合动态采集的数据，供外场设备远程访问及控制。

（3）用户可根据需要选择地图上的某路段查阅维修施工、养护信息，利用推送服务将状态信息实时推送到 GIS 地图上，对信息进行实时监控。

（4）在地图操作中，用户选定地图某一道路，可检索出道路信息，并可以调阅附近视频监控点的监控视频画面。

（5）为其他业务系统提供数据服务支持。

（6）实现 B/S 架构海量工程数据的远程统一录入、查询、管理。

（7）系统服务器的硬件配置根据用户量和数据量，尽可能配置高性能服务器（运算速度快、存储量大、安全稳定性好）及相关的附设：操作系统 Windows 2008、Microsoft SQL Server 2008、Net Framework 框架（4.0 版本）、Tomcat7 及以上、JDK 版本 jdk1.6 及以上。

7.4.6 道路基础信息管理

道路基础数据管理系统对施工项目区域范围内的路段进行普查，收集采集道路基础数据，在服务器上建立道路数据库，对道路相关文字、图片、视频等属性信息进行收集、整理、录入，在此模块中可以实现对路段、路面、设施信息的管理，包括新建、删除、编辑、保存、复制并查询、选择。

数据浏览：点击进入道路默认页面，可对管理的路段数据列表进行浏览、查看，在显示区域底部显示数据条目情况，通过底部按钮设置，可选择每页显示数据条目数量；双击道路数据显示区域列信息，即可按此列进行排序。

新建路段：点击新建，在道路数据显示区域自动添加一张空白表，在各数据项中填入相应的路段真实数据，保存后即可在系统内新建一条道路信息。

帮助信息：双击任意一条数据项名称，即可出现该条数据项的帮助信息，有助于道路养护人员在建立道路信息时快速了解该条信息的定义。

删除路段：选择数据显示区域中需要删除的路段，点击删除功能操作按钮，即可对该路段的信息进行删除操作（系统会进行确认提示，一旦删除，数据是不可再恢复的，除非进行重新录入）。

编辑与保存：点击数据显示区域中的任意一段主路、支路段，即可查看该路段的属性信息，点击编辑即可对属性信息进行修改，点击保存后修改数据上传至服务器，并弹出保存成功提示框，自动关闭编辑页面。

7.4.7 道路 GIS 地图管理

道路 GIS 地图结合施工项目地图，基于 GIS 的道路可视化应用平台，管理电子化，在施工项目规划院一张底图上创建城区道路 GIS 地理信息数据库，以友好的图形界面显示在客户端，方便快速预览和定位道路主次路的位置，方便快速和其他模块联动。

默认显示 GIS 地理位置图，点击"搜索"即可显示已采集道路及人行道基本信息和位置信息，显示颜色对应道路目前的技术状况。

点击地图上要查看的道路设施图标，在地图右侧即出现该道路基础信息，包括识别信息、经济信息、档案信息、养护信息、位置信息，并在地图上显示该路段采集的起止路段图像资料。

7.4.8 道路维修管理

道路维修管理主要包括综合处理、综合查询、数据浏览、事故处理。

综合处理模块是路段维修信息管理的基础，在此模块中可以实现对道路及人行道等维修信息的管理。

综合查询是针对管理层用于数据查询的模块，主要功能为查找、排序及导出报表等功能。通过下拉框依据查询条件，可进行多条件查询，可对确定多条件查询的关系进行设置，并可通过导出报表导出当前条件下的查询结果。

数据浏览可对管理的路面数据列表进行浏览、查看，在显示区域底部显示数据条目情况，通过底部按钮设置，可选择每页显示数据条目数量；双击数据显示区域列信息，即可按此列进行排序。

事故处理模块对事故类别、事故年月、事故路段、损坏程度（文字和图像）、经济损失、维修费用估算、维修措施等数据进行记录，其中道路代码、事故类别、事故年月、事故路段为必填项。

7.4.9　GPS车辆定位共享系统

7.4.9.1　概述

全球定位系统在车辆管理上的应用，称作车辆定位系统。GPS系统应用在单位管理上，随着单位规模及业绩的不断扩大，配送及运营所需的车辆逐渐增多，跑私活、干私事、外出车辆的风险预控、超速控制、区域报警等相关功能越来越受到单位管理者的关注，GPS单位应用能够很好地帮助管理者对运营车辆进行远程监控，杜绝跑私、干私事等额外增加单位运营成本的不良行为。

7.4.9.2　基本报警

（1）出界报警：车辆驶出定义区域后，车载终端将自动向中心上报警情，如离开某一区域，可以设置离开某地报警，如公司、仓库、客户地址等。

（2）入界报警：如车辆进入定义区域时，就会报警。可以设置某个区域报警，也可以是仓库、客户地址等。

（3）疲劳驾驶管理。

（4）紧急报警：当车主遇到危险情况时，可按动紧急报警按钮。

（5）远程断电：中心根据实际情况下发车辆发动机立即熄火命令。

（6）断油恢复：中心下发远程指令可恢复车辆正常，解除锁车。

（7）速度报警：车辆进行超速行驶时，向中心报警。

7.4.9.3　自定义报警

（1）紧急报警：当车主遇到危险情况时，可按动紧急报警按钮，监控中心会收到报警信号，如果有广告屏幕，此屏幕会显示：此车被劫。

（2）非法停车：设置停车超过3min（可以设置）就会向中心报警。

（3）线路报警：车辆超出预先规划好的线路报警。

（4）出界报警：车辆驶出用户安全区域后，车载终端将自动向中心上报警情，如出租车出城。

（5）入界报警：如车辆进入禁止区域时，会产生报警，如出租车分区域作业，如进入别人的作业区域就会报警。可以设置某个区域报警，也可以是仓库、交接班地点、客户地址等。

（6）故障通知：车载终端在外接设备、模块有故障时，自动通知中心。

（7）超速报警：速度报警：预设最低、最高车速和超速时间，车辆速度超出预设限速区间，并且持续时间超过预设时间触发报警。用于监视车辆被移动、意外停车等情况。

（8）非法点火报警：车载机处于预警或警戒状态下，发动机运转超过 20s，触发报警。

（9）自定义报警：除了固定的报警警情，系统还支持 37 个用户自定义报警。

例如：开门关门报警、开后备厢报警、卸货报警、开关空调报警、开油箱锁报警、鸣笛报警等。

（10）怠速报警：车辆怠速超过规定时间。

主电掉电：车辆主电瓶被破坏后，车载终端自动向中心上报主电掉电报警。断电后设备可连续工作 8~10h。

（11）电瓶低压：在电瓶电压较低时，车载终端将自动向中心上报"电瓶低压报警"。

（12）GPS 短路：GPS 天线破损或进水后，车载终端自动向中心上报 GPS 天线短路警情。

（13）GPS 开路：GPS 天线开路（被剪断）后，车载终端自动向中心上报 GPS 天线开路报警。

（14）疲劳驾驶报警：长途运输的司机连续驾驶时间超过管理人员规定的时间后，车载终端自动向中心上报疲劳驾驶警情。

（15）区域报警：每个站点或者路段能设定输出特定控制字，当车辆进入该站点或路段时终端自动输出，用于对车上设备进行与站点相关联的控制功能，如自动语音提示、拍照等。

7.4.9.4 定位

（1）盲区补报：车辆行驶到移动信号盲区，会自动存储定位数据，待移动信号恢复后自动向中心上传位置信息。

（2）自定义状态回报：可自定义某些状态自动回报，如车门开关、ACC 开关等状态变化时自动回报，支持 4 路以上。

（3）历史轨迹回放：可以回放任一时间段的行程及这个时间段的任何时刻的状态，包括时间、地点、速度、方向、停靠时间等，用来检查车辆的行驶线路、加油站、过路费信息。

（4）回报间隔：位置回报时间间隔由 1~65535s 均可，可以直观看到车辆在地图运行的效果，和导航一样。

（5）最近有效位置：在进入 GPS 信号盲区前的最后一次精确定位的位置，该位置一直保存，直至 GPS 模块复位。

（6）分段限速：高速公路、普通公路、城市道路等分段设置不同限速值，也可以设置不同路段不同的速度报警阈值，使超速管理更精确。

7.4.9.5 其他功能

（1）文字调度管理：管理可通过文字方式向某一辆车或是某一群车辆发送文字调度信息。发送的信息将保存下来，以供日后查证。

（2）超速报警统计：通过系统提供的行驶数据保存功能，在事后可将某车在某天某一段时间的行车数据进行回放，并可生成报表供打印，该功能可作考核用。

（3）行车线路跟踪：可对单独一辆或是全部车辆实时记录行驶线路，当车辆驶过后就会在地图上划出一条黑线，管理员可直观看到车辆的行驶线路情况。

（4）区域报警功能：可以设定禁区，当车进入禁区监控处即发出警报提醒。定制行驶路线，当驾驶员驶离预定的驾驶路线发出报警。

（5）完善的管理员管理功能：

1）车辆信息管理可对车辆信息进行查询、统计、增、删、改的维护工作。

2）可对管理员进行权限分配，实现分级、多级管理。

3）日志管理，如登录日志、报警设定、消息发送等进行统计、打印和删除。

（6）里程油耗统计：通过系统提供的行驶数据保存功能，可将某车在某天某一段时间的行车公里数及所耗油量，生成报表供打印，该功能可作参考。

7.5 本 章 小 结

本章根据都四轨道交通映秀一号隧道瓦斯隧道施工安全要求及工况特点，开展高危事故风险监测预控技术平台的设计，包括系统设计、人员设备定位系统、电气设备状态监测系统、视频安全监控系统、环境参数监测预警系统、数字广播调度系统，显示 13 个传感器和设备在线数量及参数信息：瓦斯钻孔参数、人员定位参数、瓦斯、一氧化碳、风速、硫化氢、氧气、声光报警器、温度、馈电、风机开停、断电器和监测分站；开展基于工业防爆、人工智能、物联网和大数据的隧道瓦斯预警关键技术开发，建立基于服务器端、计算机端、手机 APP 端的一体化预控平台，从而建立高危隧道施工安全风险监测预控一体化平台，本设计为典型瓦斯隧道监测预警提供一点先进的解决方案。

8 瓦斯隧道瓦斯检测与监测专项技术应用

本章针对青藏高原与四川盆地过渡段龙门山低中山区都四轨道交通映秀一号隧道瓦斯隧道施工实际工况，进行"人工+自动"检测、监测、瓦斯安全监控管理、验收等方面技术方案设计。

8.1 瓦斯隧道工况与风险分析

8.1.1 工程地质情况

该标段属青藏高原与四川盆地过渡段龙门山低中山区，地形陡峻、起伏大，地面高程890~2300m，相对高差200~500m，自然横坡10°~75°，斜坡地带基岩部分裸露，覆土相对较薄，缓坡地带及沟槽覆土相对较厚，坡面上灌木丛生，林地、耕地较少。沿线路两侧村庄民房零星分布，道路和线路相通，交通较方便。

8.1.1.1 主要地质概况

映秀一号程道DK20+660~DK22+200段穿越三叠系上统须家河组二段（y_2）砂岩、页岩夹煤层或煤线地层，该隧道施工期间可能会出现煤层。该标段位于川滇南北向构造体系之九顶山华夏系构造带，构造带总体方向为北40°~50°东，由一系列东北向平行的褶曲和断裂组成，褶曲均为紧密的倒转腹背斜、腹向斜。断裂带为北东向挤压性逆冲大断裂，主断裂的倾向为北300°~330°西，倾角50°~60°，为挤压性的逆冲断裂，同时发育了一组与主断裂带垂直相交的张性断裂及与主断裂斜交的扭性断裂。隧址区位于龙门山构造带中南段，彭县-灌县断裂（龙门山前山断裂）与茂县-汶川断裂（龙门山后山断裂）所限制的断块上，由于推覆构造作用，形成一系列北东向展布的褶皱及断裂。其间有一巨型石炭系-二叠系灰岩飞来峰（瀚板凳-白石飞来峰）滑覆体叠覆于三叠系须家河组地层之上，呈北东向展布，长约21km，宽约1~3km。隧道洞身位于该滑覆体与茂汶断裂断裂之间的构造块体上。隧址区发育断裂多条：东狱庙断层、北川-映秀断裂（龙圆树子-燕子窝段）、北川-映秀断裂（映秀段），以及派生的小褶曲、小断层、节理裂隙等。

8.1.1.2 水文地质

该标段属于岷江水系，地表水主要为龙溪河、岷江、鱼子溪等，一年四季皆有水流，水量较大。隧道洞身地表分布柳沟泥石流沟、八一泥石流沟、红椿沟泥石流沟、烧房沟泥石流沟等坡面沟槽，沟槽水和坡面有暂时性流水，流量受季节影响明显，雨期水量较大，旱季相对较小。

（1）地下水。地下水主要类型有第四系土层孔隙水、基岩裂隙水。第四系土层较薄，孔隙水较少；下伏基岩节理裂隙发育，裂隙水较丰富，其中三叠系须家河组砂岩含水层与相对泥岩隔水层相间排列，地下水常具承压性。

（2）水质。据附近地表水样测试成果资料，地表水水质类型属 HCO_3^-、Na^+、Ca^{2+} 型水、$HCO_3^- \cdot SO_4^{2-} \cdot Ca^{2+}$、$Mg^{2+}$ 型水。根据《铁路混凝土结构耐久性设计规范》（TB 10005—2010），在环境作用类别为化学侵蚀环境及氯盐环境时，水中 SO_4^{2-}、Mg^{2+}、侵蚀性 CO_2、Cl^-、pH 值对混凝土结构无侵蚀性。

8.1.1.3　不良地质及特殊岩土

该标段不良地质为地震及地震液化、活动断裂、滑坡、有毒有害气体（含高瓦斯）、泥石流、突泥、涌水、崩塌、危岩落石、岩堆、泥石流、岩爆、软岩大变形、采空区。特殊岩土为膨胀土。

8.1.2　该地区有毒有害气体分布情况

8.1.2.1　煤与瓦斯测试

根据成都苏杜地质工程咨询有限公司完成的《新建都江堰至四姑娘山山地轨道交通扶贫目定测阶段施家山隧道瓦斯专项评价报告》及《映秀一号隧道工程地质说明》中分析结论：

（1）映秀一号隧道穿越地层为三叠系上统须家河组二段（T_{x2}）砂岩、页岩夹煤层或煤线，含有丰富的烃源岩，存在有机成因有害气体生成发育的物质基础。

（2）根据同套地层施家山隧道现场钻孔瓦斯测试和室内实验，均有瓦斯显示，瓦斯浓度最大为 71.8%。孔内煤层瓦斯压力测定结果为 0.12~0.58MPa。基于隧道钻孔瓦斯检测浓度的隧道开挖掌子面瓦斯涌出速度估算值为 2.26m³/min；基于煤层估算的隧道开挖掌子面瓦斯涌出速度估算值为 1.78m³/min，造成数据差异的原因在于地层中的发质页岩、泥岩也有生烃能力，所以以检测瓦斯流度为依据的计算结果大于以单纯煤为依据的计算结果，取前者（2.26m³/min）用于设计计算。

（3）根据《铁路瓦斯隧道技术规范》（TB 10120—2019）规定，综合判定映秀一号隧道进口段 DK20+60~DK2200 为高瓦斯隧道工区。

8.1.2.2　隧道与煤系地层的空间关系

映秀一号隧道勘察期间洞身钻孔未揭示煤层，根据同套地层施家山隧道煤层揭示情况，且由于煤层分布范围广，位置不确定性以及探测难度大，该隧道不排除施工期间发现煤层的可能性。施工时须结合先行超前地质预报及超前综合防突探测精确定位煤层的里程、厚度、倾向、空间位置关系、瓦斯压力及瓦斯通出量等指标，结合该隧道揭煤防突设计图，进一步制定切合实际的综合防突措施，确保施工安全。

8.1.2.3　采空区及小煤窑

映秀一号隧道勘察期间未明确发现采空区及人为坑洞，根据同套地层施家山隧道煤层揭示情况，且由于煤层分布范围广，位置不确定性以及探测难度大，该隧道不排除施工期间发现采空区及人为坑洞的可能性。施工时须结合先行超前地质预报进行采空区及人为坑洞的探测情况，制定有效的采空区及人为坑洞处理方案，确保工程安全。

8.1.3　瓦斯工区等级划分及确定方法

根据《铁路瓦斯隧道技术规范》（TB 10120—2002）4.1.3 节中规定，低瓦斯工区和高瓦斯工区可按绝对瓦斯涌出量进行判定。当全工区的瓦斯涌出量小于 0.5m³/min 时，为低瓦斯工区；大于或等于 0.5m³/min 时，为高瓦斯工区。

8.2 瓦斯隧道瓦斯检测与监测专项技术编制依据

（1）《公路瓦斯隧道设计与施工技术规范》（JTG/T 3374—2020）；

（2）《铁路瓦斯隧道技术规范》（TB 10120—2019）；

（3）《公路瓦斯隧道技术规程》（DB51/T 2243—2016）；

（4）《煤矿安全规程》（国家煤矿安全监察局 18 号令）、《防治煤与瓦斯突出规定》（国家安全生产监督管理总局令第 19 号令）；

（5）《煤矿瓦斯抽放技术规范》（MT/T 692—1997）；

（6）（DSZQ-3 标）施工组织设计；

（7）新建都四轨道项目"映秀一号隧道隧道设计"图纸；

（8）现行的国家和铁道部有关规范、验标及施工指南；

（9）《煤矿安全规程》；

（10）《中华人民共和国安全生产法》；

（11）《矿山安全法》；

（12）《煤矿瓦斯检查员安全操作规程》；

（13）《煤矿瓦斯监测工安全操作规程》；

（14）《煤矿安全监控系统及检测仪器管理规范》（AQ 1029—2019）；

（15）《煤矿井下作业人员管理系统使用与管理规范》（AQ 1048—2019）；

（16）国家颁布的法律、法规和部发文件以及工程施工过程中必须执行的规范、规程、技术指南、验标等。

8.3 瓦斯隧道瓦斯监测与检测方案

8.3.1 瓦斯隧道瓦斯监测与检测

8.3.1.1 瓦斯隧道瓦斯监测内容

瓦斯爆炸是瓦斯隧道施工中最大的安全隐患。瓦斯爆炸的 3 个必要条件：一是要有一定浓度的瓦斯（主要为 CH_4），二是要有火源，三是要有足够的氧气。要达到安全生产的目的，就必须从瓦斯监测、通风、设备防爆等综合预防措施下手，杜绝洞内同时具备瓦斯爆炸的 3 个必要条件。通过对瓦斯的实时监测，控制和防止瓦斯浓度超限，是防止瓦斯爆炸发生的关键。

在施工中，对安全生产影响最大的是瓦斯（主要成分是 CH_4）、二氧化碳（CO_2）的浓度。故在该隧道施工中，主要以 CH_4、CO_2 为监测对象，监控隧道内有害气体的浓度。

隧道瓦斯监测的目的：

（1）防止在施工过程中，有害气体浓度超限造成事故灾害，以确保施工安全和施工的正常进行；

（2）根据监测到的洞内有害气体的浓度大小，及时采取相应的技术措施；

（3）检验防排瓦斯技术措施效果，正确指导隧道施工，为科学组织施工提供依据。

8.3.1.2　瓦斯隧道监测依据与执行标准

（1）监测依据。瓦斯的监测，主要以《煤矿安全规程》（2009 年版）、《铁路瓦斯隧道技术规范》（TB 10120—2002）、《防治煤矿瓦斯突出细则》、《煤矿安全监控系统及检测仪器使用管理规范》（AQ 1029—2007）为主要依据，根据上述规程进行有害气体的监测、控制。

（2）瓦斯限值与处理。隧道岩层中瓦斯涌出浓度的高低是危险程度的标志，施工中必须将瓦斯浓度控制在安全限值以内。

8.3.1.3　瓦斯监测体系

为了安全起见，隧道施工瓦斯监测采取人工与自动相结合的监测方式，两者监测的数值相印证，避免误报现象。

A　人工检测

人工检测由瓦斯检查员执行检查瓦斯，瓦斯检查员必须经专门培训，考试合格，持证上岗。根据《煤矿安全规程》及有关规定，专职瓦斯检查员必须使用光干涉式甲烷测定器检查瓦斯，同时检测 CH_4（甲烷）和 CO_2（二氧化碳）两种气体浓度。

（1）光干涉式甲烷测定器。光学瓦斯检测器是根据光的干涉原理制成的，除了能检查 CH_4 浓度外，还可以检查 CO_2 浓度，瓦斯浓度在 0~10%，使用低浓光干涉甲烷测定器；瓦斯浓度在 10% 以上，使用检测范围是 0~100% 的高浓度光干涉式甲烷测定器。

光干涉式甲烷测定器属机械式瓦斯检测仪器，具有仪器使用寿命长、经久耐用的特点，但受环境和人员操作等多种因素的影响，为了能保证检测结果准确有效指导施工，防止安全事故的发生，必须注意如下事项：

1）使用前，须检查水分吸收管中的硅胶和外接 CO_2 吸收管中的钠石灰是否变质失效，气路是否通畅，光路是否正常；将测微组刻度盘上的零位线与观察窗的中线对齐，使干涉条纹的基准线与分划板上的零位线相对齐，取与待测点温度相近的新鲜空气置换瓦斯室内气体。

2）检测时，吸取气体一般捏放皮球以 5~10 次为宜。

3）测定甲烷浓度时，要接上 CO_2 吸收管，以消除 CO_2 对 CH_4 测定结果的影响。

4）测 CO_2 浓度时，应取下 CO_2 吸收管，先测出两者的混合浓度，减去已测得的 CH_4 浓度即可粗略算出 CO_2 浓度。

5）干涉条纹不清，是由于隧道中空气湿度过大，水分不能完全被吸收，在光学玻璃管上结雾或灰尘附着所致，只要更换水分吸收剂或拆开擦拭即可。

6）CO_2 吸收管中的钠石灰失效或颗粒过大，CO_2 会在测定 CH_4 浓度时混入瓦斯室中，使测定的 CH_4 值偏高，所以要及时更换钠石灰，确保仪器测量准确。

7）空气不新鲜或通过瓦斯的气路不畅通，对零地点的温度、气压与待测点相差过大，均会引起零点的漂移，所以必须保证在温度、气压相近的新鲜气流中换气对零。

（2）人工检测瓦斯测点的布置和检测要求。

1）测点布置（即检测地点）：掌子面（即掘进工作地点）—回风—进风，即所有压入式扇风机入口处风流—所有洞室—总回风（即抽出式主要扇风机入口风流）—放炮点—超前地质预报作业的钻孔（或探孔）点；其他瓦斯可能积聚和发生瓦斯事故的地点

（根据各级领导和专项措施的要求按需设置），如放炮地点等处。

2）检测要求

① 隧道中的各测点人员使用光干涉式甲烷测定器检测时，采用五点法检测，即对巷道的顶部、腰部两侧、底部两侧距巷道周边 200mm 处检测，取 5 点中最高浓度为该处瓦斯（含二氧化碳）浓度，进行日常管理。

② 躲避式物资存放洞室人工瓦斯检测应在洞室最里处检测，衬砌断面变化处在断面变化最高处检测，仍采用五点法检测。

③ 掌子面检测应在掌子面前 0.5～1m 处断面中检测，回风检测应在距回风口往掌子面 15m 断面中检测，进风检测应在压入式扇风机入口处检测，高冒区检测应采用五点法在高冒区检测，总回风应在抽出式主要扇风机入口前平直巷道中检测。

④ 检测频率（次数）的规定。洞室、总回风、高冒区、进风、回风、掌子面原则上每 2h 检测一次；电焊时每 1h 检测一次；掌子面出渣时每 1h 检测一次，检测按五点法进行，放炮地点每放一次炮均应按"一炮三检"制要求检测（对爆破地点和起爆地点风流中瓦斯浓度进行检查，CH_4 浓度低于 0.5%方可放炮）。

⑤ 浓度控制及措施。根据《煤矿安全规程》《铁路瓦斯隧道技术规范》等相关规定，结合该隧道施工工程项目部关于严格控制瓦斯浓度的规定，该方案瓦斯检测浓度控制标准为：当瓦斯浓度达到 0.3%时报警（瓦检人员向现场负责人报警，由现场负责人向各级领导汇报并立即组织有关人员查明原因进行处理）；当瓦斯浓度达到 0.5%时，瓦检人员应立即向现场施工负责人报告，由现场施工负责人立即组织停止工作，撤出人员，切断隧道中电源，并报告项目部经理，由项目经理向各级领导汇报，由有关专业人员制定措施，进行处理。瓦斯浓度低于 0.4%方可复电。

⑥ 记录：瓦斯检查员检查瓦斯后应记录在当班瓦斯手册和现场瓦斯检查牌板上。

⑦ 隧道高处瓦斯检查应使用瓦斯检查杖和折叠人字梯，以保证巷道高处瓦斯检查到位。

⑧ 光干涉甲烷测定器每 6 个月必须进行一次检定，合格方可使用，使用人员日常使用中发现仪器故障，必须及时送有关专业人员维修，以确保仪器完好。

B　自动监测

该方案自动监测采用便携式甲烷（自动）检测报警仪和瓦斯安全监测系统进行监测。

（1）便携式甲烷（自动）检测报警仪监测要求：

1）携带人员。进入掌子面和隧道内的以下人员必须携带便携式甲烷（自动）检测报警仪连续监测工作地点瓦斯浓度：

① 放炮员；② 班组长；③ 现场值班负责人；④ 到隧道检查的各级管理人员（每一行人至少携带一台）；⑤ 流动作业的检修人员；⑥ 各类机车驾驶员；⑦ 其他相关人员。

2）便携式甲烷（自动）检测报警仪报警点的设置。报警点一律设置为 CH_4 浓度 0.3%。

3）便携式甲烷（自动）检测报警仪必须由监测组专人统一管理，连续使用 8h 必须交回仪器室充电。每 7 天必须进行一次调校，每 6 个月必须送专业机构检定一次，合格方可使用，以保证仪器灵敏、可靠。

（2）瓦斯安全监控系统设计。隧道施工使用瓦斯监测系统的目的是为了通过采用新技术来改进掘进过程中的安全状况，即隧道无论是采用简单的检测手段还是采用复杂的瓦斯监测系统，其目标都是改善隧道内的环境与安全条件，提高开挖进度，保证隧道按时完工。

为此，监测系统的选择主要应从以下几个方面考虑：

1）瓦斯隧道事故灾害情况。如隧道瓦斯涌出量、冲击地压及地温地热等事故灾害及程度都是确定建立隧道瓦斯监测系统类型的依据。

2）瓦斯隧道的实际施工情况。要根据隧道施工中开挖面的数量、机电设备安装数目等需要监测地点的数量来确定瓦斯监测系统的装备容量，并应在此基础上再考虑 20%～30% 的备用量。

3）系统的功能。选择隧道瓦斯监测系统时应优先配用计算机系统进行数据处理，不仅软件功能要强，而且要易于开发、有足够的容量、能够用于数据统计和计算及报表编制工作。在计算机的选型上应优先使用兼容机种，要能方便和工区计算机联网。

（3）综合技术、经济方面。在进行隧道瓦斯监测系统的选型时应从技术的先进性、性能的稳定性、安全和经济效益、使用维护方便性等方面进行综合技术经济分析，以作为选择隧道瓦斯监测系统的依据。

（4）监测系统的选型。原则上，被监测信息量是确定系统大小的依据。结合隧道的实际情况，考虑以上配置因素，映秀一号隧道选用 KJ90X 型瓦斯安全监测系统。

KJ90X 自动监测系统采用分部式网络化结构，一体化嵌入式设计，具有红外遥控设置、独特的三级断电控制和超强异地交叉断电能力，可实现计算机远程多级联网集中控制和安全生产管理。系统由洞外计算监控中心、洞内分站、洞内风速传感器、低浓度瓦斯传感器、风速传感器、温度传感器、一氧化碳传感器、远程断电仪和自动报警器组成，工作原理如图 8-1 所示。

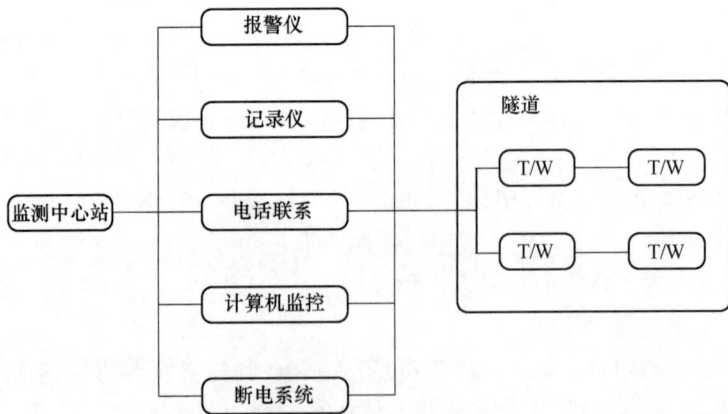

图 8-1　隧道安全监控系统原理示意图
（T 代表甲烷传感器；W 代表风速传感器）

自动瓦斯监测系统分别由 1 台主控计算机、3 台洞内分站、15 台高低浓度瓦斯传感器、4 台风速传感器、2 台远程断电仪、1 台报警器、1 套设备电源和 1 台备用电源组成（以上设备为现场安设的设备、未含备用设备）。系统瓦斯监测范围设置为 0～4% CH_4，瓦斯检测反应速度≤30s；风速监测范围设置为0.3~15m/s。系统可实现洞内传感器声光报警及洞外监控中心自动报警。

（5）信息传输系统电缆选用及布置要求：

1）监测系统传输电缆应选用专用电缆，以提高可靠性。

2）监测系统所用电缆要具有阻燃性。

3）监测系统中各设备之间的连接电缆需加长，或作分支连接时被连接电缆的芯线应采用接线盒或具有接线盒功能的装置，用螺钉压接或插头、插座插接，不得采用电缆芯线导体的直接搭接或绕接的方式。

4）具有屏蔽层的电缆，其屏蔽层不宜用作为信号的有效通路。在用电缆加长或分支连接时，相应电缆之间的屏蔽层应具有良好的连接，而且在电气上连接在一起的屏蔽层一般只允许一个点与大地相连。

5）所有传输系统直流电源和信号电缆尽量与电力电缆沿隧道两侧分开敷设，若必须在同一侧平行敷设时，它们与电力电缆的距离不得小于0.5m。

（6）分站的安装要求：

1）分站应安装在便于工作人员观察、调度、检验、支护良好、无滴水、无杂物的地方，其距离洞口的高度应不小于0.3m，并加垫木或支架牢固固定。独立的声光报警箱悬挂位置应满足报警声能让附近的人听到的要求。

2）分站布置：主洞进口设1台分站，平导洞进口设1台分站，总回风设置1台分站（总回风区域离地面近，可安装在地面）。

（7）传感器的布置安装要求。由于各处隧道断面大，为了有效监测瓦斯浓度，应在安设瓦斯传感器的隧道内同一断面上设置两台瓦斯传感器，即巷道右上部、左上部两台瓦斯传感器。各种传感器的安装还必须符合传感器说明书的要求。隧道的传感器布置必须满足设计要求，并应满足下列要求；检测员检测，洞室、高冒区瓦斯浓度达到0.3%的，应及时安设瓦斯传感器，其报警点设置为0.5%。

1）掌子面（工作面）传感器布置要求。隧道各掌子面设高低浓度瓦斯传感器4台，报警浓度为$0.3\%CH_4$，瓦斯断电浓度为$0.5\%CH_4$，复电浓度为小于$0.4\%CH_4$，断电范围为掌子面中全部非本质安全型电气设备。在实际施工过程中，使用瓦斯自动检测报警断电仪的掌子面，只准人工复电。人工复电前，必须进行瓦斯检查，确认瓦斯浓度低于0.4%后方可人工复电。各掌子面还应设1台温度传感器，连续监测掌子面温度，报警点设置为30℃。掌子面各类传感器在放炮时应由施工人员移至安全地点，防止放炮时损坏传感器，放炮后移回原位。

2）洞室和断面变化处传感器布置要求。针对隧道内的实际情况，隧道的洞室和断面变化凹陷处传感器布置在顶部最高点向下200mm处。

3）回风传感器布置要求。在平导和隧道掌子面回风中各设瓦斯传感器2台，报警浓度为$0.3\%CH_4$，瓦斯断电浓度为$0.5\%CH_4$，复电浓度为小于$0.4\%CH_4$，断电范围为回风区全部非本质安全型电气设备。

4）进风传感器的布置要求。各掘进工作面进风流中（压入式扇风机入口处风流中）各安设1台瓦斯传感器。其报警浓度设置为$0.3\%CH_4$，断电浓度为$0.5\%CH_4$，复电浓度为$0.4\%CH_4$。断电范围为扇风机供风的巷道内全部非本质安全型电气设备。

5）总回风巷传感器的布置设计。总回风巷中布置两台瓦斯传感器，一台风速传感器。瓦斯传感器的报警点设置为 0.3%CH$_4$，风速传感器报警点下限为 0.25m/s，上限为 5m/s。

6）机电设备开停传感器的设置。抽出式主要扇风机 2 台（使用一台备用一台），压入式局部扇风机 2 台（主洞、平导洞各一台），分别设一台机电设备开停传感器，连续监测设备运行状况。

7）馈电传感器的设置。馈电传感器的设置同机电设备开停传感器设置相同。

8）风门开关（状态）传感器的设置。在平导口风门处设置一组风门开关（状态）传感器，连续监测风门状态，确保通风系统稳定。

9）筒开停传感器设置。每个压入式局部扇风机供风的风筒内（掌子面往外 50m 的风筒内）设置一台风筒传感器，连续监测风筒内有无风量。

10）远程断电器

每个掘进的巷道中设置一台低压远程断电器，起到超限断电的作用。

（8）安设传感器的其他注意事项：

1）传感器应可自由悬挂，其迎风流和背风流 0.5m 之内不能有阻挡物。

2）传感器悬挂处保护要良好，无滴水，走台架过程等不会损坏传感器。

（9）洞口中心站的布置要求：

中心站计算机电源应由在线式不间断电源或者交流稳压器加备用的不间断电源（供电不小于 2h）来供应，同时中心站机房应采用空调设施及抗静电地板。

8.3.1.4　瓦斯隧道监测数据的收集与分析

在本隧道的施工中，必须严格要求；经常进行阶段性检查，使瓦斯检查员能够严格按照岗位职责做好检测数据的记录、收集工作。积累的原始数据通过分析，可为施工管理人员指导安全生产提供可靠的依据。

注意事项：

（1）任一时刻瓦斯浓度，掌子面顶部最高，该部位在任何时间都是最危险的地方，全体施工人员必须严格执行瓦斯隧道施工规范，严禁违章作业，时刻提高警惕，防止事故的发生。

（2）出碴时，由于运输车辆的尾气排放等原因，洞内瓦斯浓度会有一定程度的升高，必须引起足够的重视，各种型号的汽车必须配备防爆装置，出碴施工人员必须使用便携式瓦斯（自动）检测报警仪，连续监测瓦斯浓度。

（3）在节理裂隙发育地段瓦斯浓度升高，施工中根据情况应及时汇报，经项目经理批准可采取超前探测。

8.3.2　瓦斯隧道瓦斯检测安全技术措施

（1）对瓦斯隧道施工必须制订并实施相应的瓦斯检测制度（如一炮三检制、三人连锁爆破制等）。

（2）隧道内所有地点瓦斯浓度不得超过 0.5%，瓦斯浓度达到 0.3% 时，应停止放炮；当浓度超过 0.5% 时，应停止工作，撤出人员，切断电源，待采取措施处理后进行再次检查，确认安全后方可施工。

（3）每班进出口各工作面（掌子面）均应安排一名专职瓦检员跟班检测瓦斯，瓦检员应实行现场手上交接班制。

（4）所有传感器、报警仪、光干涉式甲烷测定仪均应每天调校一次，每年送专业机构检定一次，合格后方可使用，确保仪器准确、灵敏、可靠。

（5）加强对洞内死角，尤其是隧道上部、坍塌洞穴、避人（车）洞等各个凹陷处通风不良、瓦斯易积聚的地点，严格进行浓度检测，如瓦斯浓度超过 0.5% 以上时，应立即加强局部通风进行处理，瓦斯浓度超过 0.3% 应安设瓦斯传感器。

（6）隧道突然停电时，现场负责人必须立即组织人员撤出隧道，瓦斯检测人员必须立即对隧道进行人工检测，检测每 30min 一次，从洞口逐渐向内进行。检测方法按平时布置的测点进行。

（7）超前探孔内瓦斯检测。超前探孔作业时，掌子面探头必须按该方案要求设置到位；钻孔完成后，瓦斯检测员立即对孔内浓度进行检测，同时做好记录；当瓦斯检测员发现孔内浓度超过 0.3% 时，必须立即报告工地负责人，工地负责人必须立即复核，并上报项目部负责人和技术负责人，分析前段岩层瓦斯溢出量，以采取相应防范措施。孔内浓度超过 0.5% 时，项目部必须立即报告指挥部瓦斯检测督导小组。

（8）瓦斯检查人员要做好检查瓦斯的详细记录，每班要进行交接签字，瓦斯检测员、技术员、施工员（工班长）接班时要查阅上班的检测记录，并向项目经理部安全专管部门汇报。

（9）每天的瓦斯检测记录交项目经理部安全专项部门，由安全专管部门专职工程师进行数理统计和分析，提前掌握洞内瓦斯溢出的发展动态，发现有异常现象及时向项目总工程师、项目经理提出采取措施处理的建议。

（10）项目经理或总工程师每天应审阅通风瓦斯日报表，进洞时必须携带瓦斯检查仪进行瓦斯检查。

（11）当两台或两台以上瓦斯检测仪对瓦斯浓度检测结果不一致时，以浓度显示值高的为准。

（12）瓦检员瓦斯浓度检测信息反馈：瓦检员应作好人工瓦斯检测记录，并每天按时交技术室存档。

（13）瓦斯监测专业技术人员每天要例行检查各类传感器、监测系统设备（含传输电缆）、监测探头等，检查安设位置是否正确、仪器有无损坏、是否失效，如发现异常，立即处理，不留隐患。

8.3.3 瓦斯隧道防爆措施

8.3.3.1 防止瓦斯浓度超限和瓦斯积聚

（1）加强通风是防止瓦斯积聚的主要措施。巷道断面设计必须考虑通风需要；主要通风机根据计算选型，能够可靠地保证隧道需风量；各用风地点风量应容易控制，风流稳定性好，能够保证各用风点风量，防止瓦斯积聚。

（2）要按设计位置及通风质量标准化要求施工隧道内平导与主洞之间的通风建（构）筑物。施工过程中要加强通风设施检查与维护，保证通风设施完好；正确使用通风设施，以保证隧道风流稳定，保证各用风地点按计划配风，风流中瓦斯浓度符合《煤矿安全规程规定》和《铁路瓦斯隧道技术规范》（TB 10120—2002）。

（3）隧道装备甲烷风电闭锁装置，并采用对旋局部通风机，双电源自动切换供风，最大限度减少无计划停电、停风。一旦瓦斯浓度超限自动声光报警，自动切断工作面及回风流非本安电源。

（4）加强隧道顶板管理，避免形成顶板高冒空洞，一旦形成要及时接顶充填。合理安排隧道掘进。对容易积聚瓦斯的低风速巷道顶板附近、高冒区等地点，要严格进行瓦斯检查。当瓦斯超限时，必须严格执行瓦斯排放制度。

（5）加强通风设备及供电设备的检修维护，减少无计划停电停风造成的瓦斯积聚。

（6）一旦出现瓦斯积聚，必须制定周密的瓦斯排放措施，严格执行瓦斯排放程序，进行安全排放。

8.3.3.2　防止引爆瓦斯措施

（1）瓦斯工区施工应遵守下列防火安全规定：

1）瓦斯工区必须在洞外设置消防水池和消防用砂，水池中应经常保持不小于 200m³ 储水量，保持一定的水压。

2）瓦斯工区内必须设置消防管路系统，并每隔 100m 设置一个阀门（消火栓）。

3）瓦斯作业区内应设置灭火器及消防设施，并经常保持良好状态。

4）使用防爆型施工机械设备。

（2）火源管理：

1）严禁火源进洞，洞口、洞口房、通风机房附近 20m 范围内不得有火源。

2）瓦斯工区作业人员进洞前必须经洞口检查人员检查，确认无火源带入洞内。

（3）易燃品管理：

1）瓦斯工区内不得存放各种油类，废油应及时运出洞外，不得洒在洞内。

2）瓦斯工区内待用和使用过的棉纱、布头和纸张等，必须存放在密闭的铁桶内，并由专人送到洞外处理。

（4）瓦斯工区进洞人员应遵守下列规定：

1）进入瓦斯隧道的人员必须进行登记和接受洞口值班人员的检查。不准将火柴、打火机、手机及其他易燃物品带入洞内。隧道口周围 20m 范围内严禁明火。

2）严禁穿着易于产生静电的服装进入瓦斯工区。

3）上班人员必须由班组点名后进洞；执行进洞挂牌出洞摘牌制度；携带工具应防止敲打、撞击、以免引起火花；不得在洞内大声喧哗。洞内出现险情或警报信号发出后，绝对服从有关人员指挥，有序撤出险区；进洞参观人员应进行有关防治安全常识的学习，并遵守有关安全规定。

（5）设计洞内电气设备均按《煤矿安全规程》防爆要求选型：

该隧道电气设备选用防爆型，电缆选用煤矿用阻燃性电缆，通信、信号电缆采用本质安全电路。一旦电气事故产生电火花，这些设备具有耐爆性和隔爆性，产生的电火花能量不足以点燃瓦斯。

隧道内变压器中性点为不接地方式，电气设备作保护接地。10kV 和 0.69kV 系统都设有绝缘监视和漏电保护，洞内电气设备因某相绝缘损坏，不会发生接地短路故障。一旦发生单相接地时，该系统内的保护装置会立即切断故障电源，防止杂散电流的产生，从而杜绝雷管超前爆炸及点燃瓦斯事故的发生。高低压馈电开关都设有过载、短路保护、探水钻、注浆泵、局部通风机等设备的控制开关都设有过载、短路、断相保护和漏电闭锁装置；照明及信号都设综合保护装置，如过载、短路、漏电保护和漏电闭锁装置，可以有效防止过热和电火花的产生。

隧道掘进工作面的电气设备设有风、电瓦斯闭锁。

洞内管路每 500m 作一次可靠接地，以防止静电火花的产生。

通过设备的合理选型和有关保护的设置以及局部通风机的专供电，提高局部通风机供电的可靠性，能有效防止瓦斯爆炸事故的发生。

隧道内的开关都带有闭锁装置，从结构上保证操作顺序，防止误操作；不停电不能打开盖子，打开盖子后不能送电，能防止带电检修。检修或搬迁隧道电气设备（包括电缆和电线）前，必须切断电源，并用与电源电压相适应的验电笔检验。检验无电后，必须检查瓦斯，当巷道风流中瓦斯浓度在 1.0% 以下时，方可进行导体对地放电。控制设备内部安有放电装置的，不受此限。所有开关手把在切断电源时都必须闭锁，并悬挂"有人工作，不准送电"的警示标识牌，只有执行这项工作的人员才有权取下此标识牌送电。

普通型携带式电气测量仪表必须在瓦斯浓度小于 1.0% 的地点使用，并实时监测使用环境的瓦斯浓度。

施工用电须按总体施工组织设计设置备用电源，备用电源必须性能可靠，功率满足用电设备要求，设置 4×250kW 发电机组作为备用电源。

操作洞内电气设备必须严格遵守下列规定：

1）非专职或值班电气人员，不得擅自操作电气设备。

2）手持式电气设备的操作手柄和工作中必须接触的部分，一定要有良好的绝缘。

3）操作高压电气设备主回路时，操作人员必须戴绝缘手套，并且必须穿电工绝缘靴或站在绝缘台上。

隧道爆破必须使用煤矿安全许可炸药，不准使用不合格或变质的炸药。必须使用煤矿许用电雷管，采用毫秒延期雷管时，一次爆破延期时间不得超过 130ms；打眼、装药、放炮等各爆破工序必须严格遵守《煤矿安全规程》有关规定。

（6）两条掘进的隧道相互贯通时，应编制专门的贯通技术安全措施，并严格执行。两巷相距 20m 时，必须执行该贯通措施，贯通前按要求要作好通风系统调整的准备工作。贯通时只准从一个掘进工作面向前贯通，而被贯通的另一个工作面则必须停止掘进工作并保持正常通风，保证工作面和回风流中的瓦斯浓度均在规定的允许浓度以下。贯通后按规定进行通风系统调整工作。

8.3.4 瓦斯隧道瓦斯超限安全措施

8.3.4.1 瓦斯超限报告

执行人员：瓦检员、监控员。

报告对象：调度室、现场副经理、分部总工、分部经理、项目部总工程师、项目经理。

报告程序：瓦检员→调度室（监控员）→现场副经理→分部（总工和经理）→项目

部（总工和经理）。

（1）当班瓦检员发现瓦斯超限后应及时打电话向监控室汇报超限原因、处理措施、处理结果等。

（2）监控员发现井下作业面瓦斯超限后，必须及时打电话询问当班瓦检员瓦斯超限原因，并做好记录。

（3）若瓦斯超限经采取相应措施后仍不能降到规程允许浓度0.5%以下时，瓦检员必须向现场副经理汇报并协助解决。

报告范围：瓦斯超限原因、处理措施、超限时间及恢复时间、处理结果等。

（4）若因其他原因如瓦斯异常涌出、停电停风等原因造成瓦斯浓度超限达到3%及以下时，当班瓦检员应先向调度室汇报，并按照《瓦斯排放措施》进行组织排放，在调度室填写瓦斯日报时注明原因、处理结果。

（5）当瓦斯浓度超过3%时，必须先报请项目技术负责人，批准后方可组织排放。

8.3.4.2　采取措施

（1）意料外瓦斯超限发生后，由安全员、瓦检员负责把瓦斯超限区内的作业人员撤至隧道外，瓦检员负责在洞口打好栅栏，挂警示牌，断电，并及时向调度汇报；调度接到汇报后，分别向分部总工程师、通风部门相关领导和项目部汇报，由分部总工程师组织有关部门查明原因，并组织处理，尽量减少停风时间。停风后，接到调度室汇报，项目部成立临时指挥小组，由项目部总工程师任组长，分部经理、分部总工、现场副经理为成员，负责指挥协调工作。

（2）瓦斯超限区内瓦斯浓度超过1%或二氧化碳浓度超过1.5%，最高瓦斯浓度和二氧化碳浓度不超过3%时，瓦检员请示分部总工程师，在分部总工程师确认已断电、撤人及回风侧岗哨站好的情况下，可由瓦检员控制风量排放瓦斯。

（3）瓦斯浓度（或二氧化碳浓度）超过3%，范围小且停风时间短时，技术部必须编制排放瓦斯措施，经分部总工程师审查，项目部总工程师批准，并由项目部总工程师指挥，分部经理负责进行排放。

（4）巷内瓦斯浓度（或二氧化碳浓度）超过3%，停风时间超过1h或停风时间短，但瓦斯浓度（或二氧化碳浓度）超过3%的区域范围较大时，由项目部总工程师组织编制专门的排放瓦斯措施，负责安排并指挥救护队员戴机入井进行排放。

（5）排放瓦斯前，项目部总工程师组织参与排放人员必须认真学习排放工作应对措施。

（6）排放瓦斯前，分部经理对照措施安排安全员或瓦检员负责撤走回风沿线的所有作业人员，安排专人在各瓦斯超限区域及回风沿线设置岗哨，现场负责人把参与排放人员姓名和岗哨地点向调度室汇报，调度通知机电科各专职电工，对照措施指挥停电，并做好记录向项目部总工程师汇报。

（7）撤人、警戒、停电等工作做好后，由瓦检员负责检查，风机及开关附近20m内瓦斯浓度在0.5%以下，向调度室汇报后，再由项目部总工程师下发排放瓦斯指令。

（8）排放瓦斯时，利用风机控制风量，确保在排放过程中排出的瓦斯与全负压风流混合处的瓦斯和二氧化碳浓度不得超过1.5%。

（9）开始排放瓦斯前，现场负责人应向调度室汇报开始排放瓦斯，排完瓦斯后并安排人检查瓦斯超限区域内及回沿线瓦斯浓度在 0.5% 以下且无局部瓦斯积聚，再向调度室汇报排放瓦斯过程及排放结束。

（10）排放瓦斯结束后，由项目部总工程师下达命令调度室，调度室通知分部经理可以撤岗，作业地点恢复作业。

（11）项目部总工程师组织通风科、安全科、机电科及相关作业队对瓦斯超限原因进行分析，并做出处理。

8.3.4.3 安全措施

（1）排放过程中必须有瓦检员、安全员、电工等有关人员在场。

（2）瓦斯排放安全措施应根据不同地点、不同情况制定专项措施。

（3）排放瓦斯时，严禁通风机发生循环风。

（4）排放瓦斯时，隧道内必须切断电源（不含通风电源），撤出所有人员；洞口设置警戒，禁止人员进洞。

（5）排放瓦斯后，经检查证实，隧道内风流中的瓦斯浓度不超过 0.5%、二氧化碳浓度不超过 1.5%，且稳定 30min 后瓦斯浓度没有变化时，方可恢复正常通风。

（6）恢复正常通风后，由电工对隧道内的电气设备进行检查，确认完好后，方可恢复供电、施工。

8.3.5 瓦斯隧道瓦斯监控组织机构

（1）项目部成立瓦斯监测督导小组，负责督促瓦斯监测方案的实施。

组长：×××

组员：×××

（2）项目部成立瓦斯监测实施小组，负责瓦斯监测方案的实施。

本隧道进口瓦斯检测实施督导小组：

组长：×××

组员：×××

瓦斯监测组组长：×××

瓦斯检测员：×××

8.3.6 瓦斯隧道瓦斯爆炸、中毒事故应急救援预案

8.3.6.1 应急救援组织机构

应急救援组织机构由项目领导班子和各职能部门以及施工队、班组成，组织机构如图 8-2 所示。

8.3.6.2 项目应急救援人员组成

（1）应急救援领导小组。

组长：×××

副组长：×××

组员：×××

应急救援领导小组办公室设在综合办公室。

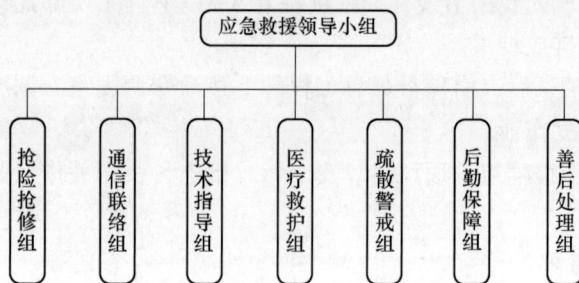

图 8-2　隧道工程施工应急救援组织结构

（2）抢险抢修组。

组长：×××

副组长：×××

组员：×××

抢险抢修人员：隧道队工人（×××人），挖掘机司机（×××人），装载机司机（×××人），开挖工（××人），司机（××人），电工（××人）。

（3）通信联络组。

组长：×××

组员：×××

（4）技术指导组。

组长：×××

组员：×××

（5）医疗救护组。

组长：×××

组员：×××

医疗救护人员：×××

（6）疏散警戒组。

组长：×××

组员：×××

工班×××人。

（7）后勤保障组。

组长：×××

组员：×××

（8）善后处理组。

组长：×××

组员：×××

8.3.6.3　应急救援组织管理职责

（1）应急救援领导小组。应急救援领导小组组长由项目部经理担任，分部经理担任副组长，成员由各部门负责人组成。设置值班室及 24 小时值班应急电话。

紧急救援领导小组负责建立健全本标段重大危险源监控方法与程序，对瓦斯事故隐患和重大危险源实施监控；负责本工区相关信息收集、分析和处理，并按月报、季度报和年报的要求，定期向公司应急领导小组报送有关信息。

应急救援领导小组组长负责向当地政府部门、建设单位应急救援（响应）领导小组报告。应急领导小组应根据国家有关法律法规的规定、当地建设行政主管部门制定的应急救援预案及本单位的应急救援预案，组织开展事故应急知识培训教育和宣传工作。在接到事故现场人员的报告后，领导小组成员必须根据应急预案的内容，结合现场实际，制定抢险救援具体方案，迅速到达事故发生现场，组织指挥现场应急人员开展应急救援，并采取措施控制危害源，防止事故的进一步扩大，最大限度地减少事故造成的人身伤亡和财产损失，保护好事故现场。上报程序应按照有关规定，逐级上报。

（2）抢险抢修组。根据应急救援领导小组制定的抢险救援具体方案实施抢险救援工作，并保证隧道内通道的畅通。

（3）技术指导组。配合救援领导小组工作，并做好现场技术指导。

（4）通信联络组。根据实际情况与当地通信部门协商，共同建立应急救援通信保障体系，确保事故发生后应急救援指挥通信畅通。

负责向社会救援机构报警，请求提供帮助，报警时要清楚说明事故发生时间、地点、方位、事故及是否造成人员伤亡等情况，报警后，要立即派人在现场的道口迎接救护车、救援人员、救援车辆的进入，负责事故处理中各救援队伍之间的通信联系。

（5）医疗救护组。负责现场的医疗救护，组织救护车辆及医务人员、器材进入指定地点，组织现场抢救伤员，对事故中的负伤人员进行包扎救治、人工呼吸、心脏按压苏醒等应急处置措施，对伤情严重的，应立即与当地医疗机构联系，专人负责送至附近医院，办理入院手续，实施紧急抢救。

（6）疏散警戒组。事故发生时，负责现场周围人员和群众安全疏散工作，避免二次伤害，设置警戒线，保护现场，维持现场秩序，保证现场道路畅通，禁止无关人员、车辆通行和进入。

（7）后勤保障组。准备和保证应急救援车辆、物资、资金、人员等所需应急资源的供应，并确保供应渠道畅通、便捷。

（8）善后处理组。负责伤亡人员的亲属接待、安抚和善后理赔工作，保障社会稳定。积极稳妥深入细致地做好善后处理工作，包括稳定员工、受伤者及其家属的情绪，对安全事故或突发紧急事件中的伤亡人员、应急处置工作人员按有关规定给予抚恤或赔偿，与保险单位一起做好伤亡人员及财产损失的理赔工作等。

8.3.6.4 应急程序

A 报警程序

（1）分级管理、分级响应。事故（事件）一旦发生，应急救援领导小组立即启动应急预案，并以电话、传真、书面、即时通信等形式报告当地政府、建设单位相关部门及集团公司，报告内容应能准确传递事故（事件）灾难信息。

事故或突发紧急事件报告的内容包括：

1）瓦斯爆炸发生的时间、里程、人员伤亡情况。

2）瓦斯爆炸发生的基本情况和简要经过，紧急抢险救援情况，伤亡人数、直接经济损失等。

　3）采取的应急措施的情况。

　4）事故报告单位、报告人及报告时间。

（2）前期处置。一旦发生安全事故或突发紧急事件，应急领导小组在接到报告后，应迅速组织应急人员赶赴现场，在第一时间内应急领导小组负责事故现场的指挥，组织人员、物资设备、车辆、通信系统的使用、调度工作，按应急预案组织抢救，启用应急响应和紧急疏散措施，并及时向上级单位报告。另外可直接向社会救助系统请求援助。

根据救援预案，对受伤者采取有效的施救措施，并及时做好伤员的转送工作。

在救护伤员的同时，应注意保护事故现场，及时组织人员疏散、撤离危险区域，防止事故进一步扩大。凡与事故、突发事件有关的物件、痕迹、残留物等应保持原样，如抢救伤员需要移动某些物件改变状态时必须做出标识和记录。

（3）应急支援接到事故信息后，集团公司领导和有关人员要立即赶赴现场，立即成立现场处置指挥部，根据预案指挥处置程序，组织实施抢险救援和应急处置行动。

B　人员撤离程序

撤离程序：先撤离，后研究，洞口为逃生出口。

C　避难措施

（1）在主隧道上按一定的间隔距离设置备有应急电源的应急（诱导）灯。在应急灯的附近要设通信设备、避难用器具、灭火器等。

（2）隧道应急救援领导小组制定避难、演练训练计划，定期、不定期进行安全退避的避难演练，做到所有施工人员熟知，并将演练结果记录保存。

D　救援措施

（1）救护计划。成立专门的救护队，并与当地医院联系，成立专门救护小组。应急救援领导小组制定详细的救护计划。救护计划主要包括下列内容：

　1）在紧急事故发生时，有关部门与作业区内的联络体制。

　2）救护技术管理者与救护班成员的组成编制等救护管理组织体制。

　3）救护机械器具的种类与保管场所。

　4）救护机械器具的维修保养管理。

　5）救护教育训练计划。

　6）确保救护作业的安全需要注意的事项等。

（2）救护设备。为对紧急事故的发生有所准备，不但要准备救护所必须的呼吸用保护器具、便携式照明用器具、担架、便携式氧气瓶等救护设备和器械设备，还要进行严格管理，以便能够随时有效使用。为了救护所需的呼吸用保护器具有氧气呼吸器和空气呼吸器，要选择使用时间长的类型，各种救护用品数量必须大于洞内最大作业人数的1.2倍。

对救护设备和器械设备，安质部必须经常进行检查、督促维修和保养管理，以便在紧急情况发生时能够立即使用。

（3）救护训练。救护人员就有关救护必须的机械器具等的使用方法、急救措施、救护方法等进行救护训练。救护训练要对呼吸用的保护用具、救护机器、测定仪器、仪表等的操作和使用方法进行训练，以便为了救护而入洞的救护人员能够安全活动；并且，除了对受伤者实施人工呼吸、心脏按压苏醒抢救措施外，还要进行止血等应急治疗；另外，训练内容还必须包含自救、互救训练。

（4）救护措施。当发生险情时，值班安全员应立即组织人员迅速撤离危险区域，确保施工人员生命安全。

撤离危险场所（一般撤离至洞外）后，立即清点现场施工人员数量，并上报有关情况给应急领导小组。

应急救援领导小组接到通知后，应立即启动应急救灾程序，及时联系救援单位，组织人力、物力全力抢险救灾，减少事故灾害损失。

当发生人员伤亡时，按紧急抢险方案及时进行救援工作，并向当地政府或相关部门请求求援，同时做好相关配合救援工作。当抢救出伤员时，根据伤员人数、受伤程度，由医务人员在现场采取相应的急救措施后，按照"先重后轻"的原则，及时将伤员送到医院进行抢救、治疗。

现场采取安全警戒线或隔离措施，防止其他人员进入危险区域，避免事故灾害损失的扩大。

8.3.6.5　应急预案

发生瓦斯爆炸的应急预案：

（1）当局部瓦斯严重超标发生爆炸时，现场值班安全员、工班长或第一发现人要及时发出警告信号，在危险区域的人员立即撤离至安全地带，同时禁止其他施工人员接近或进入危险区域。施工人员撤离至安全位置后，及时核对现场人员数量，查看有无人员伤亡。现场值班安全员随即电话向应急救援领导小组办公室进行报警，由小组组长宣布启动应急预案，并报协议矿山救护队。

（2）如果掌子面后部突然发生塌方，施工人员未能及时撤离，需要对被困人员进行及时救援。首先由应急救援领导小组制定救援方案，若高压风水管没有砸坏，应通过高压风管向被困在作业区的人员供风、供食品；若高压风水管不能使用，应采用大功率钻机，及时钻穿坍塌体向被困在作业区的人员供应食品、牛奶等，同时加强现场供风，并供应食品、牛奶等。同时应急领导小组要及时联系当地的消防、武警、医院等社会救援部门进行联合施救。

（3）抢救时，必须经上级应急救援领导小组制定救援方案后再进行抢救，当发生人员伤亡时，由医疗救护组进行紧急救援工作，在确保救援人员无生命危险的情况下进行抢救工作，抢救过程中一定要保证抢救人员的生命安全，防止伤害进一步扩大。

（4）应急救援领导小组确定坍塌处理方案后，事故现场应采取与坍塌程度及范围相应的施工技术措施，控制坍塌的进一步发展，在确保施工人员安全的环境下，实施塌方抢险救援工作，而后进行塌方处理，尽快恢复正常施工生产。

8.3.6.6　报警、监控系统和报告程序

A　报警、监控系统

（1）值班、登记。洞口设值班房坚持24小时值班，值班房设洞内工序状态揭示牌，所有进洞施工人员分工序挂牌上岗，下班摘牌离岗，其他人员如需进洞，经经理批准后在洞口值班室登记方可进入，洞内施工机械实行进出登记制，并建立详细记录台账。

（2）通话设备。在综合办公室与洞口值班室设置直通电话，值班室值班人员、洞内

施工班组长和领工员配备防爆对讲机。

（3）警报、监控设备。

设备配备：警示灯（闪光灯）、应急灯、备用电源。

通信与报警安装位置：应急灯每 20m 安装一盏，警示灯（闪光灯）每 50m 安装一盏。备用电源跟随开挖面同行，瓦检员与洞内值班员随身携带报警装置。

B　报告程序

发生安全险情时，由值班安全员或工班长或工作面第一发现人根据现场的情况判断危险的等级，然后按响警报，施工人员按预定的逃生路线迅速撤离施工现场，到预定地点报到，清点人数，并立即报告应急领导小组。

8.3.6.7　保护措施程序

启动应急预案后，疏散协调警戒组立即进入现场，现场采取安全警戒线或隔离措施，防止其他人员进入危险区域，避免事故灾害损失的扩大。

启动应急预案后，应急领导小组对所有技术、管理档案进行管控。

启动应急预案后，疏散协调警戒组必须做好施工现场的交通秩序，无关车辆禁止通行。无关人员未经授权不得进入事故现场。

当应急领导小组宣布应急取消时，方可取消保护程序。

8.3.6.8　信息发布

事故的信息和新闻发布，由项目部向上级以电话和书面的形式上报局指挥部，实行集中、统一管理，以确保信息准确、及时传递。

8.3.6.9　应急结束

施工人员人身安全及国家财产得到有效控制，人民财产得到最大限度的保护，应急抢险救援工作结束。

8.3.6.10　培训和宣传、演练

A　培训内容

应急方案由应急救援领导小组组织定期进行培训与演练，根据演练情况和有关人员的变化进行更新。培训的内容主要包括以下方面：

（1）隧道可能出现的安全事故。

（2）报警系统的设置地点、报警方式以及如何启动报警系统。

（3）如何安全疏散人群。

（4）对危险源进行辨识和个人的防护措施。

（5）逃生的信号和逃生路线。

（6）人员救护，包括止血、人工呼吸、心脏复苏等。

（7）洞内防火、施工用电等安全培训。

要对新进场的工人进行培训，培训后进行考核，考核合格后方可持证上岗，并建立完善的培训档案和记录，使全体施工人员能真正了解面对安全事故时如何处理和逃生。

B　逃生演练

遇到突发事件，施工人员要紧急撤离。应急救援领导小组定期对进入洞内的施工人员进行逃生训练，使每个人熟悉逃生信号、路线、撤离时间和异常情况的避险措施。逃生训练的主要内容有：

（1）使施工人员熟悉撤离信号，掌握撤离时机。

（2）使施工人员熟悉撤离路线，保证所有人员有序从工作面撤离到安全地带。

（3）使施工人员熟知需撤离的距离和所需时间，避免惊慌失措，保证撤离过程中的安全。

（4）使施工人员熟悉常备的避险措施，能够随机应变，从容应对异常情况的发生。

救援队伍的训练可采取自训和互训相结合，岗位训练与脱产训练相结合，分散训练和集中训练相结合的方法。

现场要采用多种形式进行宣传，增强施工人员的安全意识。洞口采用宣传牌进行宣传，洞内采用荧光宣传牌进行宣传。

8.3.6.11 事故调查与处理

（1）调查和总结。事故调查组在调查取证工作结束后，要尽快写出事故调查报告，总结事故教训，并提出改进工作的建议。对重大伤亡事故，应根据事故调查组提出的调查结论、事故性质、责任认定和地方政府及有关部门提出的建议，按照事故调查处理程序的有关规定，形成《事故调查处理报告》，于60天（特殊情况不超过90天）内报集团公司将事故逐级上报或中铁建总公司批复结案。

（2）联合调查。当发生一次死亡3人及以上重大伤亡事故时，由事故所在地政府有关部门与中铁建总公司有关人员组成事故联合调查组，总公司派员参加，对事故进行调查处理。

（3）事故处理。按照事故调查组提出的《事故调查报告》，本着"四不放过"的原则，查清事故原因，落实事故责任，监督制定整改措施及其落实情况，并对责任单位、责任人进行处分、处罚。必要时，要将"四不放过"的落实情况向地方政府有关部门报告。

8.3.6.12 应急物资

根据各种事故处理方案，要备有随时能调动投入施工的机械设备和各种必须材料，详见表8-1。

表 8-1 隧道工程施工应急物资清单

序号	机具、材料名称	规格型号	单位	数量	存放地点
1	挖掘机		台	2	工地现场
2	装载机		台	2	工地现场
3	自卸车		辆	6	工地现场
4	发电机		台	2	工地现场
5	固定电话		台	1	工地办公室
6	对讲机		台	4	工地办公室
7	工字钢	工20	t	10	工地料场
8	无缝钢管	ϕ42	t	1	工地料场
9	无缝钢管	ϕ108	t	1	工地料场
10	钢筋	ϕ22	t	20	工地料场
11	水泥	P.O 42.5	t	50	工地料场

序号	机具、材料名称	规格型号	单位	数量	存放地点
12	灭火器		个	30	工地仓库
13	编织袋		个	1000	工地仓库
14	铁锹		把	50	工地仓库
15	镐把		把	30	工地仓库
16	土镐		把	30	工地仓库
17	铁丝		kg	200	工地仓库
18	方木		m^3	10	工地料场
19	原木	10cm×10cm	根	100	工地料场
20	板材		m^2	50	工地料场
21	安全帽		顶	100	工地仓库
22	钢丝绳		根	8	工地仓库
23	安全网	10m	m^2	20	工地仓库
24	警戒绳		m	500	工地仓库
25	便携式防爆电筒		把	15	工地仓库
26	担架		副	2	工地仓库
27	潜孔钻机		台	1	工地现场
28	闪光灯		把	10	工地仓库
29	注浆泵		台	1	工地现场
30	急救包		个	2	工地仓库
31	便携式氧气瓶		瓶	30	工地仓库

8.4　瓦斯隧道瓦斯监控安全责任制

8.4.1　瓦斯隧道瓦斯检测各级责任制

（1）瓦斯检查员岗位责任制。

1）熟悉隧道通风系统、避灾路线及瓦斯管理的基本知识。

2）严格执行《煤矿安全规程》有关规定，对分管区域内瓦斯、监测装置、通风设施等进行巡回检查。

3）必须严格执行瓦斯巡回检查制度和请示报告制度，严禁空班、漏检、假检。

4）认真填写瓦斯检查记录牌和记录手册，并向调度汇报，做到瓦斯检查"三对口"。

5）瓦斯超限时要立即停止工作，撤出人员，采取措施，进行处理，并汇报隧道调度室。

6）临时停风隧道首先要撤出人员，设置临时栅栏，揭示警标，盲巷、老洞子要按有关规定进行检查。

7）严格执行"一炮三检"和"三人联锁放炮"制度。

8）瓦检员有权制止一切违章作业、违章指挥的行为。

9）瓦检员必须在井下指定地点（划定的区域）手上交接班。

10）瓦斯检查严禁空班、漏检和假检。

11）瓦检员上班时，精力要集中，严禁岗上睡觉。

12）严格执行持证上岗制度。

（2）瓦斯检测组长岗位职责。

1）班组长是本班组安全生产第一责任者，负责安排本班人员严格按要求进行检测，对本班组瓦斯检测准确性负直接责任。

2）带领本班组人员严格执行安全规程，严格按《作业规程》《操作规程》和有关技术、质量标准作业和操作。

3）严格执行不安全不生产原则，严禁违章指挥，违章作业，违反劳动纪律，并有权拒绝任何人违章指挥。

4）按有关规定、措施处理生产过程中各类安全隐患问题，对不能立即处理的，必须采取可靠的措施加以控制，并及时报告。

5）加强安全技术、技能的培训学习，强化班组人员自保互保意识。

（3）项目部工地安全员瓦斯检测岗位职责。

1）负责检测作业过程是否按瓦斯检测方案实施。

2）每2天对瓦斯检测系统的可靠性检查一次。

3）每天检查瓦斯检测人员是否按照要求进行瓦斯检测。

4）每天检查瓦斯报表是否按规定填写并及时上报。

5）对瓦斯检测结果进行分析，找出规律，提出建议意见报项目部。

6）对瓦斯检测过程中的违规现象进行处罚。

7）对现场安全员和作业班组的作业情况进行检查和考核。

（4）项目部瓦斯检测督导小组职责。

1）检查各作业队严格执行瓦斯检测方案，保证瓦斯检测的准确和确保瓦斯浓度超标后能及时报警和正确处置。

2）落实瓦斯隧道瓦斯检测制度，并对瓦斯检测人员进行考核。

3）检查各种瓦斯检测设备的调校和检验台账。

4）对瓦斯检测情况进行分析，提前掌握洞内瓦斯溢出的发展动态，并报指挥部瓦斯检测督导组。

5）发现瓦斯检测过程中的违章违规问题应及时进行严格处理，提出下阶段预防措施，保证瓦斯检测系统的可靠运行。

6）发现瓦斯浓度异常时立即报告指挥部瓦斯检测督导小组。

（5）项目部瓦斯检测督导小组职责。

1）指导、督促项目部严格执行瓦斯检测方案，保证瓦斯检测的准确和确保瓦斯浓度超标后能及时报警和正确处置。

2）督促落实瓦斯隧道瓦斯检测制度，每天由3名专职瓦斯检测员实行24小时不间断巡查检测，检测频率每2h一次，做好检查瓦斯并详细记录的工作，且将电子文档报项目部和指挥部，交由安全专职工程师进行统计分析，提前掌握洞内瓦斯溢出的发展动态，发现异常现象及时向项目总工程师、项目经理报告。

3）督促项目部按规定配置瓦斯检测仪，低瓦斯隧道应配置便携式瓦斯检测仪，高瓦斯隧道或可能瓦斯突出的隧道必须配置高浓度瓦斯检测仪和瓦斯自动检测报警断电装置。对瓦斯检测仪器、装置要经常性检查和校准，确保其精准和有效性。

4）督促项目部在进行瓦斯监测装置的安装和调试时，严格按《铁路瓦斯隧道技术规范》的要求设置传感器和风电、瓦斯电自动闭锁装置，明确专人负责传感器和自动闭锁装置即时随施工进程移动，并保持监测仪器的灵敏度。

5）加强对洞内死角，尤其是隧道上部、坍塌洞穴、避人（车）洞等各个凹陷处通风不良、瓦斯易积聚的地点，进行严格浓度检测，如瓦斯浓度超过 0.5% 以上时，应撤出所有人员、停止作业。

8.4.2　瓦斯隧道瓦斯检查制度

（1）必须严格划分瓦检员巡回检查区，巡回检查区要根据生产区域变化随时调整。

（2）瓦检员必须执行洞内交接班，并有记录。

（3）瓦检员必须执行巡回检查制度，按规定次数检查瓦斯，及时填写记录和手册，严格执行"三对口"，检查结果每班向工区调度室汇报。

（4）瓦检员进入隧道前必须对瓦斯检定器进行检查，不完好的严禁入隧道。

（5）执行："一炮三检"的瓦检员要严格按照"一炮三检"规定的时间进行检查，同时要做好"三人联锁放炮制"，电焊和停电时要严格按要求进行瓦斯检测，瓦检员要将当班的瓦斯检查结果记录在手册上。

（6）瓦检员必须使用光学瓦斯检定器检查瓦斯，并携带不少于 3m 长胶管。每班必须对甲烷传感器校对，发现超差，必须向调度室汇报。

（7）瓦检员必须掌握责任区域内的通风系统，并能画出责任区域系统图，发现瓦斯积聚和超限必须及时处理和汇报。

8.4.3　瓦斯隧道瓦斯巡回检查和请示报告制度

（1）瓦斯检查员必须认真地检查分担区的通风、瓦斯、防火、防尘及机电防爆等情况，要按照工区通风负责人（工程师、技术员）所规定的瓦斯检查点、制定的巡回检查图表及《煤矿安全规程》和《铁路瓦斯隧道技术规范》所规定的次数进行瓦斯检查工作。

（2）按区域划分瓦斯巡回检查路线，有异常变化的作业地点要设专人进行瓦斯检查，不准空班、漏检、假检，并把各检查地点的瓦斯浓度记在记录牌上（或记录单上），并通知在场的工作人员。其他地点检查后，也要就地填写在记录牌上，数据要准确、齐全，字迹要清晰工整，并签字。

（3）严格瓦斯检查记录"三对口"（瓦检员手册、作业地点记录单或牌板、瓦斯日报）制度。

（4）严格执行《煤矿安全规程》和《铁路瓦斯隧道技术规范》中有关规定，当出现隧道瓦斯、二氧化碳突出危险、涌出量增大、瓦斯积聚或其他异常现象时，应立即通知班组长及时组织人员撤离到安全地点，同时报告现场负责人。

（5）执行"一炮三检"的瓦检员要严格按照"一炮三检"规定的时间进行检查，同时要做好"三人联锁放炮制"，瓦检员要将当班的瓦斯检查结果记录在手册上。

（6）填写报表内容要详细，数据准确、清晰，文字工整，填写报表及时。

8.4.4 瓦斯隧道排放瓦斯管理制度

（1）主要通风机有计划停止运转前，必须断开进入隧道内道内的水管、轨道、电缆等一切导电体，并在隧道口设置全断面栅栏。需要排放瓦斯时，必须制定排放瓦斯措施，报项目经理和总工程师审批。

（2）在恢复送电前应由瓦斯检查员全面检查送电区域，只有瓦斯浓度在0.5%以下时方可送电。

（3）局扇因故停止运转，不论停风时间长短，在恢复通风前必须首先检查停风区内的瓦斯和二氧化碳浓度，瓦斯检查员检查瓦斯必须由班组长或安全员配合进行，由外向里边走边检查，瓦斯浓度达到1.5%时，按原路返回。

（4）当停风区内瓦斯浓度不超过1%（含1%）和二氧化碳浓度不超过1.5%（含1.5%）时，可由瓦斯检查员直接进行排放，但局扇及其开关附近10m以内风流中的瓦斯浓度不得超过0.5%。

（5）停风区内瓦斯浓度超过1%或二氧化碳浓度超过1.5%时，瓦斯检查员必须请示现场施工负责人，由现场施工负责人提出安全措施，指定专人控制风流排放瓦斯。

（6）停风区内瓦斯或二氧化碳浓度超过2%时，现场负责人必须通知项目部经理和总工程师，制定排放瓦斯安全措施，经总工程师批准，指派专人进行排放。

（7）隧道工作面及巷道出现体积大于$0.5m^3$，浓度达到1.5%的局部瓦斯积聚时，由瓦斯检查员立即处理。不能立即处理的瓦斯积聚要汇报工区分管领导，由分管领导提出排放瓦斯措施，指定专人进行排放。附近20m内必须停止工作，撤出人员，切断电源。

（8）排放瓦斯时，应坚持低浓度排放原则，采用控制风量等方法使排放出的风流同全风压风流混合后的瓦斯浓度不超过1.5%，排放风流中瓦斯浓度严禁超过1.5%；在排放瓦斯之前，凡是排放瓦斯流经区域必须切断电源、撤出人员、设置警戒。

（9）排放瓦斯坚持低浓度排放原则，必须执行由外向里逐段排放，或采用其他手段控制风流中的瓦斯浓度，严禁风吹。

（10）排放密闭区内的瓦斯，瓦斯浓度超过1.5%时，由现场负责人提出专门的安全措施，经总工程师审查批准后，由现场分管领导现场指挥，救护队协助排放。

（11）排放瓦斯工作要由外向里依次进行，排除串联通风区域的瓦斯时，必须严格遵守排放次序，首先从进风方向第1台局部通风机处开始排放，只有第1台局部通风机送风的巷道内排放瓦斯结束后，且串联风流中的瓦斯浓度降到0.5%以下时，下一台局部通风机方可送电进行瓦斯排放。

8.4.5 瓦斯隧道安全监控管理制度

（1）项目部分管副经理、安全管理人员要经常督促检查安全监控安装、使用和管理工作。

（2）通风、机电安全监控管理人员（通风、机电技术员、工程师）负责安全监控日常管理工作。

（3）隧道作业规程中要明确规定安全监控设备安装位置、种类、数量，电缆敷设路线，报警值、断电值、复电值、断电范围等，并绘制布置图和断电控制图。

（4）安全监控的安装、维护、使用和管理严格按《煤矿安全监控系统及检测仪器使用管理规范》执行。

（5）便携式甲烷检测报警仪应设专职人员负责充电、收发及维护，严格按产品说明书进行操作，严禁擅自调校和拆开仪器，并要爱护、保养好。

（6）安全监控分站处应设置安全监控管理牌板。监控分站要指定人员看管，保证正常运转。各地点使用的传感器必须明确队组、人员看管、吊挂和移动，保持按规定设置。造成损坏或丢失的，应由责任人负责赔偿。

（7）安全监控维护人员（监控工）对分站等监控设备每月进行一次调校，对甲烷传感器、便携式甲烷检测报警仪每7天进行一次调校，对甲烷超限断点功能每7天进行一次测试。

（8）安全监控维护人员要经常对安全监控设备进行巡检、维修、保养，发现问题及时处理，保证设备完好、可靠运行。

（9）安全监控维护人员应做好安全监控设备台账、故障登记、检修记录、巡检记录、调校测试记录。

（10）安全监控中心站严禁非工作人员入内。监视器要用专用监控，不得乱动、乱调，随便加入无关信息和做无关工作，由此造成损坏或损失的，由当事人赔偿。

（11）安全监控值班人员（调度员）要时刻注意安全监控系统运行情况，认真监视监视器所显示的各测点变化等信息情况。发现报警、断点、分站无答等异常情况，要立即向有关工区负责人、安全监控通风、机电管理人员和维护人员汇报。

（12）安全监控值班人员负责将《安全监控日报》每天打印一份，《报警断电记录月报》每月打印一份，报施工负责人、总工程师签字，并做好《中心站运行日志》记录。

（13）生产调度室要张贴安全监控系统图和示意图，监控室要设置安全监控管理牌板。

（14）安全监控管理人员要及时绘制补充安全监控系统图和示意图，填写修改安全监控管理牌板内容。

（15）高瓦斯隧道超前地质预报实施过程中，监理必须全程旁站，必须使用防爆型超前地质钻机。

8.4.6 瓦斯隧道通风瓦斯日报和安全监控日报审阅制度

（1）隧道通风瓦斯日报和安全监控日报必须执行逐级审批制度。

（2）每日瓦斯报表必须由三班瓦检员下班后汇总制表，现场负责人和技术负责人进行审阅、签字报送项目部，项目部审核后报指挥部调度。

（3）项目部参与报表审批的人员，必须对报表进行认真审阅，发现问题要及时提出处理意见，落实责任，限期解决。

（4）瓦斯报表数据准确，上报及时，要做到"下情上报、上情下达"，领导批示信息反馈及时。

（5）项目部项目经理和总工程师要掌握隧道内瓦斯变化动态及规律，逐日审阅批示，变化较大时应及时上报指挥部主管领导，严禁弄虚作假，流于形式。

8.4.7 瓦斯隧道安全仪器仪表使用管理制度

（1）瓦斯监测组对其使用的安全仪器仪表全面负责。

（2）安全仪器仪表使用根据施工情况提供使用计划，工程部汇总报请项目经理审批后，由物设部门负责采购。

（3）安全仪器仪表购进后除物设部门应履行的验收制度外，还要送安全仪器仪表检定维修站对所进仪器、仪表进行强制检定，出具证书建档登记后发至使用单位。

（4）使用人员对所属安全仪器仪表有管理、保养责任，出现故障及时送交安全仪器仪表检定维修站维修。

（5）安全仪器仪表的报废由安全仪器仪表检定维修站对维修报废仪器、仪表检定确认。维修费用大于采购费用的70%，无维修价值后，由安全仪器仪表检定维修站出具证书，反馈到使用单位，进行报废。

8.4.8 瓦斯隧道安全仪表计量检验制度

（1）安全仪器仪表必须按规定进行周期检定，没有检定证书的禁止使用。

（2）安全仪器仪表的维护、保养要建立技术档案，仪器仪表做到账卡一致，保留完整。

（3）维修保养安全仪器仪表必须按操作规程进行，标准器具和测量器具使用后，要在记录卡上记载开气时间及仪器使用情况。

（4）风表、光学瓦斯检定器、催化原理瓦斯检测仪器、报警仪、各种传感器6个月检定一次，自救器每季度校验一次。

（5）仪器仪表做到随送随修，保证质量，达到规程规定的标准。

（6）使用各种标准器具，必须按规定要求进行安装调试操作使用，经常进行清洗、保养，并记入设备档案中。

（7）应向上级检定单位送检的标准器具，及时送检。

（8）严格执行质检制度，加强检定记录和检定证书的复救工作。

（9）严格执行《技术质量管理手册》。

8.4.9 瓦斯隧道便携式甲烷检测报警仪管理制度

（1）现场负责人、技术负责人、带班队长、工程技术人员、班长、爆破工、流动电钳工、安全员和瓦斯检测员进入高瓦斯工区时，必须携带便携式甲烷检测报警仪。对不携带者按规定严肃处理。

（2）使用便携式甲烷检测报警仪时，要严格按产品说明书进行操作，要爱护、保养好仪器，保持表面清洁，避免受到较大振动或碰撞，严禁擅自调校和拆开仪器。

（3）总工程师、技术员负责检查便携式甲烷检测报警仪的收发、配带、使用、调校和管理工作。

（4）便携式甲烷检测报警仪必须集中管理，统一收发。仪器要上架，存放在干燥、通风良好环境中。

（5）安排专人负责便携式甲烷检测报警仪充电、收发和保管。每班要清理隔爆罩上的灰尘、发放前必须检查便携式甲烷检测报警仪的零点和电压或电源欠压值，不符合要求的严禁发放使用，并做好仪器收发登记记录。

（6）安全员负责督促瓦斯检测班组对便携式甲烷检测报警仪每 7 天进行一次调校，做好调校记录，负责对仪器检查维护和登记造册。

（7）仪器收发丢失、携带者丢失或造成损坏便携式甲烷检测报警仪的，要按价赔偿损失。

8.4.10　瓦斯隧道出入洞管理制度

（1）成立以分部安全总监为组长、现场副经理为副组长、专职安全员为组员的进洞管理组，专职安全员负责进洞管理工作。在隧道洞口建立门禁管理系统，对出入隧道的人员、机具、设备、物资等实施 24 小时预控，建立管理台账。

（2）严禁携带任何火种及可能产生火花的物品入内。人员进洞前，将随身携带的手机、香烟、打火机等火种和电子设备（防爆及本安型除外）等保存到专用衣柜，严禁穿着化纤类衣物进入隧道。进洞人员必须经过门禁系统时消除随身静电，携带人员定位系统。

（3）进入隧道的机械设备、电气设备、车辆必须满足防爆要求，否则禁止进入隧道。驾乘人员必须经过安检且车辆驾驶室须经检查同意方能进洞。

整车防爆机械设备、电气设备、车辆应随车携带出厂合格证（复印件）及定期检查记录。

采用加装车载瓦斯监控系统的机械设备、车辆，应随车携带车载瓦斯监控系统检验报告、合格证，以及甲烷超限断电功能测试记录（甲烷超限断电功能测试由监控系统维护人员和驾驶员共同每 7 天进行 1 次测试）。

（4）动火设备进洞时必须携带批复的动火许可证。

（5）在未通风及瓦斯浓度超标的情况下，禁止任何人员进洞。

（6）进洞管理组对进入隧道的人员有安全管理事项的告知义务，任何拒绝履行防火、防爆检查的人员以及饮酒者可以拒绝其进入隧道。

8.5　瓦斯隧道安全监控验收报告

8.5.1　验收条件及依据

8.5.1.1　依据

（1）《铁路瓦斯隧道技术规范》（TB 10120—2019）。

（2）《煤矿安全规程》（2023 版）。

（3）《煤矿安全监控系统通用技术要求》（AQ 2061—2019）。

（4）《瓦斯隧道通风专项方案》。

8.5.1.2　实用范围

实用于瓦斯隧道安全监控系统全新安装后的安全监控系统验收。

8.5.1.3 验收条件

验收安全监控系统需符合以下条件：

（1）按《煤矿安全监控系统升级改造技术方案》要求，取得有效煤矿矿用产品安全标志的安全监控系统。

（2）完成安装调试后经不少于 15 天的试运行且运行正常。

（3）经安装单位或使用单位测试和自评估，满足《铁路瓦斯隧道技术规范》和《瓦斯隧道通风专项方案》的要求，以《煤矿安全规程》和《煤矿安全监控系统通用技术要求》作为参考。

8.5.1.4 验收内容

（1）合法性：包括安标有效性、技术资料完整性、设备合法性和管理合规性。

（2）试运行有效性：包括试运行期间历史数据有效性和完整性。

（3）技术性能指标：包括传输数字化、抗电磁干扰能力、系统架构、断电功能、格式规范化、传感器自诊断功能、传感器定期未标校提醒功能、巡检周期、备用电源供电时间、模拟量传输误差、加密存储功能。

（4）验收内容见瓦斯隧道安全监控系统验收表。

8.5.1.5 安全监控系统判定原则

系统验收结果判定实行组长和成员负责制，瓦斯隧道安全监控系统验收表见表 8-2，其验收结果分为验收通过、整改后通过和验收不通过三种。

（1）验收通过：所有验收项目检查结果均"合格"，则判定为验收通过。

（2）整改后通过：项目检查结果中所有"否决项"均合格，"符合项"少于 6 项（含 6 项）不合格，判定为整改后通过。

（3）验收不通过。验收结果中出现"否决项"不合格，或出现"符合项"超过 6 项不合格，则判定为系统验收不通过。

表 8-2 瓦斯隧道安全监控系统验收表

序号	检查项目		结果	备注
一、合法性检查				
1	安标有效性	系统型号及生产单位	合格 □不合格 不合格情况：	否决项
		系统安标有效性	□合格 □不合格 不合格情况：	否决项
		纳入安标管理的产品安标有效性	□合格 □不合格 不合格情况：	否决项
		系统的本安关联特性	□符合 □不符合 不一致　　　　项（有相关报告） 不一致　　　　项（无相关报告）	符合项

序号	检 查 项 目		结　　果	备注
2	系统相关技术文件完备性检查	单机设备合格证明文件	□符合 □不符合，无证　　　　项	符合项
		系统图纸	□符合 □不符合，无图纸　　　项， 图纸与实际不符合　　　项	符合项
		设计方案	□符合 □不符合	符合项
		自检报告	□符合 □不符合，无报告　　　项 其他情况：	符合项
3	组成设备合法性检查	现场系统组成设备的合法性	□符合 □不符合，不一致　　　个	符合项
4	管理合规性	管理制度，具体参照各瓦斯隧道通风专项方案规定执行	□符合 □不符合，无制度　　　项 其他情况：	符合项
		系统账卡及报表，具体参照瓦斯隧道通风专项方案执行	□符合 □不符合，无资料　　　项 其他情况：	符合项

二、运行有效性检查

1	系统历史运行有效性	□合格 □不合格 不合格情况：	否决项
2	系统历史数据完整性	□符合 □不符合，缺少　　　分钟， 缺少　　　　　　条故障记录	符合项

三、X 系统升级部分

1	传输数字化	合格 □不合格 不合格情况：	否决项
2	增强抗电磁干扰能力	所选用的验证方法： 1□（必选）， 2□（可选），3□（可选），4□（可选）。 □合格 □不合格 不合格情况：	否决项
3	系统架构检查	□符合 □不符合 不符合情况：	符合项
4	掌子面传感器的防护等级	□合格 □不合格 不合格情况：	否决项

序号	检查项目	结果	备注
5	分级报警	□合格 □不合格 不合格情况:	否决项
6	异地断电	□合格 □不合格 不合格情况:	否决项
7	多网、多系统融合功能	□符合 □不符合 GIS 系统不正常, 或 设备无联动	符合项
8	格式规范化	□合格 □不合格 不合格情况:	否决项
9	传感器设置自诊断	□合格 □不合格 不合格情况:	否决项
10	传感器定期未标校提醒功能	□合格 □不合格 不合格情况:	否决项
11	瓦斯涌出、火灾等的预测预警功能	□符合 □不符合 不符合情况:	符合项
12	应急联动功能	□符合 □不符合 联动时间超标,为 s 未联动情况:	符合项
13	巡检周期	□合格 □不合格 周期超标,为 s	否决项
14	备用电源时间	□合格 □不合格 备用时间不足,仅为 min	否决项
15	模拟量传输处理误差	□合格 □不合格 误差超差:为 %	否决项
16	加密存储	□符合 □不符合 不符合情况:	符合项

隧道安全监控系统验收结论:"否决项"共×项,合格×项,不合格×项。"符合项"共×项,合格×项,不合格×项。依据《安全监控系统判定原则》判定:

(1)是□,否□,验收通过。

(2)是□,否□,整改后验收通过。

(3)验收不通过□。

问题及建议：×××

验收人签字：×××

组长：×××

组员：×××

年×××月×××日

8.5.2　验收要求及方法

8.5.2.1　人员要求

（1）应具备安全监测监控专业知识和隧道安全生产基本知识，熟悉安全监控 X 系统升级的技术内容及要求。具有检测检验工作经历，能够客观公正地开展检测工作。

（2）要求 3 人或以上，具体视验收系统的规模而定。

8.5.2.2　验收设备要求

（1）校准有效的机械秒表 1 台（如本安型手机有秒表功能可替代）。

（2）被测系统中的传感器、分站、电源设备专用遥控器各 2 台。

（3）压缩空气、2.00%CH_4 标准气样及甲烷调校设备，数量满足测试需求。

（4）可准确记录时刻的设备，如机械手表、本安手表、本安手机等，进入隧道检测前应与安全监控系统对时。

（5）防爆拍照/摄像设备。

8.5.2.3　验收条件

（1）被测系统应按《煤矿安全监控系统升级改造技术方案》取得安全标志。经不少于 15 天的试运行，并且运转正常。

（2）被测系统经升级改造承担单位或使用单位测试和自评估，满足《煤矿安全监控系统升级改造技术方案》要求的自检报告。

（3）签订安全监控系统技术服务协议。

8.5.2.4　文件资料要求

（1）待验收系统的网络拓扑图、设备地址明细表（用于找到最大的一个组合负载，便于测试电源后备时间等项目）。

（2）实时有效的断电控制图（用于异地断电时间的检测）。

（3）系统供应商提供的安全监控系统经安标备案的技术文件，技术文件应包含系统企业标准、说明书、图纸及《主要零（元）部件及重要原材料明细表》（以下简称"受控表"），系统及组成设备的安全标志证书，以及必要的相关证明材料。

8.5.2.5　检测项目要求及方法

A　合法性检查

（1）安标有效性。

1）系统型号及生产单位。

要求：型号中间包含 X，生产单位与产品型号一致。

方法：检查系统安标证，对比所载信息、系统软件的一致性。

判别准则：否决项，系统型号有 X 且生产单位与型号一致，则判定为合格。若系统型号无 X 或生产单位与型号不一致，则判定为不合格。

2）系统安标有效性。

要求：系统应具有有效的安全标志，安标证书的依据标准中应包含《煤矿安全监控系统升级改造技术方案》。

方法：检查系统安标证书，并查看证书有效期，且依据标准应包含《升级改造技术方案》。

判别准则：否决项，系统安标证书在有效期内，且执行标准中有《煤矿安全监控系统升级改造技术方案》，方可判定为合格。若不在有效期内，或执行标准中没有《煤矿安全监控系统升级改造技术方案》，则判定为不合格。

3）纳入安标管理的产品安标有效性。

要求：系统组成设备应有安全标志，购买时组成设备的安全标志应在有效期内。升级改造中进行过技术改造的在用组成设备，应具有防爆合格证和防爆检验报告。

方法：检查系统组成设备的安标证及相关证件报告。

判别准则：否决项，购买时组成设备的安全标志均在有效期内，则判定为合格。若任一组成设备无安标证或其安标证过期，则判定为不合格。

4）系统的本安关联特性。

要求：所有在用组成设备的安标证号均在系统《主要零（元）部件及重要原材料明细表》中，且一致；不一致时，不在《主要零（元）部件及重要原材料明细表》中的设备应有相关本安关联及电磁兼容的评估/检验报告。

方法：核对组成设备的安标证号与系统《主要零（元）部件及重要原材料明细表》中设备的安标证号。不一致时，查验本安关联及电磁兼容的评估、检验报告。

判别准则：所有在用组成设备的安标证号均在系统《主要零（元）部件及重要原材料明细表》中，且一致。不一致时，不在《主要零（元）部件及重要原材料明细表》中的设备具有相关本安关联及电磁兼容的评估/检验报告。满足以上则判定为符合，反之则判定为不符合，并记录不一致项数。不符合时必须限时整改。

（2）技术文件完备性。

1）单机设备合格证明文件。

要求：系统及所有组成设备应有合格证明文件（至少包括防爆证、安标证、出厂合格证）、系统企业标准等技术文件。

方法：查阅设备合格证明文件。

判别准则：单机设备具备合格证明文件，则判定为符合。设备不具备合格证明文件，则判定为无证项，每种设备计 1 项，并记录无合格证明文件数。

2）系统图纸。

要求：应有系统安全监控传感器布置图、断电控制图。

方法：结合检验组的核查结果和实际系统安全监控传感器布置图、断电控制图情况进行判别。

判别准则：具备系统安全监控传感器布置图、断电控制图，且经验收检测工作核实一致，则判定为符合；若没有安全监控传感器布置图、断电控制图的，则判定为不符合，并记录无图纸项数，每种图纸计 1 项；若具有安全监控传感器布置图、断电控制图，但经每种任意抽取 3 处进行核查，有 1 处与实际不相符的，则视为不符合，每种图纸计 1 项，并记录图纸与实际不符合项数。

3）设计方案。

要求：应有通风专项方案且方案内有具体的监控设计章节。

方法：查阅通风专项方案。

判别准则：具备系统功能方案，则判定为符合；若不具有设计方案，则判定为不符合。

4）综合报告。

要求：应有合同原件、技术协议、自检报告（系统运行时间不少于 15 天）。

方法：查阅自检报告，其中至少应包含合同原件、技术协议（系统运行时间不少于 15 天）。

判别准则：综合报告具有合同原件、技术协议、自检报告（系统运行时间不少于 15 天），则判定为符合，若不具备任意一项，则判定为不符合，并记录报告不符合项数，每种报告计 1 项。不符合要求时必须限时整改。

5）组成设备合法性。

要求：现场实际安装的组成设备与其系统《主要零（元）部件及重要原材料明细表》中所述设备，以及与相关评估/检验报告所述设备一致。

方法：现场抽查组成设备铭牌所载信息与安标证书是否一致（电源、分站、传感器各 3 处）。

判别准则：现场实际安装的组成设备与其安标证书是否一致，查看实际设备铭牌所载信息与安标一致的，则判定为符合；若出现不一致的，则判定为不符合，并记录不一致个数，每处不一致计 1 个。不符合时必须限时整改。

（3）管理合规性。

1）管理制度。

要求：具备完整的管理制度，具体参照通风专项设计管理规定执行。

方法：查阅相关制度。

判别准则：具备完整的管理制度，则判定为符合；若不完整，则判定为不符合，每缺少 1 项制度，则记录无制度 1 项。

2）系统账卡及报表。

要求：具备完整的系统账卡及报表，具体参照通风专项设计管理规定执行。

方法：查找账卡及报表。

判别准则：具备完整的系统账卡及报表，则判定为符合；若不完整，则判定为缺失，每缺少 1 项，则记录无资料 1 项。

（4）运行有效性检查。

1）系统历史运行有效性。

要求：具备有效的历史运行。

方法：结合 15 天试运行记录进行查询。在系统历史记录查询界面中，按照日期进行推算，查询 15 天之前的工作面甲烷监测数据、开停传感器记录等数据，检查其数据的完整性。在 15 天期间日期中大致均匀抽取 3 个日期，分别查询工作面甲烷监测数据、开停传感器记录等数据。

判别准则：所查询的所有数据记录均无空缺，方可判定为合格。

2）系统历史数据完整性。

要求：具备完整的历史数据。

方法：通过系统软件查看最近15天内的历史记录及数据。

判别准则：统计值数据连续，且不连续时有相关故障记录的，方可判别为符合。数据连续缺少5min及以上，无对应的故障记录的，均判别为不符合。不符合时需记录缺失数据时长及缺少故障记录条数。

B　传输数字化检查

（1）检查步骤。

在进入隧道前熟悉系统分站数字端口、传感器的数字端口，确定好传感器确实是按数字化接口对外接线。

在进入隧道前选定具体的地点和具体的模拟量传感器，第三方技术服务单位准备好用于更换的同型号同厂家传感器各一台（含对应遥控器）。

进入隧道检验前，第三方技术服务单位应提前配置好这些传感器所对应传感器的系统接入信息（地址信息、分级报警设置等），还应提前准备好前款所述的分站A和分站B。应将备用替换的传感器一一接入分站A、分站B，并调试工作正常。检测人员使用示波器测量传感器传输信号，均应与系统企标中规定的信号传输方式一致，不一致则不能开展本项检验。

检测人员应在进入隧道前对所选定的传感器进行信息登记，包括传感器型号、名称、安装位置、地址数据。

在隧道内对应位置将原传感器断开，更换为备用替换的对应传感器，查看系统是否能正常采集和传输。使用遥控器调整传感器的输出数值，地面人员查看系统对该测点的采集和传输情况。

如果被检系统中存在输出非标信号的传感器，检测人员应在实际安装地点核实该种传感器与对应信号转换器的固定方式，应详细记录传感器和信号转换器的型号、名称、生产商、出厂编号等信息。

（2）判定准则。

备用替换的传感器接入指定分站端口后，系统能够正确读取其数据信息的，方可判定为合格。

如果系统中存在非标信号传感器，其与信号转换器的固定方式为一体化固定的，可以判定为合格，但必须在记录和报告中注明："该系统采用了XX信号转换器与YY传感器一体式安装的方式实现数字化传输，这种方式仅能使用到2020年12月31日，逾期不得使用"。

C　抗电磁干扰能力验证

以下有四种验证方法，第一种为普遍适用的方法，其余三种为参考方法。

（1）软件查询。

1）抽样检查原则。抽取竣工后试运行期间最近10天的系统运行数据。

2）检查步骤。

在监控系统软件查询设备故障记录。

排除因检修、移动位置、设备故障、维护等人为造成的故障。

统计并记录由干扰引起的故障次数。

3）判定准则。总故障次数小于 30 条可判定为合格。大于或等于 30 条，应判定为不合格。

（2）现场抽样验证。

1）抽样检查原则。现场选取可试验地点一处。

2）检查步骤。

选取一处干扰较敏感地点，如变频器、软启动设备等，优先选取有变频设备的场所。

对选取设备进行 3 次实际起停操作，每次持续 5min。

观察并记录所选设备附近监控系统设备运行情况。

查询相关设备运行记录，统计试验期间故障次数。

3）判定准则。相关被验证设备单台故障次数小于 3 条可判定为合格；大于或等于 3 条应判定为不合格。

（3）误报查询。

1）抽样检查原则。选取至少 3 个测点进行误报查询。

2）检查步骤。选取主通风机开停、一氧化碳、硫化氢、甲烷等测点各一处。

查询近 10 天是否存在异常数据（异常数据是指数值曲线中出现的违背正常趋势的明显抖动或突变）。

统计并记录异常数据次数。

3）判定准则。出现异常次数小于 3 条可判定为合格，大于或等于 3 条判定为不合格。

D　系统架构检查

（1）抽样检查原则。根据第三方技术服务单位提交的现行有效的系统连接图检查核实。

（2）检查步骤。

首先，应仔细分析该系统连接图，区分主传输层设备范围，区分出主传输设备到分站所对应的设备范围以及每一个支路（如果有支路）的组网方式，还应区分出传感器到分站的设备范围。

然后区分出三大部分设备范围后，按照通信信号网络层级继续划分，检查是否存在总线信号的“电转光”再“光转电”的情况，如果有，应特别标注出来，并在记录中做详细描述。

（3）判定准则。由传感器至中心站的网络层级不超过 3 层，有线传输的每层转载不超过 2 次，无线传输的每层转载不超过 4 次。满足这些情况的，方可判定为网络构架简单。

E　掌子面传感器的防护等级（IP65）验证

（1）基本原则。仅对采掘工作面气体类传感器提出要求，对于风速/风向、开关量传感器可不做要求。

（2）抽样检查原则。

选取掌子面（T1/T2 任选）1 台传感器进行测试。如果备选传感器中存在载体催化式甲烷传感器，必须选择该种传感器进行测试。

选取工作应在进入隧道前完成，应事先查询和记录该传感器技术资料规定的测试供气流量值。前往现场前，应携带被试传感器配套的遥控器、测试所需气嘴、所需标准气样。

其他气体传感器任选一种，仅做喷水功能检查，工作正常即视为合格。

（3）检查步骤。

到达测试现场后，首先应详细记录所选传感器的位置信息（测点名称、编号等）、设备信息（型号、名称、出厂编号），并对传感器进行标校。

然后使用采掘工作面现有的供水系统作为测试用水源，使用水管连接，打开水阀，确保水流横向成股地喷洒在被试传感器敏感元件的外壳部位，保持 1min 后停止，随后立即使用标准气样（2.00%甲烷）测试其测量误差。如果被试传感器为载体催化式甲烷传感器，应在喷水结束立即进行响应时间测定。

最后，使用标准气样（2.00%甲烷），按照规定流量（且最大不超过 300mL/min）执行《煤矿用低浓度载体催化式甲烷传感器》（AQ 6203—2006）标准方法测定传感器响应时间。

（4）判定准则。

对于载体催化式甲烷传感器，其响应时间符合其经审查备案的企业标准规定，方可判定为合格。

对于其他类甲烷传感器，其测量误差符合其经审查备案的企业标准规定，方可判定为合格。

F 报警、断电控制功能测试

（1）分级报警功能测试。

1）测试点选取原则。选择一处隧道内地点作为测试地点，选取其中的甲烷传感器测试分级报警功能。进入隧道时应携带选定传感器的配套遥控器和气嘴。

2）测试步骤。

进入隧道前，应首先检查系统软件中是否有分级报警配置功能界面。如有分级报警配置功能则可进行以下测试，否则该项不合格。还应当核实系统软件中的分级报警策略与隧道内被试传感器的分级报警策略是否相同，不一致应配置为一致。

到达指定隧道内传感器所在位置后，首先应详细记录所选传感器的位置信息（测点名称、编号等）、设备信息（型号、名称、出厂编号）。

隧道内检测人员应与隧道外检测人员取得联系，共同确认开始进行该项测试。如果没有条件取得联系，则可约定具体测试时刻，如无特殊情况，隧道内应按时开始测试。

测试时，应使传感器的检测浓度递增或递减（从低到高或从高到低）变化，分别完成各个报警级别的测试，每一级报警的测试持续时间应不少于 3min。每一个报警级别的测试的时间间隔不少于 5min。

以下为报警测试的具体方法，选其一即可：

方法1：使用传感器配套遥控器将传感器的监测值修改为预设浓度值，使其实现报警，现场观察并记录给定的预设值和传感器报警的具体形式。

方法2：使用标准气样供气的方式使传感器达到报警预设浓度，现场观察并记录传感器在标准气样供气条件下的显示值和传感器报警的具体形式。

3）判别准则。隧道内检测人员升井后，与隧道外检测人员共同核对前述记录内容，传感器报警等级均与系统软件所记录的分级报警等级相同，并且传感器和系统均与设定的报警形式相同的，则判定该项功能合格。

（2）异地断电功能测试。

1）测点选取原则。结合矿井断电控制图进行分析，优先选取传输路径和协议最复杂的组合作为测试样本。以下是在可能存在的多种异地控制组合中选取测试样本的逻辑顺序样本（但不应局限于该示例）。

示例：

首先，优先选择传感器到断电器跨协议（如总线分站到以太网分站，再如 RS485 总线分站到 CAN 总线分站）配置的；

其次，选取传感器到断电器跨交换机（如，两台分站挂接在不同交换机下）配置的；

再次，前两种都没有的情况下，选取同一交换机下配置的作为测试样本；

最后，进入隧道时应携带选定甲烷传感器的配套遥控器。

2）测试步骤。

本测试仅需派人前往指定甲烷传感器所在地进行相关操作。

到达隧道内指定传感器位置后，首先应详细记录其位置信息（测点名称、编号等）、设备信息（型号、名称、出厂编号）。

通过遥控器调整被测甲烷传感器的监测值，使其达到异地断电触发数值，记录所设定的数值，保持 1min 后恢复传感器正常工作，如此重复 3 次，每次时间间隔不少于 5min。

上井后，在监控系统软件中找到异地断电事件的 3 次记录，分别记录对应断电器每一次动作时对应馈电状态为"无电"的最早时刻（分别记做 TT_1、TT_2、TT_3）。调取被试传感器的数据记录表，找到在隧道内进行遥控器设定的断电值，分别记录每个断电值出现的最早时刻（分别记做 TD_1、TD_2、TD_3）。分别计算 TT_i 到 TD_i（$i=1$，2，3）的时间差，取最大值为异地断电时间。

3）判定准则。监控系统软件中异地断电事件记录齐全，且异地断电时间小于企标规定值的，可判定为该项功能合格。但异地断电时间超过 20s 或属地相关规定值的，应专项报告属地煤监机构。

G　多网、多系统融合功能检查

（1）检查选取原则。调取系统软件的 GIS 界面。

（2）测试步骤。

应与分级报警功能测试同步进行。但应确保某一名检测人员处在联动相应的人员读卡设备的读卡区域范围内，且应确保该检测人员能够听到应急广播的告警声响。

进入隧道前，首先检查 GIS 图形界面中是否存在人员管理系统设备、应急广播通信设备（还可能存在电力监控设备）的图标，使用鼠标进行相关操作，检查是否能够查阅这些设备的信息。

然后结合分级报警测试过程进行检查，当达到特定报警级别，系统应发出撤人警告，GIS 图标中的人员管理读卡设备、应急广播通信设备对应的图形均应有相应状态提醒，隧道外检测人员应做好相关记录。同时，隧道内检测人员应记录隧道内广播的声响情况及内容、人员标识卡的动作情况。

（3）判定准则。GIS 界面中的人员管理、应急广播（以及可能存在电力监控）设备信息和状态显示正常，应急联动期间各设备状态转换正常，且软件和硬件的联动机制相同，方可认为具备多网多系统融合功能，判定为符合；反之则判定不符合，并记录 GIS 界面中设备信息和状态显示异常的系统和未联动的设备。

H 格式规范化检查

（1）测点选取原则。在中心站系统软件中进行检查。

（2）测试步骤。开始隧道内测试工作前，应首先与当地煤监机构联系，确认该系统是否已经按照规定完成联网建设，并做好记录。

（3）判定准则。如果确认系统改造后支持联网并按《应急管理部科技和信息化工作领导小组办公室关于印发应急管理科技信息化第一批标准规范文件目录的通知》（应急科信办〔2019〕3 号）中《煤矿感知数据采集规范》要求数据格式上传，方可判定格式规范化符合。

I 自诊断、自评估功能验证

（1）传感器设置自诊断验证。

1）测点抽样原则。掌子面、回风瓦斯传感器任选其一。

2）验证步骤。在监控系统软件中调整选定的瓦斯测点的报警或断电门限，使其高于所在矿井的安全规程要求的正常门限，查看系统软件是否有配置错误报警提示。做好设置修改值的记录，并做好系统软件是否报警的记录。

3）判定准则。系统出现配置错误报警的，方可判定为符合要求。

（2）传感器定期未标校提醒功能验证。

1）测点抽样原则。工作面回风瓦斯传感器任选其一。

2）验证步骤。在监控系统软件中调整选定的甲烷传感器，查看其上次标校日期至检查时的天数，设置其标校周期小于该天数，查看系统软件是否对其进行未标校提醒。做好设置修改值的记录，并做好系统软件是否报警的记录。

3）判定准则。系统出现未标校提醒的，方可判定为符合要求。

J 瓦斯涌出、火灾等的预测预警功能检查

（1）测点抽样原则。在监控系统软件界面中查看。

（2）验证步骤。查看系统软件中是否有瓦斯涌出、火灾等的预测预警配置、显示界面。应做好相关检查记录，也可对界面拍照（或显示截屏）作为记录。

（3）判定准则。有对应界面的，方可判定为符合；反之则判定为不符合，并记录无对应界面的预测预警功能。

K 应急联动功能验证

（1）测点抽样原则。在分级报警功能测试过程中同步进行测试。但应确保某一名检测人员处在联动相应的人员读卡设备的读卡区域范围内，且应确保该检测人员能够听到应急广播的告警声响。

（2）验证步骤。

首先检查系统软件界面是否具备联动配置功能界面。

在联动配置界面中检查具体的联动策略、机制，按照所设置逻辑关系，在两处指定位置分别进行功能验证。分级报警功能测试过程中和传感器提升防护等级（IP65）验证过程中分别会触发应急联动机制，应分别记录联动后人员标识卡震动或报警响应的时刻、应

急广播告警响应的时刻，以及对应断电动作的执行记录和时刻。

应有 2 名检测人员参与该测试，一名负责记录传感器到达触发限值时刻和联动动作响应时刻，一名负责操作传感器。

（3）判定准则。联动成功且响应时间均不超过 100s，方可判定为符合；反之则判定为不符合，并记录联动超时时间。

L　系统性能指标检测

（1）巡检周期测试。

1）测点抽样原则。选取掘进工作面或采煤工作面的甲烷传感器开展测试。

2）测试步骤。在隧道内通过遥控器调整指定甲烷传感器的测试值，使其达到报警值，并记录调整的时刻，保持 3min 后恢复正常工作状态，3min 后再次调整测试值，如此重复 3 次。升井后在系统软件中找到该甲烷测点的实时数据记录，记录 3 次报警值的时刻，对应地计算出 3 个隧道外时刻与隧道内时刻的差值，取最大值为巡检周期。

注意：检测人员进入隧道前应与系统校时（精确到秒）。不同传输制式的传感器，应分别抽样进行测试。

3）判定准则。巡检时间超过企业标准规定值，即为不合格。

（2）备用电源时间测试。

1）测点抽样原则。在系统连接图和设备地址明细表中找到电源（多种电源时，选取电池容量最大和最小的）的最大的一个组合负载。

2）测试步骤。分别前往指定的电源所在地，直接切断电源的交流供电，并开始计时，在监控系统软件中检查该电源对应本安设备中最早断线的时刻，计算该时刻到交流电断电时刻的时间，记为后备时间。

3）判定准则。电源安装时长在 6 个月内的，放电时间应不低于 4h；安装时长为 6 个月以上 1 年以下的，放电时间应不低于 3.5h；否则为不合格，主机备用电流不低于 15min。

（3）模拟量传输处理误差测试。

1）测点抽样原则。选取掌子面或回风的甲烷传感器开展测试。

2）测试步骤。到达指定位置后，通过遥控器调整某一传感器的测试值，使其上升到某一数值，保持 3min 后恢复正常工作状态，重复 3 次，每次间隔 5min。运出隧道外后在系统软件中查找该测点的测试值，通过二者的差值计算误差，取最大值。

3）判定准则。计算误差小于或等于 0.5% 即为合格。

M　加密存储检查

（1）测点抽样原则。在监控主机电脑操作系统中抽查。

（2）验证步骤。在监控主机中找到用于安全监管监察的采掘工作面等重点区域的瓦斯超限、报警、断电信息的备份加密文件，随机点开某个文件。

（3）判定准则。文件打开后不是明文存储的，方可判定为符合要求。

8.5.2.6　检测报告要求

应出具《现场验收检测报告》，其格式应符合有关规定，有检测条件、方法、检测结果，并有明确结论，可附检测关键图片。

8.6 瓦斯隧道安全监控检查表

瓦斯隧道安全监控检查表见表 8-3~表 8-9，包括隧道瓦斯检查手册，隧道瓦斯检查牌板（掌子面），隧道瓦斯检查牌板（其他地点），瓦斯隧道瓦电闭锁执行、测试记录表，瓦斯隧道风电闭锁执行、测试记录表，隧道瓦斯监控系统异常原因分析记录表，隧道瓦斯监控与人员管理系统运行台账等。

表 8-3　隧道瓦斯检查手册

施工单位				工点名称			检查日期	
检查地点	检查时间	CH_4/%	CO_2/%	检查地点	检查时间	CH_4/%	CO_2/%	

一炮三检								
检查时间	装药前		检查时间	放炮前		检查时间	放炮后	
	CH_4/%	CO_2/%		CH_4/%	CO_2/%		CH_4/%	CO_2/%

瓦检员：

表 8-4　隧道瓦斯检查牌板（掌子面用）

年　月　日

检查地点		检查时间	浓度/%		瓦检员
			CH_4	CO_2	
一炮三检	装药前				
	放炮前				
	放炮后				

表 8-5　隧道瓦斯检查牌板（其他地点用）

年　　月　　日

检查地点	检查时间	浓度/%		瓦检员
		CH_4	CO_2	

表 8-6　瓦斯隧道瓦电闭锁执行、测试记录表

施工单位：　　　　　　　工点名称：

日　期	瓦电闭锁执行或测试				记录人	现场监理	备注
	断电时间	处理措施	复电时间	原因、结果分析			

安全员：　　　　　　作业队长：

瓦电闭锁每周试验一次；运行不正常时及时汇报安质部及相关领导。

表 8-7　瓦斯隧道风电闭锁执行、测试记录表

施工单位：　　　　　　　工点名称：

日　期	风电闭锁执行或测试				记录人	现场监理	备注
	断电时间	处理措施	复电时间	原因、结果分析			

安全员：　　　　　　作业队长：

风电闭锁每周试验一次；运行不正常时及时汇报安质部及相关领导。

表 8-8　隧道瓦斯监控系统异常原因分析记录表

施工单位				工地名称				
日　期	发现时间	探头号/地点	出现异常时间	峰值	异常结束时间	持续时间	人工检测值	异常前检测值

原因分析：

采取措施：

值班监控工：　　　　作业队长：　　　　现场监理：

表 8-9　隧道瓦斯监控与人员管理系统运行台账

施工单位：　　　　　　工程名称：

日　期	时间	运行状况	处理情况及结果	值班监控员

8.7　本 章 小 结

本章根据都四轨道交通映秀一号隧道的瓦斯和地质事故灾害特点，开展高危隧道瓦斯和地质事故灾害勘查，监测与评价隧道总体风险，根据安全施工相关标准规范，设计隧道安全风险监测预警平台的技术路线，建立"人工+自动"的双重预控机制，结合映秀一号隧道的实际工况，开展基于工业防爆、人工智能、物联网和大数据的隧道瓦斯预警关键技术开发，建立基于服务器端、计算机端、手机 APP 端的一体化自动化预控平台，同时结合人工现场勘测并填报瓦斯隧道安全监控检查表的人工监控方法手段，为高危隧道施工安全监测预警与应急管控提供全过程、信息透明的先进技术手段。

9 瓦斯隧道海量安全风险监测预警关键技术应用

本章以山西省黎城至霍州高速公路沁源~霍州段在 K123+385~K126+350（ZK123+415~ZK126+370）段问腰隧道为技术场景，联合中铁一局集团开展"黎霍隧道瓦斯灾害海量数据挖掘及智能监测预警关键技术"项目的智慧矿隧安全风险监测预控系统开发。

9.1 瓦斯隧道海量安全风险监测预警技术工程背景与风险分析

9.1.1 不良地质及特殊岩土

依据勘察成果，隧址区范围除局部断层破碎带外，隧址区范围内分布的不良地质为煤矿采空区、岩溶与揭煤瓦斯段，无其他特殊岩土构造分布。

9.1.1.1 采空区

隧址区全部位于西山煤电集团庆兴煤矿矿区范围内，采空区位于 K124+840~K125+940（ZK124+830~ZK125+940），长度 1.1km，由原山西古县北平镇北平村南河煤矿、山西瑞德长兴煤业有限公司、山西古县宝丰庆兴煤业有限公司、山西金泰安煤业有限公司、古县地方国营宝丰煤矿等煤矿整合而成。

该矿区内煤层埋藏总体表现为"北浅南深"，南部煤层多位于地表之下，矿区北部煤层位于山梁斜坡之上，局部斜坡存在煤层露头，因埋藏浅，开采难度低，所以开采年代久远，据走访调查当地村民得知该矿区局部范围内在抗日战争时期甚至更早以前就已经有开采，上部的可采的 2 号煤层已采挖殆尽，矿区内早期开采形成的小窑众多，如今均已关停，现全矿区主采煤层 3 号煤，据调查也已基本采挖完毕。调查过程中，在该矿生产技术负责人处得知，该煤矿局部地段已开始少量采挖 9 号煤层。

目前对隧道范围内的采空区进行了工程地质调绘、物探、采空区资料收集和钻探揭露等勘察工作，根据沿线地质勘察发现，在 K124+840~K125+940 段存在多处小煤窑开采洞口，初步统计位于线位两侧 500m 范围内明显的遗留洞口有 8 处，现均已封闭。

所要资料无法取得，最后派遣工作人员去临汾市与该矿的上级单位联系，收集到该矿煤层的采掘图件。

根据沿线走访及所收集到的资料，发现路线上的采空区位于该矿区的西北部，由早期小煤窑开采山西组（C_3s）地层中的 2 号、3 号煤层形成，K124+840~K125+940 段开采了2 号、3 号煤层，2 号煤层开采年限为 2000 年之前，3 号煤层最早开采时间为 20 世纪八九十年代，较集中开采于 2002—2006 年之间，2006 年之后路线附近小煤窑全部关闭，下部煤层未开采。物探勘察成果显示，K125+057~K125+967 段浅层地震异常特征相对低速，波组紊乱，采空区异常可靠性高；K124+252~K126+900 段瞬变电磁成果异常特征相对低阻，采空区异常可靠性高。钻探验证孔多个钻孔亦揭露了可采煤层，其中在 ZK3 钻孔在 2

号、3 号煤层位置连续钻探揭露了支护用坑木，在 ZK5 号钻孔中揭露到采空区冒落带时出现掉钻现象，掉钻约 1m。

该矿范围内开采年限久，开采方式多样，其中以巷道式开采为主，坑木支护，回采率 30%～50%左右，2 号煤层厚 0.48～1.5m，平均厚度 0.98m，顶、底板为炭质页岩或粉砂岩、细砂岩；3 号煤层厚度 0.98～1.4m，平均厚度 1.19m，顶、底板为炭质页岩或粉砂岩、细砂岩，两层煤相距 5.75～10.67m，平均厚度 6.76m，设计路线沿线采空区埋深 40～100m 不等，多数采空已坍塌，据调查当地村民，该采空区巷道内无充水情况，但在物探勘查过程中出现多处低阻异常区，判断采空区局部小范围塌陷区域内存在少量积水现象。

综合各种勘察成果查明，采空区位于隧道洞身之上 31～49.5m 之间，在 K124+840～K125+940 段路线范围内，由隧道洞顶至上部已采 3 号煤层之间地层为石炭系山西组（C_3s）、太原组（C_3t）砂、泥岩，砂泥岩呈互层状，局部夹杂少量煤层。采空区与隧道洞顶间距最小厚度为 31m，位于 K124+840 附近，岩性为砂、泥岩和炭质页岩、石灰岩，呈互层状，其中砂岩、石灰岩累计厚度 8m，泥岩累计厚度 23m，砂泥岩比例为 1：2.9；隧道洞顶至采空区之间最大地层厚度 49.5m，位于 K125+900 处，砂、泥岩和炭质页岩、石灰岩，呈互层状，其中砂岩、石灰岩累计厚度 13.1m，泥岩累计厚度 36.4m，砂泥岩比例为 1：2.8。

9.1.1.2 岩溶

隧址区 K123+250～K124+300 段广泛出露奥陶系碳酸盐岩类岩层，岩性以石灰岩、泥灰岩为主，岩溶类型为裸露型，以近代岩溶为主。依据此次勘察成果，隧址区碳酸盐岩分布段落地表溶洞、溶坑及溶槽等喀斯特地貌形态较为发育，溶洞在垂向上具分带性和成层性，一般在多组裂隙交接处、断裂破碎带附近和粒粗质纯层厚的石灰岩中尤为发育。

表明此次勘察，石灰岩、泥灰岩在本隧道前端属隧道主要围岩，钻孔中未揭示明显溶洞、溶隙等岩溶现象，但岩芯表面可见少量溶孔。根据两阶段对隧址区奥陶系石灰岩岩溶的发育程度、分布范围等情况的勘察，总体评价隧址区内岩溶发育程度较轻，但岩溶的存在对隧道围岩稳定有一定影响。

9.1.1.3 揭煤

隧道在 ZK125+455～ZK126+095 段洞体埋深为 48.43～156.04m，洞体围岩由石炭系上统太原组（C_3t）砂岩、泥岩、6 号煤层、石灰岩组成。泥岩，属软岩，中风化，泥质结构，薄层构造，节理裂隙较发育，抗风化能力弱，极易崩解，结构面较发育，岩体较破碎，层间结合一般单位体积的岩体结构面数量 $J_v = 10～20$ 条/m^3，岩体的体积压缩系数 $K_v = 0.47～0.49$，岩石的抗折强度 $R_c = 6.67MPa$，$BQ = 2275～232.5$，表示岩体质量的评价指标 $[BQ] = 167.5～172.5$，表示岩体稳定性的评价指标；砂岩，属较软岩，中风化，中细粒，砂质结构，中厚层状构造，层间结合力较差，节理裂隙较发育，岩体较破碎，呈碎裂—镶嵌碎裂结构，$J_v = 10～20$ 条/m^3，$K_v = 0.48～0.5$，$R_c = 27.4MPa$，$BQ = 292.2～297.2$，$[BQ] = 232.2～237.2$；6 号煤层，属软弱结构面，多呈碎块状或粉末状，分布不稳定，煤质不纯，夹杂大量矸石，结构面发育，岩体较破碎，层间结合差，呈散体状；石灰岩，中风化，属较硬岩，微晶结构，中厚层状构造，节理裂隙发育—较发育，岩体较破碎，结构面发育，结合一般，碎裂状结构，$J_v = 10～20$ 条/m^3，$K_v = 0.27～0.33$，$R_c = 37.57MPa$，$BQ = 270.2～285.2$，$[BQ] = 210.2～225.2$。围岩自稳能力差，开挖时跨度 4～

6m，暂时稳定，可发生中到大塌方，成洞困难。地下水出水状态为点滴状或淋雨状出水。围岩等级划分为 V_1 级，长度640m。

隧道在 K125+480~K126+030 段洞体埋深为 39.58~162.82m，洞体围岩由石炭系上统太原组（C_3t）砂岩、泥岩、6号煤层、石灰岩组成。泥岩，属软岩，中风化，泥质结构，薄层构造，节理裂隙较发育，抗风化能力弱，极易崩解，结构面较发育，岩体较破碎，层间结合一般 $J_v = 10~20$ 条/m^3，$K_v = 0.47~0.49$，$R_c = 6.67MPa$，$BQ = 227.5~232.5$，$[BQ] = 167.5~172.5$；砂岩，属较软岩，中风化，中细粒，砂质结构，中厚层状构造，层间结合力较差，节理裂隙较发育，岩体较破碎，呈碎裂—镶嵌碎裂结构，$J_v = 10~20$ 条/m^3，$K_v = 0.48~0.5$，$R_c = 27.4MPa$，$BQ = 292.2~297.2$，$[BQ] = 232.2~237.2$；6号煤层，属软弱结构面，多呈碎块状或粉末状，分布不稳定，煤质不纯夹杂大量矸石，结构面发育，岩体较破碎，层间结合差，呈散体状；石灰岩，中风化，属较硬岩，微晶结构，中厚层状构造，节理裂隙发育—较发育，岩体较破碎，结构面发育，结合一般，碎裂状结构，$J_v = 10~20$ 条/m^3，$K_v = 0.27~0.33$，$R_c = 37.57MPa$，$BQ = 270.2~285.2$，$[BQ] = 210.2~225.2$。开挖时跨度大于4~6m，可暂时稳定，拱顶易产生中到大塌方，成洞困难。地下水出水状态为点滴状或淋雨状出水。围岩级别 V_1 级，长度550m。

9.1.2 隧道煤与瓦斯事故灾害监测参数

9.1.2.1 瓦斯

此次勘察期间问腰隧道所在的庆兴煤矿已于2006年重组关闭，一直处于停产状态，因而无法收集到该煤矿的直接资料。根据收集到与庆兴煤矿相邻的同一井田《山西汾西太岳煤业股份有限公司太岳煤矿补充勘探地质报告》《山西煤炭运销集团古县东瑞煤业有限公司兼并重组整合矿井地质报告》《山西泓翔煤业有限公司兼并重组整合矿井地质报告》《山西沁源康伟南山煤业有限公司兼并重组整合矿井地质报告》等煤矿资料，发现路线穿越的井田范围内2号、3号、6号煤层均为高瓦斯煤层。

井田内问腰隧道所在附近各煤矿的瓦斯绝对涌出量均大于 $0.5m^3/min$，根据《公路隧道设计细则》（JTG/T D70—2010）规定，问腰隧道为高瓦斯工区的隧道工程，瓦斯地段等级为二级，位于 K124+730~K126+370（ZK124+705~ZK126+350）段，长度1640m（1645m）。

9.1.2.2 煤尘及自燃

根据勘察成果及调查资料显示，隧道洞身设计标高与山西组（C_3s）地层的6号煤层埋藏深度接近，其中在 K125+430~K126+020 段6号煤层为隧道围岩组成部分，该煤层在矿区范围内分布不稳定，仅为局部可采煤层，一般厚度1.4~2.6m不等，在隧址区内埋深90~160m。

2007年3月，隧址区附近孟子峪煤矿在6号煤层进行了取样测试，结果：火焰长度40mm，抑制煤尘爆炸最低岩粉用量75%，煤尘具有爆炸危险性。2007年3月，隧址区附近孟子峪煤矿在6号煤层取样进行测试，其结果为：煤的吸氧量 $0.69cm^3/g$，自燃倾向性为Ⅱ类，为自燃煤层。

9.1.3 隧道主体工程设计

该隧道 K123+415~K124+575，ZK123+385~ZK124+550 采用非瓦斯隧道衬砌，K124+

575~K126+370，ZK124+550~ZK126+350 采用瓦斯隧道衬砌。

9.1.3.1 隧道横断面方案设计

隧道内轮廓除满足其建筑限界有关规定外，还考虑了洞内排水、双侧检修道、照明、通风、监控、消防、洞内装饰等附属设施所需空间，同时还考虑了结构受力良好、围岩稳定等因素。

隧道内轮廓采用三心圆曲墙断面，其内轮廓宽 11.10m，高 7.10m（带仰拱高 8.65m）。

9.1.3.2 特殊地质地段的隧道设计

A 断层破碎带

隧道埋深较大，最大埋深 170m，隧道穿过围岩有砂岩、泥岩、煤层及石灰岩，在穿过泥岩或砂泥岩互层（泥岩为主）时开挖，地应力失衡可能发生软弱围岩大变形。隧道断层较多，有 5 条，断层破碎带多，有 2 处，断层破碎带长，1 条长度在 60m 左右，另一条长 170m，开挖中可能发生围岩大变形。隧道断层破碎带，首先要加强地质超前预报，及时采取针对性的措施；其次就是加强衬砌支护结构，采用超前注浆，预留变形量留大，二次衬砌结构应提高强度与刚度，衬砌结构及支护参数由工程类比法确定。断层破碎带在富水段，存在淋雨状或涌流状出水时，可将系统锚杆变为 $\phi42$ 小导管注浆，小导管长度同锚杆，注浆根据地质情况，采用水泥浆。

B 揭煤及煤层瓦斯

隧道出口段为煤系地层，地质条件复杂（存在煤、瓦斯突出危险，煤层坍塌、涌水），施工中首先应进行煤层瓦斯预测预报，采用钻孔方法准确探深，掌握煤层实际产状及厚度、瓦斯储存状态，为确定施工方案提供依据。对于有煤层地段，在揭煤前 30m 和煤层开挖后 20m 必须进行瓦斯检测，以防瓦斯溢出。工作面煤与瓦斯突出危险性预测，采用 ATY 瓦斯突出预测仪（判定指标 K_1 值）或"钻屑指标法"进行。当预测煤层煤与瓦斯突出的危险程度较高，煤层较厚时，揭煤的次数应增加，以减少揭煤中一次落煤量，缓解施工通风压力。为防止煤尘爆炸，应对开挖岩面 20m 之内拱顶及墙用高压水冲洗，清除爆破产生的煤尘，对爆破还未出碴的碴体用水全部浇湿。

瓦斯是有害气体，其在空气中爆炸下限为 5%~6%，上限为 14%~16%，在 7%~8% 时最容易爆炸，隧道内一旦发生瓦斯爆炸，将给隧道施工带来很大的危害和损失。为确保施工安全，必须采取有效的防治措施，施工中可根据瓦斯检测结果，采取如下措施：

（1）超前钻孔卸压排放瓦斯。超前钻孔排放就是在掘进前向前方煤层打适当数量的钻孔，在一定范围内对煤体形成卸压带，降低煤体中的瓦斯压力，从而缓和前方煤体应力，排放瓦斯，防止瓦斯突出。钻孔排放位置设在距煤层垂距不小于 3m 的开挖工作面上，施钻时各孔穿透煤层，并进入顶（底）板岩层不小于 0.5m。排放孔施工过程中应注意观察各种异常情况及动力现象，当某孔施工中出现顶钻、夹钻、喷孔等动力现象时，可暂停该孔施工，待其他孔施工完毕后再补钻。每钻完一个孔应检测该孔瓦斯浓度，以后每天进行 2 次，掌握排放效果和修正排放时间。钻孔过程中加强工作面风流及回风道风流中瓦斯浓度检测，当排放工作面瓦斯浓度达到 1.5% 时，立即撤出人员，切断电源，加强通风。

（2）尽快完成初期支护体系封堵瓦斯。施工过程中应将开挖面暴露的时间尽量缩短，加快成洞时间，并且通过小导管超前注浆、系统锚杆环向注浆、增加气密性喷射混凝土厚度等措施很好地封闭瓦斯溢出的通道，在喷射混凝土中掺加气密剂，初喷采用 C25 气密性喷射混凝土，气密剂选用 FS-KQ，掺入量为水泥用量的 12%，气系数不应大于 10 ~ 10cm/s，且在喷射混凝土中掺入聚丙烯纤维，其掺量为 0.9kg/m³。

在瓦斯和煤层段衬砌设计采用全包型复合式衬砌结构，设置瓦斯隔离层 5mm 厚聚乙烯闭孔泡沫板+1.2mm 厚 CW-S 型橡胶瓦斯隔离板，瓦斯隔离层兼防水层，瓦斯溢出量较大等必要时对围岩进行注浆封堵。

在衬砌底部拱脚处，设置 φ100 HDPE 排气管排瓦斯。

（3）二衬采用防腐蚀气密性混凝土封堵瓦斯。衬砌结构需要层层设防，力争将瓦斯全部封闭，除了增加初期支护喷射混凝土的厚度外，初期支护和二衬之间设全封闭的防水板做隔离层，做好接缝处理，实现二衬封闭。二衬采用 C40 防腐蚀气密性防水混凝土，在普通混凝土中掺加防腐气密剂，要求 C40 防腐蚀气密性混凝土防腐蚀系数大于 0.90。气密剂选用 FS-KQ，掺入量为水泥用量的 12%；防水剂采用水泥基渗透结晶型防水剂，掺量为水泥质量的 1%。抗渗等级不小于 P10。

二次衬砌施工缝处设中埋式橡胶止水带+遇水膨胀止水条，变形缝采用中埋式橡胶止水带+排水式快速安装止水槽。

（4）瓦斯工区，施工采用防爆设备和材料；揭煤采用水钻等降温设备，采用喷洒水和加强通风等降尘措施防止自燃和煤尘爆炸。

（5）加强通风防止瓦斯积聚。加强通风是防止瓦斯爆炸最有效的方法，即把空气中的瓦斯浓度吹淡到爆炸浓度以下的 1/10 ~ 1/5，将其排出洞外。对有瓦斯溢出的通道必须加强通风，通风管路要定期检查，防止其漏风，并要有备用的通风机，一旦工作通风机发生故障，备用通风机可立即供风。洞内的瓦斯浓度必须控制在以下范围内：

1）洞内总回风流中小于 0.75%；
2）从洞口送进来的风流中小于 0.5%；
3）掘进工作面工作时在 1.5% 以下；
4）工作面装药爆破前在 1% 以下；
5）建立健全瓦斯检测制度。

指定专人定时经常检测瓦斯浓度，施工班长、现场技术人员、安全员都要配备瓦斯定点报警仪，每个作业环节必须要由技术人员用手持式光波干涉仪准确检测出瓦斯浓度，并及时反馈信息防患于未然。施工期间，实施连续通风，因检修、停电等原因停风时，必须撤出人员，切断电源，恢复通风前必须检查瓦斯浓度。

9.1.4　隧道附近煤层及瓦斯赋存特征

问腰隧道区域内稳定可采煤层为 2 号、9 号+10 号、11 号煤层，1 号和 6 号煤层为不稳定局部可采煤层，各煤层特征如下。

（1）1 号煤层位于山西组顶部，上距下石盒子组 K_8 砂岩底 0.7 ~ 19.36m，平均 7.40m，下距 2 号煤顶部 8.31 ~ 37.5m，平均 18.79m。煤层底板深度为 316.15 ~ 853.98m，平均 531.74m。煤层底板标高为 +521.23 ~ +845.43m，平均 654.96m。煤层最厚 1.23m（ZK17-1 孔），最薄 0.35m（ZK20-4 孔），平均 0.67m，可采性指数为 0.39，厚度变异系

数为 28%。1 号煤层属不稳定局部可采煤层。

煤层顶板为粉砂质泥岩，局部为泥质细沙岩，底板为粉砂质泥岩，局部为泥岩。煤层结构简单，不含夹矸。

（2）2 号煤层位于山西组下部，上距 1 号煤层底 8.31～37.5m，平均 18.81m，下距 K_7 砂岩顶部 0.10～12.15m，平均 4.49m。煤层底板深度为 333.56～878.31m，平均 545.85m。煤层底板标高为 +496.90～+820.78m，平均 639.79m。煤层最厚 3.24m（ZK20-4 孔），最薄 0.77m（ZK20-3 孔），平均 2.23m，煤层中部较厚，向北、向南呈逐渐变薄的趋势。可采性指数 1，厚度变异系数为 20%。2 号煤层属全区稳定可采煤层。煤层顶板为泥岩或粉砂质泥岩，底板为泥岩或粉砂质泥岩，局部为泥质细砂岩，煤层结构简单，一般含 0～3 层夹矸，厚度在 0.25～0.47m 之间，矸石主要位于煤层的中下部，矸石成分为泥岩。

（3）6 号煤层位于太原组三段中部，上距 2 号煤 30.79～62.21m，平均 40.55m，下距 K_4 灰岩 2.35～20.74m，平均 9.49m。煤层底板深度为 401.50～913.39m，平均 604.07m。煤层底板标高为 +461.82～+714.10m，平均 585.15m。煤层最厚 1.80m（TYS-2 孔），最薄 0.43m（ZK21-5 孔），平均 0.95m，煤层由南向北呈逐渐变厚的趋势。可采性指数为 0.44，厚度变异系数为 49%。6 号煤层属全区不稳定局部可采煤层。煤层顶板为粉砂质泥岩或泥岩，底板为粉砂质泥岩或泥岩，煤层结构简单，一般含 0～1 层夹矸，厚 0.24m 左右，夹矸成分为泥岩。

（4）9 号 +10 号煤层位于太原组一段上部，上距 K_2 灰岩 0～1.58m，平均 0.60m，下距 11 号煤层 16.13～25.39m，平均 22.50m。煤层底板深度为 448.90～959.11m，平均 650.46m。煤层底板标高为 +415.42～+672.67m，平均 534.18m。煤层最厚 2.89m。

（5）11 号煤层位于太原组一段下部，上距 9 号 +10 号煤层 16.13～25.39m，平均 22.50m，下距 K_1 灰岩 17.04～31.77m，平均 25.39m。煤层底板深度为 472.75～984.85m，平均 674.42m。煤层底板标高为 +390.36～+651.33m，平均 510.22m。煤层最厚 3.16m（21 孔），最薄 0.43m（ZK20-2 孔），平均 1.85m，煤层由西南部向东北部呈逐渐变厚的趋势。可采性指数为 0.97，厚度变异系数为 30%。11 号煤层属全区稳定可采煤层。煤层顶板为泥岩或粉砂质泥岩，底板为粉砂质泥岩或泥岩，局部为炭质泥岩，煤层结构简单，一般含 0～2 层夹矸，厚 0.13～0.28m 左右，夹矸成分为泥岩局部为炭质泥岩。

2008 年施工补勘钻孔时取煤芯样测试，其结果：1 号煤层自燃倾向性为 Ⅰ～Ⅱ 类，为容易自燃～自燃煤层；2 号煤层自燃倾向性 Ⅱ～Ⅲ 类，为自燃～不易自燃煤层；3 号煤层自燃倾向性为 Ⅱ 类，为自燃煤层；6 号煤层自燃倾向性为 Ⅰ～Ⅱ 类，为容易自燃～自燃煤层；9 号 +10 号煤层自燃倾向性为 Ⅰ～Ⅱ 类，为容易自燃～自燃煤层；11 号煤层自燃倾向性为 Ⅱ～Ⅲ 类，为自燃～不易自燃煤层，此次设计 1 号、6 号煤层按容易自燃煤层，2 号、3 号、11 号煤层按自燃煤层设计。

6 号煤层为高瓦斯煤层，煤层和煤尘均具有爆炸危险性，建议下阶段勘察工作对隧址区煤层进行瓦斯气体的检测，加强隧道掘进过程中提前进行有害气体的疏排设计，加强洒水灭尘及通风工作。

根据《煤的干燥无灰基挥发分产率分级》（MT/T 849—2000），6 号煤为低挥发分煤。

（1）硫分（$S_{t,d}$）：原煤：0.68%～2.94%，平均 1.49%；浮煤：0.60%～1.96%，平

均 0.94%。

（2）磷含量（P_d）：原煤：0.015%～0.016%，平均 0.016%。

（3）发热量（$Q_{gr,d}$）：原煤：23.13～32.53MJ/kg，平均 27.30MJ/kg；浮煤：33.13MJ/kg；

（4）黏结指数（GR.I）：浮煤：42～90，平均 66.8。

（5）胶质层最大厚度（Y）：13.5mm。

（6）固定碳（FC）：原煤为 65.19%～80.96%，平均 71.53%；浮煤为 74.71%～82.58%，平均 77.94%。

据中国煤炭分类标准 6 号煤层为低灰～中灰、低硫分～高硫分、中热值～特高热值的焦煤、瘦煤。

9.1.5 煤层瓦斯参数

9.1.5.1 钻孔煤层瓦斯含量

钻孔煤层瓦斯含量测定按《地勘时期煤层瓦斯含量测定方法》（GB/T 23249—2009）进行测定，采用 FJH-2 瓦斯测定仪现场采集测定，现场解吸值小的瓦斯样未外送，测定质量完全符合《地勘时期煤层瓦斯含量测定方法》的要求。根据 2018 年《山西汾西太岳煤业股份有限公司太岳煤矿补充勘探地质报告》，据钻孔煤层瓦斯测试结果，1 号煤层瓦斯含量为 1.87～8.59mL/g，平均 5.15mL/g；2 号煤层瓦斯含量为 1.89～11.63mL/g，平均 6.02mL/g；6 号煤层瓦斯含量为 1.73～7.73mL/g，平均 4.88mL/g；9 号+10 号煤层瓦斯含量为 1.97～10.08mL/g，平均 5.24mL/g；11 号煤层瓦斯含量为 3.06～8.89mL/g，平均 5.60mL/g。

9.1.5.2 邻近矿井瓦斯等级

邻近矿瓦斯等级鉴定，隧道附近包括太岳煤矿以及北部山西沁新煤焦股份有限公司沁新煤矿和山西沁新煤焦股份有限公司新源煤矿，西北部为山西康伟集团南山煤业有限公司，西部为山西泓翔煤业有限公司，西南为山西古县兰花宝欣煤业有限公司，东南部为国有空白区。

（1）太岳煤矿：根据 2011 年 7 月由长治市煤矿服务中心编制的《山西省煤矿矿井瓦斯等级鉴定报告》中的测试结果，太岳煤矿矿井绝对瓦斯涌出量为 21.25m³/min，相对瓦斯涌出量为 11.7m³/t，二氧化碳绝对涌出量为 3.2m³/min，二氧化碳相对涌出量为 1.8m³/t，属高瓦斯矿井。

（2）山西沁新煤焦股份有限公司沁新煤矿：位于井田北侧，隶属山西沁新煤焦股份有限公司，现生产能力 1.5Mt/a，斜井开拓，综合机械开采，开采山西组 2 号煤层，平均煤厚 2.00m。井下为 2 个采空区，中东采区正常涌水量为 432m³/d，最大涌水量为 576m³/d；南采区正常涌水量为 480m³/d，最大涌水量为 624m³/d。全矿井正常涌水量为 912m³/d，最大涌水量为 1200m³/d。近些年矿井最大相对瓦斯涌出量 24.39m³/t，最大绝对瓦斯涌出量为 24.10m³/min，属高瓦斯矿井。

（3）山西沁新煤焦股份有限公司新源煤矿：位于井田东北侧，隶属山西沁新煤焦股份有限公司，设计生产能力 1.2Mt/a，采用斜井开拓，开采山西组 2 号煤层，平均煤厚 2.00m；矿井采用一次采全高采煤方法，全部垮落法管理顶板。矿井正常涌水量为

180m³/d，最大涌水量为260m³/d。该矿井进行矿井瓦斯涌出量预测，在整个开采过程中，矿井最大相对瓦斯涌出量为26.33m³/t，最大绝对瓦斯涌出量为66.49m³/min，为高瓦斯矿井。

（4）山西康伟集团南山煤业有限公司：位于井田西南侧，隶属沁源县康伟煤焦有限公司，斜井开拓高档普采，现采山西组2号煤层，平均煤厚2.00m。生产能力0.3Mt/a，正常涌水量为400m³/d，最大涌水量为625m³/d。瓦斯相对涌出量13.47m³/t，为高瓦斯矿井。

（5）山西泓翔煤业公司：位于井田西南侧，设计生产能力0.6Mt/a，现开采山西组3号、9号+10号煤层。矿井采用立井-斜井混合开拓，采煤工艺采用一次采全高及倾斜长壁采煤法，全部垮落法管理顶板。该矿井通风方式为中央并列式，通风方法为机械抽出式。2011年经河南理工大学对该矿井进行矿井瓦斯涌出量预测，在整个开采过程中，3号煤层最大相对瓦斯涌出量为32.06m³/t，最大绝对瓦斯涌出量为40.47m³/min，9号+10号煤层最大相对瓦斯涌出量为28.82m³/t，最大绝对瓦斯涌出量为36.38m³/min，为高瓦斯矿井。

（6）山西古县兰花宝欣煤业有限公司：位于井田西南侧。玉生煤矿是由兰花煤业有限公司投资建设的基建矿井，生产规模为0.6Mt/a，批准开采2号、3号、10号、11号煤层，井田面积5.2012km²，保有资源储量4229万吨，该矿2号、3号煤为优质主焦煤，属高瓦斯矿井，煤尘具有爆炸性，煤层有自燃发火倾向。

隧道范围内煤矿均为高瓦斯煤矿。

9.1.5.3 煤层瓦斯含量分布规律

当煤层具有露头或煤层处于冲积层之下时，煤层瓦斯会出现垂直分带现象，即煤层瓦斯沿垂向可以分为两个带：瓦斯风化带和甲烷带；依气体组分的差异，瓦斯风化带还可细分为二氧化碳-氮气带、氮气带和氮气-甲烷带。

9.1.6 煤与瓦斯区域突出危险性预测

煤与瓦斯突出是一种极其复杂的动力地质事故灾害，涉及复杂的地质因素和开采因素。国内外大量的观测分析表明，所有煤与瓦斯突出都发生在构造煤分层，并且在突出过程中伴随数倍于煤层的原始瓦斯含量的瓦斯喷出，说明构造煤与高能瓦斯之间以及煤与瓦斯之间存在密切关系。构造煤是发生煤与瓦斯突出的物质基础，高能瓦斯是发生煤与瓦斯突出的主要能源，一定厚度的构造煤和高能瓦斯赋存是煤与瓦斯突出两个必要条件。地质构造控制着煤层瓦斯的赋存、构造煤分层破坏程度以及厚度分布，控制着煤与瓦斯突出，含高能瓦斯的一定厚度的构造煤为瓦斯突出煤体，高能瓦斯与一定厚度的构造煤的叠加区域即为煤与瓦斯突出危险区。

煤层瓦斯含量是煤层瓦斯主要参数，突出危险性预测的依据之一，《防治煤与瓦斯突出规定》第四十三条规定根据煤层瓦斯参数结合瓦斯地质分析的区域预测方法应当按照下列要求进行：

（1）煤层瓦斯风化带为无突出危险区域。

（2）根据已开采区域确切掌握的煤层赋存特征、地质构造条件、突出分布的规律和对预测区域煤层地质构造的探测、预测结果，采用瓦斯地质分析的方法划分出突出危险区域。当突出点及具有明显突出预兆的位置分布与构造带有直接关系时，则根据上部区域突出点及具有明显突出预兆的位置分布与地质构造的关系确定构造线两侧突出危险区边缘到构造线的最远距离，并结合下部区域的地质构造分布划分出下部区域构造线两侧的突出危险区；在同一地质单元内，突出点及具有明显突出预兆的位置以上 20m（埋深）及以下的范围为突出危险区。

（3）在上述（1）、（2）项划分出的无突出危险区和突出危险区以外的区域，应当根据煤层瓦斯压力进行预测。根据矿井生产中实测的瓦斯压力，目前矿井为高瓦斯矿井，待今后开采到瓦斯含量较高的西南区域后，依据《煤矿安全规程》和《防治煤与瓦斯突出规定》对开采煤层进行实测，确定该区域是否存在突出危险性。

9.1.7 隧道工程总体风险评估

9.1.7.1 总体风险评估方法

总体风险评估指开工前根据隧道工程的地质环境条件、建设规模、结构特点等孕险环境与致险因子，评估隧道工程整个风险，估测其安全风险等级，属于静态评估。

评估方法：

（1）结合项目实际，遵循指南要求，建立评估体系；

（2）根据项目情况，参照评估体系，选择合适的分值；

（3）建立评估等级，并确定智慧矿隧安全风险监测预控平台系统的等级。

9.1.7.2 风险评估体系

隧道工程施工安全总体风险评估主要考虑隧道地质条件、建设规模、气候与地形条件等评估指标，建立总体风险评估指标体系。

9.1.8 隧道工程安全风险总体评估

9.1.8.1 分值选择

隧道工程施工安全风险

$$R = G(A + L + S + C) = (a + b + c)(A + L + S + C) \tag{9-1}$$

根据问腰隧道围岩情况，隧道设计为左右线分离式洞体，左线洞体全长 2965m，其中 V_2 级围岩累计长度 640m，占 21.6%；V_1 级围岩累计长度 1055m，占 35.6%；IV_3 级围岩累计长度 1270m，占 42.8%。右线洞体全长 2955m，其中 V_2 级围岩累计长度 590m，占 20.0%；V_1 级围岩累计长度 1025m，占 34.7%；IV_3 级围岩累计长度 1340m，占 45.3%，围岩情况 a 分值为 5 分。

因问腰隧道穿越含煤地层，6 号煤层瓦斯含量为 $1.73 \sim 7.73\mathrm{m}^3/\mathrm{t}$，所在区域煤矿均为高瓦斯煤矿，瓦斯含情况 b 分值为 2 分。

隧址区及其附近未见地表水，地下水类型主要为碳酸盐岩裂隙岩溶水。隧道在洞身中前段部分段落处于地下水位线以下，附近还可能有采空区积水、富水情况，有部分可能发生涌水突泥的地质，c 分值为 1 分。

黎霍高速问腰隧道为公路隧道，隧道为单洞双车道隧道，开挖断面 A 为中断面，分值为 2 分。

隧道左线长 2965m，右线长 2955m，隧道长度大于 1000m，小于 3000m，隧道全长 L 分值为 3 分。

隧道洞口选用水平洞，S 分值为 1 分。

洞口为 V 级围岩，采用 CD 法施工，进口施工难度较易，洞口特征 C 分值为 1 分。

9.1.8.2　风险大小及等级

将上述值代入式（9-1），得 $R = 56$。

建立风险等级标准表，结合工程经验，建立表 9-1 所示风险分级标准。由表 9-1 可看出，该隧道施工安全总体风险等级为 IV（极高风险）。

表 9-1　隧道工程（公路）施工安全总体风险分级评估的指标分值

评估指标	分　类		标准分值	在建实际情况	评估分值
地质 $G=$ $a+b+c$	围岩情况 a	（1）V、VI围岩长度占全隧道长度 70% 以上	3~4	隧道围岩全为 V、VI 级，岩体受地质构造和风化作用影响，裂隙较发育，围岩无稳定性，易发生坍塌	1
		（2）V、VI围岩长度占全隧道长度 40% 以上、70% 以下	2		
		（3）V、VI围岩长度占全隧道长度 20% 以上，40% 以下	1		
		（4）V、VI围岩长度占全隧道长度 20% 以下	0		
	瓦斯含量 b	（1）隧道洞身穿越瓦斯地层	2~3	无	0
		（2）隧道洞身附近可能存在瓦斯地层	1		
		（3）隧道施工区域不会出现瓦斯	0		
	富水情况 c	（1）隧道全程存在可能发生涌水突泥的地质	2~3	根据设计预测隧道涌水量为 300m³/d	1
		（2）有部分可能发生涌水突泥的地质	1		
		（3）无涌水突泥可能的地质	0		
开挖断面 A	（1）特大断面（单洞四车道隧道）		4	单洞双车道隧道	2
	（2）大断面（单洞三车道隧道）		3		
	（3）中断面（单洞双车道隧道）		2		
	（4）小断面（单洞单车道隧道）		1		

评估指标	分　类	标准分值	在建实际情况	评估分值
隧道全长 L	（1）特长（3000m 以上）	4	隧道单洞为（左）414m 和（右）411m	0
	（2）长（大于 1000m、小于 3000m）	3		
	（3）中（大于 500m、小于 1000m）	2		
	（4）短（小于 500m）	1		
洞口形式 S	（1）竖井	3		1
	（2）斜井	2		
	（3）水平洞	1		
洞口特征 C	（1）隧道进口施工困难	2		1
	（2）隧道进口施工较容易	1		

9.1.9　隧道工程安全风险专项风险评估

9.1.9.1　专项风险评估方法

专项风险评估是指将总体风险评估等级为Ⅲ级（高度风险）及以上隧道中的施工作业活动（或施工区域）作为评估对象，根据其作业风险特点以及类似工程事故情况，进行风险源普查，并针对其中的重大风险源进行量化估测，提出相应的风险控制措施，属于动态评估。

评估方法：

（1）隧道施工工序分解；

（2）结合分解工序，进行危险源普查，列出风险源普查清单；

（3）用系统安全方法对辨识出的危险源进行定性评估；

（4）选用合适的评估方法，对辨识出的危险源进行定量评估。

9.1.9.2　风险源普查

（1）隧道围岩现状。隧道设计为左右线分离式洞体，左线洞体全长 2965m，其中 V_2 级围岩累计长度 640m，占 21.6%；V_1 级围岩累计长度 1055m，占 35.6%；IV_3 级围岩累计长度 1270m，占 42.8%。右线洞体全长 2955m，其中 V_2 级围岩累计长度 590m，占 20.0%；V_1 级围岩累计长度 1025m，占 34.7%；IV_3 级围岩累计长度 1340m，占 45.3%。项目区地壳属于相对稳定区，隧址区场地稳定性较差，区内地震动峰值加速度为 0.20g，对应地震基本烈度为Ⅷ度，隧址区工程地质条件较差。

（2）危险源普查。通过资料分析，采用工程类比的方式，结合《公路桥梁和隧道工程施工安全风险评估指南》的典型事故类型对照表，分析得出智慧矿隧安全风险监测预控平台系统危险源普查清单。

9.1.9.3　风险估测

风险估测是采用定性或定量的方法对风险事故发生的可能性及严重程度进行数量估算。智慧矿隧安全风险监测预控平台系统采用作业条件危险性评价法，作业条件危险性评价法是作业人员在具有潜在危险性环境中进行作业时的一种危险性半定量评价方法，这种方法认为影响作业条件危险性的因素由事故发生的可能性、人员暴露的频度和一旦发生事故可能造成的后果组成。

9.2　瓦斯隧道海量安全风险监测预警系统设计标准

此次瓦斯隧道海量安全风险监测预警系统设计参照主要依据如下：

（1）《矿井通风安全质量标准化标准》；

（2）《矿井通风安全监测装备使用管理规定》；

（3）《爆炸性环境用防爆电气设备通用要求》；

（4）《爆炸性环境用防爆电气设备本质安全型电路和电气设备要求》；

（5）《铁路瓦斯隧道技术规范》（TB 10210—2002）；

（6）《煤矿安全规程》（2023）；

（7）《爆破安全规程》（GB 6722—2011）；

（8）《公路隧道通风照明设计规范》（JTG/T D70/2-01—2014）；

（9）《四川省高速公路瓦斯隧道设计技术指南》；

（10）《隧道施工设计图》等相关资料；

（11）《系统接地的型式及安全技术要求》（GB 14050—2008）；

（12）《电能质量　三相电压不平衡》（GB/T 15543—2008）；

（13）《低压电气装置　第4-44部分：安全防护　电压骚扰和电磁骚扰防护》（GB/T 16895.10—2010）；

（14）《供配电系统设计规范》（GB 50052—2009）；

（15）《低压配电设计规范》（GB 50054—2011）；

（16）《电力装置的继电保护和自动装置设计规范》（GB/T 50062—2008）；

（17）《电力装置电测量仪表装置设计规范》（GB/T 50063—2017）；

（18）《交流电气装置的接地设计规范》（GB/T 50065—2011）；

（19）《电子信息系统机房设计规范》（GB 50174—2008）；

（20）《视频安防监控系统工程设计规范》（GB 50395—2007）；

（21）《综合布线系统工程设计规范》（GB 50311—2016）；

（22）《电力工程电缆设计规范》（GB 50217—2007）；

（23）《低压电气装置　第5-52部分：电气设备的选择和安装　布线系统》（GB/T 16895.6—2014）；

（24）《低压电气装置　第7-706部分：特殊装置或场所的要求　活动受限制的可导电场所》（GB 16895.8—2010）。

本章方案适用于黎城至霍州高速公路沁源—霍州段在K123+385～K126+350（ZK123+415～ZK126+370）段为问腰隧道的瓦斯防治施工及管理。

9.3　瓦斯隧道海量安全风险监测预警系统技术路线

该系统包含瓦斯自动监测、人员定位管理、视频监控和应急广播通信多个模块。多种不同的系统以光缆作为介质，无线作为手段，对隧道内相关传感器进行有效的数据采集以及对控制器予以有效的控制。最大限度节省人工工时，更有效地延长维护周期。

对传统安全监控系统进行多系统融合升级，实现可视化监测及智能控制功能。

9.3.1　隧道"人工+自动"瓦斯监控及智能监测控制

在瓦斯超限点、瓦斯易集聚位置及机械设备上布置有害气体监测传感器，将海量瓦斯浓度信息实时传递至云平台主机、信息终端及控制模块；建立瓦斯超限分级预警辅助决策模型，根据不同浓度分级自动响应，实现洞内外机械设备、电器设备的警报及断电控制；同时通过多辅助坑道隧道掘进通风模拟及风量计算、多辅助坑道隧道通风设计优化及方案布置，实现风量开停、多级智能控制、风机联动控制等功能。对无法进行自动监测的危险位置，自动提示并切换到人工操作模式，采用人工检测并上传数据，关联系统中预警机制和控制模型，同时人工远程操作在系统内集成隧道施工设备、通风设备的联动控制功能模块。

9.3.2　基于海量监测数据和深度神经网络的隧道瓦斯浓度序列预测应用

针对统计学习和机器学习方法难以对瓦斯浓度序列数据准确预测的问题，提出一种基于 LSTM-GRU 神经网络的瓦斯浓度序列预测方法。该方法先对数据进行数据集划分和归一化，接着引入 LSTM-NN（长短期记忆神经网络）细胞和 GRU-NN（门控循环单元神经网络）细胞，处理具有时序性的历史瓦斯浓度序列数据，通过处理数据得出的瓦斯浓度序列内部动态变化规律训练网络模型，以误差损失最小化为目标，得到预测方法，完成瓦斯浓度预测。相关算法见第 2 章第 2.5 节和 2.7 节、第 3 章 3.3 节、第 4 章 4.4 节，以黎霍高速问腰隧道海量瓦斯浓度监控数据为训练集和测试集，开展本章算法与国内多种智能瓦斯预警算法的准确度和适应性比较研究。

9.3.3　基于海量监测数据的瓦斯事故灾害预测云平台系统集成

实现隧道洞内外的环境监测传感器、人员定位、视频数据等全方位实时数据采集；将海量数据信息传输到云平台数据库并存储，建立瓦斯预警数据挖掘分析模型；结合隧道可视化平面布置图与全方位监测预警信息实现"云平台计算机端+手机 APP 端"可视化及智能人机交互控制。

9.3.3.1　隧道瓦斯监控大屏配置及显示参数

隧道瓦斯监控大屏配置及其显示参数见表 9-2。

表 9-2　隧道瓦斯监控大屏配置及显示参数

序号	子系统	名　称	单位	最大数量	大屏显示要求
1	人员定位系统	人员定位识别卡	张	300	显示洞内人数
2	瓦斯监控系统	矿用一氧化碳传感器	台	4	大屏显示，统计图表
3		开停传感器	台	2	
4		矿用双向风速传感器	台	4	

序号	子系统	名　称	单位	最大数量	大屏显示要求
5	瓦斯监控系统	低浓度甲烷传感器	台	6	大屏显示，统计图表
6		硫化氢传感器	台	4	
7		矿用氧气温度传感器	台	2	
8		新硐内远程馈电断电器	台	2	
9		矿用二氧化碳传感器	台	2	
10	工业电视系统	本安网络摄像仪	台	8	分屏显示
11	应急广播通信系统	矿用广播系统	台	2	工作状态显示

9.3.3.2　云平台的计算机端可视化设计

黎霍高速问腰隧道瓦斯风险综合预控平台的服务器端（计算机端）的系统软件主界面如图9-1所示，该界面包含7个子系统的软件界面：智能通风监测控制系统、施工进度系统、设备安全监控平台系统、左洞瓦斯超前预警系统、右洞瓦斯超前预警系统、钻孔瓦斯填报系统、后台账户管理系统。

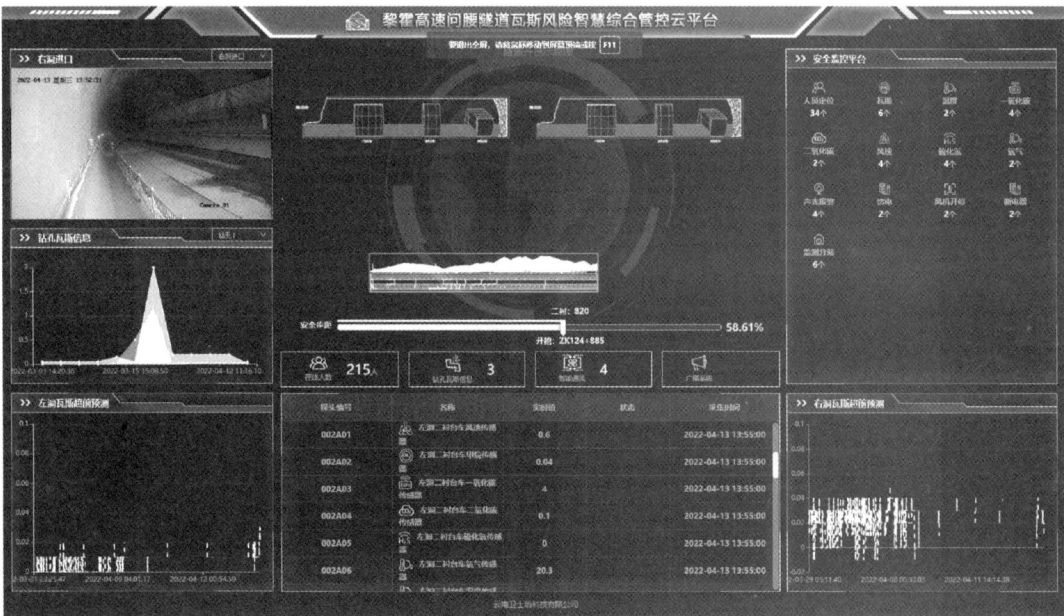

图9-1　黎霍高速问腰智慧隧道瓦斯风险综合预控云平台系统主界面
（扫描书前二维码看彩图）

隧道开挖二维平面图如图9-2所示，同时根据施工进度人工填报系统（施工进度人工填报界面如图9-3所示），填报并显示现在施工位置和进度信息。

隧道视频安全监测系统如图9-4所示，实时显示现场视频，利用模式识别和人工智能算法，设计异常入侵监测、不安全行为侦测等相关功能。

瓦斯钻孔监测系统如图9-5所示，由瓦斯钻孔人工录入界面和瓦斯钻孔监测系统可视

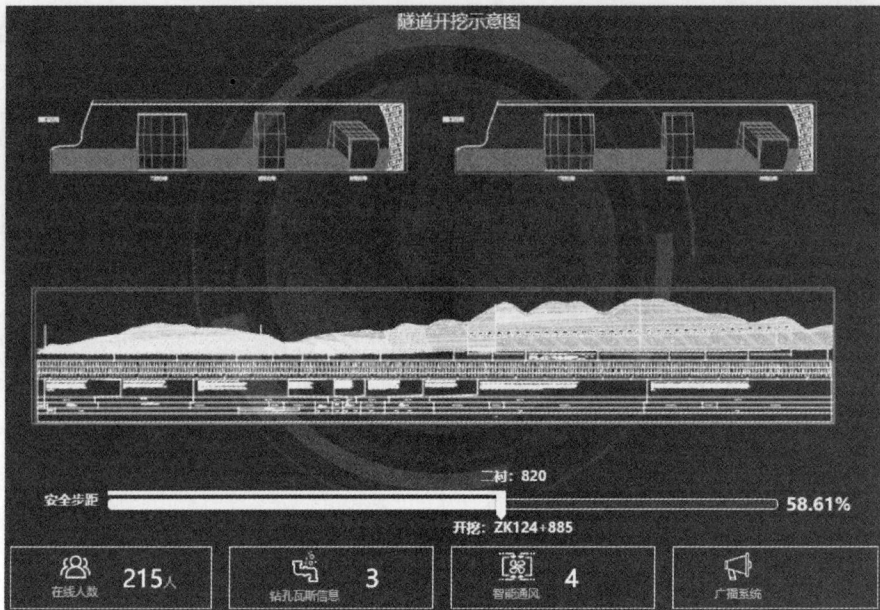

图 9-2　隧道施工进度及传感器二维平面布置图
（扫描书前二维码看彩图）

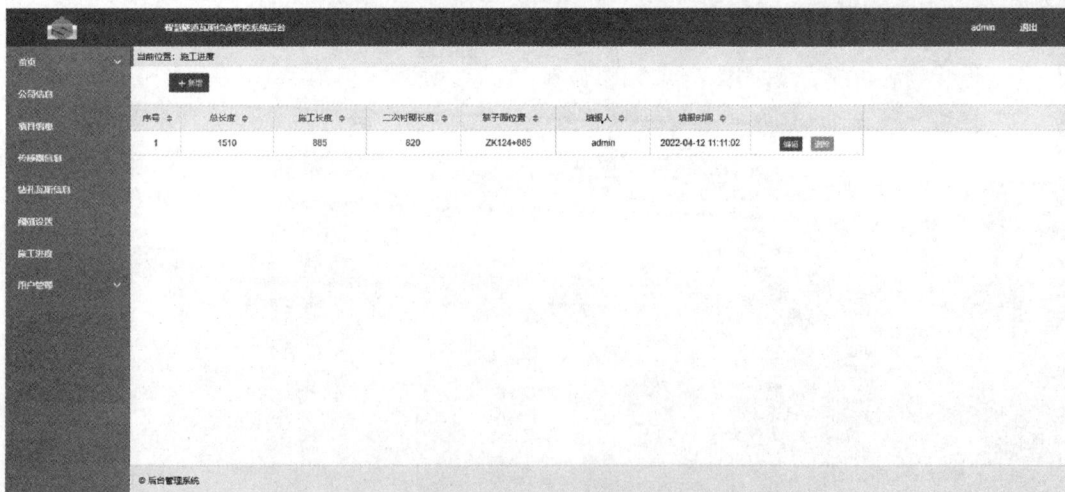

图 9-3　施工进度人工填报界面
（扫描书前二维码看彩图）

化显示主界面组成，可填入多个钻孔信息，并实时显示钻孔瓦斯值和时间。

黎霍高速问腰隧道为高速公路隧道，因此需要同时设计左洞和右洞的瓦斯超前预测软件界面，如图 9-6 所示。

黎霍高速问腰隧道瓦斯风险综合预控平台的手机 APP 端登录界面和主界面（一级页面）如图 9-7 所示，其主要显示 13 个传感器和设备在线数量及参数信息：瓦斯钻孔参数、人员定位参数、瓦斯、一氧化碳、风速、硫化氢、氧气、声光报警器、温度、馈电、风机开停、断电器和监测分站；手机终端 APP 软件的二级页面显示传感器的编号、名称、实

图 9-4 隧道洞内视频安全监测系统人机界面

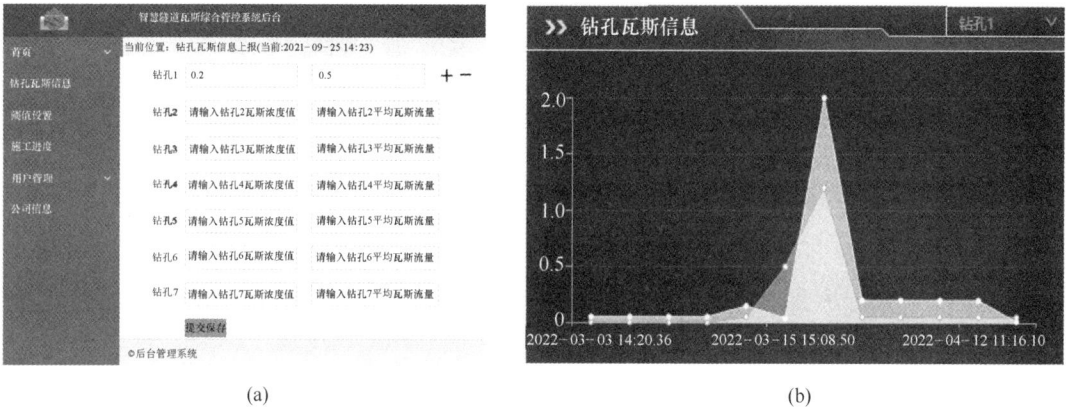

(a)

(b)

图 9-5 瓦斯钻孔监测系统软件

(a) 瓦斯钻孔人工录入界面；(b) 瓦斯钻孔监测系统可视化显示主界面

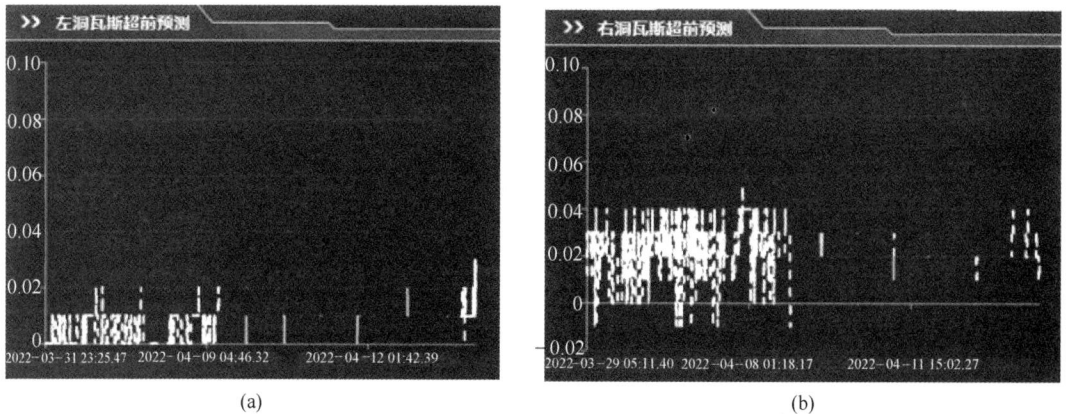

(a)

(b)

图 9-6 瓦斯监测预警系统一级界面

(a) 左洞瓦斯超前预测软件界面；(b) 右洞瓦斯超前预测软件界面

时值、采集时间，然后通过操作进入三级页面，进一步显示其历史数据曲线、预测曲线及其预警阈值，同样其他 13 个子系统的基本信息将在第二级页面显示，三级页面显示历史监测值和预测预警值，手机终端 APP 与计算机端数据同步，根据移动监测需要和手机显示特点，进行一些个性化裁剪定制，以及瓦斯传感器自动监测数据的海量数据采集，依据第 2 章设计的人工智能预警模型，实现多维瓦斯浓度预测预报。

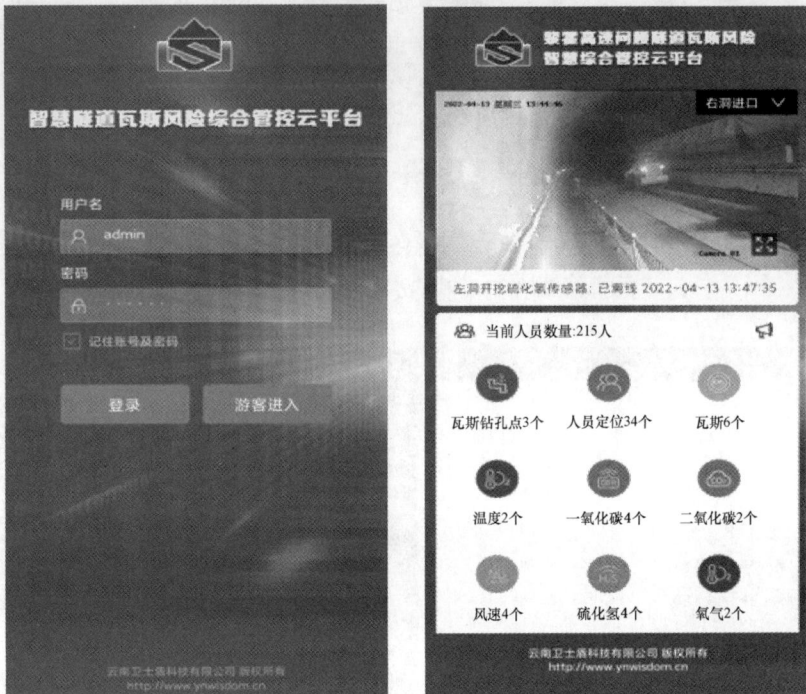

图 9-7　手机 APP 端登录及主界面

（扫描书前二维码看彩图）

9.3.4　区域隧道风险监测及预控体系一体化信息平台的软件系统应用

该平台通过分析瓦斯隧道自身存在的问题和薄弱环节，有针对性地采取措施消除、规避风险、治理隐患或减小事故风险带来的损害；制定区域安全风险监测及防控措施，填写风险变化情况表，建立市（区、县）、瓦斯隧道施工企业三级危险源跟踪、信息报送、预警与更新、发布管理机制；以瓦斯隧道监控一体化云平台为依托，以现有隧道应急救援管理信息系统为基础，建立联动项目区域和隧道多级管理机构的瓦斯隧道区域风险预控管理体系一体化信息平台示范工程。

9.3.4.1　风险矩阵分析法

风险矩阵是识别风险重要性的一种结构性方法，并可对项目风险的潜在影响进行评估，是一种操作简便且定性分析与定量分析结合的方法。运用风险矩阵方法能够识别项目风险、评估风险潜在影响、计算风险发生概率、评定风险等级，为风险的监控与化解提供基础数据。

风险矩阵法将风险对评估项目的影响分为 5 个等级，并提供了风险发生概率的解释性说明，对于瓦斯隧道事故风险发生概率进行解释性说明。

A　瓦斯风险影响与风险发生概率

风险矩阵方法将风险对评估项目的影响分为 5 个等级，见表 9-3。

表 9-3 风险矩阵等级说明

序号	风险影响等级	风险影响量化值	定义及说明
1	特别严重	4~5	一旦风险发生,将导致整个瓦斯隧道停产,人员、经济损失特别重大,启动Ⅰ预案
2	严重	3~4	一旦风险发生,将导致瓦斯隧道严重损坏,产量下降大,人员、经济损失特别重大,启动Ⅱ预案
3	中度	2~3	一旦风险发生,将导致中度瓦斯隧道损坏,部分停产,人员、经济损失较大,启动Ⅲ预案
4	微小	1~2	一旦风险发生,将导致瓦斯隧道微小损坏,基本能够达到正常生产,人员、经济损失特别一般,启动Ⅳ预案
5	可忽略	0~1	一旦风险发生,对瓦斯隧道几乎没有影响,不会停产

B 风险等级的确定

通过将瓦斯隧道事故风险损失栏和瓦斯隧道事故风险发生概率栏的值输入风险矩阵来确定风险等级。将瓦斯隧道事故风险等级划分为高(风险等级和等级量化值3~5)、中(风险等级和等级量化值1.5~3)、低(风险等级和等级量化值0~1.5)三个级别,查表9-4得出一个确切的风险等级量化值区间,采用二次线性插值法,令瓦斯隧道事故风险等级量化值为 $L \in [L_1, L_2]$;瓦斯隧道事故风险发生概率为 $P \in [P_1, P_2]$,瓦斯隧道事故风险等级为 G,则由表9-5可定出 $G \in [G_1, G_2]$,即实际风险等级值

$$G = G_1 + \frac{(L - L_1)(P - P_1)}{(L_2 - L_1)(P_2 - P_1)}(G_2 - G_1) \tag{9-2}$$

表 9-4 风险概率说明

序号	风险发生概率范围/%	定义和说明
1	0~10	极不可能发生
2	11~30	发生的可能性很小
3	31~70	有可能发生
4	71~90	发生的可能性很大
5	91~100	极有可能发生

表 9-5 瓦斯隧道风险等级对照表

风险发生概率范围/%	可忽略	微小	中度	严重	特别严重
0~10	0	0~0.5	0.5~1.0	1.0~1.5	2.0~2.5
11~30	0	0~0.5	1.0~1.5	1.5~2.0	2.5~3.0
31~70	0~0.5	0.5~1.0	1.5~2.0	2.0~3.0	3.0~4.0
71~90	0~0.5	1.0~1.5	2.0~2.5	3.0~3.5	4.0~4.5
91~100	0.5~1.0	1.5~2.0	2.5~3.0	3.5~4.0	4.5~5.0

C　风险权重的确定

瓦斯隧道事故的风险评估是一个多项评估指标系统，各评估指标权重的确定十分重要。Borda 序值法根据多个评价准则将风险按照重要性进行排序，在这里可以结合瓦斯隧道事故风险影响和瓦斯隧道事故风险发生概率给所有的风险模块排序，以确定各个瓦斯隧道事故风险中最重要的风险模块。

Borda 序值法算法如下：设 N 为风险总个数，设 i 为某一特定的瓦斯隧道事故风险，k 为某一准则，用 $k=1$ 表示风险影响 I，$k=2$ 表示风险发生概率 P，如果 G_{ik} 表示风险 i 在准则 k 下的风险等级，则风险 i 的 Borda 数可以由式（9-3）给出：

$$b = \sum_{k=1}^{2}(N - G_{ik}) \tag{9-3}$$

得到 Borda 数，就可以排出各风险模块的 Borda 值。

由 Borda 序值法将风险模块按重要性排序后，通过专家组针对区域瓦斯隧道事故总风险这个准则层，判断每个风险模块的相对重要程度，然后两两比较打分构建判断矩阵，最后利用层次分析法的数学原理即可确定瓦斯隧道事故各个风险模块的权重。

D　瓦斯隧道事故综合风险等级的确定

确定了瓦斯隧道事故风险模块的风险等级量化值和风险权重后，采用加权法将各风险模块的风险等级量化值与相对应的风险权重相乘，然后将得到的结果累加，可得到该区域瓦斯隧道事故的综合风险等级量化值。

其具体算法如下：令风险模块的风险等级量化值为 G_i，风险权重为 ω_i，区域瓦斯隧道事故的综合风险等级量化值为 GT，设风险模块数为 n，则有：

$$GT = \sum_{i=1}^{n} G_i \times \omega_i \tag{9-4}$$

根据已经制定的风险等级标准，与所得的综合风险等级量化值进行比较，即可确定区域瓦斯隧道事故的综合风险等级。

9.3.4.2　区域瓦斯隧道事故风险评价指标的建立

瓦斯隧道事故风险评估的基本流程：建立专家组—风险集的选定—风险等级的确定—风险权重的确定—项目风险的综合评估。

根据瓦斯隧道事故风险评估需要，选取具有瓦斯隧道事故风险相关的管理、技术、生产领域工作经验和专业技术知识丰富的专家三组，每组专家 11 人。通过会商研判、实地勘探、现场测量、查阅历史资料等方式，分析采掘、通风、机电、运输、地测等工作任务特点，整理各自的工作区域和关键点，罗列每个工作区域工作任务并识别重要任务或工序，如果 11 位专家中有 7 位以上的专家认为该风险指标对该项目存在作用即可选取，否则予以排除。辨识每个工作区域（地理位置）的工位（具体位置）中的瓦斯隧道事故指标集，从而选定项目的风险集。根据瓦斯隧道项目的风险识别及结合专家意见建立其风险指标集（表 9-6），包括评价指标、量化评价标准和综合评判方法研究。

表 9-6　瓦斯隧道事故风险评价指标

序　号	一级指标	二级指标
1		瓦斯爆炸事故
2	隧道瓦斯事故风险	瓦斯突出事故
3		瓦斯窒息事故
4		其他瓦斯事故

9.3.4.3　层次分析法原理及步骤

在瓦斯隧道风险评估中，为相对精确地比较瓦斯隧道或者区域风险等级，必须对其不同事故类型的超标情况加以评价并得出综合性结论，然后根据各区域的风险防范措施，确定其重要性，最后对区域危险点的二级事故风险情况进行排序。

因此，根据层次分析法的基本原理，按如下步骤对区域瓦斯隧道事故风险进行评价。

A　建立区域瓦斯隧道事故风险评价层次结构模型

将区域瓦斯隧道事故风险评价作为层次分析的目标层（A），将各瓦斯隧道事故作为层次分析的中间层（B），将各瓦斯隧道事故的风险预警指数作为层次分析的方案层，建立区域瓦斯隧道事故风险层次结构模型。

B　构造判断矩阵并求最大特征根和特征向量

由于层次结构模型确定了上下层元素间的隶属关系，这样就可针对上一层的准则构造不同层次的两两判断矩阵。若两两判断矩阵设为 $(a_{ij})_{n \times n}$，则有 $a_{ij} > 0$；

$$a_{ij} = \frac{1}{a_{ji}} a_{ij} \quad (i, j = 1, 2, 3, \cdots, n) \tag{9-5}$$

各层次具体判断矩阵构造方法是：

在区域瓦斯隧道事故风险综合评价目标层（A）下，根据各瓦斯隧道的主要瓦斯监测点两两比较断面的重要性，危害性越高，其重要性越高，如此类推，构造该级别判断矩阵（A-B）。这里可引用 1~9 标度对重要性判断结果进行量化。构造（B-C）判断矩阵则是用各瓦斯隧道各事故风险因子指数的两两比值作为矩阵中元素。

判断矩阵的最大特征值和特征向量采用方根法计算，计算步骤如下：

计算矩阵各行各元素乘积：

$$m_i = \prod_{i=1}^{n} a_{ij} \quad (i = 1, 2, 3, \cdots, n) \tag{9-6}$$

计算 n 次方根：

$$\overline{\omega_i} = \sqrt[n]{m_i} \tag{9-7}$$

对向量 $\overline{\omega} = (\overline{\omega_1}, \overline{\omega_2}, \cdots, \overline{\omega_n})^T$ 进行规范化：

$$\overline{\omega_i} = \frac{\overline{\omega_i}}{\sum_{j=1}^{n} \overline{\omega_j}} \quad (j = 1, 2, \cdots, n) \tag{9-8}$$

得到 $\omega = (\omega_1, \omega_2, \cdots, \omega_n)^T$，为所求特征向量近似值，即各因素权重。

计算矩阵的最大特征值 λ_{max}：

$$\lambda_{\max} = \frac{1}{n} \sum_{i=1}^{n} \frac{(A\omega)_i}{\omega_i} \tag{9-9}$$

式中，$(A\omega)_i$ 为向量 $A\omega$ 的第 i 个元素。

C　计算判断矩阵一致性指标，并检验其一致性

为检验矩阵的一致性，定义 $CI = \dfrac{\lambda_{\max} - n}{n - 1}$。当完全一致时，$CI = 0$。$CI$ 越大，矩阵的一致性越差。

当阶数 $\leqslant 2$ 时，矩阵总有完全一致性；当阶数 > 2 时，$CR = \dfrac{CI}{RI}$ 称为矩阵的随机一致性比例。当 $CR < 0.10$ 或在 0.1 左右时，矩阵具有满意的一致性，否则需重新调整矩阵。

D　层次总排序

假设 A 层次所有要素排序结果分别为 a_1，a_2，$\cdots$，a_m，则可按表 9-7 的方法计算其下一层次 B 中各要素对层次 A 而言总排序权值。这里是计算在区域瓦斯隧道中，各二级危险元素在各瓦斯隧道要求下相对于区域瓦斯隧道事故风险等级的排序。

表 9-7　层次总排序表

层次	A_1	A_2	$\cdots$	A_m	层次 B 总排序
	a_1	a_2	$\cdots$	a_m	
B_1	$b(1)_1$	$b(2)_1$	$\cdots$	$b(n)_1$	$\sum\limits_{j=1}^{m} a_j b_1^{(j)}$
B_2	$b(1)_2$	$b(2)_2$	$\cdots$	$b(n)_2$	$\sum\limits_{j=1}^{m} a_j b_2^{(j)}$
$\vdots$	$\vdots$	$\vdots$	$\ddots$	$\vdots$	$\vdots$
B_n	$b(1)_n$	$b(2)_n$	$\cdots$	$b(n)_n$	$\sum\limits_{j=1}^{m} a_j b_n^{(j)}$

其结果也要进行一致性检验，当 $CR = \dfrac{CI}{RI} = \dfrac{\sum\limits_{i=1}^{n} a_i CI_i}{\sum\limits_{i=1}^{n} a_i RI_i} < 0.1$ 时，则认为层次总排序结果具有满意一致性。

9.4　瓦斯隧道海量安全风险监测预警系统设计方案

为贯彻"安全第一，预防为主，综合治理"的安全生产方针，做到程序合法、操作合规，确保瓦斯隧道项目施工过程中的安全，因此，需要建立瓦斯隧道综合安全预控预警平台（包含瓦斯自动监测系统、人员定位管理系统、视频监控系统和广播调动通信系统等功能子系统）。该系统可以通过 IP 登录云平台及手机终端 APP，实现点到端实时显示及预警，成功解决了目前瓦斯隧道施工传统的瓦斯监控系统、人员定位系统、视频监控系统、广播系统等自成一体、相对独立、信息延迟漏报的问题，形成多系统集成，一根光纤

进洞，洞内实现无线传输，减少中间易发生故障环节，减少人工维护、环节设备，减少不必要成本，提高系统的实时性、可靠性，真正为瓦斯隧道施工的安全、可靠、高效、节能提供保驾护航；实现安全施工平稳，快速推进各工序作业。洞内配置 KJ90NB 瓦斯监控系统、人员定位系统、视频监控系统、广播对讲系统，洞外工业广场配置视频监控、门禁系统、车行道闸、监控室拼接屏、广场 LED 显示大屏。

9.4.1　监控室部分

（1）在进口工区隧道口周边设置一个监控室；

（2）配置监控主机 2 台，用于环境监控、人员定位、视频以及广播通信数据的采集记录功能（建议对系统进行双机热备处理）；

（3）配置打印机 1 台，不间断电源 2 台，用于报表打印以及不间断供电；

（4）配置地面输出本安型信息传输接口 1 台，用于洞口段数据传输交互；

（5）配置电源避雷器 2 台，用于防止电气设备遭遇雷击伤害；

（6）配置地面声光报警箱 1 台，用于当隧道内出现危险信号时实现监控室的声光报警。

9.4.2　隧道内设备配置

（1）配置矿用本安型分站，安装于二衬台车位置，用于环境监控、人员定位、视频以及广播通信数据的总体采集，并传输至地面监控室。

（2）共配置 2 台矿用本安型声光报警器，安装在 4 台分站附近，用于当隧道内出现危险信号时实现就地声光报警。

（3）配置高低浓度甲烷传感器，分别安装在掌子面、二衬台车、隧道加宽带（横通道内）及总回风等地点，监测瓦斯实时浓度。

（4）配置矿用氧气温度传感器，分别安装在隧道掌子面、二衬台车，实时监测氧气及温度变化情况。

（5）配置一氧化碳传感器，分别安装在隧道掌子面、二衬台车，监测一氧化碳实时含量。

（6）配置硫化氢传感器，分别安装在隧道掌子面、二衬台车，监测工作面硫化氢实时含量。

（7）配置矿用双向风速传感器，分别安装在二衬台车和隧道进口位置，实时监测隧道风速变化情况。

（8）配置开停传感器以及馈电断电仪，安装在隧道总开关处，监测通风机运行情况以及实现风电瓦斯闭锁。

（9）配置矿用本安型读卡器，分别安装在隧道洞口、洞身、二衬台车以及掌子面，监测隧道内人员实时位置。

（10）配置矿用本质安全型网络摄像仪，分别安装在隧道掌子面以及二衬台车前后，监测周边区域视频信息。

（11）配置全方位摄像头，安装在隧道洞口，监测周边区域视频信息。

（12）配置型矿用广播终端，安装在监控室内，用于对洞内进行信息发布。

（13）配置型矿用浇封兼本安型音箱，隧道内每 500m 左右或重要场所各安设 1 台，用于接收监控室发布的信息。

9.5　瓦斯隧道海量安全风险监测预警系统功能特点

9.5.1　综合安全监测监控系统

9.5.1.1　系统概述

采用 TCP/IP 及无线 WiFi 技术，可以无线+有线方式云平台在线实时监测隧道作业场所中的 CH_4、H_2S、SO_2、CO_2、H_2、CO、O_2 等多种有毒有害气体及实现人员定位、视频、广播实时在线等，同时能监测粉尘、设备运行状况，并提供实时报警控制、主动闭锁、手机 APP 云平台在线报警等功能。可实现远程监控、集中管理，为有效防止隧道内瓦斯爆炸、毒气泄漏中毒、设备异常故障等事故提供了强力可靠的技术保障。

9.5.1.2　系统结构

隧道综合安全预控预警平台系统结构如图 9-8 所示。

9.5.2　系统功能

（1）数据采集功能。具有甲烷、风速、风压、CO 浓度、温度等模拟量采集、显示及报警功能。

（2）具有馈电状态、风机开停工况、风筒状态、风门开关、烟雾等开关量采集、显示及报警功能。

（3）具有瓦斯抽放量监测、显示功能。

（4）具有风机运行参数采集及数据、工况曲线显示及异常报警功能。

（5）具有工业视频监控功能、实时显示现场视频。

（6）具有人员定位功能，对目标（人员、车辆和设备）实现实时的跟踪定位，定位精度可达 2m，集隧道施工人员考勤、区域精确定位、安全预警、灾后急救、日常管理等功能于一体。

（7）具有在广播终端上进行语音广播功能，高品质语音压缩和 VOIP 等技术可满足用户根据实际需要分区域、分时播放不同内容需求；也可通过拨号进行语音通话，紧急情况下可通过"调度""扩播"等紧急按键实现快速联络。

（8）报警及控制功能。

（9）具有甲烷浓度超限及系统异常状态声光报警和自动断电/复电控制功能。

（10）系统具有地面中心站手动遥控断电/复电功能，并具有操作权限管理和操作记录功能。

（11）系统具有异地断电/复电功能。

（12）系统具有移动瓦斯泵闭锁功能：当瓦斯泵排气口下风侧甲烷浓度达到规定时，切断瓦斯泵电源并闭锁；当瓦斯泵排气口下风侧甲烷浓度低于复电浓度时，自动解锁。

（13）存储和查询功能。

（14）系统具有以地点、名称为索引的存储和查询功能。

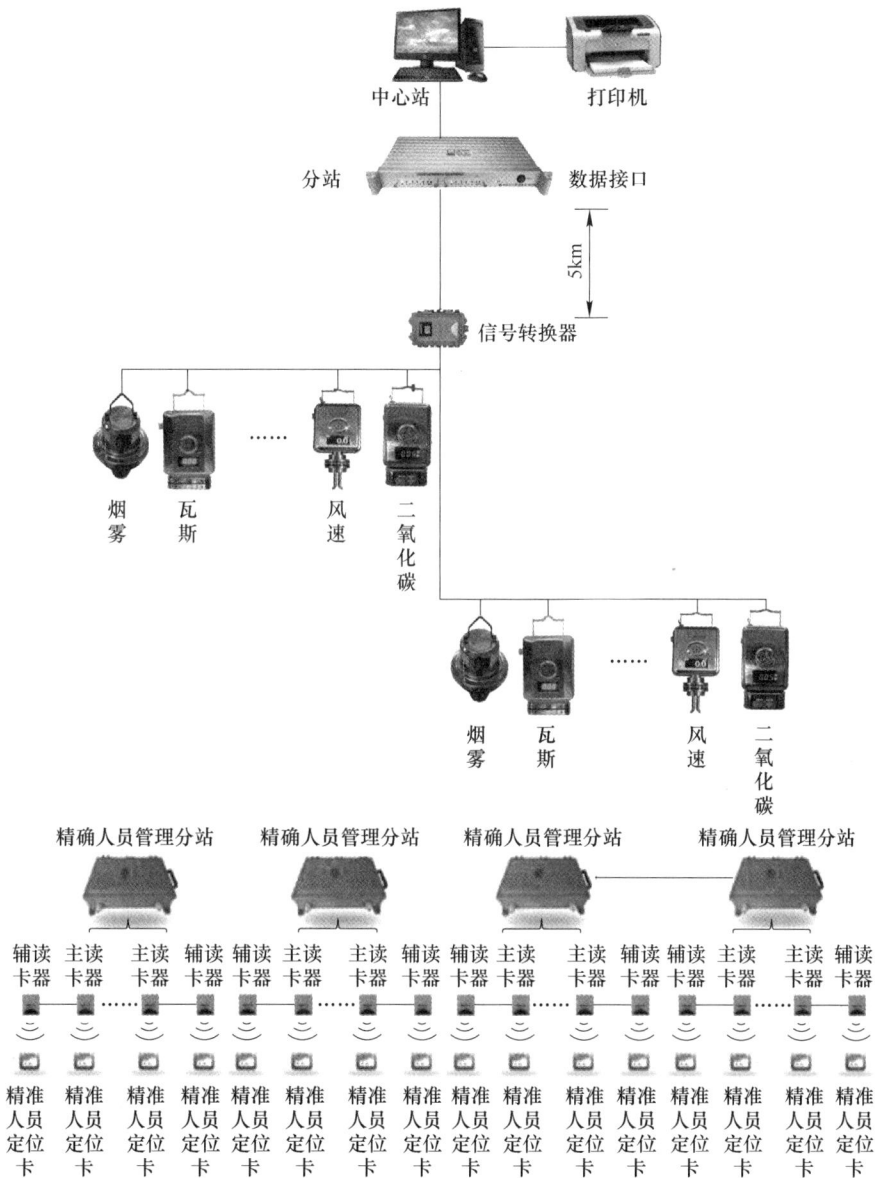

图 9-8　隧道综合安全预控预警平台系统结构

（15）显示功能。系统具有列表显示功能；系统能在同一时间坐标上，同时显示模拟量曲线和开关状态图等；系统具有模拟量实时曲线和历史曲线显示功能；能在同一坐标上用不同颜色显示最大值、最小值、平均值等曲线；系统具有开关量状态图及柱状图显示功能；系统具有模拟动画显示功能。显示内容包括：通风系统模拟图、相应设备开停状态、相应模拟量数值等。具有漫游、总图加局部放大、分页显示等功能；系统具有系统设备布置图显示功能。显示内容包括传感器、分站、电源箱、断电控制器、传输接口电缆等设备的设备名称、相对位置、运行状态等。

（16）打印功能。系统具有报表、曲线、柱状图、状态图、模拟图、初始化参数等召唤打印功能。报表内容包括：模拟量日（班）报表、模拟量报警日（班）报表、模拟量断电日（班）报表、模拟量馈电异常日（班）报表、开关量报警及断电日（班）报表、开关量馈电异常日（班）报表、开关量状态变动日（班）报表、监控设备故障日（班）报表、模拟量统计值历史记录查询报表等。

（17）人机对话功能。系统具有便捷、人性化人机对话功能，便于系统生成、用户管理、参数设置修改、功能调用、控制命令输入等。

（18）自诊断功能。系统具有自诊断功能。当系统中传感器、传输通道、电源、断电控制器、传输线缆等设备发生故障时，报警并记录故障时刻和故障设备，以供查询和打印。

（19）双机切换功能。系统具有双机切换功能。系统主机为双机备份，当工作主机发生故障时，备份主机投入工作。

（20）备用电源功能。系统具有备用电源。当电网停电后，可保证系统持续供电时间不少于 2h。

（21）数据备份功能。系统具有监测数据人工和自动定时备份功能。

9.5.3　人员定位管理

采用先进的电磁波飞行计时技术（TDOA），能够对地铁、高铁、桥隧在建地面和地下工地动态目标（人员、车辆和设备）实现实时的跟踪定位，定位精度可达 2m，读卡器覆盖范围不小于 600m。该系统集隧道施工人员考勤、区域精确定位、安全预警、灾后急救、日常管理等功能于一体。使管理人员能够随时掌握施工现场人员、设备的分布状况和每个人员和设备的运动轨迹，便于进行更加合理的调度管理以及安全监控管理。当事故发生时，救援人可根据该系统所提供的数据、图形，迅速了解有关人员的位置情况，及时采取相应的救援措施，提高应急救援工作的效率。

系统具有强大实用的人员应急救援功能：

（1）当作业人员遇险时，可触发"求救"按钮，地面将及时报警，并查询显示是谁，在什么时间、什么地点求救。

（2）在隧道某区域有危险需要撤离人员时，地面调度人员或系统管理人员可向危险区域人员群发紧急撤离通知，作业人员即可通过声音和指示灯及时收到"撤离"信号。

（3）地面需要隧道内某个人员回电话时，可在地面发送"呼叫"信号，人员即可通过声音和指示灯及时收到"呼叫"信号，并根据提示向地面回电话。

（4）对隧道内人员可实时跟踪监测，位置自动显示。

（5）能准确统计全隧道及某个区域（如工作面）的人员数量。

（6）可实时跟踪查询、打印当前及某时间段隧道内人员数量、活动轨迹及分布情况。

（7）读卡器和人员定位标识卡具有完全独立的发射与接收部件，其核心技术均由嵌入式微处理器和嵌入式软件组成。

（8）人员定位标识卡采用高级嵌入式微处理器，在嵌入式软件的控制下，实现编码、解码、通信及信息碰撞处理等功能。

（9）系统具有检卡、考勤功能，在工人通过井口时，通过检卡屏可检测卡的好坏，并具备非常强大的考勤管理功能。

（10）人员定位标识卡采用有源工作方式（独立供电），超低能耗设计，一次性更换电池免维护使用 1 年以上，并具有欠压指示功能。

（11）携卡者可通过不同的光指示来识别接收命令，通过"确认按钮"可以结束命令声光提示（双向功能）。

（12）系统具有通信中断自动归并考勤功能，防止因线路故障造成人员分站通信中断而使人员定位数据丢失。

（13）系统软件具有人员标识卡电池管理功能。

（14）系统能可靠识别静态或≤80km/h 的高速移动目标。

（15）单台目标识别器可同时识别 200 张以上的人员标识卡。

（16）自动识别功能：乘车出入的工作人员无需下车，在车辆进入监测区域后，就可自动完成人员定位及考勤功能。

（17）识别区域内无方向性、无盲区，对人体没有伤害。

（18）人员定位分站与地面中心站失去联系时，分站仍能独立工作，自动存储人员监测数据，当通信恢复后监控主机可提取数据自动完成数据修复，存储数据大于 4000 条。

（19）系统在进行实时数据采集时，可进行记录、显示、查询、编辑、人工录入、网络通信等。

（20）系统中心站及网络终端可以联网运行，使网上所有终端在使用权限范围内都能共享监测信息，查询、打印各类数据报表。

（21）门禁功能：根据需要限制员工进入特殊区域。如果有未经许可人员接近该区域可发出声光报警信号，同时地面监控主机也会发出报警信号。

（22）报警功能：可以对下井人员限制出入时间及地点，如果超过授权时间或进入未经授权的地点都会触发报警设备发出警示，以便控制人员迅速做出反应，采取安全措施。

（23）系统可自动生成人员信息数据库，形成考勤作业的统计与管理等方面的报表资料，提高管理效益。

（24）一旦发生安全事故，监控中心在第一时间内可以知道被困人员的基本情况，便于事故救援工作的开展。

（25）系统具有人员活动轨迹再现功能。

（26）分站具有人员编码和时钟显示功能，可用遥控器查询记录。

9.5.4 广播通信

9.5.4.1 系统概述

采用先进的软交换、高品质语音压缩和 VOIP 等技术，满足用户根据实际需要分区域、分时播放不同内容的需求。在广播终端上即可进行语音广播，也可通过拨号进行语音通话，紧急情况下可通过"调度""扩播"等紧急按键实现快速联络。扩音器失真度低，抗噪能力强，音质良好，扩播能力强，高达95dB，可满足工作隧道作业面调度指挥、应急播报和紧急通话的需求。

9.5.4.2 系统功能

（1）双向通话，单键呼叫。系统应具有双向通话功能，日常该系统通过地面管理中心向隧道内播放通知、音乐，当作业人员按下对讲终端上的通话键后，即可中断广播，实现终端与终端间，终端与地面管理中心的实时通话。

（2）分组广播和多路广播。通过控制中心的操作，可将隧道内的播音点进行分组、分区域广播，并通过多路广播技术实现各区域之间不同的多媒体节目播放，如播放安全教育、轻松音乐，播放通知等，也可进行全隧道广播。

（3）自动、定时播放。系统由一台专用服务器作为控制主机，同时兼做数字节目源，通过系统播放和控制软件可实现手动和自动定时播放。可将安全教育、标语、轻松音乐等常用曲目，存储在硬盘上，实现全自动非线性播出。无需人工干预，即可自动播放，实现了真正无人值守。可按照周来制作不同的播放方案，实现循环播放。

（4）与安全监控系统实现联动报警。广播系统服务器与安全监控系统服务器采用以太网连接，安全监控系统检测到的异常数据传输给广播系统服务器，由广播服务器播放相应的报警话音，根据需要启动警报点附近的音箱或矿区全部音箱，进行报警广播通知。

（5）能通过以太网平台和无线通信系统网络传输。系统的传输方式支持光缆、标准以太网、长距离以太网和 WiFi 的方式，可以接入工业以太平台、WIFI 无线通信系统。

（6）单个终端的故障不能影响系统工作。系统中任意一个广播终端发生故障，都不能干扰系统中或同平台运行的其他设备，不能影响本系统及其他系统的正常运行。

（7）支持电缆、光缆、预留无线等多种传输方式。

（8）采用语音压缩技术，占用带宽小。

（9）采用数字音频处理技术，具有回声抵消功能。

（10）具有按键通话和分区广播功能。

（11）支持与安全监控系统联动，既可用作广播系统，也可用作报警系统。

（12）采用本安型设计，终端设备可进入工作面、当头等区域。

（13）高品质的语音，专业的语音芯片设计，独特的结构工艺设计，做到声音洪亮，失真小。

9.5.5　视频监控系统

9.5.5.1　系统概述

视频监控系统主要为隧道现场作业、调度指挥、重要设备提供直观的场所及设备图像监控、语音监听，及时发现各监控点的违章作业情况，避免出现重大事故隐患；实时掌握隧道内重要设备的工作情况，提高科学调度指挥和管理的现代化水平。

9.5.5.2　系统功能

（1）基于以太网光纤传输构建 Ethernet/Internet 网络平台，实现真正的数字网络视频监控，距离远，抗干扰能力强，可对前端所有图像实现实时监控。

（2）采用标准 H.264 视频、音频压缩标准，数据量小，录像效果达到 D1，存储时长15 天。

（3）强大的设备管理功能，可实现对前端设备的区域添加、删除、参数设置等，支持本地及远程维护与升级。

（4）实现对动点摄像机的远程控制，包括能够控制摄像机的转动、焦距推远拉近、视野、明暗、参数设定等。

（5）强大的用户认证机制，系统具有 1 个超级用户、多个高级用户，及无限个终端用户。通过超级用户可对其他的用户进行权限分配、修改、查询等。高级用户只对自己区域内的摄像仪有管理功能，每级用户都有自己的密码、权限。

（6）实时图像预览功能，计算机屏幕上可同时显示 1 个、4 个、9 个、16 个、25 个、36 个摄像机的图像，画面格式可选，并可对其进行图像冻结、放大、缩小等操作，具备图像抓拍功能。

（7）录像功能：录像方式灵活，可连续录像、动态录像、手动录像、报警录像。

（8）录像回放功能，具有本地回放、远程回放、图片回放三种模式。可以依据用户要求提供检索及回放，能响应大量用户同时访问，支持录像的导出，导出的录像文件支持播放器直接播放。

（9）移动帧测功能，对布防区域内移动的物体具有告警功能。

（10）告警功能，支持图像遮挡、磁盘溢出、空间不够、移动帧测告警等功能，预留有报警接口，可以连接主动探测器或被动式紧急按钮，增加对突发事件的报警录像功能。

（11）支持报警联动，系统收到报警信号后能够实现监控现场的报警信号输出，有明显的文字、图像提示；支持告警录像、预置位、图像切换等联动操作。

（12）双向语音功能，可实现与监测点双向语音对讲及语音广播。

（13）日志管理及查询功能，系统具有多种查询模式，可生成不同查询模式下不同的查询日志。

（14）采用 B/S 结构，在各联网计算机上均可实时浏览、查询、录像、控制等功能。

（15）电视上墙功能，可实现任意图像的电视上墙。

（16）实现指挥部与项目部与施工现场之间联网，远程传输图形、图像、数据，在网络上共享各现场监控信息。

（17）与安全生产监控系统实现无缝连接，在调度中心配置大屏幕电视墙，形成集数据、图像和声音为一体的多媒体安全生产综合调度指挥系统。

（18）支持电子地图功能。

9.5.6 主要选配设备参数

9.5.6.1 矿用本安型分站

A 产品特点

矿用本安型分站（图 9-9）是一种以基于 ARM 内核的 32 位嵌入式微控制器为核心的嵌入式控制设备，可挂接多种传感器，能对井下及隧道内多种环境参数（诸如瓦斯、风速、一氧化碳、负压、设备开停状态、读卡器等下级智能设备等）进行连续监测，具有多通道、多制式的信号采集功能和通信功能，通过工业以太网能及时将监测到的各种环境参数、设备状态传送到地面中心站，并执行中心站发出的各种命令，及时发出报警和断电控制信号。

B 主要用途及适用范围

图 9-9 矿用本安型分站

（1）主要用途。采集各传感器的实测参数，设备运行状况、开停状态；通过工业以太网快速向地面的系统中心站传送巡检参数；执行地面中心站发往井下的各种控制命令；

对异常状况进行断电控制。

（2）适用范围。矿井下及隧道内所有存在瓦斯和煤尘爆炸危险的场所；矿井下及隧道内所有需要使用传感器监测、监控各种有毒有害气体及设备运行状态的地方及场所。

（3）类型。防爆类型：矿用本质安全型；防爆标志：Exib Ⅰ Mb。

C　基本功能

（1）通信功能。分站具有与上级传输接口及下级智能设备双向通信的功能。

（2）显示功能。

分站具有甲烷、风速、风压、一氧化碳、温度等模拟量采集及显示的功能。

分站具有馈电状态、风筒开关、风门开关、烟雾等开关量采集及显示的功能。

分站具有累计量采集及显示的功能。

（3）分站具有轮流显示下级智能设备传输给分站的数据信息、运行状态、通信状态等功能。

（4）分站具有红外遥控的功能。

（5）分站具有控制（含断电和声光报警）的功能。

甲烷浓度超限声光报警和断电/复电控制功能：（由分站、传感器、声光报警器、断电器组合完成）甲烷浓度达到或超过报警浓度时，能声光报警。

（6）甲烷浓度达到或超过断电浓度时，能切断被控设备电源并闭锁；甲烷浓度低于复电浓度时，能自动解锁。

（7）与闭锁有关的设备未投入正常运行或故障时，能切断该设备所监控区域的全部非本质安全型电气设备的电源并闭锁；当与闭锁控制有关的设备工作正常并稳定运行后，能自动解锁。

（8）甲烷风电闭锁功能：由分站、传感器、声光、断电器组合完成。

掘进工作面甲烷浓度达到或超过 $1.0\%CH_4$ 时，能声光报警；掘进工作面甲烷浓度达到或超过 $1.5\%CH_4$ 时，切断掘进巷道内全部非本质安全型电气设备的电源并闭锁；当掘进工作面甲烷浓度低于 $1.0\%CH_4$ 时，能自动解锁。

掘进工作面回风流中的甲烷浓度达到或超过 $1.0\%CH_4$ 时，能声光报警，切断掘进巷道内全部非本质安全型电气设备的电源并闭锁；当掘进工作面回风流中的甲烷浓度低于 $1.0\%CH_4$ 时，能自动解锁。

当被串入掘进工作面风流中的甲烷浓度达到或超过 $0.5\%CH_4$ 时，能声光报警、切断被串掘进巷道内全部非本质安全型电气设备的电源并闭锁；当被串掘进工作面甲烷浓度低于 $0.5\%CH_4$ 时，能自动解锁。

（9）局部通风机停止运转或风筒风量低于规定值时，能声光报警，切断供风区域的全部非本质安全型电气设备的电源并闭锁；当局部通风机或风筒恢复正常工作时，能自动解锁。

（10）局部通风机停止运转，掘进工作面或回风流中甲烷浓度大于 $3.0\%CH_4$，必须对局部通风机进行闭锁使之不能起动，只有通过密码操作软件或使用专用工具方可人工解锁；当掘进工作面或回风流中甲烷浓度低于 $1.5\%CH_4$ 时，能自动解锁。

（11）与闭锁控制有关的设备（含分站、甲烷传感器、设备开停传感器、电源、断电控制器、电缆、接线盒等）故障或断电时，能声光报警，切断该设备所监控区域的全部非本质安全型电气设备的电源并闭锁；与闭锁控制有关的设备接通电源 1min 内，继续闭锁该设备所监控区域的全部非本质安全型电气设备的电源；当与闭锁控制有关的设备工作正常并稳定运行后，能自动解锁。严禁对局部通风机进行故障闭锁控制。

（12）分站具有初始化参数设置和掉电保存的功能。初始化参数可通过中心站软件输入和修改。

（13）分站具有外接备用电源功能。当电网停电后，能对甲烷、风速、风压、一氧化碳、局部通风机开停、风筒状态、下级智能设备等主要监控量继续进行监控。

D 供电电源

（1）工作电压：9.0~25.0V DC；

（2）工作电流：≤500mA。

E 信号制式

（1）模拟量。

1）频率型信号：200~1000Hz，输出高电平时应不小于3V（输出电流为2mA时），输出低电平时不大于0.5V，其正脉冲和负脉冲宽度均不得小于0.3ms；1200~2000Hz，输出高电平时应不小于3V（输出电流为2mA时），输出低电平时不大于0.5V，其正脉冲和负脉冲宽度均不得小于0.15ms。

2）电流型信号：1~5mA，带负载能力≥500Ω；4~20mA，带负载能力≥250Ω。

（2）开关量。

电流型信号：1mA/5mA。电流小于0.1mA表示断线状态；电流大于0.8mA且小于1.2mA时表示为停状态；电流大于4mA且小于6mA时表示为开状态。

电流型信号：4mA/20mA。电流小于0.4mA表示断线状态；电流大于3.2mA且小于4.8mA时表示为停状态；电流大于16mA且小于24mA时表示为开状态。

（3）控制量。

电平型信号：输出高电平时应不小于3V（输出电流为2mA时），输出低电平时不大于0.5V。

（4）累计量。输入高电平时应不小于3V（输入电流为2mA时），输入低电平时不大于0.5V，其正负脉冲宽度不应小于0.3s，正负脉冲的转换时间不大于5ms。

F 传输性能

（1）以太网传输。

端口数量：1个；传输方式：以太网；最大传输距离：100m。

（2）RS-485传输。

端口数量：2个；传输速率：2400bps；最大传输距离：分站与网络交换机为5km；分站与数据通信接口为10km；分站与下级智能设备为2km，均使用MHYVP电缆，单芯截面积不小于1.5mm²。

（3）最大监控容量。分站的最大监控容量信息见表9-8。

表9-8 分站的最大监控容量信息

序号	名 称		KJ90-F16（D）
1	信号采集输入口	模拟量信号/开关量信号输入口（通过中心站软件设置可以互相转换）	16路
		累计量信号输入口	1路
2	断电控制输出口	断电控制输出口	2路

9.5.6.2　矿用本安型声光报警器

A　矿用本安型声光报警器概述

该产品主要用于矿井下及隧道内连接分站使用。
矿用本安型声光报警器（以下简称报警器）的特点是
具有语音、灯光提示报警功能，安装方便，性能可
靠，可长时间连续在井下工作，如图9-10所示。

B　基本功能

报警器基本功能见表9-9。

图 9-10　矿用本安型声光报警器

表 9-9　报警器基本功能

序号	表示状态	输出信号（电流信号/频率信号）	报警灯	扬声器
1	不报警	1~0.1mA/200Hz（5%）	不闪烁	无声音
2	报警	5~0.5mA/1000Hz（5%）	闪烁	发出语音报警声

C　主要技术指标

（1）供电电源。

工作电压范围：9~25V DC；工作电流：≤200mA DC。

（2）输出信号。

1）报警器的输出信号制式为以下两种，出厂时输出信号制式为二选一。

① 电流信号：0.1~1mA/0.5~5mA（负载电阻0~1000Ω）；

② 频率信号：200Hz(5%)/1000Hz(5%)（脉冲宽度大于0.3ms）。

2）输入信号。

① 电平信号：低电平范围为0~0.5V，高电平范围为3.0~12.0V；

② 触点信号：无源触点，电阻<1Ω。

3）语音声级强度：报警器语音声级强度在距其1m远处不小于80dB(A)。

4）光信号：报警器发光二极管发出的光信号在黑暗中20m远处清晰可见。

5）传输距离：报警器与分站之间的最大传输距离为2km。

6）本安参数：$U_i = 25V$，$I_i = 470mA$，$C_i = 1.0\mu F$，$L_i = 0\mu H$。

D　尺寸、重量及材质

（1）外形尺寸：$\phi 131mm \times 163mm$；

（2）重量：≤3kg；

（3）材质：锌合金。

9.5.6.3　高低浓度甲烷传感器

高低浓度甲烷传感器如图9-11所示。

A　产品特点

KG9001B型高低浓度甲烷传感器是一种专门用于监测煤矿井下高低浓度甲烷气体的
本质安全兼隔爆型检测仪表。除能连续监测外，还能自动将检测到的甲烷浓度转换成标准
的电信号输送给井下监控系统。井下监控系统根据该传感器输出的断电信号实现必要的
近、远程设备断电。该传感器还具有就地显示甲烷浓度值、超限声光报警等功能。

B 主要用途和适用范围

传感器主要用于煤矿井下高低浓度甲烷（0~4%；4%~40%）CH_4 的连续监测。适用于煤矿井下的采掘工作面、机电峒室、回风巷道等具有瓦斯爆炸危险的地点和场所。

C 主要特征

（1）传感器在设计上采用新型单片机和高精度的数字信号处理芯片，测量准确，性能可靠，调试、维护方便。

（2）传感器的测量敏感元件为新型载体催化元件，工作性能稳定，寿命长、调校周期长。

（3）传感器的零点、灵敏度及报警点、断电点皆采用矿用红外遥控器调节。

（4）传感器除可连续检测甲烷外，还能输出断电控制信号。控制信号的断电点可任意设定，实现了一机多用。

图 9-11 高低浓度甲烷传感器

（5）传感器的电源部分采用了模块化设计，采用新型的开关电源芯片，整机功耗更低，有效增加了传感器的传输距离。

（6）传感器具有故障自检功能，使用、维护方便。

（7）传感器的外壳采用了高强度结构设计，防水防尘效果更好，抗冲击能力强。

D 主要技术指标

（1）工作电压和工作电流：

1）工作电压范围：9.0~25.0V DC；

2）工作电流：≤200mA。

（2）测量范围。传感器测量范围 0~4%CH_4。

（3）显示值稳定性和基本误差。

1）显示值稳定性。传感器应以百分体积浓度表示测量值，采用数字显示，其分辨率应不低于 0.01%CH_4，并应能表示显示值的正或负。在 0~4.00%CH_4 范围内，当甲烷浓度保持恒定时，传感器的显示值或输出信号值（换算为甲烷浓度值）的变化量应不超过 0.04%CH_4。

2）传感器的基本误差应符合表 9-10 的规定。

表 9-10 传感器的基本误差

序 号	测量范围（CH_4）/%	基本误差（CH_4）/%
1	0~1.00	±0.10
2	1.00~3.00	真值的±10%
3	3.00~4.00	±0.30

传感器应能在输入电压 9~25V DC 范围内正常工作，其显示值稳定性和基本误差应不超过表 9-10 的规定。

（4）输出信号制式。选用如下信号制式：

1）电流型：1~5mA DC 或 4~20mA DC；

2）频率型：200~1000Hz（脉冲宽度大于 0.3ms）。

（5）传感器使用电缆的单芯截面积为 1.5mm² 时，传感器与关联、配接设备之间的传输距离≥2km。

（6）本安参数：输入电压 $U_i = 25.0V$、输入电流 $I_i = 470mA$、电感 $L_i = 80\mu H$、电容 $C_i = 1.0\mu F$。

E　尺寸、重量及材质

（1）外形尺寸：274mm×127mm×65mm；

（2）整机重量：≤1.5kg；

（3）外壳材质：304L 不锈钢。

9.5.6.4　矿用氧气温度传感器

矿用氧气温度传感器如图 9-12 所示。

（1）产品特点。矿用氧气温度传感器采用电化学原理测量氧气，采用热电阻原理测量温度，性能可靠。可长时间连续同时或单独检测氧气、温度值。

（2）主要用途和适用范围。该产品主要用于煤矿井下和瓦斯隧道内氧气、温度的同时检测或单独检测。

（3）主要特征。

1）传感器具有氧气和温度检测功能。

2）传感器具有红外遥控设置功能。

3）传感器具有声光报警功能。

（4）工作电压、电流。

1）工作电压：9.0~25.0V DC。

2）工作电流：≤90mA。

图 9-12　矿用氧气温度传感器

（5）测量范围。

1）氧气测量范围：0~25.0%O_2，分辨率：0.1%O_2。

2）温度测量范围：0~50.0℃，分辨率：0.1℃。

（6）基本误差。

氧气测量的允许基本误差：±3% F.S。

温度测量的允许基本误差：±2.5% F.S。

（7）输出信号制式。传感器具有两路信号输出，且输出信号制式一致。输出信号制式为以下 4 种，出厂时输出信号制式为四选一：

1）电流：4~20mA DC，负载电阻 0~500Ω。

2）电流：1~5mA DC，负载电阻 0~1kΩ。

3）频率：200~1000Hz（输出电流 2mA 时，脉冲宽度大于 0.3ms，脉冲幅度：高电平不小于 3V，低电平不大于 0.5V）。

4）数字信号：RS-485 数字通信，信号工作电压峰峰值不大于 $15V_{p-p}$，信号工作电流峰峰值不大于 150mA。

（8）响应时间。氧气的响应时间应不大于 60s，温度的响应时间应不大于 20s。

（9）报警点设置及误差范围。

1）O_2 的报警点应能在 0~25.0%O_2 范围内任意设定，设置步长 0.1%，报警误差应不超过设定值的±0.1%O_2；

2）温度的报警点应能在0~50.0℃范围内任意设定，设置步长0.1℃，报警误差应不超过设定值的±1℃；

3）报警声级强度应不小于80dB（A），报警光信号应能在黑暗环境中20m处清晰可见。

（10）负载能力：输出型号制式为电流量的传感器的负载电阻在0~500Ω范围内变化时，其氧气输出值的变化应不超过±3% F.S。

（11）传输距离：传感器使用的电缆单芯截面积为1.5mm² 时，传感器与关联设备的传输距离不小于2km。

（12）本安参数：U_i=25.0V，I_i=470mA，C_i=0.9μF，L_i=80μH。

（13）外形尺寸：274mm×127mm×64.5mm。

（14）整机重量：≤1.5kg。

（15）外壳材质：304L不锈钢。

9.5.6.5 矿用一氧化碳传感器

矿用一氧化碳传感器如图9-13所示。

A 主要特征

（1）采用了新型的单片机和高集成的数字化电路，整机电路结构简单、性能可靠，便于维护、调试。

（2）具有就地显示及信号输出双重功能。

（3）采用了新型的开关电源，降低了整机功耗，提高了信号的带负载能力，增加了信号的传输距离。

（4）增加了故障自检功能，便于使用、维护。

（5）外壳结构采用了高强度的不锈钢材料，增强了传感器的抗冲击能力。

B 主要技术参数

（1）传感器具有避免因断电而影响电化学原理敏感元件工作稳定的措施。

图9-13 矿用一氧化碳传感器

（2）传感器具有红外遥控调校功能。

（3）输出信号制式。

1）频率型：200~1000Hz（输出电流2mA时，脉冲宽度≥0.3ms，脉冲幅度：高电平不小于3V、低电平不高于+0.5V）（默认）；

2）电流型：4~20mA DC，负载0~500Ω（定制）；

3）总线型：RS-485，传输速率2400bps，传输信号工作电压直流峰峰值：≤15V_{p-p}；传输信号工作电流峰峰值：≤150mA（定制）。

（4）测量范围：0~1000×10^{-6}。

（5）工作电压：9~25V DC。

（6）传感器显示值稳定性。在传感器测量范围内，一氧化碳浓度恒定时，传感器显示值或输出信号值（换算为一氧化碳浓度值）变化量不超过4×10^{-6}，传感器基本误差应符合表9-11的规定。

表 9-11　一氧化碳传感器基本误差要求

序号	测量范围	误 差 要 求	
1	1×10⁻⁶	基本误差，单位取值 1×10⁻⁶	
2		绝对误差	相对误差
3	0~100	±4	
4	>100~500		真值的±5%
5	>500		真值的±6%

（7）传输距离。传感器使用电缆的单芯截面积为 1.5mm² 时，传感器与关联设备的最大传输距离为 2km，传感器的显示值或输出信号值（换算为一氧化碳浓度值）应能满足上述的规定。

（8）响应时间。传感器的响应时间应不大于 35s。

（9）报警功能。传感器在 0~1000×10⁻⁶ 内应能任意设置报警点，其报警显示值与设定值的差值不超过±2×10⁻⁶；报警声级强度在距其 1m 远处的声响信号的声压级应不小于 80dB(A)；光信号应能在 20m 远处清晰可见。

（10）一氧化碳元件寿命大于 1 年。

（11）本安参数：$U_i=25.0V$，$I_i=470mA$，$L_i=80\mu H$，$C_i=0.9\mu F$。

C　尺寸、重量及材质

（1）外形尺寸：275mm×125mm×65mm；

（2）整机重量：≤3kg；

（3）外壳：304L 不锈钢。

9.5.6.6　矿用硫化氢传感器

矿用硫化氢传感器如图 9-14 所示。

矿用硫化氢传感器是一种用于监测煤矿井下巷道及隧道内环境硫化氢浓度的模拟量传感器，数字显示表示硫化氢浓度、超限声光报警，并能与井下监控系统配套使用。

A　主要特点

采用了新型的单片微机和高集成的数字化电路，整机电路结构简单、性能可靠，便于维护、调试。

具有就地显示及信号输出双重功能。

采用了新型的开关电源，降低了整机功耗，提高了信号的带负载能力，增加了信号的传输距离。

增加了故障自检功能，便于使用、维护。

外壳结构采用了高强度的不锈钢材料，增强了传感器的抗冲击能力。

B　主要技术参数

（1）工作电压：9~24.5V DC；额定工作电压：18.5V DC。

图 9-14　矿用硫化氢传感器

（2）工作电流：≤40mA（额定工作电压时）。

（3）输出信号制式：频率型200～1000Hz（脉冲宽度大于0.3ms）。

（4）传感器具有避免因断电而影响电化学原理敏感元件工作稳定的措施。

（5）传感器采用红外遥控器调校。

（6）显示值稳定性。在0～200×10^{-6}H$_2$S范围内，当硫化氢浓度保持恒定时，传感器的显示值或输出信号值（换算为硫化氢浓度值）的变化量不超过4×10^{-6}H$_2$S，传感器的基本误差符合表9-12规定。

表9-12 传感器的基本误差

序号	测量范围	误 差 要 求	
1	测量范围，单位取值1×10^{-6}	基本误差，单位取值1×10^{-6}	
2		绝对误差	相对误差
3	0～100	±5	
4	>100～200		测量值的±5%

传感器能在输入电压9～24.5V DC范围内正常工作，其基本误差不超过上述规定。

传感器使用电缆的单芯截面积为1.5mm^{2}时，传感器与关联设备的最大传输距离为2km。

（7）稳定性。传感器连续工作15d的基本误差不超过表9-12误差规定。

（8）响应时间。传感器的响应时间不大于50s。

（9）报警功能。

传感器能在测量范围内任意设置报警点，报警显示值与设定值的差值应不超过±2×10^{-6} H$_2$S。

报警声级强度在距其1m远处的声响信号的声压级不小于80dB(A)；光信号能在黑暗中20m远处清晰可见。

（10）传感器在8m/s风速条件下试验时，其指示值的漂移量不超过±4×10^{-6}H$_2$S。

（11）H$_2$S元件寿命大于1年。

（12）本安参数：U_i =24.5V，I_i =500mA，C_i =2.3μF，L_i =347μH。

C 尺寸、重量、材质

（1）外形尺寸：190mm×114mm×57mm；

（2）整机重量：≤700g；

（3）外壳材质：不锈钢。

9.5.6.7 矿用双向风速传感器

矿用双向风速传感器如图9-15所示。

A 产品特点

矿用双向风速传感器采用差压原理，无转动部件，性能可靠，可长时间连续监测矿井及隧道内总回和各进、回风巷等地的实时风速、风向和风量。

B　主要用途和适用范围

该产品主要用于煤矿井下及隧道进、回风巷道通风风速、风量测量和风向监测。煤矿井下有毒有害气体通过通风方式排出井口外，所以通风的监测是保证矿井安全生产的重要手段。

C　主要特征

传感器具有风速、风向、风量检测功能。

传感器具有输出状态指示功能。

传感器具有红外遥控设置功能。

传感器具有声光报警功能。

D　主要技术指标

（1）工作电压、工作电流。

工作电压：9~25V DC；工作电流≤180mA。

（2）输出信号。传感器具有两路信号输出，一路输出风速信号，一路输出风向信号；风速输出信号制式为以下 4 种，出厂时输出信号制式为四选一：

图 9-15　矿用双向风速传感器

电流：4~20mA DC，负载电阻 0~500Ω；

电流：1~5mA DC，负载电阻 0~1kΩ；

频率：200~2000Hz（输出电流 2mA 时，脉冲宽度大于 0.3ms，脉冲幅度：高电平不小于 3V，低电平不大于 0.5V），当风速信号为频率信号时，200~1000Hz 对应正向风速值，1200~2000Hz 对应反向风速值；

数字信号：RS-485 数字通信，信号工作电压峰峰值不大于 $15V_{p-p}$；信号工作电流峰峰值不大于 150mA。

（3）风向输出信号制式为以下两种，出厂时输出信号制式为二选一：

电流：1mA/5mA，负载电阻 0~500Ω。

数字信号：RS-485 数字通信，信号工作电压峰峰值不大于 $15V_{p-p}$；信号工作电流峰峰值不大于 150mA。

（4）风速测量范围：0.4~15m/s，分辨率 0.1m/s。

风量测量范围：根据巷道横截面积实时显示测量点风量值，最大量程为 750m³/s。

反向风速测量范围：0.4~15m/s，分辨率 0.1m/s。

（5）基本误差。

风速基本误差：±0.2m/s。

反向风速基本误差：±0.2m/s。

（6）传感器使用电缆的单芯截面积为 1.5mm² 时，传感器与关联、配接设备之间的传输距离≥2km。

（7）本安参数：$U_i=25.0V$，$I_i=470mA$，$C_i=0.88\mu F$，$L_i=80\mu H$。

E　尺寸、重量、材质

（1）外形尺寸：373.6mm×130mm×65mm。

（2）整机重量：≤3kg。

（3）外壳材质：304L 不锈钢。

9.5.6.8 矿用开停传感器

矿用开停传感器如图 9-16 所示。

A 产品特点

矿用开停传感器是一种用于监测煤矿井下及隧道内机电设备（如风机、水泵、局扇、采煤机、运输机、提升机等）开停状态的固定式监测仪表，具有将检测到的设备开停状况转换成各种标准信号并传送给矿井生产安全监测系统，最终实现矿井机电设备开停状态自动监测、控制的功能。该传感器系矿用本质安全型结构，具有设计新颖合理、安装使用方便、具备红外遥控设置、OLED 显示、操作简单、性能稳定可靠、抗干扰能力强、功耗低等特点。

图 9-16 矿用开停传感器

B 主要用途

主要用于机电设备开停状态的连续监测。

C 适用范围

井下设备等有必要进行状态监测的场所。

D 防爆类型及防爆标志

防爆类型：矿用本质安全型，防爆标志：Exib Ⅰ Mb。

E 主要功能

能就地指示被监测设备的开停状态。

能通过红外遥控设置传感器灵敏度和放大倍数。

F 主要技术指标

（1）工作电压、工作电流。

1）工作电压范围：9.0~25.0V DC；

2）工作电流：≤70mA。

（2）动作值及响应时间。动作值调节范围：0.5~60A，动作值允许误差范围：±10%，不大于 1s。

（3）输出信号。传感器的输出信号制式为以下两种，出厂时输出信号制式为二选一，电流输出型见表 9-13，通信型见表 9-14。

表 9-13 电流输出型（三线制）

序号	表示设备状态	传感器输出电流信号/mA	误差值/mA	传感器指示灯	输出信号负载阻抗/Ω
1	设备停	1	±0.2	红灯亮，绿灯灭，显示"停止"	≥1000
2	设备开	5	±1	红灯灭，绿灯亮，显示"运行"	≥1000

表 9-14 通信型（四线制）

序号	表示设备状态	RS-485 总线信号	传感器指示灯	分站指示
1	设备停	停指令	红灯亮，绿灯灭，显示"停止"	停
2	设备开	开指令	红灯灭，绿灯亮，显示"运行"	开

RS-485 数字通信：信号工作电压峰峰值不大于 $15V_{p-p}$；信号工作电流峰峰值不大于 150mA。

（4）传输距离。传感器使用电缆的单芯截面积为 $1.5mm^2$ 时，传感器到关联设备之间的最大传输距离为 2km，其主要技术指标应能满足相关的规定。

（5）本安参数：$U_i=25.0V$，$I_i=470mA$，$C_i=1.1\mu F$，$L_i=147\mu H$。

（6）尺寸、重量及材质。

1）外部尺寸：100mm×74mm×197.1mm。

2）整机重量：≤0.8kg。

3）外壳材质：ABS 工程塑料。

9.5.6.9　井下远程馈电断电器

井下远程馈电断电器为浇封兼本质安全型远程高压断电执行装置，并具有断电反馈监测功能，用以实现风机电闭锁及瓦斯电闭锁功能。

A　产品特点

本产品执行监控分站发出的远程断电指令，控制井下设备开关的控制回路，实现远程断电并输出断电反馈信号。

B　主要用途及适用范围

馈电断电器主要用于煤矿井下被控设备远程馈电断电控制。

C　防爆类型及防爆标志

防爆类型：矿用浇封兼本质安全型，防爆标志：Exibmb I Mb。

基本功能：馈电断电器具有供电电源、馈电及断电状态显示功能；馈电断电器具有动合或动开输出状态设置功能；馈电断电器具有断电信号输入功能及动合或动开接点输出功能；馈电断电器具有有源馈电状态监测和无源馈电状态监测（触点馈电）、信号输出功能；馈电断电器具有级联功能；馈电断电器具有外接馈电传感器检测功能。

D　主要技术指标

（1）工作电压及工作电流。

工作电压：9~25V DC；工作电流：≤30mA（24V DC）。

（2）本安断电控制输入输出信号。电平信号：高电平电压不小于+3V（输出电流为 2mA 时）；低电平电压不大于+0.5V（输出电流为 2mA 时）或无源触点信号。

（3）馈电输入、输出信号。(1±0.2)mA（无电信号)/(5±1) mA（有电信号)。

（4）输出控制接点容量。660V AC/0.35A、380V AC/0.5A、127V AC/1.5A、36V AC/5A、60V DC/1A。

（5）输出控制接点参数（机械接点）。

导通电阻：<0.1Ω；分断电阻：>100MΩ。

（6）输入输出端口配置。分站本安输入、输出端口（本安电源输入/本安控制信号输入/本安馈电输出）：1个；

断电输出、馈电输入端口（非本安断电输出/非本安馈电输入）：1个；

外部馈电传感器输入、输出端口（本安电源输出/本安馈电输入）：1个；

级联馈电断电器输出端口（本安电源输出/本安控制信号输出）：1个。

（7）控制执行时间。馈电断电器的控制执行时间：≤0.5s。

（8）最大传输距离。馈电断电器到关联及配接设备的最大传输距离不小于2km。

（9）有源馈电电源电压等级：660V AC、380V AC、127V AC。

（10）无源馈电输入接点参数（触点馈电）。

接点导通电阻：<0.1Ω；接点分断电阻：>100MΩ。

（11）本安参数：$U_i = 25V$，$I_i = 470mA$，$L_i = 0\mu H$，$C_i = 0\mu F$。

E 尺寸、重量及材质

（1）外形尺寸：170mm×220mm×70mm。

（2）整机重量：≤2.5kg。

9.5.6.10 矿用本安型读卡器

矿用本安型读卡器如图9-17所示。

矿用本安型读卡器用于识别煤矿井下和隧道内的无线标识。它是一种射频电子标签的识别设备，整个电路设计为本质安全型。读卡器可在较大的范围内同时识别快速移动的多张识别卡，识别准确率高；具有优先接收识别卡紧急求救、识别卡电池电量监视等信息，以及对识别卡进行"群呼"和"个体寻呼"等功能；通信稳定可靠；外壳密封，可满足煤矿井下和瓦斯隧道内潮湿、粉尘多等环境的应用要求。

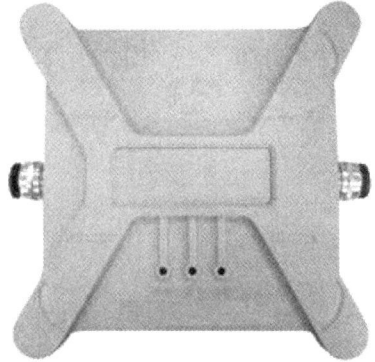

图9-17 矿用本安型读卡器

A 主要功能

读卡器具有接收识别卡上传信息的功能。

读卡器具有电源指示、通信信号指示和读卡指示功能。

读卡器具有半双工方式通信的功能。

读卡器具有读卡声音提示功能。

读卡器具有向双向识别卡下发信息的功能。

B 主要技术指标

（1）工作电压范围：10~25V。

（2）工作电流：≤100mA。

（3）工作频率：（2.4±0.08）GHz。

（4）并发识别数量：≥200个识别卡。

（5）识别移动目标的最大位移速度不小于5m/s。

（6）读卡器与标识卡的漏读率应不大于10^{-4}。

（7）读卡器与标识卡的信号传输：

接收频率：（2.4±0.08）GHz；

编码识别范围：00001~65534号；

读卡器发射功率：≤0dBm；

读卡器接收信号灵敏度：-65dBm；

调制方式：GFSK；

最大识别距离：不小于50m（无遮挡）。

（8）读卡器与分站的信号传输。

传输方式：主从式，RS-485；

传输速率：2400bps；

传输信号电压峰峰值：≤15V_{p-p}；

最大传输距离：2km（采用 MHYVP 1×4（7/0.52mm）型通信电缆，单芯线径截面不小于 1.5mm²）。

（9）读卡器与数据通信接口的信号传输。

传输方式：主从式，RS-485；

传输速率：2400bps；

传输信号电压峰峰值：≤15V_{p-p}；

最大传输距离：10km（采用 MHYVP 1×4（7/0.52mm）型通信电缆，单芯线径截面不小于 1.5mm²）。

（10）本安参数：$U_i = 25V$，$I_i = 800mA$，$L_i = 33\mu H$，$C_i = 1.2\mu F$。

C　尺寸、重量

外观尺寸：192mm×181mm×52mm；

重量：0.5kg。

9.5.6.11　矿用本安型识别卡

矿用本安型识别卡如图 9-18 所示。

矿用本安型识别卡主要应用于矿井下及隧道目标的无线识别及通信。识别卡基于矿井下传输特性好、衰减小的 2.4GHz 的载波频段，是一种有源射频识别卡。整个电路设计为本质安全型。该识别卡发射功率低，对人体无害；天线增益高，可实现信号的较远距离传输；平均工作电流极低，电池工作寿命长；外壳密封，可满足矿井下潮湿、粉尘多等环境的应用要求。

A　矿用本安型识别卡主要技术指标

矿用本安型识别卡主要技术指标见表 9-15。

图 9-18　矿用本安型识别卡

表 9-15　矿用本安型识别卡主要技术指标

序号	参数名称	矿用本安型识别卡
1	工作电压/V	2.5~3.3 DC
2	工作电流/mA	≤20
3	工作频率/GHz	2.4±0.08
4	传输方式	无线同频异步半双工
5	调制方式	GFSK
6	调制信号	16 位 2 进制编码
7	编码范围	1~65534

序号	参数名称	矿用本安型识别卡
8	发射功率/dBm	$-70\sim-3$
9	接收灵敏度/dBm	-90
10	电池工作寿命	6个月（可更换电池）
11	传输距离	识别卡与读卡器之间的最大无线传输距离100m（无遮挡）

B 本安参数

KGE116D型识别卡：额定工作电压 $U_e=3.0V$，最大开路电压 $U_o=3.3V$，最大短路电流 $I_o=2.4A$。

C 尺寸与重量

（1）外观尺寸：69mm×50mm×25mm；

（2）重量：0.1kg。

9.5.6.12 矿用本质安全型网络摄像仪

矿用本质安全型网络摄像仪是基于网络技术的高清摄像仪，采用定焦镜头及图像传感器实现图像采集，通过图像处理芯片实现H.264压缩编码以及TCP/IP处理，通过网口直接将视频信号输出。采用以太网双绞线的最大传输距离为100m，配接光端交换机后传输距离可达到20km以上。配有低功耗、长寿命的第三代红外点阵灯，在低照度情况下红外可视距离为20m以上。

（1）主要用途及适用范围。用于煤矿和隧道视频监控，应用范围包括煤矿井下、隧道等具有爆炸性危险的场所，同时也可应用到地面非爆炸危险场所。

（2）类型。

防爆类型：矿用本质安全型；

防爆标志：Exib I Mb。

（3）基本功能。摄像仪具有视频图像采集及以太网数据传输功能；摄像仪具有日夜转换功能；摄像仪具有红外照射功能；摄像仪具有工作电源指示功能。

（4）工作电压及工作电流。

1）工作电压：11.5~25.0V DC；

2）工作电流：≤700mA。

（5）水平清晰度：不小于500线。

（6）灰度等级：不小于8级。

（7）图像最大分辨率：1280×720。

（8）最低照度：0.01Lx。

（9）红外灯照射距离：不小于20m。

（10）以太网电端口传输。

端口数量：1路；

传输速率：10Mbps/100Mbps自适应；

传输信号工作电压直流峰峰值：≤10.0V；

最大传输距离：100m。

（11）本安参数。

$U_i = 18.5V$，$I_i = 2.0A$，$L_i = 33\mu H$，$C_i = 1.5\mu F$。

（12）尺寸、重量及外壳材质。

1）尺寸：203mm×114mm×102mm；

2）重量：≤3.0kg；

3）外壳材质：304 不锈钢、双抗尼龙塑料。

9.5.6.13　矿用本安型广播终端

矿用本安型广播终端如图 9-19 所示。

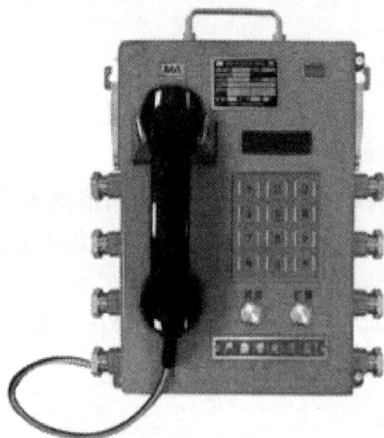

图 9-19　矿用本安型广播终端

矿用本安型广播终端是本质安全型设备，适用于有瓦斯或煤层爆炸危险的煤矿井下和隧道内，与 KT175 型矿用广播通信系统配置设备提供电源配套使用。用于广播发布和对讲，可实现全矿广播、分区广播、紧急广播、井上井下联络等功能。

A　主要用途

主要应用于地面及煤矿井下及隧道内广播发布、语音对讲、井上井下联络等。

B　产品类型

防爆类型：矿用本质安全型。

防爆标志：Exib I Mb。

C　功能

广播终端具有以太网通信、光纤通信功能，广播终端具有在线实时播放功能，广播终端具有和主机对讲功能，广播终端具有本区域扩播功能，广播终端具有音频输出的功能，广播终端具有通信信号指示功能。

广播终端具有存储和播放下载曲目的功能，广播终端具有数字键盘拨号功能，广播终端具有液晶显示功能。

广播终端具有监听功能，广播终端具有和其他终端对讲功能。

D 技术特性

（1）工作电压及工作电流。

工作电压：15.0~19.0V DC；

工作电流：≤800mA。

（2）扬声器输出响度：≥90dB（A）。

（3）传输性能。

1）以太网传输。

通信口数量：2路；

传输方式：TCP/IP电信号传输；

传输速率：10Mbps/100Mbps自适应；

传输信号工作电压峰峰值：≤5V；

最大传输距离：100m。

2）光纤传输。

通信口数量：3路；

传输方式：单模光纤；

输出功率：≤0dBm；

接收灵敏度：-26dBm；

最大传输距离：10km。

3）音频信号传输。

通信口数量：1路；

传输方式：音频模拟信号；

传输信号工作电压峰峰值：≤60V；

最大传输距离：4km。

4）RS-485信号传输。

通信口数量：1路；

传输方式：RS-485；

波特率：2400bps；

传输信号工作电压峰峰值：≤15V；

最大传输距离：2km。

E 本安参数

广播终端主板电路内置1块CR2032锂-二氧化锰电池，容量：200mA·h，额定电压：3.0V。

$U_i = 18.5V$，$I_i = 800mA$，$L_i = 40\mu H$，$C_i = 0\mu F$。

F 尺寸、重量及外壳材质

（1）尺寸：453mm×365mm×157mm。

（2）重量：≤10kg。

（3）外壳材质：Q235A钢。

9.6　黎霍高速问腰隧道平面布置图

图 9-20 所示为黎霍高速问腰隧道平面布置图。

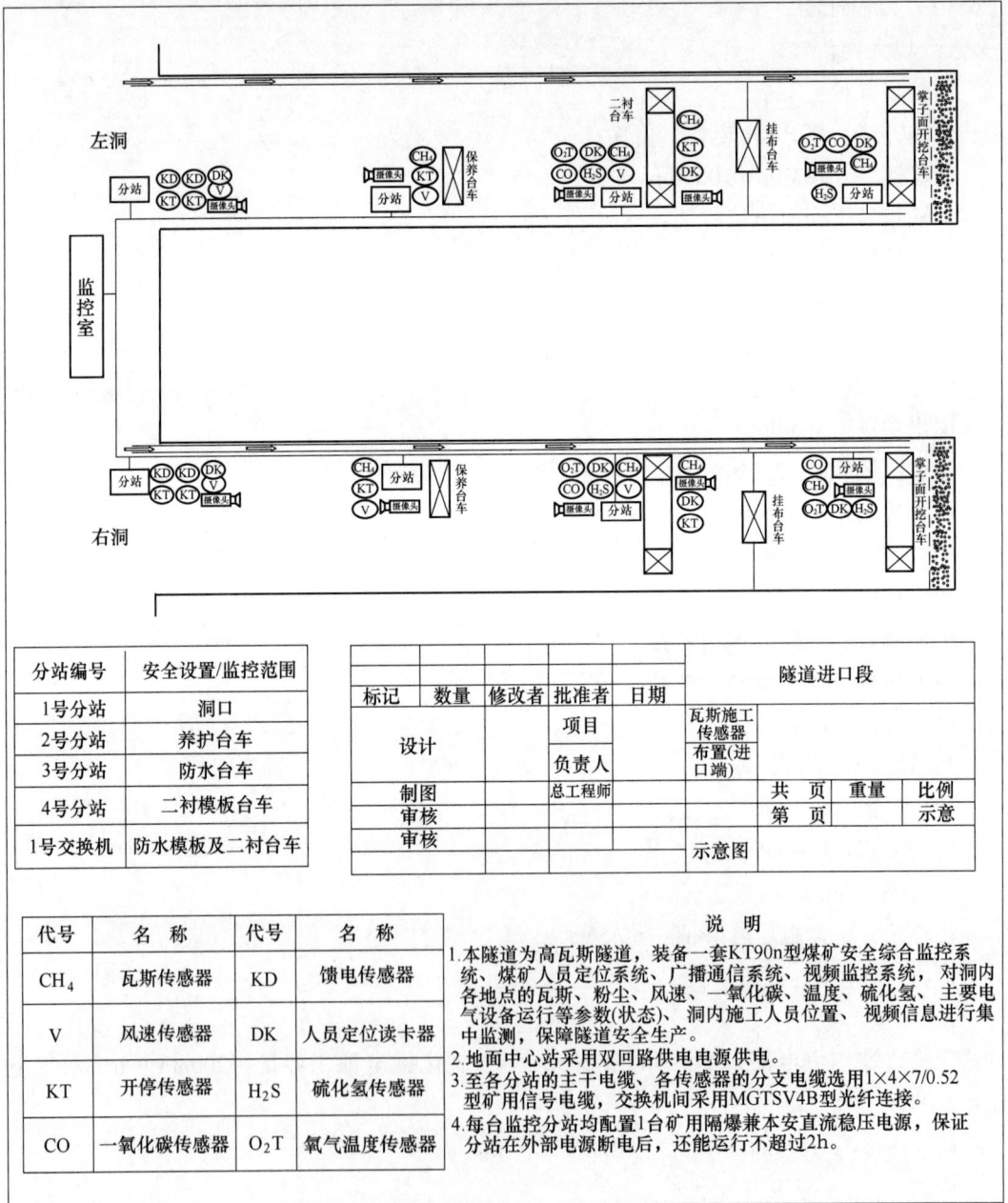

分站编号	安全设置/监控范围
1号分站	洞口
2号分站	养护台车
3号分站	防水台车
4号分站	二衬模板台车
1号交换机	防水模板及二衬台车

标记	数量	修改者	批准者	日期	隧道进口段			
设计			项目		瓦斯施工传感器布置(进口端)			
			负责人					
制图		总工程师				共　页	重量	比例
审核						第　页		示意
审核					示意图			

代号	名　称	代号	名　称
CH$_4$	瓦斯传感器	KD	馈电传感器
V	风速传感器	DK	人员定位读卡器
KT	开停传感器	H$_2$S	硫化氢传感器
CO	一氧化碳传感器	O$_2$T	氧气温度传感器

说　明

1. 本隧道为高瓦斯隧道，装备一套KT90n型煤矿安全综合监控系统、煤矿人员定位系统、广播通信系统、视频监控系统，对洞内各地点的瓦斯、粉尘、风速、一氧化碳、温度、硫化氢、主要电气设备运行等参数(状态)、洞内施工人员位置、视频信息进行集中监测，保障隧道安全生产。
2. 地面中心站采用双回路供电电源供电。
3. 至各分站的主干电缆、各传感器的分支电缆选用1×4×7/0.52型矿用信号电缆，交换机间采用MGTSV4B型光纤连接。
4. 每台监控分站均配置1台矿用隔爆兼本安直流稳压电源，保证分站在外部电源断电后，还能运行不超过2h。

图 9-20　黎霍高速问腰隧道平面布置图

9.7 本 章 小 结

　　本章根据黎霍高速问腰隧道的瓦斯事故灾害特点，开展高危隧道瓦斯和地质事故灾害勘查，评估隧道总体风险；根据安全施工相关标准规范，设计隧道安全风险监测预警平台的技术路线，建立"人工+自动"的双重预控机制，结合问腰隧道的实际工况，开展基于防爆物联网和大数据的隧道瓦斯预警关键技术开发，建立基于服务器端、计算机端、手机APP 端的一体化预控平台，为高危隧道施工提供先进的、全过程、信息透明安全支撑技术。

10 瓦斯隧道施工防爆配电技术应用

本章以重庆市白市驿 2 号隧道出口工区（洞内）防爆供电设计为工程背景，进行瓦斯隧道施工防爆配电技术工程应用。

10.1 瓦斯隧道施工防爆配电技术工程背景与风险分析

10.1.1 工程地质

白市驿隧道一期项目位于川东南弧形地带，华蓥山帚状褶皱束东南部；构造骨架形成于燕山期晚期褶皱运动，其构造由一系列的 NE～NNE 向的近于平行的不对称的线形的褶皱组成。褶皱的背斜紧凑狭窄，向斜开阔平缓。节理（裂隙）发生与构造运动密相关，以构造节理、层面为主，走向 NEE～SWW 和 NW～SE 两组节理较发育，多呈闭合～微张型，闭合裂隙一般为方解石脉充填或无充填，微张裂隙有少量泥质充填或水蚀痕迹；断裂多为高角度（50°～80°）走向逆冲断层。该区断层发育的总的规律是：东翼断层向东倾，西翼断层向西倾。断层结构面的特征多属高角度的压扭性质，断层线沿走向和倾斜方向，均呈舒缓波状，扭动面以倾向南东者居多，对核部采空区岩层破坏严重，使煤系地层上升重复，致有东翼外侧的煤层出露。通过对场地踏勘、综合分析已有区域地质成果，结合此次勘察成果，拟建场区内地层由上而下依次为第四系全新统人工填土层（Q_{4ml}）、残坡积层粉质黏土或红黏土（Q_{4el+dl}）、崩坡积层块石土（$Q_{4col+dl}$），下伏基岩为侏罗系中下统自流井组（$J_{1-2}Z$）、侏罗系下统珍珠冲组（J_1Z）、三叠系上统须家河组（T_{3xj}）、三叠系中统雷口坡组（T_{2l}）、三叠系下统嘉陵江组（T_{1j}）、三叠系下统飞仙关组（T_{1f}）、二叠系上统长兴组（P_{2c}）、龙潭组（P_{2l}）、下统茅口组（P_{1m}），拟建隧道沿线未发现滑坡、危岩、崩塌和泥石流等不良地质现象，但在中梁山岩溶槽谷区存在岩溶塌陷类不良地质现象，在中梁山核部龙潭组地层及两侧的须家河组地层中存在煤窑采空区和有毒有害气体瓦斯。

10.1.2 煤层瓦斯相关情况

10.1.2.1 两翼煤窑采空区

根据地质调查结合钻探显示，两翼煤层采空区主要位于须家河地层中。其主要开采时间在新中国成立前及 20 世纪 50 年代断续开挖后被关停，现多已坍塌，多为私人煤窑，为小型采空区。煤窑开采方式为顺煤层走向开采，手镐落煤为主，巷道错综复杂，采空高度及范围不定，受煤层走向及煤层发育状况影响，主要为铁木支架支撑，采空区塌陷会随着木支撑腐烂、变形而进行。经现场调查，地表未见塌陷坑或变形迹象。

根据调查及钻探、物探成果判断，隧道西翼里程桩号（K3+700~K3+768）段分布有煤窑采空区，钻探时在 SDK6 号钻孔中有气体冒出，经瓦斯测量仪测量显示瓦斯浓度在 0.1%~0.3%，隧道东翼里程桩号 K7+000、K7+300 附近分布有煤窑采空区，钻探时有气体冒出，经瓦斯测量仪测量显示瓦斯浓度 0.2%~0.5%。

10.1.2.2 核部中梁山北矿采空区

里程桩号 K5+300~K5+800 段为中梁山北矿采空区范围，主要位于龙潭组地层中，该地层为中梁山北矿采煤后形成的采空区。该段采空区隧道设计底板标高在 337.0~341.6m，采空区已采高程范围为+597.30~−20m。拟建隧道横穿采空区，拟建隧道与采空区两者相互影响大。该矿以平硐加竖井联合开拓。竖井均位于背斜轴部，井口标高 597.3m；平硐位于背斜东翼，从侏罗系自流井组开口，硐口标高 286.20m，平硐长 2166m；开采二叠系上统龙潭组（P_{2l}）煤层，煤层自上而下编号为 K_1~K_{10}，根据对塌落断裂带的预测，结合现场实际钻探，K_1~K_{10} 煤层间夹的岩体较薄，建议设计时统一按采空区考虑支护；K_1 煤层外侧 20m 按照采空塌落断裂带考虑，其外至长兴组灰岩段按照塌落影响区域进行支护。

10.1.2.3 有毒有害气体

隧道穿越观音峡背斜两翼的三叠系上统须家河组（T_{3xj}）地层及二叠系上统龙潭组（P_{2l}）地层，在其煤系地层中，隧道围岩的有毒有害气体主要为瓦斯。据根据中梁山已建成的土主隧道、石板隧道等施工期间资料，在穿越西翼飞仙关三段（T_{3f}）地层时可能遇到的有毒有害气体主要为 H_2S 气体。

（1）须家河组煤层瓦斯含量及煤层瓦斯突出危险性。根据钻探测得瓦斯浓度为 0.2%~0.5%；根据收集临近隧道开挖工程资料，瓦斯主要成分为 N_2、CH_4 及 CO_2，瓦斯压力低（几乎为零），根据经验瓦斯涌出量一般小于 0.5m^3/min。根据隧道区所有开挖须家河煤层煤矿的调查了解到，在历年开采过程中从未发生过瓦斯突出现象，综合判定，须家河区内煤层不存在瓦斯突出危害。施工过程中需做好监测和通风工作。

（2）中梁山北矿（龙潭组）煤层瓦斯含量及煤层瓦斯突出危险性。中梁山北矿的瓦斯地质条件复杂，储存在煤层及围岩中，瓦斯在煤层中的赋存和分布受地质条件控制，有瓦斯地质规律可寻。该区龙潭组煤系煤层瓦斯含量极为丰富，矿井煤层瓦斯压力大，矿井相对瓦斯涌出量及绝对瓦斯涌出量大。拟建隧道穿越地段局部还有煤层未开采，且目前煤矿已经封闭，瓦斯抽采已经停止，因此隧道揭煤工作面及周边的瓦斯涌出风险极大，极易发生煤与瓦斯突出。

10.2 瓦斯隧道施工供电方案设计

10.2.1 编制依据

（1）《铁路瓦斯隧道技术规范》（TB 10120—2019）；

（2）《煤矿安全规程》（2023 版）；

（3）《施工现场临时用电安全技术规范》；

（4）《防治煤与瓦斯突出规定》；

（5）中建三局白市驿隧道项目部提出的施工方案、通风方案及洞内负荷分布情况表。

10.2.2　洞外供电方案

由当地引用专用 10kV 架空线路至施工现场洞外，线路上不分接任何负荷。洞外供电系统如图 10-1 所示，在洞外设箱式变电站 1 座，内设高低压开关柜、变压器等设备。柴油发电机作为第二回电源，通过升压变压器将 0.4kV 电压升到 10kV，接入到 10kV 母线。10kV 系统采用单母线分段接线方式。当高压电源失电时，及时投入柴油发电机组，保障主通风机等一级负荷的供电。洞外主通风机采用专用变压器、专用线路、专用开关供电。

10.2.3　洞内供电方案

10.2.3.1　负荷统计表

因最终供电距离达 2300m 以上，电压降较大，供电困难，鉴于上述情况洞内采用高压供电。

洞内设备采用 380V 电压供电，选择 2 台 380V 移动变电站，负荷统计见表 10-1。

10.2.3.2　供电方案

由地面箱变引一路高压电源至洞内，洞内设高压真空防爆配电装置 3 台、防爆变压器 2 台、低压开关柜若干台给各设备供电，洞内供电系统如图 10-2 所示。

设备采用 380V 电压供电，380V 系统为中性点不接地系统。

选用 2 台防爆移动变压器给设备供电，型号为 KBSGZY-T-400/10，功率为 400kV·A，电压为 10/0.4kV，分别为左右洞中射流风机、给排水泵、混凝土输送泵、搅拌机、模板台车、注浆机、喷湿机、振捣器、局扇、照明等设备供电。

10.2.3.3　设备选型

高压防爆配电装置选用 2 台 BGP-500A/10kV，左右洞各配置 1 台，设有电缆绝缘监视和漏电、短路、过电流、过负荷保护。

变压器选用 KBSGZY-T-10/0.4kV 矿用隔爆移动变电站 2 台，左右洞各配置 1 台。

低压防爆馈电开关选用 KBZ-630A/380V、KBZ-200A/380V，设有漏电、短路、过电流保护。

低压防爆磁力启动器选用防爆开关柜：KXJ-200/380V，KXJ-80、30/380V，QJZ-4×80/380V、QBZ-30/380V、QJR-200/380V；设有漏电、短路、过电流、过负荷保护。

照明开关选用 ZJZ-4kV·A、380/127V 照明综合保护装置。

220V 煤电钻、水泵开关选用 ZJZ-4kV·A，380/200V 综合保护装置。

低压电缆选用 MY-380/660V、MYQ-300/500V 矿用电缆。

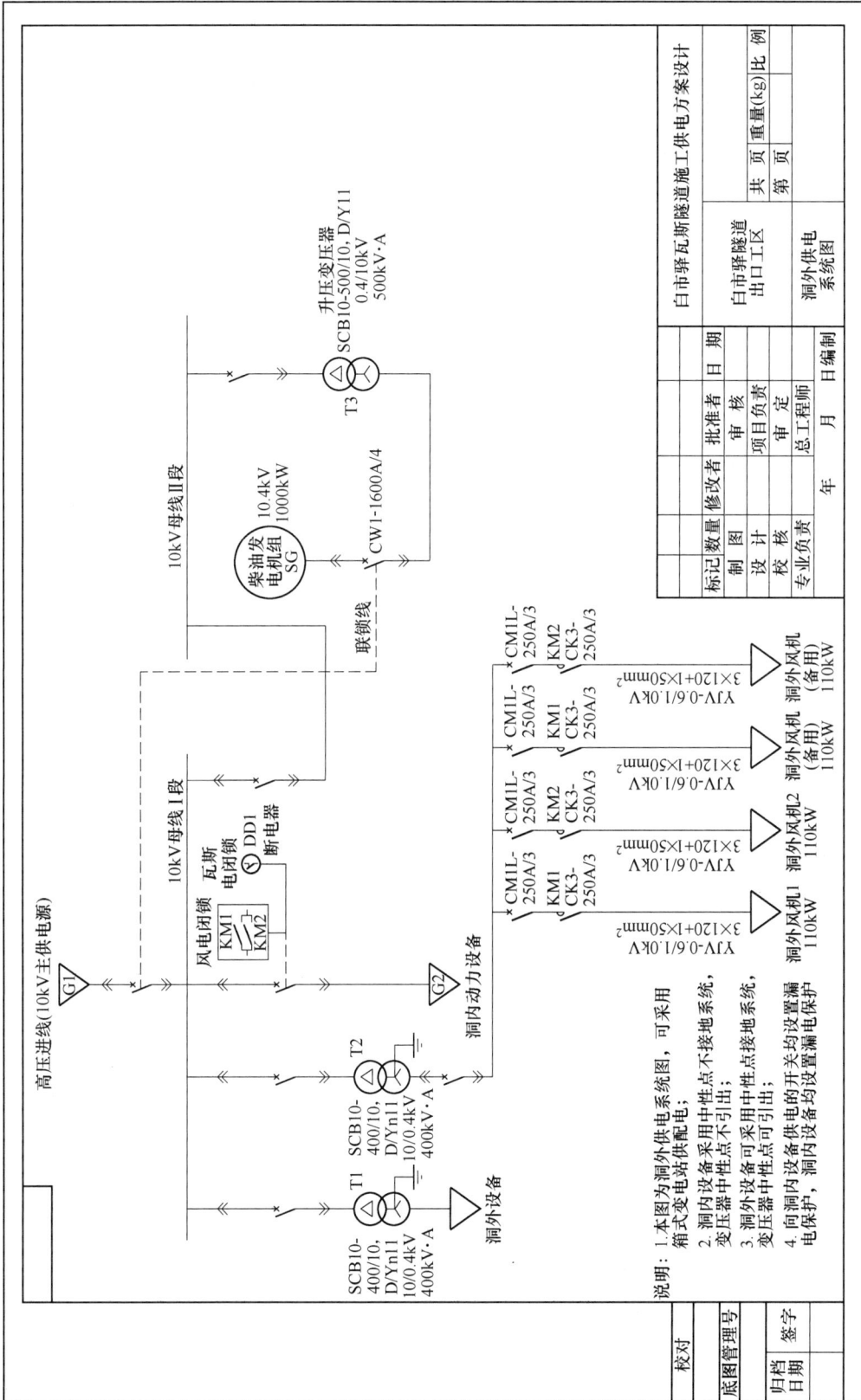

图10-1　洞外供电系统

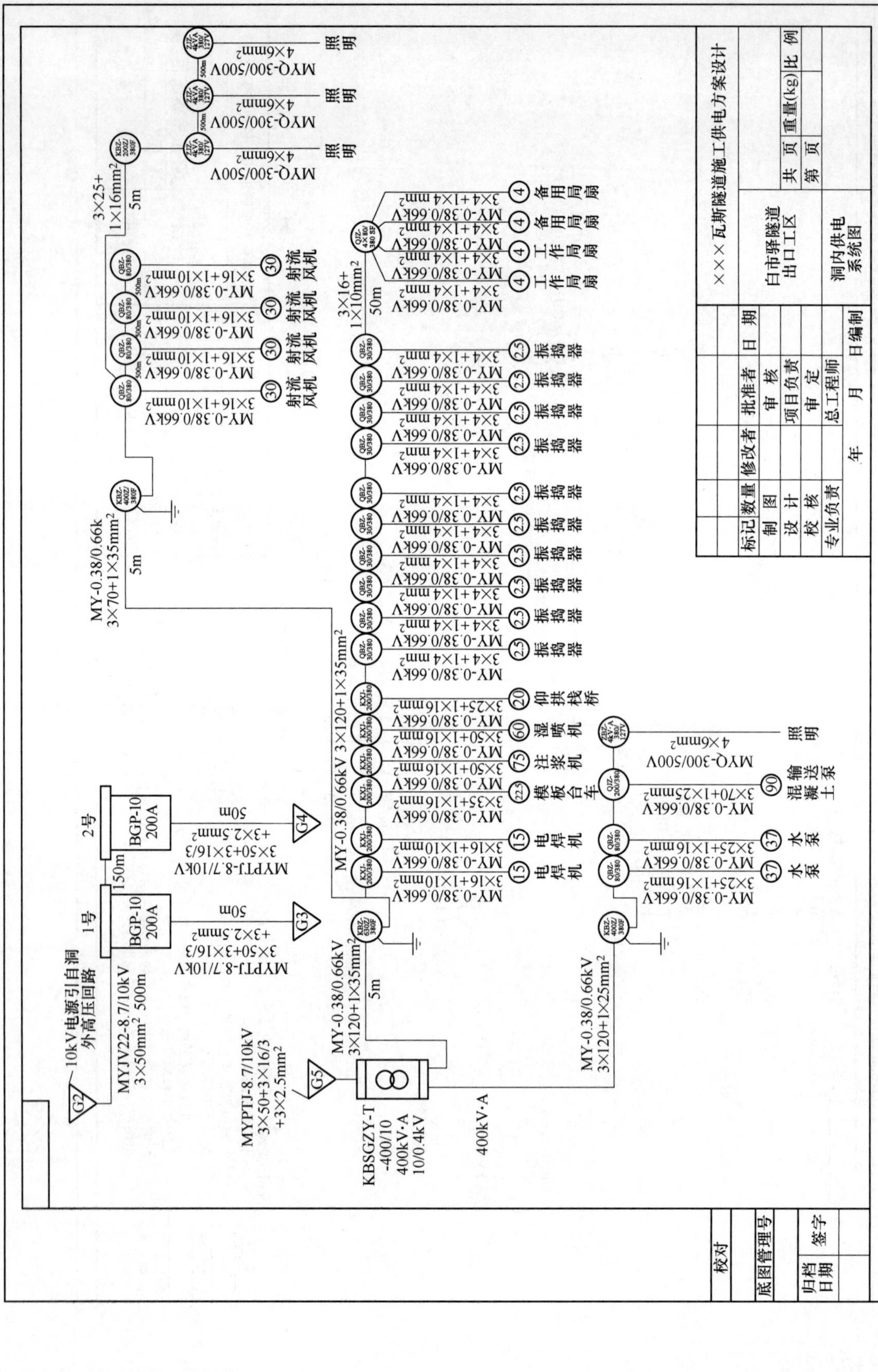
×××瓦斯隧道施工供电方案设计
白市驿隧道出口工区
洞内供电系统图
标记 数量 修改者 批准者 日期
制图 审核
设计 项目负责
校核 审定
专业负责 总工程师
年 月 日编制
共 页 重量(kg) 比例
第 页
校对
底图管理号
归档日期 签字
10kV电源引自洞外高压回路
KBSGZY-T-400/10 400kV·A 10/0.4kV
BGP-10 200A

图10-2　洞内供电系统

表10-1 用电负荷统计表

负荷名称	电压/V	电动机 容量/kW	电动机 总台数	电动机 工作台数	设备容量 总容量/kW	设备容量 工作容量/kW	需要系数	cosφ	tanφ	计算负荷 有功/kW	计算负荷 无功/kVar	计算负荷 视在/kV·A	备注
超前钻探	380	1	1	1	22	22	0.8	0.7	1.02	17.6	17.96		
照明	127	5	6	6	6	30	0.7	0.9	0.48	21	21.43		
混凝土输送泵	380	75	1	1	75	75	0.8	0.7	1.02	60	61.22		
模板台车	380	22.5	1	1	22.5	22.5	0.7	0.7	1.02	15.75	16.07		
射流风机	380	30	1	1	30	30	0.7	0.7	1.02	21	21.43		
湿喷机	380	60	1	1	60	60	0.7	0.7	1.02	42	42.86		
电焊机	380	15	6	4	80	60	0.5	0.7	1.02	30	30.61		
振捣器	380	2.5	4	4	10	10	0.7	0.7	1.02	7	7.14		
工作面局扇	380	4	5	3	20	12	0.7	0.7	1.02	8.4	8.57		
仰拱栈桥	380	20	1	1	20	20	0.7	0.7	1.02	14	14.29		
排水泵	380	15	2	1	30	15	0.7	0.7	1.02	10.5	10.71		
小计 左洞移变								0.7		247.25	252.30	353.25	选400kV·A 移变1台
超前钻探	380	1	1	1	22	22	0.8	0.7	1.02	17.6	17.96		
照明	127	5	6	6	6	30	0.7	0.9	0.48	21	21.43		
混凝土输送泵	380	75	1	1	75	75	0.8	0.7	1.02	60	61.22		
模板台车	380	22.5	1	1	22.5	22.5	0.7	0.7	1.02	15.75	16.07		
射流风机	380	30	1	1	30	30	0.7	0.7	1.02	21	21.43		
湿喷机	380	60	1	1	60	60	0.7	0.7	1.02	42	42.86		
电焊机	380	15	6	4	80	60	0.5	0.7	1.02	30	30.61		
振捣器	380	2.5	4	4	10	10	0.7	0.7	1.02	7	7.14		
工作面局扇	380	4	5	3	20	12	0.7	0.7	1.02	8.4	8.57		
仰拱栈桥	380	20	1	1	20	20	0.7	0.7	1.02	14	14.29		
排水泵	380	15	2	1	30	15	0.7	0.7	1.02	10.5	10.71		
小计 右洞移变								0.7		247.25	252.30	353.25	选400kV·A 移变1台

10.3　瓦斯隧道安全用电技术措施

10.3.1　供电系统与隧道瓦斯监控系统联锁控制

根据相关规定，瓦斯隧道施工时主通风机供电必须做到"三专""两闭锁"。主通风机由专用变压器、专用开关、专用线路供电。瓦斯超限时，切断除主通风机以外的洞内所有设备电源；主通风机停止运行时，能自动切断除通风机外的设备电源并闭锁，只有在主通风机恢复供电后，且瓦斯浓度不超限才可恢复洞内设备的供电。

10.3.2　接地保护系统

根据规定，瓦斯工区内的配电变压器严禁中性点直接接地，严禁由洞外中性点直接接地的变压器或发电机直接向瓦斯隧道供电。瓦斯隧道必须采用独立的接地保护系统。因此，该隧道的接地保护系统采用 $-40mm \times 4mm$ 镀锌扁钢和 $BVR-1 \times 25mm^2$ 黄/绿双色 PE 接地保护线，从洞口集中接地处向洞内架设，洞内每 200m 做重复接地，洞口的集中接地与洞内的重复接地处的接地电阻不得大于 2Ω。洞内重复接地极使用厚度不小于 6mm、面积不小于 $0.7m^2$ 的镀锌钢板，可安装在洞内积水坑、水沟或预留洞室内。专用保护接地线不允许断线且不允许安装任何开关。洞内 127V 以上的和由于绝缘损坏可能带有危险电压的电气设备的金属外壳、构架等，都必须与专用保护接地线可靠连接，其接地网上任何一保护接地点的接地电阻值不得大于 2Ω。

10.3.3　设置检漏继电器

低压馈电线路上，必须装设能自动切断漏电线路的检漏装置：

（1）施工现场的总隔爆开关至分路隔爆开关设置两级检漏继电器，两级检漏继电器的额定漏电动作电流和额定漏电动作时间应作合理配合，使之具有分级保护的功能。

（2）检漏继电器应装设在总电源隔爆断路器的负荷侧和分路隔爆开关的负荷侧。

（3）检漏继电器的选择应符合现行国家标准《剩余电流动作保护器（RCD）的一般要求》（GB/T 6829—2017）和《漏电保护器安全和运行的要求》（GB/T 13955—2017）的规定，额定漏电动作电流应不大于 30mA，额定漏电动作时间应小于 0.1s。

（4）与总电源隔爆断路器配合的检漏继电器的额定漏电动作电流应小于 300mA，额定漏电动作时间应大于 0.3s。

10.3.4　防雷接地

为了防止雷电波及隧道内引起瓦斯爆炸，所有进洞线路，包括动力电缆、照明电缆、瓦斯监控系统电缆及通信电缆均需在洞口安装避雷器。因此，在各种电缆向洞内敷设时，必须严格执行规定，安装与其相配套的氧化锌避雷器，洞口的防雷接地电阻不得超过 2Ω 且要定期检查测试。进洞的其他风、水管线也必须在洞口处与专用保护接地极进行连接，以防雷电和静电传入洞内。

10.3.5　备用电源

根据有关规定，高瓦斯隧道主扇供电应配置 2 套电源，隧道内采用双电源线路，其电源线上不得分接隧道以外的任何负载。为保证隧道通风、照明及监测系统等一级负荷供电，在公用电网停电 5min 内，启动柴油发电机组供给一级负荷用电。

10.3.6　洞内电气设备的设置原则

（1）配电系统设置总隔爆馈电开关、分支隔爆馈电开关、单台设备的隔爆电磁起动器，实行三级配电。设置配电系统应使三相负荷平衡。

（2）总隔爆馈电开关应设置在靠近移动变电站区域，分支隔爆馈电开关设置在用电设备或负荷相对集中的区域，分支隔爆馈电开关与单台设备的隔爆电磁起动器的距离不得超过 30m，隔爆电磁起动器开关与其控制的固定式用电设备的水平距离不应超过 5m。

（3）每台用电设备必须有各自专用的隔爆开关，禁止用同一个隔爆开关直接控制二台及二台以上用电设备。

（4）隔爆开关不得装设在易受外来固体物撞击、强烈振动、液体浸溅及热源烘烤的场所；否则，应予清除或做防护处理。隔爆开关周围应有足够两人同时工作的空间和通道，其周围不得堆放任何有碍操作、维修的物品。

（5）隔爆开关要放置在洞内其他机械设备不易碰撞的地方，要设立警示标记或警示灯。

（6）高压入洞后，高压配电装置及矿用隔爆型干式变压器的配电点、所有电气设备应安设移动保护栅栏，并布置必要的消防设施。

10.3.7　安全用电防火措施

10.3.7.1　施工现场发生火灾的主要原因

（1）电气线路过负荷引起火灾。线路上的电气设备长时间超负荷使用，使用电流超过了导线的安全载流量，这时如果保护装置选择不合理，时间长了，线芯过热使绝缘层损坏燃烧，造成火灾。

（2）线路短路引起火灾。因导线安全距离不够，绝缘等级不够，持久老化、破损等或人为操作不慎等原因造成线路短路，强大的短路电流很快转换成热能，使导线严重发热，温度急剧升高，造成导线熔化，绝缘层燃烧，引起火灾。

（3）接触电阻过大引起火灾。导线接头连接不好，接线柱压接不实，开关触点接触不牢等造成接触电阻增大，随着时间增长引起局部氧化，氧化后增大了接触电阻。电流流过电阻时，会消耗电能产生热量，导致过热引起火灾。

（4）变压器、电动机等设备运行故障引起火灾。变压器长期过负荷运行或制造质量不良，造成线圈绝缘损坏，匝间短路，铁芯涡流加大引起过热，变压器绝缘老化、击穿、发热等引起火灾或爆炸。

（5）电热设备、照明灯具使用不当引起火灾。电炉等电热设备表面温度很高，如使用不当会引起火灾；大功率照明灯具等与易燃物距离过近引起火灾。

（6）电弧、电火花引起火灾。电焊机、点焊机使用时电气弧光、火花等会引燃周围物体，引起火灾。施工现场由于电气引发的火灾原因还有许多，这就要求用电人员和现场管理人员认真执行操作规程，加强检查。

10.3.7.2　预防电气火灾的措施

针对电气火灾发生的原因，施工组织设计中要制定出有效的预防措施。施工组织设计时要根据电气设备的用电量正确选择导线截面，从理论上杜绝线路过负荷使用，保护装置要认真选择，当线路上出现长期过负荷时，应能在规定时间内动作保护线路。

（1）导线铺设时其安全间距必须满足规范要求，当配电线路采用熔断器作短路保护时，熔体额定电流一定小于电缆或穿管绝缘导线允许载流量的 2.5 倍，或明敷绝缘导线允许载流量的 1.5 倍。经常教育用电人员正确执行安全操作规程，避免作业不当造成火灾。

（2）电气操作人员要认真执行规范，正确连接导线，接线柱要压牢、压实。各种开关触头要压接牢固。铜铝连接时要有过渡端子，多股导线要用端子或涮锡后再与设备安装，以防电阻加大，引起火灾。

（3）配电点的耐火等级要大于三级，配置砂箱和绝缘灭火器。严格执行变压器的运行检修制度，按季度每年进行 4 次停电清扫和检查。现场中的电动机严禁超载使用，电机周围无易燃物，发现问题及时解决，保证设备正常运转。

（4）施工现场内严禁使用电炉子。使用灯具必须是矿用隔爆型的，洞内禁止使用功率超过 100W 的白炽灯泡。

（5）使用焊机时要执行用火证制度，并有人监护，施焊周围不能存在易燃物体，并备齐防火设备，电焊机要放在通风良好的地方。

（6）施工现场的高大设备和有可能产生静电的电气设备要做好防雷接地和防静电接地，以免雷电及静电火花引起火灾。

（7）存放易燃气体、易燃物仓库内的照明装置一定要采用防爆型设备，导线敷设、灯具安装、导线与设备连接均应满足有关规范要求。

（8）配电箱、开关箱内严禁存放杂物及易燃物体，并派专人负责定期清扫。

（9）施工现场应建立防火检查制度，强化电气防火领导体制，建立电气防火队伍。施工现场一旦发生电气火灾时，扑灭电气火灾应注意以下事项：迅速切断电源，以免事态扩大。切断电源时应戴绝缘手套，使用有绝缘柄的工具。当电源线因其他原因不能及时切断时，一方面派人去供电端拉闸；另一方面灭火时，人体的各部位与带电体应保持充分距离，必须穿戴绝缘用品。扑灭电气火灾时要用绝缘性能好的灭火剂，如干粉灭火机、二氧化碳灭火器、1211 灭火器或干燥砂子，严禁使用导电灭火剂进行扑救。

10.3.8　电工及用电人员强制要求

（1）电工必须按国家现行标准，经过瓦斯隧道安全施工专项培训，经考核合格后，持证上岗工作；其他用电人员必须通过相关安全教育培训和技术交底，考核合格后方可上岗工作。

（2）安装、巡检、维修或拆除临时用电设备和线路，必须由电工完成并应有人监护。电工的技术水平与技能必须与瓦斯隧道电气设备的技术复杂性相适应，且必须经过本瓦斯隧道用电安全专项培训，熟悉所使用的各种防爆配电设备的技术性能和故障处理方法。

10.4 瓦斯隧道安全用电组织措施

（1）建立瓦斯隧道用电施工组织设计和安全用电技术措施的编制、审批制度，并建立相应的技术档案。

（2）建立技术交底制度。向专业电工、各类用电人员介绍瓦斯隧道临时用电施工组织设计和安全用电技术措施的总体意图、技术内容和注意事项，并应在技术交底文字资料上履行交底人和被交底人的签字手续，注明交底日期。

（3）建立安全检测制度。瓦斯隧道临时用电工程竣工开始，定期对临时用电工程进行检测，主要内容包括接地电阻值、电气设备绝缘电阻值、漏电保护器动作参数等，以监视临时用电工程是否安全可靠，并做好检测记录。

（4）建立电气维修制度。加强日常和定期维修工作，及时发现和消除隐患，并建立维修工作记录，记载维修时间、地点、设备、内容、技术措施、处理结果、维修人员、验收人员等。

（5）建立工程拆除制度。工程竣工后，临时用电工程的拆除应有统一的组织和指挥，并须规定拆除时间、人员、程序、方法、注意事项和防护措施等。

（6）建立安全检查和评估制度。设备与安全管理部门要按照瓦斯隧道相关安全技术规范的规定定期对现场用电安全情况进行检查评估。

（7）建立安全用电责任制。对瓦斯隧道临时用电工程各部位的操作、监护、维修分片、分块、分机落实到人，并辅以必要的奖惩。

（8）建立安全教育和培训制度。定期对专业电工和各类用电人员进行瓦斯隧道用电安全教育和考核，主要内容包括《矿山供电与井下照明实用技术全书》《施工现场临时用电安全技术规范》，凡上岗人员必须持有劳动部门核发的上岗证书，严禁无证上岗。

10.5 本 章 小 结

本章以白市驿2号瓦斯隧道出口工区为工程背景，依据瓦斯隧道防爆标准规范、设计目标原则、施工方案、防爆设计、负荷计算、配电方案和设备选型，制定洞内、洞外供电方案；其次，从瓦斯隧道配电系统与隧道瓦斯监控系统连锁控制、接地保护、检漏继电器、防雷接地、备用电源、洞内电气设备设置原则、安全用电防火、电工及用电人员要求等方面制定确保瓦斯隧道用电安全技术措施；最后，从建立瓦斯隧道用电施工组织设计、安全用电技术措施的编制和审批制度、技术交底制度、安全检测制度、电气维修制度、工程拆除制度、安全检查和评估制度、安全用电责任制、安全教育和培训制度等方面保障安全用电。

11 瓦斯隧道施工装备防爆改装技术应用

本章以四川都江堰至四姑娘山山地轨道交通扶贫项目站前工程土建3标映秀一号隧道（瓦斯隧道）施工安全关键技术为对象，开展瓦斯隧道施工装备（车辆）防爆改装技术研发。

11.1 瓦斯隧道施工装备防爆改装技术工程背景与风险分析

11.1.1 工程地质概况

11.1.1.1 地层岩性

隧道测区上覆第四系全新统滑坡堆积层（Q_{4del}）粉质黏土、碎石土，泥石流堆积（Q_{4sef}）块石土，坡崩积层（$Q_{4dl+col}$）块（碎）石土，坡残积层（Q_{4dl+el}）粉质黏土、碎石土等；下伏基岩为三叠系上统须家河组二段（T_3x_2）砂岩、泥岩、砂质泥岩夹页岩和煤层、煤线，震旦系下统火山岩组（Z_a）安山岩、流纹岩、凝灰熔岩、角砾集块岩，澄江-晋宁期第四期岩浆岩（γO_2^4）斜长花岗岩。

11.1.1.2 地质构造及地震动参数

A 地质构造

隧址区位于川滇南北向构造体系之九顶山华夏系构造带，龙门山构造带中南段，彭县-灌县断裂（龙门山前山渐裂）与茂县-汶川断裂（龙门山后山断裂）所限制的断块上。

隧址区发育断裂3条：东狱庙断层、北川-映秀断裂（龙圆树子-燕子窝段）、北川-映秀断裂（映秀段），以及派生的小褶曲、小断层、节理裂隙等。

隧址区主要地质构造分布见表11-1。

表 11-1 隧址区主要地质构造分布

名称	与线路关系			主 要 特 征	对工程影响评价
	位置	交角	工程		
东狱庙断层	DK21+318（地表）DK21+510（洞身）	59°	隧道	断层走向 N43°E，倾向 NW，倾角 58°，局部变缓或变陡，为逆断层。断层破碎带宽推测 2~5m。断层附近岩层产状紊乱，牵引褶曲发育。NW 盘出露 T_3x^2 砂岩夹页岩和煤层，岩层产状为 N5~55°E/70~85°SE；SE 盘出露 T_3x^2 砂岩夹页岩和煤层，岩层产状为 N65~70°E/20~90°SE	该断层与隧道斜交，对隧道工程影响较大

名称	与线路关系			主 要 特 征	对工程影响评价
	位置	交角	工程		
北川-映秀断裂（龙圆树子-燕子窝段）	DK21+969（地表）DK22+085（洞身）	38°	隧道	该断层为活动断层，断层走向N58°E，倾向NW，倾角75°，局部变缓或变陡，为逆断层。断层破碎带宽推测40~60m。断层附近岩层产状紊乱，牵引褶曲发育。NW盘出露（Z_a）安山岩、流纹岩、凝灰熔岩、角砾集块岩；SE盘出露T_3x^2砂岩夹页岩和煤层，岩层产状为40°E/70°SE	该断层与隧道斜交，对隧道工程影响大
北川-映秀断裂（映秀段）	DK23+893（地表）DK24+180（洞身）	62°	隧道	该断层为活动断层，断层走向N74°E，倾向NW，倾角60°~70°，局部变缓或变陡，为逆断层。断层破碎带宽推测40~60m。断层附近岩层产状紊乱，牵引褶曲发育。NW盘出露澄江-晋宁期第四期岩浆岩（γO_2^4）斜长花岗岩；SE盘出露震旦系下统火山岩组（Z_a）安山岩、流纹岩、凝灰熔岩、角砾集块岩	该断层与隧道斜交，对隧道工程影响大

B 地震动参数

根据《中国地震动参数区划图》（GB 18306—2015）划分，测区Ⅱ类场地基本地震动峰值加速度范围为0.15g~0.40g，基本地震动加速度反应谱特征周期范围为0.15~1.00s。

11.1.2 瓦斯情况综合分析

根据成都苏杜地质工程咨询有限公司完成的《新建都江堰至四姑娘山山地轨道交通扶贫项目定测阶段施家山隧道瓦斯专项评价报告》及《映秀一号隧道工程地质说明》中分析结论：

（1）映秀一号隧道穿越地层为三叠系上统须家河组二段（T_3x^2）砂岩、页岩夹煤层或煤线，含有丰富的烃源岩，存在有机成因有害气体生成发育的物质基础。

（2）根据同套地层施家山隧道现场钻孔瓦斯测试和室内试验均有瓦斯显示，瓦斯浓度最大为7.18%。孔内煤层瓦斯压力测定结果为0.12~0.58MPa。基于隧道钻孔瓦斯检测浓度的隧道开挖掌子面瓦斯涌出速度估算值为2.26m³/min；基于煤层估算的隧道开挖掌子面瓦斯涌出速度估算值为1.78m³/min。造成数据差异的原因在于地层中的炭质页岩、泥岩也有生烃能力，所以以检测瓦斯浓度为依据的计算结果大于以单纯煤为依据的计算结果，取前者（2.26m³/min）用于设计计算。

（3）根据《铁路瓦斯隧道技术规范》（TB 10120—2019）规定，综合判定映秀一号隧道进口段DK20+660~DK22+200为高瓦斯隧道工点。

11.2 瓦斯隧道施工装备防爆改装编制依据

11.2.1 相关法律、法规、规范性文件

该方案相关法律、法规、规范性文件见表11-2。

表 11-2　相关法律、法规、规范性文件

序号	名　称	文　号
1	《中华人民共和国安全生产法》	主席令第 70 号
2	《中华人民共和国煤炭法》	主席令第 45 号
3	《煤矿安全规程》	总局令第 87 号

11.2.2　标准规范

该方案相关标准规范见表 11-3。

表 11-3　相关规范标准

序号	名　称	编　号
1	《铁路瓦斯隧道技术规范》	TB 10120—2019
2	《山地（齿轨）轨道交通技术规范》	DB51/T 2542—2018
3	《爆炸性环境用工业车辆防爆技术通则》	GB 19854—2018
4	《煤矿用防爆柴油机无轨胶轮车通用技术条件》	MT/T 989—2006
5	《矿用防爆柴油机通用技术条件》	MT 990—2006
6	《矿用防爆柴油机技术检验规范》	—
7	《爆炸性气体环境用电气设备　第 1 部分：通用要求》	GB 3836.1—2000
8	《爆炸性气体环境用电气设备　第 4 部分：本质安全性》	GB 3836.4—2000
9	《爆炸性环境用工业车辆防爆技术通则》	GB 19854—2018
10	《防爆柴油机技术条件》	Q/BXJ 003—2008 BX4108DFB
11	《柴油机车隔爆型电源控制箱》	Q/BXJ 004—2006 KXB-120/24J
12	《柴油机车自动保护装置》	Q/BXJ 005—2006 ZZB-15/24J
13	《柴油机车隔爆型起动机技术条件》	Q/BXJ 008—2009 KBQC-4.5/24
14	《隔爆型交流发电机技术条件》	Q/BXJ 014—2009 KFZ-500

11.2.3　施工图设计文件及施工组织设计

含《DK24+143 映秀一号隧道》在内的多项设计图纸文件及都四山地轨道交通项目土建 3 标施工组织设计在内的多项施工组织设计文件。

11.3　瓦斯隧道施工装备防爆改装施工计划

根据隧道现场地质情况及以往施工经验，隧道正洞、平导、斜井的开挖进度指标见表 11-4。

表 11-4 主要进度指标

序号	施工方法	分类	施工进度/m·月⁻¹								
			Ⅲ级	Ⅳ级	Ⅴ级	中等大变形	严重大变形	中等岩爆	强烈岩爆	极强岩爆	超前预注浆
1	钻爆法	正洞	115	70	40	40	25	90	70	40	30
2		平导	160	110	70	55	35	120	90	40	30
3		斜井	150	100	70	55	35	120	90	40	30
4	钻劈法	正洞	25	—	—	—	—	—	—	—	—

11.3.1 主要材料配置计划

根据《铁路瓦斯隧道技术规范》，瓦斯隧道机械设备采用防爆型，主要设备防爆改装所需材料见表 11-5。

表 11-5 单台机械设备防爆改装主要材料

序号	配件名称	规格	备注
1	连接发动机法兰	防爆柴油机附件	不锈钢制作
2	双层水冷排气弯管		
3	双层水冷排气波纹管		
4	卧式低背压废气处理箱		
5	浮球阀		
6	阻火器装置		
7	补水箱		
8	连接高压水管		
9	矿用隔爆型机车照明灯	LED 36W/24V（含信号灯）	MA
10	隔爆型发电机	600W/28V	—
11	隔爆型起动机	ZBQ-4.5/24	
12	隔爆型电源控制箱（含免维护蓄电池）	KXB-120/24J（120~200Ah/24V）	MA
13	隔爆型开关箱（带转换）	16A/48V	MA
14	矿用柴油机保护装置	防爆柴油机保护显示装置	MA
15	矿用显示装置控制器		
16	瓦斯传感器		
17	发动机表面温度传感器		
18	排气温度传感器		

序号	配 件 名 称	规 格	备注
19	水温度传感器		
20	水位传感器		
21	发动机油压传感器	防爆柴油机保护显示装置	MA
22	发动机转速传感器		
23	熄火电磁阀		
24	矿用线缆	MY-0.38/0.66 （4~150mm^2）	MA
25	干粉灭火器	2kg	—
26	瓦斯监测仪（含观察箱）	CH$_4$	MA

11.3.2 主要设备配置计划

设备配置遵循"先进、适用、配套、满足要求"的原则，通过合理的组合，力争最大限度地提高工效，加快进度，确保质量与安全，该隧道平导工点所有进洞设备均采用防爆型，主要设备配置见表 11-6。

表 11-6 映秀一号隧道平导工点主要机械设备进场计划

序号	设备名称	型号规格	额定功率/kW	备 注
1	空压机	28m^3	132	2 台整机防爆
2	轴流通风机	—	240	1 台整机防爆
3	射流风机	SDS-10.0-4P45	55	2 台整机防爆
4	局扇	—	—	整机防爆
5	风钻	天水 YT28	0.8	整机防爆
6	湿喷机	ZSPB-5	7.5	整机防爆
7	注浆机	单双缸	4	整机防爆
8	二衬台车	—	20	整机防爆
9	振捣器	GPZ-150	1.5	整机防爆
10	混凝土输送泵	HBT60C	22	整机防爆
11	抽水泵	22kW	22	整机防爆
12	污水泵	50m^3/h	22.5	整机防爆
13	装载机	ZLC50B	—	2 台防爆改装
14	挖掘机	PC200C-8	—	2 台防爆改装
15	自卸车	STL3600	—	6 台防爆改装
16	变压器	1000kV·A	—	
17	变压器	500kV·A	—	整机防爆
18	混凝土运输车	8m^3	—	防爆改装
19	火工品押运车	—	—	防爆改装
20	皮卡车	长城	—	防爆改装

11.4 瓦斯隧道施工工艺技术

11.4.1 防爆机械设备配置方案

根据《铁路瓦斯隧道技术规范》（TB 10120—2019）要求，高瓦斯工点和瓦斯突出工点作业机械应使用防爆型，结合映秀一号隧道施工组织安排，映秀一号隧道 DK20+660～DK22+200 段为高瓦斯区，机械设备均按防爆型配置。总体配置方式是，对具有整机防爆性能的机械设备进行购置，不具备整机防爆性能的机械设备进行防爆改装。

（1）电力变压器、电力开关等电气材料，以及水泵、通风机、局扇等采购整车（机）防爆型产品。

（2）对于衬砌台车、液压仰拱栈桥，行走电机配置Ⅰ类防爆电机，电源采用Ⅰ类防爆馈电开关和电磁起动器，动力电缆及控制电路均采用防爆电缆及通信线进行防爆改装；并在台架上安装多个局扇，防止瓦斯聚集，有效降低区域瓦斯浓度。同时，在台架上安装瓦斯监控设备，实时监控台架及周围瓦斯浓度，有效防止瓦斯爆炸。

（3）对瓦斯隧道施工中挖掘机、装载机、出渣车、混凝土搅拌运输车、地质钻机等内燃机械设备进行防爆改装，以达到防爆功能。

11.4.2 机械设备防爆改装的目的

（1）瓦斯爆炸风险高，机械设备的防爆性能直接决定瓦斯隧道施工的成败，提前制订防爆机械设备配置方案，并严格实施以应对瓦斯的出现，确保施工安全、质量可控。

（2）瓦斯隧道无轨运输机械设备防爆型产品较少，绝大部分机械设备均需要通过防爆改装以具备防爆性能。通过配置方案，系统进行防爆机械设备的配置，有效降低瓦斯风险。

11.4.3 机械设备防爆改装的要求

（1）发电机改装为符合国家标准要求的隔爆型发电机。

（2）把原机启动机改装为隔爆型启动机。

（3）使用免维护蓄电池装在隔爆箱内，电路中接线处各种操纵开关均安装在隔爆箱内（电源控制箱）。

（4）照明、信号灯、喇叭均采用了防爆产品（LED隔爆灯）。

（5）对于容易产生静电积聚的非金属件采取了抗静电措施。

（6）为了检测甲烷，加装了甲烷报警器。

（7）为控制排气温度在 70℃，在排气管出口处安装了废气处理箱，废气处理箱出口处安装阻火器以消除排气火花。

（8）对排气支管涡轮增压器表面采用太空绝热材料包封，排气支管和废气处理箱连接用层套式不锈钢水夹层管以保证机体温度≤150℃。

（9）本机按标准要求增设了7项自动保护设置。自动保护装置为本安兼浇封型。当机器运转中某一项超过设定安全值时，自动声光报警，延时 15～60s 柴油机车自动停机。

（10）按 MT/T 989 和 MT 990 标准，工程机械车辆应配置便携式甲烷检测报警器，设定值为 0.3% 瓦斯浓度，当工作环境中瓦斯浓度达到 0.3% 时，瓦斯报警器自动声光报警，此时应及时停车并迅速撤离工作场地。待隧道内经通、排风处置后，方能进入隧道内重新作业。

（11）对于带有涡轮增压器的车辆，空气关断阀安装在废气处理箱的前方。对没有涡轮增压器的设备增设空气关断阀，一旦发生进气回火火花在汽缸外直接燃烧的意外情况，立即拉动关断阀手柄，阻止空气进入气缸，迫使设备停止工作。

11.4.4 机械设备防爆改装系统及原理

11.4.4.1 尾气处理系统

尾气的处理系统主要由双层水冷排气波纹管、废气处理箱、阻火器、补水箱等组成（图 11-1）。

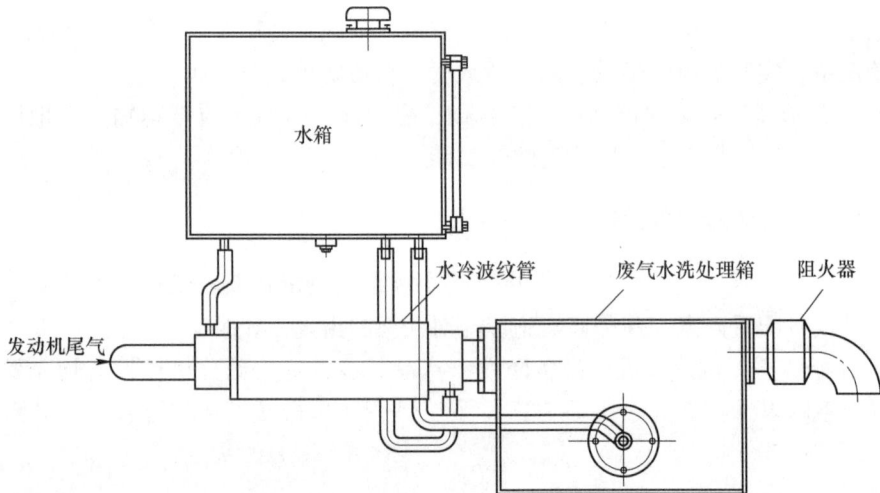

图 11-1　废气处理系统组成示意图

（1）用双层水冷排气波纹管取代传统的双层水冷排气弯管，并扩大排气管直径，减少尾气流道长度并加大排气截面，使尾气排放更流畅，降低背压。在工作时，于夹层中走水，通过水的冷却来降低排气管表面温度，并对尾气进行冷却。

同时双层水冷排气波纹管使得发动机与固定在车架上的废气处理箱柔性地连接在一起，降低发动机与车架之间的震动耦合，减小发动机震动能量向车架的传递，降低噪声，并能提高刚性排气管的寿命，如图 11-2 所示。

（2）废气处理箱的主要作用是消除尾气中的火花、降低排气温度和净化废气，在废气进入废气处理箱后通过其中的特殊结构，让废气与废气处理箱中的冷却水有充分的接触面积和接触时间，从而提高了废气与冷却水的热传递效率，迅速降低废气温度以达到彻底熄灭废气中火花的目的，这个过程也称为水洗。

通过废气处理箱的水洗不但熄灭了火花，也降低了排气温度（≤70℃），同时在水洗过程中大量的碳烟和各种有害气体一并溶解在水中，净化了发动机尾气。大大降低了车辆

图 11-2　双层水冷排气波纹管示意图

在隧道内相对封闭狭小的空间内对空气的污染，改善了隧道内的工作环境，最终使得发动机的尾气实现安全排放和清洁排放，如图 11-3 所示。

图 11-3　废气处理箱示意图

（3）阻火器是尾气处理系统中另外一道阻火装置，它能阻断尾气中的火焰传播，尾气经过废气处理箱后，再经过阻火器排出到外界，是废气处理系统中防止火焰向外界传递的又一道保险，其使得尾气中的火焰完全没有可能传递到外界空气中，如图 11-4 所示。

（4）整个系统是在原有车辆结构上的增加改装。传统改装方式中废气处理箱为立式结构，高度太高，在布置过程中需要避开许多原车部件，常常导致排气路径过长，拐弯过多，使排气背压额外加大，因此存在改装后效率低、能耗高等问题。新的改装是改成低背压废气处理系统，实现不改变车辆原有的性能及工作效率。具体的实施方案是在继承原有成熟水洗结构上采取了 8 个方面的改善措施：

1）将立式废气箱改为卧式废气箱。将废气箱改为卧式结构后，垂直高度降低了340mm，便于废气箱的位置布置；同时废气箱的重心离安装固定位置间的距离也大幅缩小，也即重心悬臂长度缩小。在恶劣路况下废气箱各向摆动扰度会比原来大幅降低。由此与废气箱相连的波纹管以及废气箱安装支架的抗疲劳寿命会大大延长，降低故障率。

图 11-4　阻火器

2）在 15T 自卸汽车和混凝土搅拌输送车改装时，可以选择在原车电瓶箱支架上安装废气箱。一是不用在车架副梁焊接安装支架，避免了焊接高温对副梁带来的退火影响，实现对原车件的最大保护。二是将废气箱安装在原车电瓶箱支架上时距离发动机更近，比立式废气箱方案缩短 1000mm 左右，只需要一截波纹管连接发动机和废气箱。排气路径的缩短降低了排气阻力、背压。改进废气箱的内部结构，使其能够随道路坡度变化调节水位高度。在车辆的爬坡工况下降低排气背压，使得爬坡过程中发动机扭矩值与改装前保持一致，无需额外降档。

3）在原有水洗消焰的基础上增加离心式消焰结构。在发动机转速增加后，排气量增加，废气流速增加，此刻废气通过内部环形流道时的离心力同比例加大，将气流中的火花以更大的离心力抛向相对低温且覆盖有水膜的箱壁以达到熄灭火花目的。该结构的消焰能力正比于气流速度，在高转速废气量增大火花发生概率也更大的时候，消焰效果也更好。考虑到环形流道带来的额外排气阻力，将流道截面增加到 $330cm^2$，使影响降至最小。

4）优化原有水洗结构。在废气在处理箱中二次水洗混合前将废气与水的混合体进一步分散，将其分散为数十股流体。目的是把废气在水中的热交换面积提高，换取更高的热交换速度，以得到更快的消焰速度和更低的废气温度，以适应工程车辆大排量增压发动机的高排气量现状，保证水洗系统的消焰作用。

5）加大排气管口径，由原来 89mm 外径扩大至 108mm，排气截面积增加 50%，使拉渣车辆在重载爬坡工况，以及装载机挖掘机大负荷工况时，改善发动机高转速段的排气阻力、背压。

6）将水冷波纹管与废气箱的波纹管补水管路相互独立。对废气箱与水冷波纹管进行单独供水，好处有两个：一是避免水冷波纹管中生成的蒸汽影响向废气箱的补水，保持废气箱随时有足够的补水保持内部水位，不影响消焰效果。二是可以把水冷波纹的上部出水口与水箱中部相连，下部进水口与水箱底部相连，构成一个完整的冷热对流回路。波纹管隔层中的冷却水受热膨胀后与同时产生的水蒸气一起通过波纹管的上部出水口回流至水箱，水箱做成扁平状，获得同等体积更大的冷却面积。回流的高温水在水箱中自然冷却后，较低温度的水通过水箱底部出口流出到波纹管底部进水口，不断补充给波纹管。利用冷热对流作用，波纹管借用了水箱比它大 10 倍的散热面积，得到了很好的冷却。同时可以根据具体情况改变水箱形状、大小、数量来灵活调节散热面积，更方便地控制水冷波纹管表面温度。

7）在波纹管和废气箱内部设置静态排水保护，在废气箱的排气口高于发动机排气口的情况下用以避免系统中的波纹管和废气箱中的水位控制阀损坏后水位升高流向发动机。水位控制阀采用全金属结构，延长使用寿命。

8）使用波纹式排气阻火器。原来使用的片式防爆栅栏的通气面积比例较低（20%）、排气阻力、背压大。而波纹式阻火器相比于片式防爆栅栏，显著特点是通气面积比例高（80%）、进气阻力小，这得益于其波纹材料结构特点和厚度小的优势（0.15mm），在进气端造成的紊流小，进气流顺畅；另外结构小重量轻，利于布置；通气面积比原来大 4 倍或更多（根据情况可以增加波纹式阻火器数量）。

11.4.4.2　保护系统

防爆柴油机车自动保护装置 ZZB-15/24J 适用于煤矿井下有甲烷等爆炸性气体混合体的环境。装置适用于防爆柴油机车的水位过低报警、机体温度过高报警、排气温度过高报警、冷却水温过高报警、机油压力报警、发动机转速过高报警、甲烷浓度超限报警，如图 11-5 所示。

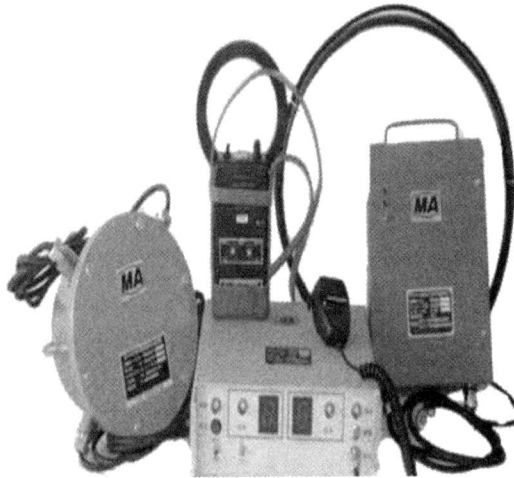

图 11-5　自动保护装置

A　工作原理

装置通电后，主机中的微型计算机通过各传感器对温度、水位、转速压力、瓦斯浓度等参数进行采样和运算，处理结果送显示电路进行显示，同时与设定值比较。如果某一路的检测参数超过设定值，则装置发出声光报警，距防爆控制盒 1m 远处声级强度不小于80dB，在暗处的能见度不小于 3m。延时 30s 后触发电磁电路，关断空气阀，气缸活塞杆靠弹簧力向外运动，拉动停油杆停止向发动机供油，发动机停止运转。对电控高压共轨喷油的柴油机，在防爆柴油机的自动保护装置和柴油机控制器 ECU 之间加一装置，应用断电的方法，当 7 项控制要素某一项达到计定值时，自动保护系统发出声光报警，计算机断电，柴油机车停车。对可产生火花的部位，采用隔爆控制盒，将接插件放在隔爆盒内。对不能安装隔爆盒的接插件，应用抗静电阻燃胶带进行包封。图 11-6 所示为保护装置工作原理。

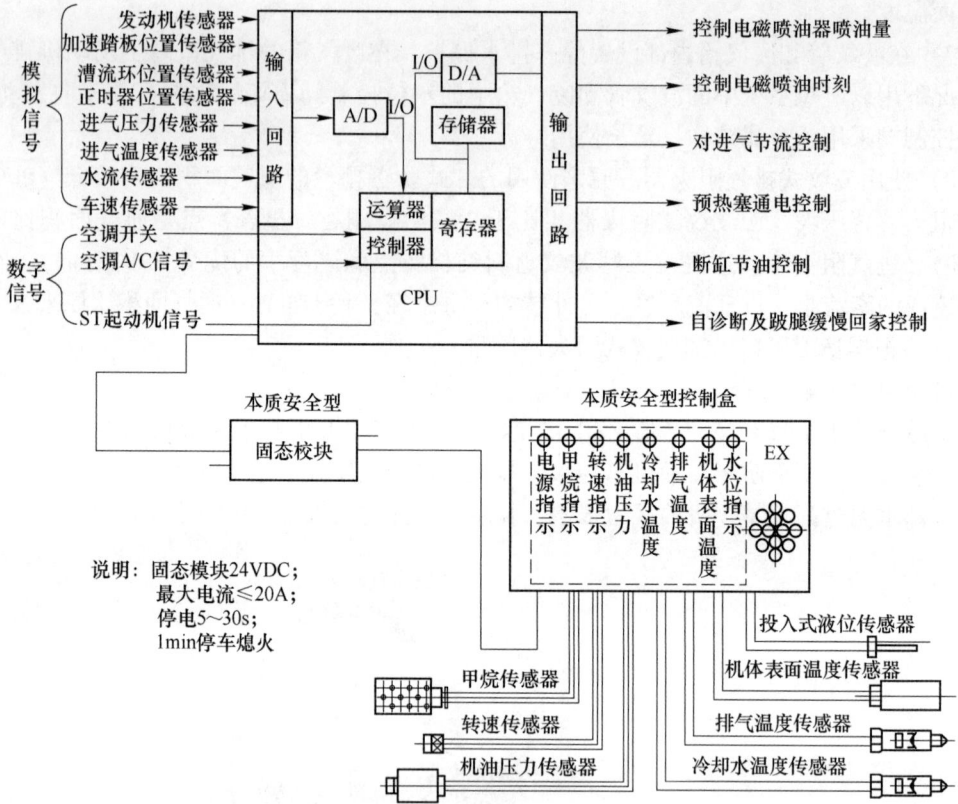

图 11-6　保护装置工作原理

B　主要保护功能

（1）温度过高保护：当被测对象温度超过报警值时，装置将发出声光报警，液晶显示背光开启，故障参数不断闪烁；当被测对象的温度值低于报警值 3℃时，装置自动恢复正常状态。

（2）水箱缺水保护：当水箱水位连续 3s 低于预设的报警值时，装置将发出声光报警，液晶显示背光开启，故障参数不断闪烁；当水位上升至报警水位上方时，装置自动恢复正常状态。

（3）发动机机油压力保护：当柴油机机油压力出现异常时（低于某一设定值或高于某一设定值），装置将发出声光报警，液晶显示背光开启，故障参数不断闪烁；当机油压力正常后，装置自动恢复正常状态。

（4）发动机转速保护：当柴油机发动机转速过高时（超出设定值），装置将发出声光报警，液晶显示背光开启，故障参数不断闪烁；当发动机转速恢复正常后，装置自动恢复正常状态。

（5）瓦斯浓度保护：当柴油机工作环境内瓦斯浓度超过 0.3%时，装置将发出声光报警，液晶显示背光开启，故障参数不断闪烁；当瓦斯浓度超过 0.5%时，装置将发出声光报警并控制发动机熄火。

C 使用方法

装置出厂时已按规定设置，无需调整。装置第一次上电，首先进行自检，检查各传感器的状态。自检结束，装置转入正常工作，液晶显示屏显示各检测参数，具体显示内容见表 11-7。

表 11-7 ZZB-15/24J 保护装置显示参数

序号	项目名称	设定值	保护动作值	备注
1	柴油机机体表面温度/℃	≤150	145±5	可根据要求设定保护项目及保护动作值
2	柴油机排气温度/℃	≤70	68±2	
3	柴油机冷却水温度/℃	≤95	95±2	
4	柴油机机油压力/MPa	<0.08	0.08±0.01	
5	补水箱水位	高于设定水位	缺水	
6	柴油机转速/r·min^{-1}	≥柴油机最高转速	柴油机最高转速	
7	甲烷浓度	0.3%CH$_4$	0.3%	

D 传感器安装位置

（1）排气温度传感器安装在废弃处理箱口。

（2）甲烷传感器安装在驾驶室外。

11.4.4.3 瓦斯闭锁装置

瓦斯闭锁装置（图 11-7）是保护系统中最重要的保护装置之一。加装瓦斯闭锁装置后，当工作环境中瓦斯浓度达到设定值 0.3%时，瓦斯报警器自动声光报警，并在 1min 内自动停机，人员迅速撤离工作场地；待隧道内经通、排风处置后，方能进入隧道重新作业。

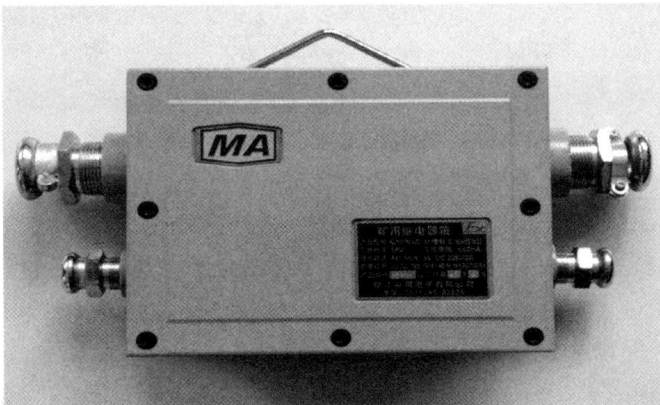

图 11-7 瓦斯闭锁装置示意图

图 11-8 所示为瓦斯闭锁原理示意图。

11.4.4.4 电气改装系统

电气系统的防爆改装主要涉及隔爆电源箱、隔爆操纵箱、自动保设装置、防爆发电机和防爆启动马达、防爆照明与信号灯，用防爆电缆（线）将各装置连接而形成系统。防爆电气改造原理如图 11-9 所示。

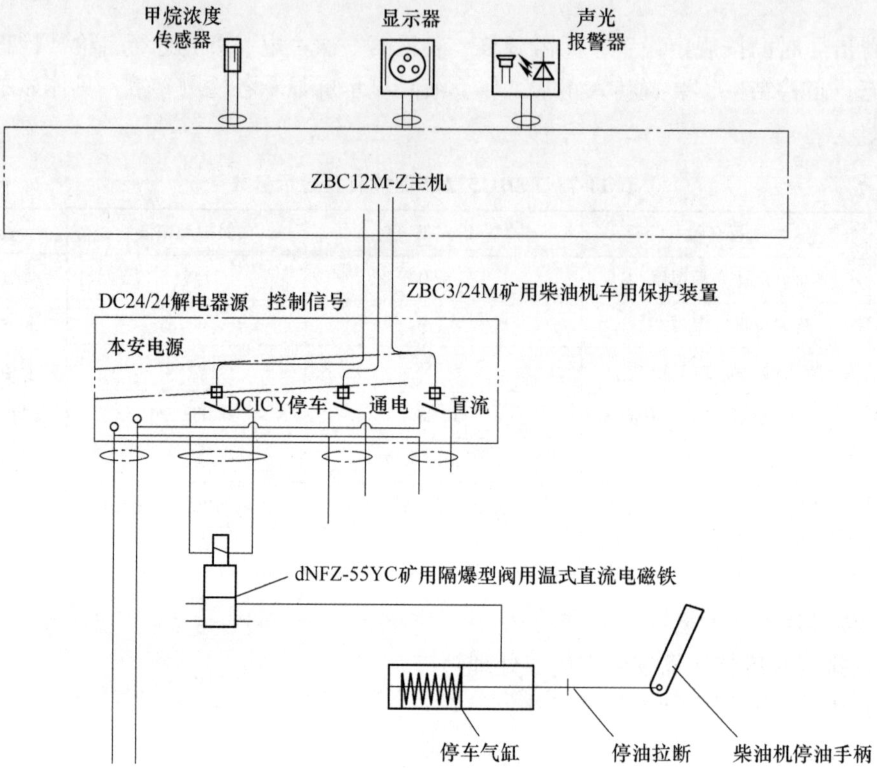

图 11-8　瓦斯闭锁原理示意图

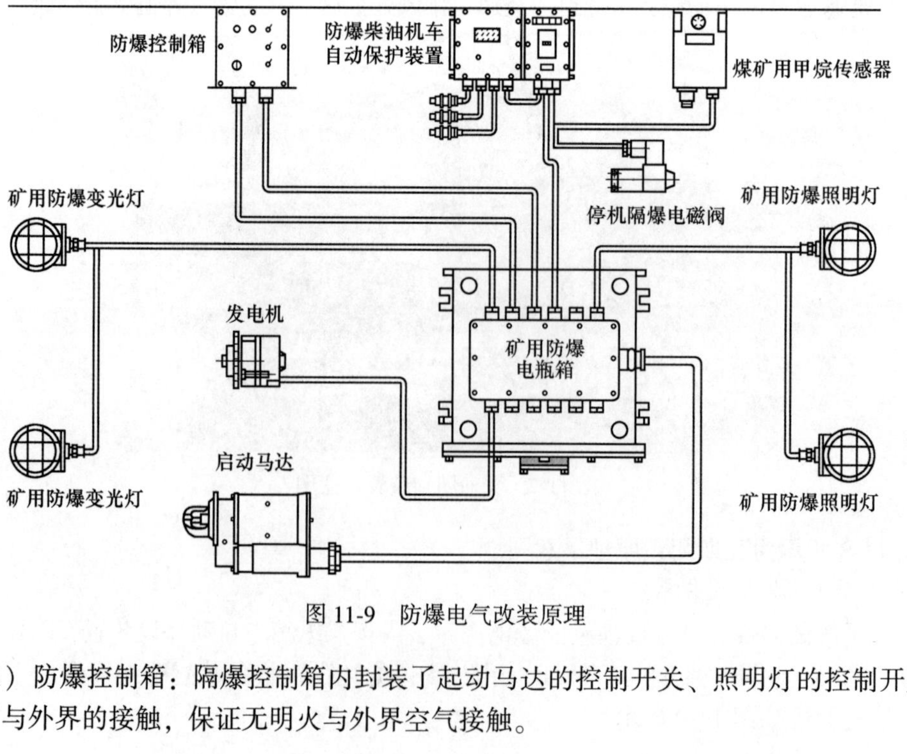

图 11-9　防爆电气改装原理

（1）防爆控制箱：隔爆控制箱内封装了起动马达的控制开关、照明灯的控制开关等，隔绝了与外界的接触，保证无明火与外界空气接触。

（2）胶封隔爆起动机（图11-10）：起动车辆时，胶封隔爆起动机隔绝了起动火花与外界空气的接触，可有效避免它在有甲烷或煤尘爆炸性混合物的场所使用时产生爆炸的危险。

图 11-10　胶封隔爆起动机

（3）胶封隔爆型发电机（图11-11）：为防爆柴油机设备发电的装置，胶封发电机可给蓄电池充电及其他电控系统供电，具有体积小、功率大、输出稳定等特点。电气系统的防爆改装中所采用的矿用电缆，有较好的耐候性和安全性。

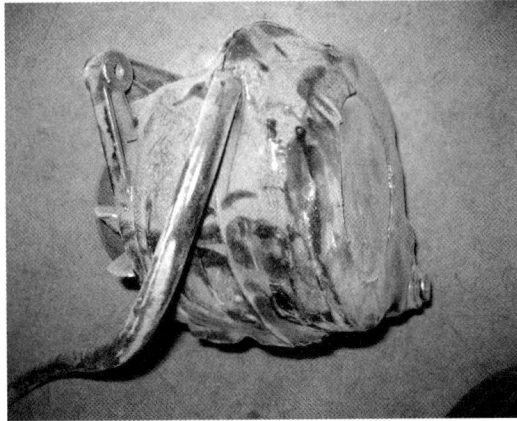

图 11-11　胶封隔爆型发电机

（4）防爆照明信号灯具（图11-12和图11-13）。为了在隧道内昏暗的环境下给车辆提供安全充分的照明，使用矿用防爆照明信号灯替代原车的照明信号系统，包括车前的两只矿用防爆照明信号灯，和车后位置两只矿用防爆照明信号灯及转向灯，保证了车辆在隧道内的有一个良好的照明环境。

11.4.5　防爆改装部件技术参数

11.4.5.1　主要防爆设备参数

A　自动保护装置

自动保护装置由控制盒、电源变换盒、液位传感器、水温传感器、尾气温度传感器、

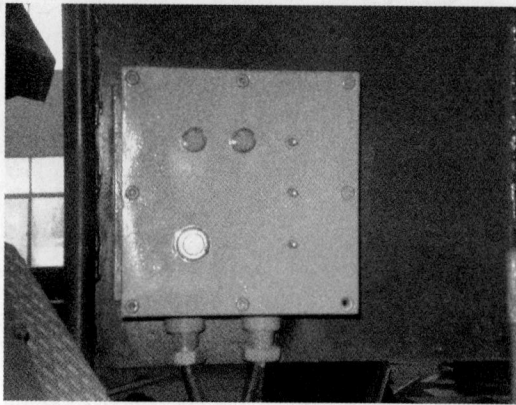

图 11-12　防爆照明信号灯

图 11-13　防爆照明灯

机体表面温度传感器、机油压力传感器、转速传感器、甲烷传感器等组成。当被测参数超限时，控制盒内发出声光报警，并按设定的延时时间自动关闭柴油机供油系统，从而保证环境和柴油机的安全。

表 11-8 为 ZZB-15/24J 柴油机车自动保护装置性能技术参数。

表 11-8　ZZB-15/24J 柴油机车自动保护装置性能技术参数

序号	检测项目	测量范围	保护动作值	动作误差
1	柴油机机体表面温度/℃	0~150	145	±5
2	柴油机冷却水温度/℃	0~100	95	±2
3	柴油机排气温度/℃	0~100	68	±2
4	柴油机机油压力/MPa	0.1~0.8	0.08	0.01
5	水箱水位	低水位~满水	缺水时	缺水
6	柴油机转速/r·min^{-1}	0~3000	2640	±5%
7	甲烷浓度	0.3%	0.3%	真值的±10%

（1）装置的电源变换盒额定电压为 24V，额定功率小于 15W。

（2）装置的执行机构为短时工作制，工作时间小于 10min，间隔不小于 10min，使用电流≤10mA、电压≤5V。

（3）装置的声、光报警：当各传感器某一个达到设定值时能自动报警。在设定的时间内（20~30s，允许误差 10s）能接通执行机构的电源，迫使柴油机供油中断，熄火停车。

（4）声报警在距控制盒 1m 远处声级强度≥80dB；光报警在暗处能见度≥3m。

B　隔爆型电源控制箱

KXB-120/24J 电源控制箱为防爆柴油机车上的用电设备供电，同时引入发电机所发的电为蓄电池充电。该电控箱外壳用钢板焊接，分为隔爆主腔和接线腔。

KXB-120/24J 柴油机车隔爆型电源控制箱性能技术参数见表 11-9。

表 11-9　KXB-120/24J 柴油机车隔爆型电源控制箱性能技术参数

序号	项　目	参　数
1	防爆形式	隔爆型
2	防爆标志	Exd Ⅰ
3	额定电压/V	24
4	额定容量	120Ah/单只，2 只（串联）
5	最高充电电压/V	14.4/单只
6	最大充电电流/A	2~3，充至 14.4V/单只
7	瞬间最大放电电流/A	≤350
8	短时最大放电电流/A	≤180（3~5s）
9	连续最大放电电流/A	≤10

C　隔爆型永磁发电机

隔爆型永磁发电机转子磁场为永久磁场，电枢为三相绕组，星形（Y）联接（中心点内接），该发电机体积小、结构简单、维护方便、工作可靠，发电机外壳做成隔爆型，可用于煤矿 Exd Ⅰ 易燃易爆环境，由于采用永久磁场，省去电刷等结构，故不产生环火，使工作安全可靠，同时对周围无线电无干扰。

隔爆型永磁发电机参数见表 11-10。

表 11-10　隔爆型永磁发电机参数

序号	参数型号	FB-350/24Y	FB-500/24Y
1	额定功率/W	350	500
2	标称电压（配调节器）/V	24 直流	24 直流
3	额定电压（配调节器）/V	24、28 直流	24、28 直流
4	额定电流/A	12.5	17.8
5	额定转速/r·min^{-1}	3000	3000

序号	参数型号	FB-350/24Y	FB-500/24Y
6	最低工作转速/r·min⁻¹	1500	1500
7	最高工作转速/r·min⁻¹	4000	4000
8	防爆型式	Exd I	Exd I
9	工作电流/A	0~12.5	0~17.8
10	绝缘等级	B	B
11	配用调节器型号	TB-350/24YF	TB-800/24YF

D　矿用隔爆型起动机

ZBQ-4.5/24 矿用隔爆型起动机为四极直流串激隔爆电动机，采用滚柱式单向离合器实施超速保护，由电磁开关控制主触点电路接通和齿轮啮合。

ZBQ-4.5/24 矿用隔爆型起动机参数见表 11-11。

表 11-11　ZBQ-4.5/24 矿用隔爆型起动机参数

序号	防爆标志	Exd I
1	额定电压	DC 24V
2	输出功率	4.5kW

E　矿用隔爆型机车灯

DGY9/24L(A) 矿用隔爆型机车灯选用先进的 LED 光源及电源稳压系统，省电节能，使用寿命长。可交直流两用，在电压 16~58V 之间能够正常点亮。

DGY9/24L(A) 矿用隔爆型机车灯性能技术参数见表 11-12。

表 11-12　DGY9/24L(A) 矿用隔爆型机车灯性能技术参数

序号	项　目		单　位	参　数
1	额定电压		V	24
2	额定功率		W	9
3	额定电流		A	0.37
4	光源照度	照距	m	50
		照度	Lx	2
5	使用寿命		h	7000
6	重量		kg	8

F　隔爆型信号灯

GDY-3/48L 隔爆型信号灯采用高效发光二极管作指示源，具有亮度大、功率小、寿命长等特点，采用 HT250 灰铸铁外壳，隔爆面经热磷化处理，具有强度高、防锈性能好的特点，有一定的耐腐蚀性能。

GDY-3/48L 隔爆型信号灯性能技术参数见表 11-13。

表 11-13　GDY-3/48L 隔爆型信号灯性能技术参数

序 号	项 目	单 位	参 数
1	形式		隔爆发光二极管节能型
2	额定电压	V	24/48
3	额定功率	W	3
4	视认距离	m	200 处可见红光（绿光、黄光）
5	外形尺寸	mm	175×105×96
6	重量	kg	3.4

G　其他部件

废气处理系统的钢构件均为自制件。废气处理箱、补水箱采用"1Cr18Ni9Ti"不锈钢制作；双层排气管外管采用"1Cr18Ni9Ti"不锈钢制作；内管为不锈钢金属软管；废气处理箱排气口管、排气阻火器均采用不锈钢制作。

11.4.5.2　单台设备改装材料

单台机械设备防爆改装主要材料见表 11-14。

表 11-14　单台机械设备防爆改装主要材料

序号	配件名称	规格	备注
1	连接发动机法兰		
2	双层水冷排气弯管		
3	双层水冷排气波纹管		
4	卧式低背压废气处理箱	防爆柴油机附件	不锈钢制作
5	浮球阀		
6	阻火器装置		
7	补水箱		
8	连接高压水管		
9	矿用隔爆型机车照明灯	LED36W/24V（含信号灯）	MA
10	隔爆型发电机	600W/28V	—
11	隔爆型起动机	ZBQ-4.5/24	
12	隔爆型电源控制箱（含免维护蓄电池）	KXB-120/24J（120~200Ah/24V）	MA
13	隔爆型开关箱（带转换）	16A/48V	MA

序号	配件名称	规　格	备注
14	矿用柴油机保护装置		MA
15	矿用显示装置控制器		
16	瓦斯传感器		
17	发动机表面温度传感器		
18	排气温度传感器	防爆柴油机保护显示装置	
19	水温度传感器		
20	水位传感器		
21	发动机油压传感器		
22	发动机转速传感器		
23	熄火电磁阀		
24	矿用线缆	MY-0.38/0.66（4~150mm）	MA
25	干粉灭火器	2kg	—
26	瓦斯监测仪（含观察箱）	CH_4	MA

11.4.5.3　防爆设备操作注意事项

A　操作人员考核与培训

改装完成后，施工前必须由安监部组织厂家专业技术人员对现场操作人员进行不少于一周的安全技术操作培训，并对操作人员进行考核，合格后方可进洞作业。施工期间，改装厂家必须安排专业技术人员驻守现场，进行技术指导，帮助解决现场故障，及时更换零部件，做好后期技术服务工作。

B　安全技术操作规程

（1）防爆车驾驶员应具有公安机关发放的有效驾驶证件。

（2）防爆车驾驶员应配备便携式甲烷检测仪。

（3）开车前检查电器设备是否固定牢靠、线路是否完好。逐一检查监控装置传感器的线路及航空插头是否损坏和松动，对靠近高温热源或转动位置的线拉离并实施牢靠固定，把松动的航空插头拧紧。

（4）检查高温涂料是否脱落，若脱落要及时补上。

（5）补水箱加满水，并注意观察水箱和水管是否有漏水地方。

（6）上车打开总电源开关，显示屏能正常点亮。

（7）挡杆放在空挡位置，按动启动按钮，同时打着车时观察启动按钮是否复位（若不复位容易把起动机及电器烧坏）。

（8）进入隧道时应把车灯打开。

（9）在正常运行时，若发现显示屏上有故障项提醒闪烁及报警的蜂鸣声，观察显示屏上是哪一项在闪烁报警（如瓦斯、水温、水位、排温、表面温度等），要在车自动熄火前靠边停车，并下车查看排除故障项，方可继续行驶。每10d对传感器进行校验。

（10）特别注意车辆在瓦斯隧道内运行时，若瓦斯传感器及监控显示屏发出报警，司机应手动紧急熄火停车，并向相关领导报告，在没有把瓦斯浓度降到安全系数时，不得启动车辆操作行驶。

（11）下车后把车上的总电源及所有电器关掉并切断电源，以确保安全。

（12）驾驶员每3天对废气处理箱上的阻火器进行清洗，并把废气处理箱中的污水放掉更换新水。

（13）防爆电器设备不得在巷道内打开维修，维修时需由专业人员进行。

11.4.5.4　改装后使用及管理

（1）认真阅读各项使用说明书，不得违规操作。

（2）车辆工作前，检查废气处理箱、补水箱中冷却水的情况，及时补充，保证工作。加入箱中的冷却水应是经过处理的干净的软水或自来水，不得使用防冻液。

（3）定期检查排气阻火器，及时清除阻火器上附着的垢物，以免排气不畅而影响发动机功率。

（4）电器系统的使用必须严格按照说明书中操作规程执行。注意在进入工作面前，必须切断与原车各种用电器电路的连接。

（5）自动停机后，不允许强行启动，必须找出原因，故障排除后方能重新启动投入运转。

（6）冬季野外停放，要把补水箱、废气处理箱中的水放掉，以免冻坏有关装置。

（7）对操作人员和管理人员进行岗前安全培训和操作规程培训。

（8）改装车辆每使用1年，必须对车辆的安全性、可靠性、设备灵敏度进行检验评估，合格后方可继续投入使用，此项工作应由具有相应资质的单位实施。

11.5　瓦斯隧道施工安全保证措施

11.5.1　瓦斯隧道组织保障措施

11.5.1.1　项目部组织机构

为了实现瓦斯安全的目标，项目经理部成立以项目经理为组长，建造总监、技术总监、安全总监为副组长，相关管理部门、安全工程师、专职安全员为组员的瓦斯安全管理领导小组。其中项目经理为瓦斯安全施工的第一责任人。项目安全生产监督管理部是瓦斯安全管理领导小组的日常工作机构负责标段瓦斯安全管理体系的运行和日常瓦斯安全监督检查。各施工队伍按照要求配备相应的专职安全员，协作队伍班组配备兼职安全员，自上而下形成瓦斯安全生产监督管理体系，开展现场瓦斯安全监督检查工作，瓦斯安全管理组织机构如图11-14所示。

11.5.1.2　管理机构人员职责及分工

防爆机械设备管理分为项目部、瓦斯工点二级管理。项目部成立防爆机械设备管理领导小组，项目经理为组长，技术总监、安全总监、建造总监、商务总监、项目副书记为副组长，其他相关管理人员为组员。瓦斯工点成立责任到人的实施小组。

（1）防爆机械设备管理领导小组职责。

1）负责防爆机械设备配置方案的审核并督促落实；

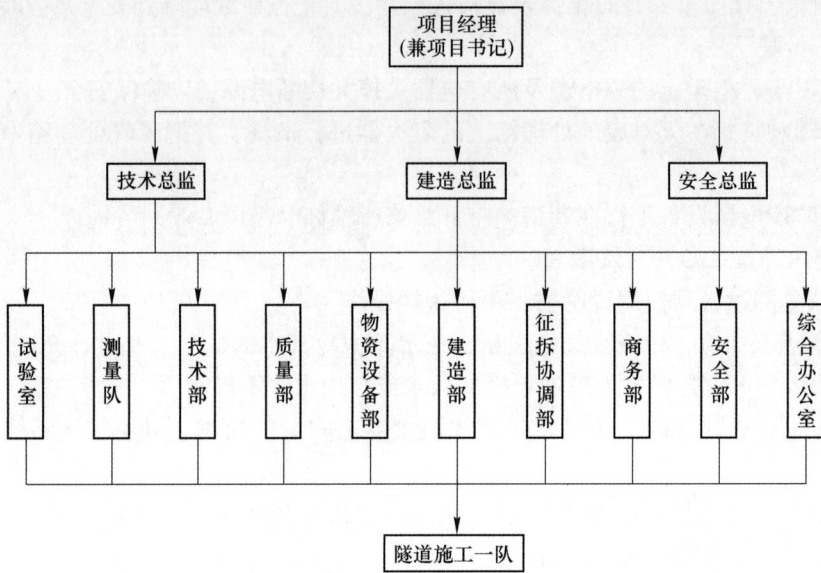

图 11-14　瓦斯安全管理组织架构图

2）制定防爆机械设备管理办法、制度并督促落实；

3）定期检查并随时抽查防爆机械设备进洞管理、维修保养、防爆性能、现场使用情况，形成问题清单，督促限期整改。

（2）防爆机械设备管理小组职责。

1）负责防爆机械设备配置方案的编制，并督促、推进落实；

2）制定防爆机械设备管理制度、进洞管理制度、维修保养制度、安全操作规程、岗位责任制度、奖惩制度等相关制度，组织定期安全教育培训，提高瓦斯隧道施工安全意识；

3）按照管理制度组织日常检查、定期检查和突击检查，并提出整改措施，督促限期整改。

（3）防爆机械设备实施小组职责。

1）落实防爆机械设备配置方案，严格落实机械设备进场验收规定；

2）落实防爆机械设备管理制度、进洞管理制度、维修保养制度、安全操作规程、岗位责任制度、奖惩制度等相关制度，加强自身学习，提高瓦斯隧道施工安全意识，做好日常巡查、检查，预防风险，及时发现问题并整改；

3）组织落实领导小组、管理小组检查提出问题的整改，并举一反三，有效实施防爆机械设备日常管理工作。

11.5.2　技术措施

11.5.2.1　安全教育培训

瓦斯隧道开工前对施工作业及管理人员进行安全技术培训，爆破工、电工、瓦检员、防突员等特种作业人员必须持证上岗。

11.5.2.2　取证、考试考核

所有进入洞内人员，必须按照有关部门相关规定取得相应证件并经过安监部核验合格

后方可进洞作业。安监部每月将对证件再次核验，对证件不合格者进行退场处理。每月对所有进洞人员进行瓦斯安全知识考试，对考试不合格人员再进行瓦斯安全培训，直至考试不合格人员考试合格后方可进入洞内作业。

11.5.2.3　隧道仪器、设备管理制度

（1）隧道瓦斯仪器、设备、设施由项目部建立档案统一管理。

（2）便携式瓦检仪器统一编号后由专职瓦检员使用，日常校核及保养由监控中心负责。

（3）项目部安监部、物设部分别建立瓦检仪器使用、检定台账，瓦检仪的定期检定工作由分部物设部负责。

（4）瓦斯自动监控系统及通风系统及其他改装设备的各类瓦斯监测设备的定期检定由安监部负责。

（5）不能正常工作的瓦检仪器不得随意拆卸和继续使用，要送鉴定部门校核维修，出现人为损坏，要由责任人赔偿。

（6）洞内照明、动力线路、接头、插销、局部通风均要采用防爆型（专职电工每日检查一次），并严格执行相关安全操作规程。

（7）凡是容易碰到的、裸露的电气设备及机具传动部分，必须有加装的护罩或遮拦，使用的机具、设施要满足运转良好，制动有效，不产生静电、火花。

（8）使用矿灯的人员不能拆开敲打和撞击矿灯，矿灯如有漏液、电线破损、灯销不良、灯头密封不严、玻璃和胶壳破裂等情况，严禁发出使用，使用的矿灯必须编号发放。

（9）使用仪器、矿灯、电瓶等充电室离洞口不小于50m，并有专人负责。

（10）风机要由专人操作、检修保养，确保风机的正常连续运转。

（11）凡用于施工的设备、防爆电器等安装就位后，还必须经过相关部门检查，合格后方可投入使用，严禁乱装乱拆。

（12）安监部门定期每周进行一次全面安全检查，对仪器、设备、设施存在的安全隐患，要有落实的负责人和整改时间。

（13）凡要求整改的仪器、设备、机械，相关落实部门无条件按期整改到位。

（14）洞内严禁带电处理维修施工机具、电气设备，仪器、设备的维修鉴定必须由专业技术人员进行。

（15）在高瓦斯隧道内，电缆之间若采用接线盒连接时，其接线盒必须是防爆型的，高压纸绝缘电缆接线盒内，必须灌注绝缘充填物。

11.5.3　管理措施

（1）进入高瓦斯段前50m，防爆机械设备应配置到位，严禁非防爆机械设备进入高瓦斯段。

（2）设备防爆改装应寻求具有防爆改装资质的单位进行改装，改装所使用的产品应为煤安Ⅰ类防爆产品，且具有合格证。设备防爆改装后，改装单位应出具改装部分的防爆合格证。

（3）防爆改装完成后应由现场监理、项目部初步验收，合格后申请逐级验收组，验收合格后方能投入使用。

（4）防爆改装的机械设备、车辆，应随车携带车载瓦斯保护系统检验报告、合格证及改装部位合格证，以备随时检查及进洞检查。

（5）防爆机械设备操作人员必须是专业操作人员且经改装单位、厂家、安监部、物资设备部培训，考核合格后上岗。

（6）瓦斯探头、温度传感器、水位传感器、压力传感器由驾驶人员每班巡查，确保完好并形成测试记录随车携带；且由安监部、物资设备部、监控系统维护人员和驾驶员共同每 7 天进行 1 次测试，做好测试记录。

（7）加强防爆机械的维护保养。一是机械保养，确保机械技术性能良好。二是对防爆性能的检查与保养，确保防爆性能良好有效。使用单位成立防爆机械维护保养工班，对于防爆改装的内燃机械设备要求防爆改装厂家驻现场指导维护。

（8）防爆机械设备的防爆装置严禁在隧道内设备启动状态下进行检查，有故障时必须在洞外进行修理。

（9）所有防爆机械设备进入高瓦斯段前须经门禁检查，确保防爆性能有效，防爆性能失效或性能不好的，严禁进入高瓦斯段。

（10）加强防爆机械设备操作人员、维护保养人员、现场管理人员的安全培训教育，提高安全意识。

（11）监控系统所带的瓦斯传感器必须每隔 10d 进行零点校准，同时做好除尘工作。

（12）制订切实有效的奖惩机制。

11.6　瓦斯隧道施工管理作业人员配备和分工

11.6.1　主要管理人员

主要管理人员及专职安全管理人员见表 11-15。

表 11-15　主要管理人员

序　号	岗　位	人　数
1	队长	根据需要配置
2	专职安全员	根据需要配置
3	瓦斯专业技术人员	根据需要配置
4	隧道技术人员	根据需要配置
5	地质工程人员	根据需要配置
6	测量技术人员	根据需要配置
7	机械工程师	根据需要配置
8	质量员	根据需要配置
9	试验员	根据需要配置
10	材料员	根据需要配置
11	瓦斯隧道检测员	根据需要配置
12	瓦斯监测员	根据需要配置

11.6.2 特种作业人员

特种作业人员见表11-16。

表 11-16 特种作业人员

序 号	工 种	人 数	备 注
1	瓦检员	根据需要配置	持证上岗
2	电焊工	根据需要配置	持证上岗
3	防爆电工	根据需要配置	持证上岗
4	起重司机	根据需要配置	持证上岗

11.6.3 其他作业人员

其他作业人员见表11-17。

表 11-17 其他作业人员

序号	工 种	人 数
1	机械工班	根据需要配置
2	杂工班	根据需要配置

11.7 瓦斯隧道防爆车辆改装验收要求

11.7.1 验收资料准备

验收前改装厂家应提供改装厂家营业执照、企业资质，改装使用的主要零部件清单及出厂合格证等质量证明文件，整车改装后的质量合格证书（由具有相应资质的单位出具），现场验收记录，整车改装后使用操作说明书。

11.7.2 验收人员及程序

改装完成后，验收由项目总工组织，安全总监、建造总监、物资设备部部长、改装（安装）厂家负责人以及作业队队长参加，同时报请业主及监理单位主管安全人员参与全过程验收。

11.7.3 验收标准

（1）防爆改装车应由具有防爆专用车改装资质的厂家改装。

（2）防爆改装车应符合《防爆工程车辆改装方案》的要求。防爆改装车应具备起动、发电、照明及监控功能。照明灯应使防爆改装车前方20m处至少有4Lx的照明度。

（3）防爆改装车所使用的柴油机改装应符合《防爆工程车辆改装方案》的要求。防爆改装后柴油机任一部位的表面温度不得超过150℃，废气排出口温度不得超过70℃。

（4）防爆改装车上的电气设备应符合《爆炸性气体环境用电气设备　第1部分：通

用要求》（GB 3836.1—2021）、《爆炸性气体环境用电气设备　第 2 部分：隔爆型"d"》（GB 3836.2—2021）、《爆炸性气体环境用电气设备　第 3 部分：增安型"e"》（GB 3836.3—2021）、《爆炸性气体环境用电气设备　第 4 部分：本质安全型"i"》（GB 3836.4—2021）的有关规定，并取得防爆合格证或矿用产品安全标志证。当出现下列情况之一时，监控装置应能及时发出声、光警信号，其声光信号应使驾驶员能清晰辨别，并在报警后 1min 内使防爆改装车柴油机停止运转。

（5）当排气温度最高至 70℃时，表面温度最高至 150℃时，冷却水温最高至 100℃或设计值时，冷却净化箱水位低至设定最低水位时，瓦斯浓度达到 0.5%（有煤（岩）与瓦斯突出巷道和瓦斯喷出区域中瓦斯浓度达到 0.3%）时，防爆改装车上连接电气设备的缆线，应符合《煤矿用电缆　第 1 部分：移动类软电缆一般规定》（MT 818.1—2009）、《煤矿用电缆　第 9 部分：额定电压 0.3/0.5kV 煤矿用移动轻型软电缆》（MT 818.9—2009）、《煤矿用阻燃电缆　第 3 单元：煤矿用阻燃通信电缆》（MT 818.14—1999）的有关规定，并应可靠固定和保护，不可使缆线弯折过度而导致内部导体不导电。

11.7.4　验收方法与使用仪器仪表

（1）方法。检查防爆改装车各连接件是否牢固可靠，各功能是否完善灵活，各主要配套件及电气设备和资质是否符合要求。

1）监控装置。人为使防爆改装柴油机分别出现所描述的各种情况，记录报警时的温度或水位情况，同时开始计时，观察其监控装置能否满足其要求；或以人工模拟方法，使自动保护停机装置的各路传感器处于非正常状态，检验达到规定数值时，其自动保护停机装置能否及时报警，并在报警后 1min 内停止防爆改装车的运转，记录从报警开始到完全停机的时间及相关规定值。

2）将防爆改装车停放在无光源的试验场地，在距离防爆改装车照明灯前方 20m 并与地面垂直距离 1m 处为测试位，开启防爆改装车照明灯，并对准测试牌照射，用照度仪测试，取其最大值。

3）目测检查柴油机排气管、补水箱、废气处理箱、阻火器结构及安装。

4）启动柴油机并预热，当柴油机的冷却水温度稳定时，用温度计测量柴油机最高表面温度处的温度。

5）拉力测试：将改装后运输车辆满载，通过坡度为 15%的斜坡，测试其改装后功率损失情况，保证正常施工。

（2）验收使用仪器仪表。AR320 红外温度仪、TES-1310 数位温度表、1010A 照度仪、KG86A 万用表、12cm 电热杯、CH_4-2%标准气样（4 升）。

（3）验收报告。验收合格后，由项目部出具经参与人员签字的验收报告。

11.8　瓦斯隧道应急处置措施

11.8.1　应急体系建设

11.8.1.1　应急指挥部
项目成立应急指挥部。应急指挥部下设调度信息组、应急抢险组、技术方案组、医疗救护组、设备物资组、后勤保障组、安全警戒组和善后处理组。

应急指挥部成员：

总指挥：×××；

副总指挥：×××；

成员：×××；

应急指挥部下设办公室，办公室设在安监部。值班电话：×××（安监部），联系人：×××。

项目应急指挥部组织架构如图 11-15 所示。

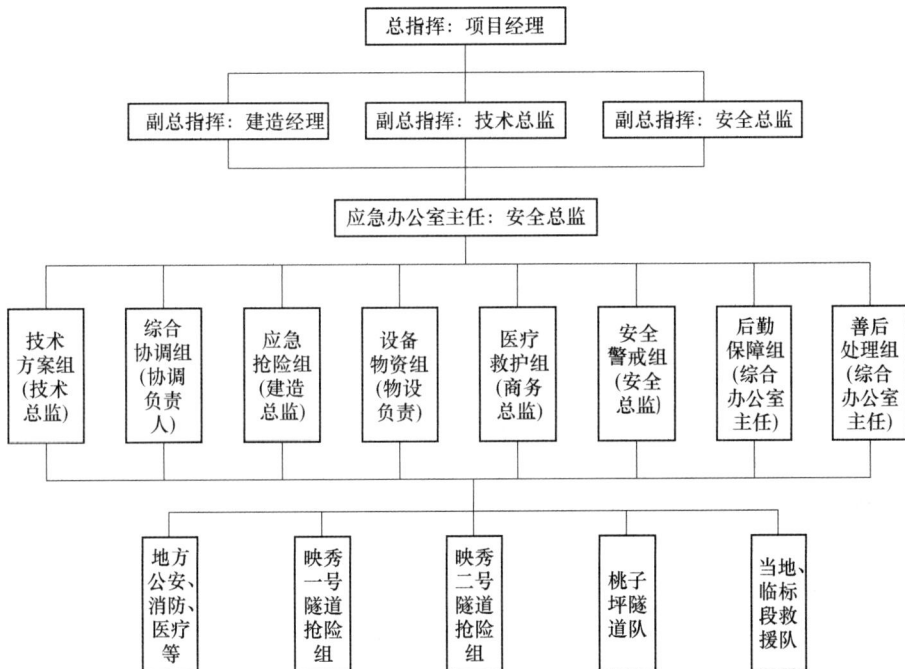

图 11-15 项目应急指挥部组织架构

11.8.1.2 应急指挥部职责与分工

A 应急指挥部主要职责

（1）制定有针对性、适用性的应急预案（包括现场处置方案），建立应急组织机构，组建兼职应急队伍，配备必要的应急物资及装备。

（2）每年至少组织开展 2 次及以上应急演练和应急知识培训。

（3）危险性较大工程按规定编制专项安全施工方案，开展施工安全风险评估，制订专项应急预案，并向操作人员进行专项方案的宣贯和交底。

（4）应对准备进入上述作业区的施工人员进行风险告知。赋予生产现场带班人员、班组长和调度人员在遇到险情时第一时间下达停产撤人命令的直接决策权和指挥权。

（5）发生事故后，按规定向有关部门报送事故情况，立即组织开展自救并保护事故现场，及时营救伤员，组织人员的疏散撤离，保证人员的生命安全。

（6）需紧急救援时，应及时向相邻项目和当地交通、公安、消防、卫生等部门报告请求；配合事故调查、分析和处理工作，做好伤员及亲属的安抚，做好善后事宜处理工作。

（7）做好调查、取证、分析工作、统计伤害和损失，做好现场残骸清理、损失统计、上报、保险理赔申报等工作，组织开展应急总结及恢复生产。

B　应急总指挥职责

（1）事故发生后，现场负责人立即通知项目部应急办公室及项目领导，总指挥根据情况宣布启动应急预案。

（2）负责现场抢险工作的指挥、协调其他各小组的工作。

（3）根据事故灾害发展情况，有危及周边单位和人员的险情时，立即组织人员和物资疏散工作。

（4）及时向上级领导或有关部门报告事故的发展情形。

（5）配合上级有关部门进行事故调查、处理。

（6）负责伤亡事故的善后处理工作。

（7）负责对外新闻媒体的发言工作。

（8）负责恢复现场的施工生产组织。

C　应急副总指挥职责

（1）协助应急总指挥组织和指挥应急操作任务。

（2）向应急总指挥提出采取的减缓事故后果行动的应急反应对策和建议。

（3）保持与事故现场副总指挥的直接联络。

（4）协调、组织和获取应急所需的其他资源，以支援现场的应急操作。

（5）组织分公司的相关技术和管理人员对施工场区生产过程各危险源进行风险评估。

（6）定期检查各常设应急反应组织和部门的日常工作和应急反应准备状态。

（7）根据各施工场区、加工场的实际条件，努力与周边有条件的企业为在事故应急处理中共享资源、相互帮助，建立共同应急救援网络和制定应急救援协议。

（8）应急总指挥不在现场时，副总指挥负责履行现场指挥职责。

D　应急指挥部成员职责

（1）当发生安全事故（事件）时，在应急指挥部的指挥下，积极有序进行抢险救援工作。

（2）积极配合做好应急结束后的各项工作。

（3）各小组在组长不在的情况下，副组长（第一组员）负责履行组长的职责，全力配合指挥部的应急工作。

E　现场应急小组及职责

项目部应成立现场应急小组，应急小组在各自的职责范围内开展工作，并在总指挥统一指挥下，协同作战；总指挥及时向分公司应急办公室和当地政府主管部门报告事故灾难事态发展及救援情况。

F　应急抢险队

项目内部成立2支应急抢险队伍，现场副经理为队长，负责指挥所有参与应急救援的人员，及时向其项目应急小组报告救援情况。

按项目部编制的各项预案及相关安全技术措施，认真完成各项安全防护措施，做好各项准备工作，保证逃生及救援通道畅通，预防各类生产事故的发生，最大限度减少事故损失；在事故发生时，首先要做到在保证人身安全的条件下，第一时间开展抢救伤员活动，并且在第一时间将已发生的事故向上级汇报；当危险扩大时，应及时通知上级领导、邻近标段，在项目自身救援力量不足时，及时请求援助；听从现场指挥人员的指挥，有义务保护好现场。

11.8.1.3 应急小组设置及职责

A 应急小组设置

项目应急指挥部下设8个工作小组，分别是技术方案组、调度信息组、应急抢险组、医疗救护组、设备物资组、后勤保障组、安全警戒组和善后处理组。

B 应急小组职责

（1）技术方案组。辨识应急救援过程中的危险、有害因素，并进行安全风险评估，确定事故灾害现场监控量测方式；根据事故现场的特点，制定相应的应急救援技术措施和应急救援步骤，为应急救援工作提供科学、有效地技术支持；完善安全评估资料，为应急响应提供科学、准确的依据，防止发生二次伤害事故。

（2）综合协调组。

1）接到现场紧急通知后及时准确通知应急指挥部和工作组人员；

2）负责协调各工作组应急人员；

3）根据应急救援小组组长指示向上级报告、对外求助和对外发布信息。

（3）应急抢险组。

1）接到通知以后立即组织应急人员赶赴现场；

2）服从应急救援指挥部安排，积极有序地实施应急抢救。

（4）设备物资组。

1）负责快速向事故现场提供抢险设备、物资；

2）负责应急电力、设备、机械的操作与控制。

（5）医疗救护组。

1）负责携带急救医疗器械、药品、用具前往事故现场；

2）及时对伤员进行现场紧急救治；

3）协助当地医疗机构实施伤员救助并负责办理治疗手续。

（6）安全警戒组。

1）负责现场人员的疏散工作；

2）负责事故现场的警戒工作。

（7）后勤保障组。

1）负责抢险救援工作人员的食宿并提供必要的办公用品；

2）负责外部救援接待工作。

（8）善后处理组。

1）负责现场的清理工作；

2）负责对外理赔工作；

3）负责伤亡事故的赔偿处理工作；

4）参与事故调查、分析和总结教训。

11. 8. 2　应急处置

11. 8. 2. 1　应急处置原则

（1）事故报告原则。事故发生后，及时向应急指挥部汇报。

（2）统一指挥原则。由设置的应急指挥部全权负责事故抢险救护工作的指挥和调度。应急指挥部涉及的各相关部门必须服从应急指挥部的统一指挥。

（3）救人优先原则。坚持"以人为本"的原则，突发事故应急救援工作要始终把保障员工的生命安全和身体健康放在首位。切实加强应急救援人员的安全防护，最大限度地减少事故造成的人员伤亡和危害。切实把保护职工生命安全作为事故处置的首要任务，有效防止和控制事故危害蔓延扩大，千方百计把事故造成的危害和损失减少到最低限度。

（4）及时抢救原则。

1）事故发生后，现场人员应当迅速采取有效措施开展自救、互救工作。

2）应急指挥部相关负责人要按照相关规定，迅速组织抢救。

3）实施快速应急响应和快速抢险，相关部门、救援机构必须第一时间到达事故发生地，相应的救援抢险设备也必须迅速到达。

（5）属地管辖和分级处置原则。统一领导，分级负责。在应急指挥部的组织协调下，各有关部门按照各自职责和权限，负责有关安全事故灾难的应急管理和应急处置工作。

（6）妥善处理善后原则。按照相关规定，在事故抢险救援的同时，应尽快开展善后处理工作。根据相关政策和法规，结合实际情况，采取"一对一"的保护安抚等措施，积极妥善处理善后事宜，有效维护社会稳定。

11. 8. 2. 2　预警与信息报告

A　预警

（1）技术措施。

1）实行 24 小时值班制度，负责信息的收集与传递。项目成立监控量测小组，与第三方超前地质预报单位紧密衔接，及时掌握并通报监控量测数据。

2）对于重要危险源，配备专职安全员或值班人员，采用目测或仪器监测等有效方式对重要危险源进行实时观察观测。当发现有异常情况，立即采取紧急应对措施并及时报告应急小组。

3）在项目部、隧道内、隧道口等重要场所设置应急电话，配备对讲机，并设置视频监控系统，及时掌握现场情况。

（2）管理措施。

1）思想准备。加强宣传教育培训、模拟演练，增强全体员工事故灾害和自我保护意识，做好防灾减灾的思想准备。各单位要进行充分的抢险安全知识培训和模拟演练，让参建员工做到心中有数。

2）组织准备。建立健全工点项目部的应急指挥机构，落实责任人，加强抢险队的建设。

3）工程准备。对于波纹管涵施工，要密切注意气候气温变化情况，避免在大雪天、大雾天进行作业；同时加强机械设备的检查与保养工作，使各种设备、机械处于完好状态。

4）抢险人员、料具准备。按照工程特点和分布情况，各单位储备必需的抢险物料，合理配置。

5）检查。实行以查组织、查工程、查预案、查物资、查通信为主要内容的分级检查制度，发现薄弱环节，要明确责任、限时整改。

（3）预警行动。

1）当应急小组接收到现场值班人员、安全员、其他作业人员或相关渠道传递来的预警信息时，应立即予以核实并判断该预警信息的准确程度和严重程度，如属于下列情形之一则立即通知相关部门和人员启动相应的应急措施或应急方案：

① 即将发生或已经发生重大安全事故的；

② 虽不属于重大安全事故，但在事故发生过程中情况发生突然变化，有可能造成严重后果的；

③ 应急小组组长认为有必要启动应急预案的。

符合上述三个条件之一的，根据响应分级中规定的应急响应级别，由相应级别的应急小组组长发布启动应急预案的命令。

2）属于下列情形之一的，应急小组组长应立即向本单位总指挥报告，申请向上级主管部门或地方人民政府请求支援。

① 当安全事故后果或事态极为严重，超过了项目部事故处理和救援能力的；

② 安全事故发生范围超过了项目部管辖范围的；

③ 应急小组组长认为有必要向上级主管部门或地方人民政府请求支援的。

3）各应急小组根据具体的危险因素类别分别发布预警信息，通过会议、通知、现场勘查等程序进行预警行动。

① 存在特种设备、触电、车辆机械事故隐患的，物设部门及时发布预警行动信息，并及时进行排除，不能排除时立即汇报；

② 存在火灾、触电等职业健康危害的，安监部门及时发布预警行动信息，并及时进行排除，不能排除时立即汇报。

B 信息报告

a 信息接收与通报

项目应急组织机构设立24小时值班电话。电话：×××××，联系人：×××。

应急总指挥、副总指挥接到事故报告后，符合本预案启动条件时，立即发出启动本预案的指令；应急值班人员接到启动应急预案命令后，立即向各应急小组成员下达赶赴现场指令。

接到突发安全事故指令的各应急小组立即赶赴事故现场进行现场抢险救灾。重大及以上事故为有效开展事故救援活动，现场项目负责人应在第一时间寻求社会救援力量。

火灾：项目负责人拨打119，向公安消防部门求援。

急救：项目负责人拨打120，向医疗急救中心求援。

报警：项目负责人拨打110，向公安部门求援。

b 信息上报

事故外部报告程序：事故发生后，事故现场相关人员立即向项目负责人报告，项目负责人接到报告后，应当于1h内向县人民政府安全生产监督管理部门和负有安全生产监督管理职责的有关部门报告。情况紧急时，事故现场有关人员可以直接向县人民政府安全生产监督管理部门和负有安全生产监督管理职责的有关部门报告。

事故内部报告程序：事故发生后，事故现场相关人员立即向项目负责人报告，项目负责人接到报告后，应当于30min内向分公司进行报告。

事故发生后出现新情况的，应当及时补报。自事故发生之日起30日内，事故造成的伤亡人数发生变化的，应当及时补报。道路交通事故、火灾事故自发生之日7日内，事故造成的伤亡人数发生变化的，应当及时补报。

报告事故信息应当包括以下内容：事发单位的名称、地址、性质等基本情况；事故发生的时间、地点以及事故现场情况；事故的简要经过（包括应急救援情况）；事故已经造成或者可能造成的伤亡人数（包括下落不明、涉险的人数）和初步估计的直接经济损失；已经采取的措施；其他应当报告的情况。

c　信息传递

事故现场第一发现人员→现场负责人→应急值班电话或直接报告应急副总指挥和总指挥→各应急小组→应急小组人员→有关部门。

11.8.2.3　应急响应分级

A　响应分级

（1）Ⅰ级应急响应：发生较大及以上安全事故（死亡3人以上或一次重伤10人以上）。

（2）Ⅱ级应急响应：发生一般安全事故（死亡1~2人或一次重伤3人以上，10人以下）安全事故。

（3）Ⅲ级应急响应：发生轻伤、重伤事故。

B　响应程序

（1）Ⅰ级应急响应：项目应急办公室接到较大事故报告后，立即向项目部应急指挥部报告，应急指挥部办公室立即上报分公司应急领导小组，由分公司应急领导小组上报总公司应急领导小组，同时上报建设单位、地方相关部门。

（2）Ⅱ级应急响应：项目部应急办公室接到死亡1~2人的事故报告后，立即向项目部应急指挥部报告，应急指挥部办公室立即上报分公司应急领导小组，由分公司应急领导小组上报集团公司片区指挥部应急领导小组，同时上报建设单位、地方相关部门。

（3）Ⅲ级应急响应：项目部应急办公室接到轻伤、重伤和无财产重大损失的事故事件报告后，按规定要求及时向分公司、建设单位及地方相关部门报告。

应急响应流程如图11-16所示。

C　处置程序

（1）先期到达现场的处理人员赶到事故现场后，应当尽快对事故基本情况进行初始评估，包括人员伤亡情况、受困人员情况等。

（2）需要发布信息时，由经项目部应急指挥部指定的人员（项目书记）负责向地方政府如实报告，由地方政府相关人员负责信息发布工作。

（3）封锁事故现场。严禁一切无关的人员、车辆和物品进入事故危险区域，开辟应急救援人员、车辆及物资进出的安全通道，维持事故现场的治安和交通秩序。

（4）探测引发事故事件的危险物资及危险源。根据发生的事故（事件），采取有针对

事故发生

接到报告 ← 信息反馈

抢险人员到位　通信网络开通　应急资源调配　现场指挥到位

判断响应级别　N

应急起动　Y

人员救助　工程抢险　警戒与现场封闭　医疗救护　人群疏散　现场监测　专家支持

应急增援 → 救援行动　Y

响应升级 ← N ← 事态控制

现场清理　解除警戒　善后处理　事故调查

应急恢复

应急结束(关闭) → 总结评审

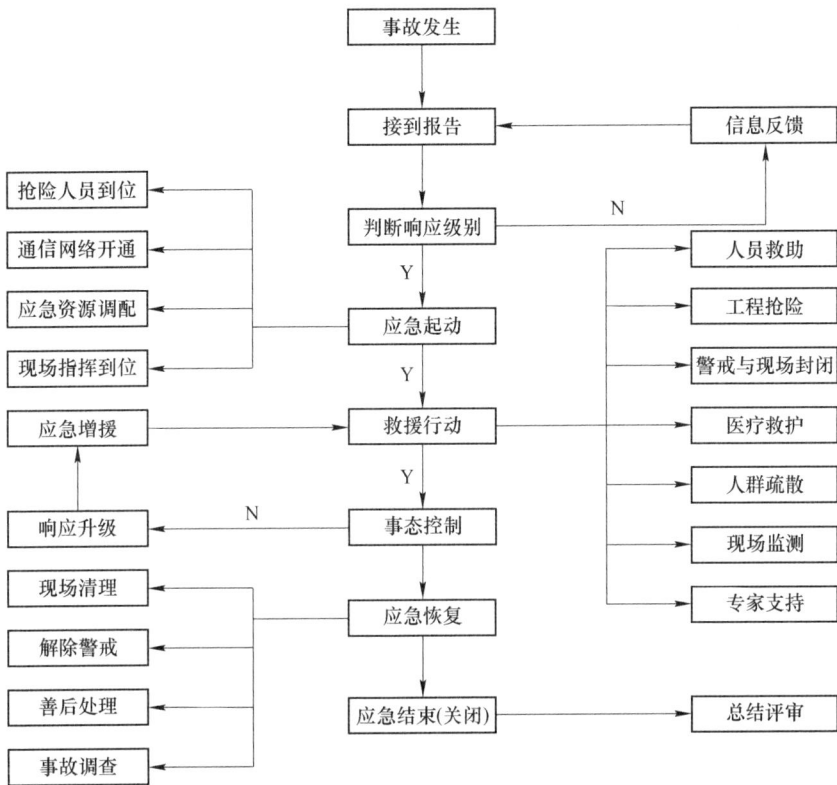

图 11-16　应急响应流程

性的安全技术措施，及时有效地控制事故的扩大，消除事故危害和影响，并防止抢险过程中可能发生的次生事故灾害。

（5）抢救受害人员。及时、有序地开展受害人员的现场抢救或者安全转移，尽最大可能降低人员的伤亡，减少事故所造成的财产损失，采取安全可行的措施对人员进行施救，再做进一步处理。

（6）清理事故现场。按照事故对人员、环境已经造成或可能造成的危害，迅速采取封闭、隔离等措施进行事故后处理，防止危害继续扩大。

（7）应急支援。在应急救援过程中，项目部应急小组应根据需要，请求属地政府负责依法调集。

D　信息公开

事故发生后，由项目应急指挥部指定专人负责（项目书记），并与地方政府相关部门统一负责事故信息发布工作。发布的信息必须以事实为依据，客观准确表述事故态势、发展状况及救援情况，正确引导社会舆论，维护社会稳定。

11.8.2.4　后期处置

事故调查报告批复后，应按照事故调查报告对事故责任人的处理和事故防范措施积极落实，立即进行生产秩序恢复前的污染物处理、必要设备设施的抢修、人员情绪的安抚及抢险过程应急能力评估和应急预案的修订工作。

善后处理组依据国家有关规定，做好伤亡人员善后处理工作。

（1）对因参加事故应急处理而致病、致残、死亡的人员，及时进行医疗救助，保障伤害人员合法权益。

（2）对在事故中伤亡的人员及家属，按照国家有关规定进行安抚、抚恤及善后处理，并做好相关人员的思想稳定工作。

（3）做好物资补偿、灾后恢复、污染物收集处理、整改方案的落实、救灾费用的测算、保险理赔等工作，尽快恢复正常秩序。

（4）应急处置完毕，项目应及时向保险公司提出理赔申请，并配合保险理赔机构做好相关工作。

（5）事故事件的调查分析。事故事件发生后，按国家和集团对事故分级调查处理的有关规定，组成相应等级事故调查组，在进行抢险救援的同时，开展事故调查和现场取证，进行事故分析，提出事故调查处理意见。

（6）应急评估。应急响应结束后，有关单位应分级编写应急工作总结和事故应急评估报告：事发项目必须编写应急工作总结，总结经验教训，留存应急过程的影像资料与文字资料；总结评估小组对事故应急救援工作进行评估，负责编写事故应急评估报告，评估应急工作开展情况，总结应急经验教训，提出应急工作改进建议，在应急终止后的 20 个工作日内提出事故应急工作评估报告，送应急领导小组审核。所有事故应急工作评估报告作为分公司应急管理的重要资料存档备案。

11.8.3　应急预案

11.8.3.1　事故预防措施

A　高处坠落

在改装设备上作业、超过 2m 的高处作业，若因防护设施不完善、操作不当、马虎大意等原因可能发生高处坠落事故。

隧道台架作业：台架临边防护缺失、存在空洞、作业人员防护用品使用不规范等情况易发生高处坠落事故，对操作人员造成伤害。

针对可能出现的高处坠落事故，采取如下预防措施：

（1）严格按照方案和交底施工，强化员工安全培训教育，持证上岗。

（2）认真贯彻执行有关安全操作规程，严禁架上嬉戏打闹、酒后上岗和从高处向下抛掷物块，以避免造成高处坠落和物体打击事故。

（3）从事高处作业的人员要定期进行体检，凡是患有高血压、心脏病、贫血、癫痫、弱视以及其他不适合高处作业的疾病者，不得从事高处作业。高处作业人员衣着要灵便，禁止赤脚，穿硬底鞋、拖鞋、高跟鞋以及带钉易滑的鞋从事高处作业。

（4）高处作业人员所使用的工具应随手装入工具袋，上下传递料具时禁止抛掷，大型工具要放在稳妥的地方，所用的材料要堆放平整、稳固，防止掉落伤人。

（5）特级或技术复杂的高处作业，应编制专门的施工方案和安全措施。

（6）在地震区，当有震前预报时，应停止高处作业。

（7）作业人员上下通行必须经由人行斜道或乘人电梯，不得攀登模板、脚手架、绳索，禁止搭乘起重物件或运送物料等运送材料的设备上下。

（8）高处作业搭设云梯、工作台、脚手架、防护栏杆、安全网等，必须牢固可靠，并经验收格后使用。

（9）高处与地面联络、指挥，应有统一的信号、旗语、手势、口笛或有线、无线通信设备，不得以喊话取代指挥。

（10）高处作业不宜夜间进行，必须在夜间施工时，应有足够的照明和其他夜间安全措施。

（11）高处作业遇有架空电线路时，必须保证规定的安全距离，当安全距离不能得到保证时，必须采取停电或隔离等防护措施。

（12）凡在距地 2m 以上的高空作业必须设置有效可靠的防护设施，且安全带或安全绳必须系挂在牢固的物体上，要高挂低用，防止高处坠落和物体打击。

（13）强化安全监督检查，发现问题，立即处理。

B　机械伤害事故

工点车辆、机械设备众多，施工便道窄、弯道多，在施工过程中若操作不当、管理不规范，容易造成车辆伤害和机械伤害事故。

在隧道机械施工各个环节、设备操作各个环节都涉及车辆、设备操作，且数量众多，易发生车辆机械设备事故，对操作人员及周围人员造成伤害，并对车辆设备本身造成损失。

针对可能出现的机械伤害事故，采取如下预防措施：

（1）机械设备作为生产力的要素之一，是企业生产的重要手段，是企业完成各项施工生产任务的重要物质基础，各级机械管理部门、操作人员必须思想到位、认识到位，认真执行有关安全生产、劳动保护方面的政策、法令及上级有关规章制度，做到"安全生产，人人有责"。

（2）车辆、机械设备在进场使用前，项目物资部门认真组织相关人员进行检查验收，对设备车辆状况、人员持证情况、操作熟练情况等进行检查，从源头进行把控。

（3）各级领导要切实加强对机械设备安全工作的领导，经常对相关人员进行安全生产思想教育，经常组织有关人员深入现场，督促检查机械安全工作情况，发现问题及时纠正，消除隐患，使机械设备达到安全、优质、高效、低耗运行，严禁违章指挥、违章操作和无知蛮干等不安全行为，对长期坚持安全生产，采取措施，消除隐患，避免事故发生的人员要予以表彰或奖励。

（4）物设部门要督促各种机械设备操作人员认真学习基本规程，对违反规程的有权制止，并可进行处罚，待改进后方可继续操作。

（5）机械设备操作人员必须经过专门培训，熟悉对应操作机械设备的构造、原理、性能及安全技术要求，做到会使用、会保养、会检查、会排除故障，经培训考试合格并取得相应操作资格证，方可上机操作机械；一切轮式机械操作人员，必须取得有关部门颁发的驾驶执照后，方可单独操作。

（6）机械操作人员必须严格遵守机械设备的保养规定，认真及时地做好各级保养，正确操作、合理使用，经常保持机械处于良好的技术状态。

（7）所有机械各种仪表应齐全有效，特别是行走机械必须有良好的制动性能及照明效果，不得带病坚持工作。

（8）操作人员在工作中应注意观察和巡视机械工况，精力要集中，不得与他人谈笑、打闹、看书报以及做其他无关的工作，不得擅自离开岗位。

（9）操作人员必须身体健康，凡患病和精神受到严重刺激不能正常工作的人员，不允许驾驶和操作机械。非本机人员不得操作机械，驾驶人员只能驾驶本人驾驶证上准驾范围内的车辆。

（10）新学员必须先了解、掌握机械操作规程和保养规程，并经物资部门同意，领导批准后，在师傅的指导下驾驶或操作机械。

（11）机械操作人员和配合人员必须穿戴符合规定的劳动保护用品，不得穿拖鞋和高跟鞋，女工头发应束紧不得外露。

（12）设备操作人员必须持证上岗，专人操作，严格遵守操作规程，规范使用劳动保护用品。

（13）设备管理人员及安全管理人员每天检查设备运转情况，发现问题，立即处理。

（14）设备电源注意防水防潮，做到"一机一闸一箱一漏"。

（15）配备必要的消防器材，并保证有效。

（16）配备应急药品和应急物资。

（17）作业时设置警戒区域，专人看护；清理作业范围内的闲杂人员等。

（18）作业场所的场地平整、基础坚实；严禁在陡坡、场地情况不明的地点进行作业等。

（19）设备各限位装置、声光报警装置、保险装置齐全有效，并经常检查。

（20）所有行走机械安装倒车影像系统，确保倒车安全。

（21）车辆液压维修时必须设置可靠的支撑装置，停车时严禁在坡道上停车，停车时必须熄火，不熄火司机严禁下车。

（22）其他机械设备维修时必须设置"设备维修、严禁合闸"安全标示牌，并设置专人监护。

（23）设备、安监部、其他管理人员在职责范围内加强监督检查，发现问题立即处理。

　　C　触电事故

在设备改装过程中都会接触施工用电，若操作不当极易发生触电事故，并次生火灾事故，对员工生命及财产安全会造成很大的损失。

针对可能出现的触电事故，采取如下预防措施：

（1）严格执行《施工现场临时用电安全技术规范》（JGJ 46—2005）。

（2）严格按照临时用电施工组织设计要求进行临时用电管理，采用 TN-S 供电系统，采用三级配电、两级保护系统。

（3）坚持电气专业人员持证上岗，施工现场做到临时用电的架设、维护、拆除等由专职电工完成，非电气专业人员不准进行任何电气部件的更换或维修。维修时必须切断电源，并挂上"禁止合闸"牌或派人守闸，严防误送电。

（4）电源电压必须与电气设备额定电压相同，供电变压器的容量必须满足机电设备的要求，并应按规定配备电动机的起动装置。所用保险丝必须符合规定，严禁用其他金属丝代替。

（5）电动机驱动的机械设备在运行中移动时，应由穿戴绝缘手套和绝缘鞋的人移动电缆并防止电缆擦损。如无专人负责电缆时，操作人员应负责照顾，以免损坏导致触电事故。

（6）凡带电作业必须按规定穿戴绝缘防护用品，带电作业应有人防护，一个人不得单独带电作业。

（7）电气装置掉闸时，应查明原因，排除故障后再合闸，不得强行合闸。

（8）电气设备启动后应检查各种仪表，等电流表指针稳定、正常时，才允许正式工作。

（9）漏电失火时，应立即切断电源，用四氯化碳或干粉灭火器灭火，禁止用水或其他液体灭器泼浇。

（10）所有电气设备应接地良好，不得借用避雷器地线做接地线。

（11）所有电气设施都应安装漏电保护装置。电气设备的所有连接桩头应紧固，并经常检查，如有松动应及时处理。

（12）各种机械的电气设备，必须装有接地、接零的保护装置，接地电阻不得大于10Ω，但在同一供电系统上不能采用一些设备接地、一些设备接零。

（13）各种机械设备的电闸箱内，必须保持清洁，不准存放任何杂物，并应配备安全锁。未经本机操作人员和相关人员的允许，其他人员不准随意开箱拉、合线路闸刀，以防造成事故。

（14）检查和操作人员必须按规定穿戴绝缘胶鞋、绝缘手套，必须使用电工专用绝缘工具。

（15）临时配电线路必须按《施工现场临时用电安全技术规范》进行安装架设。在建工程的外侧防护与外电高压线之间必须保持安全操作距离。达不到要求的，要增设屏障、遮栏或保护网，避免施工机械设备或钢架触高压电线。无安全防护措施时，禁止强行施工。

（16）雨天禁止露天电焊作业，用电设备必须有防雨、防潮措施。

（17）各种高大设施必须按规定装设避雷装置。

（18）建立临时用电检查制度，按临时用电管理规定对现场的各种线路和设施进行检查和不定期抽查，并将检查、抽查记录存档。

（19）强化临时用电安全教育培训，并进行详细的交底。

（20）发生人身触电时，应立即切断电源，对症采取人工紧急救治。但在触电者未脱离电源之前，禁止与触电者接触，以免发生再触电。

D　火灾事故

在工程施工过程中，若火源、用电管理不善，易引燃防水板、导水盲管、油料、板房等施工必需的易燃、可燃材料及附近森林、枯草，形成火灾事故，或引起办公、生活区火灾事故，使人员受到灼烫、窒息、中毒等伤害，同时可能带来较大经济损失。

火灾预防措施如下：

（1）各施工现场应根据各自进行的施工工程的具体情况制定方案，建立各项消防安全制度和安全施工的各项操作规程。

（2）隧道内外配电箱、模板台车、防水板台架及其他行走台架、重点场所等处均设置有效且数量足够的消防器材，并设明显的标志，定期检查、补充和更换，不得挪作它用。

（3）严格执行安全用电规程，使用标准合格电器；电焊等工作严格执行操作规程，防止电源起火事故。

（4）定期进行消防检查和宣传教育，积极采取消防措施，防患于未然。大风干枯季节严防火灾，加强消防教育。经常检查灭火器及其他消防工具、醒目标牌等，林区及易燃品堆放处严禁带入火种，油漆、稀料等易燃易爆物品必须按照有关要求设立专门仓库或存储点，并有专人管理，及时消除火灾隐患，防患于未然。

（5）严格控制施工现场吸烟现象，隧道内不得存放汽油、煤油和其他易燃物品。

（6）特种作业人员持上岗证。

（7）隧道内电缆、风管等采用阻燃材料。

（8）做好爆破器材仓库等易发生火灾设施的避雷工作。

（9）特殊区域进行动火作业时，必须按规定办理动火手续。

（10）项目成立义务消防队，定期组织培训，提高抢险救灾能力。

11.8.3.2　事故处置措施

施工过程中，一旦发生突发事故，应采取下述措施处置。

A　高处坠落

（1）发生高处坠落安全事故时，现场人员应立即采取措施，切断和隔离危险源，防止救援过程中发生二次伤害，同时立即向应急处置小组报告。

（2）总指挥立即拨打120，与当地急救中心取得联系（医院在附近的直接送往医院），应详细说明事故地点、严重程度、本部门的联系电话，并派人到路口接应。

（3）技术组相关负责人立即到达现场，首先查明险情，确定是否还有危险源。与应急救援相关人员商定初步救援方案，并向应急副总指挥、总指挥汇报，经总指挥汇报批准后，现场组织实施。

（4）现场救援：根据既定方案，马上组织人员抢救伤员，搬开压在伤者身上的物体，迅速使伤员脱离危险地带，移至安全地带，若伤者出现骨折、休克或昏迷状态，应采取临时包扎止血措施，进行人工呼吸或胸外心脏挤压，尽全力抢救伤员；在伤员转送之前必须进行急救处理，避免伤情扩大，途中做进一步检查，进行病史采集，以发现一些隐蔽部位的伤情，做进一步处理，减轻患者伤情。转送途中密切观察伤者的瞳孔、意识、体温、脉搏、呼吸、血压等情况，有异常应及时做出相应的处理措施。

（5）记录伤情：现场救护人员应边抢救边记录伤员的受伤程度、受伤部位等第一手资料。

（6）保护现场。当高处坠落事故发生后，应急指挥部必须派人保护好现场，维护好现场秩序，等待对事故原因及责任的调查；同时应立即采取善后工作，及时清理，将高处坠落事故造成的影响降到最低。

（7）注意事项：

1）当发生高处坠落事故后，应优先对呼吸道梗阻、休克、骨折和出血者进行处理，应先救命后救伤。

2）重伤员运送要使用担架，腹部创伤及脊柱受伤者应用卧位运送，颅脑损伤者一般采取仰卧偏头或侧卧位。

3）抢救失血者，应先进行止血；抢救休克者，应采取保暖措施，防止热量损耗过大；抢救脊柱受伤者，应将伤者平卧，放在帆布担架或硬板上。

4）保护好事故现场，等待事故调查组进行事故调查。

B 机械伤害事故

（1）发生车辆、机械设备事故时，设备负责人立即到达现场，首先查明险情，确定是否还有危险源。如碰断的高、低压电线是否带电；设备构件、其他构件是否有继续倒塌的危险；人员伤亡情况等。与应急救援相关人员商定初步救援方案，并向应急总指挥、副总指挥汇报，经总指挥汇报批准后，现场组织实施。

（2）现场保卫组负责把出事地点附近的作业人员疏散到安全地带，并进行警戒，不准闲人靠近，对外注意礼貌用语。

（3）工地值班电工负责检查电路，确定已切断有危险的低压电气线路的电源。如果在夜间，接通必要的照明灯光。

（4）现场抢救组在排除继续倒塌或触电危险的情况下，迅速将伤员脱离危险地带，移至安全地带。

（5）总指挥立即拨打120与当地急救中心取得联系（医院在附近的直接送往医院），应详细说明事故地点、严重程度、本部门的联系电话，并派人到路口接应。

（6）现场简单急救：注意抢救方法。对轻伤者应及时采取止血、包扎、固定等措施，立即送医治疗；人员被压，应立即采取搬开重物或用起吊工具、机械吊起重物，将受伤人员转移到安全地带，进行抢救；发生触电的，立即切断电源，再进行抢救。

（7）记录伤情，现场救护人员应边抢救边记录伤员的受伤情况、受伤部位、受伤程度等第一手资料。

（8）清理事故现场。按照事故对人员已经造成或可能造成的危害，迅速采取封闭、隔离等措施进行事故后处理，防止危害继续扩大。

（9）应急支援。在应急救援过程中，项目部应急救援小组应根据需要，申请属地政府负责依法调动、征用有关人员、物资、设备、器材，以及占用场地。

（10）保护好事故现场，以便对事故进行调查。

（11）注意事项：

1）机械外伤应及时抢救，并避免由于伤后抢救处置不当，加重伤情，造成不可挽回的严重后果。

2）重伤员运送要使用担架，腹部创伤及脊柱受伤者应用卧位运送，颅脑损伤者一般采取仰卧偏头或侧卧位。

3）抢救失血者，应先进行止血；抢救休克者，应采取保暖措施，防止热量损耗过快。

4）备齐必要的应急救援物资，如车辆、医药箱、担架、氧气袋、止血带、通信设备等。

5）应保护好事故现场，等待事故调查组进行事故调查处理。

C 物体打击

发生物体打击事故后，为保障伤员的生命，减轻伤员的痛苦，现场人员在向施工现场负责人报告情况后可以进行现场施救，受伤人员伤势较轻，创伤处用消毒纱布或干净的棉布覆盖；对有骨折或出血的受伤人员，做相应的包扎、固定处理，搬运伤员时应以不压迫创伤面和不引起呼吸困难为原则；对心跳、呼吸骤停应立即进行复苏，人工呼吸，胸部外伤者不能用胸外心脏按压术，抢救受伤较重的伤员，在抢救的同时，及时拨打急救中心电话120，由医务人员救治伤员；如无能力救治，尽快将受伤人员送往医院救治；肢体骨折尽快固定伤肢，减少骨折断端对周围组织的进一步损伤，如没有任何物品可做固定器材，可使用伤者侧肢体、躯干与伤肢绑在一起，再送往医院。

D　触电事故

(1) 当发生有人触电后，应立即停电，采取相应抢救措施，同时向现场处置小组报告。

(2) 项目经理立即拨打120与当地急救中心取得联系（医院在附近的直接送往医院），应详细说明事故地点、严重程度、本部门的联系电话，并派人到路口接应。

(3) 专业技术人员立即到达现场查明险情，根据既定方案立即展开救援。

(4) 现场救援：对于低压触电事故，如果触电地点附近有电源开关或插销，可立即拉开电源开关或拔下电源插头，以切断电源。如无法立即切断电源可用有绝缘手柄的电工钳、干燥木柄的斧头、干燥木把的铁锹等切断电源线，也可采用干燥木板等绝缘物插入触电者身下，以隔离电源。当电线搭在触电者身上或被压在身下时，也可用干燥的衣服、手套、绳索、木板、木棒等绝缘物为工具，拉开触电者或挑开电线，使触电者脱离电源。严禁直接去拉触电者；对于高压触电事故，应立即通知有关部门停电。有条件的现场可用高压绝缘杆挑开触电者身上的电线。严禁现场任何人员靠近或使用非专用工具接触触电者；抛掷一端可靠接地的裸金属线使线路接地，迫使保护装置动作，从而断开电源；触电者如果在高空作业时触电，断开电源时，要防止触电者摔下来造成二次伤害。

(5) 事故现场加强警戒，非抢险人员禁止进入。

(6) 记录伤情，现场救护人员应边抢救边记录伤员的受伤原因、受伤部位、受伤程度等第一手资料。

(7) 保护现场。当触电事故发生后，应急指挥部必须派人保护好现场，维护好现场秩序，等待对事故原因及责任的调查；同时应立即采取善后工作，及时清理，将触电事故造成的影响降到最低。

(8) 注意事项：

1) 触电事故发生后，必须不失时机地进行抢救，动作迅速、方法正确，使触电者尽快脱离电源是救治触电者的首要条件。

2) 救护人不可直接用手或其他金属及潮湿的构件作为救护工具，必须使用适当的绝缘工具。救护人要用一只手操作，以防自己触电。

3) 人触电后，会出现神经麻痹、呼吸中断、心跳停止等症状，外表呈现出昏迷不醒的"假死"状态，不能马上送到医院时，应立即进行现场急救。方法是人工呼吸和胸外心脏挤压法。

4) 应保护好事故现场，等待事故调查组进行事故调查。

E　火灾事故

(1) 进行火情侦察，确定燃烧物质和有无人员被困，若有人员受伤，迅速使伤员脱离危险地带，移至安全地带。伤员身上燃烧的衣物一时难以脱下时，可让伤员躺在地上滚动，或用水扑灭火。

（2）项目经理立即拨打"119"火警电话和"120"急救电话，并立即向应急救援指挥部报告，以便领导了解和指挥扑救火灾事故。

（3）技术组相关负责人立即到达现场，首先查明险情，与应急救援相关人员商定初步救援方案，并向应急总指挥、副总指挥汇报，经总指挥汇报批准后，组织扑救火灾。要充分利用施工现场中的消防设施器材，按照"先控制、后灭火；救人重于救火；先重点后一般"的灭火原则进行扑救。要首先派人及时切断电源，接通消防水泵电源，组织抢救伤亡人员，隔离火灾危险和重要物资。

（4）协助消防员灭火。当专业消防队到达火灾现场后，在自救的基础上，火灾事故应急指挥小组要简要向消防队负责人说明火灾情况，并全力支持消防队员灭火，要听从消防队的指挥，齐心协力，共同灭火。

（5）记录伤情，现场救护人员应边抢救边记录伤员的受伤原因、受伤部位、受伤程度等第一手资料。

（6）保护现场。当火灾发生时到扑救完毕后，应急指挥部必须派人保护好现场，维护好现场秩序，等待对事故原因及责任的调查；同时应立即采取善后工作，及时清理，将火灾造成的垃圾分类处理并采取其他有效措施，从而将火灾事故对环境造成的污染降低到最低限度。

（7）注意事项：

1）必须牢固确立"救人第一"的思想，如果爆炸、火灾区内有人员被困或受伤，应积极采取措施疏散和抢救人员。

2）着火住宅内如果有易燃易爆物品，救人灭火行动要谨慎进行，在确定暂时不可能发生爆炸的情况下，能疏散的迅速疏散，尽量排除爆炸危险。如果出现爆炸征兆，应立即命令灭火人员撤离现场，在来不及撤离的情况下要利用坚实墙体作掩体，尽量避免不必要的人员伤亡。

3）疏散物品时，有组织地疏散，转移受火势威胁或水流影响的贵重物品，疏散工作应在现场工作人员、消防人员配合下一起行动，必要时也可组织现场群众协助疏散转移。

4）被救人员衣服着火时，可就地翻滚，或采用用水或毯子、被褥等覆盖的措施。

5）对烧伤面积较大的伤员要注意呼吸、心跳的变化，必要时进行心肺复苏。

6）对骨折出血的伤员，应做相应的包扎、固定处理，搬运伤员时，以不压迫受伤面和不引起呼吸困难为原则。

7）可拦截过往车辆或紧急救援车辆，将伤员送往附近的医院救治。

8）人员撤离火灾现场途中被浓烟围困时，应采取低姿势行走或匍匐穿过浓烟，有条件时可采用湿毛巾等捂住口鼻，以便顺利撤离浓烟区；无法进行逃生时，可向外伸出衣物或抛出小物件，发出求救信号引起注意。

9）灭火中应注意穿戴防护用品，防止坠落、倾倒、爆炸等事故；灭火中注意观察起火的部位、物资、蔓延方向等，灭火后要注意保护好现场的痕迹和遗留物品，以便查明起火原因，便于事故分析。

10）应急物资与装备保障：灭火器应设置在明显和便于取用的地点，且不得影响安全疏散。手提式灭火器设置在灭火器箱内。灭火器不应设置在潮湿或强腐蚀性的地点；必须设置时应有相应的保护措施；定期（每月一次）做好消防器材的检查、维护与更新工作，保证始终处于完好状态。另外对应急资源信息应实施有效的管理与更新。

11.8.4　应急保障

11.8.4.1　应急救援信息

（1）医疗救护电话：120；

（2）消防报警电话：119；

（3）公安报警电话：110；

（4）查询电话：114。

11.8.4.2　通信与设备保障

项目应明确与应急工作相关的单位和人员通信联系方式，确保应急期间通信畅通，调度值班电话 24 小时畅通，所有人员 24 小时开机。

11.8.4.3　应急队伍保障

与分公司应急指挥部沟通，应急专家为总公司应急小组及地方相关人员，专业应急队伍为集团公司及地方应急救援队。项目加强与县应急救援队伍等临近项目应急队伍联系，保障应急救援需要。同时，项目部成立 3 支应急队伍，成员由映秀一号隧道、映秀二号隧道、桃子坪隧道人员组成，并定期进行应急培训和应急演练，提高项目应急队伍的应急处置能力和水平，确保项目事故应急工作有序开展。

项目成立救援队伍，并经常培训。

11.8.4.4　物资设备保障

（1）应急物资储备的品种包括防汛、火灾、食物中毒、中暑药品、应急抢险类及其他。

（2）应急物资储备数量由安全部、建造部和物资设备部根据工程实际应急需要确定。

（3）安监部和物资设备部要负责应急物资储备情况，落实经费保障，科学合理确定物资储备的种类、方式和数量，加强实物储备。

（4）现场仓库管理员负责应急物资的保管和维修、使用和管理，并根据施工情况申请应急物资。

（5）安全部负责应急物资储备的具体管理，坚持"谁主管，谁负责"的原则，做到"专业管理、保障急需、专物专用"。应急物资由安全部和物资设备部人员负责管理、保养、维修和发放，应急物资严禁任何人私自用于日常施工，只有发生突发事故方能使用。

（6）安监部负责制定应急物资的维护保养、调用制度，严格执行，加强指导，强化检查，确保应急物资不变质、不变坏、不移用。

（7）应急物资应单独保管，并经常检查、保养，有故障及时通知物资设备部维修，对不足的应急物资要及时购买补充，对过期的应急物资要及时通知更换，应急物资要调用必须经项目主管领导签字同意，使用时必须签领用单，归还时签写接收单。

（8）应急事故发生时，由物资设备部负责应急物资的准备和调运，应急物资调拨运输应当选择安全、快捷的运输方式。紧急调用时，相关单位和人员要积极响应，通力合作，密切配合，建立"快速通道"，确保运输畅通。

（9）已消耗的应急物资要在规定的时间内，按调出物资的规格、数量、质量由物资设备部提出申请，安全部审核后重新购置。

（10）应急物资应坚持公开、透明、节俭的原则，严格按照申购制度、程序和流程操作，做到安全部提出申请计划、主管领导审批，物资设备部负责采购。

（11）安全部和物资设备部负责对应急物资的申请、采购、储备、管理等环节的监督和检查，对管理混乱、冒顶、挪用应急物资等问题，依法依规严肃查处。

各物资视使用情况、存放条件适时更新。

应急物资设备清单见表11-18。

表 11-18　应急物资设备清单

序号	物品名称	类　型	数量	存放位置
1	应急药品	应急器材	1批	应急仓库
2	应急食品	应急器材	1批	应急仓库
3	防护服	应急器材	10套	应急仓库
4	防护口罩	应急器材	30套	应急仓库
5	氧气袋	应急器材	10个	应急仓库
6	防护面罩	应急器材	5个	应急仓库
7	安全带（全身式）	应急器材	5副	应急仓库
8	防护手套	应急器材	10副	应急仓库
9	绝缘鞋	应急器材	10双	应急仓库
10	安全绳	应急器材	150m	应急仓库
11	防毒面具	应急器材	10个	应急仓库
12	150kW 发电机	应急设备	2台	应急仓库
13	对讲机	应急器材	6个	应急仓库
14	担架	应急器材	2副	应急仓库
15	应急灯	应急器材	30个	应急仓库
16	警示灯	抢险工具	20个	应急仓库
17	铁锹	抢险工具	20把	应急仓库
18	羊镐	抢险工具	10把	应急仓库
19	撬棍	抢险工具	5根	应急仓库
20	编织袋	抢险工具	500个	应急仓库
21	圆木	应急器材	30根	应急救援站
22	方木	应急器材	30根	应急救援站
23	安全警示带	应急器材	10卷	应急救援站
24	水泵	应急器材	2台	应急救援站
25	液压钳	应急器材	2把	应急救援站

序号	物品名称	类　型	数量	存放位置
26	千斤顶	抢险工具	3 个	应急救援站
27	便携呼吸机	应急器材	5 个	应急救援站
28	有毒有害气体检测仪器	应急器材	4 个	应急救援站
29	充电手电筒	应急器材	10 把	应急救援站
30	应急车辆	应急设备	1 辆	项目部
31	挖掘机	应急设备	2 台	施工现场
32	装载机	应急设备	1 台	施工现场
33	台锯	应急器材	2 把	应急救援站
34	手持电锯	应急器材	4 把	应急救援站
35	气割（割炬）	应急器材	2 套	应急救援站
36	通风机（小型）	应急器材	4 个	应急救援站
37	风扇	应急器材	4 个	应急救援站
38	汽车	应急设备	2 辆	项目部
39	注浆设备（双液）	应急设备	2 台	应急救援站
40	快速钻机	应急设备	1 台	应急救援站
41	全站仪	应急器材	2 台	应急救援站
42	水准仪	应急器材	2 台	应急救援站
43	地质罗盘	应急器材	2 个	应急救援站
44	红外笔	应急器材	2 个	应急救援站
45	风镐	抢险工具	5 把	应急救援站
46	风钻	抢险工具	5 把	应急救援站
47	电钻	抢险工具	5 把	应急救援站
48	桃形锄、耙子	抢险工具	10 把	应急救援站
49	十字镐	抢险工具	10 把	应急救援站
50	军用铁锹	抢险工具	10 把	应急救援站
51	撮箕	抢险工具	50 个	应急救援站
52	斗车	抢险工具	2 辆	应急救援站
53	钻机钢套管	应急器材	100 根	应急救援站
54	无缝钢管（管棚）	应急器材	200 根	应急救援站
55	木楔	抢险工具	800	应急救援站
56	钯钉	抢险工具	40 把	应急救援站

序号	物 品 名 称	类 型	数量	存放位置
57	铁钉	抢险工具	30 盒	应急救援站
58	工作灯	抢险工具	10 个	应急救援站
59	沙袋	应急器材	1000 个	应急救援站
60	型钢	应急器材	4t	应急救援站
61	槽钢	应急器材	100m	应急救援站
62	小导管	应急器材	500m	应急救援站
63	注浆材料（水泥）	应急器材	10t	应急救援站
64	注浆材料（水玻璃）	应急器材	5t	应急救援站
65	风水管	应急器材	50m	应急救援站
66	钢筋	应急器材	10t	应急救援站
67	速凝剂	应急器材	3t	应急救援站
68	砂	应急器材	30t	应急救援站
69	透明水管	应急器材	100m	应急救援站
70	柴油	应急器材	30L	应急救援站
71	钢板	应急器材	4 张	应急救援站
72	液压镐	应急器材	2 把	应急救援站
73	剪扩钳	应急器材	2 把	应急救援站
74	灭火器	消防器材	20 个	应急救援站
75	消防水管	消防器材	100m	应急救援站

11.8.5 应急演练

项目部安全员负责主持、组织项目部人员针对"应急预案"中的事件，每年进行不少于一次按"应急响应"的要求的模拟训练。各组员按其职责分工，协调配合完成演练。演练结束后由组长组织对"应急响应"的有效性进行评价，必要时对"应急响应"的要求进行调整或更新。演练、评价和更新的记录应予以保持。

11.8.5.1 应急演练目的

检验预案，通过开展应急演练查找应急预案中存在的问题，进而完善应急预案，提高应急预案的实用性和可操作性；锻炼队伍，增强管理人员及救护队对应急预案的熟悉程度，提高应急处置能力；磨合机制，进一步明确相关单位和人员的职责任务。

11.8.5.2 应急演练内容

根据应急预案制定的岗位及相应责任，假定煤与瓦斯突出事故发生情况下，应急指挥部下各成员按照分配的岗位、责任，按照预案内容各司其职进行演练。

11.8.5.3　应急演练的要求

（1）结合实际、突出重点。根据隧道施工时在可能发生煤与瓦斯突出事故及其他事故的地点进行综合演练，解决应急过程中组织指挥和协调配合问题。

（2）周密组织、统一指挥。由应急指挥部组织安排部署、明确分工、责任到人，为应急预案演练的开展提供基础条件。

（3）讲究实效、注重质量。按照预案规定，落实相关责任，明确工作程序，保证演练取得真正的实效。

（4）演练时间、频率及评估与总结。应急预案演练时长为 2h，在煤系地层段演练频率每 6 个月一次，首次进入煤系地层段前进行一次。

应急演练结束后，在演练现场由应急演练领导小组组长对演练中发现的问题、不足及取得的成效进行点评。根据演练评估中存在的问题由应急预案领导小组向编制部门提出修改意见，按程序进行修改完善。

11.9　本 章 小 结

瓦斯事故灾害、地质事故灾害是都四轨道交通映秀一号隧道主要事故灾害，根据瓦斯隧道安全施工相关标准规范，除了要求安全监控预警系统及其信息化设备防爆设计以外，还需要对施工车辆、动力设备等机械设备开展防爆改装，以适应高危瓦斯爆炸环境，同时还需要对水灾、坠落、机械伤害、触电、火灾等其他事故灾害实施全方位一体化的监测预警，加强各种事故灾害和应急处置管理制度措施的制定和完善。

12　瓦斯隧道施工通风监测预控技术应用

本章以新建铁路重庆至万州高速铁路平顶丘隧道为工程背景,开展瓦斯隧道施工通风技术应用研究。

12.1　瓦斯隧道施工通风监测预控技术背景与风险分析

12.1.1　隧道简介

平顶丘隧道位于重庆市丰都县虎威镇与涪陵区珍溪镇境内,起止里程为 DK132+891.6~DK141+392,中心里程 DK137+138,全长 8488m,单向上坡,纵坡分别为 0‰、7.8‰、3‰,最大埋深约 319m,是Ⅰ级高风险隧道。全隧设 2 座斜井、1 座通风竖井。1号斜井长 720m,采用单车道断面 5m×6m,纵坡 9.9%;2 号斜井 1052m 长,采用双车道加高断面 7.5m×6.8m,纵坡 10.5%,竖井全长 226m,开挖断面 1.8m,采用反井法开挖,承担施工期间临时通风。隧道施工完工后,3 座辅助通道全部废弃封堵。主要不良地质为软弱围岩、缓倾岩层、顺层及顺层偏压、有害气体等,主要风险源有下穿自来水厂(DK141+005~DK141+052 范围)、下穿鱼塘(DK136+200~DK136+275 范围)、下穿高滩水库(DK135+000~DK135+300 范围)、放射性、有害气体、滑坡。

12.1.2　瓦斯来源

根据《渝万高铁有害气体专题研究》,隧道主要穿越地层为侏罗系中统沙溪庙组与新田沟组、中下统自流井组。其中沙溪庙组与新田沟组主要以砂泥岩为主,泥岩较为致密,一般作为天然气的盖层,砂岩具有一定的孔隙度,可以作为天然气的储集层;同时,局部节理裂隙较为发育,是下伏地层中有害气体向上运移的良好通道。自流井组主要为泥岩、页岩夹砂岩、介壳灰岩,根据有机质含量实验,大安寨段的炭质泥页岩含有丰富的有机碳,具有良好的生烃能力;同时大安寨段的介壳灰岩也是川东与川中地区部分油田的主采层位,证明该地层有丰富的油气资源。

12.1.3　瓦斯影响分析

有害气体对隧道的综合影响评价:综合分析平顶丘隧道的有害气体分区评价结果可知平顶丘隧道为高瓦斯隧道,高瓦斯区段为 DK133+850~DK134+250、DK134+900~DK135+350 与 DK137+210~DK139+050。

其中 DK134+900~DK135+350 位于大池十井气田区,自上沙溪庙组与下沙溪庙组交界段有厚层砂岩,下覆有害气体有良好的运移通道,平顶丘浅部地层中检测到的高浓度有害气体主要来自于砂岩中,DK136+450~DK139+050 位于大池干井气田区且位于大池干井背斜核部，有利于有害气体聚集，在该段的 DZ-平顶丘-3 与 DZ-平顶丘-4 钻孔中均检测到高浓度的甲烷。另外 DK133+100～DK133+850、DK134+250～DK134+900、DK135+350～DK137+210、DK139+050～DK141+100 段为低瓦斯区段，虽然上述区段均位于油气田区，但是由于有害气体的运移与储集能力相对较差，因此为低瓦斯区段，这两区段为低瓦斯区段，按低瓦斯区段进行设计与施工。由于浅层天然气分布具有随机性，施工过程中要加强监测以动态调整隧道的瓦斯等级。平顶丘隧道正洞及辅助坑道瓦斯区段划分见表 12-1。

表 12-1 平顶丘隧道正洞及辅助坑道瓦斯区段划分

隧道名称	里程段落	长度/m	瓦斯区段	建议设防瓦斯压力/MPa	备注
平顶丘隧道正洞	DK132+894～DK133+100	206	微瓦斯段落	0.01	穿越沙溪庙组砂泥岩进口浅埋段，受有害气体危害小
	DK133+100～DK133+850	750	低瓦斯段落	0.08	穿越沙溪庙组砂泥岩隧道部墩层中可能存在天然气气囊
	DK133+850～DK134+250	400	高瓦斯段落	0.15	穿越厚层砂岩段，检测到高浓度的甲烷
	DK134+250～DK134+900	650	低瓦斯段落	0.08	穿越沙溪庙组砂泥岩隧道上部地层中可能存在天然气气囊
	DK134+900～DK135+350	450	高瓦斯段落	0.15	厚层砂岩平顶丘-1 钻孔检测到的高浓度甲烷来源为厚层砂岩
	DK135+350～DK137+210	1860	低瓦斯段落	0.09	穿越沙溪庙组与新田沟组，砂泥岩作为高瓦斯区段的缓冲
	DK137+210～DK139+050	1840	高瓦斯段落	0.17	穿越新田沟组砂泥岩，位于背斜核部，检测到高浓度的甲烷
	DK139+050～DK141+100	2050	低瓦斯段落	0.08	穿越沙溪庙组砂泥岩
	DK141+100～DK141+382	282	微瓦斯段落	0.01	穿越沙溪庙组砂泥岩进口浅段受有害气象体害较小
平顶丘1号斜井	X1DK0+000～X1DK0+720	720	低瓦斯段落	0.08	穿越沙溪庙组砂泥岩隧道，部分地层中可能存在天然气
平顶丘2号斜井	X2DK0+000～X2K0+650	650	高瓦斯段落	0.17	穿越新田沟组砂泥岩，位于背斜核部
	X2DK0+650～X20K1+052	402	低瓦斯段落	0.08	

12.1.4　施工段落划分

全隧分进口（高瓦斯）、1号斜井（高瓦斯）、2号斜井（高瓦斯）及出口（低瓦斯）4个工区，进口工区承担正洞1756m施工任务，最大供风长度1756m；1号斜井工区累计施工长度为2440m，斜井长720m，掘进至正洞后向大里程方向施工1570m，最大供风长度约2290m；2号斜井工区累计施工长度为4102m，斜井长1050m，掘进至正洞后向正洞两侧施工约1780m、1270m，最大供风长度约2832m；出口工区承担正洞1756m施工任务，最大供风长度约1962m。其中进口工区、1号斜井工区、2号斜井工区为高瓦斯工区，出口工区为低瓦斯工区。

平顶丘隧道任务划分如图12-1所示。

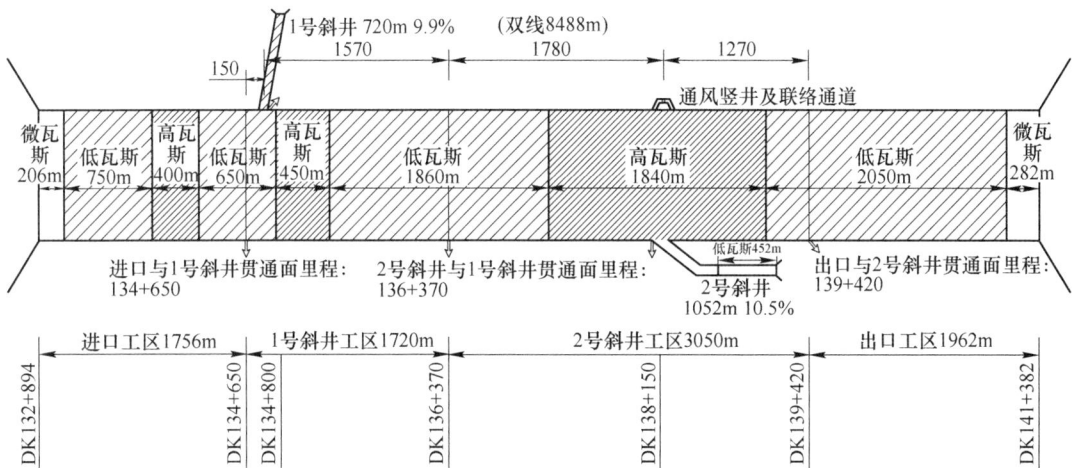

图 12-1　平顶丘隧道任务划分图

12.2　瓦斯隧道施工通风监测预控技术方案设计

12.2.1　设计目的

为解决平顶丘高瓦斯隧道施工期间出现的瓦斯等有毒有害气体，加强通风管理，避免洞内形成涡流，聚集瓦斯等有毒气体，预先防范瓦斯等有毒有害气体对洞内作业人员的伤害和发生重大安全事故。

12.2.2　设计依据

（1）《铁路瓦斯隧道技术规范》（TB 10120—2019　J160—2019）；

（2）《铁路隧道工程施工安全技术规程》（TB 10304—2009　J947—2009）；

（3）《铁路隧道工程风险管理技术规范》（Q/CR 9247—2016）；

（4）《铁路工程勘察规范》（Q/CR 9604—2015）；

（5）《高速铁路隧道工程施工技术规范》（国务院 708 号文）；

（6）《生产安全事故应急条例》（国务院 708 号文）；

(7)《生产安全事故应急救援预案管理办法》（应急部令 2 号）；

(8)《生产经营单位生产安全事故应急救援预案编制导则》（GB/T 29639—2020）；

(9)《生产安全事故应急演练基本规范》（AQ/T 9007—2019）；

(10)《爆破安全规程》（GB 6722—2014）；

(11)《煤矿安全规程》（2013 版）；

(12)《煤矿安全监控系统通用技术要求》（AQ 6201—2019）；

(13)《通风安全学》（张国枢主编）；

(14)《新建铁路重庆至万州高速铁路施工图》；

(15) 新建铁路重庆至万州高速铁路平顶丘隧道设计说明；

(16) 国家、铁道部及重庆市有关隧道施工规范、规程和文件要求等；

(17) 现场地形、水文地质条件、气象和其他地区性条件等资料。

12.2.3　适用范围

该方案适用于新建铁路重庆至万州高速铁路 DK132+894～DK141+382 平顶丘隧道进口工区、1 号斜井工区、2 号斜井工区、出口工区的施工通风。

12.2.4　编制原则

(1) 科学配置的原则。通过理论计算、科学配置通风设施，合理选择风机型号、功率、供风量及风压等参数以满足供风需求。

(2) 经济合理的原则。理论计算隧道内需风量，风量以满足规范标准为原则，满足现场施工需求。

12.3　瓦斯隧道施工通风监测预控技术施工组织计划

12.3.1　通风管理组织机构及职责

为切实抓好平顶丘瓦斯隧道通风管理工作，各工区均设置专人负责、专人管理，每个工区通风管理组织机构设置及人员配置如下：现场通风负责人任管理组组长，组员由现场技术员、瓦检员、测风员、通风班长组成。管理组下设通风班，主要成员有班长、风机司机、风管安拆工、风管修补工，人员岗位职责见表 12-2。

表 12-2　单个工区主要人员岗位职责

序号	人　员	职　责
1	通风负责人	全面负责施工通风技术和人员管理，落实通风方案并组织实施，协调与其他工种之间的关系
2	技术员	协助通风负责人工作，解决方案实施过程中的细化与修改，以及通风效果的检测与评价等
3	瓦检员	负责测风断面瓦斯检测工作，将瓦斯检测记录汇总至技术员处
4	测风员	负责洞内测风断面各点位的风速检测，将检测记录汇总至技术员处

序号	人 员	职 责
5	通风班长	协助通风负责人工作，负责组织人员落实风筒安拆、风机日常维护任务，每日巡查风筒破损情况，上报风筒修补和更换计划
6	风管修补工	在洞外专职修补损坏的风管
7	风机司机	负责风机值班、风机运行状况记录工作以及风机的日常维护
8	风管安拆工	负责风管的安装与拆卸工作

12.3.2 材料计划

通风材料配置计划见表 12-3。

表 12-3 通风主要材料配置计划

序号	材料名称	型 号	单位	数 量			
				进口工区	1号斜井工区	2号斜井工区	出口工区
1	风筒	ϕ180 双抗、阻燃	m	1800	2300	5200	2000
2	风筒	ϕ160 双抗、阻燃	m	0	900	5200	0
3	镀锌钢丝	8 号	m	1800	3200	10400	2000
4	膨胀螺栓		个	360	640	2080	400
5	尼龙绳		m	0	2000	6300	0
6	爬梯	6m 高	个	2	2	4	2

12.3.3 设备、仪器计划

通风设备、仪器配置计划见表 12-4。

表 12-4 通风主要设备、仪器配置计划表

序号	材料名称	型 号	单位	数 量			
				进口工区	1号斜井工区	2号斜井工区	出口工区
1	轴流风机	2×132kW	台	2	3	4	2
2	防爆局扇	5.5kW	台	4	4	8	4
3	防爆射流风机	37kW	台	0	1	2	0
4	登高升降设备		台	1	1	1	1
5	风电闭锁装置		套	2	2	4	2
6	数显风速检测仪	希玛 AS856	台	2	2	2	2
7	光干涉甲烷测定器	CJG10	台	1	1	1	1

12.4 瓦斯隧道施工通风监测预控技术施工通风方案

12.4.1 通风设计标准

（1）劳动环境标准。

1) 一氧化碳最高允许浓度 30mg/m³；

2) 二氧化碳不得大于 0.5%（按体积计）；

3) 氮氧化物为 5mg/m³ 以下；

4) 洞内最高平均温度不高于 28℃；

5) 洞内噪声不得大于 90dB(A)；

6) 粉尘浓度小于 2mg/m³（含有 10%以上游离 SiO_2 的粉尘），水泥尘小于 6mg/m³（含有 10%以下游离 SiO_2 水泥粉尘）；

7) 洞内空气中氧气含量按体积计不得小于 20%。

（2）其他通风标准。

1) 瓦斯工区洞内最低风速不应小于 0.25m/s，防止瓦斯局部积聚的风速不宜小于 1m/s；

2) 按瓦斯绝对涌出量计算风量，应将洞内各处的瓦斯浓度稀释到 0.5%以下，故本隧道取 0.5%；

3) 作业人员每人需风量不小于 4m³/min；

4) 作业机械需风量不小于 4m³/(min·kW)；

5) 瓦斯工区作业面要求 24h 连续不间断通风。

12.4.2 通风方式

根据平顶丘隧道实际情况，综合考虑掘进长度、断面大小、开挖方法、出渣运输方式、设备条件、工期要求等因素，各工区通风方式选取如下。

12.4.2.1 进口工区

根据施工图设计，隧道进口工区为高瓦斯工区，需供风长度 1756m 小于 2000m，采用压入式通风，通风示意图如图 12-2 所示。

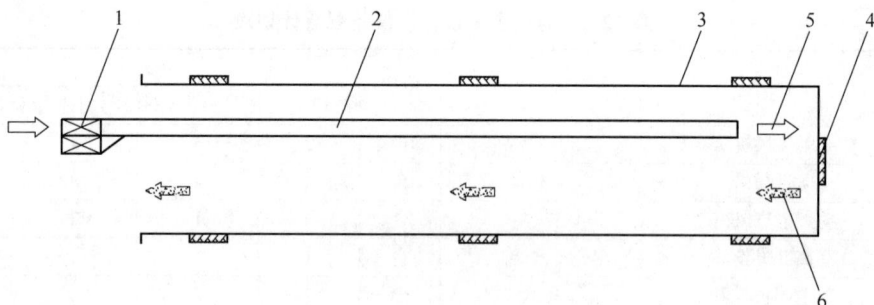

图 12-2　进口工区通风示意图

1—风机；2—风管；3—隧道；4—掌子面；5—新鲜空气；6—污浊空气

12.4.2.2 1 号斜井工区

根据施工图设计，1 号斜井工区正洞段为高瓦斯工区，1 号斜井洞口至大里程分界点供风长度 2290m、小里程方向 150m，高瓦斯区段距离斜井洞口距离 1992m，小于 2000m，采用压入式通风，通风分两个阶段，第一个阶段是 1 号斜井与进口工区未贯通前（见图 12-3），第二个阶段是 1 号斜井与进口工区贯通后（见图 12-4）。

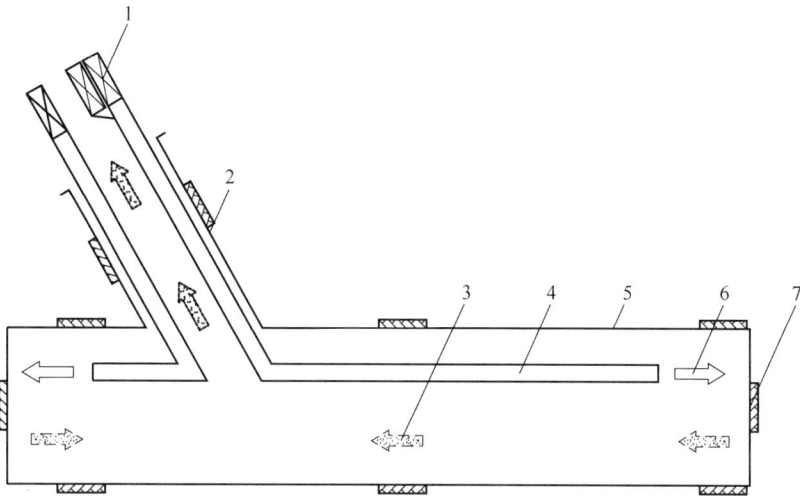

图 12-3 1 号斜井工区与进口工区未贯通前通风示意图

1—风机；2—斜井；3—污浊空气；4—送风管路；5—正洞；6—新鲜空气；7—掌子面

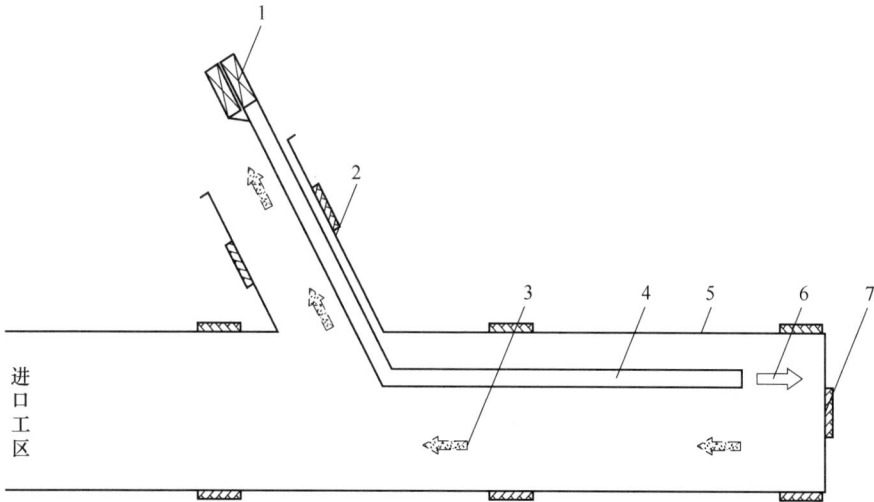

图 12-4 1 号斜井工区与进口工区贯通后通风示意图

1—风机；2—斜井；3—污浊空气；4—送风管路；5—正洞；6—新鲜空气；7—掌子面

12.4.2.3 2 号斜井工区

根据施工图设计，2 号斜井工区斜井段及正洞段均为高瓦斯工区，2 号斜井洞口至小里程和大里程分界点供风长度分别为 2832m 和 2322m，高瓦斯区段距离斜井洞口距离小于 2000m，采用压入式通风，通风竖井投用后辅助排污风。

2 号斜井工区通风示意图如图 12-5 所示。

12.4.2.4 出口工区

根据施工图设计，出口工区为低瓦斯工区，洞口至里程分界点供风长度为 1962m，采用压入式通风，通风方式与进口工区相同，通风示意图如图 12-6 所示。

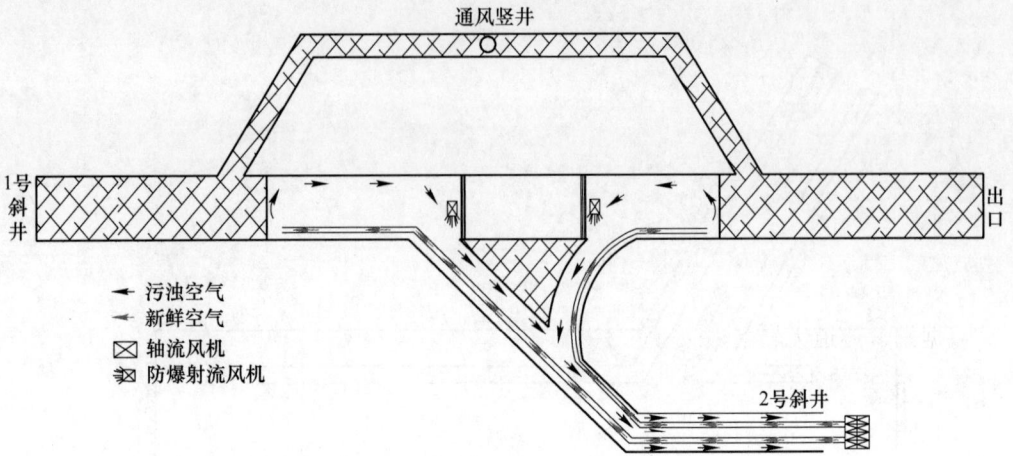

图 12-5　2 号斜井工区通风示意图

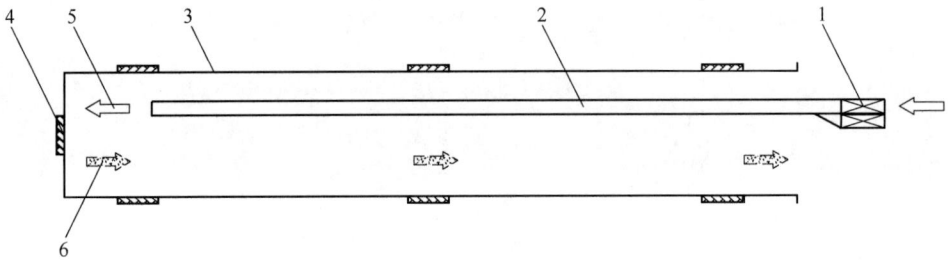

图 12-6　出口工区通风示意图

1—风机；2—风管；3—隧道；4—掌子面；5—新鲜空气；6—污浊空气

12.4.3　进口工区通风计算及设备选择

12.4.3.1　需风量计算

隧道掘进需风量按照隧道内同时工作的最多人数、瓦斯等有毒有害气体涌出情况、隧道内所用内燃机数量、允许最小风速、一次爆破所用最多炸药量等条件逐个进行检验，取其中的最大值作为最终的隧道用风量。

(1) 按隧道内同时工作的最多人数需要的新鲜空气计算风量。隧道作业人员用风量：

$$Q_人 = 4 \times N \times K \tag{12-1}$$

式中，4 为每人需风量，m^3/min；K 为风量备用系数，取 1.45；N 为作业面同时作业的最多人数，100 人。

瓦斯段：$Q_人 = 4 \times 100 \times 1.45 = 580 m^3/min$。

(2) 按绝对瓦斯涌出量计算。根据《铁路瓦斯隧道技术规范》 （TB 10120—2019 J 160—2019）第 10.3.1 条规定，采用压入式通风的瓦斯工区，按瓦斯绝对涌出量计算风量，应将洞内各处的瓦斯浓度稀释到 0.5% 以下。

$$Q = (100 \times q \times K)/n \tag{12-2}$$

式中，q 为工作面瓦斯绝对涌出量，取设计最大瓦斯涌出量的 2 倍，暂取值为 $4.64 m^3/min$；K 为瓦斯涌出不均衡系数；取 1.6；n 为隧道内瓦斯最大容许含量的百分数，取 0.5。

需风量：$Q = (100 \times 4.64 \times 1.6)/0.5 = 1484.8 \text{m}^3/\text{min}$。

（3）采用内燃机作业时的需风量。隧道内机动车工作时产生较多的有毒有害气体，消耗氧气，为及时排出有毒有害气体，在满足施工要求的前提下，应尽量减少同时作业的机车数量，减少空气消耗量。

$$Q_燃 = 4 \sum_{i=1}^{n} N_i \eta_i \tag{12-3}$$

式中，4 为单位功率需风量，$\text{m}^3/(\text{min} \cdot \text{kW})$；$N_i$ 为第 i 台柴油机械设备功率，kW；η_i 为第 i 台柴油机械设备综合效率系数。

根据常规隧道无轨运输方式、机械设备配备情况，工点内燃机械设备配置情况见表 12-5。

表 12-5　工点内燃机械设备配置

机械设备名称	单机功率/kW	综合效率系数	配置数量/台
ZLC50 侧卸式装载机	160	0.7	1
PC220-6 液压反铲机	125	0.7	1
自卸汽车（重车）	240	0.7	2
混凝土罐车	140	0.7	1

$Q_燃 = 4 \times (160 \times 0.7 \times 1 + 125 \times 0.7 \times 1 + 240 \times 0.7 \times 2 + 140 \times 0.7 \times 1) = 2534 \text{m}^3/\text{min}$

（4）按稀释和排炮烟所需风量计算。

采用公式：

$$Q = \frac{2.25}{t} \sqrt[3]{\frac{G(AL)^2 \psi b}{P^2}} \tag{12-4}$$

式中，t 为通风时间，取 30min；G 为同一时间起爆总药量，kg，隧道高瓦斯区有Ⅳ和Ⅴ级围岩，实际施工中Ⅳ级围岩与Ⅴ级围岩采用台阶法开挖，上台阶最大开挖面积约 75m^2，故隧道最大开挖断面积按 75m^2 取值，单位炸药用量取 1.0kg/m^3，每循环进尺 2m，根据Ⅳ级围岩钻爆设计取 $G=150$kg；A 为掘进断面面积，按Ⅳ级断面 75m^2 计算；ψ 为淋水系数，取 0.8；b 为炸药爆炸后有害气体生成量，取 40L/kg；L 为通风长度（2000m）或临界长度（L'），长度根据进度计划确定，临界长度用公式 $L'=12.5GbK/AP^2$ 计算（式中 K 为紊流系数，取 0.65）；P 为通风管漏风系数，按百米漏风率（P_{100}）通风管 ϕ1.8m 取 1%。则

$$P = \frac{1}{(1 - P_{100})^{\frac{L}{100}}} = \frac{1}{(1 - 1\%)^{\frac{2000}{100}}} = 1.22$$

临界长度 L' 用下式确定计算：

$L' = 12.5GbK/AP^2 = 12.5 \times 150 \times 40 \times 0.65/(75 \times 1.22^2) = 437\text{m}$

当 $L<L'$ 时，使用 L 来计算风量；当 $L>L'$ 时使用 L' 来计算风量，此处 $L>L'$ 应采用 L' 来计算。所以：

$$Q = \frac{2.25}{t} \sqrt[3]{\frac{G(AL)^2 \psi b}{P^2}} = \frac{2.25}{30} \times \sqrt[3]{\frac{150 \times (75 \times 437)^2 \times 0.8 \times 40}{1.22^2}} = 1135\text{m}^3/\text{min}$$

（5）以隧道中最低风速计算风量校核。根据规范标准和设计方案，经过综合考虑，对瓦斯易于积聚处应实施局部通风，风速不宜小于 1m/s，高瓦斯工区最低风速不小于 0.25m/s。隧道最低风速用风量 $Q = v \times S = 0.25 \times 120 = 30m^3/s = 1800m^3/min$。式中，$v$ 为隧道中最低允许风速，m/s；S 为隧道轮廓断面面积，m^2。

因此，以隧道中最低风速计算风量的需风量计算风量最大，最大值为 $2534m^3/min$。

（6）风量计算。考虑漏风而损失的风量，故洞外风机的供风总量应为：

$$Q_{风机} = Q_{max}(1 + \eta L/100) \tag{12-5}$$

式中，Q_{max} 为用风量，取 $2534m^3/min$；η 为风管 100m 漏风率，取 0.01；L 为通风风管最长距离，进口工区考虑取 1756m。

$$Q_{风机} = 2534 \times (1 + 0.01 \times 1756/100) = 2979m^3/min = 49.65m^3/s$$

12.4.3.2　通风阻力计算

主要考虑风筒的摩擦阻力及局部阻力：

$$h = h_f + h_x \tag{12-6}$$

式中，h 为风筒通风阻力，Pa；h_f 为风筒摩擦阻力，Pa；h_x 为风筒局部阻力，Pa。

进口工区为高瓦斯工区，通风管拟选用 $\phi1.8m$ 阻燃抗静电柔性风筒。

（1）风筒摩擦阻力系数计算。计算公式：

$$\alpha = \frac{\lambda \rho}{8} \tag{12-7}$$

式中，α 为风筒摩擦阻力系数，$N \cdot S^2/m^4$；λ 为风筒摩擦系数，又称达西系数，$\phi1.8m$ 柔性风筒取 0.013；ρ 为空气密度，取 $1.29kg/m^3$。

$$\alpha = 0.013 \times 1.29 \div 8 = 0.002N \cdot S^2/m^4$$

（2）风筒风阻计算。计算公式：

$$R_f = \frac{6.5\alpha L}{D^5} \tag{12-8}$$

式中，R_f 为风筒风阻，$N \cdot S^2/m^8$；D 为风筒直径，为 1.8m。

$$R_f = 6.5 \times 0.002 \times 1756 \div 1.8^5 = 1.2N \cdot S^2/m^8$$

（3）风筒摩擦阻力计算。计算公式：

$$h_f = \frac{R_f Q_L^2}{P_L} \tag{12-9}$$

式中，Q_L 为通风机吸入风量，m^3/s；

$$Q_L = Q = \sqrt{Q_{需} Q_{机}} = 45.8m^3/s$$
$$h_f = 1.2 \times 45.8^2 \div 1 = 2517N \cdot S^2/m^8$$

（4）风筒通风阻力计算。系统风压：

$$H = h_{摩} + h_{局} + h_{正} + h_{其他} \tag{12-10}$$

为简化计算，取计算公式：

$$h = 1.2h_{摩} = 1.2 \times 2517 = 3020Pa$$

综上所述，平顶丘隧道进口工区当一次通风取抗静电、阻燃柔性风筒直径为 1.8m 时，风量不小于 $2979m^3/min$，风压约为 3020Pa。

12.4.3.3　通风设备选择

通风机型号选择：通风机型号的选择主要考虑以下三个条件：

（1）通风机产生的风量不能小于理论计算风量；

（2）通风机直径与选取通风管直径不能差别太大；

（3）风机全压值不小于管道总阻力。

根据平顶丘隧道进口工区的通风要求及风量、风压计算，综合考虑平顶丘隧道进口工区施工长度及漏风率因素，平顶丘隧道进口工区选用 2 台 $SDF_{(B)}$-4-No13 型风机，风机功率 $2 \times 132kW$，风量 $1695 \sim 3300m^3/min$，风机全压 $930 \sim 5920Pa$。一用一备，采用 $\phi 1.8m$ 的抗静电、阻燃柔性风筒，根据通风检测情况，对瓦斯易于积聚的空间实施局部通风的方法，消除瓦斯积聚。

考虑隧道内瓦斯易局部积聚地点（如开挖台车、挂布台车、二衬台车等）及通风时快速排出隧道瓦斯，在隧道内合适处增加局部通风机 4 台（两用两备），型号 FBYNo 4.0/5.5，风量范围 $55 \sim 425m^3/min$，电机功率 5.5kW，频率 50Hz。

参考风机性能参数，其性能参数均满足计算要求，风机型号及参数见表 12-6。

表 12-6　通风机主要参数（推荐）

通风机型号	通风机主要参数			
	风量范围/$m^3 \cdot min^{-1}$	风压范围/Pa	最大配用电机功率/kW	转速/$r \cdot min^{-1}$
$SDF_{(B)}$-4-No13	$1695 \sim 3300$	$930 \sim 5920$	2×132	1480

12.4.4　通风计算及设备选择

首先对 1 号斜井工区进行通风计算，然后对 2 号斜井工区、出口工区的通风进行计算。

12.4.4.1　1 号斜井工区需风量计算

隧道掘进需风量按照隧道内同时工作的最多人数、瓦斯等有毒有害气体涌出情况、隧道内所用内燃机数量、允许最小风速、一次爆破所用最多炸药量等条件逐个进行检验，取其中的最大值作为最终的隧道用风量。

（1）按隧道内同时工作的最多人数需要的新鲜空气计算风量。隧道作业人员用风量按照式（12-1）计算，计算得 1 号斜井工区瓦斯段：

$$Q_人 = 4 \times 100 \times 1.45 = 580m^3/min$$

（2）按绝对瓦斯涌出量计算。根据《铁路瓦斯隧道技术规范》（TB 10120—2019，J 160—2019）10.3.1 条规定，采用压入式通风的瓦斯工区，按瓦斯绝对涌出量计算风量，应将洞内各处的瓦斯浓度稀释到 0.5% 以下。

按照式（12-2）1 号斜井工区需风量：

$$Q = (100 \times 4.64 \times 1.6)/0.5 = 1484.8m^3/min$$

（3）采用内燃机作业时的需风量。隧道内机动车工作时产生较多的有毒有害气体，消耗氧气，为及时排出有毒有害气体，在满足施工要求的前提下，应尽量减少同时作业的机车数量，减少空气消耗量。按照式（12-3），根据常规隧道无轨运输方式，机械设备配备情况，工点内燃机械设备配置情况见表12-7。

表 12-7　工点内燃机械设备配置

机械设备名称	单机功率/kW	综合效率系数	配置数量/台
ZLC50 侧卸式装载机	160	0.7	1
PC220-6 液压反铲机	125	0.7	1
自卸汽车（重车）	240	0.7	2
混凝土罐车	140	0.7	1

$$Q_{燃} = 4 \times (160 \times 0.7 \times 1 + 125 \times 0.7 \times 1 + 240 \times 0.7 \times 2 + 140 \times 0.7 \times 1) = 2534 \text{m}^3/\text{min}$$

（4）按稀释和排炮烟所需风量计算。采用式（12-4），通风时间取15min，隧道高瓦斯区有Ⅳ和Ⅴ级围岩，实际施工中Ⅳ级围岩与Ⅴ级围岩采用台阶法开挖，上台阶最大开挖面积约75m²，故隧道最大开挖断面积按75m²取值，单位炸药用量取1.0kg/m³，每循环进尺2m，根据Ⅳ级围岩钻爆设计取$G=150$kg；掘进断面面积按Ⅳ级断面75m²计算，淋水系数取0.8，炸药爆炸后有害气体生成量取40L/kg，通风长度（2290m）或临界长度（L'），根据进度计划确定，临界长度用公式$L'=12.5GbK/AP^2$计算（式中K为紊流系数，取0.65）；通风管漏风系数按百米漏风率（P_{100}）通风管ϕ1.8m取1%，则：

$$P = \frac{1}{(1 - P_{100})^{\frac{L}{100}}} = \frac{1}{(1 - 1\%)^{\frac{2290}{100}}} = 1.26$$

临界长度L'用下式确定计算：

$$L' = 12.5GbK/AP^2 = 12.5 \times 150 \times 40 \times 0.65/(75 \times 1.26^2) = 516 \text{m}$$

当$L<L'$时，使用L来计算风量；当$L>L'$时使用L'来计算风量。此处$L>L'$应采用L'来计算。所以：

$$Q_{烟} = \frac{2.25}{t}\sqrt[3]{\frac{G(AL)^2\psi b}{P^2}} = \frac{2.25}{20} \times \sqrt[3]{\frac{150 \times (75 \times 516)^2 \times 0.8 \times 40}{1.26^2}} = 1861 \text{m}^3/\text{min}$$

（5）以隧道中最低风速计算风量校核。根据《铁路瓦斯隧道技术规范》《煤矿安全规程》等规范，经过综合考虑，对瓦斯易于积聚处，应实施局部通风，风速不宜小于1m/s，低瓦斯工区最低风速不小于0.25m/s。因此，隧道最低风速用风量$Q=v\times S=0.25\times120=30\text{m}^3/\text{s}=1800\text{m}^3/\text{min}$。因此，以隧道中内燃机作业时的需风量计算风量最大，最大值为2534m³/min。

（6）风量计算。考虑因漏风损失的风量，故洞外风机的供风总量按照式（12-5）计算，风管100m漏风率取0.01，1号斜井工区大里程方向考虑取2290m，小里程方向870m；大里程方向：$Q_{风机}=2534\times(1+0.01\times2290/100)=3114\text{m}^3/\text{min}=51.9\text{m}^3/\text{s}$；小里程方向：$Q_{风机}=2534\times(1+0.01\times870/100)=2754\text{m}^3/\text{min}=45.9\text{m}^3/\text{s}$。

12.4.4.2　通风阻力计算

主要考虑风筒的摩擦阻力及局部阻力式（12-6）计算。

风筒摩擦阻力计算如下：

1 号斜井工区大里程方向，通风管拟选用 $\phi1.8m$ 阻燃抗静电柔性风筒。

1 号斜井工区小里程方向，通风管拟选用 $\phi1.6m$ 阻燃抗静电柔性风筒。

（1）风筒摩擦阻力系数计算。

依据式（12-7），风筒摩擦阻力系数 $N \cdot S^2/m^4$，达西系数在 $\phi1.6m$、$\phi1.8m$ 柔性风筒取 0.013，空气密度取 $1.29kg/m^3$，$\alpha = 0.013 \times 1.29 \div 8 = 0.002 N \cdot S^2/m^4$。

（2）风筒风阻计算。

依据式（12-8），风筒风阻 $N \cdot S^2/m^8$，风筒直径为 $\phi1.8m/\phi1.6m$，因此：

大里程方向 $\phi1.8m$：$R_f = 6.5 \times 0.002 \times 2290 \div 1.8^5 = 1.58 N \cdot S^2/m^8$；

小里程方向 $\phi1.6m$：$R_f = 6.5 \times 0.002 \times 870 \div 1.6^5 = 1.08 N \cdot S^2/m^8$。

（3）风筒摩擦阻力计算。

依据式（12-9），Q_L 为通风机吸入风量，大里程方向 $Q_L = Q = \sqrt{Q_{需}Q_{机}} = 46.8m^3/s$，小里程方向 $Q_L = Q = \sqrt{Q_{需}Q_{机}} = 44m^3/s$。

大里程方向：$h_f = 1.58 \times 46.8^2 \div 1 = 3460 N \cdot S^2/m^8$；

小里程方向：$h_f = 1.08 \times 44^2 \div 1 = 2090 N \cdot S^2/m^8$。

（4）风筒通风阻力计算。

依据系统风压式（12-10），为简化计算，取：

大里程方向：$h = 1.2h_{摩} = 1.2 \times 3460 = 4152Pa$；

小里程方向：$h = 1.2h_{摩} = 1.2 \times 2090 = 2509Pa$。

综上所述，平顶丘隧道 1 号斜井工区大里程方向通风距离 2290m，通风取抗静电、阻燃柔性风筒，直径为 1.8m 时，需风机风量不小于 $3114m^3/min$，风压约为 4152Pa。小里程方向通风距离 870m，通风取抗静电、阻燃柔性风筒，直径为 1.6m 时，需风机风量不小于 $2754m^3/min$，风压约为 2509Pa。

12.4.4.3 通风设备选择

通风机型号的选择主要考虑以下三个条件：

（1）通风机产生的风量不小于理论计算风量；

（2）通风机直径与选取通风管直径不能差别太大；

（3）风机全压值不小于管道总阻力。

根据平顶丘隧道 1 号斜井工区的通风要求及风量、风压计算，考虑施工长度及漏风率等综合因素，平顶丘隧道 1 号斜井工区选用 3 台 $SDF_{(B)}$-4-No13 型风机，风机功率 $2 \times 132kW$，风量 $1695 \sim 3300m^3/min$，风机全压 $930 \sim 5920Pa$，两用一备，大里程方向采用 $\phi1.8m$ 的抗静电、阻燃柔性风筒，小里程方向采用 $\phi1.6m$ 的抗静电、阻燃柔性风筒双风筒供风，根据通风检测情况，对瓦斯易于积聚的空间实施局部通风的方法，消除瓦斯积聚。

考虑隧道内瓦斯易局部积聚地点（如开挖台车、挂布台车、二衬台车等）及通风时快速排出隧道瓦斯，在隧道内合适处增加局部通风机 4 台（两用两备），型号 FBYNo 4.0/5.5，风量范围 $55 \sim 425m^3/min$，电机功率 5.5kW，频率 50Hz。

参考风机性能参数，其性能参数均满足计算要求，风机型号及参数见表 12-6。

12.4.4.4　2号斜井工区通风计算及设备选择

A　需风量计算

隧道掘进需风量按照隧道内同时工作的最多人数、瓦斯等有毒有害气体涌出情况、隧道内所用内燃机数量、允许最小风速、一次爆破所用最多炸药量等条件逐个进行检验，取其中的最大值作为最终的隧道用风量。同理依据式（12-1）~式（12-10），计算得平顶丘隧道2号斜井工区当通风取抗静电、阻燃柔性风筒（直径1.8m）时，风量不小于3251m³/min，风压约为5036Pa。

B　通风设备选择

通风机型号的选择主要考虑以下三个条件：

（1）通风机产生的风量不能小于理论计算风量；

（2）通风机直径与选取通风管直径不能差别太大；

（3）风机全压值不小于管道总阻力。

结合无轨隧道施工经验和平顶丘隧道2号斜井工区的通风要求及风量、风压计算，考虑施工长度及漏风率等综合因素，在平顶丘隧道2号斜井工区选用4台SDF$_{(B)}$-4-No13型风机，风机功率2×132kW，风量1695~3300m³/min，风机全压930~5920Pa，两用两备，采用φ1.8m的抗静电、阻燃柔性风筒，4条风筒分别向两个作业面供风，根据通风检测情况，对瓦斯易于积聚的空间实施局部通风的方法，消除瓦斯积聚。

考虑隧道内瓦斯易局部积聚地点（如开挖台车、挂布台车、二衬台车等）及通风时快速排出隧道瓦斯，在隧道内合适处增加局部通风机8台，型号FBYNo 4.0/5.5，风量范围55~425m³/min，电机功率5.5kW，频率50Hz。

参考风机性能参数，其性能参数均满足计算要求，风机型号及参数见表12-6。

12.4.4.5　出口工区通风计算及设备选择

A　需风量计算

隧道掘进需风量，按照隧道内同时工作的最多人数、瓦斯等有毒有害气体涌出情况、隧道内所用内燃机数量、允许最小风速、一次爆破所用最多炸药量等条件逐个进行检验，取其中的最大值作为最终的隧道用风量。依据式（12-1）~式（12-10），计算得平顶丘隧道出口工区当通风取抗静电、阻燃柔性风筒（直径1.8m）时，风量不小于3031m³/min，风压约为3427Pa。

B　通风设备选择

通风机型号的选择主要考虑以下三个条件：

（1）通风机产生的风量不能小于理论计算风量；

（2）通风机直径与选取通风管直径不能差别太大；

（3）风机全压值不小于管道总阻力。

根据平顶丘隧道出口工区的通风要求及风量、风压计算，考虑施工长度及漏风率等综合因素，选用2台SDF$_{(B)}$-4-No13型风机，风机功率2×132kW，风量1695~3300m³/min，风机全压930~5920Pa，一用一备，采用φ1.8m的抗静电、阻燃柔性风筒，根据通风检测情况，对瓦斯易于积聚的空间，实施局部通风的方法，消除瓦斯积聚。

考虑隧道内瓦斯易局部积聚地点（如开挖台车、挂布台车、二衬台车等）及通风时快速排出隧道瓦斯，在隧道内合适处增加局部通风机4台（两用两备），型号FBYNo 4.0/5.5，风量范围55~425m³/min，电机功率5.5kW，频率50Hz。

参考风机性能参数,其性能参数均满足计算要求,风机型号及参数见表12-6。

12.4.5 通风布置

12.4.5.1 进口工区通风布置

进口工区单向掘进,采用独头压入式通风,在距洞口30m处安装2台SDF$_{(B)}$-4-No13轴流风机(一主一备),通过一条 ϕ1.8m 阻燃、抗静电螺旋风筒将新鲜空气送至掌子面,最大送风距离1756m,风带布置在线路右侧拱腰位置,穿二衬台车时在台车横梁下方设直径2m的箍圈固定风筒。通风布置图如图12-7所示。

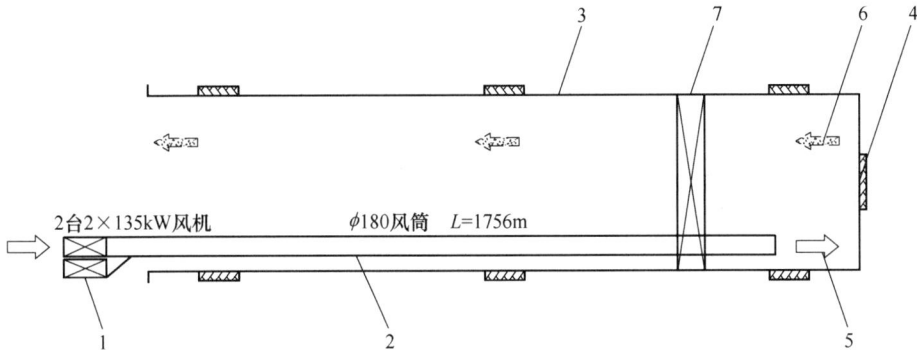

图12-7 进口工区通风布置图

1—风机;2—风管;3—隧道;4—掌子面;5—新鲜空气;6—污浊空气;7—二衬台车

12.4.5.2 1号斜井工区通风布置

A 1号斜井工区通风布置分三个阶段

第一阶段:斜井独头掘进,采用压入式通风,在距洞口30m处安装3台SDF$_{(B)}$-4-No13轴流风机(一主一备),安装一条 ϕ1.6m 阻燃、抗静电螺旋风筒将新鲜空气送至掌子面,最大送风距离720m,风筒悬挂于拱部。

1号斜井工区第一阶段通风布置如图12-8所示。

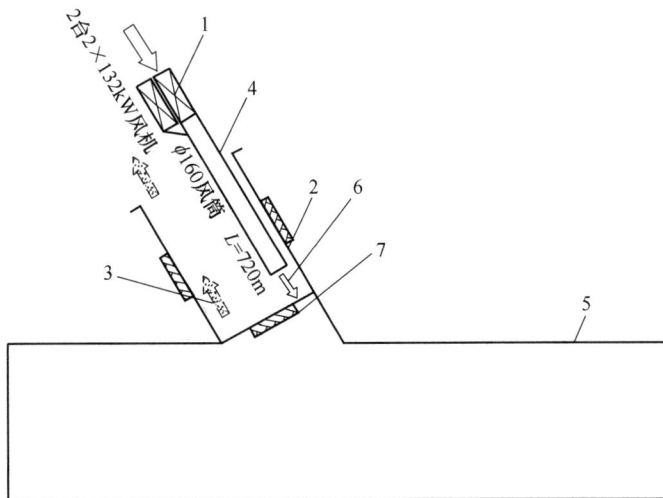

图12-8 1号斜井工区第一阶段通风布置图

1—风机;2—斜井;3—污浊空气;4—送风管路;5—正洞;6—新鲜空气;7—掌子面

第二阶段：斜井进入正洞后，需向大小里程两个方向掘进，小里程方向是利用下穿水库帷幕注浆间隙时间进行掘进，预计掘进150m；大里程方向掘进1570m。该阶段采用压入式通风，在斜井洞口布置3台SDF$_{(B)}$-4-No13轴流风机（一主一备），正洞小里程方向设一条ϕ1.6m阻燃、抗静电螺旋风筒，将新鲜空气送至掌子面，最大送风距离约870m；大里程方向设一条ϕ1.8m阻燃、抗静电螺旋风筒，将新鲜空气送至掌子面，污风通过斜井排出，最大送风距离约2290m。两条风筒在斜井内采用吊环固定于拱部位置，风筒底部采用尼龙绳对拉线托起，防止风带下垂，拉线距底板顶面需保证至少4.2m的安全通行高度，正洞风筒悬挂于线路左侧拱腰部位，过二衬台车时，在台车横梁下方设直径2m的箍圈固定风筒。

1号斜井工区第二阶段通风布置如图12-9所示。

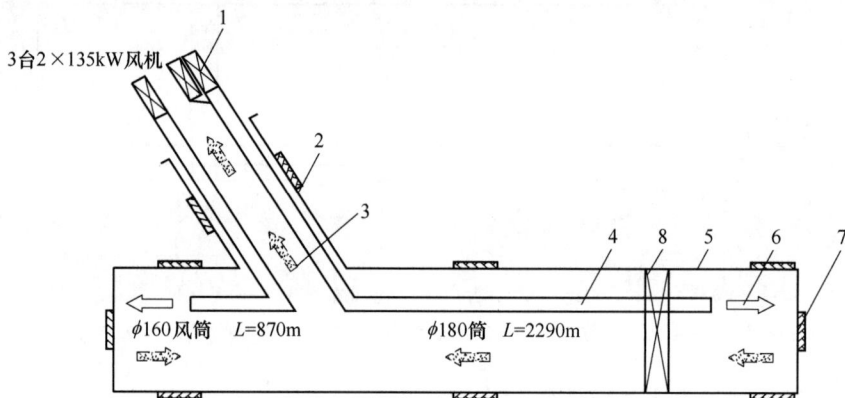

图12-9 1号斜井工区第二阶段通风布置图

1—风机；2—斜井；3—污浊空气；4—送风管路；5—正洞；6—新鲜空气；7—掌子面；8—二衬台车

第三阶段：1号斜井工区与进口工区贯通后，撤出进工区和1号斜井工区正洞小里程方向的通风设备，大里程方向通风设备保留继续使用，直至贯通。

图12-10所示为1号斜井工区第三阶段通风布置图。

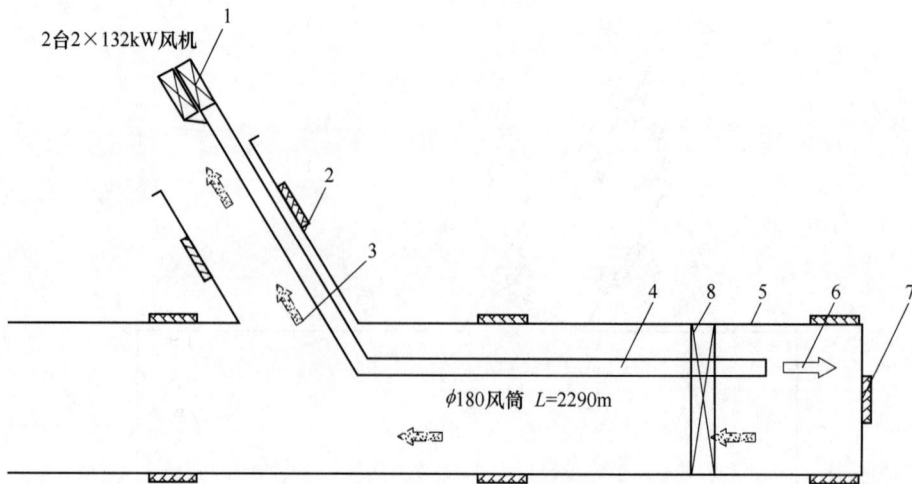

图12-10 1号斜井工区第三阶段通风布置图

1—风机；2—斜井；3—污浊空气；4—送风管路；5—正洞；6—新鲜空气；7—掌子面；8—二衬台车

B　1号斜井风筒布置

施工设计图中1号斜井断面采用净空为5m×6.0m（宽×高）的单车道断面，根据以上通风布置，需在斜井内设两路风筒（φ1.6m和φ1.8m各1条），其断面如图12-11所示，安全通行高度只有3.9m，送风时不能满足混凝土运输车辆（尾部4.2m高）通行，安全隐患很大，建议将1号斜井断面增加至6.5m×6.8m（宽×高）（图12-12），净空约4.82m，满足通行要求，同时风管必须使用双吊环，进行托吊处理，防止停风时风管下垂被过往车辆刮破。

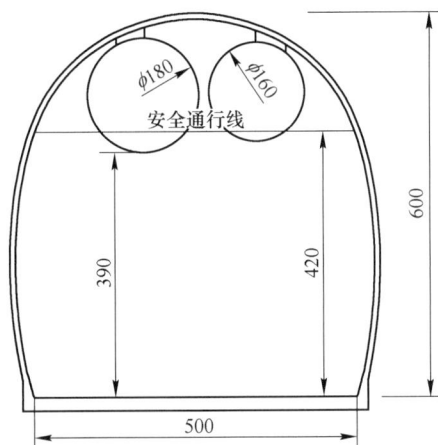

图 12-11　1号斜井断面风筒布置图　　　　　图 12-12　1号斜井加大断面风筒布置图

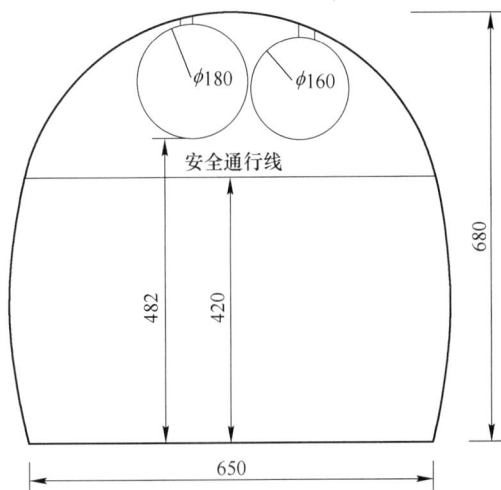

12.4.5.3　2号斜井工区通风布置

A　2号斜井工区通风布置分三个阶段

第一阶段：斜井独头掘进，采用压入式通风，在距洞口30m处安装4台SDF$_{(B)}$-4-No13轴流风机（两主两备），安装一条φ1.8m阻燃、抗静电螺旋风筒将新鲜空气送至掌子面，当斜井向小里程方向施工岔道时，增加一条φ1.8m风筒供岔道作业面通风，2号斜井最大送风距离1052m，风筒悬挂于拱部。

2号斜井第一阶段通风布置图如图12-13所示。

第二阶段：斜井进入正洞后，双向掘进，在竖井未完成前，正洞大小里程均采用压入式通风，待斜井与主洞大小里程方向两个交叉口之间贯通后，在主洞该区间内设风门，将大小里程两个作业面隔开，形成两个独立通风系统。在斜井洞口布置4台SDF$_{(B)}$-4-No13轴流风机（两主两备），大小里程方向各安装2条风筒，主风机安装一条φ1.8m阻燃、抗静电螺旋风筒作为主通风管道，备用风机安装一条φ1.4m阻燃、抗静电螺旋风筒，在作业面瓦斯涌出量较大、爆破出渣、联络风道施工时开启使用，斜井内4条风筒将新鲜空气送至掌子面，污风通过斜井排出洞外，小里程最大送风距离约2832m，大里程方向最大送风距离约2322m，4条风筒在斜井内采用双吊环固定于拱部和边墙位置，风筒底部采用尼龙绳对拉线托起，防止风带下垂，拉线距底板顶面需保证至少4.2m的安全通行高度，正洞两条风筒悬挂于线路右侧拱腰部位，过二衬台车时，一条安装在横梁下方，利用直径2m的箍圈固定风筒，另一条于台车底部纵梁位置。

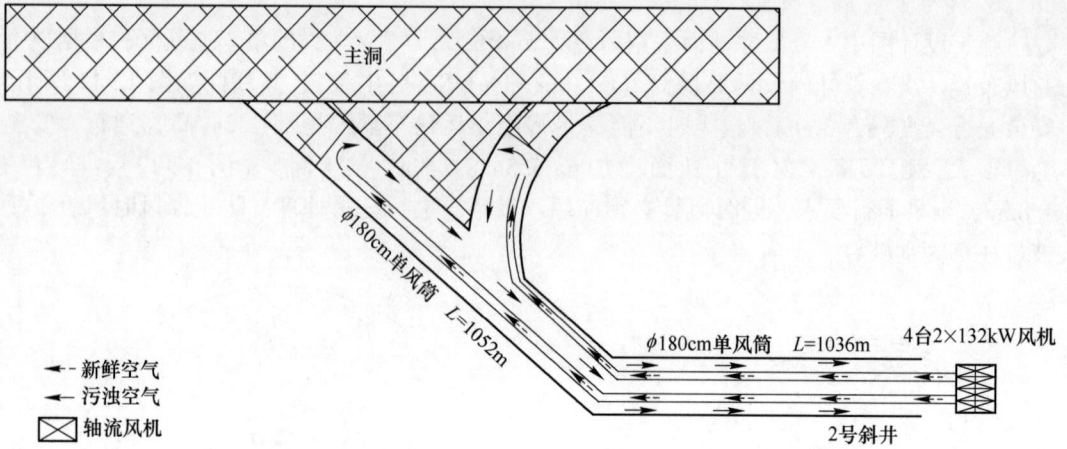

图 12-13　2 号斜井第一阶段通风布置图

2 号斜井第二阶段通风布置图如图 12-14 所示。

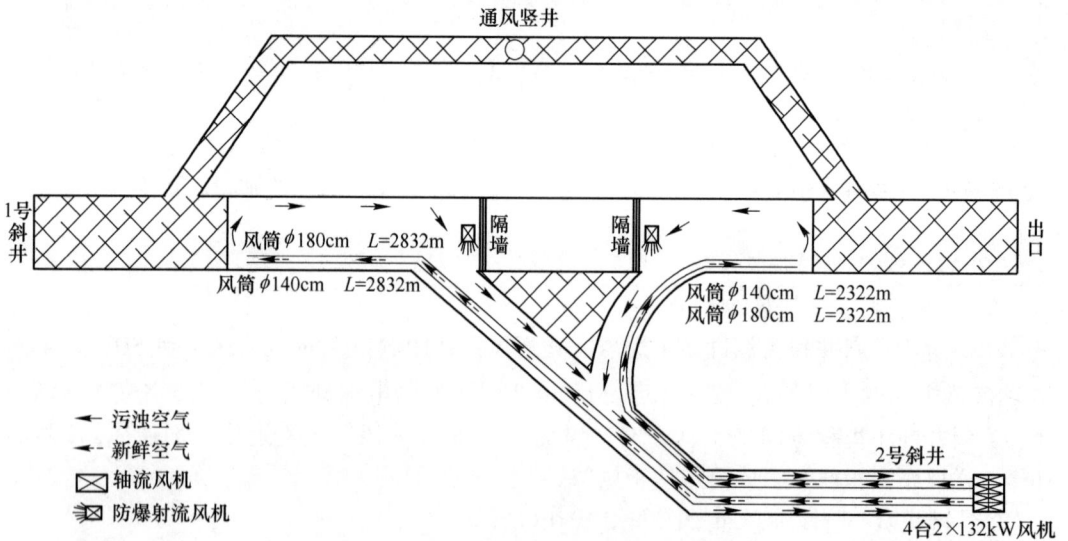

图 12-14　2 号斜井第二阶段通风布置图

第三阶段：竖井和联络风道完成后，在联络风道与主洞两个交叉口处分别安装 1 台 37kW 防爆射流风机，引导主洞大小里程两个作业面污风从竖井口排出洞外。

2 号斜井第三阶段通风布置图如图 12-15 所示。

B　2 号斜井风筒布置

施工设计图中 2 号斜井采用净空为 7.5m×6.8m（宽×高）的双车道断面，根据以上通风布置，需在斜井内布设 4 条风筒（φ1.4m 和 φ1.8m 各 2 条），其布置断面如图 12-16 所示，安全通行高度 423m，满足通行要求，拱部风管必须使用双吊环进行托吊处理，防止停风时风管下垂被过往车辆刮破。

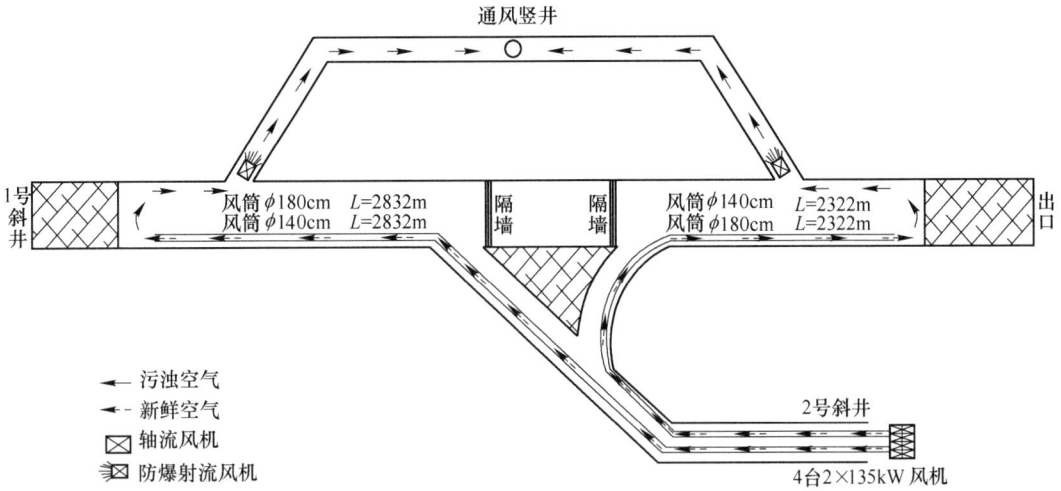

图 12-15　2 号斜井第三阶段通风布置图

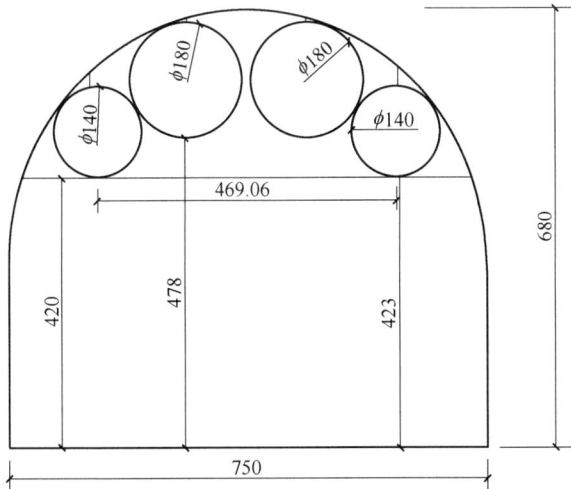

图 12-16　2 号斜井断面风筒布置示意图

12.4.5.4　出口工区通风布置

出口工区为低瓦斯工区，进洞后单向掘进，采用独头压入式通风，在距洞口 30m 处安装 2 台 SDF$_{(B)}$-4-No13 轴流风机（一主一备），通过一条 φ1.8m 阻燃、抗静电螺旋风筒将新鲜空气送至掌子面，最大送风距离 1962m，风带布置在线路右侧拱腰位置，穿二衬台车时，在台车横梁下方设直径 2m 的箍圈固定风筒。通风布置图如图 12-17 所示。

12.4.6　风速检测

12.4.6.1　风速自动监测系统

平顶丘隧道进口工区、1 号斜井工区、2 号斜井工区、出口工区均采用 KJ90NX 自动

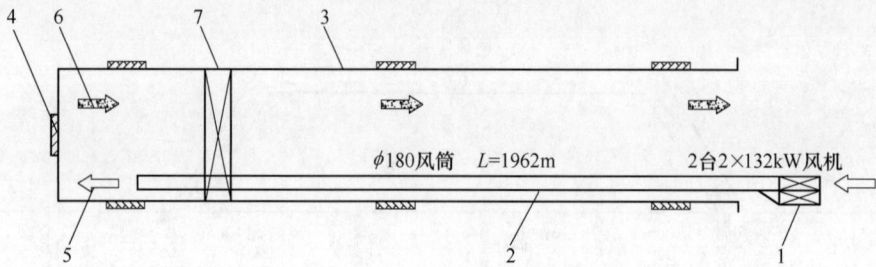

图 12-17　出口工区通风布置图

1—风机；2—风管；3—隧道；4—掌子面；5—新鲜空气；6—污浊空气；7—二衬台车

监控系统安设风速传感器检测风速，风速传感器安设于距回风流汇合口 30m 处。

12.4.6.2　人工检测

人工手持数显测风仪器测风时按定点法（即将隧道断面分为若干格，风表在每格内停留相等的时间）进行测定，然后算出平均风速。图 12-18 所示为风速测定点布置示意图。在某一断面进行测风时，每个测定点测风次数应不少于 3 次，每次测量误差不应超过 5%，然后取 3 次测风结果的平均值。如果测量误差大于 5%，说明测风结果不符合要求，需追加一次测风。在测得隧道内风速后，还必须用皮尺或钢尺细致地量出测风地点的隧道各部尺寸，计算出测风处的隧道断面积；把测风数据和隧道参数记录于表中，计算平均风速。

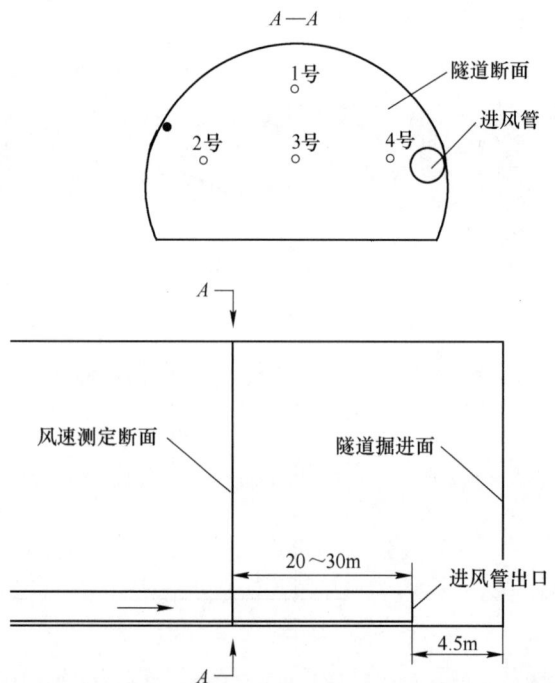

图 12-18　风速检测点位布置图

12.4.6.3　检测频率

（1）每 10 天检查 1 次通风（通风管路巡检、风机、电源电路检查）；

（2）每 10 天进行 1 次全面测风（风机开停，通风管路检查，风速、风量检测）；

（3）延长风管 100m 后，立即组织一次全面检测；

（4）对开挖工作面、衬砌作业台车等用风地点，应根据实际需要，随时检测风速。

12.4.7　通风效果评价

12.4.7.1　瓦斯浓度的测定

为检验通风对掌子面瓦斯浓度稀释效果，在测风同时必须测定瓦斯浓度。开挖工作面附近瓦斯浓度的测定应遵守下列规定：

开挖工作面瓦斯浓度检测共设 2 个断面，迎头瓦检断面距掌子面 1.5m 左右，回风瓦检断面距风管出风口 20m（与测风断面重合），测点上台阶布置 4 个，全断面布置 6 个，测点距开挖轮廓或初支轮廓面 30cm，测风断面及测点布置如图 12-19 和图 12-20 所示。

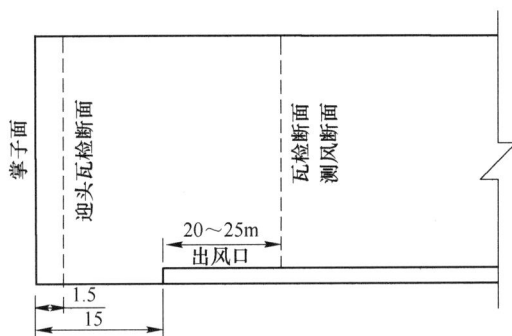

图 12-19　瓦检断面

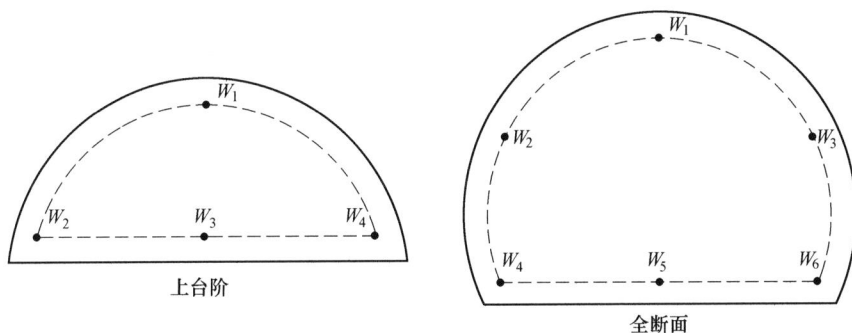

图 12-20　瓦检测点布置

12.4.7.2　检测方法

（1）每个测点处的瓦斯浓度应连续检测 3 次，取其平均值。

（2）测风断面必须同时测定瓦斯浓度。

（3）以开挖工作面附近及稳定回风流中测定的最大瓦斯浓度值作为该断面处的瓦斯浓度。

（4）将瓦斯检测记录填写到记录表中。

12.4.7.3　隧道瓦斯绝对涌出量计算

隧道瓦斯绝对涌出量以隧道实际风量和瓦斯浓度为基础来进行计算。

隧道瓦斯涌出量 Q 为：

$$Q = q \times C \tag{12-11}$$

式中，Q 为隧道的绝对瓦斯涌出量，m^3/min；q 为隧道的测定风量，m^3/min；C 为测定隧道断面处的瓦斯浓度，%。

12.4.7.4　效果分析

通风及瓦斯浓度检测数据读取完毕后应及时进行计算分析，当风速、风量过低或瓦斯浓度过高时，或者风管经过台车风量出现折损时，经测定风速、风量不满足需求时，应调高风机运行挡位加强通风，或增开备用风机及射流风机，保证洞内风速、风量；同时进行原因分析，对通风管路进行全面检查，减少风损，确保通风效果达到设计要求。

12.5　瓦斯隧道施工通风监测预控技术通风安全保障措施

12.5.1　通风安全管理措施

以"合理布局、优化匹配、防漏降阻、严格管理、确保效果"20字方针，作为施工通风管理的指导原则，强化通风管理。

12.5.1.1　通风安全管理组织机构

施工通风是治理瓦斯灾害的关键核心工序，为了抓好此项工作，在项目经理部安全管理组织机构中成立了平顶丘隧道施工通风安全管理小组。项目经理任组长，项目安全总监、分部经理任副组长，组员有分部安全总监、分部总工、分部隧道副经理、四个洞口工区负责人、通风负责人等。

建立以岗位责任制和奖惩制为核心的通风管理制度和组建专业通风班组，通风班组全面负责风机、风管的安装、管理、检查和维修，严格按照通风管理规程及操作细则组织实施。项目部定期根据通风质量给予通风班组兑现奖惩办法。

12.5.1.2　通风管理制度

（1）一般规定。

1）风机操作人员必须经过培训，考核合格后方能上岗作业，必须严格遵守风机的操作规程，熟悉通风系统性能。

2）隧道通风系统必须经过验收合格后方可投入正常运行，运行期间应加强巡视及维护工作，保证通风系统各项性能、技术指标达到设计要求。

3）保证隧道24小时连续不间断通风，风量、风压必须满足规范和施工组织设计要求，不得随意停风。

4）风机设置两路电源并装设风电闭锁装置，确保正在使用的通风机出现故障后能在15min内启动备用通风机，保证隧道通风和正常作业不受影响。

5）对易形成瓦斯聚积的部位必须采取局部通风，当停风区中瓦斯浓度不超过1%时，并在压入式局部通风机及其开关地点附近20m以内风流中的瓦斯浓度均不超过0.5%时，方可人工开动局部通风机。

（2）通风系统定期检查制度。

1）分部组织每周对通风系统进行检查，通风负责人每天对通风系统必须作例行检查，通风工必须做好日常巡查。

2）通风系统运行正常后，每10天进行一次全面测风，对掌子面和其他用风地点根据需要随时测风，做好记录。

3）每7天在风管进出口测量一次风速、风压，并计算漏风率，风管百米漏风率不应大于1%，对风筒的漏风情况必须及时修补。

4）建立通风系统运行管理档案，档案包括各种检查记录、调试记录、测量记录、维护记录、运行记录等。

5）值班人员每天按班组对通风系统运行情况进行记录，通风负责人每天、主管副经理每周分别对运行记录予以审核、签认，并由安质部负责建档保存。

6）每周用风速测定仪对风速进行人工检测，检测结果与自动监控系统相应时间、位置、风速值进行核对，确保风速满足施工要求。

（3）通风管理交接班制度。必须实行通风班组交接班制度，交接双方签字认可，对上一班存在的问题、隐患、需注意事项、仪器设备状态等必须交接清楚，交接班记录由通风负责人每天定时予以审核签字。

（4）停风报批制度。

1）因通风系统检修及其他原因需要主要通风机停止运转时，必须提前提出申请，逐级上报，根据停风时间长短由相关负责人审批后方可实施。

2）停风时间在 30min 以内的，由当班人员报现场负责人审核后，由主管副经理批准实施；停风时间超过 30min 的，由当班人员报主管经理审核后，由安全总监批准实施。

3）高瓦斯隧道停风前必须确保洞内所有人员已经撤离，并切断电源；恢复通风前，必须检测瓦斯浓度，经当班瓦检工检测，在局部通风机及其开关附近 10m 以内风流中的瓦斯浓度都不超过 0.5% 时，方可由指定人员开启局部通风机。

12.5.2 通风安全技术保证措施

12.5.2.1 风机安装安全技术要求

（1）风机支架应稳固结实，避免运行中振动，风机进口处设置加强型柔性管与风管连接，风机与柔性管结合处应多道绑扎，减少漏风。

（2）通风机前后 5m 范围内不得堆放杂物。

（3）当通道内的风速小于通风要求最小风速时，可开启射流风机来卷吸升压，提高风速。

12.5.2.2 风管安装安全技术要求

（1）风管必须有出厂合格证，使用前进行外观检查，保证无损坏，粘接缝牢固平顺，接头完好严密。通风管应采用高强、抗静电、阻燃的软质风管。

（2）风管挂设应做到平、直，无扭曲和褶皱。在正洞作业时，衬砌地段根据衬砌模板缝每 5m 标出螺栓位置；未衬砌地段，先由测量工在边墙上标出水平位置，然后用电钻打眼，安置膨胀螺栓。布 8 号镀锌铁丝，用紧线器张紧。风管吊挂在拉线下。为避免铁丝受冲击波振动、洞内潮湿空气腐蚀等原因造成断裂，每 10m 增设 1 个尼龙绳挂圈。

（3）通风管破损时，应及时修补或更换。当采用软风管时，靠近风机部分应采用加强型风管。通风管的节长尽量加大，以减少接头数量；接头应严密，每 100m 平均漏风率不宜大于 1%。弯管平面轴线的弯曲半径不得小于通风管直径的 3 倍。

（4）风管最前端距掌子面不大于 15m。

12.5.2.3 通风系统日常维护措施

（1）通风机应有专人管理，按规程要求操作风机，如实填写各种记录。

（2）通风机使用前应卸去废油，换注新油，以后每半月加注一次。

（3）风机应尽量减少停机次数，发挥风机连续运转性能。需停机或开启时，根据洞内调度通知进行。为减少风机启动时的气锤效应对风管的冲击破坏，应采用分级启动，分级间隔时间为 3min。

（4）开启轴流风机前，射流风机必须开启运转，以控制风流方向，防止污浊空气形成小循环。

（5）每班必须对全部风管进行检查，发现破损等情况及时处理。对于轻微破损的管节，采用快干胶水粘补：先将破损部位清洁打毛后，再进行粘补；破损口小于 15cm 时，直接粘补；破损口大于 15cm 时，先将破口缝合后再行粘补，粘补面积应大于破损面积的30%。粘补后 10min 内能送风。对于严重破损的管节，必须及时更换。

（6）因洞内渗水和温度变化的影响，风管内会积水，故应定期排水，以减少风管承重和阻力。

12.5.2.4 贯通通风技术措施

贯通前两个开挖工作面相距小于 50m 时，应加强联系、统一指挥；距离 15m 时，应从一端开挖贯通。停掘的掌子面必须保持正常通风，设置栅栏及警标，每班必须检查风筒的完好状况和工作面及其回风流中的瓦斯浓度，瓦斯浓度超限时，必须立即处理。

掘进的掌子面每次爆破必须严格执行"一炮三检"制度，瓦斯浓度超限时，必须先停止在掘掌子面的工作，然后处理瓦斯，只有在 2 个掌子面及其回风流中的瓦斯浓度都在0.5% 以下时，掘进的掌子面方可爆破。每次爆破前，2 个掌子面入口必须有专人警戒。

贯通时，必须由专人在现场统一指挥。贯通后，立即组织通风系统调整，并检查风速和瓦斯浓度，防止瓦斯超限，通风系统风流稳定后，方可恢复工作。

贯通后，在主洞内增设射流风机，以保持通风量，并控制风量方向。

12.5.2.5 辅助通风措施

（1）出渣过程中用高压水雾对渣堆进行分层洒水，减少装渣过程扬起粉尘和出渣时由于摩擦产生火花，运输道路保持湿润，防止车辆运输带起尘土。

（2）掌子面施工时，利用高压风管快速吹散小导管内、拱架背后、初支端头等部位的瓦斯。

12.5.2.6 无计划停风后的处理措施

（1）立即停工，断电，撤离洞内所有作业人员。

（2）启用备用风机，在 10min 内恢复洞内通风。

（3）长时间未能恢复通风，如停风区中瓦斯浓度不超过 1%，且在通风机及其开关地点附近 20m 以内风流中的瓦斯浓度均不超过 0.5% 时，方可人工开动通风机；如停风区中瓦斯浓度超过 1% 但不超过 3%，经采取安全措施后，控制风流排放瓦斯后恢复正常通风；如停风区中瓦斯浓度超过 3%，必须及时制定安全排放瓦斯措施，经审核批准后，控制风流排放瓦斯后恢复正常通风。

12.6　瓦斯隧道施工通风监测预控技术施工通风应急处置措施

（1）因停电、通风机械设备故障等因素造成的通风系统停止运行，在恢复正常通风后，对隧道上部、坍塌洞穴、台车顶部等通风不良、瓦斯易积聚的地点，瓦斯浓度不得超过 1%，当检查超过此浓度时，应停止施工，撤出人员，切断电流，停止电动机运转或开启电器开关，待进行局部充分通风处理后，由瓦斯检测员进行再次专项检测，证实瓦斯浓度低于规定允许浓度，确认安全后方可恢复施工。

（2）预留洞室施工作业面若采用局扇通风，由于局扇或供电故障造成局扇停风时，在恢复局扇通风前，必须检查瓦斯浓度，证实爆破工作面附近 20m 范围内的 CH_4 浓度不超过 1%，且局扇及其开关附近 10m 风流中 CH_4 浓度不超过 0.5%时，方可启动局扇通风；否则，必须先采取相应排除瓦斯的安全措施。

（3）因工序衔接、施工组织等临时停工的施工地点不得停风，不得在停风或瓦斯超限的区域进行机械施工作业。当施工通风系统或通过设施等出现异常时，如通风风筒脱节或破坏等，必须及时组织修复，尽快恢复正常通风。

（4）发生瓦斯涌出、喷出的异常状况时，必须及时采取措施，首先杜绝一切可能产生的火源、断电、加强通风，同时尽快撤出施工人员，对隧道进行警戒，进一步考虑采取抽排瓦斯的具体安全措施。

（5）瓦斯积聚是瓦斯事故发生的物质基础，要杜绝瓦斯事故的发生，最根本的办法是加强通风和瓦斯监测，当检查到隧道开挖面局部瓦斯积聚超限时，要制订专门的通风处理措施，消除超限区的瓦斯，严格按要求排放，处理步骤如下：

1）停止瓦斯超限区的作业，切断超限区和回风区域的电源；

2）加强瓦斯检测，控制瓦斯超限范围；

3）查明瓦斯超限原因，制订通风处理方案；

4）采取排除瓦斯的措施，降低瓦斯浓度；

5）加强通风措施，恢复正常施工。

（6）异常涌出造成瓦斯积聚的处理方案：瓦斯隧道超前地质预报预测显示瓦斯具有突出危险时，施工中会涌出大量瓦斯，可能出现通风方案设计的稀释瓦斯通风量不足，可能造成开挖面局部瓦斯积聚超限，应当重新进行通风方案设计，增加供风能力，通过加大通风量，降低局部瓦斯浓度。

（7）局部超挖处瓦斯积聚的处理方案：隧道的局部超挖会在顶部形成空洞，由于瓦斯集中涌出，风流流动速度低，会造成局部瓦斯积聚超限。采用在顶部铺设一定厚度的木板，在木板上面喷满或灌满混凝土，将可能积聚瓦斯的地方充填，从而消除超挖处的瓦斯。

12.7 本 章 小 结

本章以新建铁路重庆至万州高速铁路平顶丘隧道为工程背景，首先根据相关标准规范和设计目标原则设计瓦斯隧道施工通风监测预控技术方案；其次，根据隧道水文地质、勘探报告、正洞及辅助坑道瓦斯区段划分表，划分瓦斯隧道施工段落，制定施工组织计划和通风专项方案，主要包括通风设计、风量计算、通风设备选择，并详细设计 1 号斜井工区、2 号斜井工区和出口工区通风量和通风设备选择；再次，制定通风保障措施，包括通风管理组织机构、管理措施及制度、通风安全技术保障措施、风机和风管的安全技术要求、通风系统日常维护措施、贯通通风技术措施、辅助通风措施和无计划停风处理措施；最后，针对全部和局部通风系统停电、通风机械故障、临时停工、瓦斯突出、瓦斯积聚、局部超挖等异常事故工况，制定施工通风应急处置措施。

13 矿山修复治理工程采石场施工安全监测预控技术应用

借鉴煤矿、隧道安全监测预控技术，本章将安全监测预控技术应用到露天矿场、非煤矿山等施工安全一体化在线监测预控场景中。

13.1 矿山修复治理工程施工安全监测预控技术项目背景与风险分析

13.1.1 矿山修复治理工程施工现状

项目位于云南省澄江市磨盘山，其全貌如图 13-1 所示，项目位于季风性气候区，夏秋季节雨量较为充沛。开采区周围区周围山体比较平缓，未见明显山体滑坡等现象。对矿山修复治理工程采石场进行实地勘察，现场勘查结果如图 13-2～图 13-5 所示。矿山修复治理工程采石场因经年累月开采，对地形破坏较为严重，开采石方量巨大，发现其中可能存在边坡滑坡、围岩破碎等情况。当地政府结合矿山修复治理工程采石场实际情况以及国家的五位一体总体规划布局中的生态要求，对当地生态环境进行治理修复。

图 13-1 工区治理现场全貌

根据对现场的实际情况进行分析，从生态修复、水文地质、环保、安全和信息化智慧工地视角，结合施工项目方的需求，编写此设计方案。

13.1.2 矿山修复治理工程治理监测需求

13.1.2.1 环境风险监测（环保）

（1）回填的建设基坑弃土及外调的耕植土需满足《土壤环境质量农用地土壤环境风

图 13-2　长坡片区现状

图 13-3　澄江县双水塘石料场、澄江县大山采石场现状

图 13-4　云南省江川县水泥厂北矿区

险管控标准》（GB 15618—2018）标准要求，不得回填危险废物、建筑垃圾、工业固体废物、生活垃圾、农业垃圾及污泥等；加强管理，确保外调的建设弃土及外购覆土检验合格后方可入场。

（2）如发现不按规定回填，应按有关法律法规予以经济处罚，直至追究法律责任。

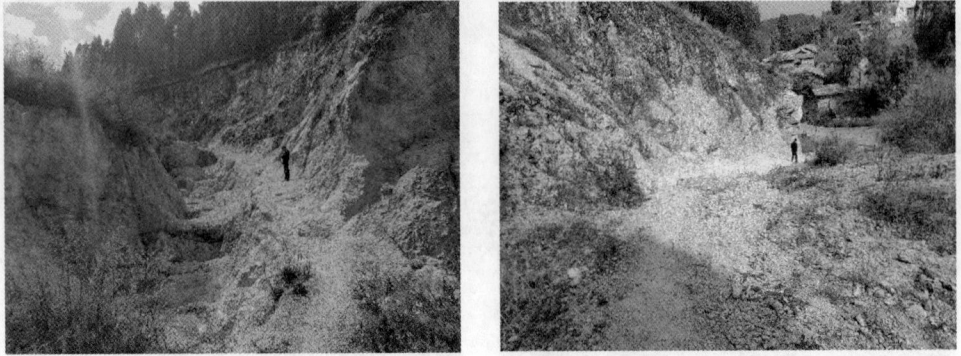

图 13-5　龙母村西南方向 351m 处矿山现状

（3）评价建议按照 100 年一遇的降雨量设计，以保证在正常情况下不会发生坍塌事故。

（4）在生态修复治理回填过程中配备管理人员，随时观察、监测，发现各种可能发生或正在发生的危害，及时进行处理，确保回填工作安全可靠，避免事故发生、扩大。

（5）回填时应规范操作、严格管理，及时进行水土保持治理，并应对其定期维护。

（6）当区域出现超过 100 年一遇的强降雨时，则有可能出现坍塌，发生滑坡或泥石流、塌方，当发生挡土墙坍塌等重突发大环境事件时，建设单位应全力以赴，组织有关人员在最短时间内进行修复、重建，将影响减至最小，同时妥善解决有关事故问题。

（7）雨水疏导系统施工一定按照有关规定进行，回填要严格按照规程操作。对智慧矿隧安全风险监测预控平台系统建设进行了相关的设计，挡土墙预留泄水孔，一般情况下，泄水孔大小为 20cm×20cm，间距 2.5m 梅花形布置，另外于墙体底部设 1 处 100cm 的泄水孔，其净空尺寸根据施工期间沟水流量确定。底部泄水孔的上游洞口插一排 φ25 钢筋，以防止回填土从导流洞向下游。回填区周边设截洪沟；为避免治理区冲刷及防止地表水下渗过多，夏季暴雨时，雨水会对回填土进行冲刷，造成一定程度的水土流失。由于项目区地表有一定的吸水能力，而且项目边修有截水沟，因此一定程度降低了水土大量流失的风险。

（8）在日常运行中，特别是雨季时，应留出截洪沟的剩余容积以调节暴雨时治理区的雨水量。

（9）做好项目安全的设计，确保填土区整体的稳固性能，避免滑坡的风险事故发生。

（10）严格按照《云南省澄江市历史遗留矿山生态修复实施方案》及此次环评报告所提生态防护措施进行施工。

（11）派专员对场地进行管理，对截排水沟、挡墙进行定期维护，发现问题，及时维修，加强环境风险排查。

（12）如遇暴雨引起的山洪暴发或其他原因导致填土区滑坡事故，应立即组织人员进行排洪除险，用沙袋暂时堵住，有组织进行排洪，及时对废土石进行清运，并及时修复。

13.1.2.2　矿山修复施工

经过对项目生态环境、安全的综合评估，结合政策、相关的技术标准、施工方需求以及场地实际存在的情况，将重点对工区的边坡、人员、环境事故灾害、设备、职业健康、施工区域动态过程管理进行信息化数据融合，满足通过电脑网页、手机 APP 等终端实现对工区情况、人员情况、施工进度、物料管理等信息的全面掌握。

13.1.3 矿山修复治理工程环境监测技术集成

目前对矿山修复治理工程进行生产过程安全管理主要存在以下几个方面的问题：环境危险监测预警、人员安全管理、生产设备管理、生产进度动态跟踪、生态修复和环保需求。环境危险主要是来源于石场采空形成的潜在危险。因矿山修复治理工程采石场采石区被采空，使得山体应力结构发生改变，存在滑坡和高空坠落的潜在危险。矿山修复治理工程采石场石料加工粉尘职业危害、机械伤害、物体打击等潜在危险。人员管理主要有以下几个方面的问题：工人的安全管理制度有待建立，生活区和生产区域人员位置信息掌握不全，工人违规或者越界作业，施工车辆违规操作及越界作业，非工作人员进入矿山修复治理工程采石场施工区域，可能存在潜在的意外事件发生，需要对人员位置及工作状态信息进行实时监控预警。最后，生产过程存在超采现象，导致破坏生态环境，矿山修复治理工程采石场治理区域对多余石材的计量，需要对矿山修复治理工程采石场区域开采的石材量进行计量。

综合以上可能发生的潜在情况，针对可能出现安全生产、水文地质事故灾害、生态修复和环境保护诸多问题，从人、机、环、管四个方面建立矿山安全、环保与生态修复数字化信息平台，确保智慧矿隧安全风险监测预控平台系统往绿色、环保、安全方向发展。系统结构图如图 13-6 所示。

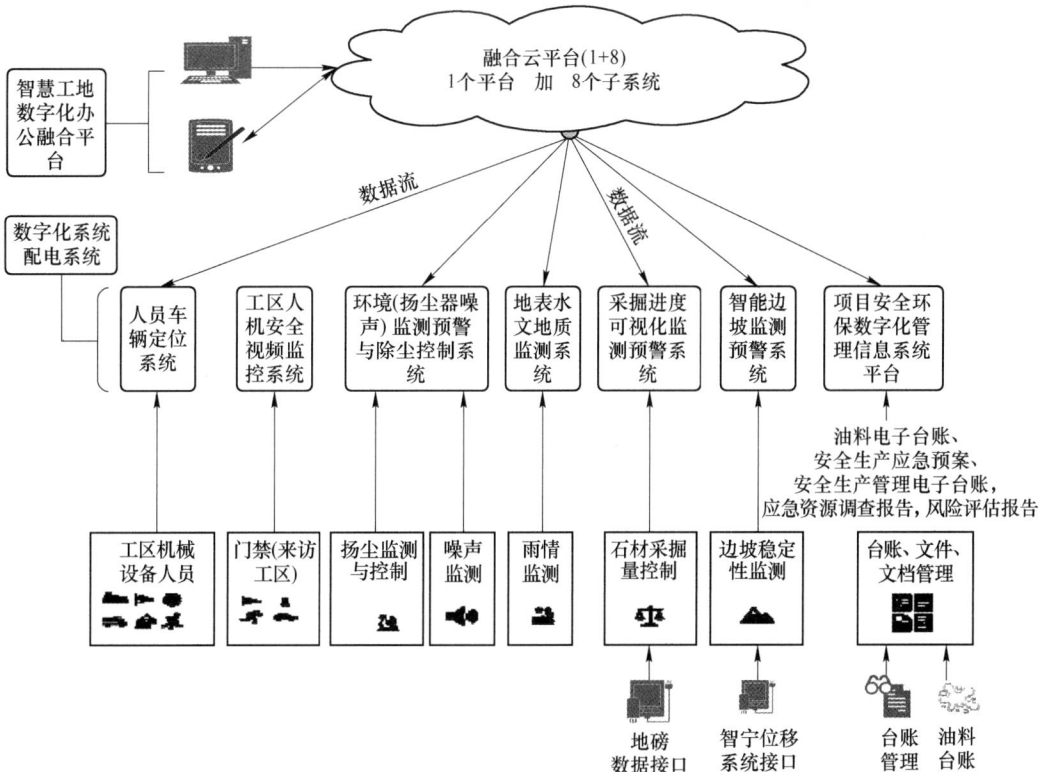

图 13-6　系统结构图

需求：根据需求，系统的建设分为人、物和环境三个大的方向。

人员的管理主要有工区工作人员管理和外来访客人员管理。工区工作人员主要使用工地视频监控部分管理不安全行为，外来访客通过门禁的视频监控进行管理。物的管理主要包含施工现场的机械管理，以及石材开采的石料数量两个部分。此次施工的目标是对施工场地进行绿化环境改造并安装环境监测设施；监测扬尘情况，并对降扬尘含量进行检测，在施工的过程中存在边坡的移动可能，需要对边坡进行进一步的实时监测。

13.2 矿山修复治理工程建设依据

13.2.1 传输及设计标准

统一传输标准。各种监测系统和视频系统可使用复合的传输方式，以简单、稳定、有效为基本目标。平台采用 WiFi、4G/GPRS、光纤为通信主信道，以其他通信信道为辅助通信信道，在遇到极端情况下，原定信道出现错误时能够自动切换，以提高通信系统的稳定性。

根据各矿近年生产管理及安全监测系统开发的实际需要，进行系统设计时应满足容易开发、接口统一、易开发、易维护等基本准则。基本原则如下：

（1）先进实用性要求。要保证在系统生命周期内系统先进性，同时选用成熟的技术。

（2）可靠性要求。在构建整体软硬件和数据环境时，要充分消除各个组成部分、各个运行环节可能存在的不稳定因素。在软件系统开发中，采用模块化体系结构和面向对象的程序设计方法，以提高系统的整体可靠性。整体系统应具有较高的容错性和可恢复性，避免发生不定期错误导致运行中断。能够连续 7×24h 不间断工作，出现故障应能及时报警，软件系统具备自动或手动恢复措施，自动恢复时间低于 15min，手工恢复时间低于 12h，以便在发生错误时能够快速恢复正常运行。

（3）安全性要求。系统提供有效的安全保障，保证内部信息安全，保证信息能够安全传送与接收，提供完整的安全保密机制。建立完善的授权机制，主要为不同的用户提供合适的访问权限，使其不越权使用；保证系统操作的可记录性，以便对操作行为进行监督。

（4）经济适用性。在满足整体系统应用需求且留有一定发展余地的前提下，尽量选择性价比高的方案，做到技术先进、节约投资、利于开发、方便维护管理。

（5）兼容扩展性。无论是构建整体软件体系结构，还是软件开发，充分考虑系统的可持续发展，保证系统升级的灵活性和系统发展的可扩展性，使其能适应矿山预报调度后期的扩展需求。任何一个模块的维护和更新以及新模块的追加都不应影响其他模块，且在升级的过程中不影响系统的性能与运行。

其主要特点：

1）基于服务组件的扩展性，可迭代开发基础组件和服务组件复合体。

2）平台开发技术层次清晰并可扩展。

3）平台提供丰富稳定的基础 API 和基础组件库。

（6）高效响应性要求。系统处理的准确性和响应的及时性是系统的重要指标。在系统设计和开发过程中，充分考虑系统当前和未来可能承受的工作量，使系统支持不低于10 个客户同时访问且支持不少于 16 路视频的实时显示和录像回放，使系统的处理能力和响应时间达到使用人员需求。

（7）标准化要求。系统建设严格执行国家、地方和行业的有关规范与标准，并考虑与国际规范与标准接轨，软件的设计和开发要参照相关规范和标准，制订相应开发规则，制定有效的工程规范。特别是软件开发要保证代码的易读性、可操作性和可移植性。

（8）容错性要求。提供有效的故障诊断工具，具备数据错误记录功能。

（9）参数化要求。软件系统中各功能模块的设计应注重业务逻辑的细化，采用模块化和开放性设计，同时考虑方便的实现应用模块的屏蔽和启用。完全实现模块化设计，支持参数化配置，支持组件及组件的动态加载。

（10）行业习惯要求。系统遵从行业应用需求和习惯，开发具有水利行业特色，应用系统做到功能强大、贴近实际。

（11）灵活性原则。软件系统中各功能模块提供灵活的自定义配置工具，让系统在最短的时间内适应单位不断变化的业务需求，适应管理策略的不稳定性而收敛到稳定状态，系统的设计和开发应在满足现有需求的基础上充分考虑业务前瞻性。1）要求软件系统不仅为各应用子系统提供高度灵活可扩展的软件架构，更要建立一个为支持该软件架构涵盖应用软件开发、部署、运行、维护、管理的支撑体系，以更好地支撑应用软件各个方面的灵活性要求。2）要求提供可视化的业务流定义环境，按照定义好的业务流逻辑推进实例的定义与执行，实际业务流程的变化可轻松通过工作流模板的变更来控制并进行在线更新。3）软件系统需要为页面提供丰富的标签库，使得页面的表现力更好，变化的工作异常轻松。

（12）易用性原则。智慧矿隧安全风险监测预控平台系统需要充分考虑用户特点进行设计，力求软件界面友好、结构清晰、流程合理、功能一目了然，菜单操作以充分满足用户的视觉流程和使用习惯为出发点，保证系统易理解、易学习、易使用、易维护、易升级。

（13）界面友好性要求。应用软件应有美观、大方的良好用户界面；系统应该做到易学习，易操作；系统提示和帮助信息准确及时，避免用户误操作带来的损失。

（14）成熟性原则。软件系统设计和开发采用的各种模式、方法、工具、技术等各方面，应选用主流的、成熟可靠的、被广泛认可的产品和方法，确保系统的成熟稳定性。

（15）可用性原则。软件系统需要充分考虑到人机交互的便利性设计。基于流程可视化的设计，使用者通过简单的拖拽和连线的操作即可完成对业务逻辑的表达；代码的智能提示、组件向导、快捷方式使开发更加容易。

（16）高性能原则。软件系统应具备高稳定性，可稳定高效地处理高并发大数据量的业务处理。性能应该综合考虑对硬件资源的合理利用，各种系统软件的选型和配置、维护，软件底层架构的合理设计等方面的因素。

13.2.2 标准规范

方案的主要设计标准与依据参考：

（1）《地基与基础工程施工验收规范》（GBJ 50202—2002）；

(2)《工程测量规范》（GB 50026—2007）；

(3)《建筑基坑工程监测技术规范》（GB 50497—2009）；

(4)《建筑边坡工程技术规范》（GB 50330—2002）；

(5)《建筑地基基础设计规范》（GB 50007—2011）；

(6)《混凝土结构设计规范》（GB 50010—2010）；

(7)《冶金矿山采矿设计规范》（GB 50830—2013）；

(8)《工程测量规范》（GB 50026—2007）；

(9)《地质岩心钻探规程》（DZ/T 0227—2010）；

(10)《地下水监测规范》（SL 183—2005）；

(11)《民用闭路监视电视系统工程技术规范》（GB 50198—2011）；

(12)《视频安防监控系统工程设计规范》（GB 50395—2015）；

(13)《全球定位系统（GPS）测量规范》（GBT 18314—2009）；

(14) 澄江矿山修复治理工程采石场的地质勘、环评、安评报告；

(15) 澄江矿山修复治理工程采石场生态修复工程施工设计文件及技术文件；

(16) 国家现行有关施工及验收规范、标准、图集、规程；

(17) 国家行业及地方有关政策、法律、法令、法规；

(18) 承担同类工程的施工经验；

(19) 其他有关规范、规程和技术要求。

13.3　矿山修复治理工程安全监测预控系统设计

13.3.1　系统技术架构设计

各传感器连接系统概览，如图 13-7 所示。

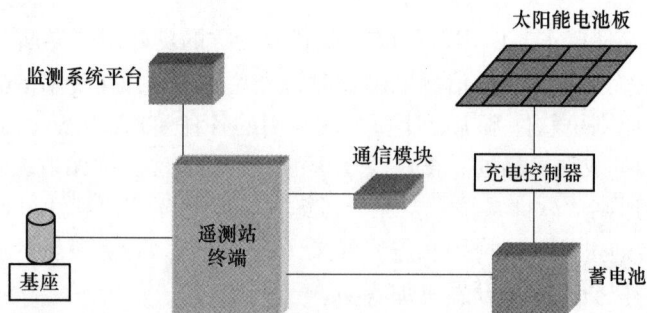

图 13-7　各传感器连接系统概览图

矿山修复治理工程环境治理安全监测技术方案以安全、高效、稳定为目标，充分发掘和利用现有的信息资源，充分考虑现场各方面因素，统筹规划软硬件监测设施，根据国家标准和行业指导文件规范建设矿山修复治理工程环境治理安全监测技术设施方案，实现矿山修复治理工程采石场安全可控、实时监测、报警联动、调度指挥、远程控制、远程维保、决策支持等功能，通过物联网技术实现对"万物"的"高效、便捷、实时"的"管、控、防"一体化管理，全面实现矿山修复治理工程采石场安全管理的数字化，如图 13-8 所示。

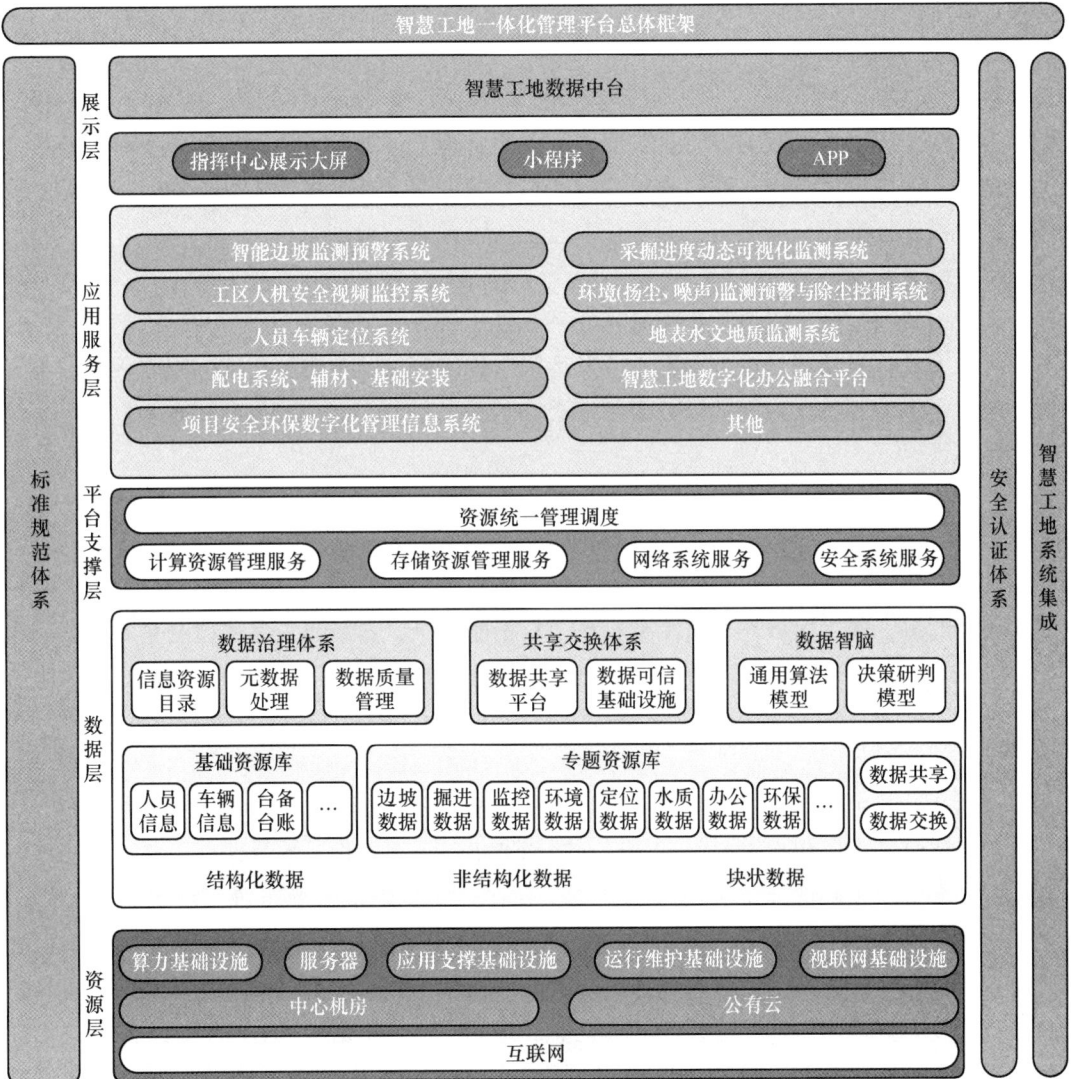

图 13-8 构架层次图

13.3.1.1 感知层

矿山修复治理工程感知层是安全监测的末梢神经系统，通过自主研发的智宁卫士传感装置以及整合其他系统，与集成摄像头、门禁系统、地磅传感系统、人员定位系统等传感装置，监测矿山修复治理工程采石场的坡度变化、施工现场图像、入场人员身体状况（体温）、人员位置、出场石料重量等情况，基于 LORA 通信方式将监测数据集中上传或分布上传至数据采集终端，感知层智能化传感装置主要特点：硬件接口模块化，统一、规范；监测指标科学化，实用、有效；监测设备模块化，扩展、兼容；监测设备适用化，低功耗、高稳定。

13.3.1.2　通信层

网络传输层起到中枢神经的作用，主要是将感知层采集的各种信息进行无损、快速传输，监测数据通信可通过 4G/5G、北斗卫星、NB-IoT 等公共通信资源进行传输，其主要特点：数据接口标准化、监测设备集成化、数据采集自动化、组网形式灵活化。

13.3.1.3　数据库

数据库是以公共服务组件、数据治理工具、数据分析与探索工具、AI 智能图像识别引擎为核心，提供设备数据库管理、监测数据库管理、计算服务数据管理、空间信息数据库管理和其他数据库管理，通过技术、数据和业务的深度连接实现数据库的管理，其主要特点：数据库标准化、监测数据共享化、监设备管理化、数据安全化。

13.3.1.4　客户端

客户端是通过服务组件数据库建立的系统性服务模式，可以实现监测系统互联互通、不同组件实现信息共享、模型预警服务及运行维护服务，其主要特点：应用服务基础上资源高度整合；监测数据共享，且分级别推送；基于失稳动力学预警模型的研判；7×24h 运维服务体系。

13.3.2　建设内容

矿山修复治理工程采石场安全监测包括表面山体边坡监测、进入工区人员监测、来访工区人员监测、施工区域安全监测和石场出料量的监测，石场出料量的监测是安全监测中的重要项目之一，是通过人工或仪器手段记录工区石材开采量等生产信息，并对石材出货量进行实时监测，用以掌握石材开采量的多少，从而掌握山体绿色修复过程中的必要信息。

13.3.2.1　矿山修复治理工程边坡监测预警系统

矿山修复治理工程生态修复设计对高陡边坡采用分台整坡、削高填低、基坑土回填等方式，平台、填土斜坡地带种植爬藤植物，并在之间空隙地带撒草籽。由于边坡坡度较大，边坡坡比 2∶1，矿山修复治理工程采石场边坡急需进行变形监测，建立一套完备的边坡在线监测系统，以实现对岩土体内部沉降、倾斜、错动变化等进行"人工+自动"连续监测，及时捕捉边坡形状变化的特征信息，通过"有线+无线+云平台"结合方式将监测数据发送到监测中心，并结合地表监测的雨量等信息，由工业计算机数据分析软件处理，对边（滑）坡的整体稳定性做出判断，快速做出诸如山体边坡崩塌、滑坡等灾害发生的预警预报，更加准确、有效地监测灾情发生，且为今后采掘及生态修复施工安全生产和采场边坡整治工程设计提供参考依据。

　　A　采场边坡监测等级的确定

露天矿山采场边坡依据高度、坡度、地质条件、稳定性等指标确定不同监测等级。根据《冶金矿山采矿设计规范》（GB 50830—2013）、《矿山生态环境保护与复治理技术规范》（HJ 651—2013），采场边坡高度等级按表 13-1 划分为 4 级；矿山修复治理工程采石场边坡属于低边坡~中高边坡，为安全起见，按高边坡设计，即指数 $H=3$。

表 13-1 边坡高度等级

高度等级指数 H	分类名称	高度/m
1	超高边坡	大于 500
2	高边坡	200~500
3	中高边坡	100~200
4	低边坡	小于 100

露天采场边坡总边坡角等级按表 13-2 划分为三级，矿山修复治理工程采石场边坡角为 60°~90°，即指数 $A=1$；根据矿山修复治理工程采石场提供的地质报告和边坡工程初步勘察报告，总体上采场边坡的工程地质和水文地质条件为中等型，边坡工程安全等级为岩体Ⅳ类一级，即指数 $G=1$。

表 13-2 总体边坡角等级

坡度等级指数 A	分类名称	总边坡角度/(°)
1	陡坡	大于 42
2	斜坡	30~42
3	缓坡	小于 30

采场边坡安全监测等级由边坡的变形指数和滑坡风险等级共同确定，见表 13-3，其中一级为最高等级并依次降低，变形指数 $D=H+A+G=5$，取滑坡风险等级指数 $S=2$。因此，可初步确定澄江矿山修复治理工程采石场边坡安全监测等级为二级。

表 13-3 采场边坡安全监测等级

安全监测等级	变形指数 D	滑坡风险等级 S
一级	3 或 4	1
二级	5 或 6	2
三级	7 或 8	3
四级	9 或 10	4

B 采场边坡监测内容与要求

露天矿山采场应结合边坡分区的安全监测等级要求，对边坡变形、采动应力、爆破震动、水文气象和场内视频进行监测，边坡安全监测基本指标见表 13-4。

表 13-4 边坡安全监测基本指标

监测等级	变形监测			采动应力监测[2]	爆破震动	水文气象监测			视频监测
	表面位移	内部位移	边坡裂缝[1]		质点速度	渗透压力[3]	地下水位	降雨量[4]	
一级	●	●	○	○	●	○	○	○	●
二级	●	○	○	○	●	○	○	○	●

监测等级	变形监测			采动应力监测②	爆破震动	水文气象监测			视频监测
	表面位移	内部位移	边坡裂缝①		质点速度	渗透压力③	地下水位③	降雨量④	
三级	●	○	○	○	●	○	○	○	●
四级	○	×	○	×	○	×	×	○	○

注：●—强制项，○—推荐项，×—不设项。

① 满足一定条件的为强制项；

② 满足一定工程地质条件的为强制项；

③ 满足一定水文地质条件的为强制项；

④ 应根据天气预报对降雨量进行预警。

因此，根据澄江矿山修复治理工程采石场的监测等级为二级，初步确定监测内容包括以下项目，根据现场实际在满足强制项要求的基础上作调整：

（1）采场边坡表面位移在线监测和采场边坡内部位移监测；

（2）采场边坡出现的长度超过 5m，宽度大于 1cm，深度大于 2m 的贯通性裂缝位移在线监测；

（3）采场边坡爆破震动监测；

（4）采场边坡渗流压力监测；

（5）采场边坡视频在线监测；

（6）暴雨、暴风雪、融雪期、震后加强采场边坡变形、渗透压力和地下水位人工监测。

C　矿山修复治理工程边坡监测内容技术方案

矿山修复治理工程边坡监测系统由自动监测表面位移系统、自动监测表面位移系统、内部位移监测系统、线位移传感器、爆破振动监测仪、孔隙水压力传感器、视频监控设备和监控系统集控平台组成，其详细配置清单见表 13-5。

表 13-5　矿山修复治理工程边坡监测系统配置清单

序号	名　称	规格型号
1	自动监测表面位移系统	智能全站仪
		GNSS
		解算软件
		GPRS/CDMA 传输模块
		供电系统
2	内部位移监测系统	固定测斜监测设备
		电磁信号测距装置
3	线位移传感器	多点位移监测设备
4	爆破测振仪	L20-N
5	孔隙水压力传感器	TDKYJ30 型
6	视频监控设备	海康

序号	名　称	规格型号
7	监测系统集控平台	上位机
		避雷接地
		立杆及基础
		太阳能板及充电控制器
		蓄电池
		机柜
		操作系统
		数据库软件
		预警软件
		声光报警仪 KXB-220
		磁盘阵列 10T

（1）采场边坡表面位移在线监测。

1）基本要求。采场边坡表面位移变形监测用的平面坐标及水准高程，应与矿山设计和运行阶段的控制网坐标系统相一致。

变形监测基准网的布设应满足《工程测量规范》（GB 50026—2007）的要求，并按照最终边坡境界、不同时期和不同开采要求综合设计，分阶段进行建设；关键部位（如可能形成滑动带处、重点监测部位和可疑点）应加强监测工作，加密测点；表面位移监测包括表面水平位移和竖向位移，变形监测的正负号规定：

① 水平位移：以测线坡外向为正；反之为负。

② 竖向位移：向下为正，向上为负。

③ 裂缝三向位移：对开合，张开为正，闭合为负；对滑移，向坡下为正，反之为负；向左岸为正，反之为负。

2）方案设计。

① 监测方法。伴随着电子技术及计算机技术的发展，各种先进的自动遥控监测系统相继问世，为边坡工程，特别是边坡崩塌和滑坡的自动化连续遥测创造了有利条件。电子仪表观测的内容，基本上能实现连续观测，自动采集、存储、打印和显示观测数据。远距离无线传输是该方法最基本的特点，其自动化程度高，可全天候连续自动在线观测。

矿山修复治理工程边坡表面位移在线监测采用全站仪+全球导航卫星系统（GNSS）自动监测系统，其中 GNSS 可以实现在线实时数据传送。

② 参考控制网。参考控制网由布设在露天矿周围稳定地点的控制点组成。根据现场实地勘查和边坡监测目标，初步采用后方交会法进行全站仪设站，即将全站仪架设在未知点上，利用两个或者多个已知点进行后视定向得到斜距、水平方向和天顶距，从而解算出仪器的架设点的三维位置，参考控制网采用 GPS 进行测量，并且与国家和矿区控制网联测初始坐标。

③ 变形观测点。测点要求与边坡牢固结合；表面水平位移及垂直位移监测共用一个

测点；确定边坡主要滑动方向，沿主滑动方向及滑动面型断面布置测线，再按测线布置相应监测点；同时，结合现场踏勘，变形观测网采用 GPS 进行测量，并且与国家和矿区控制网联测初始坐标。

④ 数据采集及分析系统。数据自动采集的主要流程：建立新项目设置各参数，设站进行后视定向，首次监测导入各点坐标，首次记忆观测，全站仪自动观测并记录传输数据到监测软件中。

数据自动分析的主要流程：第一步，采用多重差分法或坐标转换法对观测数据的斜距、高差和方位角进行改正，并输出建立一个数据库；数据库字段有序号、点名、X 坐标、Y 坐标、高程 H、观测日期、时间、测回号等。建立点表、观测循环表等，并输出报告。第二步，进行采场边坡稳定性分析判断。数据采集及分析系统用于矿山边坡表面位移监测，利用全站仪和 GNSS 等设备进行数据采集，并通过无线通信传输至数据管理系统。系统具备数据存储、管理和处理功能，通过数据处理算法实现位移计算和变形分析，并以可视化方式展示数据结果。用户可以通过用户界面查看、查询和分析数据，并生成报告和警报。该系统提供实时数据传送、高效的数据处理和准确的数据分析，为矿山修复治理工程提供科学依据和安全管理支持。

3）供电系统。初步考虑采用太阳能+蓄电池供电方式供电。矿隧智慧矿隧安全风险监测预控平台系统耗电量最大的设备是全站仪与 GPS，其余的设备耗电量非常小，因此智慧矿隧安全风险监测预控平台系统太阳能供电功率是根据监测设备耗能量及运行时间来确定的，选用的太阳能板的最大功率不应低于 100W。

4）险情预警。监测实施过程中，可通过对边坡监测曲线宏观分析判定边坡变形阶段，边坡等速变形阶段变形曲线宏观的、平均的斜率应该基本保持不变，总体上应为一"直线"，而一旦进入加速变形阶段，曲线斜率会不断增加，变形曲线总体上应为一条倾斜度不断增大的"曲线"，在实际监测中，可以将同一监测点或多个监测点的位移速率-时间曲线和累计位移-时间曲线进行对比分析，根据两条曲线的特点共同判定边坡的演化阶段，当边坡加速变形时，其变形曲线将出现明显"阶跃"，由此作为明显特征和判断依据确定预警级别。

预警等级按《中华人民共和国突发事件应对法》《地质灾害防治条例》预警级别的规定，将地质灾害预警按变形破坏的发展阶段、变形速度、发生概率和可能发生的时间排序，分为注意级、警示级、警戒级、警报级，分别以蓝色、黄色、橙色、红色予以标示。

（2）采场边坡内部位移监测。监测面的布置应视边坡的监测等级、地质条件等情况而定，典型的剖面线应设置为监测纵断面。走向宽度小于 100m 的，至少在典型剖面线上布置 1 条监测纵断面；走向宽度大于 100m 的，不大于 50m 布置 1 条监测纵断面。每个监测纵断面上布设不少于 3 个测点，测点的垂直间距不大于 50m，最下一个测点应置于边坡临滑面。

（3）贯通性裂缝位移在线监测。

1）监测方法。根据现场勘察识别出长度超过 5m，宽度大于 1cm，深度大于 1m 的裂缝数量，每条裂缝埋设 2 组在线裂缝监测仪。

2）数据采集及分析系统。

① 数据自动采集的主要流程：建立新项目设置各参数，首次导入各监测点坐标，自

动观测并记录传输数据到监测软件中。

② 数据自动分析的主要流程：将自动采集的数据输出建立一个数据库，数据库字段有序号、点名、裂纹张开位移、观测日期、时间等。建立点表、观测循环表等，并输出报告；进行采场边坡稳定性分析判断。结合采场边坡的地质条件和岩体的物理力学参数，采用相应的理论和模型，对边坡的稳定性进行分析和评价，及进行采场边坡失稳预测，并以电话、系统消息推送、手机短信等方式发出滑坡报警。

（4）采场边坡爆破震动监测。

1）监测方法。爆破震动监测主要进行质点振动速度监测，起爆前应对质点振动速度进行计算，计算方法和参数选择按照《爆破安全规程》（GB 6722—2014）规定。

应在离爆破中心位置由近及远布置测点；已经形成的最终边坡的爆破振动速度监测测点应设在主滑方向最底部坡脚处，测点不少于 3 个；未形成最终边坡，或最终边坡出露高度小于 50m 时，应设置在边坡主滑方向的临时边坡面坡脚处，测点不少于 3 个；爆破振动速度监测应同时测定质点振动相互垂直的 3 个分量，质点振动速度为三分量中的最大值；爆破振动速度监测精度应不大于 0.001cm/s；爆破作业时应以边坡坡脚允许振动速度为指标进行预警，靠帮边坡坡面质点的爆破震动速度应小于 22cm/s；其他情况边坡稳定允许振速根据表 13-6 进行确定。因此，项目根据采掘施工设置爆破监测点，采用 L20-N 爆破测振仪，在放炮时采用人工监测。

表 13-6 边坡稳定允许振动速度

边坡滑坡风险等级	边坡稳定系数	允许振速/cm·s^{-1}
1	$F<1.05$	控制爆破
2	$1.05 \leqslant F<1.1$	22~28
3	$1.1 \leqslant F<1.3$	28~35
4	$1.3 \leqslant F$	35~42

2）数据采集及分析系统。

① 建立新项目。

② 输入爆破施工参数：最大单孔炸药量、总炸药量、爆破中心坐标、场地系数、各边坡区域监测点坐标和相应爆破振动预警值等。

③ 计算分析得到各边坡区域监测点预计最大爆破振动速度。

④ 对比爆破振动预警值，进行分析判断，并输出报告和给出相应的建议结论，避免爆破振动对采场边坡稳定性影响。

（5）渗流压力监测。根据现场踏勘情况，发现矿山修复治理工程底部有水害侵蚀现象，破碎带含软弱风化夹层，岩体的风化程度很强，节理发育，有铁质水害侵染的明显痕迹。

选择有代表性且能控制主要渗流情况的边坡纵断面，以及预计有可能出现异常渗流的区域；监测点的位置和深度应根据地质情况、采场边坡潜在滑动面位置、可能产生的渗透变形情况、渗水部位、汇集条件、渗流量大小并结合所采用的监测方法进行确定，应尽量将测点设在强透水层中，以监测各层中渗水压力的变化。渗压监测结果的精度应满足

《地质岩心钻探规程》（DZ/T 0227—2010）的要求。渗压采用人工监测的方法，频率为每周 1 次。

（6）矿山修复治理工程采石场边坡视频在线监测。对矿山修复治理工程采石场采场边坡进行宏观视频监测，监测范围覆盖主要坡面，重点是破碎、损害严重的坡面，以及行人、运输路线。视频监控图像质量的指标应符合《民用闭路监视电视系统工程技术规范》（GB 50198—2011）的规定。视频监控的功能与设计、设备选型与设置、传输方式、供电等应符合《视频安防监控系统工程设计规范》（GB 50395—2015）的规定。视频监控支持按摄像机编号、时间、事件等信息对监控图像进行备份、查询、回放。视频监测具有夜视功能（或辅助照明），设置视频监控站点。

1）山体边坡位移预警预报系统是要实现功能：

① 边坡设备信息管理。对边坡设备进行统一的台账信息管理，针对每一条记录可以查看对应的边坡监测数据。

② 边坡硬件接口管理。与边坡硬件设备对接接口，将硬件设备监测的边坡信息接入并保存在系统。

③ 边坡监测数据管理。对边坡数据进行记录和保存，记录数值、位置、时间等相关信息。

2）系统概述。开采活动、降雨等影响着山体稳定性，通过山体位移测量传感器监测并上报山体的位移情况，通过传感器位移差值等特征比较判断山体的位移状态，一旦发生较大的差值时，自动进行预警预报，实时视频监控辅助系统可帮助监控管理人员掌握山体状态。

3）设备传感器参数。此次新增安全监测系统，包括前端在线监测装置（无线倾角加速度计）和后台物联网平台。

矿山修复治理工程采石场边坡监测预警系统监测方案如图 13-9 所示。

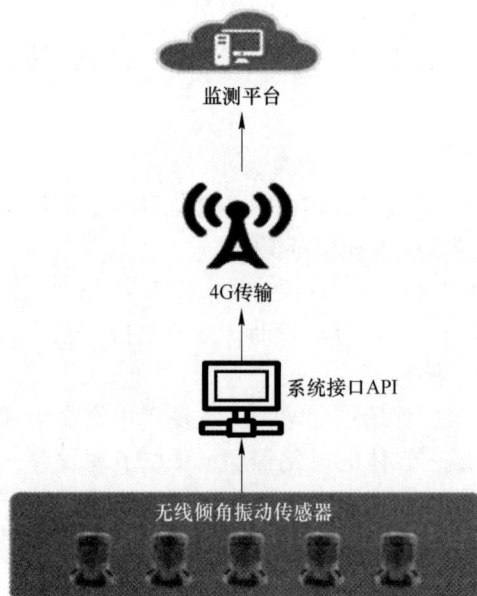

图 13-9 矿山修复治理工程采石场边坡监测预警系统监测方案

如图 13-9 所示，系统前端装置为无线倾角加速度计。无线倾角加速度计是一款集数据采集、无线通信、供电、自我防护于一体的三轴倾角、振动监测传感器，主要功能是实时测量倾斜、振动变化（图 13-10）。集成三轴 MEMS 加速度传感器、磁偏角传感器实时监测加速度和角度变化，可通过角度变化或加速度变化感知整体姿态变化。

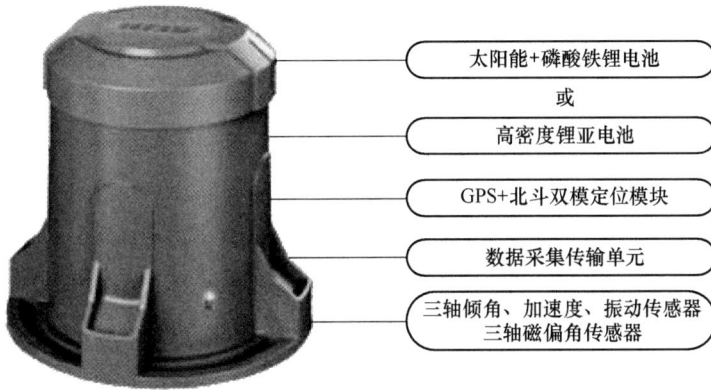

图 13-10　无线倾角加速度计

监测传感器技术参数见表 13-7。

表 13-7　监测传感器技术参数

序号	测量要素		倾角、加速度、振动频率、振幅
1	倾角/(°)	量程	±90
2		分辨率	0.001
3		精度	0.01（−20~+50℃）
4	加速度	量程	±2g
5		分辨率	0.01mg
6		精度	0.1mg
7	振动/Hz	量程	0~128
8		分辨率	1
9		精度	1
10	温度/℃	分辨率	0.1
11		精度	0.5
12	采样间隔		0s~24h，默认：实时采集
13	上报间隔		0s~72h，默认7200s
14	功耗	工作模式/mA	小于0.65（平均）
15		休眠模式/μA	小于50
16	通信方式	无线通信	4G
17	供电方式	锂亚电池	可持续工作36个月

序号	测量要素	倾角、加速度、振动频率、振幅
18	外形尺寸/cm	底部外径 13，高度 15
19	产品材质	高强度、耐老化工程聚氨酯
20	产品重量/kg	1.5
21	工作温度/℃	−40~85
22	防护等级	IP68

D　传感器特点

（1）外壳采用高强度、抗老化材料，可在户外长期使用，进行不间断测量；

（2）卓越的防雷、防静电性能（±60kV/600W）；

（3）一体化全密封结构，整体防护等级达 IP68；

（4）采集多种监测要素，同时可采集三轴倾角、合倾角、倾斜方向、三轴加速度、环境温度信息等要素，大大增加采集数据相关性，便于后续数据分析；

（5）可触发式采集，在传感器发生倾斜或者振动时，可立即采集，可用于分析运动规律、监测预警；

（6）系统通过无线倾角加速度计对矿山修复治理工程采石场边坡的各种状态量进行测量，将数据通过 4G 传送到物联网平台通过物联网平台可以对历史数据进行查询（见图13-11），物联网平台数据的曲线展示可以直观反映矿山修复治理工程采石场边坡当前的各种状态，协助对矿山修复治理工程采石场边坡主体进行安全监测（见图 13-12）。

图 13-11　物联网平台历史数据查询

E　系统优势

（1）自动数据采集和测量，矿山修复治理工程采石场边坡主体状态实时掌控。系统周期性采集矿山修复治理工程采石场边坡主体的运行状态，进行处理、存储和上报，一旦出现倾斜异常情况立即上报物联网平台且可随时接收并响应相应命令。

（2）核心数据收集和分析，对矿山修复治理工程采石场安全时刻保障。主体的倾斜

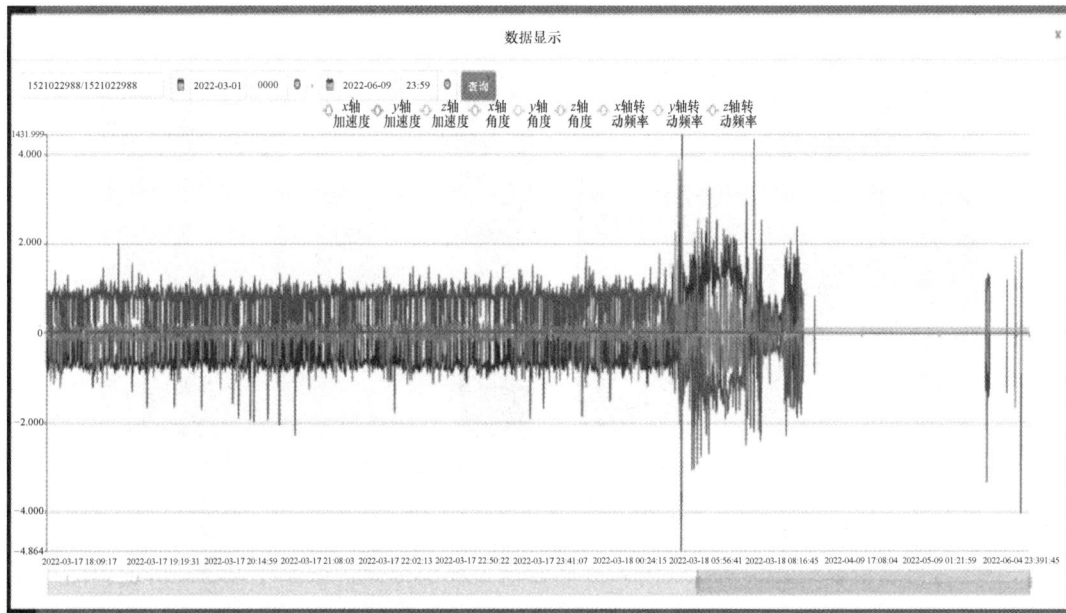

图 13-12　物联网平台数据曲线展示
（扫描书前二维码看彩图）

度超过预设门限值时，系统会立即产生报警信号。

（3）数据云端存储，可随时查看历史数据。系统可对对历史数据进行查询并导出，可查看变化曲线。

（4）自带电池供电，续航时间超 3 年。设备使用电池供电的方式，采用低功耗技术，一次安装可持续使用 3 年以上，可持续性好。

（5）前端设备小巧，安装方便。无线倾角加速度计具有体积小、精度高、安装方便、功能完备等优势，可对矿山修复治理工程采石场边坡进行全天候实时的安全监测，可有效地协助保障矿山修复治理工程采石场主体安全。

F　应用案例

地质风险监测预警如图 13-13 所示。

图 13-13　地质风险监测预警

建筑物安全监测预警如图 13-14 所示。

图 13-14　建筑物安全监测预警

13.3.2.2　采掘进度动态可视化监测预警系统

出场材料计数系统采用地磅计数系统的接口将数据传入数据库，再通过后端程序生成相应的数据，最后将数据在前端进行展示。采掘进度动态可视化监测预警系统（地磅系统）拓扑结构如图 13-15 所示，系统融合地磅系统数据，建立矿区三维可视化图，实现采掘进度动态可视化监测预警。接入现场地图数据，混合建模，测绘测量数据导入建模，融合地磅系统数据，计算机端+移动端项目融合展示门户。

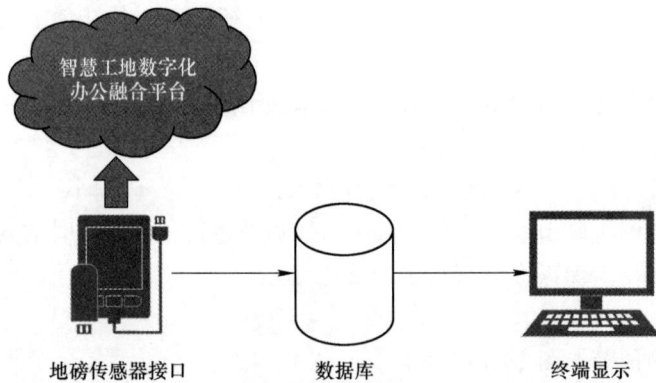

图 13-15　采掘进度动态可视化监测预警系统

石场出料量的监测：石料的出场是施工区域重点监测的事件，通过地磅称重系统，将石材重量信息传入系统，主要需要监测特征有石材重量、出场时间等。将出场石材的信息进行统计，再配合人工矫正，以便于能够比较准确地掌握石材信息，控制石材生产量在允许范围内。主要使用过磅系统的传感器来对石材的生产数量进行统计入库，还需要对石材的开采情况进行展示。

（1）系统功能。

1）GPS 测量数据服务。提供 GPS 测量数据监测预警服务。

2）视频图像对比。提供视频图像对比监测预警服务。

3）GIS 图层对比。提供 GIS 图层对比监测预警服务。

（2）过磅监测子系统。

1）车辆信息管理。记录参与施工的车辆的基本信息。

2）配电信息管理。对配电信息进行管理。

3）磅秤设备信息管理。记录磅秤的基本信息。

4）车辆过磅数据管理。记录车辆过磅的信息，包括但不限于吨位、车辆信息、时间等。

5）磅秤硬件接口管理。与磅秤硬件设备接口对接，将硬件设备的吨数信息接入并保存在系统。

6）车牌识别硬件接口管理。与车牌识别硬件设备接口对接，将硬件设备识别的车牌信息接入并保存在系统中。

（3）融合要求。该系统综合其他系统的数据并整合已有的系统进行展示，暂时无需特殊的硬件设备，以实际安装的设备参数为准。

13.3.2.3 工区人机安全视频监控系统

（1）管理需求。

1）进入工区人员监测。进入工区区域人员主要是进行施工的工作人员，进行实际的作业，为减少工区人员的伤亡，降低意外事故造成的伤害程度，防止意外事故的发生，需要对进入施工区域的人员进行监测。监测方法是人员定位和实时视频相互结合的形式。人员定位系统将人员的实时位置显示在监控主屏幕上，对超采区工作的人员会进行风险识别，并在终端进行提示，再结合实时视频查看的方式，实现对风险进行最终的识别。

2）来访工区人员监测。主要是针对疫情的防控，防止疫情扩散到项目区域，影响国家的防控大局和正常的生产。在对外来人员的管理时需要对外来人员进行体温测量和登记等操作，确保工区不受疫情影响。

3）地下水及土壤环境监测。

① 回填土主要是边坡开挖过程产生的废土方，回填后期表层覆土来源于外购的种植土（回填后期需进行表层覆土时外购的种植土才运输进场进行实时回填，故项目不设置表土堆场）；回填土及表层覆土需满足《土壤环境 质量农用地土壤环境风险管控标准》（GB 15618—2018）要求，不得回填危险废物、Ⅱ类工业固体废物、医疗废物、生活垃圾、工业垃圾、农业垃圾等可能对地下水产生污染影响的土质；加强管理，确保外购覆土检验合格后方可入场。从源头上防止有害物质污染地下水及土壤。

② 长坡片区隔油池、化粪池、沉砂池（兼作雨水回用池）需按照《环境影响评价技术导则 地下水环境》（HJ 610—2016）的要求进行防渗设计，要求一般防渗区防渗结构的防渗性能应等效于厚度≥2.0m，渗透系数≤1.0×10^{-7} m/s 的黏土层的防渗性能。

4）固体废物管理（环保）。

① 开挖时的土石方全部回填；

② 施工过程中产生的建筑垃圾可利用部分回收利用，不可利用部分运至城建部门指定地点堆放；

③ 生活垃圾统一收集后运至环卫部门指定地点，最终由环卫部门清运处置；

④ 长坡片区隔油池污泥定期委托有资质单位清掏处置，化粪池污泥定期清掏后用于

项目区绿化施肥；

　　⑤ 临时加工厂废土暂存于废土仓，全部回用于回填；

　　⑥ 临时加工厂水膜除尘器污泥定期清掏后混入石粉产品外售；

　　⑦ 修复点内储存有一定量的矿石，为原矿山开采时产生，经清理后的矿石直接外售，不在场地内存放。

　　5）视频监控管理。通过视频监视矿区视频图像信息，便于管理者实时对工作区域、施工区域、门禁、山体等建筑物的运行状况实时掌握。

　　根据要求，重点对施工区、操作车间、门禁控制等地方增加视频监视点，视频图像应满足实时查看要求，视频存储时间不少于 15 天。安装 1 台球型摄像机，摄像机自带内存进行现地存储，采用 4G 信号或无线传输方式将视频图像上传至物联网平台，监视区域覆盖矿山修复治理工程采石场全部地区。监控设备要满足一定的防水要求，因设备处于室外工作环境且工作区域不含有易爆粉尘，故无需使用带防爆认证的设备，只需要对设备做好普通的防水即可。

　　视频监控系统主要为隧道现场作业、调度指挥、重要设备提供直观的场所及设备图像监控、语音监听，及时发现各监控点的违章作业情况，避免出现重大事故隐患。实时掌握隧道内重要设备的工作情况，提高科学调度指挥和管理的现代化水平。

　　6）人工监控管理。人工监控管理主要是进行对现场的管理，与视频监控互为补充，解决监控视频能看到但是管不到的缺点。该管理项目融合至日常的管理生产当中。

　　（2）系统功能设计。

　　1）监控视频设备管理。对监控设备进行统一的台账信息管理，针对每一条记录可以查看对应的监控视频数据。

　　2）监控视频硬件接口管理。

　　与监控视频硬件设备接口对接，将硬件设备的视频信号接入并保存为可播放的视频文件。

　　3）监控视频数据管理。对视频数据进行记录和保存，记录位置、时间等相关信息。

　　（3）系统要求。

　　1）基于以太网光纤传输构建 Ethernet/Internet 网络平台，实现真正的数字网络视频监控，距离远，抗干扰能力强，可对前端所有图像实现实时监控。

　　2）采用标准 H. 264 视频、音频压缩标准，数据量小，录像效果达到 D1，存储时间长 15 天。

　　3）强大的设备管理功能，可实现对前端设备的区域添加、删除、参数设置等，支持本地及远程维护与升级。

　　4）实现对动点摄像机的远程控制，包括能够控制摄像机的转动、焦距推远拉近、视野、明暗、参数设定等。

　　5）强大的用户认证机制，系统具有 1 个超级用户、多个高级用户，及无限个终端用户。通过超级用户可对其他的用户进行权限分配、修改、查询等；高级用户只对自己区域内的摄像仪有管理功能，每级用户都有自己的密码、权限。

　　6）实时图像预览功能，计算机屏幕上可同时显示 1 个、4 个、9 个、16 个、25 个、36 个摄像机的图像，画面格式可选，并可对其进行图像冻结、放大、缩小等操作，且具备图像抓拍功能。

7）录像功能：录像方式灵活，可连续录像、动态录像、手动录像、报警录像。

8）录像回放功能，具有本地回放、远程回放、图片回放三种模式。可以依据用户要求提供检索及回放，能响应大量用户同时访问，支持录像的导出，导出的录像文件支持播放器直接播放。

9）移动帧测功能，对布防区域内移动的物体具有告警功能。

10）告警功能，支持图像遮挡、磁盘溢出、空间不够、移动帧测告警等功能，预留有报警接口，可以连接主动探测器或被动式紧急按钮，增加对突发事件的报警录像功能。

11）支持报警联动，系统收到报警信号后能够实现监控现场的报警信号输出，有明显的文字、图像提示；支持告警录像、预置位、图像切换等联动操作。

12）双向语音功能，可实现与监测点双向语音对讲及语音广播。

13）日志管理及查询功能，系统具有多种查询模式，并生成不同查询模式下不同的查询日志。

14）采用 B/S 结构，在各联网计算机上均可实时浏览、查询、录像、控制等。

15）电视上墙功能，可实现任意图像的电视上墙。

16）实现集团与矿之间联网，远程传输图形、图像、数据，在网络上共享各矿多媒体监控信息。

17）与安全生产监控系统实现无缝连接，在调度中心配置大屏幕电视墙，形成集数据、图像和声音为一体的多媒体安全生产综合调度指挥系统。

18）支持电子地图功能。

矿山修复治理工程采石场山体情况预报和工程视频监视配置要求见表 13-8。

表 13-8　矿山修复治理工程采石场山体情况预报和工程视频监视配置要求

序号	工程规模	山体情况测报		工程视频监视	
		监测点位量	位移量	安装点位	其他参数
1					
2					
3					
4					
5					

（4）视频监测方式、组成及要求。

1）监测设备应具备实时视频监控和图像监控两种功能。

2）在通信条件允许的情况下，应可实现实时视频监控。

3）图像监控中，应至少实现定时自报、随机应答等两种功能，其中定时自报可定时拍摄上传，随机应答能实现远程控制设备抓拍上传，有条件及需求时，可实现异常抓拍功能，当监视区域有异常可以进行异常抓拍。

4）摄像头选择高清球形摄像机，可无死角查看工区状况。

5）工程视频监视应实现自动连续循环存储，视频存储时间不少于 30 天。视频接入和转发应满足多用户并发请求；支持 GB/T 28181 协议。

6）视频监控系统添加刻录设备，实时对视频进行备份保存，保存时间不少于 30 天。监控系统结构如图 13-16 所示。

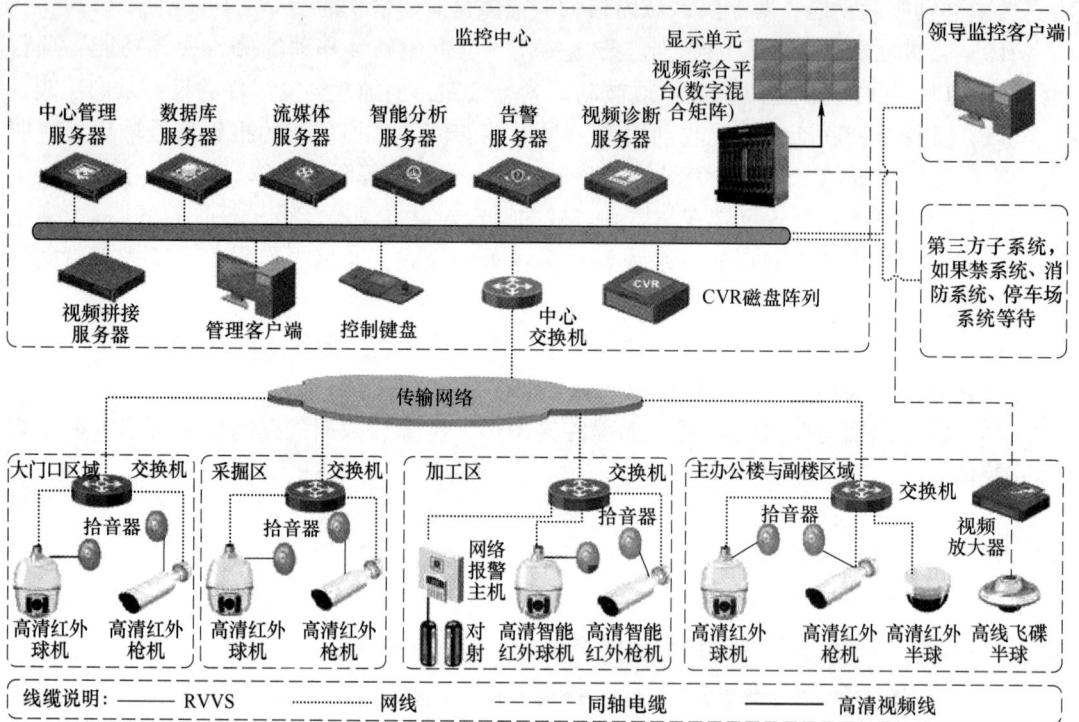

图 13-16　监控系统结构

工程视频监测站中各监控点设备配置见表 13-19。

表 13-9　工程视频监测站中各监控点设备配置

序号	设备设施名称	单位	数量
1	视频采集终端	台	1
2	太阳能板及充电控制器	台	1
3	数据卡（含流量）	个	1
4	蓄电池	块	1
5	立杆及基础	套	1
6	避雷系统	套	1
7	强固机箱	个	1

（5）视频站布设原则。监控视频的布站原则：根据现场地形图以及实际情况需要进行布站，数量及位置应根据实际的需求及情况进行选定。

13.3.2.4 人员车辆定位系统

A 系统设计

人员车辆定位，根据实际使用情况进行布置，布置时须综合考虑便捷性、布置位置、网络、易维护等情况。

（1）人员定位子系统功能。

1）人员信息管理。对工程参与的相关人员做基本的信息管理。

2）人员定位管理。对人员位置进行定位，并记录定位的相关信息。

3）管理员管理。管理可以登录并操作系统的人员信息。

4）管理员角色管理。对可以登录并操作系统的人员信息，赋予不同的角色，可以授权操作指定的管理功能。

5）操作日志管理。登录系统的管理员所有的操作进行日志记录，记录包括但不限于操作人、操作时间、操作IP、操作功能信息。

（2）车辆定位子系统功能。

1）对车辆信息进行管理；

2）对车辆的位置进行管理；

3）其他。

B 基于UWB的人员设备定位系统

该案采用的是针对矿山行业，基于UWB技术自主开发的ABELL定位技术。UWB（Ultra Wideband，中文超宽带）是一种无载波通信技术，利用纳秒至微秒级的非正弦波窄脉冲传输数据。UWB技术优异的传输特性决定了其在安全领域的地位，UWB早期研究属于美国政府的机密计划。后来逐渐取消了保密限制，加快了UWB的发展速度。近年来，UWB的研究在国际上备受重视，各国都在致力于超宽带技术及其产品的开发。

a 系统介绍

ABELL系统采用先进的无线定位技术，能在极短时间内完成定位测距，同时采用无线激活方式，实现精确定位和低功耗完美结合，既可以实现高精度的实时定位又可以切换到超低功耗的区域定位；能够帮助终端用户实现不同的定位业务需求，灵活配置，即使客户的应用场景有较大差异，系统仍然能够通过灵活的结构变化，满足现场的实际功能需求，并最大限度帮助客户节省投入，获取最高性价比。

ABELL系统采用多种无线宽带定位技术，通过测量宽带窄脉冲信号的到达时间差来计算终端的位置，能获取最高实现普通亚米级的位置精度；与基于信号强度的RFID、Wi-Fi定位系统不同，即使在复杂工程环境中，用户仍然能够可重复地获取高精度定位。在启用区域触发定位时，可以以房间为单位，精确判断终端设备是否进入特定房间，并提供高精度的定位结果。极大地降低了标签的使用功耗，可长时间佩戴，实现长时间不用充电。

作为物联网区域位置服务的强有力支撑平台，ABELL系统能够使大多数领域的用户实现系统快速部署；系统的智能化、可视化特性，大大提高了企业、机关的运行效率，降低了过程管理风险。

b 系统构架及原理

ABELL系统支持灵活的网络架构，从而实现不同应用环境下定位功能。如图13-17所示，一个典型的定位网络由 4 部分构成：定位基站（Anchor）、移动终端（Tag）、数据传输通道（Data Channel）、定位引擎服务器（Location Engine）。其中定位基站分布于场景区域的几何边缘，并对该区域进行信号覆盖；移动终端附着在定位对象表面；当终端进入基站的信号覆盖范围内，即自动与基站建立联系；基站依据内置规则完成数据的获取，并通过数据传输通道发送至定位引擎服务器，进而计算出移动终端的实际位置；定位引擎服务器支持大容量标签网络的原始数据获取、位置解算与坐标输出。

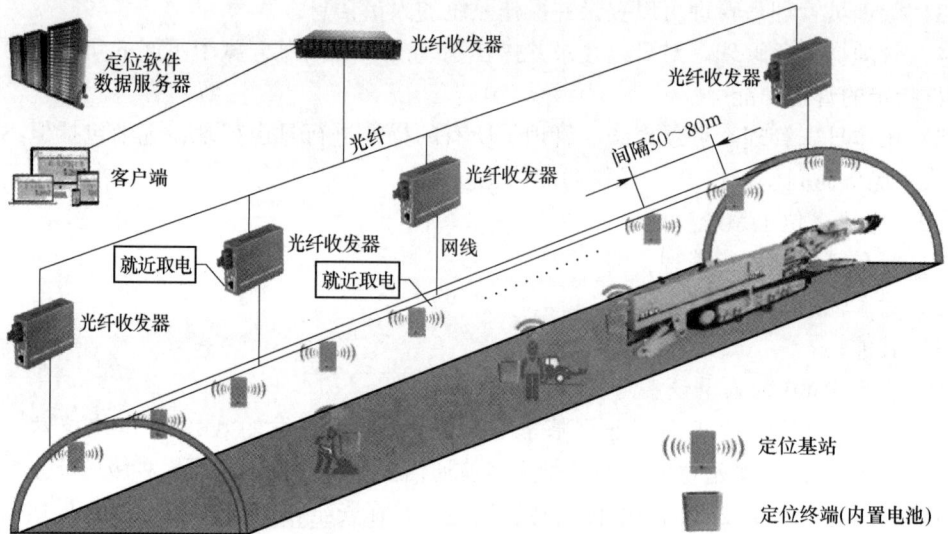

图 13-17　ABELL 系统定位原理
（如隧道有弯曲，遮挡情况、视程度中间适当增设基站数量）

c　系统技术特点

（1）基于精确的时间测距原理，受环境变化影响小；采用多种无线频段调频，在保证良好的穿透性的同时又能获得良好的精度要求。

（2）具有定位精度高的特点，通过对智慧矿隧安全风险监测预控平台系统实际情况的分析及从整体经济性考虑，系统完全满足智慧矿隧安全风险监测预控平台系统的定位精度要求。

（3）具有良好的抗干扰性，在复杂环境下保证定位精度要求。

（4）具有无缝组网功能，能在大容量基站覆盖下灵活切换。

（5）布置简单，设备具备自动入网功能，终端入网小于 2s。

（6）具有区域唤醒功能，可实现只在需要的区域内定位，其余自动休眠，大幅度延长定位终端的工作时间。

（7）具有区域内标签自动统计功能，并能输出到多媒体发布看板显示。

（8）具有区域告警功能，可实现非法进入或离开告警。

（9）具有视频联动功能，可接入海康、大华等标准的 ONVIF 的网络摄像机。

（10）具有轨迹回放功能，能根据多种检索条件搜寻轨迹，可实现单目标和多目标同时回放。

d 定位系统功能设计

（1）定位基站：满足矿业工作的相关要求支持高精度定位。人员设备定位站示意图见图 13-18。

图 13-18 人员设备定位站

人员施工机械定位仪器参数见表 13-10。

表 13-10 人员施工机械定位仪器参数

指 标	参 数
信号灵敏度	−97dBm@ 500M 6.8Mbps 模式
工作体制	802.15.4a
工作频率/GHz	3.7~7
通信接口	Ethernet 100baseTX
保密性	128 位硬件加密
电源/V	POE 或 5~12 DC
温度/℃	−40~70
湿度	0~95%（无冷凝）
防爆标志	Exib I Mb
防水等级	IP54

（2）定位终端（手环型、工牌型、安全帽型）：满足矿业工作的相关要求根据不同设备安装和人员佩戴方式采用不同的终端形态。

图 13-19 所示为人员施工机械定位设备。

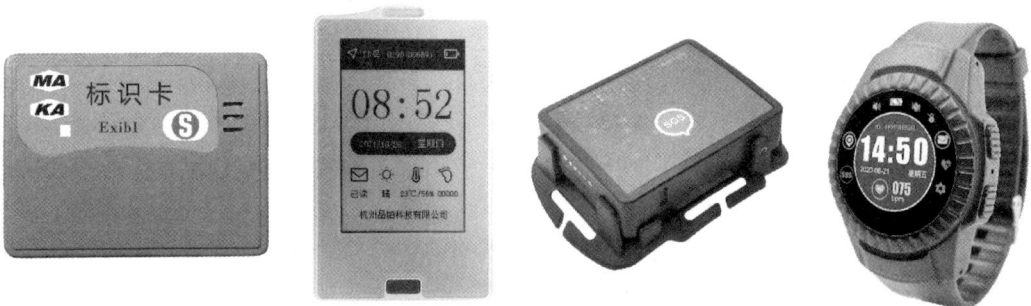

图 13-19 人员施工机械定位设备

人员施工机械定位参数见表 13-11。

表 13-11 人员施工机械定位参数

指　标	参　数
射频功率/dBm·MHz^{-1}	≤−41.3
信号灵敏度	−94dBm@ 500M 6.8Mbps 模式
位置刷新率/Hz	1/60~10
工作频率/GHz	3.7~7
保密性	128 位硬件加密
温度/℃	−40~70
湿度	0~95%（无冷凝）
防爆标志	ExibI
防水等级	IP54

e　部署

直线巷道内 50~80m 部署一个固定基站。

巷道转弯处每个弯道增加一个固定基站。

基站部署要求每点间直线相互视距可见。

f　系统功能

整个业务系统由两个部分组成：人员、设备管理系统服务器和人员、设备管理系统录入机。

管理系统服务器负责数据的统一存储，以及后台数据处理。

管理系统录入机实现具体的业务操作。具体业务包括人员、设备录入，查询、管理，人员、设备终端管理功能，数据都存储在服务器上。系统主要功能如下：

人员、设备可通过该软件将计划在矿井的人员、设备信息录入系统，提交领导审批后在系统中存档。

g　人员施工机械定位

在综掘过程中按要求距离逐步布置固定基站。

人员佩戴相应的定位标签。

利用巷道中布置的基站对人员进行线性定位，实时显示人员在巷道中的位置。

h　绑定

人员、设备终端发放，系统自动获取人员、设备终端 ID。

将人员、设备终端与标签绑定：将指定的人员、设备信息和其佩戴的定位终端进行绑定，在系统中显示的终端即代表佩戴该终端的人员、设备。

i　区域出入授权

进行人员进入单位的区域权限设置，授权后的出入人员可以按照规定进入有效区域。

j　人员施工机械信息查询

记录查询主要用于管理人员了解人员、设备当前在矿井的情况，或者用于查询某个具体人员、设备的详细信息。在记录查询功能如下：

（1）按条件对人员、设备在矿井历史进行查询；

（2）系统存储的历史在矿井记录；

（3）根据各种条件对历史在矿井记录进行过滤查询；

（4）查询结果导出为 Excel 表格或者文本。

k 人员施工机械实时监控

电子地图实时显示工厂所有人员的位置信息，监控人员可动态掌握各类前端点位数量和实时分布情况。

l 人员施工机械查找定位

输入人员姓名或编号便可快速定位要查找的对象所在地点。

m 人员设备分类

（1）主要用于对人员、设备进行不同类型分类管理，并可对分类中的人员、设备信息进行编辑、删除。

（2）在地图上显示图标对应于人员、设备终端绑定的人或物。

（3）如果有需要，也可提供三维建模呈现更好的效果。

（4）对人员进行实时监控，实时记录并以 GIS 方式直观显示人员定位信息。

（5）对设备终端进行实时监控，实时记录并以 GIS 方式直观显示综掘、采煤掘进进度。

（6）人员、设备终端分组，用不同的图标显示。

（7）手机端数据查询、展示，实现实时移动监测。

（8）实时检测设备运行状态，对问题设备进行精准报警。

（9）定位过程中能实时看到图标平滑移动。

（10）搜索人员、设备姓名并显示状态。

（11）可跟踪指定的人员、设备终端，地图随着人员、设备终端的移动自动切换。

（12）将鼠标移到人员、设备图标上可以看到图标的信息和状态。

（13）点击图标后可以显示人员、设备的详细信息。

（14）可以手动切换地图，查看指定地图上的所有人员、设备终端的活动情况。

（15）地图可以放大和缩小，调整到合适的大小。

（16）积累历史掘进记录信息，便于进行数据统计分析。

（17）相关信息最终汇入至集团大数据平台，为大数据分析提供基础。

（18）记录井下人员、设备行动轨迹，并可针对轨迹进行数据分析。

n 告警与维护

（1）触发告警，弹出页面，声音报警。

（2）点击处理后，页面可以关闭，否则会一直提醒。

（3）实时报警列表（区域，消失、滞留提醒）。

（4）消失报警设置——焊机终端消失有多种因素（如电池没电、终端越过信号覆盖区域等），可以设置指定终端的消失报警条件和报警级别，如该终端消失了，将会触发相应的报警。

（5）电池低电报警设置——终端每隔一段时间将会向系统报告一次自己的当前电量，可以在系统中设置电量最低界限，一旦终端电量低于这个界限将会发出报警信息。

矿山生态修复安全监测预控平台配置清单见表 13-12。

表 13-12   矿山生态修复安全监测预控平台配置清单

序号	软/硬件名称	单位	数　　量
1	预警终端（车载型）	个	根据车辆设备数量而定
2	预警终端（天车型）	个	根据车辆设备数量而定
3	室内定位基站	套	根据现场布点设计及勘察而定
4	室外定位基站	套	根据现场布点设计及勘察而定
5	防爆基站	套	根据现场布点设计及勘察而定
6	人员定位终端（手环型）	个	根据工作人员数量而定
7	人员定位终端（工牌型）	个	根据工作人员数量而定
8	人员定位终端（安全帽型）	个	根据工作人员数量而定
9	警示喇叭	套	根据车辆设备数量而定
10	定位引擎	套	
11	交换机	套	
12	服务器	套	

车辆终端安装示意图如图 13-20 所示。

13. 3. 2. 5   环境（扬尘、噪声）监测预警与除尘控制系统

该系统主要针对的是监测在施工过程中产生的污染环境的因素，如噪声污染、粉尘污染等，并能够及时反映至管理人员处，及时处理控制。

A　系统要求

（1）声环境。

1）施工运输车辆进入施工场地时限速、禁止鸣笛；

图 13-20　车载终端安装示例

2）建设单位应跟施工单位合理协调，合理安排施工期，施工期间精心组织施工，注意文明施工，禁止夜间施工；

3）尽量采用先进低噪声设备，对产噪施工设备应加强维护和维修工作；

4）对产生噪声较强的施工机械，增加减震措施；

5）运输施工物资应注意合理安排施工物料运输时间。

（2）大气环境。

1）施工场地。设立项目场地扬尘污染防治专门工作机构，层层落实工作责任，工地现场必须有专人负责扬尘污染防治工作、专人负责台账管理；施工全过程，一是坚持每天自检自查，各项扬尘污染防治措施必须落实到位，特别是洒水降尘和回填土、覆土、裸露地面的全苦盖；二是每天 24 小时对进出工地的车辆进行检查、登记，发现运输车辆违法违规行为及时上报城管综合执法部门和项目监督机构；三是依法依规开展回填土运输作业，对项目回填土和覆土运输全过程负责；施工过程中使用的水泥和其他细粒散装材料，应统一堆放，且采用篷布遮盖，避免露天堆放，对洒落的水泥等粉尘及时清扫；项目使用商品混凝土。施工过程中产生的建筑垃圾定点堆放，且采用篷布遮盖。对运输粉料建筑材料等易产生扬尘的车辆覆盖篷布，建筑材料轻装轻卸，尽量降低装卸高度。对露天施工场地进行洒水降尘，及时清运垃圾，避免大风产生扬尘；尽量使用低能耗、低污染排放的施工机械、车辆；尽量选用质量高、对大气环境影响小的燃料；加强施工机械、车辆的管理和维修保养，尽量减少因施工机械、车辆状况不佳造成的空气污染。场区地处山坡位置，风速较大，在旱季容易产生尘土飞扬。为抑制尘土飞扬和降尘，旱季时可利用洒水降尘管网对堆积表面进行喷洒，以保护环境。土石方运输禁止超载，装高不得超过车厢板，并盖篷布，严禁沿途洒落。

2）砂石料临时加工区。卸料采用喷雾抑尘，给料机做密闭处理；一次筛分工序中的的筛子和皮带均做密闭处理，落料皮带做密闭处理，并采用喷雾抑尘；锤式破碎机皮带进料处采用喷雾抑尘，输送带上做密闭处理，密闭空间内的粉尘经风机送至1台水膜除尘器处理后由1根15m高排气筒（DA001）排放；打砂工序设置有3台打砂机，打砂机皮带进料处采用喷雾抑尘，做密闭处理，密闭空间内的粉尘经风机送入2台水膜除尘器处理，最后由1根15m高排气筒（DA002）排放；二次筛分设置有5台振动筛，振动筛和皮带均做密闭处理，密闭空间内的粉尘经风机送至4台水膜除尘器处理，最后由1根15m高排气筒（DA003）排放；中转仓落料皮带做密闭处理，落点采用喷雾抑尘；机制砂落料点采用落砂管技术，精品砂、石粉皮带进料处采用喷雾抑尘；机制砂、精品砂、石粉各设置一个成品仓，为三面围挡，顶部加棚；废土仓设置一个仓库，为三面围挡，顶部加棚。

扬尘浓度监测预警子系统如图13-21所示。

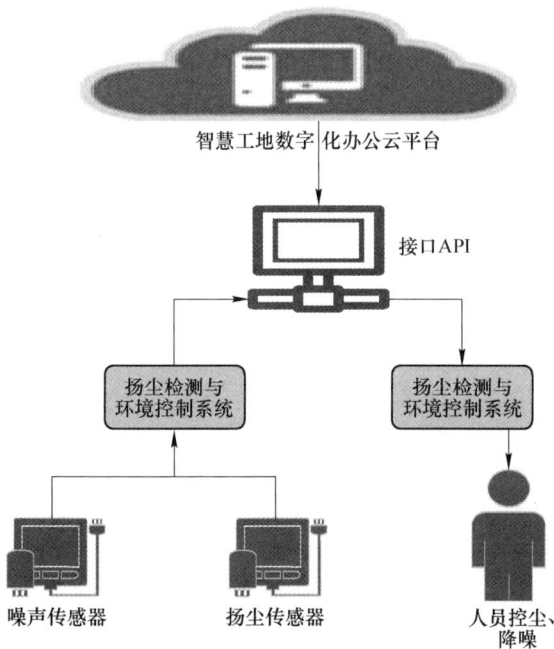

图13-21 扬尘浓度监测预警子系统

扬尘监测与环境控制系统可对工区的扬尘情况进行实时的监测，实时监测空气中的扬尘含量，使其达到相关的环保要求保护环境。

B　主要功能

（1）粉尘设备信息管理。对粉尘设备进行统一的台账信息管理，针对每一条记录可以查看对应的粉尘监测数据。

（2）粉尘硬件接口管理。与粉尘硬件设备对接接口，将硬件设备监测的粉尘信息接入并保存在系统。

（3）粉尘监测数据管理。对粉尘数据进行记录和保存，记录数值、位置、时间等相关信息。

（4）降粉尘。根据预先设定的数值，控制相应的设备对粉尘进行压降。

（5）粉尘信息显示。主要对粉尘的含量使用曲线进行可视化显示。

（6）工区油料使用情况进行台账记录。

C　设备详情

根据实际采购设备以对设备要求为准。

13.3.2.6　地表水文地质监测系统

A　系统要求（环保）

（1）在施工场地周围设置截水沟，将施工场地外（项目区）外雨水阻止在场地外，并进行疏导引入外围冲沟，阻止施工场区外地表径流进施工区域。

（2）在施工场地附近挖沉淀池，较集中的施工废水排入沉淀池收集，施工废水经沉淀池沉淀后回用于水质要求不高的施工用水和场地的洒水降尘，废水不会形成地表径流，一般通过蒸发方式就地消纳。

（3）合理规划，尽量避开雨季进行施工，在施工前做好相应的水土流失防治工作。

（4）各类施工材料应有防雨遮雨设施。

B　系统设计

安装地表水文监测自动系统，对关键点的水位、水质、地表水流量、水温（选配）进行实时在线监测。

13.3.2.7　数字化系统配电系统

（1）电网配电统。根据工地现场的电源状况配电，尽可能使用稳定的电力系统，保障系统的稳定运行。

（2）传感器级组网设备配电。安装在险峻、不便于进行电力维护位置的配电系统可考虑使用太阳能等进行单独组网。

13.3.3　智慧工地数字化办公融合平台案例

（1）智慧工地数字化办公管理信息系统。

1）项目信息管理。施工过程中对每个项目进行管理，记录相关的信息。

2）项目进度管理。针对每个项目把控进度信息，对每个进度的节点进行记录。

3）项目日常工作管理。项目施工过程中，记录相关的日常操作。

4）工程资料管理。施工过程中记录相关的文件、现场图片、工程资料等相关资料信息。

5）项目报表管理。项目生成数据统计报表。

6）项目统计分析管理。项目进行统计分析，统计分析结果，可以辅助后续项目的安排和决策。

7）安全隐患信息管理。对施工过程中的安全隐患进行记录。

8）安全隐患整改管理。施工过程中存在的安全隐患需要及时整改，消除安全隐患。

9）施工成本管理。对施工过程中产生的成本进行记录。

10）质量巡检管理。施工过程中进行质量巡检，保证施工质量符合相关要求和标准。

11）工单管理。对施工过程中存在的问题，提交工单，工单处理，工单结单。

综合监测平台以工区的地理信息为底图，具备二维、三维两种电子地图，二维地图包括地形图、遥感图和交通图三种显示方式，可以自由选择。

该模块主要包含工区范围、传感器位置、场内人员及设备位置信息、工情以及视频监测六大内容，以电子地图为基础，对各项信息进行展示，同时提供监测警报功能，对工区的各种情况及时提醒工作人员，避免安全事故，减少损失。

（2）应急子系统。

1）管理制度管理。在线管理管理制度信息，包括但不限于文本、文案、图片。

2）应急预案管理。在线管理应急预案信息，包括但不限于文本、文案、图片。

3）应急调查管理。在线开展并管理应急调查。

4）风险评估管理。在线管理风险评估信息。

5）安全管理培训管理。在线管理开展的安全管理培训，包括但不限于文本、文案、图片。

13.3.3.1　智慧矿山修复治理工程采石场安全与环境一体化预控云平台设计

从企业、集团、行业、省级平台多个维度，实现产品的系列化；覆盖煤矿、金属矿山、隧道和地铁等行业领域；矿井物联网包含数据采集与传输，云平台计算和存储，人工智能控制决策，大数据平台挖掘、分析与可视化。

该矿山修复治理工程采石场项目平台主页面如图 13-22 所示，主要展示的是露天矿的视频信息、传感器的状态、预警信息、工程进度、气体含量、隧道模型、人员在隧道内位置等。工业互联网实现现场实时数据采集、传输，云平台实现计算、存储，并可以通过计算机浏览器和手机 APP 实现远程协同可视化人机交互，在产品设计方面，整个系统所需的传感器设备敷设在露天采石场内，通过组网设备传输到地面监控室，再通过视频监控系统、环境监测系统、人员设备定位系统、环境及瓦斯监控系统、边坡稳定性监测系统等进行数据可视化处理形成云平台可视化界面。

13.3.3.2　工区融合安全监测系统

A　数据接收

施工现场项目中的各种信息通过数据传输信道传输到相应的数据库，再对数据进行数据清洗等操作，将数据入库，后端程序按需读取程序送入相应的数据接口之内。

B　数据接收处理软件主要功能

（1）GIS 地图展示。监测系统 GIS 地图展示是以地理信息平台为基础，结合边坡基础数据、实时监测数据、安全预警数据、业务数据等各类型的综合数据，实现对监控区域自然环境、工区安全监测信息，以及基础地理等多源信息的集合展示，构建统一的地理信息

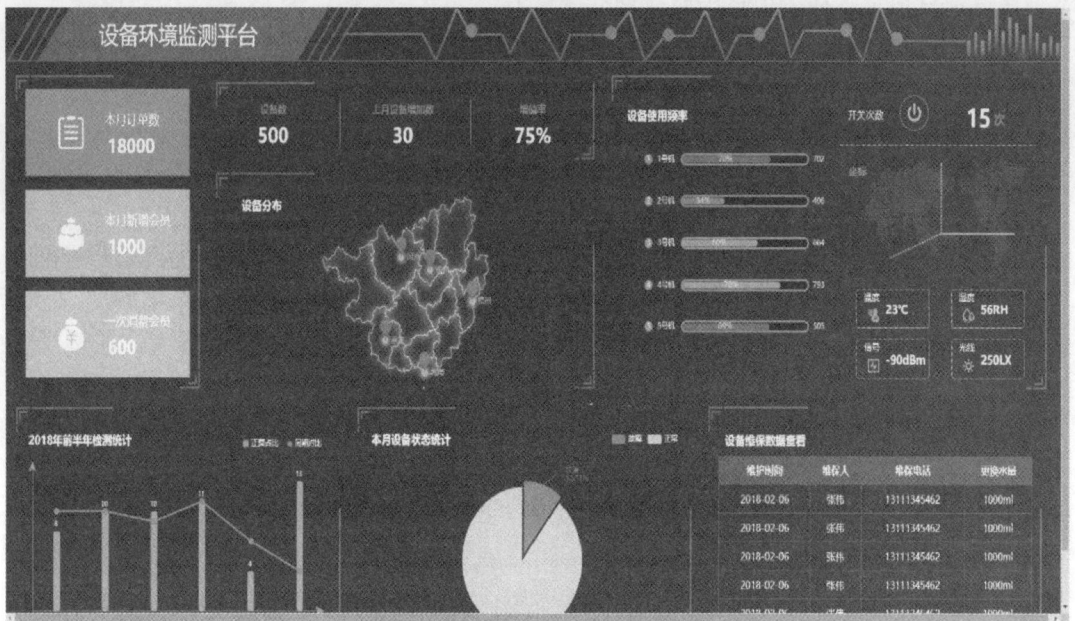

图 13-22   智慧露天采石场安全与环境一体化预控云平台
(扫描书前二维码看彩图)

综合监管平台，实现对建设区域监管和直观、动态、形象展示。

（2）设备运行状态。

1）采集设备。采集设备包括坡度位移监测站、墒情监测站等，通过采集设备上报的数据库，判断设备是否按时上报平安报，按时上报判定设备联网，否则脱机。结果以 GIS 地图及列表显示，并提供图表联动，即点击列表中的某个站点可在地图上定位。

2）当监测站点的实时情况超过预警指标则系统以声音、文字、闪烁图标及自动发送预警短信等对预警进行自动提示、告知。

3）综合情况监视：系统基于 WebGIS 地图默认对监测站和汇集平台共享信息，系统以数据表、复合标注、过程线及过程演示等多种方式对发生的事件信息进行展示。

13.3.3.3 智慧现场管理 APP

为便于项目运行及管理人员查询和监测管理数据，基于监测系统平台建设，开发了适用于智能移动终端的数据查询。智慧现场管理 APP 实现对施工现场的基本信息、施工情况、大坝安全信息等数据的查询。系统提供功能模块见表 13-13。

表 13-13   系统 APP 显示内容概览

序号	显 示 内 容
1	首页门户
2	实时预警
3	地图：施工现场基本信息、实施情况、工区安全信息等数据的查询
4	综合管理：风险事项提醒、工区视频巡查、隐患发现、测点设备管理等
5	我的页面

项目 APP 人机交互界面如图 13-23 所示。

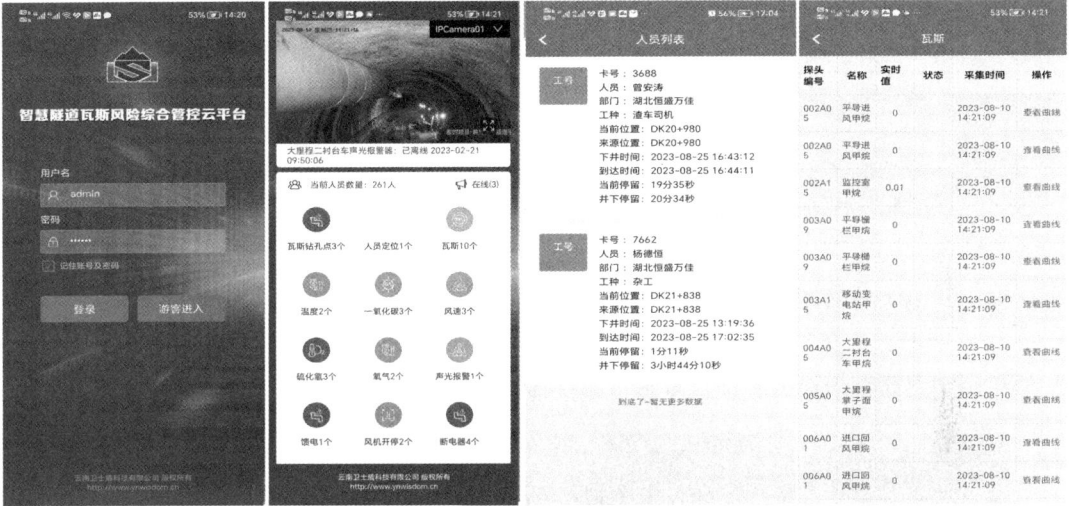

图 13-23 项目 APP 人机交互界面
(扫描书前二维码看彩图)

13.3.4 安全环保数字化管理信息系统集成

为满足安全管理部门检查的需求,针对该项目建立澄江市应急管理局备案需要的《云南省澄江市历史遗留矿山生态修复治理工程项目安全生产事故应急预案》(含应急资源调查报告和风险评估报告)、《安全生产应急预案云南省澄江市历史遗留矿山生态修复治理工程项目安全管理制度》、《安全生产管理电子台账》、《油料管理电子台账》的纸质档及数字化管理信息系统。

13.4 矿山生态修复治理工程安全预控一体化信息平台设计

矿山生态修复治理工程项目智慧工地一体化预控平台(表 13-14)由采掘进度动态可视化监测系统(融合地磅系统数据)、工区人机安全视频监控系统、环境(扬尘、噪声)监测预警与除尘控制系统、人员定位系统、智慧工地数字化办公融合平台、调度中心机房(含大屏)、配电系统、辅材、基础安装等组成。

表 13-14 矿山生态修复治理工程项目智慧工地一体化预控平台

序号	设备设施名称	数量	备 注
1	采掘进度动态可视化监测系统(融合地磅系统数据)	1	接入现场地图数据,混合建模,测绘测量数据导入建模,融合地磅系统数据,计算机端+移动端项目融合展示门户
2	工区人机安全视频监控系统	1	13 个监测点
3	环境(扬尘、噪声)监测预警与除尘控制系统	1	无联动除尘系统

序号	设备设施名称	数量	备 注
4	人员定位系统	1	80 个识别卡，6 个分站，2 套充电站，人员位置及个人信息嵌入 GIS 图层
5	配电系统、辅材、基础安装	1	
6	智慧工地数字化办公融合平台（含安全环保质量数字化办公系统）	1	含计算机（服务器）端+移动端项目管理办公平台，安全环保质量数字化办公系统，大数据采集、分析、预测平台，项目涉及所有台账管理等，含运行期间云平台租赁费用
7	调度中心机房（含大屏）	1	工作站、基站、网桥、100 寸液晶屏、控制柜、操作台等

矿山生态修复治理工程项目智慧工地一体化预控平台主界面如图 13-24 所示。

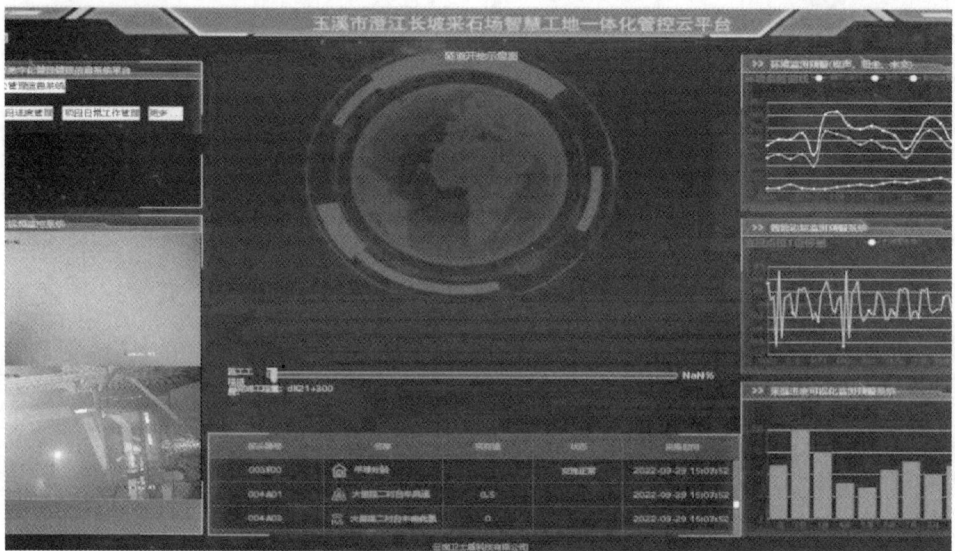

图 13-24　矿山生态修复治理工程项目智慧工地一体化预控平台主界面

（扫描书前二维码看彩图）

13.5　本章小结

本章以露天采石场生态修复施工为工程背景，针对可能出现安全生产、水文地质灾害、生态修复和环境保护诸多问题，得出以下结论：

（1）根据现场施工安全管控需求，系统安全风险预控技术平台建设分为人、物和环境三方面。

（2）人员安全管理主要有工区工作人员管理和外来访客人员管理；工区工作人员主要使用工地视频监控部分管理不安全行为，外来访客通过门禁的视频监控进行管理。

（3）物主要包含施工现场的机械管理，以及石材开采的石料数量两个部分，环境危险主要是来源于石场采空形成的潜在危险，因采石场采石区被采空，使得山体应力结构发生改变，存在滑坡和高空坠落的潜在危险，采石场石料加工粉尘职业危害、机械伤害、物体打击等潜在危险；

（4）此次进行施工的目标是对施工场地进行绿化环境改造，并安装环境监测（噪声、扬尘）系统，在施工过程中针对安全风险监测预警与管控，设计了边坡安全监测预警、人员安全管理、生产设备管理、生产进度动态跟踪、生态修复和环保需求，从人、机、环、管四个方面建立矿山安全、环保与生态修复施工安全预控信息平台，确保露天矿开采与生态修复施工向绿色、环保、安全方向发展。

14　高速公路控制性节点
地质灾害监测预控技术应用

借鉴煤矿、隧道及非煤矿山的安全风险预控技术，结合"山岭重丘区高速公路施工控制性节点地质灾害一体化在线云监测关键技术"项目的山岭重丘区高速公路控制性节点地质灾害监测预控关键技术攻关，进一步开发基于安全监测预警技术、信息化技术应用到山岭重丘区高速公路控制性节点安全监测预控系统。

14.1　高速公路控制性节点地质灾害监测预控技术需求与风险分析

地质灾害是由自然因素（暴雨、融雪、地震）或人为因素（地下采空、道路工程、挖掘矿产资源、渗漏）作用后发生的崩塌、滑坡、泥石流、岩溶、踩空塌陷、地裂缝、地面沉降、不稳定斜坡等现象。地质灾害对交通的影响包括：由暴雨导致突发泥石流地质灾害造成的路面被泥沙掩埋，导致交通事故和人员伤亡，事故处理和道路封闭会造成车辆滞留现象，泥石流、崩塌等地质灾害会造成铁路输电线断裂、洞体塌方、铁轨损坏造成铁路运行受阻，引发大面积延误，导致旅客滞留，影响铁路运输的正常运转。同时地质灾害也会对城市安全、电力供应、自来水供应、学校安全、农业生产、旅游行业带来不同程度的影响。

昆明市中心海拔约1891m，市域地处云贵高原，总体地势北部高，南部低，由北向南呈阶梯状逐渐降低。中部隆起，东西两侧较低。以湖盆岩溶高原地貌形态为主，红色山原地貌次之，城区坐落在滇池坝子，三面环山。在地震带划分中，被夹持于著名的小江南北向强震带和易门南北向中强地震带之间，并直接处于普渡河南北向中强地震带上。受西南季风影响，降雨多集中于夏季，雨量集中，且多大雨、暴雨占全年降水量60%以上，主汛期为6月初至8月下旬，昆明市地质灾害主要区域分布与交通影响见表14-1。

表14-1　昆明市地质灾害主要区域分布与交通影响

地质灾害主要影响区县	地质灾害主要影响公路	地质灾害主要影响铁路
东川区 富民县 寻甸县 五华区 西山区	昆禄公路（尤其是富民罗免—禄劝崇德段） 东川公路 石—安公路 龙—东公路新线	南昆铁路宜良段；东川支线铁路

昆明市在建高速公路项目共8个，具体为宜石、武倘寻、昆倘、福宜、昆楚（昆明段）、三清（昆明段）、玉楚（昆明段）及东南绕高速杨林隧道（左幅），在建总里程约338.41km，大多都是处于山地环境，重要控制性工程节点如边坡、隧道、桥梁的地质灾

害和结构安全威胁都比较严重。福宜高速起于昆明市二环路福德立交，对现状福德立交增加 2 条右转匝道，实现该项目与二环路的交通转换；终点接在建的昆明绕城高速公路东南段，在宜良县狗街镇下村设置"T"形枢纽立交接昆明绕城高速公路。中间控制点：福德立交—春城路—原巫家坝机场（下穿隧道）—昌宏路（立交）—彩虹路（上跨）—昆玉高速（上跨）—昆河铁路（上跨）—云大西路—广福路（东绕城高速，设置立交）—子君山（隧道）—南连接线—石龙路—东外环线—火车南站—昆玉河铁路—万溪冲—驴子箐水库—脚步哨—阳宗镇—东山村—波萝海—徐家庄—沙河。福宜高速地质勘查基本情况如下。

14.1.1　地质构造与地形地貌

项目区域位于云贵高原东南斜坡，地势北西高南东低。受南盘江切割，地形高差大，高原面被强烈剥蚀、分割。地质构造、新构造运动是地貌形成、发展和演变的重要营力，在各类构造及不同岩层的基础上，各种营力的活动产生了区域内丰富多样的地貌类型，并影响着地下水的变化。碎屑岩分布区为侵蚀地貌，风化和流水侵蚀作用为塑造地形的主要外营力。碳酸盐岩由于岩性组成不同，岩溶发育程度差异较大。与碎屑岩、火山岩互层分布地段形成侵蚀溶蚀山地地貌；在纯碳酸盐岩分布区多形成峰丛洼地地貌。

项目所在区域大地构造单元属扬子准地台（Ⅰ），二级构造单元为滇东台褶带（Ⅰ₃）、昆明台褶束（Ⅰ₃），地处云南山字型构造体系中部小江断裂带上。各体系构造活动强烈，具有继承性和多期复活的特点，造成该区断裂极为发育。断裂多呈经向带状或束状分布，继承性明显，控制测区古地理环境和沉积环境。东-西长期强烈挤压的区域应力形成了地层-岩石呈片条状分布的区域总体特征，完全改造了地层和岩石的原始面貌，岩性分层重新排布，产状、层序倒转，部分呈无序叠置，并断失了部分地层。断裂构造在该区地质构造中起控制作用，造就了形态纷繁多样、规模差异明显的断块群落。由于断裂构造的递进演化，产生了面理的多期置换和多种小（微）型构造规律组合，展示出勘察区地质构造漫长的演化历史轨迹。这些断裂破碎带较宽，一方面断裂带直接影响路线的布设；另一方面使岩石破碎，为崩塌、危岩等地质灾害的发生创造了条件。该区断裂构造发育。设计路线与主构造线呈大角度相交。

根据成因及形态的不同及水文地质、工程地质条件的影响，将沿线地貌划分为构造侵蚀山地地貌、溶蚀地貌、盆地地貌等三种成因类型。

14.1.2　区域水文地质概况

区内地层岩性较为复杂。勘察区内出露的地层岩性较多，除第四系地层受地形控制外，基岩主要受地质构造所控制。基岩主要为古生界和新生界碎屑岩和碳酸盐岩及少量震旦系地层，局部段落分布有喷出岩，缺失中生界地层。

根据各岩组的岩性及赋水特征，区内地下水按其赋存形式有松散堆积层孔隙水和基岩裂隙水、构造裂隙水、岩溶水四大类型，主要接受地表水、大气降水补给，特殊性岩土主要表现为软土、红黏土、高液限土。

路线跨越两个活动块区，大致以区内大平地断层为界，西侧属康滇菱形活动地块，主要发育南北向活动断裂，其次为北西向活动断裂，而北东向和近东西向活动断裂则相对短小。处于菱形地块边界附近的断裂带活动性强烈，最新活动时代多为晚更新世和全新世，如小江断裂。菱形地块内部的活动断裂，活动性相对较弱，最新活动时代多为早更新世至晚更新世早期。北西走向断裂的最新活动性质以右旋走滑为主，近南北向断裂的最新活动性质以左旋走滑为主，断裂活动方式为水平走滑兼垂直差异运动，南北向、北西向活动断裂多具张扭性质，而北东向和近东西向活动断裂则多具压扭性质。以东为大关—马边—滇东—川东—黔西—桂西地块，主要包括小江地震带以东的滇东、黔西和川东与桂西弱地震活动地区，以北东向和北西向及北北西向断裂为主要地震构造，历史地震活动较弱。

工程区处于云南省的地震为活跃的地带之一，小江断裂是该区主要的发震构造。根据《中国地震动峰值加速度区划图（1∶400 万）》（GB 18306—2015），工程区起点～K32+500 地震动峰值加速度 $a = 0.20g$，K32+500～终点地震动峰值加速度 $a = 0.30g$，地震烈度为Ⅷ度，反应谱特征周期 $T = 0.45\text{s}$。

14.1.3　不良地质路段情况

由于拟建项目路线较长，跨越不同地貌单元区，且受区域构造影响较大，故相关区域地质资料、地质调查并结合钻探揭露情况表明，拟建路线沿线现状不良地质作用比较发育，主要表现为滑坡、不稳定斜坡、岩溶等。

（1）滑坡：阳宗互通右侧（对应主线 K40+700～K41+000 段）存在多处规模较小的坍滑、坍方，对路线影响较小。

（2）崩塌体：万溪冲隧道出口右侧存在崩坡积体，崩坡积体物质成分以灰岩、白云质灰岩为主。

（3）岩溶：K 线路 K34+150～K35+800、K35+900～K36+150、K37+550～K39+000、K43+200～K45+100、K45+700～k47+100、K47+550～K48+350、K48+850～K49+750、K49+950～k50+260 段落，下伏白云质灰岩、灰岩，普遍有溶蚀现象。线路以隧道形式通过，建议隧道开挖时，加强突水突泥预防措施。

因此，根据福宜高速工程地质情况，为保证该项目的控制性节点施工、运维过程正常开展，减小地质灾害对项目的重要基础设施、工程人员、工程实施及运维等影响，采用物联网、大数据、云计算和人工智能、物探等先进的技术手段，对控制性节点的高危边坡、裂隙、地震、地质沉降、岩溶、隧道形变及突水等地质灾害与结构安全开展全过程、综合一体化在线监测。

14.2　高速公路控制性节点地质灾害监测预控技术现状

国家"十四五"规划建设期间颁布了《中华人民共和国国民经济和社会发展第十四个五年规划和 2035 年远景目标纲要》《"十四五"国家安全生产规划》《"十四五"国家应急体系规划》《中华人民共和国安全生产法》等法律法规和文件，提出了"数字中国""交通强国""提高安全生产水平""完善应急管理体系"相关规划和要求[1-3]，构建现代化综合交通运输体系，全面提高公共安全保障能力，提高重大设施设防水平，加快推进自然灾害多发地区的多通道、多方式、多路径交通建设，提升交通网络系统韧性；同时，云南省人民政府在《云南省国民经济和社会发展第十四个五年规划和二〇三五年远景目标纲要》提出"大力推进'数字云南'建设"和"加快推进现代综合交通运输体系"建设相关规划内容，到 2025 年，全省高速公路通车里程达到 1.5 万千米，在建设和通车里程力争突破 1.8 万千米，全省基本实现县县通高速[4]。《云南省"十四五"综合交通运输发展规划》提出云南省"十四五"规划建设期间，云南省公路总里程达到 35 万千米，高速公路建成通车总里程确保达到 1.3 万千米[5]。由于高速公路施工的高危边坡等控制性工程节点事故频发、危害大，风险监测预控与应急处置为突发事故风险与应急联动的重要组成部分，高速公路施工的高危边坡事故灾害应急救援是一种典型的动态离散事件动态系统，包括预防与应急准备、检测与预警、应急处置与救援和事故恢复四个阶段。以下分别从安全风险监测预警与应急联动平台架构，时空网络建模，应急处置协同机制和模式，山地、隧道工程施工地质风险监测预警技术及效能评价进行概述。

14.2.1 安全风险监测预警与应急联动平台

1987 年，Krogh 等[6]首次应用 Petri 网建模理论来研究 DES 问题。1992 年，Zhou 等[7]提出了受控 Petri 网的模型，用于自动化车间的建模与调度控制。2003 年，李建强[8]等研究了一种工作流模型的性能分析方法。2008 年，赵林度等[9]提出一种需求服从脉冲分布的应急资源调度模型；White 等[10]提出通过提供基于动态参与者网络和基于活动相关性的自动机制的系统来支持紧急响应；Dotoli 等[11]利用 Petri 网实时识别离散事件系统。2009 年，郭德勇等[12]分析了快速建立应急救援预案的关键性，研究了煤和瓦斯突出事故应急预案；Yan 等[13]构建了一个多目标、混合整数、多商品网络流的道路维修和应急物资配送协调的时空网络规划模型。2010 年，Sheu 等[14]提出一种大规模灾害下的应急物流业务时变需求分析与管理；张子民等[15]提出城市突发事件风险监测预警与应急响应信息模型计算涉及的 3 个关键问题：分布数据的获取、应急辅助模型的运算和风险监测预警与应急响应辅助数据集的分发；杜磊等[16]提出了基于 Agent 的应急预案流程交互调度模型，实现了从应急预案流程形式化模型到 Petri 网模型的转换。2011 年，Shan 等[17]用随机 Petri 网建模建立了应急预案全生命周期流程的方法。2012 年，Cheminod 等[18]用层次化的 Petri 网模型，建模了应急预案过程本体，并设计了本体和 Petri 网之间映射规则关系的水平；卓嵩等[19]建立了基于事件驱动的城市疫情应急相关时空数据的概念模型、静态结构模型和时态行为模型，并设计 Geodatabase 实例和组件模型，实现对时空数据模型面向对象的组织、管理与操作。2013 年，曹策俊等[20]构建了基于"感知-决策-处置"的云应急模式下按需服务机制的 X 列表云应急平台架构；Yue 等[21]通过情景响应的应急决策机制的多 Agent 的有效协同，实现自然灾害动态应急决策过程。2014 年，雷志梅[22]建立模型分析不同的阶段-决策主体-决策目标维度下的应急指挥信息需求及信息之间的内在关系；Mohammed 等[23]提出一种实体-关系的应急预案流程模型描述方法，对预案及风险监测预警与应急响应进行分析。2015 年，张艳琼等[24]开展了基于云模型突发事件分级模型的定性概念和定量表示之间的分析。2016 年，王海鹰等[25]对地震应急救援信息需求进行初步归纳，并对大震巨灾信息获取工作提出建议；Sánchez-Nielsen 等[26]提出了一种情境意识过程模型和基于云计算与情境感知的信息服务架构，以支持公民认知并进行有效的决策。2017 年，郭路生等[27]从框架的主体、活动、时间等 6 个维度和需求者、供给者、传播者、信息系统 4 个视角对应急指挥信息需求进行信息服务分析；蒋勋等[28]从公众、救援人员、决策者 3 个角度，以及常识知识、事实与经验知识及运算推理规则 3 个维度探索风险监测预警与应急响应的知识库体系框架的构建。2018 年，谢洪波等[29]提出一种突发地质灾害应急案例结构化模型和规范化描述；马文娟等[30]设计了一套基于物联网与云计算架构为核心的地震大数据应急调度平台的解决方案；Yousefpour 等[31]介绍了 IoT-fog-cloud 应用程序的通用框架，提出服务延迟最小化的协作、卸载策略；Moghaddam 等[32]开发了一个框架动态建议服务，实现了组件和组织的最佳匹配，以及在组织之间共享服务和组件方面的最佳协作决策。2019 年，储节旺等[33]根据函数效应，从需求层、工作层、运行层以及服务层 4 方面构建决策方案，使应急决策情报工程化及平行化；肖花[34]构建应急处置信息资源共享协同标准化平台、应急指挥信息资源共享协同传播模式和应急知识资源协同管理模式来实现应急处置信息资源的整合与共享；郭鹏辉等[35]采用融合差分进化和约束优化的方法，优化车辆行驶路线和需求节点物资分配方案。2020 年，Marcelo 等[36]提出了一种针对边缘层的新型分布式轻量级虚拟化模型，完成相邻边缘节点的参与分配和提供按需 VN。

从近年研究文献可以看出：（1）系统信息需求及应急指挥云平台作为信息载体，从信息架构、技术架构和体系层次结构，对信息传递网络进行形式化描述和建模，其需求模型、传递模型体现时空特性，应急救援工作是事故灾害事件和应急信息资源调度双重驱动的一个协同作用过程。（2）时空网络方法将时间和空间进行了有机结合，形成一个时空二维坐标，实现了复杂动态网络流协同优化建模和求解，建立的时空网络模型能够较好描述其特性，并较好应用于地质灾害后重建、物资调度、航空调度等应急案例场景。（3）采用物联网、边缘计算、系统科学、复杂网络、大数据和人工智能等先进算法及技术手段，分析风险监测预警与应急响应及过程决策。突发事故灾难风险监测预警与应急响应与准备，以事故风险采集、识别、评估为基础，以应急预案建设为核心，以储备应急资金、人员、物资装备为保障；风险监测预警与应急响应及处置，以事件和应急信息调度为驱动，以应急预案为基础依据，应急处置过程在应急平台承载的指挥信息传递互馈作用下，整个过程都是以信息传递为驱动的应急队伍、物资、装备、专家等角色协同机制。（4）应急处置协同处置 Petri 网建模、工作流为基础开展建模与分析，充分发挥这些形式化模型对应急控制的建模描述能力，预案决定其执行机制和场景，贯穿整个应急处置过程，对应急预案驱动的灾害控制流程进行全生命周期的形式建模和性质分析；以高速公路施工的高危边坡事故灾害应急预案数字化案例库为应用场景，开展高速公路施工的高危边坡事故灾害的应急处置数字化流程、应急信息资源调度机制和模式的研究，是提高复杂灾害和恶劣条件下风险监测预警与应急响应效率、应急控制时效性、应急处置信息服务自动化水平的有效手段。

14.2.2　高原山地地质风险监测预警技术

滑坡地质灾害为高速公路施工的主要灾害，易对公路施工安全产生威胁，严重时会造成大量人员伤亡及重要基础设施损失，阻碍我国道路运输交通建设的发展。2018 年，何云等[37]以贵州省沿德高速公路龙家岩滑坡治理工程为研究对象，对其滑坡因素进行分析，实现了滑坡的最优化治理。2019 年，唐尧等[38]以"高分+地质灾害"新模式对金沙江滑坡灾害开展灾情应急分析，识别出滑坡的潜在隐患，事后应急救灾转变为事前主动防灾；许强等[39]提出通过构建天-空-地一体化的"三查"体系进行重大地质灾害隐患的早期识别，实现重大地质灾害隐患的实时监测预警。2020 年，李滨等[40]采用"登山攀岩速降技术与地质调查、工程地质测绘相结合"的方法，探索了高度超过 500m 的高陡边坡危岩体，实现了对高陡边坡危岩体快速精细调查与监测安装施工；刘星洪等[41]针对川藏高速公路巴塘—芒康段地质灾害类型及其特点，结合遥感技术提出公路遥感综合识别技术方法，有助于更加全面、准确了解该区段高速公路地质灾害的发展情况。2021 年，史兴旺等[42]采用分形特征的概念，利用盒维数法，分析云南省滑坡灾害的空间分布与各影响因素的内在关系；何满潮等[43]提出基于"滑坡发生的充分必要条件是牛顿力变化"的监测预警新方法，研发了滑坡地质灾害牛顿力远程监测预警新系统。2022 年，张晓伦等[44]通过"天-空-地"一体化的方法对东川区沙坝村滑坡体进行多尺度、长时间序列地表形变监测与变化特征分析，提高了地质灾害的调查效率；朱建军等[45]综述了当前影响 InSAR 滑坡监测精度主流解决方法，对当前 InSAR 滑坡三维形变监测方法做了系统性的分类，对目前限制 InSAR 滑坡监测的主要问题、可能的解决途径及未来的发展方向等问题进行了探讨，以进一步提高我国防灾减灾的能力。

14.2.3 高速公路施工安全风险监测预警技术

综合交通网络在"十三五"期间得到了长足的发展与进步，无论是质还是量方面，铁路、公路、地铁等领域的隧道工程建设都取得较大成就。基于隧道工程施工特点，为使隧道建设和运维更科学、合理，需要选取准确的分析方法，构建出符合工程实际的风险评价体系及监测预警平台，并通过建立综合评估模型验证其有效性与实用性[46-49]，隧道的改扩建工程同样如此[50]。此外，高速隧道改扩建的安全性定量评价及风险源辨识指南和标准也取得了较好的发展[51]，越来越多的人为隧道的建设与发展贡献自己的力量。2018 年，黄鑫等[52]提出了三阶段暗河识别方法和隧道选线原则。2019 年，李天斌等[53]建立了高地应力隧道施工大变形风险评估模型及方法；王志杰等[54]研发出基于 Web 的风险评估系统，实现对高速公路特长隧道及隧道群动态风险因素的实时监测与实时风险评估。2020 年，周宗青等[55]提出了一种改进的属性区间识别方法，使隧道突涌水风险评估中的风险等级更明确；张锦[56]从人员、设备、环境和管理 4 个方面建立了艰险山区铁路施工风险预警指标体系及模型，为川藏 9 个重点隧道工程建设提供了参考。2021 年，何发亮[57]总结提出了地质复杂区长大深埋隧道施工"地质不确定"的类型和解决方法，以减少隧道地质灾害的发生；张治国等[58]从滑坡体加固、隧道加固和监控预测技术 3 个方面对隧道-滑坡相互作用影响的控制防护技术研究进行了全面阐述，以期为隧道-滑坡体系工程领域的学术研究提供新的视角和基础资料；张睿等[59]以巴陕高速米仓山隧道为背景，分析了深埋长大隧道在建设过程中易出现的各类施工问题及风险监测预警关键技术，以期为类似工程提供参考。面对国内各种隧道事故灾害（水害、软岩形变、质量监测、寿命评估等）的监测预警及质量安全评估工作，专家学者拓展了丰富多样的方法，如卢庆钊[60]运用层次分析法（AHP）与模糊数学（Fuzzy）理论构建了定量评估模型评估隧道穿越富水断层破碎带的风险大小；何乐平等[61]提出了一种基于 15 项评价指标和相应分级标准的全新云模型综合风险评价方法，为软岩隧道的变形稳定性量化评估提供了新的思路。2022 年，刘常昊等[62]基于玉磨铁路景寨隧道小型富水体突涌水问题，提出了一种基于地质雷达的隧道富水段涌水量预测方法，保障了隧道的安全施工；徐湃等[63]构建以"健康监检/测，先进维护，智慧防灾，快速应急，综合评估"为核心的安全监测预警保障体系；周涛等[64]利用实测数据分析常见隧道变形监测模型的拟合度及预测精度，得到使用回归模型作短期预测、使用 BP 神经网络作中长期预测的结论；仇文岗等[65]提出目前国内外隧道风险评估最为广泛的风险评估方法为层次分析法和模糊层次分析法。此外，贝叶斯法、蒙特卡洛法、BP 神经网络法、可拓综合评判法等其他方法也逐步被应用于隧道风险评估领域。

　　高速公路施工、运维全生命周期安全管理过程中的高危边坡、桥梁、隧道等控制性工程是国家大交通枢纽工程建设的重要控制性节点，由于生产过程中伴随地质灾害、地震、水害、有毒有害气体等事故灾害因素，监测预防不当会造成国家财产巨大损失和威胁工人生命安全。随着物联网、云计算、大数据、人工智能、工程物探等技术在国家"数字中国""政务信息化之布局建设公共安全重大信息系统""强化数字技术在自然灾害、事故灾难等突发公共事件应对中的运用，全面提升预警和应急处置能力""安全信息化建设""应急管理云计算平台"等公共安全与应急管理领域的深度应用，科研人员在为高速公路施工、运维和应急救援处置工作开发安全风险监测预警系统的同时，还需从系统工程顶层设计的视角，引进先进的体系工程构建、复杂网络建模、大数据分析、时空网络演化模型、工作流调度与优化、应急协同决策、服务组合和质量预测等理论与方法，分析高速公路施工风险监测预警与辅助决策指挥平台的需求预测、云应急时空网络建模、数字化灾害场景建模、应急处置数字化流程、多系统多阶段多层级跨区域的信息资源协同决策等问题；对高速公路施工风险监测预警与辅助决策指挥信息资源需求、资源组织、资源扩散、资源调度协同机制与模式、策略、应急指挥业务信息流优化和效能进行评价研究；最后通过研究，进一步推动我国矿山开采、隧道施工的安全风险监测预警与辅助救援指挥决策系统和国家公共安全早期监测、快速预警与高效处置一体化应急决策指挥平台建设。

14.3　高速公路控制性节点地质灾害监测预控技术开发

14.3.1　系统实施方案

14.3.1.1　系统技术开发思路

A　理论技术

根据搜集的典型高速公路施工高危边坡控制性工程节点技术方案，开展高危边坡地质风险监测预警的共性关键技术开发，设计通用系统软硬件架构，以实现地质风险监测预警系统单元化、模块化和标准化；改进现有基于大数据和时间序列的神经网络模型地质灾害预测模型，实现动态的模型训练；在福宜、三清高速公路（昆明段）施工控制性节点，开展高危边坡地质灾害防治流程构造方法、应急联动机制和地质灾害治理模式研究；以硬件平台、软件平台和人机交互界面为基础，建立"云平台+人工+自动"的控制性节点全生命周期一体化地质灾害与结构安全防治工作方法和机制。

B　实验测试

开展施工工作面、高危边坡、隧道及周边等控制性节点物联网传感器多方位测试，并对裂隙、地面沉降、深部位移和多点位移等地质风险监测数据进行采集、传输、数据存储、数据挖掘、可视化分析，同时结合物探和现场钻孔数据等多方位数据融合分析，建立基于海量数据和云平台的数据传输、存储和挖掘试验分析，建立地质灾害与结构安全风险预警模型，选取一定"人工+自动"训练集和测试，开展模型的训练，选择合适比例的训练样本集和测试集。

C　工程应用

选取多个数据集，依托区域高速公路施工高危边坡控制性工程节点安全管理一体化云平台，对预警模型进行现场验证；运维人员使用"计算机端+手机APP"辅助决策智能交互功能、实用性进行测试；在不同在建的福宜、三清高速公路（昆明段）的2~3个施工、运维控制性节点的高危边坡灾情、响应等级、工况的条件下，调用云平台系统"云+端"功能模块，实现远程全生命周期在线一体化监测、预警功能。

14.3.1.2　系统技术路线

在对现有矿山、高危边坡安全监控系统进行多系统融合升级，实现可视化监测及智能控制功能，具体内容如下：

（1）基于物联网技术的高速公路控制性节点地质灾害与结构安全风险"人工+自动"在线监控及智能控制技术。

在地质灾害超限点、地质异构、地质灾害易集聚位置布设一体化监测传感器（地质沉降、裂缝、变形、水文），并通过无线网络将海量地质灾害信息实时传递至云平台主机、信息终端及控制模块，实现自动在线监测；建立地质灾害分级预警辅助决策模型；同时，通过多辅助坑道高危边坡模拟计算、多点高危边坡工艺设计优化及方案布置，实现施工+运维、多级智能控制、应急联动控制等功能。对无法进行自动监测的危险位置，自动提示并切换到人工检测模式，通过综合物探手段（地质雷达探测法、瞬变电磁探测法、弹性波探测法），对不同地质灾害（滑坡、坍塌、断裂、裂缝、岩溶）、不同探测深度进行人工移动灵活探测，采用人工检测并上传数据，关联系统中预警机制和控制模型，实现人工与自动结合、历史数据与实时数据协同监测预警与应急处置联动机制。

（2）基于海量物联网监测数据和深度神经网络的高速公路控制性节点的地质灾害与结构安全的预测模型及关键技术开发。

针对统计学习和机器学习方法难以对地质灾害序列数据准确预测的问题，首先对数据进行数据集划分和归一化，接着引入LSTM-NN（长短期记忆神经网络）细胞和GRU-NN（门控循环单元神经网络）细胞处理具有时序性的历史地质灾害序列数据，分析网络结构学习地质灾害序列内部动态变化规律，以误差损失最小化为目标，得到预测方法完成地质灾害预测。以高危边坡海量地质灾害监控数据为训练集和测试集，开展本算法与国内多种智能地质灾害预警算法的准确度和适应性比较研究。云南省昆明市地质环境复杂，福宜、三清高速施工、运维高危边坡控制性工程节点作业危险重重，地质灾害繁现，对地质灾害进行有效预测具有重要意义。

（3）基于海量物联网监测数据的在建高速公路控制性节点地质灾害与结构安全风险预测云平台系统及可视化。

实现高危边坡、隧道及周边等控制性节点的地质风险监测传感器组、水文地质监测传感器组、视频数据等全方位实时数据采集；将海量数据信息传输到云平台数据库并存储，建立地质灾害预警数据挖掘分析模型；结合高危边坡可视化平面布置图与全方位监测预警信息"云平台计算机端+手机 APP 端"可视化及智能人机交互控制系统。

（4）区域在建高速公路"施工+运维"控制性节点地质灾害与结构安全风险在线监测及预控体系全生命周期一体化信息平台软件系统及其示范应用。

分析高速公路施工高危边坡、隧道及周边等控制性工程节点施工、运维过程中自身存在的问题和薄弱环节，制定区域安全风险监测标准规范及防控措施，线上采集地质灾害风险变化情况表，建立交通管理局、高速公路施工控制性工程节点工程现场的多级危险源跟踪、信息报送、预警与更新、发布管理机制；以福宜和三清高速路段施工、运维控制性工程节点监控一体化云平台为依托，在建云南省福宜、三清等高速公路的 2~3 个典型地质灾害突出、结构安全检测工程应用示范，建立联动项目区域和高危边坡多级管理机构的高速公路施工高危边坡控制性工程节点区域风险预控管理体系一体化信息平台示范工程。

14.3.2　系统技术指标

（1）裂缝技术参数：

测量范围：25~1000mm（可选）；

分辨率：≤0.05 %FS；

综合误差：1.5 %FS；

测温范围：−25~+60℃；

测温精度：±0.5℃。

（2）深部位移技术参数：

测量单元：3 个；

测量维度：X、Y、垂直；

测量范围：±30°、±60°；

分辨率：0.01°；

温度范围：−20°~80°。

（3）地面沉降技术参数：

水平精度：±(2.5mm+1×10⁻⁶D)，高程精度：±(5mm+1×10⁻⁶D)；

数据更新频率：1Hz、0.5Hz、0.2Hz（可选）；

工作温度：−30~75℃；

防护等级：IP65。

（4）视频监测站参数：

200 万 1/3" CMOS ICR 红外阵列筒型网络摄像机；

最小照度：0.01 Lux@（F1.2，AGC ON），0 Lux with IR；0.014 Lux@（F1.4，AGC ON），0 Lux with IR；

镜头 4mm，水平视角：90°（6mm 可选）；

宽动态范围：120dB；

视频压缩标准：H.265/H.264/MJPEG；

最大图像尺寸：2560×1920；

帧率：50Hz：2560×1920@ 12.5fps，25fps（2048×1536，1920×1080，1280×720）；

存储功能：NAS（NFS，SMB/CIFS 均支持），≥128G；

接口协议：ONVIF，PSIA，CGI，ISAPI，GB28181；

无线标准：IEEE 802.11 b/g/n，带宽 11Mbps/54Mbps/上限 154Mbps，频率范围 2.4~2.4835GHz；

无线制式：LTE-TDD/LTE-FDD/TD-SCDMA/EVDO，4/5G 自适应。

14.4 高速公路控制性节点地质灾害监测预控系统设计

14.4.1 系统设计原则

安全风险监测系统是一个集结构分析计算、计算机技术、通信技术、网络技术、传感器技术等高新技术于一体的综合系统工程。为使监控系统成为一个功能强大并能真正长期用于结构损伤和状态评估，满足结构物养护管理和运营的需要，同时又具经济效益的结构健康监控系统，遵循如下设计原则：

(1) 遵循总体设计、分步实施的指导思想。

(2) 遵循简洁、实用、性能可靠、经济合理的原则。

(3) 系统设置首先需满足结构物养护管理和运营的需要，立足实用性原则第一，兼顾考虑科学试验和设计验证等方面因素。

(4) 根据结构易损性分析的结果及养护管理的需求进行监测点的布设。

(5) 监测与结构安全性密切相关内容，主要监测一些有代表性的结构、必须进行监测的重要结构以及日常养护无法检查或检查非常困难的结构响应。

(6) 从动力、静力、耐久性对结构进行监测，力求用最少的传感器和最小的数据量完成工作。

(7) 以结构位移监测为主，以力、应力、模态分析为辅助。

(8) 系统应具有可扩展性。

14.4.2 系统功能总框架

结构物安全监测预警管理系统总体框架如图 14-1 所示，主要由首页、项目管理、预警管理和设备管理组成。

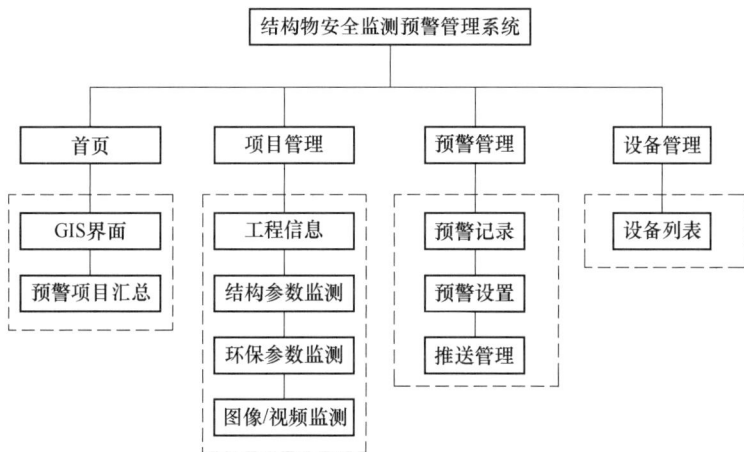

图 14-1 系统总体框架

14.5　高速公路控制性节点地质灾害和结构物安全风险监测系统设计

结构物在建造和使用过程中，由于受到环境、有害物质的侵蚀，车辆、风、地震、疲劳、人为因素等作用，以及材料自身性能的不断退化，导致结构各部分在远没有达到设计年限前就产生不同程度的损伤和劣化。为保证结构物的安全性、适用性和耐久性，减少或避免人民生命和国家财产的重大损失，为这些结构物构建健康与安全监测系统，以加强对结构物健康状况的监测和评估。

14.5.1　系统的基本构成

结构物结构监测系统是集结构监测、系统辨识和结构评估于一体的综合监测系统。通常采用各种先进的测试仪器设备对结构物在外界各种激励（包括交通荷载、环境荷载等）下的各种响应进行监测，然后对监测到的各种信息进行处理，并传输到控制中心，工程人员将结合结构模型等知识对结构进行诊断，分析结构的损伤状况，并适时发送预警信息。

一个完整的结构物结构监测系统包括传感器系统、数据采集与传输系统、数据管理系统、结构物分析与预警系统等主要功能模块。四个子系统组成一个完整的网络结构，硬件设备包含服务器、计算机、专用工控机、放大器、传感器等，其中数据管理与分析子系统中应留有结构物周期维护和日常检测数据输入的接口。

该系统在以往的监测预警系统的基础上应用了各种最新的科技成果，因此具有以下几个方面的优势：

（1）数据采集系统采用高精度振动传感器和采集器，性价比高。

（2）数据传输系统采用了目前最先进的网络传输技术，可以不用在结构物现场设置控制室，从而节省了资金，并大大提高结构物监测工作的效率。

（3）数据管理系统可以快速进行数据预处理，剔除无效数据，节约存储资源。

（4）评价与安全预警系统是基于最新理论研究成果，采用该系统对结构物进行监测，专家组可通过计算机终端在远程进行结构安全评估，为安全评估指标与结构物损伤补救措施的及时制定提供强大的支持。为了便于系统后期升级，预留了开放式接口。

（5）预警采用了自动预警策略，节省了人力资源。

14.5.2　传感器子系统

传感器系统为硬件系统，是监测系统最前端和最基础的子系统。

14.5.2.1　可接入监测项目

结构物结构健康监测参数及子系统设计见表14-2，结构物结构健康监测的基本监测功能通过传感器子系统来实现，合理布置传感器是保证结构健康监测质量的前提。常见的监测项目包括结构应力（应变）监测、结构位移监测、结构振动监测等。

表 14-2　结构物结构健康监测参数及子系统设计

序号	实时监测内容		监 测 目 的
1	索力	索力及振幅	掌握主要索的索力及加速度振幅情况

序号	实时监测内容		监 测 目 的
2	变形	实时位移	掌握结构物挠度变形实时情况
3	结构温度	温度	掌握结构物主要结构温度变化情况
4	环境	温度	掌握结构物的温度
5		风速风向	掌握结构物风速风向，用以推算结构物结构所受的风荷载
6	动力	振动	掌握大结构物实时振动响应，用以计算结构模态参数
7	应变	—	掌握结构物动静荷载作用下的结构应力应变情况，用以设置响应预警阈值
8	梁端位移	—	掌握结构物实时位移
9	裂缝	—	掌握结构物裂缝宽度实时变化情况
10	地表变形	表面水平、垂直位移	掌握三维空间位置变化，判定坝体位移量和位移方向
11	地表位移	地表裂缝伸缩	滑坡坡体表面的变形活动状况和变化规律
12	雨量监测	实时降雨量大小	监测崩滑体区域实时降雨量大小
13	土壤含水率	坝体土体水分含量	监测坝体不同层位的土壤含水率
14	土压力监测	内部压力变化	监测崩塌体挡土墙压力变化情况
15	其他	车流量数据	对车流量进行监测
16		视频	对结构物运营状况以及周边状况进行实时监控

14.5.2.2 传感器选型

传感器的选型应结合目前可用产品的情况，要求技术成熟、经济合理、性能可靠适用、长期稳定性好、精度满足监测要求和受环境噪声的影响小，具体如下：

(1) 成熟性原则。根据监测要求，尽量选用技术成熟、性能稳定的传感器。

(2) 实用、可靠性原则。保证系统在结构物服役下安全可靠运行，经济实用。

(3) 耐久性原则。选用耐久性好和抗干扰强的传感器和传输线。

(4) 可维护、可扩展原则。传感器易于维护和更换。

(5) 精度适中。根据结构物受力和变形特点，选用精度满足监测要求的传感器。

14.5.3 数据管理系统

数据管理系统核心为数据库系统，数据库管理结构物建造信息、几何信息、监测信息和分析结果等全部数据，承担着记录和管理结构物结构监测系统信息和全寿命过程数据的作用，因此，需要满足以下几个方面的要求：

(1) 能有组织地、动态地存储大量关联数据，并供多个用户访问，实现数据的充分共享、交叉访问以及与应用程序的高度独立性，起到将现场采集网络与上层管理信息系统网络连接的作用。

(2) 快速存储动态变化的实时数据，数据库中的所有实时数据都应随监测对象的状态变化而不断刷新，它作为整个监测系统的核心部分必须在线运行，而且使数据与分析结果能够实时显示。

（3）实现各功能模块之间的数据传递、数据交换和数据共享。

（4）中心数据库需要与互联网结合，使远程用户可以通过浏览器对数据进行查询浏览。

14.5.4　数据分析与预警系统

从现场测得的信号数据经过数据处理可以获得结构的静动力特性。随着实验力学理论的发展为获得准确的结构振动特性提供了理论基础，使高精度的结构识别成为可能，因此需编制结构识别模块。对监测数据的处理包含以下几个过程：

（1）数据的预处理。这一过程在数据采集单元内完成，主要进行简单的统计运算，如设定时段内的最大（小）值、均值、方差、标准差等，计算结果作为初级预警的输入。

（2）数据的二次预处理。这一过程在数据管理系统服务器上进行，采用常用的数学统计与信号处理方法，对监测数据进行分析，并绘制相关曲线，进行时域和频域的参数识别。

（3）数据的后处理。这一过程在结构健康评估工作站内进行，主要对监测数据进行深入分析。例如结构的实时模态分析、结构物结构特征量与环境因素之间的相关性分析、非线性回归分析等，分析数据来自动态数据库和已备份的原始数据库。

结构安全预警系统的主要功能包括：

（1）监测系统在实时监测过程中，可自动发出分级报警信息。根据结构物关键部位的应力、位移和加速度等监测指标设置该物理量的阈值，阈值的设定依据测量统计、计算分析、成桥汽车荷载试验等综合确定。在汽车荷载和各种环境荷载作用下，当某被测量值的最大值（或最小值）在阈值以内（正常值范围）变化时，报警信息为绿灯；当某被测物理量值的最大值（或最小值）超限，即超过它的正常值范围时系统自动报警，根据不同的超限比例设置亮黄灯（轻微超限时）或亮红灯（严重超限时），并伴有蜂鸣提示。同时将预报警信息发生的时间、温度、湿度、上限值、下限值和预报警等数据写入相应的数据报表中，数据库提供统计报表。

（2）监测系统自动记录结构在各种荷载作用下，结构物结构主要被测参量（如结构物位移、应变等）随时间或环境温度而变化的情况，给出主要被测参量随时间或环境温度的变化曲线。

14.5.5　监测系统集成

从上述分析中可以看出，结构物监测系统由多个子系统组成，每个子系统承担着不同的功能，由不同的硬件和软件实现。监测系统的集成是指将系统内不同功能的子系统在物理上、逻辑上、功能上连接在一起，以实现信息综合和资源共享，提高系统维护和管理的自动化水平及协调运行能力。

系统集成的原则为模块化、开放性、可扩充性、可靠性、容错性和易操作性。

系统集成的目标为：

（1）对系统中的各子系统进行统一控制和管理，并提供用户界面，使系统在用户界面上方便地进行操作。

（2）采用开放的数据结构，共享信息资源。系统集成提供一个开放的平台，建立统一的数据库，使各子系统可以自由选择所需数据，充分发挥各子系统的功能，提高系统的运行效率。

14.5.6 数据管理分析后台

数据管理系统特点：

（1）对公路桥隧、边坡等结构安全状态进行数据分析，保障公路桥隧等交通基础设施在运营期间的安全。

（2）对区域内结构物整体安全运行状态进行综合评估。为区域内长期结构物的建设、养护、管理提供科学依据，节约养护经费。

（3）结构物损伤机理的宏观分析、结构变形及破坏趋势研究，对不同类别公路桥隧等交通基础设施损毁成因等具有指导意义。通过平台监测数据，进行归纳演绎，有效提升辖区内乃至全国交通建设安全管理水平。

（4）可以实现问题病害的远程预警，通过地理信息系统，及时定位结构物所在位置，采取人员介入、封路分流、维修加固等应急处理办法，减少事故发生的可能性。

（5）可以有效实时预警，减少经济损失。通过对系统内海量数据存储与分析，可以提供较为充分的数据，对结构健康安全状况以及可能发展的趋势有清晰了解，根据这些信息，可以有针对性地实施维护，做到目的明确，根据趋势分析甚至可以做到防患于未然，减少不必要的投入；同时可实现对结构物长期稳定的在线监测，可减少每年定期的检测养护费用，降低成本。

（6）地质灾害对结构物安全的影响通常表现为损伤和破坏趋势。结构物安全监测系统可以实时采集和分析大量的监测数据，对结构物的健康状况和可能发展的趋势进行清晰的了解。这些数据可以为相关部门提供较为充分的信息，支持针对性的维护措施和决策制定。通过趋势分析，监测系统甚至可以帮助预防潜在的地质灾害导致的结构物事故，减少经济损失。

该平台主要由 GIS 首页、项目管理、预警汇总、设备管理、基础配置和系统管理组成。图 14-2 和图 14-3 为地质灾害与结构物安全监测系统逻辑拓扑图和设备拓扑图。

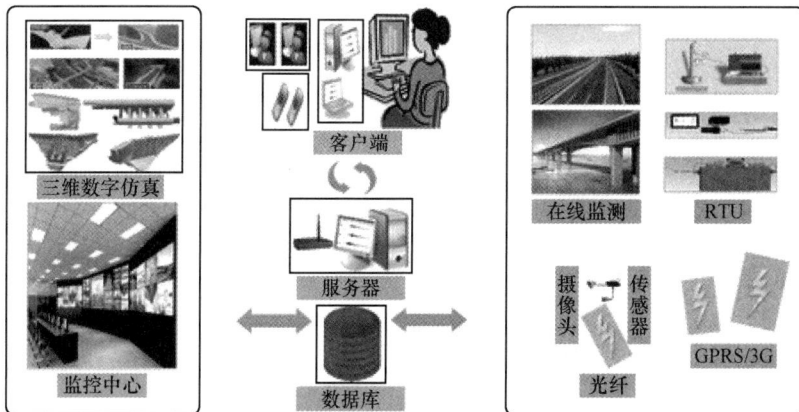

图 14-2 地质灾害与结构物安全监测系统逻辑拓扑图

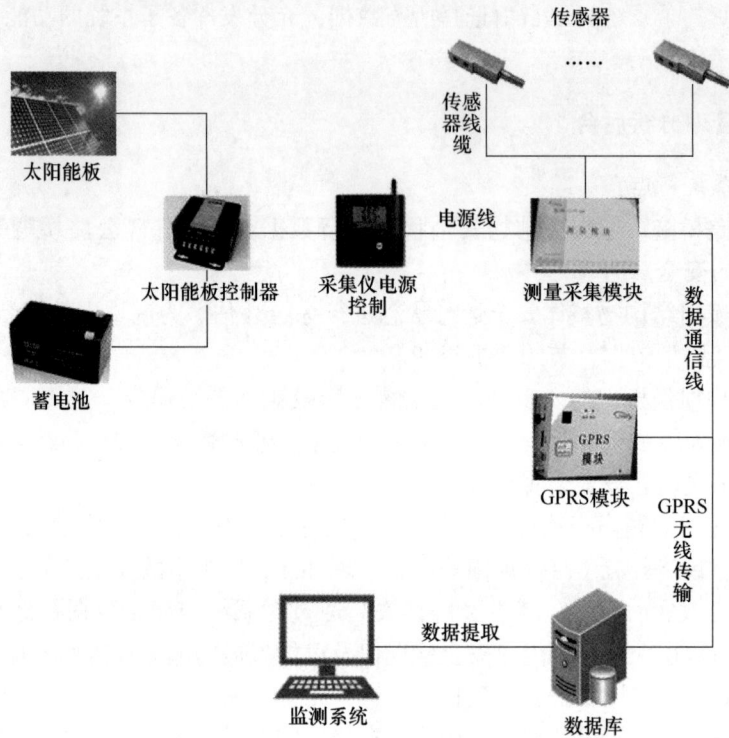

图 14-3　地质灾害与结构物安全监测系统设备拓扑图

如图 14-4 所示，结构参数功能模块设计：高精度、智能化、低功耗的监测传感器；桥梁、边坡、基坑、高支模、尾矿库，水库大坝等结构物；监测结构参数、耐久性能等重

序号	数据类型	监测对象	传感器编号	安装位置	采集时间	监测值	单位	预警值
1	应变	位移	102079	安装位置1		−1102.2	−1102.2	−1102.2
2	应变	位移	102079	安装位置1		−1094.2	−1094.2	−1094.2
3	应变	位移	102079	安装位置1		−941.8	−941.8	−941.8
4	应变	位移	102079	安装位置1		−1102.2	−1102.2	−1102.2
5	应变	位移	102079	安装位置1		−1102.2	−1102.2	−1102.2
6	应变	位移	102079	安装位置1		−1096.8	−1096.8	−1096.8
7	应变	位移	102079	安装位置1		−1096.8	−1096.8	−1096.8
8	应变	位移	102079	安装位置1		−1096.8	−1096.8	−1096.8
9	应变	位移	102079	安装位置1		−1096.8	1096.8	−1096.8
10	应变	位移	102079	安装位置1		−1096.8	−1096.8	−1096.8

显示1到10条记录，共计112条记录

图 14-4　环境参数模块功能

要参数；监测数据记录整理并分析，图表展示；进行数据整理并分析，绘图表达，超限情况实时推送进行预警提示。

如图 14-5 所示，环境参数模块功能设计如下：监测 $PM_{2.5}$、PM_{10}、温度、湿度、噪声、风力、风速、风向等；数据分类整理并分析，绘图表达、预警提示；支持与雾炮、喷淋设备联动。

序号	设备类型	设备编号	安装位置	监测对象	采集时间	监测值	单位	预警值
1	扬尘监测	201307	东街口	噪音		−483.6	−483.6	−483.6
2	扬尘监测	201307	东街口	噪音		−504.8	−504.8	−504.8
3	扬尘监测	201307	东街口	噪音		−507.2	−507.2	−507.2
4	扬尘监测	201307	东街口	噪音		−478.8	−478.8	−478.8
5	扬尘监测	201307	东街口	噪音		−477.4	−477.4	−477.4
6	扬尘监测	201307	东街口	噪音		−475.6	−475.6	−475.6
7	扬尘监测	201307	东街口	噪音		−477.6	−477.6	−477.6
8	扬尘监测	201307	东街口	噪音		−493	−493	−493
9	扬尘监测	201307	东街口	噪音		−476	−476	−476
10	扬尘监测	201307	东街口	噪音		−502.8	−502.8	−502.8

显示1到10条记录，共计224条记录

图 14-5　环境参数模块功能

视频监控模块功能设计功能如下：低功耗图像视频设备实时传回图片视频等影像；查看调阅现场图片或视频，实时了解现场情况。

对传感器监测历史数据进行保存和可视化显示，同时历史数据为灾害发展趋势预测提供训练样本，可以建立智能预测模型，对未来变化进行预测，为预防和预警提供科学依据。

14.6　高速公路控制性节点地质灾害监测预控系统模块功能

14.6.1　总体功能设计

（1）设备状态展示。对物联网设备地图位置、剩余电量、通信状态进行展示。

（2）监测数据展示。传感器监测参数的展示、分类、简单计算和导出，监测图像的展示，监测视频的展示。

（3）项目管理。物联网设备在用户页面中实现项目配制，管理员对用户权限的分配，超标警报推送至个人的关联（通过关注公众号实现用户推送）。

（4）设计中应考虑后台、不同业主按模块购买，分级配制授权的需求。业主不同层级管理员间的授权等级亦不相同。

14.6.2　首页

（1）GIS 界面：

1）调用百度地图或者高德地图在项目附近位置用红色符号进行标识。

2）地图可放大缩小，可查看项目具体地点以及周围地理信息。

3）鼠标在红色标记处点击时，出现该处项目信息弹框，包括项目名称、项目地点、项目概况、异常状态（有或者无，根据是否有数据超过预警值），查看详情。

4）点击查看详情进入该项目管理页面。

（2）预警项目汇总。下拉选项框，合并时显示预警状态汇总，展开时显示表格，表格为 3 列，第一列为具体账号对应权限能看到的项目，第二列为项目对应的监测类型，第三列为是否有数据超过预警值。

14.6.3　项目管理功能模块

（1）工程信息。

1）项目基本信息。可进行信息写入，写入后可以被拥有查看权限的用户看到。内容大致包括本案例启动的原因，采用传感器数量、类型。

2）项目图片。可进行图片上传，查阅是采用上下滑动式展示。

3）项目列表。包含监测内容、传感器编号、监测位置等信息。

（2）结构物参数监测。

1）监测方案。

① 提供的二维桥梁示意图，其中包含传感器位置、传感器编号。

② 提供监测点位截面图。

③ 提供采集过程时程图，对应位置出现对应的时间段数值变化曲线，时间段可进行选择，需调用数据进行分析。

④ 提供经过处理产生的时程图，对应位置出现对应的时间段数值变化曲线，时间段可进行选择。

⑤ 所有传感器最新时刻回传的数据，以列表形式展示。

2）监测数据。

① 异常数据。设置筛选框，筛选数据内容。

② 数据比较。设置筛选框，筛选数据内容。

③ 报表管理。提供数据导出，可将数据进行导出，以 Excel 形式进行保存，分析数据并且导出将数据结果，将该时段内的每个设备的监测目标数据折线图命名后导出至 Word。

④ 预警信息。设置筛选框，筛选监测内容内容、预警等级等信息。

（3）图像/视频监测。

1）项目概述，主要描述该项目内摄像头数量、类型及是否正常工作，提供设备列表展示。

2）查看详情：对项目涉及图片、视频进行详细查看。

14.6.4　预警管理功能模块

（1）预警信息。设置筛选框，进行预警信息筛选；提供超出预警值的数据记录表。

（2）预警设置。设置筛选框，筛选内容为监测类型、监测内容；提供列表，可对对应类型的对应监测内容进行一级、二级、三级的预警值设定，分别保存和重设。

（3）推送设置。设置筛选框，筛选内容为监测项目、接收人；提供信息框，内容包括项目、监测内容、接收人、手机号、微信号，可进行删除和添加操作。

14.6.5　设备管理功能模块

（1）设置筛选框。项目选择、监测类别、监测内容、通信状态。

（2）项目选择下拉框。该业主有权限看到的项目列表。

（3）监测类别下拉框。该项目中业主有权限看到的监测类别。

（4）监测内容下拉框。结构参数监测（应变、位移、振动、索力等），环境风险基本参数监测（温度、湿度、露点、风速、风向、大气压力、太阳总辐射、降水量、地温、蒸发、能见度、路面状况）。

（5）通信状态下拉框包含连接、断开。

（6）设备所采集数据。数据内容包括设备号、模块号、安设位置、编号、监测值、采集时间。

14.7　高速公路控制性节点地质灾害监测预控系统集成

14.7.1　裂缝监测仪

采用无线监测裂缝仪（图14-6）针对位置分散、不利于走线、对监测时间间隔跨度无太高要求的点位，实现实时监测、灵活布置和监测成本的节约，提高监测效率和准确性，并为结构裂缝的安全评估和维护提供有效的数据支持，可定时对裂缝进行拍摄，对回传图片进行识别、解析，与最初裂缝宽度进行比较，获取差额数据。设备配备5AH电池，每天抓拍图片一张可实现2年监测无需更替。

图14-6　无线裂缝监测仪

14.7.2　高清布控球

如图14-7所示，高清布控云台是一款功能全面、稳定高效，自带可拆卸部件和360°旋转红外高清摄像头，支持24小时不间断拍摄，视频数据本地或云端储存，携带方便的无线视频应急指挥一体化产品。其具有超高设备集成度，内置高性能锂电池组，外接高清显示控制终端，具备防水防震等特性，可满足临时布控和快速安装的特殊要求。执行任务时可快速将设备临时安放在需要监控的位置，或伸缩式三角架上，亦可直接吸附在车辆上，任务结束时可方便将设备拆下。

图 14-7　地质灾害与结构安全监测高清布控球

14.7.3　系统功能设计与集成

山岭重丘区高速公路控制性节点地质灾害与结构安全一体化在线云监测系统主要有计算机 Web 端和移动手机 APP 端，计算机 Web 端包括首页和项目及灾害管理（工程概况、结构参数监测、环境风险基本参数监测、图像/视频监测），移动手机 APP 端包括首页、个人中心、项目管理、预警管理，系统详细功能设计见表14-3，山岭重丘区高速公路控制性节点安全监测预控系统软件界面如图 14-8~图 14-11 所示。

表 14-3　系统功能设计及集成

版本	模块	功能	详细功能设计描述	备注
计算机 Web 端	首页	GIS 界面	查看项目具体地点以及周围地理信息，项目信息弹框，包括项目名称、项目地点、项目概况、异常状态（有或者无，根据是否有数据超过预警值），查看详情	
		预警状态分项目汇总	显示预警状态汇总	
	项目及灾害管理	工程概况	工程概况与监测状态，内容大致包括案例启动的原因，采用了多少个传感器，其中各个类型（应变、位移、加速度、索力）分别多少个	
		结构参数监测	包括测点布置、数据查询、绘图表达、预警信息	
		环境风险基本参数监测	功能包括测点布置、数据查询、绘图表达、预警信息	
	预警管理	图像/视频监测	实现图像/视频设备接入，实现监测	
		预警记录	汇集该用户权限内能看到的所有设备回传的数据信息	
	设备管理	设备管理	管理设备信息，主要包括监测项目、监测类别、数据类型、监测对象、通信状态，设备管理详情以列表形式展示，横向标题为监测项目、监测类别、数据类型、监测对象、传感器编号、安装位置、通信状态	
	系统管理	用户日志	当前账号用户进行的操作行为记录，以表格形式展示	
		用户管理	用户信息管理与用户权限管理	
		监测种类	监测种类功能，主要用于管理设备的类型	
		系统配置	包括字典管理与系统资源管理	

版本	模块	功能	详细功能设计描述	备注
移动手机 APP端 （安卓端）	首页		用户登录后进入首页，可以看到有权限的项目列表。列表上方显示各个项目的最新预警信息	
	个人中心		查看编辑个人基本信息，以及退出账号操作	
	项目管理	项目概况	项目的基本信息，项目轮播图，包括项目的历史检测相关资料文档，可以进行下载操作。当前项目预警信息列表	
		数据查询	展示采集的监测数据，数据可导出为Excel，并链接至绘图表达页面	
		图像/视频监测	实现图像/视频设备数据查看，实现监测	
	预警管理	预警汇总	汇集当前用户权限内，所能看到的所有设备预警信息	

如图 14-8 所示，对三清高速公路的边桥综合监测预警系统选择了 K3+450~K3+840 左边坡、K11+640~K11840 左边坡、LK11+500~LK12+500 左边坡、LK11+500~LK12+500 右边坡 4 个关键控制点，实现固定测斜仪、倾角、应变、雨量和 GNSS 等传感器参数的采集、显示和在线状态监测，铺设视频监控，实现表面边坡灾变状况、设备状态、周边车辆运行状况的实时视频监控，并建立边坡二维模型可视化人机界面，直观显示传感器的布设及参数。

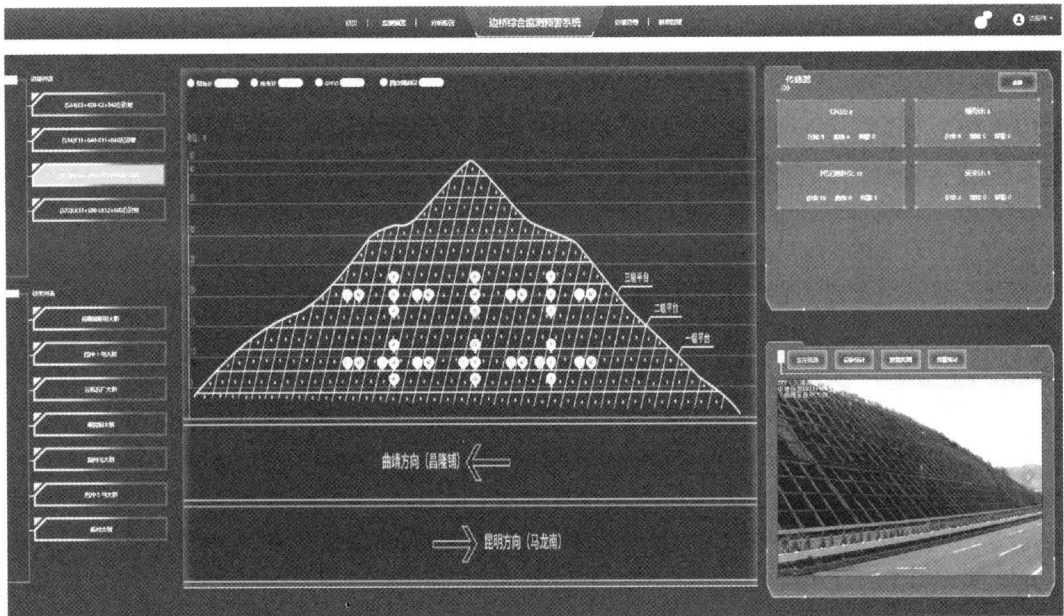

图 14-8 山岭重丘区高速公路控制性节点安全监测预控系统主界面
（扫描书前二维码看彩图）

如图 14-9 和图 14-10 所示，三清高速边坡监测预警系统的预测预警界面，显示固定测斜仪、GNSS 等传感器的历史海量数据，并通过历史曲线显示，为进一步预测预警奠定基础。

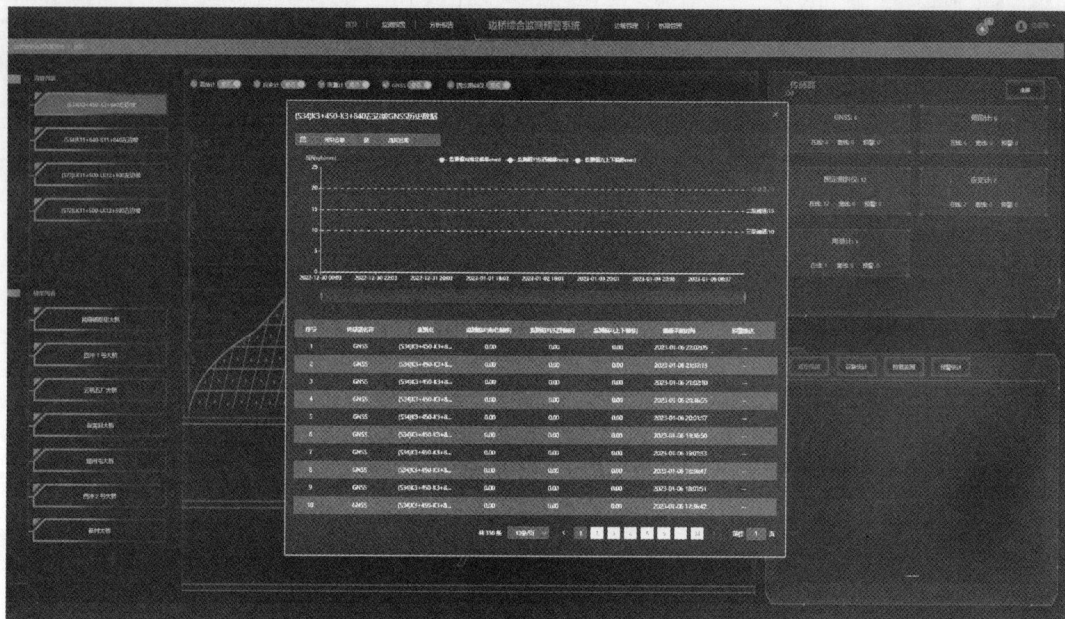

图 14-9　边坡安全监测预警子系统的 GNSS 历史曲线界面

(扫描书前二维码看彩图)

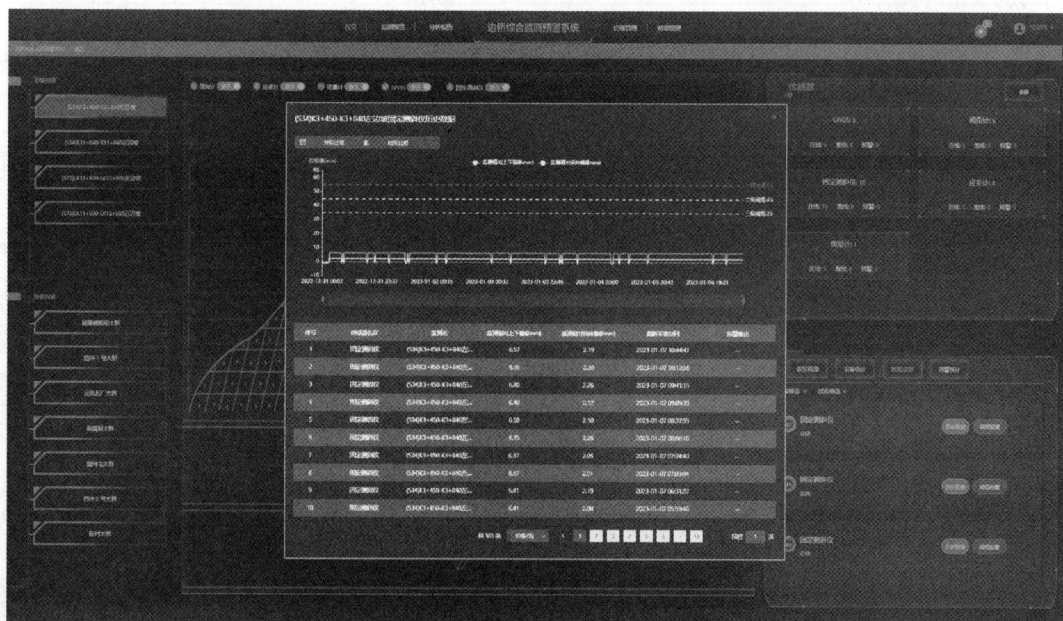

图 14-10　边坡安全监测预警子系统的固定测斜仪历史曲线界面

(扫描书前二维码看彩图)

如图 14-11 所示，为山岭重丘区高速公路控制性节点的桥梁安全监测预警子系统监测点选择其中昌隆铺枢纽大桥、西冲 1 号大桥、新村大桥等 7 座桥梁，实现运维期间的变形、沉降等安全参数的监测预警。

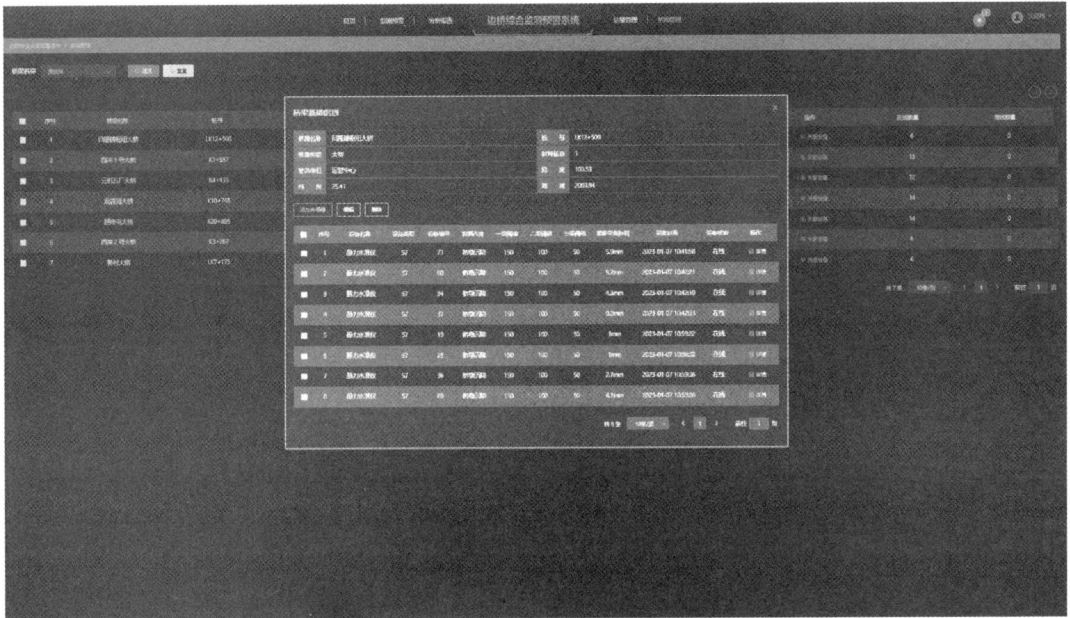

图 14-11　山岭重丘区高速公路控制性节点的桥梁安全监测预警子系统数据采集界面
（扫描书前二维码看彩图）

14.8　本 章 小 结

本章借鉴矿隧安全风险监测预控技术，以三清高速公路（昆明段）的控制性节点（隧道、桥梁、边坡、等重要节点）施工和运维为工程背景，选取控制性节点施工地质灾害和结构物安全风险监测预控技术攻关为切入点，建立基于物联网技术、人工智能技术、地理信息系统技术、大数据技术的在建山岭重丘区高速公路"人工+自动""施工+运维""服务器端+手机 APP 端"的控制性节点在线云平台，并逐步在昆明市区域山地山岭重丘区高速公路施工中应用。

参 考 文 献

[1] 新华社. 中华人民共和国国民经济和社会发展第十四个五年规划和 2035 年远景目标纲要 [DB/OL]. (2021-03-13) [2022-4-15]. http：//www. gov. cn/xinwen/2021-03/13/content_5592681. htm.
[2] 国务院. 国务院关于印发"十四五"国家应急体系规划的通知（国发［2021］36 号）[DB/OL]. (2022-02-14) [2022-4-15]. http：//www. gov. cn/zhengce/content/2022-02/14/content_5673424. htm.
[3] 国务院安全生产委员会. 国务院安全生产委员会关于印发《"十四五"国家安全生产规划》的通知（安委［2022］7 号）[DB/OL]. (2022-04-12) [2022-4-15]. https：//www. mem. gov. cn/gk/zfxxgkpt/fdzdgknr/202204/t20220412_411518. shtml.
[4] 云南省人民政府办公厅. 云南省人民政府关于印发云南省国民经济和社会发展第十四个五年规划和二〇三五年远景目标纲要的通知（云政发［2021］4 号）[DB/OL]. (2021-02-09) [2022-12-06].

https：//www. yn. gov. cn/zwgk/zcwj/zxwj/202102/t20210209 _ 217052. html.

[5] 云南省人民政府办公厅. 云南省人民政府办公厅关于印发云南省"十四五"综合交通运输发展规划的通知 [DB/OL]. （2022-01-13） [2022-12-06]. https：//www. yn. gov. cn/zwgk/zcwj/yzfb/202201/t20220113 _ 234725. html.

[6] Krogh B H. Controlled Petri nets and maximally permissive feedback logic. Proceedings of the 25th Annual Allerton Conference on Communications [J]. Control and Computing, 1987, 2：317-326.

[7] Zhou M, Dicesare F, Desrochers A A. A hybrid methodology for synthesis of Petri net models for manufacturing systems [J]. IEEE Transactions on Robotics and Automation, 1992, 8 （3）：350-361.

[8] 李建强, 范玉顺. 一种工作流模型的性能分析方法 [J]. 计算机学报, 2003, 26 （5）：513-523.

[9] 赵林度, 刘明, 戴东甫. 面向脉冲需求的应急资源调度问题研究 [J]. 东南大学学报（自然科学版）, 2008, 38 （6）：186-190.

[10] White C, Plotnick L, Addams-Moring R, et al. Leveraging a Wiki to EnhanceVirtual Collaboration in the Emergency Domain [C]//Proceedings of the 41st Annual Hawaii International Conference on System Sciences （HICSS 2008）, Waikoloa, HI, 2008.

[11] Dotoli M, Fanti M P, Mangini A M. Real time identification of discrete event systems using Petri nets [J]. Automatica, 2008, 44 （5）：1209-1219.

[12] 郭德勇, 郑茂杰, 程伟, 等. 煤与瓦斯突出事故应急预案研究与应用 [J]. 煤炭学报, 2009, 34 （2）：208-211.

[13] Yan S Y, Shih Y L. Optimal scheduling of emergency roadway repair and subsequent relief distribution [J]. Computers & Operations Research, 2009, 36 （6）：2049-2065.

[14] Sheu J B. Dynamic relief-demand management for emergency logistics operations under large-scale disasters [J]. Transportation Research Part E Logistics & Transportation Review, 2010, 46 （1）：1-17.

[15] 张子民, 周英, 李琦, 等. 基于信息共享的突发事件风险监测预警与应急响应信息模型（Ⅱ）：模型计算 [J]. 中国安全科学学报, 2010, 20 （9）：160-167.

[16] 杜磊, 王文俊, 董存祥, 等. 基于多 Agent 的应急协同 Petri 网建模及协同检测 [J]. 计算机应用, 2010, 30 （10）：2567-2571.

[17] Shan S Q, Wang L, Li L. Modeling of emergency response decision-making process using stochastic Petri net：An e-service perspective [J]. Information Technology and Management, 2011, 13 （4）：363-376.

[18] Manuel C, Ivan C B, Luca D, et al. Modeling Emergency Response Plans with Coloured Petri Nets [J]. CRITIS, 2012：106-117.

[19] 卓嵩, 黄瑞金. 基于事件的疫情应急时空数据模型 [J]. 测绘科学, 2012, 37 （6）：79-82.

[20] 曹策俊, 谢天, 李从东, 等. 基于 X 列表的云应急管理体系构建 [J]. 中国安全生产科学技术, 2013, 9 （7）：73-80.

[21] Yue E, Zhu Y P. Study on Emergency Decision-Making of Natural Disaster Based on Collaboration of Multi-Agent [J]. Applied Mechanics and Materials, 2013, 411：2684-2693.

[22] 雷志梅, 王延章, 裘江南, 等. 突发事件风险监测预警与应急联动信息的多维度需求分析 [J]. 情报科学, 2014, 32 （12）：133-137.

[23] Mohammed O, Marouane H, Hassan M, et al. A Formal Modeling Approach for Emergency Crisis Response in Health during Catastrophic Situation [J]. ISCRAM-med 2014：112-119.

[24] 张艳琼, 陈祖琴, 苏新宁. 基于云模型的突发事件分级模型研究 [J]. 情报学报, 2015, 34 （1）：76-84.

[25] 王海鹰, 李志雄, 张涛, 等. 地震应急救援信息需求及获取建议 [J]. 灾害学, 2016, 31 （4）：176-180.

［26］Sánchez-Nielsen E, Chávez-Gutiérrez F. Towards Effective and Efficient Open Government in Parliaments with Situational Awareness-Based Information Services ［C］// Scholl H, et al.（eds）Electronic Government. EGOV 2016. Lecture Notes in Computer Science, 2016,（9820）Springer, Cham.

［27］郭路生, 刘春年, 胡佳琪. 基于 ZACHMAN 架构思想的应急指挥信息需求多维度多视角分析 ［J］. 情报理论与实践, 2017, 40（11）: 73-79.

［28］蒋勋, 苏新宁, 周鑫. 适应情景演化的风险监测预警与应急响应知识库协同框架体系构建 ［J］. 图书情报工作, 2017, 61（15）: 60-71.

［29］谢洪波, 王林林, 刘浩, 等. 突发地质灾害应急案例结构化模型构建 ［J］. 中国地质灾害与防治学报, 2018, 29（4）: 130-134.

［30］马文娟, 刘坚, 蔡寅, 等. 大数据时代基于物联网和云计算的地震信息化研究 ［J］. 地球物理学进展, 2018, 33（2）: 835-841.

［31］Yousefpour A, Ishigaki G, Gour R, et al. On Reducing IoT Service Delay via Fog Offloading ［J］. IEEE Internet of Things Journal, 2018, 5（2）: 1-7.

［32］Moghaddam M, Nof S Y. Collaborative service-component integration in cloud manufacturing ［J］. International Journal of Production Research, 2018, 56（12）: 677-691.

［33］储节旺, 汪敏, 郭春侠. 云平台驱动的应急决策情报工程架构研究 ［J］. 图书情报工作, 2019, 63（16）: 5-13.

［34］肖花. 协同理论视角下的突发事件应急处置信息资源共享研究 ［J］. 现代情报, 2019, 39（3）: 109-114.

［35］郭鹏辉, 朱建军, 王嵩华. 考虑异质物资合车运输的灾后救援选址-路径-配给优化 ［J］. 系统工程理论与实践, 2019, 39（9）: 2345-2360.

［36］Marcelo P A, et al. LW-CoEdge: a lightweight virtualization model and collaboration process for edge computing ［J］. World Wide Web, 2020, 23: 1127-1175.

［37］何云, 唐军, 李明智, 等. 贵州省沿德高速公路龙家岩滑坡治理工程实例研究 ［J］. 灾害学, 2018, 33（S1）: 134-137, 142.

［38］唐尧, 王立娟, 马国超, 等. 基于"高分+"的金沙江滑坡灾情监测与应用前景分析 ［J］. 武汉大学学报（信息科学版）, 2019, 44（7）: 1082-1092.

［39］许强, 董秀军, 李为乐. 基于天-空-地一体化的重大地质灾害隐患早期识别与监测预警 ［J］. 武汉大学学报（信息科学版）, 2019, 44（7）: 957-966.

［40］李滨, 张青, 王文沛, 等. 金沙江乌东德水电站坝区高陡边坡地质风险监测预警研究 ［J］. 地质力学学报, 2020, 26（4）: 556-564.

［41］刘星洪, 姚鑫, 於开炳, 等. 川藏高速巴塘—芒康段地质灾害遥感综合早期识别研究 ［J］. 工程科学与技术, 2020, 52（6）: 49-60.

［42］史兴旺, 管新邦, 边筎. 云南省滑坡灾害分形特征研究与分形评价模型探讨 ［J］. 自然灾害学报, 2021, 30（3）: 209-216.

［43］何满潮, 任树林, 陶志刚. 滑坡地质灾害牛顿力远程监测预警系统及工程应用 ［J］. 岩石力学与工程学报, 2021, 40（11）: 2161-2172.

［44］张晓伦, 甘淑, 袁希平, 等. 基于"天-空-地"一体化的东川区沙坝村滑坡体时序监测与分析 ［J］. 云南大学学报（自然科学版）, 2022, 44（3）: 533-540.

［45］朱建军, 胡俊, 李志伟, 等. InSAR 滑坡监测研究进展 ［J］. 测绘学报, 2022, 51（10）: 2001-2019.

［46］张欢, 郝伟, 顾伟红. 基于数据场聚类的拉林铁路隧道施工风险评估 ［J］. 铁道科学与工程学报, 2020, 17（7）: 1874-1882.

[47] 王永祥，吴滔，李亮，等. 基于突变级数法的地铁盾构施工安全风险评价 [J]. 安全与环境工程，2021，28（1）：95-102.

[48] 黄震，傅鹤林，张加兵，等. 基于云理论的盾构隧道施工风险综合评价模型 [J]. 铁道科学与工程学报，2018，15（11）：3012-3020.

[49] 张锦，徐君翔. 川藏铁路桥隧施工安全风险评价 [J]. 安全与环境学报，2020，20（1）：39-46.

[50] 王春河，朱福强，罗兴，等. 隧道改扩建工程施工风险评估研究 [J]. 现代隧道技术，2021，58（2）：63-70.

[51] 张在晨，林从谋，李家盛，等. 我国公路隧道改扩建技术发展现状及研究展望 [J]. 隧道建设（中英文），2022，42（4）：570-585.

[52] 黄鑫，李术才，许振浩，等. 暗河发育区隧道选线与突涌水灾害管控分析 [J]. 中国公路学报，2018，31（10）：101-117，140.

[53] 李天斌，何怡帆，付弦. 高地应力隧道施工期大变形动态风险评估方法及应用 [J]. 工程地质学报，2019，27（1）：29-37.

[54] 王志杰，王如磊，舒永熙，等. 高速公路特长隧道及隧道群运营安全风险评估研究 [J]. 现代隧道技术，2019，56（S2）：36-43.

[55] 周宗青，孔军，杨为民，等. 改进的属性区间识别方法及其在隧道突涌水风险评估中的应用 [J]. 中南大学学报（自然科学版），2020，51（6）：1703-1711.

[56] 张锦，徐君翔. 基于可拓理论的艰险山区铁路施工风险预警 [J]. 安全与环境学报，2020，20（3）：824-831.

[57] 何发亮. 隧道施工"地质不确定"问题及其解决 [J]. 现代隧道技术，2021，58（2）：8-13.

[58] 张治国，毛敏东，Pany T，等. 隧道-滑坡相互作用影响及控制防护技术研究现状与展望 [J]. 岩土力学，2021，42（11）：3101-3125.

[59] 张睿，周凯歌，姚志刚，等. 米仓山特长公路隧道关键施工技术应用分析 [J]. 隧道建设（中英文），2021，41（S2）：664-674.

[60] 卢庆钊. 基于 AHP-Fuzzy 的隧道穿富水断层破碎带突水涌泥评估 [J]. 地下空间与工程学报，2021，17（S1）：439-448，462.

[61] 何乐平，徐应东，胡启军，等. 基于博弈论-云模型的软岩隧道大变形风险评估 [J]. 现代隧道技术，2021，58（6）：85-94.

[62] 刘常昊，郑万波，吴燕清，等. 玉磨铁路景寨隧道富水段涌水量预测方法 [J]. 安全与环境工程，2022，29（4）：66-73.

[63] 徐湃，朱代强，蒋树屏，等. 重庆长大公路隧道结构安全保障技术及策略研究 [J]. 现代隧道技术，2022，59（4）：18-28，39.

[64] 周涛，邹进贵，郭际明. 隧道变形监测与智能预警方法研究 [J]. 测绘通报，2022（S2）：91-94.

[65] 仇文岗，梁文灏，覃长兵，等. 长大隧道建设与运营安全致灾风险评估综述 [J]. 铁道标准建设，2023（2）：1-9.